ŒUVRES COMPLÈTES

DE VOLTAIRE

TOME DIX-NEUVIÈME

PARIS

LIBRAIRIE HACHETTE ET Cie

79, BOULEVARD SAINT-GERMAIN, 79

ŒUVRES

DES PRINCIPAUX ÉCRIVAINS FRANÇAIS

VOLUMES IN-18 JÉSUS.

On peut se procurer chaque volume de cette série relié en percaline gaufrée, sans être rogné, moyennant 50 cent.; en demi-reliure, dos en chagrin, tranches jaspées, moyennant 1 fr. 50 cent., et avec tranches dorées, moyennant 2 fr. en sus du prix marqué.

1re Série à 1 franc 25 c. le volume.

Barthélemy : *Voyage du jeune Anacharsis en Grèce dans le milieu du IVe siècle avant l'ère chrétienne.* 3 volumes.

Atlas pour le Voyage du jeune Anacharsis, dressé par J. D. Barbié du Bocage, revu par A. D. Barbié du Bocage. In-8, 1 fr. 50 c.

Boileau : *Œuvres complètes.* 2 vol.

Bossuet : *Œuvres choisies.* 5 vol.

Corneille : *Œuvres complètes.* 7 vol.

Fénelon : *Œuvres choisies.* 4 vol.

La Fontaine : *Œuvres complètes.* 3 volumes.

Marivaux : *Œuvres choisies.* 2 vol.

Molière : *Œuvres complètes.* 3 vol.

Montaigne : *Essais*, précédés d'une lettre à M. Villemain sur l'éloge de Montaigne, par P. Christian. 2 vol.

Montesquieu : *Œuvres complètes.* 3 volumes.

Pascal : *Œuvres complètes.* 3 vol.

Racine : *Œuvres complètes.* 3 vol.

Rousseau (J.-J.) : *Œuvres complètes.* 13 volumes.

Saint-Simon (le duc de) : *Mémoires complets et authentiques sur le siècle de Louis XIV et la Régence, collationnés sur le manuscrit original par M. Chéruel, et précédés d'une notice de M. Sainte-Beuve, de l'Académie française.* 13 vol.

Sédaine : *Œuvres choisies.* 1 vol.

Voltaire : *Œuvres complètes.* 46 vol.

2e Série à 3 francs 50 cent. le volume.

Chateaubriand : *Le génie du Christianisme.* 1 vol.

— *Les Martyrs;* — *le Dernier des Abencerrages.* 1 vol.

— *Atala;* — *René;* — *les Natchez.* 1 vol.

Fléchier : *Mémoires sur les Grands-Jours d'Auvergne en 1665*, annotés par M. Chéruel et précédés d'une notice par M. Sainte-Beuve. 1 vol.

Malherbe : *Œuvres poétiques*, réimprimées pour le texte sur la nouvelle édition des *Œuvres complètes* de Malherbe, publiées par M. Lud. Lalanne dans la Collection des GRANDS ÉCRIVAINS DE LA FRANCE. 1 v.

Sévigné (Mme de) : *Lettres de Mme de Sévigné, de sa famille et de ses amis*, réimprimées pour le texte sur la nouvelle édition publiée par M. Monmerqué dans la Collection des GRANDS ÉCRIVAINS DE LA FRANCE. 6 vol.

COULOMMIERS. — Typogr. ALBERT PONSOT et P. BRODARD.

ŒUVRES COMPLÈTES

DE VOLTAIRE

COULOMMIERS. — TYP. ALBERT PONSOT ET P. BRODARD.

ŒUVRES COMPLÈTES

DE VOLTAIRE

TOME DIX-NEUVIÈME

PARIS

LIBRAIRIE HACHETTE ET Cⁱᵉ

79, BOULEVARD SAINT-GERMAIN, 79

1876

DICTIONNAIRE

PHILOSOPHIQUE.

(SUITE [1].)

MAGIE [2]. — La magie est encore une science bien plus plausible que l'astrologie et que la doctrine des génies. Dès qu'on commença à penser qu'il y a dans l'homme un être tout à fait distinct de la machine, et que l'entendement subsiste après la mort, on donna à cet entendement un corps délié, subtil, aérien, ressemblant au corps dans lequel il était logé. Deux raisons toutes naturelles introduisirent cette opinion : la première, c'est que dans toutes les langues l'âme s'appelait *esprit, souffle, vent* : cet esprit, ce souffle, ce vent, était donc quelque chose de fort mince et de fort délié. La seconde, c'est que si l'âme d'un homme n'avait pas retenu une forme semblable à celle qu'il possédait pendant sa vie, on n'aurait pas pu distinguer après la mort

1. Ce volume renferme plusieurs articles qui ne sont pas de Voltaire; les éditeurs de Kehl, Condorcet et Decroix, ne se sont fait aucun scrupule de les ajouter au dictionnaire philosophique pour qu'il fût plus complet. L'article *Messie* est tout entier de Polier de Bottens, d'une ancienne famille de France, établie depuis deux cents ans en Suisse. Il avait été composé pour le grand *Dictionnaire encyclopédique*, dans lequel il fut inséré, mais mutilé. L'article *Massacres* est d'un M. Treuchard; l'article *Péché originel* est en partie d'un M. Boulanger; la section II de l'article *Paul* est du pasteur Lélie. Dans l'article *Miracles*, les éditeurs de Kehl ont ajouté une page entière du célèbre docteur Middleton, bibliothécaire de Cambridge. On sait, au reste, que les éditeurs de Kehl ont fait un seul ouvrage de plusieurs, en refondant dans le *Dictionnaire philosophique* :
1° Les *Questions sur l'Encyclopédie*;
2° L'*Opinion par alphabet*;
3° Les *Articles* insérés dans l'*Encyclopédie*;
4° Plusieurs articles destinés par l'auteur au *Dictionnaire de l'Académie*;
5° Enfin un grand nombre de morceaux publiés depuis plus ou moins longtemps.
2. Dans la *Suite des mélanges* (4° partie), 1757, ce morceau venait à la suite de l'article *Astrologie*, qui était lui-même précédé de l'article *Génies*. (*Beuchot.*)

l'âme d'un homme d'avec celle d'un autre. Cette âme, cette ombre, qui subsistait séparée de son corps, pouvait très-bien se montrer dans l'occasion, revoir les lieux qu'elle avait habités, visiter ses parents, ses amis, leur parler, les instruire; il n'y avait dans tout cela aucune incompatibilité. Ce qui est peut paraître.

Les âmes pouvaient très-bien enseigner à ceux qu'elles venaient voir, la manière de les évoquer : elles n'y manquaient pas; et le mot *Abraxa*, prononcé avec quelques cérémonies, faisait voir les âmes auxquelles on voulait parler. Je suppose qu'un Égyptien eût dit à un philosophe : « Je descends en ligne droite des magiciens de Pharaon, qui changèrent des baguettes en serpents, et les eaux du Nil en sang : un de mes ancêtres se maria avec la pythonisse d'Endor, qui évoqua l'ombre de Samuel à la prière du roi Saül : elle communiqua ses secrets à son mari, qui lui fit part des siens : je possède cet héritage de père et de mère; ma généalogie est bien avérée; je commande aux ombres et aux éléments; » le philosophe n'aurait eu autre chose à faire qu'à lui demander sa protection : car si ce philosophe avait voulu nier et disputer, le magicien lui eût fermé la bouche en lui disant : « Vous ne pouvez nier les faits; mes ancêtres ont été incontestablement de grands magiciens, et vous n'en doutez pas; vous n'avez nulle raison pour croire que je sois de pire condition qu'eux, surtout quand un homme d'honneur comme moi vous assure qu'il est sorcier. » Le philosophe aurait pu lui dire : « Faites-moi le plaisir d'évoquer une ombre, de me faire parler à une âme, de changer cette eau en sang, cette baguette en serpent. » Le magicien pouvait répondre : « Je ne travaille pas pour les philosophes; j'ai fait voir des ombres à des dames très-respectables, à des gens simples qui ne disputent point : vous devez croire au moins qu'il est très-possible que j'aie ces secrets, puisque vous êtes forcé d'avouer que mes ancêtres les ont possédés : ce qui s'est fait autrefois se peut faire aujourd'hui, et vous devez croire à la magie sans que je sois obligé d'exercer mon art devant vous. »

Ces raisons sont si bonnes, que tous les peuples ont eu des sorciers. Les plus grands sorciers étaient payés par l'État pour voir clairement l'avenir dans le cœur et dans le foie d'un bœuf. Pourquoi donc a-t-on si longtemps puni les autres de mort? ils faisaient des choses plus merveilleuses; on devait donc les honorer beaucoup, on devait surtout craindre leur puissance. Rien n'est plus ridicule que de condamner un vrai magicien à être brûlé; car on devait présumer qu'il pouvait éteindre le feu, et tordre le cou à ses juges. Tout ce qu'on pouvait faire, c'était de lui dire : « Mon ami, nous ne vous brûlons pas comme un sorcier véritable, mais comme un faux sorcier, qui vous vantez d'un art admirable que vous ne possédez pas; nous vous traitons comme un homme qui débite de la fausse monnaie : plus nous aimons la bonne, plus nous punissons ceux qui en donnent de fausse : nous savons très-bien qu'il y a eu autrefois de vénérables magiciens, mais nous sommes fondés à croire que vous ne l'êtes pas, puisque vous vous laissez brûler comme un sot. »

Il est vrai que le magicien poussé à bout pourrait dire : « Ma science ne s'étend pas jusqu'à éteindre un bûcher sans eau, et jusqu'à donner la mort à mes juges avec des paroles; je peux seulement évoquer des âmes, lire dans l'avenir, changer certaines matières en d'autres : mon pouvoir est borné; mais vous ne devez pas pour cela me brûler à petit feu; c'est comme si vous faisiez pendre un médecin qui aurait guéri de la fièvre, et qui ne pourrait vous guérir d'une paralysie. » Mais les juges lui répliquaient : « Faites-nous donc voir quelque secret de votre art, ou consentez à être brûlé de bonne grâce. »

MAHOMÉTANS. — Je vous le dis encore, ignorants imbéciles, à qui d'autres ignorants ont fait accroire que la religion mahométane est voluptueuse et sensuelle, il n'en est rien; on vous a trompés sur ce point comme sur tant d'autres.

Chanoines, moines, curés même, si on vous imposait la loi de ne manger ni boire depuis quatre heures du matin jusqu'à dix heures du soir, pendant le mois de juillet, lorsque le carême arriverait dans ce temps; si on vous défendait de jouer à aucun jeu de hasard sous peine de damnation; si le vin vous était interdit sous la même peine; s'il vous fallait faire un pèlerinage dans des déserts brûlants; s'il vous était enjoint de donner au moins deux et demi pour cent de votre revenu aux pauvres; si, accoutumés à jouir de dix-huit femmes, on vous en retranchait tout d'un coup quatorze; en bonne foi, oseriez-vous appeler cette religion sensuelle?

Les chrétiens latins ont tant d'avantages sur les musulmans, je ne dis pas en fait de guerre, mais en fait de doctrine; les chrétiens grecs les ont tant battus en dernier lieu depuis 1769 jusqu'en 1773, que ce n'est pas la peine de se répandre en reproches injustes sur l'islamisme.

Tâchez de reprendre sur les mahométans tout ce qu'ils ont envahi; mais il est plus aisé de les calomnier.

Je hais tant la calomnie, que je ne veux pas même qu'on impute des sottises aux Turcs, quoique je les déteste comme tyrans des femmes et ennemis des arts.

Je ne sais pourquoi l'historien du Bas-Empire prétend [1] que Mahomet parle dans son *Koran* de son voyage dans le ciel : Mahomet n'en dit pas un mot; nous l'avons prouvé.

Il faut combattre sans cesse. Quand on a détruit une erreur, il se trouve toujours quelqu'un qui la ressuscite [2].

MAÎTRE. — *Section I.* — « Que je suis malheureux d'être né! disait Ardassan Ougli, jeune icoglan du grand padisha des Turcs. Encore si je ne dépendais que du grand padisha; mais je suis soumis au chef de mon oda, au capigi bachi; et quand je veux recevoir ma paye, il faut que je me prosterne devant un commis du tefterdat, qui m'en retranche la moitié. Je n'avais pas sept ans que l'on me coupa, malgré moi, en cérémonie, le bout de mon prépuce, et j'en fus malade quinze jours. Le derviche qui nous fait la prière est mon maître; un iman est encore plus mon maître; le mollah l'est encore plus que l'iman. Le cadi est un autre maître; le cadilesquier l'est davantage; le muphti l'est beaucoup plus que tous ceux-là ensemble. Le kiaïa du grand vizir peut d'un mot me faire jeter dans le canal; et le grand vizir enfin peut me faire serrer le cou à son plaisir, et empailler la peau de ma tête, sans que personne y prenne seulement garde.

« Que de maîtres, grand Dieu! quand j'aurais autant de corps et autant d'âmes que j'ai de devoirs à remplir, je n'y pourrais pas suffire. O Allah! que ne m'as-tu fait chat-huant! je vivrais libre dans mon trou, et je mangerais des souris à mon aise sans maître et sans valets. C'est assurément la vraie destinée de l'homme; il n'a des maîtres que depuis qu'il est perverti. Nul homme n'était fait pour servir continuellement un autre homme. Chacun aurait charitablement aidé son prochain, si les choses étaient dans l'ordre. Le clairvoyant aurait conduit l'aveugle, le dispos aurait servi de béquilles au cul-de-jatte. Ce monde aurait été le paradis de Mahomet; et il est l'enfer qui se trouve précisément sous le pont Aigu. »

Ainsi parlait Ardassan Ougli, après avoir reçu les étrivières de la part d'un de ses maîtres.

Ardassan Ougli, au bout de quelques années, devint bacha à trois queues. Il fit une fortune prodigieuse, et il crut fermement que tous les hommes, excepté le Grand-Turc et le grand vizir, étaient nés pour le servir, et toutes les femmes pour lui donner du plaisir selon ses volontés.

Section II. — Comment un homme a-t-il pu devenir le maître d'un autre homme, et par quelle espèce de magie incompréhensible a-t-il pu devenir le maître de plusieurs autres hommes? On a écrit sur ce phénomène un grand nombre de bons volumes; mais je donne la préférence à une fable indienne, parce qu'elle est courte, et que les fables ont tout dit.

« Adimo, le père de tous les Indiens, eut deux fils et deux filles de sa femme Procriti. L'aîné était un géant vigoureux, le cadet était un petit bossu, les deux filles étaient jolies. Dès que le géant sentit sa force, il coucha avec ses deux sœurs, et se fit servir par le petit bossu. De ses deux sœurs, l'une fut sa cuisinière, l'autre sa jardinière. Quand le géant voulait dormir, il commençait par enchaîner à un arbre son petit frère le bossu; et lorsque celui-ci s'enfuyait, il le rattrapait en quatre enjambées, et lui donnait vingt coups de nerf de bœuf.

« Le bossu devint soumis et le meilleur sujet du monde. Le géant, satisfait de le voir remplir ses devoirs de sujet, lui permit de coucher avec une de ses sœurs dont il était dégoûté. Les enfants qui vinrent de ce mariage ne furent pas tout à fait bossus; mais ils eurent la taille assez contrefaite. Ils furent élevés dans la crainte de Dieu et du géant. Ils reçurent une excellente éducation; on leur apprit que leur grand oncle était géant de droit divin, qu'il pouvait faire de toute sa famille ce qui lui plaisait; que s'il avait quelque jolie nièce, ou arrière-nièce, c'était pour lui seul sans difficulté, et que personne ne pouvait coucher avec elle que quand il n'en voudrait plus.

« Le géant étant mort, son fils, qui n'était pas à beaucoup près si fort ni si grand que lui, crut cependant être géant comme son père de droit divin. Il prétendit faire travailler pour lui tous les hommes, et coucher avec toutes les filles. La famille se ligua contre lui, il fut assommé, et on se mit en république. »

Les Siamois, au contraire, prétendaient que la famille avait commencé par être républicaine, et que le géant n'était venu qu'après un grand nombre d'années et de dissensions; mais tous les auteurs de Bénarès et de Siam conviennent que les hommes vécurent une infinité de siècles avant d'avoir l'esprit de faire des lois; et ils le prouvent par une raison sans réplique, c'est qu'aujourd'hui même où tout le monde se pique d'avoir de l'esprit, on n'a pas trouvé encore le moyen de faire une vingtaine de lois passablement bonnes.

C'est encore, par exemple, une question insoluble dans l'Inde, si les républiques ont été établies avant ou après les monarchies, si la confusion a dû paraître aux hommes plus horrible que le despotisme. J'ignore ce qui est arrivé dans l'ordre des temps; mais, dans celui de la nature, il faut convenir que, les hommes naissant tous égaux, la violence et l'habileté ont fait les premiers maîtres; les lois ont fait les derniers.

MALADIE, MÉDECINE. — Je suppose qu'une belle princesse, qui n'aura jamais entendu parler d'anatomie, soit malade pour avoir trop mangé, trop dansé, trop veillé, trop fait tout ce que font plusieurs princesses; je suppose que son médecin lui dise : « Madame, pour que vous vous portiez bien, il faut que votre cerveau et votre cervelet distribuent une moelle allongée bien conditionnée dans l'épine de votre dos jusqu'au bout du croupion de Votre Altesse, et que cette moelle allongée aille animer également quinze paires de nerfs à droite, et quinze paires à gauche. Il faut que votre cœur se contracte et se dilate avec une force toujours égale, et que tout votre sang, qu'il envoie à coups de piston dans vos artères, circule dans toutes ces artères et dans toutes les veines environ six cents fois par jour.

« Ce sang, en circulant avec cette rapidité que n'a point le fleuve du Rhône, doit déposer sur son passage de quoi former et abreuver continuellement la lymphe, les urines, la bile, la liqueur spermatique de Votre Altesse, de quoi fournir à toutes ses sécrétions, de quoi arroser insensiblement votre peau douce, blanche et fraîche, qui sans cela serait d'un jaune grisâtre, sèche et ridée comme un vieux parchemin.

LA PRINCESSE. — Eh bien! monsieur, le roi vous paye pour me faire tout cela; ne manquez pas de mettre toutes choses à leur place, et de me faire circuler mes liqueurs de façon que je sois contente. Je vous avertis que je ne veux jamais souffrir.

LE MÉDECIN. — Madame, adressez vos ordres à l'auteur de la nature. Le seul pouvoir qui fait courir des milliards de planètes et de comètes autour de millions de soleils a dirigé la course de votre sang.

LA PRINCESSE. — Quoi! vous êtes médecin, et vous ne pouvez rien me donner?

LE MÉDECIN. — Non, madame, nous ne pouvons que vous ôter. On n'ajoute rien à la nature. Vos valets nettoient votre palais, mais l'architecte l'a bâti. Si Votre Altesse a mangé goulument, je puis déterger ses entrailles avec de la casse, de la manne, et des follicules de séné; c'est un balai que j'y introduis, et je pousse vos matières. Si vous avez un cancer, je vous coupe un téton; mais je ne puis vous en rendre un autre. Avez-vous une pierre dans la vessie, je puis vous en délivrer au moyen d'un dilatoire; et je vous fais beaucoup moins de mal qu'aux hommes : je vous coupe un pied gangréné, et vous marchez sur l'autre. En un mot, nous autres médecins nous ressemblons parfaitement aux arracheurs de dents; ils vous délivrent d'une dent gâtée sans pouvoir vous en substituer une qui tienne, quelque charlatans qu'ils puissent être.

LA PRINCESSE. — Vous me faites trembler. Je croyais que les médecins guérissaient tous les maux.

LE MÉDECIN. — Nous guérissons infailliblement tous ceux qui se guérissent d'eux-mêmes. Il en est généralement, et à peu d'exceptions près, des maladies internes comme des plaies extérieures. La nature seule vient à bout de celles qui ne sont pas mortelles : celles qui le sont ne trouvent dans l'art aucune ressource.

LA PRINCESSE. — Quoi! tous ces secrets pour purifier le sang dont m'ont parlé mes dames de compagnie, ce baume de vie du sieur Le Lièvre, ces sachets du sieur Arnoult, toutes ces pilules vantées par leurs femmes de chambre....

LE MÉDECIN. — Autant d'inventions pour gagner de l'argent et pour flatter les malades, pendant que la nature agit seule.

LA PRINCESSE. — Mais il y a des spécifiques.

LE MÉDECIN. — Oui, madame, comme il y a l'eau de Jouvence dans les romans.

LA PRINCESSE. — En quoi donc consiste la médecine?

LE MÉDECIN. — Je vous l'ai déjà dit, à débarrasser, à nettoyer, à tenir propre la maison qu'on ne peut rebâtir.

LA PRINCESSE. — Cependant il y a des choses salutaires, d'autres nuisibles.

LE MÉDECIN. — Vous avez deviné tout le secret. Mangez, et modérément, ce que vous savez par expérience vous convenir. Il n'y a de bon pour le corps que ce qu'on digère. Quelle médecine vous fera digérer? l'exercice. Quelle réparera vos forces? le sommeil. Quelle diminuera des maux incurables? la patience. Qui peut changer une mauvaise constitution? rien. Dans toutes les maladies violentes nous n'avons que la recette de Molière, *saignare, purgare*, et, si l'on veut, *clysterium donare*. Il n'y en a pas une quatrième. Tout cela n'est autre chose, comme je vous l'ai dit, que nettoyer une maison à laquelle nous ne pouvons pas ajouter une cheville. Tout l'art consiste dans l'à-propos.

LA PRINCESSE. — Vous ne fardez point votre marchandise. Vous êtes honnête homme. Si je suis reine, je veux vous faire mon premier médecin.

LE MÉDECIN. — Que votre premier médecin soit la nature. C'est elle qui fait tout. Voyez tous ceux qui ont poussé leur carrière jusqu'à cent années; aucun n'était de la Faculté. Le roi de France [1] a déjà enterré une quarantaine de ses médecins, tant premiers médecins que médecins de quartier et consultants.

LA PRINCESSE. — Vraiment, j'espère bien vous enterrer aussi.

MARIAGE. — *Section I.* — J'ai rencontré un raisonneur qui disait : « Engagez vos sujets à se marier le plus tôt qu'il sera possible ; qu'ils soient exempts d'impôt la première année, et que leur impôt soit réparti sur ceux qui au même âge seront dans le célibat.

« Plus vous aurez d'hommes mariés, moins il y aura de crimes. Voyez les registres affreux de vos greffes criminels ; vous y trouvez cent garçons de pendus, ou de roués, contre un père de famille.

« Le mariage rend l'homme plus vertueux et plus sage. Le père de famille, prêt de commettre un crime, est souvent arrêté par sa femme, qui, ayant le sang moins brûlé que lui, est plus douce, plus compatissante, plus effrayée du vol et du meurtre, plus craintive, plus religieuse.

« Le père de famille ne veut pas rougir devant ses enfants. Il craint de leur laisser l'opprobre pour héritage.

« Mariez vos soldats, ils ne déserteront plus. Liés à leur famille, ils le seront à leur patrie. Un soldat célibataire n'est souvent qu'un vagabond, à qui il serait égal de servir le roi de Naples et le roi de Maroc.

« Les guerriers romains étaient mariés ; ils combattaient pour leurs femmes et pour leurs enfants ; et ils firent esclaves les femmes et les enfants des autres nations. »

Un grand politique italien, qui d'ailleurs était fort savant dans les langues orientales, chose très-rare chez nos politiques, me disait dans ma jeunesse : « *Caro figlio*, souvenez-vous que les Juifs n'ont jamais eu qu'une bonne institution, celle d'avoir la virginité en horreur. Si ce petit peuple de courtiers superstitieux n'avait pas regardé le mariage comme la première loi de l'homme, s'il y avait eu chez lui des couvents de religieuses, il était perdu sans ressource. »

Section II. — Le mariage est un contrat du droit des gens, dont les catholiques romains ont fait un sacrement.

Mais le sacrement et le contrat sont deux choses bien différentes : à l'un sont attachés les effets civils, à l'autre les grâces de l'Église.

Ainsi lorsque le contrat se trouve conforme au droit des gens, il doit produire tous les effets civils. Le défaut de sacrement ne doit opérer que la privation des grâces spirituelles.

Telle a été la jurisprudence de tous les siècles et de toutes les nations, excepté des Français. Tel a été même le sentiment des Pères de l'Église les plus accrédités.

Parcourez les codes Théodosien et Justinien, vous n'y trouverez au-

---

[1]. Louis XV, né en 1710, mort en 1774. (ÉD.)

cune loi qui ait proscrit les mariages des personnes d'une autre croyance, lors même qu'ils avaient été contractés avec les catholiques.

. Il est vrai que Constance, ce fils de Constantin, aussi cruel que son père, défendit aux Juifs, sous peine de mort, de se marier avec des femmes chrétiennes[1], et que Valentinien, Théodose, Arcade, firent la même défense, sous les mêmes peines, aux femmes juives. Mais ces lois n'étaient déjà plus observées sous l'empereur Marcien; et Justinien les rejeta de son code. Elles ne furent faites d'ailleurs que contre les Juifs, et jamais on ne pensa de les appliquer aux mariages des païens ou des hérétiques avec les sectateurs de la religion dominante.

Consultez saint Augustin[2], il vous dira que de son temps on ne regardait pas comme illicites les mariages des fidèles avec les infidèles, parce qu'aucun texte de l'Évangile ne les avait condamnés : « Quæ « matrimonia cum infidelibus, nostris temporibus, jam non putantur « esse peccata; quoniam in novo Testamento nihil inde præceptum « est, et ideo aut licere creditum est, aut velut dubium derelictum. »

Augustin dit de même que ces mariages opèrent souvent la conversion de l'époux infidèle. Il cite l'exemple de son propre père, qui embrassa la religion chrétienne parce que sa femme Monique professait le christianisme. Clotilde par la conversion de Clovis, et Théodelinde par celle d'Agiluphe, roi des Lombards, furent plus utiles à l'Église que si elles eussent épousé des princes orthodoxes.

Consultez la déclaration du pape Benoît XIV, du 4 novembre 1741, vous y lirez ces propres mots : « Quod vero spectat ad ea conjugia « quæ.... absque forma a Tridentino statuta contrahuntur a catholicis « cum hæreticis, sive catholicus vir hæreticam feminam in matrimo- « nium ducat, sive catholica femina hæretico viro nubat;..... si forte « aliquod hujus generis matrimonium, Tridentini forma non servata, « ibidem contractum jam sit, aut in posterum... contrahi contingat, « declarat Sanctitas Sua matrimonium hujus modi, alio non concur- « rente..... impedimento, validum habendum esse,... sciens.... (con- « jux catholicus) se istius matrimonii vinculo perpetuo ligatum iri. »

Par quel étonnant contraste les lois françaises sont-elles sur cette matière plus sévères que celles de l'Église? La première loi qui ait établi ce rigorisme en France est l'édit de Louis XIV, du mois de novembre 1680. Cet édit mérite d'être rapporté.

« Louis, etc. Les canons des conciles ayant condamné les mariages des catholiques avec les hérétiques, comme un scandale public et une profanation du sacrement, nous avons estimé d'autant plus nécessaire de les empêcher à l'avenir, que nous avons reconnu que la tolérance de ces mariages expose les catholiques à une tentation continuelle de sa perversion, etc. A ces causes, etc., voulons et nous plaît qu'à l'avenir nos sujets de la religion catholique, apostolique et romaine, ne puissent, sous quelque prétexte que ce soit, contracter mariage avec ceux

---

1. Cod. Théod., tit. de Judæis, loi VI.
2. Lib de fide et operib., cap. XIX, n. 35.

de la religion prétendue réformée, déclarant tels mariages non valablement contractés, et les enfants qui en viendront illégitimes. »

Il est bien singulier que l'on se soit fondé sur les lois de l'Église pour annuler des mariages que l'Église n'annula jamais. Vous voyez dans cet édit le sacrement confondu avec le contrat civil : c'est cette confusion qui a été la source des étranges lois de France sur le mariage.

Saint Augustin approuvait les mariages des orthodoxes avec les hérétiques, parce qu'il espérait que l'époux fidèle convertirait l'autre; et Louis XIV les condamne dans la crainte que l'hétérodoxe ne pervertisse le fidèle !

Il existe en Franche-Comté une loi plus cruelle : c'est un édit de l'archiduc Albert et de son épouse Isabelle, du 20 décembre 1599, qui fait défense aux catholiques de se marier à des hérétiques, à peine de confiscation de corps et de biens [1].

Le même édit prononce la même peine contre ceux qui seront convaincus d'avoir mangé du mouton le vendredi ou le samedi. Quelles lois et quels législateurs !

A quels maîtres, grand Dieu, livrez-vous l'univers!

Section III. — Si nos lois réprouvent les mariages des catholiques avec les personnes d'une religion différente, accordent-elles au moins les effets civils aux mariages des Français protestants avec des Français de la même secte?

On compte aujourd'hui dans le royaume un million de protestants [2], et cependant la validité de leur mariage est encore un problème dans les tribunaux.

C'est encore ici un des cas où notre jurisprudence se trouve en contradiction avec les décisions de l'Église, et avec elle-même.

Dans la déclaration papale citée dans la précédente section, Benoît XIV décide que les mariages des protestants, contractés suivant leurs rites, ne sont pas moins valables que s'ils avaient été faits suivant les formes établies par le concile de Trente, et que l'époux qui devient catholique ne peut rompre ce lien pour en former un autre avec une personne de sa nouvelle religion [3].

Barach-Levi, juif de naissance, et originaire d'Haguenau, s'y était marié avec Mendel-Cerf, de la même ville et de la même religion.

Ce juif vint à Paris en 1752, et se fit baptiser. Le 13 mai 1754, il envoya sommer sa femme à Haguenau de venir le joindre à Paris.

---

1. Anciennes ordonnances de la Franche-Comté, liv. V, tit. xviii.
2. Cela est exagéré.
3. « Quod attinet ad matrimonia ab hæreticis inter se.... celebrata, non ser- « vata forma per Tridentinum præscripta,... quæque in posterum contrahentur, « dummodo non aliud obstiterit canonicum impedimentum,... Sanctitas Sua « statuit pro validis habenda esse; adeoque si contingat utrumque conjugem ad « catholicæ Ecclesiæ sinum se recipere, eodem quo antea conjugali vinculo ipsos « omnino teneri, etiam si mutuus consensus coram parocho catholico non reno- « vetur. »

Dans une autre sommation il consentit que cette femme, en venant le joindre, continuât de vivre dans la secte juive.

A ces sommations Mendel-Cerf répondit qu'elle ne voulait point retourner avec lui, et qu'elle le requérait de lui envoyer, suivant les formes du judaïsme, un libelle de divorce, pour qu'elle pût se remarier à un autre juif.

Cette réponse ne contentait pas Levi; il n'envoya point de libelle de divorce, mais il fit assigner sa femme devant l'official de Strasbourg, qui, par une sentence du 7 novembre 1754, le déclara libre de se marier en face de l'Eglise avec une femme catholique.

Muni de cette sentence, le juif christianisé vient dans le diocèse de Soissons, et y contracte des promesses de mariage avec une fille de Villeneuve [1]. Le curé refuse de publier les bans. Levi lui fait signifier les sommations qu'il avait faites à sa femme, et la sentence de l'official de Strasbourg, et un certificat du secrétaire de l'évêché de la même ville, qui attestait que dans tous les temps il avait été permis, dans le diocèse, aux juifs baptisés de se remarier à des catholiques, et que cet usage avait été constamment reconnu par le conseil souverain de Colmar.

Mais ces pièces ne parurent point suffisantes au curé de Villeneuve. Levi fut obligé de l'assigner devant l'official de Soissons.

Cet official ne pensa pas, comme celui de Strasbourg, que le mariage de Levi avec Mendel-Cerf fût nul ou dissoluble. Par sa sentence du 5 février 1756, il déclara le juif non recevable. Celui-ci appela de cette sentence au parlement de Paris, où il n'eut pour contradicteur que le ministère public; mais, par arrêt du 2 janvier 1758, la sentence fut confirmée; et il fut défendu de nouveau à Levi de contracter aucun mariage pendant la vie de Mendel-Cerf.

Voilà donc un mariage contracté entre des Français juifs suivant les rites juifs, déclaré valable par la première cour du royaume.

Mais quelques années après, la même question fut jugée différemment dans un autre parlement, au sujet d'un mariage contracté entre deux Français protestants qui avaient été mariés en présence de leurs parents par un ministre de leur communion. L'époux protestant avait changé de religion comme l'époux juif; et après avoir passé à un second mariage avec une catholique, le parlement de Grenoble confirma ce second mariage, et déclara nul le premier.

Si de la jurisprudence nous passons à la législation, nous la trouverons obscure sur cette matière importante comme sur tant d'autres.

Par un arrêt du conseil du 15 septembre 1685, il fut dit « que les protestants [2] pourraient se faire marier, pourvu toutefois que ce fût en présence du principal officier de justice, et que les publications qui devaient précéder ces mariages se feraient au siége royal le plus pro-

---

1. Villeneuve-sur-Bellot, diocèse de Soissons, élection de Coulommiers. (Éd.)
2. N'est-il pas bien plaisant qu'en France le conseil même ait donné aux protestants le nom de *religionnaires*, comme si eux seuls avaient eu de la religion, et que les autres n'eussent été que des papistes gouvernés par des arrêts et par des bulles?

chain du lieu de la demeure de chacun des protestants qui se voudraient marier, et seulement à l'audience. »

Cet arrêt ne fut point révoqué par l'édit qui, trois semaines après, supprima l'édit de Nantes.

Mais depuis la déclaration du 14 mai 1724, minutée par le cardinal de Fleury, les juges n'ont plus voulu présider aux mariages des protestants, ni permettre dans leurs audiences la publication de leurs bancs.

L'article XV de cette loi veut que les formes prescrites par les canons soient observées dans les mariages, tant des nouveaux convertis que de tous les autres sujets du roi.

On a cru que cette expression générale, *tous les autres sujets*, comprenait les protestants comme les catholiques; et sur cette interprétation on a annulé les mariages des protestants qui n'avaient pas été revêtus des formes canoniques.

Cependant il semble que les mariages des protestants ayant été autorisés autrefois par une loi expresse, il faudrait aujourd'hui, pour les annuler, une loi expresse qui portât cette peine. D'ailleurs, le terme de *nouveaux convertis*, mentionné dans la déclaration, paraît indiquer que le terme qui suit n'est relatif qu'aux catholiques. Enfin, quand la loi civile est obscure ou équivoque, les juges ne doivent-ils pas juger suivant le droit naturel et le droit des gens?

Ne résulte-t-il pas de ce qu'on vient de lire que souvent les lois ont besoin d'être réformées, et les princes de consulter un conseil plus instruit, de n'avoir point de ministre prêtre, et de se défier beaucoup des courtisans en soutane qui ont le titre de leurs confesseurs?

MARIE MAGDELEINE. — J'avoue que je ne sais pas où l'auteur de l'*Histoire critique de Jésus-Christ*[1] a trouvé que sainte Marie Magdeleine avait eu des *complaisances criminelles* pour le Sauveur du monde. Il dit, page 130, ligne 11 de la note, que c'est une prétention des Albigeois. Je n'ai jamais lu cet horrible blasphème ni dans l'histoire des Albigeois, ni dans leurs professions de foi. Cela est dans le grand nombre des choses que j'ignore. Je sais que les Albigeois avaient le malheur funeste de n'être pas catholiques romains; mais il me semble d'ailleurs qu'ils avaient le plus profond respect pour la personne de Jésus.

Cet auteur de l'*Histoire critique de Jésus-Christ*[2] renvoie à *la Christiade*[3], espèce de poëme en prose, supposé qu'il y ait des poëmes en prose. J'ai donc été obligé de consulter l'endroit de cette *Christiade* où cette accusation est rapportée. C'est au chant ou livre IV, page 335, note 1; le poëte de *la Christiade* ne cite personne. On peut à la vérité, dans un poëme épique, s'épargner les citations; mais il faut de grandes autorités en prose, quand il s'agit d'un fait aussi grave et qui fait dresser les cheveux à la tête de tout chrétien.

1. *Histoire critique de Jésus-Christ, ou Analyse raisonnée des Évangiles*, p. 130, note 3.
2. Le baron d'Holbach. (ÉD.)
3. *La Christiade, ou le Paradis reconquis*, par l'abbé J. F. de La Baume Desdossat. (ÉD.)

Que les Albigeois aient avancé ou non une telle impiété, il en résulte
seulement que l'auteur de *la Christiade* se joue dans son chant IV⁰ sur
le bord du crime. Il imite un peu le fameux sermon de Menot. Il introduit sur la scène Marie Magdeleine, sœur de Marthe et de Lazare,
brillante de tous les charmes de la jeunesse et de la beauté, brûlante
de tous les désirs, et plongée dans toutes les voluptés. C'est, selon lui,
une dame de la cour: ses richesses égalent sa naissance, son frère
Lazare était comte de Béthanie, et elle marquise de Magdalet. Marthe
eut un grand apanage, mais il ne nous dit pas où étaient ses terres.
« Elle avait, dit le christiadier, cent domestiques et une foule d'amants;
elle eût attenté à la liberté de tout l'univers. Richesses, dignités,
grandeurs ambitieuses, vous ne fûtes jamais si chères à Magdeleine
que la séduisante erreur qui lui fit donner le surnom de pécheresse.
Telle était la beauté dominante dans la capitale, quand le jeune et divin héros y arriva des extrémités de la Galilée[1]. Ses autres passions
calmées cèdent à l'ambition de soumettre le héros dont on lui a parlé. »

Alors le christiadier imite Virgile. La marquise de Magdalet conjure
sa sœur l'apanagée de faire réussir ses desseins coquets auprès de son
jeune héros, comme Didon employa sa sœur Anne auprès du pieux
Énée.

Elle va entendre le sermon de Jésus dans le temple, quoiqu'il n'y
prêchât jamais[2]. « Son cœur vole au-devant du héros qu'elle adore,
elle n'attend qu'un regard favorable pour en triompher, et faire de ce
maître des cœurs un captif soumis. »

Enfin elle va le trouver chez Simon le lépreux, homme fort riche,
qui lui donnait un grand souper, quoique jamais les femmes n'entras-
sent ainsi dans les festins, et surtout chez les pharisiens. Elle lui répand un grand pot de parfums sur les jambes, les essuie avec ses beaux
cheveux blonds, et les baise.

Je n'examine pas si la peinture que fait l'auteur des saints transports
de Magdeleine n'est pas plus mondaine que dévote; si les baisers donnés sont exprimés avec assez de retenue; si ces beaux cheveux blonds
dont elle essuie les jambes de son héros ne ressemblent pas un peu
trop à Trimalcion, qui à dîner s'essuyait les mains aux cheveux d'un
jeune et bel esclave. Il faut qu'il ait pressenti lui-même qu'on pourrait
trouver ses peintures trop lascives. Il va au-devant de la critique, en
rapportant quelques morceaux d'un sermon de Massillon sur la Magdeleine. En voici un passage :

« Magdeleine avait sacrifié sa réputation au monde[3]; sa pudeur et sa
naissance la défendirent d'abord contre les premiers mouvements de
sa passion; et il est à croire qu'aux premiers traits qui la frappèrent,
elle opposa la barrière de sa pudeur et de sa fierté; mais lorsqu'elle
eut prêté l'oreille au serpent et consulté sa propre sagesse, son cœur
fut ouvert à tous les traits de la passion. Magdeleine aimait le monde,
et dès lors il n'est rien qu'elle ne sacrifie à cet amour; ni cette fierté

---

1. Il n'y avait pas bien loin. — 2. Page 10, t. III.
3. *Christiade*, t. II, p. 321, note 1.

qui vient de la naissance, ni cette pudeur qui fait l'ornement du sexe, ne sont épargnées dans ce sacrifice; rien ne peut la retenir, ni les railleries des mondains, ni les infidélités de ses amants insensés à qui elle veut plaire, mais de qui elle ne peut se faire estimer, car il n'y a que la vertu qui soit estimable; rien ne peut lui faire honte, et, comme cette femme prostituée de l'*Apocalypse*, elle portait sur son front le nom de *mystère*, c'est-à-dire qu'elle avait levé le voile, et qu'on ne la connaissait plus qu'au caractère de sa folle passion. »

J'ai cherché ce passage dans les *Sermons de Massillon;* il n'est certainement pas dans l'édition que j'ai. J'ose même dire plus, il n'est pas de son style.

Le christiadier aurait dû nous informer où il a pêché cette rapsodie de Massillon, comme il aurait dû nous apprendre où il a lu que les Albigeois osaient imputer à Jésus une intelligence indigne de lui avec Magdeleine.

Au reste, il n'est plus question de la marquise dans le reste de l'ouvrage. L'auteur nous épargne son voyage à Marseille avec le Lazare, et le reste de ses aventures.

Qui a pu induire un homme savant et quelquefois éloquent, tel que le paraît l'auteur de *la Christiade*, à composer ce prétendu poëme? c'est l'exemple de Milton; il nous le dit lui-même dans sa préface : mais on sait combien les exemples sont trompeurs. Milton, qui d'ailleurs n'a point hasardé ce faible monstre d'un poëme en prose; Milton, qui a répandu de très-beaux vers blancs dans son *Paradis perdu*, parmi la foule de vers durs et obscurs dont il est plein, ne pouvait plaire qu'à des whigs fanatiques, comme a dit l'abbé Grécourt,

> En chantant l'univers perdu pour une pomme,
> Et Dieu pour le damner créant le premier homme.

Il a pu réjouir des presbytériens en faisant coucher le Péché avec la Mort, en tirant dans le ciel du canon de vingt-quatre, en faisant combattre le sec et l'humide, le froid et le chaud, en coupant en deux des anges qui se rentraient sur-le-champ, en bâtissant un pont sur le chaos, en représentant le Messiath qui prend dans une armoire du ciel un grand compas pour circonscrire la terre, etc., etc., etc. Virgile et Horace auraient peut-être trouvé ces idées un peu étranges. Mais si elles ont réussi en Angleterre à l'aide de quelques vers très-heureux, le christiadier s'est trompé quand il a espéré du succès de son roman, sans le soutenir par de beaux vers, qui à la vérité sont très-difficiles à faire.

« Mais, dit l'auteur, un Jérôme Vida, évêque d'Albe, a fait jadis une très-importante *Christiade* en vers latins, dans laquelle il a transcrit beaucoup de vers de Virgile. — Eh bien, mon ami, pourquoi as-tu fait la tienne en prose française? que n'imitais-tu Virgile aussi?

— Mais feu M. d'Escorbiac, Toulousain, a fait aussi une *Christiade*. — Ah! malheureux, pourquoi t'es-tu fait le singe de feu M. d'Escorbiac[1]?

---

1. Escorbiac n'ayant pas d'article dans la *Biographie toulousaine*, 1823, 2 vol.

— Mais Milton a fait aussi son roman du nouveau Testament, son *Paradis reconquis*, en vers blancs qui ressemblent souvent à la plus mauvaise prose. — Va, va, laisse Milton mettre toujours aux prises Satan avec Jésus. C'est à lui qu'il appartient de faire conduire en grands vers, dans la Galilée, un troupeau de deux mille cochons par une légion de diables, c'est-à-dire par six mille sept cents diables qui s'emparent de ces cochons (à trois diables et sept vingtièmes par cochon), et qui les noient dans un lac. C'est à Milton qu'il sied bien de faire proposer à Dieu par le diable de faire ensemble un beau souper [1]. Le diable, dans Milton, peut à son aise couvrir la table d'ortolans, de perdrix, de soles, d'esturgeons, et faire servir à boire par Hébé et par Ganymède à Jésus-Christ. Le diable peut emporter Dieu sur une petite montagne, du haut de laquelle il lui montre le Capitole, les îles Moluques, et la ville des Indes où naquit la belle Angélique, qui fit tourner la tête à Roland.

« Après quoi le diable offre à Dieu de lui donner tout cela, pourvu que Dieu veuille l'adorer. Mais Milton a eu beau faire, on s'est moqué de lui; on s'est moqué du pauvre frère Berruyer le jésuite; on se moque de toi, prends la chose en patience. »

MARTYRS. — *Section I.* — *Martyr*, témoin; *martyrion*, témoignage. La société chrétienne naissante donna d'abord le nom de *martyrs* à ceux qui annonçaient de nouvelles vérités devant les hommes, qui rendaient témoignage à Jésus, qui confessaient Jésus, comme on donna le nom de *saints* aux presbytes, aux surveillants de la société, et aux femmes leurs bienfaitrices; c'est pourquoi saint Jérôme appelle souvent dans ses lettres son affiliée Paule, sainte Paule. Et tous les premiers évêques s'appelaient *saints*.

Le nom de *martyrs* dans la suite ne fut plus donné qu'aux chrétiens morts ou tourmentés dans les supplices; et les petites chapelles qu'on leur érigea depuis reçurent le nom de *martyrion*.

C'est une grande question pourquoi l'empire romain autorisa toujours dans son sein la secte juive, même après les deux horribles guerres de Titus et d'Adrien, pourquoi il toléra le culte isiaque à plusieurs reprises, et pourquoi il persécuta souvent le christianisme. Il est évident que les Juifs, qui payaient chèrement leurs synagogues, dénonçaient les chrétiens leurs ennemis mortels, et soulevaient les peuples contre eux. Il est encore évident que les Juifs, occupés du métier de courtiers et de l'usure, ne prêchaient point contre l'ancienne religion de l'empire, et que les chrétiens, tous engagés dans la controverse, prêchaient contre le culte public, voulaient l'anéantir, brûlaient souvent les temples, brisaient les statues consacrées, comme firent saint Théodore dans Amasée, et saint Polyeucte dans Mitylène.

Les chrétiens orthodoxes, étant sûrs que leur religion était la seule

---

in-8°, on peut croire que sa *Christiade* n'a point été imprimée, et même que M. d'Escorbiac est un personnage imaginaire. (*Note de M. Beuchot.*)

1. « Allons donc, fils de Dieu, mets-toi à table et mange. »

     What doubt'st thou, son of God? sit down and eat.

                Paradise regain'd, book II.

véritable, n'en toléraient aucune autre. Alors on ne les toléra guère.
On en supplicia quelques-uns, qui moururent pour la foi, et ce furent
les martyrs.

Ce nom est si respectable qu'on ne doit pas le prodiguer; il n'est pas
permis de prendre le nom et les armes d'une maison dont on n'est pas.
On a établi des peines très-graves contre ceux qui osent se décorer de
la croix de Malte ou de Saint-Louis sans être chevaliers de ces ordres.

Le savant Dodwell, l'habile Middleton, le judicieux Blondel, l'exact
Tillemont, le scrutateur Launoy et beaucoup d'autres, tous zélés pour
la gloire des vrais martyrs, ont rayé de leur catalogue une multitude
d'inconnus à qui l'on prodiguait ce grand nom. Nous avons observé
que ces savants avaient pour eux l'aveu formel d'Origène, qui, dans sa
Réfutation de Celse, avoue qu'il y a eu peu de martyrs, et encore de
loin à loin, et qu'il est facile de les compter.

Cependant le bénédictin Ruinart, qui s'intitule dom Ruinart, quoiqu'il ne soit pas Espagnol, a combattu tant de savants personnages. Il
nous a donné avec candeur beaucoup d'histoires de martyrs qui ont
paru fort suspectes aux critiques. Plusieurs bons esprits ont douté de
quelques anecdotes concernant les légendes rapportées par dom Ruinart, depuis la première jusqu'à la dernière.

1° *Sainte Symphorose et ses sept enfants.* — Les scrupules commencent par sainte Symphorose et ses sept enfants martyrisés avec elle, ce
qui paraît d'abord trop imité des sept Machabées. On ne sait pas d'où
vient cette légende, et c'est déjà un grand sujet de doute.

On y rapporte que l'empereur Adrien voulut interroger lui-même
l'inconnue Symphorose, pour savoir si elle n'était pas chrétienne. Les
empereurs se donnaient rarement cette peine. Cela serait encore plus
extraordinaire que si Louis XIV avait fait subir un interrogatoire à un
huguenot. Vous remarquerez encore qu'Adrien fut le plus grand protecteur des chrétiens, loin d'être leur persécuteur.

Il eut donc une très-longue conversation avec Symphorose; et se
mettant en colère, il lui dit : *Je te sacrifierai aux dieux;* comme si les
empereurs romains sacrifiaient des femmes dans leurs dévotions. Ensuite il la fit jeter dans l'Anio, ce qui n'était pas un sacrifice ordinaire.
Puis il fit fendre un de ses fils par le milieu du front jusqu'au pubis,
un second par les deux côtés; on roua un troisième, un quatrième ne
fut que percé dans l'estomac, un cinquième droit au cœur, un sixième
à la gorge; le septième mourut d'un paquet d'aiguilles enfoncées dans
la poitrine. L'empereur Adrien aimait la variété. Il commanda qu'on
les ensevelît auprès du temple d'Hercule, quoiqu'on n'enterrât personne
dans Rome, encore moins près des temples, et que c'eût été une horrible profanation. « Le pontife du temple, ajoute le légendaire, nomma
le lieu de leur sépulture les sept Biotanates. »

S'il était rare qu'on érigeât un monument dans Rome à des gens
ainsi traités, il n'était pas moins rare qu'un grand prêtre se chargeât
de l'inscription, et même que ce prêtre romain leur fît une épitaphe
grecque. Mais ce qui est encore plus rare, c'est qu'on prétendé que ce

mot *biotanates* signifie les sept suppliciés. *Biotanates* est un mot forgé
qu'on ne trouve dans aucun auteur[1]; et ce ne peut être que par un
jeu de mots qu'on lui donne cette signification, en abusant du mot
thenon. Il n'y a guère de fable plus mal construite. Les légendaires
ont su mentir, mais ils n'ont jamais su mentir avec art.

Le savant La Croze[2], bibliothécaire du roi de Prusse Frédéric le
Grand, disait : « Je ne sais pas si Ruinart est sincère, mais j'ai peur
qu'il ne soit imbécile. »

2° *Sainte Félicité et encore sept enfants.* — C'est de Surius qu'est tirée
cette légende. Ce Surius est un peu décrié par ses absurdités. C'est un
moine du xvi° siècle qui raconte les martyres du second, comme s'il
avait été présent.

Il prétend que ce méchant homme, ce tyran Marc-Aurèle Antonin
Pie ordonna au préfet de Rome de faire le procès à sainte Félicité, de
la faire mourir elle et ses sept enfants, parce qu'il courait un bruit
qu'elle était chrétienne.

Le préfet tint son tribunal au champ de Mars, lequel pourtant ne
servait qu'à la revue des troupes; et la première chose que fit le préfet,
ce fut de lui faire donner un soufflet en pleine assemblée.

Les longs discours du magistrat et des accusés sont dignes de l'historien. Il finit par faire mourir les sept frères dans des supplices différents, comme les enfants de sainte Symphorose. Ce n'est qu'un double
emploi. Mais pour sainte Félicité il la laisse là, et n'en dit pas un mot.

3° *Saint Polycarpe.* — Eusèbe raconte que saint Polycarpe, ayant
connu en songe qu'il serait brûlé dans trois jours, en avertit ses amis.
Le légendaire ajoute que le lieutenant de police de Smyrne, nommé
Hérode, le fit prendre par ses archers, qu'il fut livré aux bêtes dans
l'amphithéâtre, que le ciel s'entr'ouvrit, et qu'une voix céleste lui cria:
Bon courage, Polycarpe; que l'heure de lâcher les lions sur l'amphithéâtre étant passée, on alla prendre dans toutes les maisons du bois
pour le brûler; que le saint s'adressa au Dieu des *archanges* (quoique
le mot d'archange ne fût point encore connu); qu'alors les flammes
s'arrangèrent autour de lui en arc de triomphe sans le toucher; que
son corps avait l'*odeur d'un pain cuit;* mais qu'ayant résisté au feu, il
ne put se défendre d'un coup de sabre; que son sang éteignit le bûcher, et qu'il en sortit une colombe qui s'envola droit au ciel. On ne
sait pas précisément dans quelle planète.

4° *De Saint Ptolémée.* — Nous suivons l'ordre de dom Ruinart; mais
nous ne voulons point révoquer en doute le martyre de saint Ptolémée
qui est tiré de l'Apologétique de saint Justin.

---

1. On trouve *Biothanatus* dans Lampridius (vers la fin de la *Vie d'Héliogabale*),
dans Julius Firmicus Maternus, dans Isidore de Séville, dans Tertullien, le plus
ancien des quatre, et qui florissait au commencement du iii° siècle. Ce n'était
plus le temps de la bonne latinité. (*Note de M. Beuchot*)

2. La Croze (Mathurin Weyssière de), né à Nantes le 4 décembre 1661, mort
le 21 mai 1739, était bibliothécaire de Frédéric-Guillaume I°, mais non de Frédéric le Grand, qui n'est devenu roi qu'à la mort de Frédéric-Guillaume I°,
le 31 mai 1740. (*Idem.*)

Nous pourrions former quelques difficultés sur la femme accusée par son mari d'être chrétienne, et qui le prévint en lui donnant le libelle de divorce. Nous pourrions demander pourquoi, dans cette histoire, il n'est plus question de cette femme. Nous pourrions faire voir qu'il n'était pas permis aux femmes, du temps de Marc-Aurèle, de demander à répudier leurs maris, que cette permission ne leur fut donnée que sous l'empereur Julien, et que l'histoire tant répétée de cette chrétienne qui répudia son mari (tandis qu'aucune païenne n'avait osé en venir là) pourrait bien n'être qu'une fable; mais nous ne voulons point élever de disputes épineuses. Pour peu qu'il y ait de vraisemblance dans la compilation de dom Ruinart, nous respectons trop le sujet qu'il traite pour faire des objections.

Nous n'en ferons point sur la lettre des Églises de Vienne et de Lyon. quoiqu'il y ait encore bien des obscurités; mais on nous pardonnera de défendre la mémoire du grand Marc-Aurèle outragée dans la Vie de saint Symphorien de la ville d'Autun, qui était probablement parent de sainte Symphorose.

5° *De Saint Symphorien d'Autun.* — La légende, dont on ignore l'auteur, commence ainsi : « L'empereur Marc-Aurèle venait d'exciter une effroyable tempête contre l'Église, et ses édits foudroyants attaquaient de tous côtés la religion de Jésus-Christ, lorsque saint Symphorien vivait dans Autun dans tout l'éclat que peut donner une haute naissance et une rare vertu. Il était d'une famille chrétienne, et l'une des plus considérables de la ville, etc. »

Jamais Marc-Aurèle ne donna d'édit sanglant contre les chrétiens. C'est une calomnie très-condamnable. Tillemont lui-même avoue « que ce fut le meilleur prince qu'aient jamais eu les Romains; que son règne fut un siècle d'or, et qu'il vérifia ce qu'il disait souvent, d'après Platon, que les peuples ne seraient heureux que quand les rois seraient philosophes. »

De tous les empereurs ce fut celui qui promulgua les meilleures lois; il protégea tous les sages, et ne persécuta aucun chrétien, dont il avait un grand nombre à son service.

Le légendaire raconte que saint Symphorien ayant refusé d'adorer Cybèle, le juge de la ville demanda : « Qui est cet homme-là ? » Or il est impossible que le juge d'Autun n'eût pas connu l'homme le plus considérable d'Autun.

On le fait déclarer par la sentence coupable de lèse-majesté *divine et humaine.* Jamais les Romains n'ont employé cette formule, et cela seul ôterait toute créance au prétendu martyre d'Autun.

Pour mieux repousser la calomnie contre la mémoire sacrée de Marc-Aurèle, mettons sous les yeux le discours de Méliton, évêque de Sardes, à ce meilleur des empereurs, rapporté mot à mot par Eusèbe [1].

« La suite continuelle des heureux succès qui sont arrivés à l'empire, sans que sa félicité ait été troublée par aucune disgrâce, depuis que notre religion qui était née avec lui s'est augmentée dans son

---

1. Eusèbe, p. 187, traduction de Cousin. in-4°.

sein, est une preuve évidente qu'elle contribue notablement à sa grandeur et à sa gloire. Il n'y a eu entre les empereurs que Néron et Domitien qui, étant trompés par certains imposteurs, ont répandu contre nous des calomnies, qui ont trouvé, selon la coutume, quelque créance parmi le peuple. Mais vos très-pieux prédécesseurs ont corrigé l'ignorance de ce peuple, et ont réprimé par des édits publics la hardiesse de ceux qui entreprendraient de nous faire aucun mauvais traitement. Adrien votre aïeul a écrit en notre faveur à Fundanus, gouverneur d'Asie, et à plusieurs autres. L'empereur votre père, dans le temps que vous partagiez avec lui les soins du gouvernement, a écrit aux habitants de Larisse, de Thessalonique, d'Athènes, et enfin à tous les peuples de la Grèce, pour réprimer les séditions et les tumultes qui avaient été excités contre nous. »

Ce passage d'un évêque très-pieux, très-sage et très-véridique, suffit pour confondre à jamais tous les mensonges des légendaires, qu'on peut regarder comme la bibliothèque bleue du christianisme.

6° *D'une autre sainte Félicité, et de sainte Perpétue.* — S'il était question de contredire la légende de Félicité et de Perpétue, il ne serait pas difficile de faire voir combien elle est suspecte. On ne connaît ces martyres de Carthage que par un écrit sans date de l'Église de Saltzbourg. Or, il y a loin de cette partie de la Bavière à la Goulette. On ne nous dit pas sous quel empereur cette Félicité et cette Perpétue reçurent la couronne du dernier supplice. Les visions prodigieuses dont cette histoire est remplie ne décèlent pas un historien bien sage. Une échelle toute d'or brodée de lances et d'épées, un dragon au haut de l'échelle, un grand jardin auprès du dragon, des brebis dont un vieillard tirait le lait, un réservoir plein d'eau, un flacon d'eau dont on buvait sans que l'eau diminuât, sainte Perpétue se battant toute nue contre un vilain Égyptien, de beaux jeunes gens tout nus qui prenaient son parti; elle-même enfin devenue homme et athlète très-vigoureux: ce sont là, ce me semble, des imaginations qui ne devraient pas entrer dans un ouvrage respectable.

Il y a encore une réflexion très-importante à faire; c'est que le style de tous ces récits de martyres arrivés dans des temps si différents, est partout semblable, partout également puéril et ampoulé. Vous retrouvez les mêmes tours, les mêmes phrases dans l'histoire d'un martyre sous Domitien, et d'un autre sous Galérius. Ce sont les mêmes épithètes, les mêmes exagérations. Pour peu qu'on se connaisse en style, on voit qu'une même main les a tous rédigés.

Je ne prétends point ici faire un livre contre dom Ruinart; et en respectant toujours, en admirant, en invoquant les vrais martyrs avec la sainte Église, je me bornerai à faire sentir, par un ou deux exemples frappants, combien il est dangereux de mêler ce qui n'est que ridicule avec ce qu'on doit vénérer.

7° *De saint Théodote de la ville d'Ancyre, et des sept vierges, écrit par Nilus, témoin oculaire, tiré de Bollandus.* — Plusieurs critiques, aussi éminents en sagesse qu'en vraie piété, nous ont déjà fait connaître que la légende de Théodote le cabaretier est une profanation et une espèce d'impiété, qui aurait dû être supprimée. Voici l'histoire de Théodote. Nous emploierons souvent les propres paroles des *Actes sincères*, recueillis par dom Ruinart.

« Son métier de cabaretier lui fournissait les moyens d'exercer ses fonctions épiscopales. Cabaret illustre, consacré à la piété et non à la débauche.... Tantôt Théodote était médecin, tantôt il fournissait de bons morceaux aux fidèles. On vit un cabaret être aux chrétiens ce que l'arche de Noé fut à ceux que Dieu voulut sauver du déluge[1]. »

Ce cabaretier Théodote se promenant près du fleuve Halis avec ses convives vers un bourg voisin de la ville d'Ancyre, « un gazon frais et mollet leur présentait un lit délicieux; une source qui sortait à quelques pas de là au pied d'un rocher, et qui, par une route couronnée de fleurs, venait se rendre auprès d'eux pour les désaltérer, leur offrait une eau claire et pure. Des arbres fruitiers mêlés d'arbres sauvages leur fournissaient de l'ombre et des fruits; et une bande de savants rossignols, que des cigales relevaient de temps en temps, y formaient un charmant concert, etc. »

Le curé du lieu, nommé Fronton, étant arrivé, et le cabaretier ayant bu avec lui sur l'herbe, « dont le vert naissant était relevé par les nuances diverses du divers coloris des fleurs, dit au curé : « Ah ! père, « quel plaisir il y aurait à bâtir ici une chapelle ! — Oui, dit Fronton, « mais il faut commencer par avoir des reliques. — Allez, allez, reprit « saint Théodote, vous en aurez bientôt, sur ma parole, et voici mon « anneau que je vous donne pour gage; bâtissez vite la chapelle. »

Le cabaretier avait le don de prophétie, et savait bien ce qu'il disait. Il s'en va à la ville d'Ancyre, tandis que le curé Fronton se met à bâtir. Il y trouve la persécution la plus horrible, qui durait depuis très-longtemps. Sept vierges chrétiennes, dont la plus jeune avait soixante et dix ans, venaient d'être condamnées, selon l'usage, à perdre leur pucelage par le ministère de tous les jeunes gens de la ville. La jeunesse d'Ancyre, qui avait probablement des affaires plus pressantes, ne s'empressa pas d'exécuter la sentence. Il ne s'en trouva qu'un qui obéit à la justice. Il s'adressa à sainte Thécuse, et la mena dans un cabinet avec une valeur étonnante. Thécuse se jeta à ses genoux, et lui dit : « Pour Dieu, mon fils, un peu de vergogne; voyez ces yeux éteints, cette chair demi-morte, ces rides pleines de crasse, que soixante et dix ans ont creusées sur mon front, ce visage couleur de terre.... Quittez des pensées si indignes d'un jeune homme comme vous; Jésus-Christ vous en conjure par ma bouche; il vous le demande comme une grâce, et si vous la lui accordez vous pouvez attendre tout de sa reconnaissance. » Ce discours de la vieille et son visage firent rentrer tout à coup l'exécuteur en lui-même. Les sept vierges ne furent point déflorées.

---

1. Ce qui est entre guillemets est mot à mot dans les *Actes sincères*; tout le reste est entièrement conforme. On l'a seulement abrégé pour éviter l'ennui du style déclamatoire de ces Actes.

Le gouverneur irrité chercha un autre supplice; il les fit initier sur-le-champ aux mystères de Diane et de Minerve. Il est vrai qu'on avait institué de grandes fêtes en l'honneur de ces divinités; mais on ne connaît point dans l'antiquité les mystères de Minerve et de Diane. Saint Nil, intime ami du cabaretier Théodote, auteur de cette histoire merveilleuse, n'était pas au fait.

On mit, selon lui, les sept belles demoiselles toutes nues sur le char qui portait la grande Diane et la sage Minerve au bord d'un lac voisin. Le Thucydide saint Nil paraît encore ici fort mal informé. Les prêtresses étaient toujours couvertes d'un voile; et jamais les magistrats romains n'ont fait servir la déesse de la chasteté et celle de la sagesse par des filles qui montrassent aux peuples leur devant et leur derrière.

Saint Nil ajoute que le char était précédé par deux chœurs de ménades qui portaient le thyrse en main. Saint Nil a pris ici les prêtresses de Minerve pour celles de Bacchus. Il n'était pas versé dans la liturgie d'Ancyre.

Le cabaretier, en entrant dans la ville, vit ce funeste spectacle, le gouverneur, les ménades, la charrette, Minerve, Diane, et les sept pucelles. Il court se mettre en oraison dans une hutte avec un neveu de sainte Thécuse. Il prie le ciel que ces sept dames soient plutôt mortes que nues. Sa prière est exaucée; il apprend que les sept filles, au lieu d'être déflorées, ont été jetées dans le lac, une pierre au cou, par ordre du gouverneur. Leur virginité est en sûreté. « A cette nouvelle, le saint se relevant de terre, et se tenant sur les genoux, tourna ses yeux vers le ciel; et parmi les divers mouvements d'amour, de joie et de reconnaissance qu'il ressentait, il dit : « Je vous rends « grâces, Seigneur, de ce que vous n'avez pas rejeté la prière de votre « serviteur. »

« Il s'endormit, et pendant son sommeil, sainte Thécuse, la plus jeune des noyées, lui apparut. « Eh quoi! mon fils Théodote, lui dit-« elle, vous dormez sans penser à nous! avez-vous oublié sitôt les « soins que j'ai pris de votre jeunesse? Ne souffrez pas, mon cher « Théodote, que nos corps soient mangés des poissons. Allez au lac, « mais gardez-vous d'un traître. »

Ce traître était le propre neveu de sainte Thécuse.

J'omets ici une foule d'aventures miraculeuses qui arrivèrent au cabaretier, pour venir à la plus importante. Un cavalier céleste armé de toutes pièces, précédé d'un flambeau céleste, descend du haut de l'empyrée, conduit au lac le cabaretier au milieu des tempêtes, écarte tous les soldats qui gardaient le rivage, et donne le temps à Théodote de repêcher les sept vieilles et de les enterrer.

Le neveu de Thécuse alla malheureusement tout dire. On saisit Théodote; on essaya en vain pendant trois jours tous les supplices pour le faire mourir; on ne put en venir à bout qu'en lui tranchant la tête, opération à laquelle les saints ne résistent jamais.

Il restait de l'enterrer. Son ami le curé Fronton, à qui Théodote, en qualité de cabaretier, avait donné deux outres remplies de bon vin, enivra les gardes et emporta le corps. Alors Théodote apparut en corps et en âme au curé : « Eh bien, mon ami, lui dit-il, ne t'avais-je pas bien dit que tu aurais des reliques pour ta chapelle ? »

C'est là ce que rapporte saint Nil, temoin oculaire, qui ne pouvait être ni trompé ni trompeur; c'est là ce que transcrit dom Ruinart comme un acte sincère. Or tout homme sensé, tout chrétien sage lui demandera si on s'y serait pris autrement pour déshonorer la religion la plus sainte, la plus auguste de la terre, et pour la tourner en ridicule.

Je ne parlerai point des onze mille vierges; je ne discuterai point la fable de la légion thébaine, composée, dit l'auteur, de six mille six cents hommes, tous chrétiens venant d'Orient par le mont Saint-Bernard, martyrisée l'an 286, dans le temps de la paix de l'Église la plus profonde, et dans une gorge de montagnes où il est impossible de mettre trois cents hommes de front; fable écrite plus de cinq cent cinquante ans après l'événement; fable dans laquelle il est parlé d'un roi de Bourgogne qui n'existait pas; fable enfin reconnue pour absurde par tous les savants qui n'ont pas perdu la raison.

Je m'en tiendrai au prétendu martyre de saint Romain.

8° *Du martyre de saint Romain.* — Saint Romain voyageait vers Antioche; il apprend que le juge Asclépiade faisait mourir les chrétiens. Il va le trouver, et le défie de le faire mourir. Asclépiade le livre aux bourreaux : ils ne peuvent en venir à bout. On prend enfin le parti de le brûler. On apporte des fagots. Des Juifs qui passaient se moquent de lui; il lui disent que Dieu tira de la fournaise Sidrac, Misac et Abdenago, mais que Jésus-Christ laisse brûler ses serviteurs; aussitôt il pleut, et le bûcher s'éteint.

L'empereur, qui cependant était alors à Rome, et non dans Antioche, dit « que le ciel se déclare pour saint Romain, et qu'il ne veut rien avoir à démêler avec le Dieu du ciel. Voilà, continue le légendaire [1], notre Ananias délivré du feu aussi bien que celui des Juifs. Mais Asclépiade, homme sans honneur, fit tant par ses basses flatteries, qu'il obtint qu'on couperait la langue à saint Romain. Un médecin qui se trouva là coupe la langue au jeune homme, et l'emporte chez lui proprement enveloppée dans un morceau de soie.

« L'anatomie nous apprend, et l'expérience le confirme, qu'un homme ne peut vivre sans langue.

« Romain fut conduit en prison. On nous a lu plusieurs fois que le Saint-Esprit descendit en langue de feu; mais saint Romain qui balbutiait comme Moïse, tandis qu'il n'avait qu'une langue de chair, commença à parler distinctement dès qu'il n'en eut plus.

« On alla conter le miracle à Asclépiade comme il était avec l'empereur. Ce prince soupçonna le médecin de l'avoir trompé; le juge menaça le médecin de le faire mourir. « Seigneur, lui dit-il, j'ai en « core chez moi la langue que j'ai coupée à cet homme; ordonnez qu'on

---

1. Le légendaire ne suit ce qu'il dit avec son *Ananias.*

« m'en donne un qui ne soit pas comme celui-ci sous une protection
« particulière de Dieu; permettez que je lui coupe la langue jusqu'à
« l'endroit où celle-ci a été coupée; s'il n'en meurt pas, je consens
« qu'on me fasse mourir moi-même. » Là-dessus on fait venir un
homme condamné à mort; et le médecin, ayant pris la mesure de la
langue de Romain, coupe à la même distance celle du criminel; mais
à peine avait-il retiré son rasoir que le criminel tombe mort. Ainsi le
miracle fut avéré, à la gloire de Dieu et à la consolation des fidèles. »

Voilà ce que dom Ruinart raconte sérieusement. Prions Dieu pour
le bon sens de dom Ruinart.

Section II. — Comment se peut-il que dans le siècle éclairé où nous
sommes, on trouve encore des écrivains savants et utiles qui suivent
pourtant le torrent des vieilles erreurs, et qui gâtent des vérités par
des fables reçues? Ils comptent encore l'ère des martyrs de la première
année de l'empire de Dioclétien, qui était alors bien éloigné de mar-
tyriser personne. Ils oublient que sa femme Prisca était chrétienne;
que les principaux officiers de sa maison étaient chrétiens, qu'il les
protégea constamment pendant dix-huit années; qu'ils bâtirent dans Nicomédie une église plus somptueuse que son palais; et qu'ils n'auraient jamais été persécutés s'ils n'avaient outragé le césar Galérius.

Est-il possible qu'on ose redire encore que Dioclétien *mourut de
rage, de désespoir et de misère*, lui qu'on vit quitter la vie en philosophe comme il avait quitté l'empire; lui qui, sollicité de reprendre la
puissance suprême, aima mieux cultiver ses beaux jardins de Salone
que de régner encore sur l'univers alors connu?

O compilateurs! ne cesserez-vous point de compiler? vous avez
utilement employé vos trois doigts : employez plus utilement votre
raison.

Quoi! vous me répétez que saint Pierre régna sur les fidèles à Rome
pendant vingt-cinq ans, et que Néron le fit mourir la dernière année
de son empire, lui et saint Paul, pour venger la mort de Simon le
magicien à qui ils avaient cassé les jambes par leurs prières!

C'est insulter le christianisme que de rapporter ces fables, quoique
avec une très-bonne intention.

Les pauvres gens qui redisent encore ces sottises sont des copistes
qui remettent en in-octavo ou en in-douze d'anciens in-folio que les
honnêtes gens ne lisent plus, et qui n'ont jamais ouvert un livre de
saine critique. Ils ressassent les vieilles histoires de l'Église; ils ne
connaissent ni Middleton, ni Dodwell, ni Brucker, ni Dumoulin, ni
Fabricius, ni Grabe, ni même Dupin, ni aucun de ceux qui ont porté
depuis peu la lumière dans les ténèbres.

Section III. — On nous berne de martyres à faire pouffer de rire.
On nous peint les Titus, les Trajan, les Marc-Aurèle, ces modèles de
vertu, comme des monstres de cruauté. Fleury, abbé du Loc-Dieu, a
déshonoré son histoire ecclésiastique par des contes qu'une vieille
femme de bon sens ne ferait pas à des petits enfants.

Peut-on répéter sérieusement que les Romains condamnèrent sept vierges de soixante et dix ans chacune à passer par les mains de tous les jeunes gens de la ville d'Ancyre, eux qui punissaient de mort les vestales pour la moindre galanterie ?

C'est apparemment pour faire plaisir aux cabaretiers qu'on a imaginé qu'un cabaretier chrétien, nommé Théodote, pria Dieu de faire mourir ces sept vierges plutôt que de les exposer à perdre le plus vieux des pucelages. Dieu exauça le cabaretier pudibond, et le proconsul fit noyer dans un lac les sept demoiselles. Dès qu'elles furent noyées, elles vinrent se plaindre à Théodote du tour qu'il leur avait joué, et le supplièrent instamment d'empêcher qu'elles ne fussent mangées des poissons. Théodote prend avec lui trois buveurs de sa taverne, marche au lac avec eux, précédé d'un flambeau céleste et d'un cavalier céleste, repêche les sept vieilles, les enterre, et finit par être décapité.

Dioclétien rencontre un petit garçon nommé saint Romain qui était bègue; il veut le faire brûler parce qu'il était chrétien; trois Juifs se trouvent là et se mettent à rire de ce que Jésus-Christ laisse brûler un petit garçon qui lui appartient; ils crient que leur religion vaut mieux que la chrétienne, puisque Dieu a délivré Sidrac, Misac et Abdenago de la fournaise ardente; aussitôt les flammes qui entouraient le jeune Romain, sans lui faire mal, se séparent et vont brûler les trois Juifs.

L'empereur tout étonné dit qu'il ne veut rien avoir à démêler avec Dieu; mais un juge de village moins scrupuleux condamne le petit bègue à avoir la langue coupée. Le premier médecin de l'empereur est assez honnête pour faire l'opération lui-même; dès qu'il a coupé la langue au petit Romain, cet enfant se met à jaser avec une volubilité qui ravit toute l'assemblée en admiration.

On trouve cent contes de cette espèce dans les martyrologes. On a cru rendre les anciens Romains odieux, et on s'est rendu ridicule. Voulez-vous de bonnes barbaries bien avérées, de bons massacres bien constatés, des ruisseaux de sang qui aient coulé en effet, des pères, des mères, des maris, des femmes, des enfants à la mamelle réellement égorgés et entassés les uns sur les autres? monstres persécuteurs, ne cherchez ces vérités que dans vos annales : vous les trouverez dans les croisades contre les Albigeois, dans les massacres de Mérindol et de Cabrières, dans l'épouvantable journée de la Saint-Barthélemy, dans les massacres de l'Irlande, dans les vallées des Vaudois. Il vous sied bien, barbares que vous êtes, d'imputer au meilleur des empereurs des cruautés extravagantes, vous qui avez inondé l'Europe de sang, et qui l'avez couverte de corps expirants, pour prouver que le même corps peut être en mille endroits à la fois, et que le pape peut vendre des indulgences! Cessez de calomnier les Romains vos législateurs, et demandez pardon à Dieu des abominations de vos pères.

Ce n'est pas le supplice, dites-vous, qui fait le martyre, c'est la cause. Eh bien, je vous accorde que vos victimes ne doivent point être appelées du nom de martyr, qui signifie témoin; mais quel nom donnerons-nous à vos bourreaux? Les Phalaris et les Busiris ont été les plus doux des hommes en comparaison de vous : votre inquisition, qui subsiste encore, ne fait-elle pas frémir la raison, la nature, la religion? Grand Dieu! si on allait mettre en cendre ce tribunal infernal, déplairait-on à vos regards vengeurs?

MASSACRES. — (*Article de M. Treuchard.*) — Il est peut-être aussi difficile qu'inutile de savoir si *mazzacrium*, mot de la basse latinité, a fait massacre, ou si massacre a fait *mazzacrium*.

Un massacre signifie un nombre d'hommes tués. « Il y eut hier un grand massacre près de Varsovie, près de Cracovie. » On ne dit point : « Il s'est fait le massacre d'un homme; » et cependant on dit : « Un homme a été massacré; » en ce cas on entend qu'il a été tué de plusieurs coups avec barbarie.

La poésie se sert du mot *massacré* pour tué, assassiné :

Que par sa propre main mon père massacré.
                    (Corneille, *Cinna*, acte I, scène I.)

Un Anglais a fait un relevé de tous les massacres perpétrés pour cause de religion depuis les premiers siècles de notre ère vulgaire.

J'ai été fortement tenté d'écrire contre cet auteur anglais; mais son mémoire ne m'ayant point paru enflé, je me suis retenu. Au reste, j'espère qu'on n'aura plus de pareils calculs à faire. Mais à qui en aura-t-on l'obligation?

MATIÈRE. — *Section I.* — *Dialogue poli entre un énergumène et un philosophe.*

L'ÉNERGUMÈNE.— Oui, ennemi de Dieu et des hommes, qui crois que Dieu est tout-puissant, et qu'il est le maître d'ajouter le don de la pensée à tout être qu'il daignera choisir, je vais te dénoncer à monseigneur l'inquisiteur, je te ferai brûler; prends garde à toi, je t'avertis pour la dernière fois.

LE PHILOSOPHE. — Sont-ce là vos arguments? est-ce ainsi que vous enseignez les hommes? J'admire votre douceur.

L'ÉNERGUMÈNE. — Allons, je veux bien m'apaiser un moment en attendant les fagots. Réponds-moi : Qu'est-ce que l'esprit?

LE PHILOSOPHE. — Je n'en sais rien.

L'ÉNERGUMÈNE. — Qu'est-ce que la matière?

LE PHILOSOPHE. — Je n'en sais pas grand'chose. Je la crois étendue, solide, résistante, gravitante, divisible, mobile; Dieu peut lui avoir donné mille autres qualités que j'ignore.

L'ÉNERGUMÈNE. — Mille autres qualités, traître! je vois où tu veux venir : tu vas me dire que Dieu peut animer la matière, qu'il a donné l'instinct aux animaux, qu'il est le maître de tout.

LE PHILOSOPHE. — Mais il se pourrait bien faire qu'en effet il eût accordé à cette matière bien des propriétés que vous ne sauriez comprendre.

L'ÉNERGUMÈNE. — Que, je ne saurais comprendre, scélérat!

LE PHILOSOPHE. — Oui, sa puissance va plus loin que votre entendement.

L'ÉNERGUMÈNE.—Sa puissance! sa puissance! vrai discours d'athée

LE PHILOSOPHE. — J'ai pourtant pour moi le témoignage de plusieurs saints Pères.

L'ÉNERGUMÈNE. — Va, va, ni Dieu, ni eux, ne nous empêcheront de te faire brûler vif; c'est un supplice dont on punit les parricides et les philosophes qui ne sont pas de notre avis.

LE PHILOSOPHE. — Est-ce le diable, ou toi, qui a inventé cette manière d'argumenter?

L'ÉNERGUMÈNE. — Vilain possédé, tu oses me mettre de niveau avec le diable!

(Ici l'énergumène donne un grand soufflet au philosophe, qui le lui rend avec usure.)

LE PHILOSOPHE. — A moi les philosophes!

L'ÉNERGUMÈNE. — A moi la sainte Hermandad!

(Ici une demi-douzaine de philosophes arrivent d'un côté, et on voit accourir de l'autre cent dominicains avec cent familiers de l'inquisition, et cent alguazils. La partie n'est pas tenable.)

Section II. — Les sages à qui l'on demande ce que c'est que l'âme, répondent qu'ils n'en savent rien. Si on leur demande ce que c'est que la matière, ils font la même réponse. Il est vrai que des professeurs, et surtout des écoliers, savent parfaitement tout cela; et quand ils ont répété que la matière est étendue et divisible, ils croient avoir tout dit; mais quand ils sont priés de dire ce que c'est que cette chose étendue, ils se trouvent embarrassés. « Cela est composé de parties, » disent-ils; et ces parties de quoi sont-elles composées? Les éléments de ces parties sont-ils divisibles? Alors, ou ils sont muets, ou ils parlent beaucoup, ce qui est également suspect. Cet être presque inconnu, qu'on nomme matière, est-il éternel? Toute l'antiquité l'a cru. A-t-il par lui-même la force active? Plusieurs philosophes l'ont pensé. Ceux qui le nient sont-ils en droit de le nier? Vous ne concevez pas que la matière puisse avoir rien par elle-même. Mais comment pouvez-vous assurer qu'elle n'a pas par elle-même les propriétés qui lui sont nécessaires? Vous ignorez quelle est sa nature, et vous lui refusez des modes qui sont pourtant dans sa nature; car enfin, dès qu'elle est, il faut bien qu'elle soit d'une certaine façon, qu'elle soit figurée; et dès qu'elle est nécessairement figurée, est-il impossible qu'il n'y ait d'autres modes attachés à sa configuration? La matière existe, vous ne la connaissez que par vos sensations. Hélas! de quoi servent toutes les subtilités de l'esprit depuis qu'on raisonne? La géométrie nous a appris bien des vérités, la métaphysique bien peu. Nous pesons la matière, nous la mesurons, nous la décomposons; et au delà de ces opérations grossières, si nous voulons faire un pas, nous trouvons dans nous l'impuissance, et devant nous un abîme.

Pardonnez de grâce à l'univers entier qui s'est trompé en croyant la matière existante par elle-même. Pouvait-il faire autrement? Comment imaginer que ce qui est sans succession n'a pas toujours été? S'il n'était pas nécessaire que la matière existât, pourquoi existe-t-elle? et s'il fallait qu'elle fût; pourquoi n'aurait-elle pas été toujours?

Nul axiome n'a jamais été plus universellement reçu que celui-ci : « Rien ne se fait de rien. » En effet le contraire est incompréhensible. Le chaos a chez tous les peuples précédé l'arrangement qu'une main divine a fait du monde entier. L'éternité de la matière n'a nui chez aucun peuple au culte de la Divinité. La religion ne fut jamais effarouchée qu'un Dieu éternel fût reconnu comme le maître d'une matière éternelle. Nous sommes assez heureux pour savoir aujourd'hui par la foi, que Dieu tira la matière du néant ; mais aucune nation n'avait été instruite de ce dogme ; les Juifs même l'ignorèrent. Le premier verset de la Genèse dit que les dieux, Éloïm, non pas Éloï, firent le ciel et la terre ; il ne dit pas que le ciel et la terre furent créés de rien.

Philon, qui est venu dans le seul temps où les Juifs aient eu quelque érudition, dit dans son chapitre de la création : « Dieu, étant bon par sa nature, n'a point porté envie à la substance, à la matière, qui par elle-même n'avait rien de bon, qui n'a de sa nature qu'inertie, confusion, désordre. Il daigna la rendre bonne de mauvaise qu'elle était. »

L'idée du chaos débrouillé par un Dieu se trouve dans toutes les anciennes théologies. Hésiode répétait ce que pensait l'Orient, quand il disait dans sa théogonie : « Le chaos est ce qui a existé le premier. » Ovide était l'interprète de tout l'empire romain, quand il disait :

> Sic ubi dispositam, quisquis fuit ille Deorum.
> Congeriem secuit....
>
> Ovid., Met., I, 32.

La matière était donc regardée entre les mains de Dieu comme l'argile sous la roue du potier, s'il est permis de se servir de ces faibles images pour en exprimer la divine puissance.

La matière étant éternelle devait avoir des propriétés éternelles, comme la configuration, la force d'inertie, le mouvement, et la divisibilité. Mais cette divisibilité n'est que la suite du mouvement ; car sans mouvement rien ne se divise, ne se sépare, ni ne s'arrange. On regardait donc le mouvement comme essentiel à la matière. Le chaos avait été un mouvement confus, et l'arrangement de l'univers un mouvement régulier imprimé à tous les corps par le maître du monde. Mais comment la matière aurait-elle le mouvement par elle-même ? Comme elle a, selon tous les anciens, l'étendue et l'impénétrabilité.

Mais on ne la peut concevoir sans étendue, et on peut la concevoir sans mouvement. A cela on répondait : « Il est impossible que la matière ne soit pas perméable ; or étant perméable, il faut bien que quelque chose passe continuellement dans ses pores ; à quoi bon des passages si rien n'y passe ? »

De réplique en réplique on ne finirait jamais ; le système de la matière éternelle a de très-grandes difficultés comme tous les systèmes. Celui de la matière formée de rien n'est pas moins incompréhensible. Il faut l'admettre, et ne pas se flatter d'en rendre raison ; la philosophie ne rend point raison de tout. Que de choses incompréhensibles n'est-on pas obligé d'admettre, même en géométrie ? Conçoit-on deux lignes qui s'approcheront toujours, et qui ne se rencontreront jamais ?

Les géomètres à la vérité nous diront : « Les propriétés des asymptotes vous sont démontrées; vous ne pouvez vous empêcher de les admettre; mais la création ne l'est pas : pourquoi l'admettez-vous? Quelle difficulté trouvez-vous à croire comme toute l'antiquité la matière éternelle? » D'un autre côté, le théologien vous pressera et vous dira : « Si vous croyez la matière éternelle, vous reconnaissez donc deux principes : Dieu et la matière; vous tombez dans l'erreur de Zoroastre, de Manès. »

On ne répondra rien aux géomètres, parce que ces gens-là ne connaissent que leurs lignes, leurs surfaces, et leurs solides; mais on pourra dire au théologien : « En quoi suis-je manichéen? Voilà des pierres qu'un architecte n'a point faites; il en a élevé un bâtiment immense; je n'admets point deux architectes; les pierres brutes ont obéi au pouvoir et au génie. »

Heureusement, quelque système qu'on embrasse, aucun ne nuit à la morale; car qu'importe que la matière soit faite ou arrangée? Dieu est également notre maître absolu. Nous devons être également vertueux sur un chaos débrouillé, ou sur un chaos créé de rien; presque aucune de ces questions méthaphysiques n'influe sur la conduite de la vie : il en est des disputes comme des vains discours qu'on tient à table; chacun oublie après dîner ce qu'il a dit, et va où son intérêt et son goût l'appellent.

MÉCHANT. — On nous crie que la nature humaine est essentiellement perverse, que l'homme est né enfant du diable et méchant. Rien n'est plus malavisé; car, mon ami, toi qui me prêches que tout le monde est né pervers, tu m'avertis donc que tu es né tel, qu'il faut que je me défie de toi comme d'un renard ou d'un crocodile. Oh point! me dis-tu, je suis régénéré, je ne suis ni hérétique ni infidèle, on peut se fier à moi. Mais le reste du genre humain qui est ou hérétique, ou ce que tu appelles infidèle, ne sera donc qu'un assemblage de monstres; et toutes les fois que tu parleras à un luthérien, ou à un Turc, tu dois être sûr qu'ils te voleront et qu'ils t'assassineront, car ils sont enfants du diable; ils sont nés méchants; l'un n'est point régénéré, et l'autre est dégénéré. Il serait bien plus raisonnable, bien plus beau de dire aux hommes : « Vous êtes tous nés bons; voyez combien il serait affreux de corrompre la pureté de votre être. » Il eût fallu en user avec le genre humain comme on en use avec tous les hommes en particulier. Un chanoine mène-t-il une vie scandaleuse, on lui dit: « Est-il possible que vous déshonoriez la dignité de chanoine? » On fait souvenir un homme de robe qu'il a l'honneur d'être conseiller du roi, et qu'il doit l'exemple. On dit à un soldat pour l'encourager: » Songe que tu es du régiment de Champagne. » On devrait dire à chaque individu : « Souviens-toi de ta dignité d'homme. »

Et en effet, malgré qu'on en ait, on en revient toujours là; car que veut dire ce mot si fréquemment employé chez toutes les nations · *Rentrez en vous-même?* Si vous étiez né enfant du diable, si votre origine était criminelle, si votre sang était formé d'une liqueur infernale, ce mot : *Rentrez en vous-même*, signifierait : « Consultez, suivez votre nature diabolique, soyez imposteur, voleur, assassin, c'est la loi de votre père. »

L'homme n'est point né méchant ; il le devient, comme il devient malade. Des médecins se présentent et lui disent : « Vous êtes né malade ; » il est bien sûr que ces médecins, quelque chose qu'ils disent et qu'ils fassent, ne le guériront pas si sa maladie est inhérente à sa nature : et ces raisonneurs sont très-malades eux-mêmes.

Assemblez tous les enfants de l'univers, vous ne verrez en eux que l'innocence, la douceur et la crainte ; s'ils étaient nés méchants, malfaisants, cruels, ils en montreraient quelque signe, comme les petits serpents cherchent à mordre, et les petits tigres à déchirer. Mais la nature n'ayant pas donné à l'homme plus d'armes offensives qu'aux pigeons et aux lapins, elle ne leur a pu donner un instinct qui les porte à détruire.

L'homme n'est donc pas né mauvais ; pourquoi plusieurs sont-ils donc infectés de cette peste de la méchanceté ? c'est que ceux qui sont à leur tête étant pris de la maladie, la communiquent au reste des hommes, comme une femme attaquée du mal que Christophe Colomb rapporta d'Amérique, répand ce venin d'un bout de l'Europe à l'autre. Le premier ambitieux a corrompu la terre.

Vous m'allez dire que ce premier monstre a déployé le germe d'orgueil, de rapine, de fraude, de cruauté, qui est dans tous les hommes. J'avoue qu'en général la plupart de nos frères peuvent acquérir ces qualités ; mais tout le monde a-t-il la fièvre putride, la pierre et la gravelle, parce que tout le monde y est exposé ?

Il y a des nations entières qui ne sont point méchantes : les Philadelphiens, les Banians, n'ont jamais tué personne. Les Chinois, les peuples du Tunquin, de Lao, de Siam, du Japon même, depuis plus de cent ans, ne connaissent point la guerre. A peine voit-on en dix ans un de ces grands crimes qui étonnent la nature humaine, dans les villes de Rome, de Venise, de Paris, de Londres, d'Amsterdam, villes où pourtant la cupidité, mère de tous les crimes, est extrême.

Si les hommes étaient essentiellement méchants, s'ils naissaient tous soumis à un être aussi malfaisant que malheureux, qui, pour se venger de son supplice leur inspirerait toutes ses fureurs, on verrait tous les matins les maris assassinés par leurs femmes, et les pères par leurs enfants, comme on voit à l'aube du jour des poules étranglées par une fouine qui est venue sucer leur sang.

S'il y a un milliard d'hommes sur la terre, c'est beaucoup ; cela donne environ cinq cents millions de femmes qui cousent, qui filent, qui nourrissent leurs petits, qui tiennent la maison ou la cabane propre, et qui médisent un peu de leurs voisines. Je ne vois pas quel grand mal ces pauvres innocentes font sur la terre. Sur ce nombre d'habitants du globe, il y a deux cents millions d'enfants au moins, qui certainement ne tuent ni ne pillent, et environ autant de vieillards ou de malades qui n'en ont pas le pouvoir. Restera tout au plus cent millions de jeunes gens robustes et capables du crime. De ces cent millions il y en a quatre-vingt-dix continuellement occupés à forcer la terre, par un travail prodigieux, à leur fournir la nourriture et le vêtement; ceux-là n'ont guère le temps de mal faire.

Dans les dix millions restants seront compris les gens oisifs et de bonne compagnie, qui veulent jouir doucement; les hommes à talents occupés de leurs professions; les magistrats, les prêtres, visiblement intéressés à mener une vie pure, au moins en apparence. Il ne restera donc de vrais méchants que quelques politiques, soit séculiers, soit réguliers, qui veulent toujours troubler le monde, et quelques milliers de vagabonds qui louent leurs services à ces politiques. Or il n'y a jamais à la fois un million de ces bêtes féroces employées; et dans ce nombre je compte les voleurs de grands chemins. Vous avez donc tout au plus sur la terre, dans les temps les plus orageux, un homme sur mille qu'on peut appeler méchant, encore ne l'est-il pas toujours.

Il y a donc infiniment moins de mal sur la terre qu'on ne dit et qu'on ne croit. Il y en a encore trop sans doute; on voit des malheurs et des crimes horribles : mais le plaisir de se plaindre et d'exagérer est si grand, qu'à la moindre égratignure vous criez que la terre regorge de sang. Avez-vous été trompé, tous les hommes sont des parjures. Un esprit mélancolique qui a souffert une injustice voit l'univers couvert de damnés, comme un jeune voluptueux soupant avec sa dame, au sortir de l'Opéra, n'imagine pas qu'il y ait des infortunés.

MÉDECINS. — Il est vrai que régime vaut mieux que médecine. Il est vrai que très-longtemps sur cent médecins il y a eu quatre-vingt-dix-huit charlatans. Il est vrai que Molière a eu raison de se moquer d'eux. Il est vrai que rien n'est plus ridicule que de voir ce nombre infini de femmelettes, et d'hommes non moins femmes qu'elles, quand ils ont trop mangé, trop bu, trop joui, trop veillé, appeler auprès d'eux pour un mal de tête un médecin, l'invoquer comme un dieu, lui demander le miracle de faire subsister ensemble l'intempérance et la santé, et donner un écu à ce dieu qui rit de leur faiblesse.

Il n'est pas moins vrai qu'un bon médecin nous peut sauver la vie[1] en cent occasions, et nous rendre l'usage de nos membres. Un homme tombe en apoplexie, ce ne sera ni un capitaine d'infanterie, ni un conseiller de la cour des aides qui le guérira. Des cataractes se forment dans mes yeux, ma voisine ne me les lèvera pas. Je ne distingue point ici le médecin du chirurgien; ces deux professions ont été longtemps inséparables.

---

1. Ce n'est pas que nos jours ne soient comptés. Il est bien sûr que tout arrive par une nécessité invincible, sans quoi tout irait au hasard, ce qui est absurde. Nul homme ne peut augmenter ni le nombre de ses cheveux, ni le nombre de ses jours; ni un médecin, ni un ange, ne peuvent ajouter une minute aux minutes que l'ordre éternel des choses nous destine irrévocablement : mais celui qui est destiné à être frappé dans un certain temps d'une apoplexie, est destiné aussi à trouver un médecin sage, qui le saigne, qui le purge, et qui le fait vivre jusqu'au moment fatal. La destinée nous donne la vérole et le mercure, la fièvre et le quinquina.

Des hommes qui s'occuperaient de rendre la santé à d'autres hommes par les seuls principes d'humanité et de bienfaisance, seraient fort au-dessus de tous les grands de la terre; ils tiendraient de la Divinité. Conserver et réparer est presque aussi beau que faire.

Le peuple romain se passa plus de cinq cents ans de médecins. Ce peuple alors n'était occupé qu'à tuer, et ne faisait nul cas de l'art de conserver la vie. Comment donc en usait-on à Rome quand on avait la fièvre putride, une fistule à l'anus, un bubonocèle, une fluxion de poitrine? On mourait.

Le petit nombre de médecins grecs qui s'introduisirent à Rome n'était composé que d'esclaves. Un médecin devint enfin chez les grands seigneurs un objet de luxe comme un cuisinier. Tout homme riche eut chez lui des parfumeurs, des baigneurs, des gitons, et des médecins. Le célèbre Musa, médecin d'Auguste, était esclave; il fut affranchi et fait chevalier romain; et alors les médecins devinrent des personnages considérables.

Quand le christianisme fut si bien établi, et que nous fûmes assez heureux pour avoir des moines, il leur fut expressément défendu par plusieurs conciles d'exercer la médecine. C'était précisément le contraire qu'il eût fallu faire, si on avait voulu être utile au genre humain.

Quel bien pour les hommes d'obliger ces moines d'étudier la médecine, et de guérir nos maux pour l'amour de Dieu! n'ayant rien à gagner que le ciel, ils n'eussent jamais été charlatans. Ils se seraient éclairés mutuellement sur nos maladies et sur les remèdes. C'était la plus belle des vocations, et ce fut la seule qu'on n'eut point. On objectera qu'ils eussent pu empoisonner les impies; mais cela même eût été avantageux à l'Église. Luther n'eût peut-être jamais enlevé la moitié de l'Europe catholique à notre saint père le pape; car à la première fièvre continue qu'aurait eue l'augustin Luther, un dominicain aurait pu lui donner des pilules. Vous me direz qu'il ne les aurait pas prises; mais enfin, avec un peu d'adresse, on aurait pu les lui faire prendre. Continuons.

Il se trouva enfin, vers l'an 1517, un citoyen nommé Jean, animé d'un zèle charitable; ce n'est pas Jean Calvin que je veux dire, c'est Jean surnommé de Dieu, qui institua les frères de la Charité. Ce sont, avec les religieux de la rédemption des captifs, les seuls moines utiles. Aussi ils ne sont pas comptés parmi les ordres. Les dominicains, franciscains, bernardins, prémontrés, bénédictins, ne reconnaissent pas les frères de la Charité. On ne parle pas seulement d'eux dans la continuation de l'*Histoire ecclésiastique* de Fleury. Pourquoi? c'est qu'ils ont fait des cures, et qu'ils n'ont pas fait de miracles. Ils ont servi, et ils n'ont point cabalé. Ils ont guéri de pauvres femmes, et ils ne les ont ni dirigées, ni séduites. Enfin, leur institut étant la charité, il était juste qu'ils fussent méprisés par les autres moines.

La médecine ayant donc été une profession mercenaire dans le monde, comme l'est en quelques endroits celle de rendre la justice, elle a été sujette à d'étranges abus. Mais est-il rien de plus estimable au monde qu'un médecin qui, ayant dans sa jeunesse étudié la nature, connu les ressorts du corps humain, les maux qui le tourmentent, les remèdes qui peuvent le soulager, exerce son art en s'en défiant, soigne également les pauvres et les riches, ne reçoit d'honoraires qu'à regret, et emploie ces honoraires à secourir l'indigent? Un tel homme n'est-il pas un peu supérieur au général des capucins, quelque respectable que soit ce général?

MESSE. — La messe, dans le langage ordinaire, est la plus grande et la plus auguste des cérémonies de l'Église. On lui donne des surnoms différents, selon les rites usités dans les diverses contrées où elle est célébrée, tels que la messe mosarabe ou gothique, la messe grecque, la messe latine. Durandus et Eckius appellent *sèche* la messe où il ne se fait point de consécration, comme celle qu'on fait dire en particulier aux aspirants à la prêtrise; et le cardinal Bona [1] rapporte, sur la foi de Guillaume de Nangis, que saint Louis, dans son voyage d'outre-mer, la faisait dire ainsi pour ne pas risquer que l'agitation du vaisseau fît répandre le vin consacré. Il cite aussi Génébrard, qui dit avoir assisté à Turin, en 1587, à une pareille messe célébrée dans une église, mais après dîner et fort tard, pour les funérailles d'une personne noble.

Pierre le chantre parle aussi de la messe à deux, à trois, et même à quatre faces, dans laquelle le prêtre célébrait la messe du jour ou de la fête jusqu'à l'offertoire, puis il en recommençait une seconde, une troisième, et quelquefois une quatrième, jusqu'au même endroit, ensuite il disait autant de secrètes qu'il avait commencé de messes; mais pour toutes il ne récitait qu'une fois le canon, et à la fin il ajoutait autant de collectes qu'il avait réuni de messes [2].

Ce ne fut que vers la fin du IVe siècle que le mot de messe commença à signifier la célébration de l'eucharistie. Le savant Beatus Rhenanus, dans ses notes sur Tertullien [3], observe que saint Ambroise consacra cette expression du peuple prise de ce qu'on mettait dehors les catéchumènes après la lecture de l'Évangile.

On trouve dans les *Constitutions apostoliques* [4] une liturgie sous le nom de saint Jacques, par laquelle il paraît qu'au lieu d'invoquer les saints au canon de la messe, la primitive Église priait pour eux. « Nous vous offrons encore, Seigneur, disait le célébrant, ce pain et ce calice pour tous les saints qui vous ont été agréables depuis le commencement des siècles, pour les patriarches, les prophètes, les justes, les apôtres, les martyrs, les confesseurs, les évêques, les prêtres, les diacres, les sous-diacres, les lecteurs, les chantres, les vierges, les veuves, les laïques, et tous ceux dont les noms vous sont connus. » Mais saint Cyrille de Jérusalem, qui vivait dans le IVe siècle, y substitue cette explication : « Après cela, dit-il [5], nous faisons commémoration de ceux qui sont morts avant nous; et premièrement des pa-

---

1. Liv. I, chap. XV, sur la liturgie.
2. Bingham, *Origin. ecclés.*, t. VI, liv. XV, chap. IV, art. V.
3. Liv. IV, contre Marcion. — 4. Liv. VIII, chap. XII.
5. Cinquième catéchèse.

triarches, des apôtres, des martyrs, afin que Dieu reçoive nos prières par leur intercession. » Cela prouve, comme nous le dirons à l'article RELIQUES, que le culte des saints commençait alors à s'introduire dans l'Église.

Noël Alexandre [1] cite des actes de saint André, où l'on fait dire à cet apôtre : « J'immole tous les jours sur l'autel du seul vrai Dieu, non les chairs des taureaux, ni le sang des boucs, mais l'agneau immaculé, qui demeure toujours entier et vivant après qu'il est sacrifié et que tout le peuple fidèle en a mangé la chair : » mais ce savant dominicain avoue que cette pièce n'est connue que depuis le VIIIe siècle. Le premier qui l'ait citée est Etherius, évêque d'Osma en Espagne, qui écrivit contre Élipand en 788.

Abdias [2] rapporte que saint Jean, averti par le Seigneur de la fin de sa course, se prépara à la mort et recommanda son Église à Dieu. Puis ayant pris du pain qu'il se fit apporter, il leva les yeux au ciel, le bénit, le rompit, et le distribua à tous ceux qui étaient présents, en leur disant : « Que mon partage soit le vôtre, et que le vôtre soit le mien. » Cette manière de célébrer l'eucharistie, qui veut dire action de grâces, est plus conforme à l'institution de cette cérémonie.

En effet, saint Luc [3] nous apprend que Jésus, après avoir distribué du pain et du vin à ses apôtres qui soupaient avec lui, leur dit : « Faites ceci en mémoire de moi. » Saint Matthieu [4] et saint Marc [5] disent de plus que Jésus chanta une hymne. Saint Jean, qui ne parle dans son Évangile ni de la distribution du pain et du vin, ni de l'hymne, s'étend fort au long sur ce dernier article dans ses actes, dont voici le texte cité par le second concile de Nicée [6] :

« Avant que le Seigneur fût pris par les Juifs, dit cet apôtre bien-aimé de Jésus, il nous assembla tous et nous dit : « Chantons une hymne à « l'honneur du Père, après quoi nous exécuterons le dessein que nous « avons formé. » Il nous ordonna donc de faire un cercle et de nous tenir tous par la main ; puis s'étant mis au milieu du cercle, il nous dit : « Amen, suivez-moi. » Alors il commença le cantique et dit : « Gloire « vous soit donnée, ô Père ! » Nous répondîmes tous : « Amen. » Jésus continuant à dire : « Gloire au verbe, etc., gloire à l'esprit, etc., « gloire à la grâce, » les apôtres répondaient toujours : « Amen. »

« Après quelques autres doxologies, Jésus dit : « Je veux être sauvé « et je veux sauver : Amen. Je veux être délié et je veux délier : Amen. « Je veux être blessé et je veux blesser : Amen. Je veux naître et je « veux engendrer : Amen. Je veux manger et je veux être consumé : « Amen. Je veux être écouté et je veux écouter : Amen. Je veux être « compris de l'esprit, étant tout esprit, toute intelligence : Amen. Je « veux être lavé et je veux laver : Amen. La grâce mène la danse, je « veux jouer de la flûte ; dansez tous : Amen. Je veux chanter des airs « lugubres, lamentez-vous tous : Amen. »

---

1. Siècle Ier, p. 109. — 2. *Hist. apostoliq.*, liv. V, art. XXII et XXIII.
3. Chap. XXII, v. 19. — 4. Chap. XXVI, v. 30. — 5. Chap. XIV, v. 26.
6. Col. 358.

Saint Augustin, qui commente une partie de cette hymne dans son épître[1] à Ceretius, rapporte de plus ce qui suit : « Je veux parer et être paré. Je suis une lampe pour ceux qui me voient et qui me connaissent. Je suis la porte pour tous ceux qui veulent y frapper. Vous qui voyez ce que je fais, gardez-vous bien d'en parler. »

Cette danse de Jésus et des apôtres est visiblement imitée de celle des thérapeutes d'Égypte, lesquels après le souper dansaient dans leurs assemblées, d'abord partagés en deux chœurs, puis réunis les hommes et les femmes ensemble, après avoir, comme en la fête de Bacchus, avalé force vin céleste, comme dit Philon[2].

On sait d'ailleurs que, suivant la tradition des Juifs, après leur sortie d'Égypte et le passage de la mer Rouge, d'où la solennité de pâque prit son nom[3], Moïse et sa sœur rassemblèrent deux chœurs de musique, l'un composé d'hommes, l'autre de femmes, qui chantèrent en dansant un cantique d'actions de grâces. Ces instruments rassemblés sur-le-champ, ces chœurs arrangés avec tant de promptitude, la facilité avec laquelle les chants et la danse furent exécutés, supposent une habitude de ces deux exercices fort antérieure au moment de l'exécution.

Cet usage se perpétua dans la suite chez les Juifs[4]. Les filles de Silo dansaient, selon la coutume, à la fête solennelle du Seigneur, quand les jeunes gens de la tribu de Benjamin, à qui on les avait refusées pour épouses, les enlevèrent par le conseil des vieillards d'Israël. Encore aujourd'hui dans la Palestine, les femmes assemblées auprès des tombeaux de leurs proches dansent d'une manière lugubre et poussent des cris lamentables[5].

On sait aussi que les premiers chrétiens faisaient entre eux des agapes ou repas de charité, en mémoire de la dernière cène que Jésus célébra avec ses apôtres; les païens en prirent même occasion de leur faire les reproches les plus odieux; alors, pour en bannir toute ombre de licence, les pasteurs défendirent que le baiser de paix, par où finissait cette cérémonie, se donnât entre les personnes de sexe différent[6]. Mais divers autres abus dont se plaignait déjà saint Paul[7], et que le concile de Gangres[8], l'an 324, entreprit en vain de réformer, firent enfin abolir les agapes l'an 397, par le troisième concile de Carthage, dont le canon quarante et unième ordonna de célébrer les saints mystères à jeun.

On ne doutera point que la danse n'accompagnât ces festins, si l'on fait attention que, suivant Scaliger, les évêques ne furent nommés *præsules* dans l'Église latine, *a præsiliendo*, que parce qu'ils commençaient la danse. Le picpus Hélyot, dans son Histoire des ordres monastiques, dit aussi que pendant les persécutions qui troublaient la aix des premiers chrétiens, il se forma des congrégations d'hommes

1. Épître ccxxxvii. — 2. *Traité de la Vie contemplative.*
3. *Exode*, chap. xv; et Philon, *Vie de Moïse*, liv. I.
4. Les *Juges*, chap. xxi, v. 21. — 5. *Voyage de Le Brun.*
6. Thomassin, *Discipl. de l'Église*, part. III, chap. xlvii, n° 1.
7. *Corinth.*, I, chap. xi. — 8. Ville de Paphlagonie. (ED.)

et de femmes qui, à l'exemple des thérapeutes, se retirèrent dans les déserts; là ils se rassemblaient dans les hameaux les dimanches et les fêtes, et ils y dansaient pieusement en chantant les prières de l'Église.

En Portugal, en Espagne, dans le Roussillon, l'on exécute encore aujourd'hui des danses solennelles en l'honneur des mystères du christianisme. Toutes les veilles des fêtes de la Vierge, les jeunes filles s'assemblent devant la porte des églises qui lui sont dédiées, et passent la nuit à danser en rond et à chanter des hymnes et des cantiques en son honneur. Le cardinal Ximenès rétablit de son temps dans la cathédrale de Tolède l'ancien usage des messes mosarabes, pendant lesquelles on danse dans le chœur et dans la nef avec autant d'ordre que de dévotion. En France même on voyait encore vers le milieu du dernier siècle les prêtres et tout le peuple de Limoges danser en rond dans la collégiale en chantant: *Sant Marcian, pregas per nous, et nous epingaren per bous;* c'est-à-dire : « Saint Martial, priez pour nous, et nous danserons pour vous. »

Enfin le jésuite Ménestrier, dans la préface de son Traité des ballets publié en 1682, dit qu'il avait vu encore les chanoines de quelques églises, qui le jour de Pâques prenaient par la main les enfants de chœur, et dansaient dans le chœur en chantant des hymnes de réjouissance. Ce que nous avons dit à l'article *Kalendes* des danses extravagantes de la fête des fous, nous découvre une partie des abus qui ont fait retrancher la danse des cérémonies de la messe, lesquelles plus elles ont de gravité, plus elles sont propres à en imposer aux simples.

MESSIE. — *Avertissement.* — Cet article est de M. Polier de Bottens, d'une ancienne famille de France, établie depuis deux cents ans en Suisse[1]. Il est le premier pasteur de Lausanne. Sa science est égale à sa piété. Il composa cet article pour le grand *Dictionnaire encyclopédique,* dans lequel il fut inséré. On en supprima seulement quelques endroits, dont les examinateurs crurent que des catholiques moins savants et moins pieux que l'auteur pourraient abuser. Il fut reçu avec l'applaudissement de tous les sages.

On l'imprima en même temps dans un autre petit dictionnaire, et on l'attribua en France à un homme qu'on n'était pas fâché d'inquiéter. On supposa que l'article était impie, parce qu'on le supposait d'un laïque, et on se déchaîna contre l'ouvrage et contre l'auteur prétendu. L'homme accusé se contenta de rire de cette méprise. Il voyait avec compassion sous ces yeux cet exemple des erreurs et des injustices que les hommes commettent tous les jours dans leurs jugements, car il avait le manuscrit du sage et savant prêtre écrit tout entier de sa main. Il le possède encore. Il sera montré à qui voudra l'examiner. On y verra jusqu'aux ratures faites alors par ce laïque même, pour prévenir les interprétations malignes.

---

1. Polier de Bottens, qui n'est mort qu'en 1784, n'a pas réclamé contre cet avertissement écrit en 1771. (ED.)

Nous réimprimons donc aujourd'hui cet article dans toute l'intégrité de l'original. Nous en avons retranché, pour ne pas répéter ce que nous avons imprimé ailleurs; mais nous n'avons pas ajouté un seul mot.

Le bon de toute cette affaire, c'est qu'un confrère de l'auteur respectable écrivit les choses du monde les plus ridicules contre cet article de son confrère, croyant écrire contre un ennemi commun. Cela ressemble à ces combats de nuit, dans lesquels on se bat contre ses camarades.

Il est arrivé mille fois que des controversistes ont condamné des passages de saint Augustin, de saint Jérôme, ne sachant pas qu'ils fussent de ces Pères. Ils anathématiseraient une partie du nouveau Testament, s'ils n'avaient point ouï dire de qui est ce livre. C'est ainsi qu'on juge trop souvent.

Messie, *Messias*, ce terme vient de l'hébreu; il est synonyme au mot grec *Christ*. L'un et l'autre sont des termes consacrés dans la religion, et qui ne se donnent plus aujourd'hui qu'à l'oint par excellence, ce souverain libérateur que l'ancien peuple juif attendait, après la venue duquel il soupire encore, et que les chrétiens trouvent dans la personne de Jésus, fils de Marie, qu'ils regardent comme l'oint du Seigneur, le Messie promis à l'humanité : les Grecs emploient aussi le mot d'*Eleimmenos*, qui signifie la même chose que *Christos*.

Nous voyons dans l'ancien Testament que le mot de Messie, loin d'être particulier au libérateur après la venue duquel le peuple d'Israël soupirait, ne l'était pas seulement aux vrais et fidèles serviteurs de Dieu, mais que ce nom fut souvent donné aux rois et aux princes idolâtres, qui étaient dans la main de l'Éternel les ministres de ses vengeances, ou des instruments pour l'exécution des conseils de sa sagesse. C'est ainsi que l'auteur de l'*Ecclésiastique* dit d'Élisée [1], *qui ungis reges ad pœnitentiam*, ou comme l'ont rendu les Septante, *ad vindictam*. « Vous oignez les rois pour exercer la vengeance du Seigneur. » C'est pourquoi il envoya un prophète pour oindre Jéhu roi d'Israël. Il annonça l'onction sacrée à Hazaël, roi de Damas et de Syrie [2], ces deux princes étant les Messies du Très-Haut pour venger les crimes et les abominations de la maison d'Achab.

Mais au XLV° d'Isaïe, v. 1, le nom de Messie est expressément donné à Cyrus. « Ainsi a dit l'Éternel à Cyrus son oint, son Messie, duquel j'ai pris la main droite, afin que je terrasse les nations devant lui, etc. »

Ézéchiel, au XXVIII° de ses révélations, v. 14, donne le nom de Messie au roi de Tyr, qu'il appelle aussi chérubin; et parle de lui et de sa gloire dans des termes pleins d'une emphase dont on sent mieux les beautés qu'on ne peut en saisir le sens. « Fils de l'homme, dit l'Éternel au prophète, prononce à haute voix une complainte sur le roi de Tyr, et lui dis; « Ainsi a dit le Seigneur, l'Éternel, tu étais le sceau « de la ressemblance de Dieu, plein de sagesse et parfait en beautés;

---

1. *Ecclésiastique*, chap. XLVIII, v. 8. — 2. III des *Rois*, chap. XIX, v. 15 et 16.

« tu as été le jardin d'Éden du Seigneur (ou, suivant d'autres versions,
« tu étais toutes les délices du Seigneur) ; ta couverture était de pierres
« précieuses de toutes sortes, de sardoine, de topaze, de jaspe, de
« chrysolite, d'onyx, de béril, de saphir, d'escarboucle, d'émeraude et
« d'or. Ce que savaient faire tes tambours et tes flûtes a été chez toi ;
« ils ont été tout prêts au jour que tu fus créé ; tu as été un chéru-
« bin, un Messie pour servir de protection ; je t'avais établi ; tu as
« été dans la sainte montagne de Dieu ; tu as marché entre les pierres
« flamboyantes, tu as été parfait en tes voies, dès le jour que tu fus
« créé, jusqu'à ce que la perversité a été trouvée en toi. »

Au reste, le nom de *Messiah*, en grec *Christ*, se donnait aux rois,
aux prophètes et aux grands prêtres des Hébreux. Nous lisons dans le
Iᵉʳ livre des *Rois*, chap. XII, v. 5 : « Le Seigneur et son Messie sont témoin, » c'est-à-dire, « le Seigneur et le roi qu'il a établi. » Et ailleurs : « Ne touchez point mes oints, et ne faites aucun mal à mes prophètes. » David, animé de l'esprit de Dieu, donne dans plus d'un endroit à Saül son beau-père qui le persécutait, et qu'il n'avait pas sujet
d'aimer, il donne, dis-je, à ce roi réprouvé, et de dessus lequel l'esprit de l'Éternel s'était retiré, le nom et la qualité d'oint, de Messie du
Seigneur. « Dieu me garde, dit-il fréquemment, de porter ma main
sur l'oint du Seigneur, sur le Messie de Dieu. »

Si le beau nom de Messie, d'oint de l'Éternel, a été donné à des
rois idolâtres, à des princes cruels et tyrans, il a été très-employé
dans nos anciens oracles pour désigner véritablement l'oint du Seigneur, ce Messie par excellence, objet du désir et de l'attente de tous
les fidèles d'Israël. Ainsi Anne, mère de Samuel, conclut son cantique
par ces paroles remarquables, et qui ne peuvent s'appliquer à aucun
roi [1], puisqu'on sait que pour lors les Hébreux n'en avaient point :
« Le Seigneur jugera les extrémités de la terre, il donnera l'empire à
son roi, il relèvera la corne de son Christ, de son Messie. » On trouve
ce même mot dans les oracles suivants : psaume II, v. 2 ; psaume XXVII,
v. 8 ; Jérémie (*Thren.*), IV, v. 20 ; Daniel, IX, v. 26 ; Habacuc, III,
v. 13.

Que si l'on rapproche tous ces divers oracles, et en général tous
ceux qu'on applique pour l'ordinaire au messie, il en résulte des con-
trastes en quelque sorte inconciliables, et qui justifient jusqu'à un certain point l'obstination du peuple à qui ces oracles furent donnés.

Comment en effet concevoir, avant que l'événement l'eût si bien
justifié dans la personne de Jésus, fils de Marie ; comment concevoir,
dis-je, une intelligence en quelque sorte divine et humaine tout ensemble, un être grand et abaissé qui triomphe du diable, et que cet esprit
infernal, ce prince des puissances de l'air, tente, emporte et fait voyager malgré lui, maître et serviteur, roi et sujet, sacrificateur et victime tout ensemble, mortel et vainqueur de la mort, riche et pauvre,
conquérant glorieux dont le règne n'aura point de fin, qui doit soumettre toute la nature par ses prodiges, et cependant qui sera un

1. I *Rois*, chap. II, v. 10.

homme de douleur, privé des commodités, souvent même de l'absolument nécessaire dans cette vie dont il se dit le roi, et qu'il vient combler de gloire et d'honneurs, terminant une vie innocente, malheureuse, sans cesse contredite et traversée, par un supplice également honteux et cruel, trouvant même dans cette humiliation, cet abaissement extraordinaire, la source d'une élévation unique qui le conduit au plus haut point de gloire, de puissance et de félicité, c'est-à-dire au rang de la première des créatures?

Tous les chrétiens s'accordent à trouver ces caractères, en apparence si incompatibles, dans la personne de Jésus de Nazareth qu'ils appellent le Christ; ses sectateurs lui donnaient ce titre par excellence, non qu'il eût été oint d'une manière sensible et matérielle, comme l'ont été anciennement quelques rois, quelques prophètes et quelques sacrificateurs, mais parce que l'esprit divin l'avait désigné pour ces grands offices, et qu'il avait reçu l'onction spirituelle nécessaire pour cela.

Nous en étions là sur un article aussi important, lorsqu'un prédicateur hollandais, plus célèbre par cette découverte que par les médiocres productions d'un génie d'ailleurs faible et peu instruit, nous a fait voir que notre Seigneur Jésus était le Christ, le Messie de Dieu, ayant été oint dans les trois plus grandes époques de sa vie, pour être notre roi, notre prophète, et notre sacrificateur.

Lors de son baptême, la voix du souverain maître de la nature le déclare son fils, son unique, son bien-aimé, et par là même son représentant.

Sur le Thabor, transfiguré, associé à Moïse et à Élie, cette même voix surnaturelle l'annonce à l'humanité comme le fils de celui qui anime et envoie les prophètes, et qui doit être écouté par préférence.

Dans Gethsémané, un ange descend du ciel pour le soutenir dans les angoisses extrêmes où le réduit l'approche de son supplice; il le fortifie contre les frayeurs cruelles d'une mort qu'il ne peut éviter, et le met en état d'être un sacrificateur d'autant plus excellent qu'il est lui-même la victime innocente et pure qu'il va offrir.

Le judicieux prédicateur hollandais, disciple de l'illustre Coccéius, trouve l'huile sacramentale de ces diverses onctions célestes dans les signes visibles que la puissance de Dieu fit paraître sur son oint : dans son baptême, *l'ombre de la colombe* qui représentait le Saint-Esprit qui descendit sur lui; au Thabor, *la nue miraculeuse* qui le couvrit; en Gethsémané, *la sueur de grumeaux de sang* dont tout son corps fut couvert.

Après cela, il faut pousser l'incrédulité à son comble pour ne pas reconnaître à ces traits l'oint du Seigneur par excellence, le Messie promis; et l'on ne pourrait sans doute assez déplorer l'aveuglement inconcevable du peuple juif, s'il ne fût entré dans le plan de l'infinie sagesse de Dieu, et n'eût été, dans ses vues toutes miséricordieuses, essentiel à l'accomplissement de son œuvre, et au salut de l'humanité.

Mais aussi il faut convenir que dans l'état d'oppression sous lequel gémissait le peuple juif, et après toutes les glorieuses promesses que

l'Éternel lui avait faites si souvent, il devait soupirer après la venue
d'un Messie, l'envisager comme l'époque de son heureuse délivrance;
et qu'ainsi il est en quelque sorte excusable de n'avoir pas voulu reconnaître ce libérateur dans la personne du Seigneur Jésus, d'autant
plus qu'il est de l'homme de tenir plus au corps qu'à l'esprit, et d'être
plus sensible aux besoins présents que flatté des avantages à venir, et
toujours incertains par là même.

Au reste, on doit croire qu'Abraham, et après lui un assez petit
nombre de patriarches et de prophètes, ont pu se faire une idée de la
nature du règne spirituel du Messie; mais ces idées durent rester dans
le petit cercle des inspirés; et il n'est pas étonnant qu'inconnues à la
multitude, ces notions se soient altérées au point que lorsque le Sauveur parut dans la Judée, le peuple et ses docteurs, ses princes même,
attendaient un monarque, un conquérant, qui par la rapidité de ses
conquêtes devait s'assujettir tout le monde; et comment concilier ces
idées flatteuses avec l'état abject, en apparence misérable, de Jésus-
Christ? Aussi, scandalisés de l'entendre s'annoncer comme le Messie,
ils le persécutèrent, le rejetèrent, et le firent mourir par le dernier
supplice. Depuis ce temps-là, ne voyant rien qui achemine à l'accomplissement de leurs oracles, et ne voulant point y renoncer, ils se li-
vrent à toutes sortes d'idées plus chimériques les unes que les autres.

Ainsi, lorsqu'ils ont vu les triomphes de la religion chrétienne,
qu'ils ont senti qu'on pouvait expliquer spirituellement, et appliquer à
Jésus-Christ la plupart de leurs anciens oracles, ils se sont avisés,
contre le sentiment de leurs pères, de nier que les passages que nous
leur alléguons dussent s'entendre du Messie, tordant ainsi nos saintes
Écritures à leur propre perte.

Quelques-uns soutiennent que leurs oracles ont été mal entendus;
qu'en vain on soupire après la venue du Messie, puisqu'il est déjà venu
en la personne d'Ézéchias. C'était le sentiment du fameux Hillel. D'autres plus relâchés, ou cédant avec politique au temps et aux circonstances, prétendent que la croyance de la venue d'un Messie n'est
point un article fondamental de foi, et qu'en niant ce dogme on ne
pervertit point la loi, on ne lui donne qu'une légère atteinte. C'est
ainsi que le Juif Albo disait au pape que nier la venue du Messie, c'était
seulement couper une branche de l'arbre sans toucher à la racine.

Le fameux rabbin Salomon Jarchi ou Raschi, qui vivait au commencement du XIIe siècle, dit, dans ses Talmudiques, que les anciens
Hébreux ont cru que le Messie était né le jour de la dernière destruction de Jérusalem par les armées romaines; c'est, comme on dit,
appeler le médecin après la mort.

Le rabbin Kimchi, qui vivait aussi au XIIe siècle, annonçait que
le Messie, dont il croyait la venue très-prochaine, chasserait de la
Judée les chrétiens qui la possédaient pour lors; il est vrai que les
chrétiens perdirent la Terre-Sainte, mais ce fut Saladin qui les vainquit; pour peu que ce conquérant eût protégé les Juifs, et se fût déclaré pour eux, il est vraisemblable que dans leur enthousiasme ils en
auraient fait leur Messie.

Les auteurs sacrés, et notre Seigneur Jésus lui-même, comparent souvent le règne du Messie et l'éternelle béatitude à des jours de noces, à des festins; mais les talmudistes ont étrangement abusé de ces paraboles : selon eux, le Messie donnera à son peuple rassemblé dans la terre de Canaan, un repas dont le vin sera celui qu'Adam lui-même fit dans le paradis terrestre, et qui se conserve dans de vastes celliers, creusés par les anges au centre de la terre.

On servira pour entrée le fameux poisson appelé le grand Léviathan, qui avale tout d'un coup un poisson moins grand que lui, lequel ne laisse pas d'avoir trois cents lieues de long; toute la masse des eaux est portée sur Léviathan. Dieu au commencement en créa un mâle et un autre femelle; mais de peur qu'ils ne renversassent la terre, et qu'ils ne remplissent l'univers de leurs semblables, Dieu tua la femelle, et la sala pour le festin du Messie.

Les rabbins ajoutent qu'on tuera pour ce repas le taureau Béhémoth, qui est si gros qu'il mange chaque jour le foin de mille montagnes : la femelle de ce taureau fut tuée au commencement du monde, afin qu'une espèce si prodigieuse ne se multipliât pas, ce qui n'aurait pu que nuire aux autres créatures; mais ils assurent que l'Éternel ne la sala pas, parce que la vache salée n'est pas si bonne que la léviathane. Les Juifs ajoutent encore si bien foi à toutes ces rêveries rabbiniques, que souvent ils jurent sur leur part du bœuf Béhémoth, comme quelques chrétiens impies jurent sur leur part du paradis.

Après des idées si grossières sur la venue du Messie et sur son règne, faut-il s'étonner si les Juifs tant anciens que modernes, et plusieurs même des premiers chrétiens, malheureusement imbus de toutes ces rêveries, n'ont pu s'élever à l'idée de la nature divine de l'oint du Seigneur, et n'ont pas attribué la qualité de dieu au Messie? Voyez comme les Juifs s'expriment là-dessus dans l'ouvrage intitulé *Judæi Lusitani Quæstiones ad Christianos*[1]. « Reconnaître, disent-ils, un homme-Dieu, c'est s'abuser soi-même, c'est se forger un monstre, un centaure, le bizarre composé de deux natures qui ne sauraient s'allier. » Ils ajoutent que les prophètes n'enseignent point que le Messie soit homme-Dieu, qu'ils distinguent expressément entre Dieu et David, qu'ils déclarent le premier maître, et le second serviteur, etc.

Lorsque le Sauveur parut, les prophéties, quoique claires, furent malheureusement obscurcies par les préjugés sucés avec le lait. Jésus-Christ lui-même, ou par ménagement, ou pour ne pas révolter les esprits, paraît extrêmement réservé sur l'article de sa divinité : « Il voulait, dit saint Chrysostome, accoutumer insensiblement ses auditeurs à croire un mystère si fort élevé au-dessus de la raison. » S'il prend l'autorité d'un Dieu en pardonnant les péchés, cette action soulève tous ceux qui en sont les témoins; ses miracles les plus évidents ne peuvent convaincre de sa divinité ceux même en faveur desquels il les opère. Lorsque devant le tribunal du souverain sacrificateur il avoue, avec un modeste détour, qu'il est le fils de Dieu, le grand prêtre déchire sa

1. Quæst. I, II, IV, XXIII, etc.

robe et crie au blaspnême. Avant l'envoi du Saint-Esprit, les apôtres ne soupçonnent pas même la divinité de leur cher maître; il les interroge sur ce que le peuple pense de lui; ils répondent que les uns le prennent pour Élie, les autres pour Jérémie, ou pour quelque autre prophète. Saint Pierre a besoin d'une révélation particulière pour connaître que Jésus est le Christ, le fils du Dieu vivant.

Les Juifs, révoltés contre la divinité de Jésus-Christ, ont eu recour à toutes sortes de voies pour détruire ce grand mystère; ils détournent le sens de leurs propres oracles, ou ne les appliquent pas au Messie; ils prétendent que le nom de Dieu, Éloï, n'est pas particulier à la divinité, et qu'il se donne même par les auteurs sacrés aux juges, aux magistrats, en général à ceux qui sont élevés en autorité; ils citent en effet un très-grand nombre de passages des saintes Écritures, qui justifient cette observation, mais qui ne donnent aucune atteinte aux termes exprès des anciens oracles qui regardent le Messie.

Enfin ils prétendent que si le Sauveur, et après lui les évangélistes, les apôtres et les premiers chrétiens, appellent Jésus le fils de Dieu, ce terme auguste ne signifiait, dans les temps évangéliques, autre chose que l'opposé de fils de Bélial, c'est-à-dire homme de bien, serviteur de Dieu, par opposition à un méchant, un homme qui ne craint point Dieu.

Si les Juifs ont contesté à Jésus-Christ la qualité de Messie et sa divinité, ils n'ont rien négligé aussi pour le rendre méprisable, pour jeter sur sa naissance, sa vie et sa mort, tout le ridicule et tout l'opprobre qu'a pu imaginer leur criminel acharnement.

De tous les ouvrages qu'a produits l'aveuglement des Juifs, il n'en est point de plus odieux et de plus extravagant que le livre ancien intitulé *Sepher Toldos Jeschut*, tiré de la poussière par M. Vagenseil dans le second tome de son ouvrage intitulé *Tela ignea Satanæ*, etc.

C'est dans ce *Sepher Toldos Jeschut* qu'on lit une histoire monstrueuse de la vie de notre Sauveur, forgée avec toute la passion et la mauvaise foi possibles. Ainsi, par exemple, ils ont osé écrire qu'un nommé Panther ou Pandera, habitant de Bethléem, était devenu amoureux d'une jeune femme mariée à Jokanan. Il eut de ce commerce impur un fils qui fut nommé Jesua ou Jesu. Le père de cet enfant fut obligé de s'enfuir, et se retira à Babylone. Quant au jeune Jesu, on l'envoya aux écoles; mais, ajoute l'auteur, il eut l'insolence de lever la tête et de se découvrir devant les sacrificateurs, au lieu de paraître devant eux la tête baissée et le visage couvert, comme c'était la coutume; hardiesse qui fut vivement tancée; ce qui donna lieu d'examiner sa naissance, qui fut trouvée impure, et l'exposa bientôt à l'ignominie.

Ce détestable livre *Sepher Toldos Jeschut* était connu dès le second siècle; Celse le cite avec confiance, et Origène le réfute au chapitre neuvième.

Il y a un autre livre intitulé aussi *Toldos Jeschut*, publié l'an 1705 par M. Huldric, qui suit de plus près l'Évangile de l'enfance, mais qui commet à tout moment les anachronismes les plus grossiers; il fait naître et mourir Jésus Christ sous le règne d'Hérode le Grand; il veut que ce soit à ce prince qu'aient été faites les plaintes sur l'adultère de Panther et de Marie mère de Jésus.

L'auteur, qui prend le nom de Jonatham, qui se dit contemporain de Jésus-Christ et demeurant à Jérusalem, avance qu'Hérode consulta sur le fait de Jésus-Christ les sénateurs d'une ville dans la terre de Césarée : nous ne suivrons pas un auteur aussi absurde dans toutes ses contradictions.

Cependant c'est à la faveur de toutes ces calomnies que les Juifs s'entretiennent dans leur haine implacable contre les chrétiens et contre l'Évangile; ils n'ont rien négligé pour altérer la chronologie du vieux Testament, et pour répandre des doutes et des difficultés sur le temps de la venue de notre Sauveur.

Ahmed-ben-Cassum-la-Andacousi, maure de Grenade, qui vivait sur la fin du XVIe siècle, cite un ancien manuscrit arabe qui fut trouvé avec seize lames de plomb, gravées en caractères arabes, dans une grotte près de Grenade. Don Pedro y Quinones, archevêque de Grenade, en a rendu lui-même témoignage. Ces lames de plomb, qu'on appelle de Grenade, ont été depuis portées à Rome, où, après un examen de plusieurs années, elles ont été condamnées comme apocryphes sous le pontificat d'Alexandre VII; elles ne renferment que des histoires fabuleuses touchant la vie de Marie et de son fils.

Le nom de Messie, accompagné de l'épithète de faux, se donne encore à ces imposteurs qui dans divers temps ont cherché à abuser la nation juive. Il y eut de ces faux messies avant même la venue du véritable oint de Dieu. Le sage Gamaliel parle[1] d'un nommé Théodas, dont l'histoire se lit dans les antiquités judaïques de Josèphe, liv. XX, chap. ii. Il se vantait de passer le Jourdain à pied sec : il attira beaucoup de gens à sa suite : mais les Romains étant tombés sur sa petite troupe la dissipèrent, coupèrent la tête au malheureux chef, et l'exposèrent dans Jérusalem.

Gamaliel parle aussi de Judas le Galiléen, qui est sans doute le même dont Josèphe fait mention dans le douzième chapitre du second livre de la guerre des Juifs. Il dit que ce faux prophète avait ramassé près de trente mille hommes; mais l'hyperbole est le caractère de l'historien juif.

Dès les temps apostoliques, l'on vit Simon surnommé le magicien[2], qui avait su séduire les habitants de Samarie, au point qu'ils le considéraient comme la vertu de Dieu.

Dans le siècle suivant, l'an 178 et 179 de l'ère chrétienne, sous l'empire d'Adrien, parut le faux messie Barchochébas, à la tête d'une armée. L'empereur envoya contre lui Julius Severus, qui, après plusieurs rencontres, enferma les révoltés dans la ville de Bither; elle soutint un siége opiniâtre, et fut emportée : Barchochébas y fut pris et mis à mort. Adrien crut ne pouvoir mieux prévenir les continuelles révoltes des Juifs, qu'en leur défendant par un édit d'aller à Jérusalem;

---

1. *Act. apost.*, cap. v, v. 34, 35, 36. — 2. *Id.*, cap. VIII, v. 9, 10.

il établit même des gardes aux portes de cette ville, pour en défendre l'entrée aux restes du peuple d'Israël.

On lit dans Socrate, historien ecclésiastique [1], que l'an 434 il parut dans l'île de Candie un faux messie qui s'appelait Moïse. Il se disait l'ancien libérateur des Hébreux, ressuscité pour les délivrer encore.

Un siècle après, en 530, il y eut dans la Palestine un faux messie nommé Julien; il s'annonçait comme un grand conquérant, qui, à la tête de sa nation, détruirait par les armes tout le peuple chrétien; séduits par ses promesses, les Juifs armés massacrèrent plusieurs chrétiens. L'empereur Justinien envoya des troupes contre lui; on livra bataille au faux Christ; il fut pris, et condamné au dernier supplice.

Au commencement du VIIIe siècle, Serenus, juif espagnol, se porta pour messie, prêcha, eut des disciples, et mourut comme eux dans la misère.

Il s'éleva plusieurs faux messies dans le XIIe siècle. Il en parut un en France sous Louis le Jeune; il fut pendu lui et ses adhérents, sans qu'on ait jamais su les noms ni du maître ni des disciples.

Le XIIIe siècle fut fertile en faux messies; on en compte sept ou huit qui parurent en Arabie, en Perse, dans l'Espagne, en Moravie: l'un d'eux, qui se nommait *David el Re*, passe pour avoir été un très-grand magicien; il séduisit les Juifs, et se vit à la tête d'un parti considérable; mais ce messie fut assassiné.

Jacques Zieglerne de Moravie, qui vivait au milieu du XVIe siècle, annonçait la prochaine manifestation du Messie, né, à ce qu'il assurait, depuis quatorze ans; il l'avait vu, disait-il, à Strasbourg, et il gardait avec soin une épée et un sceptre pour les lui mettre en main dès qu'il serait en âge d'enseigner.

L'an 1624, un autre Zieglerne confirma la prédiction du premier.

L'an 1666, Sabateï-Sévi, né dans Alep, se dit le Messie prédit par les Zieglernes. Il débuta par prêcher sur les grands chemins et au milieu des campagnes; les Turcs se moquaient de lui, pendant que ses disciples l'admiraient. Il paraît qu'il ne mit pas d'abord dans ses intérêts le gros de la nation juive, puisque les chefs de la synagogue de Smyrne portèrent contre lui une sentence de mort; mais il en fut quitte pour la peur et le bannissement.

Il contracta trois mariages, et l'on prétend qu'il n'en consomma point, disant que cela était au-dessous de lui. Il s'associa un nommé Nathan-Lévi: celui-ci fit le personnage du prophète Élie, qui devait précéder le Messie. Ils se rendirent à Jérusalem, et Nathan y annonça Sabateï-Sévi comme le libérateur des nations. La populace juive se déclara pour eux; mais ceux qui avaient quelque chose à perdre les anathématisèrent.

Sévi, pour fuir l'orage, se retira à Constantinople, et de là à Smyrne; Nathan-Lévi lui envoya quatre ambassadeurs, qui le reconnurent et le saluèrent publiquement en qualité de messie; cette am-

---

1. Socrate, *Hist. eccl.*, lib. II, cap. XXXVIII.

bassade en imposa au peuple, et même à quelques docteurs, qui déclarèrent Sabatei-Sévi messie et roi des Hébreux. Mais la synagogue de Smyrne condamna son roi à être empalé.

Sabatei se mit sous la protection du cadi de Smyrne, et eut bientôt pour lui tout le peuple juif; il fit dresser deux trônes, un pour lui et l'autre pour son épouse favorite; il prit le nom de roi des rois, et donna à Joseph Sévi son frère celui de roi de Juda. Il promit aux Juifs la conquête de l'empire ottoman assurée. Il poussa même l'insolence jusqu'à faire ôter de la liturgie juive le nom de l'empereur, et à y faire substituer le sien.

On le fit mettre en prison aux Dardanelles; les Juifs publièrent qu'on n'épargnait sa vie que parce que les Turcs savaient bien qu'il était immortel. Le gouverneur des Dardanelles s'enrichit des présents que les Juifs lui prodiguèrent pour visiter leur roi, leur messie prisonnier, qui dans les fers conservait toute sa dignité, et se faisait baiser les pieds.

Cependant le sultan, qui tenait sa cour à Andrinople, voulut faire finir cette comédie; il fit venir Sévi, et lui dit que s'il était messie il devait être invulnérable; Sévi en convint. Le Grand-Seigneur le fit placer pour but aux flèches de ses icoglans; le messie avoua qu'il n'était point invulnérable, et protesta que Dieu ne l'envoyait que pour rendre témoignage à la sainte religion musulmane. Fustigé par les ministres de la loi, il se fit mahométan, et il vécut et mourut également méprisé des Juifs et des musulmans; ce qui a si fort décrédité la profession de faux messie, que Sévi est le dernier qui ait paru.

MÉTAMORPHOSE, MÉTEMPSYCOSE. — N'est-il pas bien naturel que toutes les métamorphoses dont la terre est couverte aient fait imaginer dans l'Orient, où on a imaginé tout, que nos âmes passaient d'un corps à un autre? un point presque imperceptible devient un ver, ce ver devient papillon; un gland se transforme en chêne, un œuf en oiseau; l'eau devient nuage et tonnerre; le bois se change en feu et en cendre; tout paraît enfin métamorphosé dans la nature. On attribua bientôt aux âmes, qu'on regardait comme des figures légères, ce qu'on voyait sensiblement dans des corps plus grossiers. L'idée de la métempsycose est peut-être le plus ancien dogme de l'univers connu, et il règne encore dans une grande partie de l'Inde et de la Chine.

Il est encore très-naturel que toutes les métamorphoses dont nous sommes les témoins aient produit ces anciennes fables qu'Ovide a recueillies dans son admirable ouvrage. Les Juifs mêmes ont eu aussi leurs métamorphoses. Si Niobé fut changée en marbre, Édith, femme de Loth, fut changée en statue de sel. Si Eurydice resta dans les enfers pour avoir regardé derrière elle, c'est aussi pour la même indiscrétion que cette femme de Loth fut privée de la nature humaine. Le bourg qu'habitaient Baucis et Philémon en Phrygie est changé en un lac; la même chose arrive à Sodome. Les filles d'Anius changeaient l'eau en huile; nous avons dans l'Écriture une métamorphose à peu près semblable, mais plus vraie et plus sacrée. Cadmus fut changé en serpent; la verge d'Aaron devint serpent aussi.

Les dieux se changeaient très-souvent en hommes; les Juifs n'ont jamais vu les anges que sous la forme humaine : les anges mangèrent chez Abraham. Paul, dans son Épître aux Corinthiens, dit que l'ange de Satan lui a donné des soufflets : *Angelos Satana me colaphisei.*

MÉTAPHYSIQUE. — *Trans naturam*, au delà de la nature. Mais ce qui est au delà de la nature est-il quelque chose? Par nature on entend donc matière, et métaphysique est ce qui n'est pas matière.

Par exemple, votre raisonnement, qui n'est ni long, ni large, ni haut, ni solide, ni pointu;

Votre âme, à vous inconnue, qui produit votre raisonnement;

Les esprits, dont on a toujours parlé, auxquels on a donné long-temps un corps si délié qu'il n'était plus corps, et auxquels on a ôté enfin toute ombre de corps, sans savoir ce qui leur restait;

La manière dont ces esprits sentent sans avoir l'embarras des cinq sens, celle dont ils pensent sans tête, celle dont ils se communiquent leurs pensées sans paroles et sans signes;

Enfin, Dieu, que nous connaissons par ses ouvrages, mais que notre orgueil veut définir; Dieu, dont nous sentons le pouvoir immense; Dieu, entre lequel et nous est l'abîme de l'infini, et dont nous osons sonder la nature;

Ce sont là les objets de la métaphysique.

On pourrait encore y joindre les principes mêmes des mathématiques, des points sans étendue, des lignes sans largeur, des surfaces sans profondeur, des unités divisibles à l'infini, etc.

Bayle lui-même croyait que ces objets étaient des êtres de raison; mais ce ne sont en effet que les choses matérielles considérées dans leurs masses, dans leurs superficies, dans leurs simples longueurs ou largeurs, dans les extrémités de ces simples longueurs ou largeurs. Toutes les mesures sont justes et démontrées, et la métaphysique n'a rien à voir dans la géométrie.

C'est pourquoi on peut être métaphysicien sans être géomètre. La métaphysique est plus amusante; c'est souvent le roman de l'esprit. En géométrie, au contraire, il faut calculer, mesurer. C'est une gêne continuelle, et plusieurs esprits ont mieux aimé rêver doucement que se fatiguer.

MIRACLES. — *Section I.* — Un miracle, selon l'énergie du mot, est une chose admirable; en ce cas, tout est miracle. L'ordre prodigieux de la nature, la rotation de cent millions de globes autour d'un million de soleils, l'activité de la lumière, la vie des animaux, sont des miracles perpétuels.

Selon les idées reçues, nous appelons miracle la violation de ces lois divines et éternelles. Qu'il y ait une éclipse de soleil pendant la pleine lune, qu'un mort fasse à pied deux lieues de chemin en portant sa tête entre ses bras, nous appelons cela un miracle.

Plusieurs physiciens soutiennent qu'en ce sens il n'y a point de miracles, et voici leurs arguments.

Un miracle est la violation des lois mathématiques, divines, immuables, éternelles. Par ce seul exposé, un miracle est une contradiction dans les termes : une loi ne peut être à la fois immuable et violée. Mais une loi, leur dit-on, étant établie par Dieu même, ne peut-elle être suspendue par son auteur? Ils ont la hardiesse de répondre que non, et qu'il est impossible que l'Être infiniment sage ait fait des lois pour les violer. « Il ne pouvait, disent-ils, déranger sa machine que pour la faire mieux aller; or il est clair qu'étant Dieu, il a fait cette immense machine aussi bonne qu'il l'a pu : s'il a vu qu'il y aurait quelque imperfection résultante de la nature de la matière, il y a pourvu dès le commencement; ainsi il n'y changera jamais rien. »

De plus, Dieu ne peut rien faire sans raison; or quelle raison le porterait à défigurer pour quelque temps son propre ouvrage?

« C'est en faveur des hommes, leur dit-on. — C'est donc au moins en faveur de tous les hommes, répondent-ils; car il est impossible de concevoir que la nature divine travaille pour quelques hommes en particulier, et non pas pour tout le genre humain : encore même le genre humain est bien peu de chose : il est beaucoup moindre qu'une petite fourmilière en comparaison de tous les êtres qui remplissent l'immensité. Or n'est-ce pas la plus absurde des folies d'imaginer que l'Être infini intervertisse en faveur de trois ou quatre centaines de fourmis, sur ce petit amas de fange, le jeu éternel de ces ressorts immenses qui font mouvoir tout l'univers?

« Mais supposons que Dieu ait voulu distinguer un petit nombre d'hommes par des faveurs particulières; faudra-t-il qu'il change ce qu'il a établi pour tous les temps et pour tous les lieux? Il n'a certes aucun besoin de ce changement, de cette circonstance, pour favoriser ses créatures; ses faveurs sont dans ses lois mêmes. Il a tout prévu, tout arrangé pour elles; toutes obéissent irrévocablement à la force qu'il a imprimée pour jamais dans la nature.

« Pourquoi Dieu ferait-il un miracle? Pour venir à bout d'un certain dessein sur quelques êtres vivants! Il dirait donc : « Je n'ai pu parvenir par la fabrique de l'univers, par mes décrets divins, par mes lois éternelles, à remplir un certain dessein; je vais changer mes éternelles idées, mes lois immuables, pour tâcher d'exécuter ce que je n'ai pu faire par elles. » Ce serait un aveu de sa faiblesse, et non de sa puissance; ce serait, ce semble, dans lui la plus inconcevable contradiction. Ainsi donc, oser supposer à Dieu des miracles, c'est réellement l'insulter (si des hommes peuvent insulter Dieu). C'est lui dire : « Vous « êtes un être faible et inconséquent. » Il est donc absurde de croire des miracles; c'est déshonorer en quelque sorte la Divinité. »

On presse ces philosophes; on leur dit : « Vous avez beau exalter l'immutabilité de l'Être suprême, l'éternité de ses lois, la régularité de ses mondes infinis; notre petit tas de boue a été couvert de miracles; les histoires sont aussi remplies de prodiges que d'événements naturels. Les filles du grand prêtre Anius changeaient tout ce qu'elles voulaient en blé, en vin, ou en huile; Athalide, fille de Mercure, ressuscita plusieurs fois; Esculape ressuscita Hippolyte; Hercule arracha Alceste à la mort; Hérès revint au monde après avoir passé quinze jours dans les enfers; Romulus et Rémus naquirent d'un dieu et d'une vestale; le palladium tomba du ciel dans la ville de Troie; la chevelure de Bérénice devint un assemblage d'étoiles; la cabane de Baucis et de Philémon fut changée en un superbe temple; la tête d'Orphée rendait des oracles après sa mort; les murailles de Thèbes se construisirent d'elles-mêmes au son de la flûte, en présence des Grecs; les guérisons faites dans le temple d'Esculape étaient innombrables, et nous avons encore des monuments chargés du nom des témoins oculaires des miracles d'Esculape.

« Nommez-moi un peuple chez lequel il ne se soit pas opéré des prodiges incroyables, surtout dans des temps où l'on savait à peine lire et écrire. »

Les philosophes ne répondent à ces objections qu'en riant et en levant les épaules; mais les philosophes chrétiens disent : « Nous croyons aux miracles opérés dans notre sainte religion; nous les croyons par la foi, et non par notre raison que nous nous gardons bien d'écouter; car lorsque la foi parle, on sait assez que la raison ne doit pas dire un seul mot : nous avons une croyance ferme et entière dans les miracles de Jésus-Christ et des apôtres, mais permettez-nous de douter un peu de plusieurs autres; souffrez, par exemple, que nous suspendions notre jugement sur ce que rapporte un homme simple auquel on a donné le nom de grand. Il assure qu'un petit moine était si fort accoutumé de faire des miracles, que le prieur lui défendit enfin d'exercer son talent. Le petit moine obéit; mais ayant vu un pauvre couvreur qui tombait du haut d'un toit, il balança entre le désir de lui sauver la vie et la sainte obédience. Il ordonna seulement au couvreur de rester en l'air jusqu'à nouvel ordre, et courut vite conter à son prieur l'état des choses. Le prieur lui donna l'absolution du péché qu'il avait commis en commençant un miracle sans permission, et lui permit de l'achever, pourvu qu'il s'en tînt là, et qu'il n'y revînt plus. » On accorde aux philosophes qu'il faut un peu se défier de cette histoire.

« Mais comment oseriez-vous nier, leur dit-on, que saint Gervais et saint Protais aient apparu en songe à saint Ambroise, qu'ils lui aient enseigné l'endroit où étaient leurs reliques? que saint Ambroise les ait déterrées, et qu'elles aient guéri un aveugle? » Saint Augustin était alors à Milan; c'est lui qui rapporte ce miracle, *immenso populo teste,* dit-il dans sa *Cité de Dieu,* livre XXII. Voilà un miracle des mieux constatés. Les philosophes disent qu'ils n'en croient rien, que Gervais et Protais n'apparaissent à personne, qu'il importe fort peu au genre humain qu'on sache où sont les restes de leurs carcasses; qu'ils n'ont pas plus de foi à cet aveugle qu'à celui de Vespasien; que c'est un miracle inutile, que Dieu ne fait rien d'inutile; et ils se tiennent fermes dans leurs principes. Mon respect pour saint Gervais et saint Protais ne me permet pas d'être de l'avis de ces philosophes; je rends compte seulement de leur incrédulité. Ils font grand cas du passage de Lucien qui se trouve dans la mort de Peregrinus : « Quand un joueur de gobelets adroit se fait chrétien, il est sûr de faire fortune. » Mais comme Lucien est un auteur profane, il ne doit avoir aucune autorité parmi nous.

Ces philosophes ne peuvent se résoudre à croire les miracles opérés dans le II° siècle. Des témoins oculaires ont beau écrire que l'évêque de Smyrne, saint Polycarpe, ayant été condamné à être brûlé, et étant jeté dans les flammes, ils entendirent une voix du ciel qui criait : « Courage, Polycarpe, sois fort, montre-toi homme; » qu'alors les flammes du bûcher s'écartèrent de son corps, et formèrent un pavillon de feu au-dessus de sa tête, et que du milieu du bûcher il sortit une colombe; enfin on fut obligé de trancher la tête de Polycarpe. « A quoi bon ce miracle? disent les incrédules; pourquoi les flammes ont-elles perdu leur nature, et pourquoi la hache de l'exécuteur n'a-t-elle pas perdu la sienne? D'où vient que tant de martyrs sont sortis sains et saufs de l'huile bouillante, et n'ont pu résister au tranchant du glaive? » On répond que c'est la volonté de Dieu. Mais les philosophes voudraient avoir vu tout cela de leurs yeux avant de le croire.

Ceux qui fortifient leurs raisonnements par la science vous diront que les Pères de l'Église ont avoué souvent eux-mêmes qu'il ne se faisait plus de miracles de leur temps. Saint Chrysostome dit expressément : « Les dons extraordinaires de l'Esprit étaient donnés même aux indignes, parce qu'alors l'Église avait besoin de miracles; mais aujourd'hui ils ne sont pas même donnés aux dignes, parce que l'Église n'en a plus besoin. » Ensuite il avoue qu'il n'y a plus personne qui ressuscite les morts, ni même qui guérisse les malades.

Saint Augustin lui-même, malgré le miracle de Gervais et de Protais, dit, dans sa *Cité de Dieu* : « Pourquoi ces miracles qui se faisaient autrefois ne se font-ils plus aujourd'hui? » et il en donne la même raison. *Cur, inquiunt, nunc illa miracula quæ prædicatis facta esse non fiunt? Possem quidem dicere necessaria prius fuisse quàm crederet mundus, ad hoc ut crederet mundus.*

On objecte aux philosophes que saint Augustin, malgré cet aveu, parle pourtant d'un vieux savetier d'Hippone qui, ayant perdu son habit, alla prier à la chapelle des vingt martyrs; qu'en retournant il trouva un poisson dans le corps duquel il y avait un anneau d'or, et que le cuisinier qui fit cuire le poisson dit au savetier : « Voilà ce que les vingt martyrs vous donnent. »

A cela les philosophes répondent qu'il n'y a rien dans cette histoire qui contredise les lois de la nature, que la physique n'est point du tout blessée qu'un poisson ait avalé un anneau d'or, et qu'un cuisinier ait donné cet anneau à un savetier; qu'il n'y a là aucun miracle.

Si on fait souvenir ces philosophes que, selon saint Jérôme, dans sa Vie de l'ermite Paul, cet ermite eut plusieurs conversations avec des satyres et avec des faunes; qu'un corbeau lui apporta tous les jours pendant trente ans la moitié d'un pain pour son dîner, et un pain tout entier le jour que saint Antoine vint le voir, ils pourront répondre encore que tout cela n'est pas absolument contre la physique, que des satyres et des faunes peuvent avoir existé, et qu'en tout cas, si ce conte est une puérilité, cela n'a rien de commun avec les vrais miracles du Sauveur et de ses apôtres. Plusieurs bons chrétiens ont combattu l'histoire de saint Siméon Stylite, écrite par Théodoret; beaucoup de miracles qui passent pour authentiques dans l'Église grecque ont été révoqués en doute par plusieurs Latins, de même que des miracles latins ont été suspects à l'Église grecque; les protestants sont venus ensuite, qui ont fort maltraité les miracles de l'une et l'autre Église.

Un savant jésuite [1], qui a prêché longtemps dans les Indes, se plaint de ce que ni ses confrères ni lui n'ont jamais pu faire de miracle. Xavier se lamente, dans plusieurs de ses lettres, de n'avoir point le don des langues; il dit qu'il n'est chez les Japonais que comme une statue muette : cependant les jésuites ont écrit qu'il avait ressuscité huit morts; c'est beaucoup : mais il faut aussi considérer qu'il les ressuscitait à six mille lieues d'ici. Il s'est trouvé depuis des gens qui ont prétendu que l'abolissement des jésuites en France est un beaucoup plus grand miracle que ceux de Xavier et d'Ignace.

Quoi qu'il en soit, tous les chrétiens conviennent que les miracles de Jésus-Christ et des apôtres sont d'une vérité incontestable; mais qu'on peut douter à toute force de quelques miracles faits dans nos derniers temps, et qui n'ont pas eu une authenticité certaine.

On souhaiterait, par exemple, pour qu'un miracle fût bien constaté, qu'il fût fait en présence de l'Académie des sciences de Paris, ou de la Société royale de Londres, et de la Faculté de médecine, assistées d'un détachement du régiment des gardes, pour contenir la foule du peuple, qui pourrait, par son indiscrétion, empêcher l'opération du miracle.

On demandait un jour à un philosophe ce qu'il dirait s'il voyait le soleil s'arrêter, c'est-à-dire si le mouvement de la terre autour de cet astre cessait, si tous les morts ressuscitaient, et si toutes les montagnes allaient se jeter de compagnie dans la mer; le tout pour prouver quelque vérité importante, comme, par exemple, la grâce versatile. « Ce que je dirais? répondit le philosophe, je me ferais manichéen; je dirais qu'il y a un principe qui défait ce que l'autre a fait. »

Section II. — Définissez les termes, vous dis-je, ou jamais nous ne nous entendrons. *Miraculum, res miranda, prodigium, portentum, monstrum.* Miracle, chose admirable; *prodigium,* qui annonce chose étonnante; *portentum,* porteur de nouveautés; *monstrum,* chose à montrer par rareté.

Voilà les premières idées qu'on eut d'abord des miracles.

Comme on raffine sur tout, on raffina sur cette définition; on appela miracle ce qui est impossible à la nature; mais on ne songea pas que c'était dire que tout miracle est réellement impossible. Car qu'est-ce que la nature? Vous entendez par ce mot l'ordre éternel des choses. Un miracle serait donc impossible dans cet ordre. En ce sens Dieu ne pourrait faire de miracle.

1. Ospiniam, p. 230.

Si vous entendez par miracle un effet dont vous ne pouvez voir la cause, en ce sens tout est miracle. L'attraction et la direction de l'aimant sont des miracles continuels. Un limaçon auquel il revient une tête est un miracle. La naissance de chaque animal, la production de chaque végétal, sont des miracles de tous les jours.

Mais nous sommes si accoutumés à ces prodiges, qu'ils ont perdu leur nom d'admirables, de miraculeux. Le canon n'étonne plus les Indiens.

Nous nous sommes donc fait une autre idée de miracle. C'est, selon l'opinion vulgaire, ce qui n'était jamais arrivé et ce qui n'arrivera jamais. Voilà l'idée qu'on se forme de la mâchoire d'âne de Samson, des discours de l'ânesse de Balaam, de ceux d'un serpent avec Ève, des quatre chevaux qui enlevèrent Élie, du poisson qui garda Jonas soixante et douze heures dans son ventre, des dix plaies d'Égypte, des murs de Jéricho, du soleil et de la lune arrêtés à midi, etc., etc., etc., etc.

Pour croire un miracle, ce n'est pas assez de l'avoir vu; car on peut se tromper. On appelle un sot, *témoin de miracles :* et non-seulement bien des gens pensent avoir vu ce qu'ils n'ont pas vu, et avoir entendu ce qu'on ne leur a point dit; non-seulement ils sont témoins de miracles, mais ils sont sujets de miracles. Ils ont été tantôt malades, tantôt guéris par un pouvoir surnaturel. Ils ont été changés en loups; ils ont traversé les airs sur un manche à balai; ils ont été incubes et succubes.

Il faut que le miracle ait été bien vu par un grand nombre de gens très-sensés, se portant bien, et n'ayant nul intérêt à la chose. Il faut surtout qu'il ait été solennellement attesté par eux; car si on a besoin de formalités authentiques pour les actes les plus simples, comme l'achat d'une maison, un contrat de mariage, un testament, quelles formalités ne faudra-t-il pas pour constater des choses naturellement impossibles, et dont le destin de la terre doit dépendre?

Quand un miracle authentique est fait, il ne prouve encore rien; car l'Écriture vous dit en vingt endroits que des imposteurs peuvent faire des miracles, et que si un homme, après en avoir fait, annonce un autre Dieu que le Dieu des Juifs, il faut le lapider.

On exige donc que la doctrine soit appuyée par les miracles, et les miracles par la doctrine.

Ce n'est point encore assez. Comme un fripon peut prêcher une très-bonne morale pour mieux séduire, et qu'il est reconnu que des fripons, comme les sorciers de Pharaon, peuvent faire des miracles, il faut que ces miracles soient annoncés par des prophéties.

Pour être sûr de la vérité de ces prophéties, il faut les avoir entendu annoncer clairement, et les avoir vues s'accomplir réellement [1]. Il faut posséder parfaitement la langue dans laquelle elles sont conservées.

Il ne suffit pas même que vous soyez témoin de leur accomplissement

1. Voy. PROPHÉTIES.

miraculeux; car vous pouvez être trompé par de fausses apparences.
Il est nécessaire que le miracle et la prophétie soient juridiquement
constatés par les premiers de la nation; et encore se trouvera-t-il des
douteurs. Car il se peut que la nation soit intéressée à supposer une
prophétie et un miracle; et dès que l'intérêt s'en mêle, ne comptez
sur rien. Si un miracle prédit n'est pas aussi public, aussi avéré qu'une
éclipse annoncée dans l'almanach, soyez sûr que ce miracle n'est qu'un
tour de gibecière, ou un conte de vieille.

Section III. — Un gouvernement théocratique ne peut être fondé
que sur des miracles; tout doit y être divin. Le grand souverain ne
parle aux hommes que par des prodiges; ce sont là ses ministres et ses
lettres patentes. Ses ordres sont intimés par l'Océan qui couvre toute
la terre pour noyer les nations, ou qui ouvre le fond de son abîme pour
leur donner passage.

Aussi vous voyez que dans l'histoire juive tout est miracle depuis la
création d'Adam et la formation d'Ève, pétrie d'une côte d'Adam, jusqu'au melch ou roitelet Saül.

Au temps de ce Saül, la théocratie partage encore le pouvoir avec
la royauté. Il y a encore par conséquent des miracles de temps en
temps; mais ce n'est plus cette suite éclatante de prodiges qui étonnent continuellement la nature. On ne renouvelle point les dix plaies
d'Égypte; le soleil et la lune ne s'arrêtent point en plein midi pour
donner le temps à un capitaine d'exterminer quelques fuyards déjà
écrasés par une pluie de pierres tombées des nues. Un Samson n'ex-
termine plus mille Philistins avec une mâchoire d'âne. Les ânesses ne
parlent plus, les murailles ne tombent plus au son du cornet, les villes
ne sont plus abîmées dans un lac par le feu du ciel, la race humaine
n'est plus détruite par le déluge. Mais le doigt de Dieu se manifeste
encore; l'ombre de Saül apparaît à une magicienne. Dieu lui-même
promet à David qu'il défera les Philistins à Baal-Pharisim.

« Dieu assemble son armée céleste du temps d'Achab, et demande
aux esprits[1] : « Qui est-ce qui trompera Achab, et qui le fera aller à
« la guerre contre Ramoth en Galgala? » Et un esprit s'avança devant
le Seigneur, et dit : « Ce sera moi qui le tromperai. » Mais ce ne fut
que le prophète Michée qui fut témoin de cette conversation; encore
reçut-il un soufflet d'un autre prophète nommé Sédékias, pour avoir
annoncé ce prodige.

Des miracles qui s'opèrent aux yeux de toute la nation, et qui changent les lois de la nature entière, on n'en voit guère jusqu'au temps
d'Élie, à qui le Seigneur envoya un char de feu et des chevaux de feu
qui enlevèrent Élie des bords du Jourdain au ciel, sans qu'on sache en
quel endroit du ciel.

Depuis le commencement des temps historiques, c'est-à-dire depuis
les conquêtes d'Alexandre, vous ne voyez plus de miracles chez les
Juifs.

Quand Pompée vient s'emparer de Jérusalem, quand Crassus pille le

---

1. *Rois*, liv. III, chap. XXII.

temple, quand Pompée fait passer le roi juif Alexandre par la main du bourreau, quand Antoine donne la Judée à l'Arabe Hérode, quand Titus prend d'assaut Jérusalem, quand elle est rasée par Adrien, il ne se fait aucun miracle. Il en est ainsi chez tous les peuples de la terre. On commence par la théocratie, on finit par les choses purement humaines. Plus les sociétés perfectionnent les connaissances, moins il y a de prodiges.

Nous savons bien que la théocratie des Juifs était la seule véritable, et que celles des autres peuples étaient fausses; mais il arriva la même chose chez eux que chez les Juifs.

En Égypte, du temps de Vulcain et de celui d'Isis et d'Osiris, tout était hors des lois de la nature; tout y rentra sous les Ptolémées.

Dans les siècles de Phos, de Chrysos et d'Épheste, les dieux et les mortels conversaient très-familièrement en Chaldée. Un dieu avertit le roi Xissutre qu'il y aura un déluge en Arménie, et qu'il faut qu'il bâtisse vite un vaisseau de cinq stades de longueur et de deux de largeur. Ces choses n'arrivent pas aux Darius et aux Alexandre.

Le poisson Oannès sortait autrefois tous les jours de l'Euphrate pour aller prêcher sur le rivage. Il n'y a plus aujourd'hui de poisson qui prêche. Il est bien vrai que saint Antoine de Padoue les a prêchés, mais c'est un fait qui arrive si rarement, qu'il ne tire pas à conséquence.

Numa avait de longues conversations avec la nymphe Égérie; on ne voit pas que César en eût avec Vénus, quoiqu'il descendît d'elle en droite ligne. Le monde va toujours, dit-on, se raffinant un peu.

Mais après s'être tiré d'un bourbier pour quelque temps, il retombe dans un autre; à des siècles de politesse succèdent des siècles de barbarie. Cette barbarie est ensuite chassée; puis elle reparaît : c'est l'alternative continuelle du jour et de la nuit.

Section IV. — De ceux qui ont eu la témérité impie de nier absolument la réalité des miracles de Jésus-Christ. — Parmi les modernes, Thomas Woolston, docteur de Cambridge, fut le premier, ce me semble, qui osa n'admettre dans les Évangiles qu'un sens typique, allégorique, entièrement spirituel, et qui soutint effrontément qu'aucun des miracles de Jésus n'avait été réellement opéré. Il écrivit sans méthode, sans art, d'un style confus et grossier, mais non pas sans vigueur. Ses six discours contre les miracles de Jésus-Christ se vendaient publiquement à Londres dans sa propre maison. Il en fit en deux ans, depuis 1727 jusqu'à 1729, trois éditions de vingt mille exemplaires chacune; et il est difficile aujourd'hui d'en trouver chez les libraires.

Jamais chrétien n'attaqua plus hardiment le christianisme. Peu d'écrivains respectèrent moins le public, et aucun prêtre ne se déclara plus ouvertement l'ennemi des prêtres. Il osait même autoriser cette haine de celle de Jésus-Christ envers les pharisiens et les scribes; et il disait qu'il n'en serait pas comme lui la victime, parce qu'il était venu dans un temps plus éclairé.

Il voulut, à la vérité, justifier sa hardiesse, en se sauvant par le

sens mystique; mais il emploie des expressions si méprisantes et si in
jurieuses, que toute oreille chrétienne en est offensée.

Si on l'en croit[1], le diable envoyé par Jésus-Christ dans le corps de
deux mille cochons est un vol fait au propriétaire de ces animaux. Si
on en disait autant de Mahomet, on le prendrait pour un méchant sorcier, *a wizard*, un esclave juré du diable, *a sworn slave to the devil*.
Et si le maître des cochons, et les marchands qui vendaient dans la
première enceinte du temple des bêtes pour les sacrifices[2], et que Jésus chassa à coups de fouet, vinrent demander justice quand il fut
arrêté, il est évident qu'il dut être condamné, puisqu'il n'y a point de
jurés en Angleterre qui ne l'eussent déclaré coupable.

Il dit la bonne aventure à la Samaritaine comme un franc bohé-
mien[3]; cela seul suffisait pour le faire chasser, comme Tibère en usait
alors avec les devins. « Je m'étonne, dit-il, que les bohémiens d'aujourd'hui, les *gipsies*, ne se disent pas les vrais disciples de Jésus,
puisqu'ils font le même métier. Mais je suis fort aise qu'il n'ait pas
extorqué de l'argent de la Samaritaine, comme font nos prêtres modernes, qui se font largement payer pour leurs divinations[4]. »

Je suis les numéros des pages. L'auteur passe de là à l'entrée de
Jésus-Christ dans Jérusalem. On ne sait, dit-il[5], s'il était monté sur
un âne, ou sur une ânesse, ou sur un ânon, ou sur tous les trois à la
fois.

Il compare Jésus tenté par le diable à saint Dunstan qui prit le diable par le nez[6], et il donne à saint Dunstan la préférence.

A l'article du miracle du figuier séché pour n'avoir pas porté des
figues hors de la saison : « C'était, dit-il[7], un vagabond, un gueux, tel
qu'un frère quêteur, *a wanderer*, *a mendicant*, *like a friar*, et qui,
avant de se faire prédicateur de grand chemin, n'avait été qu'un misérable garçon charpentier, *no better than a journey-man carpenter*. Il
est surprenant que la cour de Rome n'ait pas parmi ses reliques quelque ouvrage de sa façon, un escabeau, un casse-noisette. » En un mot,
il est difficile de pousser plus loin le blasphème.

Il s'égaye sur la piscine probatique de Bethsaïda, dont un ange venait troubler l'eau tous les ans. Il demande comment il se peut que ni
Flavius Josèphe, ni Philon, n'aient point parlé de cet ange; pourquoi
saint Jean est le seul qui raconte ce miracle annuel; par quel autre
miracle aucun Romain ne vit jamais cet ange[8] et n'en entendit jamais
parler.

L'eau changée en vin aux noces de Cana excite, selon lui, le rire et
le mépris de tous les hommes qui ne sont pas abrutis par la superstition.

« Quoi! s'écrie-t-il[9], Jean dit expressément que les convives étaient
déjà ivres, μεθυσθῶσι, et Dieu descendu sur la terre opère son premier
miracle pour les faire boire encore! »

1. Tome I, p. 38. — 2. Page 39. — 3. Page 52. — 4. Page 55.
5. Page 65. — 6. Page 66. — 7 Troisième discours, p. 8. — 8. Tome I, p. 60.
9. Quatrième discours, p. 31.

Dieu fait homme commence sa mission par assister à une noce de village. Il n'est pas certain que Jésus et sa mère fussent ivres comme le reste de la compagnie [1] : *Whether Jesus and his mother themselves were all cut, as were others of the company, it is not certain.* Quoique la familiarité de la dame avec un soldat fasse présumer qu'elle aimait la bouteille, il paraît cependant que son fils était en pointe de vin, puisqu'il lui répondit avec tant d'aigreur et d'insolence [2], *waspishly and snappishly :* « Femme, qu'ai-je affaire à toi ? » Il paraît par ces paroles que Marie n'était point vierge, et que Jésus n'était point son fils ; autrement, Jésus n'eût point ainsi insulté son père et sa mère, et violé un des plus sacrés commandements de la loi. Cependant il fait ce que sa mère lui demande, il remplit dix-huit cruches d'eau, et en fait du punch. Ce sont les propres paroles de Thomas Woolston. Elles saisissent d'indignation toute âme chrétienne.

C'est à regret, c'est en tremblant que je rapporte ces passages ; mais il y a eu soixante mille exemplaires de ce livre, portant tous le nom de l'auteur, et tous vendus publiquement chez lui. On ne peut pas dire que je le calomnie.

C'est aux morts ressuscités par Jésus-Christ qu'il en veut principalement. Il affirme qu'un mort ressuscité eût été l'objet de l'attention et de l'étonnement de l'univers ; que toute la magistrature juive, que surtout Pilate en auraient fait les procès-verbaux les plus authentiques ; que Tibère ordonnait à tous les proconsuls, préteurs, présidents des provinces, de l'informer exactement de tout ; qu'on aurait interrogé Lazare qui avait été mort quatre jours entiers, qu'on aurait voulu savoir ce qu'était devenue son âme pendant ce temps-là.

Avec quelle curiosité avide Tibère et tout le sénat de Rome ne l'eussent-ils pas interrogé ; et non-seulement lui, mais la fille de Jaïr et le fils de Naïm ? Trois morts rendus à la vie auraient été trois témoignages de la divinité de Jésus, qui auraient rendu en un moment le monde entier chrétien. Mais, au contraire, tout l'univers ignore pendant plus de deux siècles ces preuves éclatantes. Ce n'est qu'au bout de cent ans que quelques hommes obscurs se montrent les uns aux autres dans le plus grand secret les écrits qui contiennent ces miracles. Quatre-vingt-neuf empereurs, en comptant ceux à qui on ne donna que le nom de *tyrans*, n'entendent jamais parler de ces résurrections qui devaient tenir toute la nature dans la surprise. Ni l'historien juif Flavius Josèphe, ni le savant Philon, ni aucun historien grec ou romain ne fait mention de ces prodiges. Enfin, Woolston a l'impudence de dire que l'histoire de Lazare est si pleine d'absurdités, que saint Jean radotait quand il l'écrivit. *Is so brimful of absurdities, that saint John, when he wrote it, had liv'd beyond his senses.* (Page 38, tome II.)

« Supposons, dit Woolston [3], que Dieu envoyât aujourd'hui un ambassadeur à Londres pour convertir le clergé mercenaire, et que cet ambassadeur ressuscitât des morts, que diraient nos prêtres ? »

1. Page 32. — 2. Page 34. — 3. Tome II p. 47.

I. blasphème l'incarnation, la résurrection, l'ascension de Jésus-Christ, suivant les mêmes principes[1]. Il appelle ces miracles l'imposture la plus effrontée et la plus manifeste qu'on ait jamais produite dans le monde. *The most manifest, and the most bare-faced imposture that ever was put upon the world.*

Ce qu'il y a peut-être de plus étrange encore, c'est que chacun de ses discours est dédié à un évêque. Ce ne sont pas assurément des dédicaces à la française; il n'y a ni compliment ni flatterie : il leur reproche leur orgueil, leur avarice, leur ambition, leurs cabales; il rit de les voir soumis aux lois de l'État comme les autres citoyens.

A la fin ces évêques, lassés d'être outragés par un simple membre de l'Université de Cambridge, implorèrent contre lui les lois auxquelles ils sont assujettis. Ils lui intentèrent procès au banc du roi par-devant le lord-justice Raymond, en 1729. Woolston fut mis en prison, et condamné à une amende et à donner caution pour cent cinquante livres sterling. Ses amis fournirent la caution, et il ne mourut point en prison, comme il est dit dans quelques-uns de nos dictionnaires faits au hasard. Il mourut chez lui à Londres, après avoir prononcé ces paroles : *This is a pass that every man must come to.* « C'est un pas que tout homme doit faire. » Quelque temps avant sa mort, une dévote, le rencontrant dans la rue, lui cracha au visage; il s'essuya, et la salua. Ses mœurs étaient simples et douces : il s'était trop entêté du sens mystique, et avait blasphémé le sens littéral; mais il est à croire qu'il se repentit à la mort, et que Dieu lui a fait miséricorde.

En ce même temps parut en France le testament de Jean Meslier, curé de But et d'Étrepigny en Champagne, duquel nous avons déjà parlé à l'article CONTRADICTION.

C'était une chose bien étonnante et bien triste que deux prêtres écrivissent en même temps contre la religion chrétienne. Le curé Meslier est encore plus emporté que Woolston; il ose traiter le transport de notre Sauveur par le diable sur la montagne, la noce de Cana, les pains et les poissons, de contes absurdes, injurieux à la Divinité, qui furent ignorés pendant trois cents ans de tout l'empire romain, et qui enfin passèrent de la canaille jusqu'au palais des empereurs; quand la politique les obligea d'adopter les folies du peuple pour le mieux subjuguer. Les déclamations du prêtre anglais n'approchent pas de celles du prêtre champenois. Woolston a quelquefois des ménagements; Meslier n'en a point : c'est un homme si profondément ulcéré des crimes dont il a été témoin, qu'il en rend la religion chrétienne responsable, en oubliant qu'elle les condamne! Point de miracle qui ne soit pour lui un objet de mépris et d'horreur; point de prophétie qu'il ne compare à celles de Nostradamus. Il va même jusqu'à comparer Jésus-Christ à Don Quichotte, et saint Pierre à Sancho-Pança : et ce qui est plus déplorable, c'est qu'il écrivait ces blasphèmes contre Jésus-Christ entre les bras de la mort, dans un temps où les plus dissimulés n'osent mentir, et où les plus intrépides tremblent. Trop péné-

1. Tome II, discours VI, p. 27.

tré de quelques injustices de ses supérieurs, trop frappé des grandes difficultés qu'il trouvait dans l'Écriture, il se déchaîna contre elle plus que les Acosta et tous les Juifs, plus que le fameux Porphyre, les Celse, les Jamblique, les Julien, les Libanius, les Maxime, les Symmaque et tous les partisans de la raison, humaine n'ont jamais éclaté contre nos incompréhensibilités divines. On a imprimé plusieurs abrégés de son livre : mais heureusement ceux qui ont en main l'autorité les ont supprimés autant qu'ils l'ont pu.

Un curé de Bonne-Nouvelle près de Paris écrivit encore sur le même sujet; de sorte qu'en même temps l'abbé Becheran et les autres convulsionnaires faisaient des miracles, et trois prêtres écrivaient contre les miracles véritables.

Le livre le plus fort contre les miracles et contre les prophéties, est celui de milord Bolingbroke[1]. Mais, par bonheur, il est si volumineux, si dénué de méthode, son style est si verbeux, ses phrases si longues, qu'il faut une extrême patience pour le lire.

Il s'est trouvé des esprits qui, étant enchantés des miracles de Moïse et de Josué, n'ont pas eu pour ceux de Jésus-Christ la vénération qu'on leur doit; leur imagination, élevée par le grand spectacle de la mer qui ouvrait ses abîmes et qui suspendait ses flots pour laisser passer la horde hébraïque, par les dix plaies d'Égypte, par les astres qui s'arrêtaient dans leur course sur Gabaon et sur Aïalon, etc., ne pouvait plus se rabaisser à de petits miracles, comme de l'eau changée en vin, un figuier séché, des cochons noyés dans un lac.

Vagenseil disait avec impiété que c'était entendre une chanson de village au sortir d'un grand concert.

Le Talmud prétend qu'il y a eu beaucoup de chrétiens qui, comparant les miracles de l'ancien Testament à ceux du nouveau, ont embrassé le judaïsme : ils croyaient qu'il n'est pas possible que le maître de la nature eût fait tant de prodiges pour une religion qu'il voulait anéantir. « Quoi ! disaient-ils, il y aura eu pendant des siècles une suite de miracles épouvantables en faveur d'une religion véritable qui deviendra fausse ! Quoi ! Dieu même aura écrit que cette religion ne périra jamais, et qu'il faut lapider ceux qui voudront la détruire ! et cependant il enverra son propre fils, qui est lui-même, pour anéantir ce qu'il a édifié pendant tant de siècles !

Il y a bien plus : ce fils, continuent-ils, ce Dieu éternel, s'étant fait Juif, est attaché à la religion juive pendant toute sa vie; il en fait toutes les fonctions, il fréquente le temple juif, il n'annonce rien de contraire à la loi juive, tous ses disciples sont Juifs, tous observent les cérémonies juives. Ce n'est certainement pas lui, disent-ils, qui a établi la religion chrétienne; ce sont des Juifs dissidents qui se sont joints à des platoniciens. Il n'y a pas un dogme du christianisme qui ait été prêché par Jésus-Christ. »

C'est ainsi que raisonnent ces hommes téméraires qui, ayant à la fois l'esprit faux et audacieux, osent juger les œuvres de Dieu, et n'ad-

1. En six volumes.

mettent les miracles de l'ancien Testament que pour rejeter tous ceux du nouveau.

De ce nombre fut malheureusement cet infortuné prêtre de Pont-à-Mousson en Lorraine, nommé Nicolas Antoine; on ne lui connaît point d'autre nom. Ayant reçu ce qu'on appelle les *quatre mineurs* en Lorraine, le prédicant Ferri, en passant à Pont-à-Mousson, lui donna de grands scrupules, et lui persuada que les quatre mineurs étaient le signe de la bête. Antoine, désespéré de porter le signe de la bête, le fit effacer par Ferri, embrassa la religion protestante, et fut ministre à Genève vers l'an 1630.

Plein de la lecture des rabbins, il crut que si les protestants avaient raison contre les papistes, les Juifs avaient bien plus raison contre toutes les sectes chrétiennes. Du illage de Divonne, où il était pasteur, il alla se faire recevoir juif à Venise, avec un petit apprenti en théologie qu'il avait persuadé, et qui après l'abandonna, n'ayant point de vocation pour le martyre.

D'abord le ministre Nicolas Antoine s'abstint de prononcer le nom de Jésus-Christ dans ses sermons et dans ses prières : mais bientôt, échauffé et enhardi par l'exemple des saints Juifs qui professaient hardiment le judaïsme devant les princes de Tyr et de Babylone. il s'en alla pieds nus à Genève confesser, devant les juges et devant les commis des halles, qu'il n'y a qu'une seule religion sur la terre, parce qu'il n'y a qu'un Dieu; que cette religion est la juive, qu'il faut absolument se faire circoncire; que c'est un crime horrible de manger du lard et du boudin. Il exhorta pathétiquement tous les Génevois qui s'attroupèrent à cesser d'être enfants de Bélial, à être bons Juifs, afin de mériter le royaume des cieux. On le prit, on le lia.

Le petit conseil de Genève, qui ne faisait rien alors sans consulter le conseil des prédicants, leur demanda leur avis. Les plus sensés de ces prêtres opinèrent à faire saigner Nicolas Antoine à la veine céphalique, à le baigner et le nourrir de bons potages, après quoi on l'accoutumerait insensiblement à prononcer le nom de Jésus-Christ, ou du moins à l'entendre prononcer sans grincer des dents comme il lui arrivait toujours. Ils ajoutèrent que les lois souffraient les Juifs, qu'il y en avait huit mille à Rome, que beaucoup de marchands sont de vrais Juifs; et que, puisque Rome admettait huit mille enfants de la synagogue, Genève pouvait bien en tolérer un. A ce mot de *tolérance* les autres pasteurs en plus grand nombre, grinçant des dents beaucoup plus qu'Antoine au nom de Jésus-Christ, et charmés d'ailleurs de trouver une occasion de pouvoir faire brûler un homme, ce qui arrivait très-rarement, furent absolument pour la brûlure. Ils décidèrent que rien ne servirait mieux à raffermir le véritable christianisme; que les Espagnols n'avaient acquis tant de réputation dans le monde que parce qu'ils faisaient brûler des Juifs tous les ans; et qu'après tout, si l'ancien Testament devait l'emporter sur le nouveau, Dieu ne manquerait pas de venir éteindre lui-même la flamme du bûcher, comme il fit dans Babylone pour Sidrac, Misac, et Abdenago; qu'alors on reviendrait à l'ancien Testament; mais qu'en attendant il fallait absolument brûler Nicolas Antoine. Partant, ils conclurent *à ôter le méchant;* ce sont leurs propres paroles.

Le syndic Sarrasin et le syndic Godefroi, qui étaient de bonnes têtes, trouvèrent le raisonnement du sanhédrin génevois admirable; et, comme les plus forts, ils condamnèrent Nicolas Antoine, le plus faible, à mourir de la mort de Calanus et du conseiller Dubourg. Cela fut exécuté le 20 avril 1632 dans une très-belle place champêtre appelée *Plain-Palais*, en présence de vingt mille hommes qui bénissaient la nouvelle loi et le grand sens du syndic Sarrasin et du syndic Godefroi.

Le Dieu d'Abraham, d'Isaac, et de Jacob, ne renouvela point le miracle de la fournaise de Babylone en faveur d'Antoine.

Abauzit, homme très-véridique, rapporte dans ses notes qu'il mourut avec la plus grande constance, et qu'il persista sur le bûcher dans ses sentiments. Il ne s'emporta point contre ses juges lorsqu'on le lia au poteau; il ne montra ni orgueil ni bassesse; il ne pleura point, il ne soupira point, il se résigna. Jamais martyr ne consomma son sacrifice avec une foi plus vive; jamais philosophe n'envisagea une mort horrible avec plus de fermeté. Cela prouve évidemment que sa folie n'était autre chose qu'une forte persuasion. Prions le Dieu de l'ancien et du nouveau Testament de lui faire miséricorde.

J'en dis autant pour le jésuite Malagrida, qui était encore plus fou que Nicolas Antoine; pour l'ex-jésuite Patouillet et pour l'ex-iésuite Paulian, si jamais on les brûle.

Des écrivains en grand nombre, qui ont eu le malheur d'être plus philosophes que chrétiens, ont été assez hardis pour nier les miracles de Notre Seigneur; mais après les quatre prêtres dout nous avons parlé, il ne faut plus citer personne. Plaignons ces quatre infortunés, aveuglés par leurs lumières trompeuses et animés par leur mélancolie, qui les précipita dans un abîme si funeste.

MISSIONS. — Ce n'est pas du zèle de nos missionnaires et de la vérité de notre religion qu'il s'agit; on les connaît assez dans notre Europe chrétienne, et on les respecte assez.

Je ne veux parler que des lettres curieuses et édifiantes des révérends pères jésuites, qui ne sont pas aussi respectables. A peine sont-ils arrivés dans l'Inde, qu'ils y prêchent, qu'ils y convertissent des milliers d'Indiens, et qu'ils font des milliers de miracles. Dieu me préserve de les contredire! on sait combien il est facile à un Biscayen, à un Bergamasque, à un Normand, d'apprendre la langue indienne en peu de jours, et de prêcher en indien.

A l'égard des miracles, rien n'est plus aisé que d'en faire à six mille lieues de nous, puisqu'on en a tant fait à Paris dans la paroisse Saint-Médard. La grâce suffisante des molinistes a pu sans doute opérer sur les bords du Gange, aussi bien que la grâce efficace des jansénistes au bord de la rivière des Gobelins. Mais nous avons déjà tant parlé de miracles que nous n'en dirons plus rien.

Un révérend père jésuite arriva l'an passé à Delhi, à la cour du Grand-Mogol : ce n'était pas un jésuite mathématicien et homme d'esprit, venu pour corriger le calendrier et pour faire fortune; c'était un de ces pauvres jésuites de bonne foi, un de ces soldats que leur général envoie, et qui obéissent sans raisonner.

M. Audrais, mon commissionnaire, lui demanda ce qu'il venait faire à Delhi; il répondit qu'il avait ordre du R. P. Ricci de délivrer le Grand-Mogol des griffes du diable, et de convertir toute sa cour. « J'ai déjà, dit-il, baptisé plus de vingt enfants dans la rue, sans qu'ils en sussent rien, en leur jetant quelques gouttes d'eau sur la tête. Ce sont autant d'anges, pourvu qu'ils aient le bonheur de mourir incessamment. J'ai guéri une pauvre vieille femme de la migraine en faisant le signe de la croix derrière elle. J'espère en peu de temps convertir les mahométans de la cour et les gentous du peuple. Vous verrez dans Delhi, dans Agra et dans Bénarès autant de bons catholiques adorateurs de la vierge Marie, que d'idolâtres adorateurs du démon.

M. AUDRAIS. — Vous croyez donc, mon révérend père, que les peuples de ces contrées immenses adorent des idoles et le diable?

LE JÉSUITE. — Sans doute, puisqu'ils ne sont pas de ma religion.

M. AUDRAIS. — Fort bien. Mais quand il y aura dans l'Inde autant de catholiques que d'idolâtres, ne craignez-vous point qu'ils ne se battent, que le sang ne coule longtemps, que tout le pays ne soit saccagé? Cela est déjà arrivé partout où vous avez mis le pied.

LE JÉSUITE. — Vous m'y faites penser; rien ne serait plus salutaire. Les catholiques égorgés iraient en paradis (dans le jardin), et les gentous dans l'enfer éternel créé pour eux de toute éternité, selon la grande miséricorde de Dieu, et pour sa grande gloire; car Dieu est excessivement glorieux.

M. AUDRAIS. — Mais si on vous dénonçait, et si on vous donnait les étrivières?

LE JÉSUITE. — Ce serait encore pour sa gloire; mais je vous conjure de me garder le secret, et de m'épargner le bonheur du martyre. »

MOÏSE. — Section I. — La philosophie, dont on a quelquefois passé les bornes, les recherches de l'antiquité, l'esprit de discussion et de critique, ont été poussés si loin, qu'enfin plusieurs savants ont douté s'il y avait jamais eu un Moïse, et si cet homme n'était pas un être fantastique, tels que l'ont été probablement Persée, Bacchus, Atlas, Penthésilée, Vesta, Rhéa Sylvia, Isis, Sammonocodom, Fo, Mercure Trismégiste, Odin, Merlin, Francus, Robert le Diable, et tant d'autres héros de romans dont on a écrit la vie et les prouesses.

Il n'est pas vraisemblable, disent les incrédules, qu'il ait existé un homme dont toute la vie est un prodige continuel.

Il n'est pas vraisemblable qu'il eût fait tant de miracles épouvantables en Égypte, en Arabie et en Syrie, sans qu'ils eussent retenti dans toute la terre.

Il n'est pas vraisemblable qu'aucun écrivain égyptien ou grec n'eût transmis ces miracles à la postérité. Il n'en est cependant fait mention que par les seuls Juifs; et dans quelque temps que cette histoire ait été écrite par eux, elle n'a été connue d'aucune nation que vers le

IIᵉ siècle. Le premier auteur qui cite expressément les livres de Moïse est Longin, ministre de la reine Zénobie, du temps de l'empereur Aurélien [1]

Il est à remarquer que l'auteur du *Mercure Trismégiste*, qui certainement était Égyptien, ne dit pas un seul mot de ce Moïse.

Si un seul auteur ancien avait rapporté un seul de ces miracles Eusèbe aurait sans doute triomphé de ce témoignage, soit dans son *Histoire*, soit dans sa *Préparation évangélique*.

Il reconnaît, à la vérité, des auteurs qui ont cité son nom, mais aucun qui ait cité ses prodiges. Avant lui les Juifs Josèphe et Philon, qui ont tant célébré leur nation, ont recherché tous les écrivains chez lesquels le nom de Moïse se trouvait; mais il n'y en a pas un seul qui fasse la moindre mention des actions merveilleuses qu'on lui attribue.

Dans ce silence général du monde entier, voici comme les incrédules raisonnent avec une témérité qui se réfute d'elle-même.

Les Juifs sont les seuls qui aient eu le *Pentateuque* qu'ils attribuent à Moïse. Il est dit dans leurs livres mêmes que ce *Pentateuque* ne fut connu que sous leur roi Josias, trente-six ans avant la première destruction de Jérusalem et la captivité; on n'en trouva qu'un seul exemplaire chez le pontife Helcias [2], qui le déterra au fond d'un coffrefort en comptant de l'argent. Le pontife l'envoya au roi par son scribe Saphan.

Cela pourrait, disent-ils, obscurcir l'authenticité du *Pentateuque*.

En effet, eût-il été possible que si le *Pentateuque* eût été connu de tous les Juifs, Salomon, le sage Salomon, inspiré de Dieu même, en lui bâtissant un temple par son ordre, eût orné ce temple de tant de figures, contre la loi expresse de Moïse?

Tous les prophètes juifs qui avaient prophétisé au nom du Seigneur, depuis Moïse jusqu'à ce roi Josias, ne se seraient-ils pas appuyés dans leurs prédications de toutes les lois de Moïse? n'auraient-ils pas cité mille fois ses propres paroles? ne les auraient-ils pas commentées? Aucun d'eux cependant n'en cite deux lignes; aucun ne rappelle le texte de Moïse; ils lui sont même contraires en plusieurs endroits.

Selon ces incrédules, les livres attribués à Moïse n'ont été écrits que parmi les Babyloniens pendant la captivité, ou immédiatement après, par Esdras. On ne voit en effet que des terminaisons persanes et chaldéennes dans les écrits juifs : *Babel*, porte de dieu; *Phégor-beel* ou *Beel-phégor*, dieu du précipice; *Zebuth-beel* ou *Beel-zebuth*, dieu des insectes; *Bethel*, maison de dieu; *Daniel*, jugement de dieu; *Gabriel*, homme de dieu; *Jahel*, affligé de dieu; *Jaïel*, la vie de dieu; *Israel*, voyant dieu; *Oziel*, force de dieu; *Raphaël*, secours de dieu; *Uriel*, le feu de dieu.

Ainsi tout est étranger chez la nation juive, étrangère elle-même en Palestine; circoncision, cérémonies, sacrifices, arche, chérubin, bouc Hazazel, baptême de justice, baptême simple, épreuves, divina-

---

1. Longin, *Traité du Sublime.*
2. IV *Rois*, chap. XXIII, et *Paralipom.*, II, chap. XXXIV.

tion, explication des songes, enchantement des serpents, rien ne venait de ce peuple; rien ne fut inventé par lui.

Le célèbre milord Bolingbroke ne croit point du tout que Moïse ait existé : il croit voir dans le *Pentateuque* une foule de contradictions et de fautes de chronologie et de géographie qui épouvantent; des noms de plusieurs villes qui n'étaient pas encore bâties; des préceptes donnés aux rois, dans un temps où non-seulement les Juifs n'avaient point de rois, mais où il n'était pas probable qu'ils en eussent jamais, puisqu'ils vivaient dans des déserts sous des tentes, à la manière des Arabes Bédouins.

Ce qui lui paraît surtout de la contradiction la plus palpable, c'est le don de quarante-huit villes avec leurs faubourgs fait aux lévites, dans un pays où il n'y avait pas un seul village : c'est principalement sur ces quarante-huit villes qu'il relance Abbadie, et qu'il a même la dureté de le traiter avec l'horreur et le mépris d'un seigneur de la chambre haute et d'un ministre d'État pour un petit prêtre étranger qui veut faire le raisonneur.

Je prendrai la liberté de représenter au vicomte de Bolingbroke, et à tous ceux qui pensent comme lui, que non-seulement la nation juive a toujours cru à l'existence de Moïse et à celle de ses livres, mais que Jésus-Christ même lui a rendu témoignage. Les quatre évangélistes, les *Actes des apôtres*, la reconnaissent; saint Matthieu dit expressément que Moïse et Élie apparurent à Jésus-Christ sur la montagne, pendant la nuit de la transfiguration, et saint Luc en dit autant.

Jésus-Christ déclare dans saint Matthieu qu'il n'est point venu pour abolir cette loi, mais pour l'accomplir. On renvoie souvent dans le *Nouveau Testament* à la loi de Moïse et aux prophètes; l'Église entière a toujours cru le *Pentateuque* écrit par Moïse; et de plus de cinq cents sociétés différentes qui se sont établies depuis si longtemps dans le christianisme, aucune n'a jamais douté de l'existence de ce grand prophète : il faut donc soumettre notre raison, comme tant d'hommes ont soumis la leur.

Je sais fort bien que je ne gagnerai rien sur l'esprit du vicomte ni de ses semblables. Ils sont trop persuadés que les livres juifs ne furent écrits que très-tard, qu'ils ne furent écrits que pendant la captivité des deux tribus qui restaient. Mais nous aurons la consolation d'avoir l'Église pour nous.

Si vous voulez vous instruire et vous amuser de l'antiquité, lisez la vie de Moïse à l'article *Apocryphes*.

Section II. — En vain plusieurs savants ont cru que le *Pentateuque* ne peut avoir été écrit par Moïse[1]. Ils disent que par l'Écriture même

---

1. Est-il bien vrai qu'il y ait eu un Moïse? Si un homme qui commandait à la nature entière eût existé chez les Égyptiens, de si prodigieux événements n'auraient-ils pas fait la partie principale de l'histoire d'Égypte? Sanchoniathon, Manéthon, Mégasthène, Hérodote, n'en auraient-ils point parlé? Josèphe l'historien a recueilli tous les témoignages possibles en faveur des Juifs; il n'ose dire qu'aucun des auteurs qu'il cite ait dit un seul mot des miracles de Moïse. Quoi! le Nil aura été changé en sang; un ange aura égorgé tous les premiers-

il est avéré que le premier exemplaire connu fut trouvé du temps du roi Josias, et que cet unique exemplaire fut apporté au roi par le secrétaire Saphan. Or, entre Moïse et cette aventure du secrétaire Saphan, il y a mille cent soixante-sept années par le comput hébraïque. Car Dieu apparut à Moïse dans le buisson ardent l'an du monde 2213, et le secrétaire Saphan publia le livre de la loi l'an du monde 3380. Ce livre trouvé sous Josias fut inconnu jusqu'au retour de la captivité de Babylone; et il est dit que ce fut Esdras, inspiré de Dieu, qui mit en lumière toutes les saintes Écritures.

Mais que ce soit Esdras ou un autre qui ait rédigé ce livre, cela est absolument indifférent dès que le livre est inspiré. Il n'est point dit dans le *Pentateuque* que Moïse en soit l'auteur : il serait donc permis de l'attribuer à un autre homme à qui l'Esprit divin l'aura dicté, si l'Église n'avait pas d'ailleurs décidé que le livre est de Moïse.

Quelques contradicteurs ajoutent qu'aucun prophète n'a cité les livres du *Pentateuque*, qu'il n'en est question ni dans les psaumes, ni dans les livres attribués à Salomon, ni dans Jérémie, ni dans Isaïe, ni enfin dans aucun livre canonique des Juifs. Les mots qui répondent à ceux de *Genèse*, *Exode*, *Nombres*, *Lévitique*, *Deutéronome*, ne se trouvent dans aucun autre écrit reconnu par eux pour authentique.

D'autres, plus hardis, ont fait les questions suivantes :

1º En quelle langue Moïse aurait-il écrit dans un désert sauvage? Ce ne pouvait être qu'en égyptien; car par ce livre même on voit que Moïse et tout son peuple étaient nés en Égypte. Il est probable qu'ils ne parlaient pas d'autre langue. Les Égyptiens ne se servaient pas encore du papyros; on gravait des hiéroglyphes sur le marbre ou sur le bois. Il est même dit que les tables des commandements furent gravées sur des pierres polies, ce qui demandait des efforts et un temps prodigieux.

2º Est-il vraisemblable que, dans un désert où le peuple juif n'avait ni cordonnier ni tailleur, et où le Dieu de l'univers était obligé de faire un miracle continuel pour conserver les vieux habits et les vieux sou-

nés dans l'Égypte, la mer se sera ouverte, ses eaux auront été suspendues à droite et à gauche, et nul auteur n'en aura parlé! et les nations auront oublié ces prodiges; et il n'y aura qu'un petit peuple d'esclaves barbares qui nous aura conté ces histoires, des milliers d'années après l'événement !

Quel est donc ce Moïse inconnu à la terre entière jusqu'au temps où un Ptolémée eut, dit-on, la curiosité de faire traduire en grec les écrits des Juifs? Il y avait un grand nombre de siècles que les fables orientales attribuaient à Bacchus tout ce que les Juifs ont dit de Moïse. Bacchus avait passé la mer Rouge à pied sec, Bacchus avait changé les eaux en sang, Bacchus avait journellement opéré des miracles avec sa verge : tous ces faits étaient chantés dans les orgies de Bacchus avant qu'on eût le moindre commerce avec les Juifs, avant qu'on sût seulement si ce pauvre peuple avait des livres. N'est-il pas de la plus extrême vraisemblance que ce peuple si nouveau, si longtemps errant, si tard connu, établi si tard en Palestine, prit avec la langue phénicienne les fables phéniciennes, sur lesquelles il enchérit encore, ainsi que font tous les imitateurs grossiers? Un peuple si pauvre, si ignorant, si étranger dans tous les arts, pouvait-il faire autre chose que de copier ses voisins? Ne sait-on pas que jusqu'au nom d'*Adonaï*, d'*Ihaho*, d'*Eloï*, ou *Eloa*, qui signifia Dieu chez la nation juive, tout était phénicien?

liers des Juifs, il se soit trouvé des hommes assez habiles pour graver
les cinq livres du *Pentateuque* sur le marbre ou sur le bois? On dira
qu'on trouva bien des ouvriers qui firent un veau d'or en une nuit, et
qui réduisirent ensuite l'or en poudre, opération impossible à la chimie
ordinaire, non encore inventée; qui construisirent le tabernacle, qui
l'ornèrent de trente-quatre colonnes d'airain avec des chapiteaux d'argent; qui ourdirent et qui brodèrent des voiles de lin, d'hyacinthe, de
pourpre et d'écarlate; mais cela même fortifie l'opinion des contradicteurs. Ils répondent qu'il n'est pas possible que dans un désert où l'on
manquait de tout, on ait fait des ouvrages si recherchés; qu'il aurait
fallu commencer par faire des souliers et des tuniques; que ceux qui
manquent du nécessaire ne donnent point dans le luxe; et que c'est
une contradiction évidente de dire qu'il y ait eu des fondeurs, des
graveurs, des brodeurs, quand on n'avait ni habits ni pain.

3° Si Moïse avait écrit le premier chapitre de la *Genèse*, aurait-il été
défendu à tous les jeunes gens de lire ce premier chapitre? aurait-on
porté si peu de respect au législateur? Si c'était Moïse qui eût dit que
Dieu punit l'iniquité des pères jusqu'à la quatrième génération, Ézéchiel aurait-il osé dire le contraire?

4° Si Moïse avait écrit le *Lévitique*, aurait-il pu se contredire dans
le *Deutéronome?* Le Lévitique défend d'épouser la femme de son frère,
le *Deutéronome* l'ordonne.

5° Moïse aurait-il parlé dans son livre de villes qui n'existaient pas
de son temps? Aurait-il dit que des villes qui étaient pour lui à l'orient
du Jourdain, étaient à l'occident?

6° Aurait-il assigné quarante-huit villes aux lévites dans un pays
où il n'y a jamais eu dix villes, et dans un désert où il a toujours
erré sans avoir une maison?

7° Aurait-il prescrit des règles pour les rois juifs, tandis que non-
seulement il n'y avait point de rois chez ce peuple, mais qu'ils étaient
en horreur, et qu'il n'était pas probable qu'il y en eût jamais? Quoi!
Moïse aurait donné des préceptes pour la conduite des rois qui ne vinrent qu'environ cinq cents années après lui, et il n'aurait rien dit pour
les juges et les pontifes qui lui succédèrent? Cette réflexion ne conduit-
elle pas à croire que le *Pentateuque* a été composé du temps des rois,
et que les cérémonies instituées par Moïse n'avaient été qu'une tradition?

8° Se pourrait-il faire qu'il eût dit aux Juifs : « Je vous ai fait sortir
au nombre de six cent mille combattants de la terre d'Égypte, sous la
protection de votre Dieu? » Les Juifs ne lui auraient-ils pas répondu :
« Il faut que vous ayez été bien timide pour ne nous pas mener contre
le Pharaon d'Égypte; il ne pouvait pas nous opposer une armée de deux
cent mille hommes. Jamais l'Égypte n'a eu tant de soldats sur pied;
nous l'aurions vaincu sans peine, nous serions les maîtres de son pays?
Quoi! le dieu qui vous parle a égorgé, pour nous faire plaisir, tous
les premiers-nés d'Égypte, et s'il y a dans ce pays-là trois cent mille
familles, cela fait trois cent mille hommes morts en une nuit pour nous
venger; et vous n'avez pas secondé votre dieu! et vous ne nous avez

pas donné ce pays fertile que rien ne pouvait défendre! vous nous avez fait sortir de l'Égypte en larrons et en lâches, pour nous faire périr dans les déserts, entre les précipices et les montagnes! Vous pouviez nous conduire au moins par le droit chemin dans cette terre de Canaan sur laquelle nous n'avons nul droit, que vous nous avez promise, et dans laquelle nous n'avons pu encore entrer.

« Il était naturel que de la terre de Gessen nous marchassions vers Tyr et Sidon le long de la Méditerranée; mais vous nous faites passer l'isthme de Suez presque tout entier; vous nous faites rentrer en Égypte, remonter jusque par delà Memphis, et nous nous trouvons à Béel-Sephon, au bord de la mer Rouge, tournant le dos à la terre de Canaan, ayant marché quatre-vingts lieues dans cette Égypte que nous voulions éviter, et enfin près de périr entre la mer et l'armée de Pharaon!

« Si vous aviez voulu nous livrer à nos ennemis, auriez-vous pris une autre route et d'autres mesures? Dieu nous a sauvés par un miracle, dites-vous; la mer s'est ouverte pour nous laisser passer; mais après une telle faveur fallait-il nous faire mourir de faim et de fatigue dans les déserts horribles d'Étham, de Cadès-Barné, de Mara, d'Élim, d'Horeb, et de Sinaï? Tous nos pères ont péri dans ces solitudes affreuses, et vous venez dire au bout de quarante ans que Dieu a eu un soin particulier de nos pères! »

Voilà ce que ces Juifs murmurateurs, ces enfants injustes de Juifs vagabonds, morts dans les déserts, auraient pu dire à Moïse, s'il leur avait lu l'*Exode* et la *Genèse*. Et que n'auraient-ils pas dû dire et faire à l'article du veau d'or? « Quoi! vous osez nous conter que votre frère fit un veau pour nos pères, quand vous étiez avec Dieu sur la montagne, vous qui tantôt nous dites que vous avez parlé avec Dieu face à face, et tantôt que vous n'avez pu le voir que par derrière! Mais enfin vous étiez avec ce Dieu, et votre frère jette en fonte un veau d'or en un seul jour, et nous le donne pour l'adorer; et, au lieu de punir votre indigne frère, vous le faites nôtre pontife, et vous ordonnez à vos lévites d'égorger vingt-trois mille hommes de votre peuple! Nos pères l'auraient-ils souffert? se seraient-ils laissé assommer comme des victimes par des prêtres sanguinaires? Vous nous dîtes que, non content de cette boucherie incroyable, vous avez fait encore massacrer vingt-quatre mille de vos pauvres suivants, parce que l'un d'eux avait couché avec une Madianite, tandis que vous-même avez épousé une Madianite; et vous ajoutez que vous êtes le plus doux de tous les hommes! Encore quelques actions de cette douceur, et il ne serait plus resté personne.

« Non, si vous aviez été capable d'une telle cruauté, si vous aviez pu l'exercer, vous seriez le plus barbare de tous les hommes; et tous les supplices ne suffiraient pas pour expier un si étrange crime. »

Ce sont là, à peu près, les objections que font les savants à ceux qui pensent que Moïse est l'auteur du *Pentateuque*. Mais on leur répond que les voies de Dieu ne sont pas celles des hommes; que Dieu a éprouvé conduit et abandonné son peuple par une sagesse qui nous est inconnue; que les Juifs eux-mêmes depuis plus de deux mille ans ont cru que Moïse est l'auteur de ces livres; que l'Eglise, qui a succédé à la synagogue, et qui est infaillible comme elle, a décidé ce point de controverse, et que les savants doivent se taire quand l'Eglise parle.

Section III. — On ne peut douter qu'il n'y ait eu un Moïse législateur du peuple juif. On examinera ici son histoire suivant les règles de la critique : le divin n'est pas soumis à l'examen. Il faut donc se borner au probable; les hommes ne peuvent juger qu'en hommes. Il est d'abord très-naturel et très-probable qu'une nation arabe ait habité sur les confins de l'Egypte, du côté de l'Arabie déserte, qu'elle ait été tributaire ou esclave des rois égyptiens, et qu'ensuite elle ait cherché à s'établir ailleurs; mais ce que la raison seule ne saurait admettre, c'est que cette nation, composée de soixante et dix personnes tout au plus du temps de Joseph, se fût accrue en deux cent quinze ans, depuis Joseph jusqu'à Moïse, au nombre de six cent mille combattants, selon le livre de l'*Exode*; car six cent mille hommes en état de porter les armes supposent une multitude d'environ deux millions, en comptant les vieillards, les femmes et les enfants. Il n'est certainement pas dans le cours de la nature qu'une colonie de soixante et dix personnes, tant mâles que femelles, ait pu produire en deux siècles deux millions d'habitants. Les calculs faits sur cette progression par des hommes très-peu versés dans les choses de ce monde, sont démentis par l'expérience de toutes les nations et de tous les temps. On ne fait pas, comme on a dit, des enfants d'un trait de plume. Songe-t-on bien qu'à ce compte une peuplade de dix mille personnes en deux cents ans produirait beaucoup plus d'habitants que le globe de la terre n'en peut nourrir?

Il n'est pas plus probable que ces six cent mille combattants, favorisés par le maître de la nature, qui faisait pour eux tant de prodiges, se fussent bornés à errer dans des déserts où ils moururent, au lieu de chercher à s'emparer de la fertile Egypte.

Ces premières règles d'une critique humaine et raisonnable établies, il faut convenir qu'il est très-vraisemblable que Moïse ait conduit hors des confins de l'Egypte une petite peuplade. Il y avait chez les Egyptiens une ancienne tradition, rapportée par Plutarque dans son traité d'*Isis* et d'*Osiris*, que Typhon, père de Jérossalaïm et de Juddecus, s'était enfui d'Egypte sur un âne. Il est clair par ce passage que les ancêtres des Juifs habitants de Jérusalem passaient pour avoir été des fugitifs de l'Egypte. Une tradition non moins ancienne et plus répandue est que les Juifs avaient été chassés d'Egypte, soit comme une troupe de brigands indisciplinables, soit comme une peuplade infectée de la lèpre. Cette double accusation tirait sa vraisemblance de la terre même de Gessen qu'ils avaient habitée, terre voisine des Arabes vagabonds, et où la maladie de la lèpre, particulière aux Arabes, devait être commune. Il paraît par l'Ecriture même que ce peuple était sorti d'Egypte malgré lui. Le dix-septième chapitre du *Deutéronome* défend aux rois de songer à ramener les Juifs en Egypte.

La conformité de plusieurs coutumes égyptiennes et juives fortifie encore l'opinion que ce peuple était une colonie égyptienne; et ce qui lui donne un nouveau degré de probabilité, c'est la fête de la pâque, c'est-à-dire de la fuite ou du passage, instituée en mémoire de leur évasion. Cette fête seule ne serait pas une preuve; car il y a eu chez tous les peuples des solennités établies pour célébrer des événements fabuleux et incroyables : telles étaient la plupart des fêtes des Grecs et des Romains; mais une fuite d'un pays dans un autre n'a rien que de très commun, et se concilie la créance. La preuve tirée de cette fête de la pâque reçoit encore une force nouvelle par celle des tabernacles, en mémoire du temps où les Juifs habitaient les déserts au sortir de l'É-gypte. Ces vraisemblances, réunies avec tant d'autres, prouvent qu'en effet une colonie sortie d'Égypte s'établit enfin pour quelque temps dans la Palestine.

Presque tout le reste est d'un genre si merveilleux que la sagacité humaine n'y a plus de prise. Tout ce qu'on peut faire, c'est de recher-cher en quel temps l'histoire de cette fuite, c'est-à-dire le livre de l'*Exode* a pu être écrit, et de démêler les opinions qui régnaient alors, opinions dont la preuve est dans ce livre même comparé avec les an-ciens usages des nations.

A l'égard des livres attribués à Moïse, les règles les plus communes de la critique ne permettent pas de croire qu'il en soit l'auteur.

1° Il n'y a pas d'apparence qu'il eût appelé les endroits dont il parle de noms qui ne leur furent imposés que longtemps après. Il est fait mention dans ce livre des villes de Jaïr, et tout le monde convient qu'elles ne furent ainsi nommées que longtemps après la mort de Moïse; il y est parlé du pays de Dan, et la tribu de Dan n'avait pas encore donné son nom à ce pays dont elle n'était pas la maîtresse.

2° Comment Moïse aurait-il cité le livre des guerres du Seigneur, quand ces guerres et ce livre perdu lui sont postérieurs?

3° Comment Moise aurait-il parlé de la défaite prétendue d'un géant nommé Og, roi de Basan, vaincu dans le désert la dernière année de son gouvernement? et comment aurait-il ajouté qu'on voit encore son lit de fer de neuf coudées dans Rabbath? Cette ville de Rabbath était la capitale des Ammonites; les Hébreux n'avaient point encore pénétré dans ce pays : n'est-il pas apparent qu'un tel passage est d'un écrivain postérieur que son inadvertance trahit? Il veut apporter en témoignage de la victoire remportée sur un géant le lit qu'on disait être encore à Rabbath, et il oublie qu'il fait parler Moïse.

4° Comment Moïse aurait-il appelé villes au delà du Jourdain les villes qui, à son égard, étaient en deçà? N'est-il pas palpable que le livre qu'on lui attribue fut écrit longtemps après que les Israélites eu-rent passé cette petite rivière du Jourdain, qu'ils ne passèrent jamais sous sa conduite?

5° Est-il bien vraisemblable que Moïse ait dit à son peuple que, dans la dernière année de son gouvernement, il a pris dans le petit canton d'Argob, pays stérile et affreux de l'Arabie Pétrée, soixante grandes villes entourées de hautes murailles fortifiées, sans compter un nombre infini de villes ouvertes? N'est-il pas de la plus grande probabilité que ces exagérations furent écrites dans la suite par un homme qui voulait flatter une nation grossière?

6° Il est encore moins vraisemblable que Moïse ait rapporté les miracles dont cette histoire est remplie.

On peut bien persuader à un peuple heureux et victorieux que Dieu a combattu pour lui; mais il n'est pas dans la nature humaine qu'un peuple croie avoir vu cent miracles en sa faveur, quand tous ces prodiges n'aboutissent qu'à le faire périr dans un désert. Examinons quelques miracles rapportés dans l'*Exode*.

7° Il paraît contradictoire et injurieux à l'essence divine que Dieu s'étant formé un peuple pour être le seul dépositaire de ses lois, et pour dominer sur toutes les nations, il envoie un homme de ce peuple demander au roi son oppresseur la permission d'aller sacrifier à son Dieu dans le désert, afin que ce peuple puisse s'enfuir sous le prétexte de ce sacrifice. Nos idées communes ne peuvent qu'attacher une idée de bassesse et de fourberie à ce manége, loin d'y reconnaître la majesté et la puissance de l'Être suprême.

Quand nous lisons immédiatement après que Moïse change devant le roi sa baguette en serpent, et toutes les eaux du royaume en sang, qu'il fait naître des grenouilles qui couvrent la terre, qu'il change en poux toute la poussière, qu'il remplit les airs d'insectes ailés venimeux, qu'il frappe tous les hommes et tous les animaux du pays d'affreux ulcères, qu'il appelle la grêle, les tempêtes et le tonnerre pour ruiner toute la contrée, qu'il la couvre de sauterelles, qu'il la plonge dans des ténèbres palpables pendant trois jours, qu'enfin un ange exterminateur frappe de mort tous les premiers-nés des hommes et des animaux d'Égypte, à commencer par le fils du roi; quand nous voyons ensuite ce peuple marchant à travers les flots de la mer Rouge suspendus en montagnes d'eau à droite et à gauche, et retombant ensuite sur l'armée de Pharaon, qu'ils engloutissent; lors, dis-je, qu'on lit tous ces miracles, la première idée qui vient dans l'esprit, c'est de dire : « Ce peuple pour qui Dieu a fait des choses si étonnantes va sans doute être le maître de l'Univers. » Mais non, le fruit de tant de merveilles est de souffrir la disette et la faim dans des sables arides; et, de prodige en prodige, tout meurt avant d'avoir vu le petit coin de terre où leurs descendants s'établissent ensuite pour quelques années. Il est pardonnable sans doute de ne pas croire cette foule de merveilles dont la moindre révolte la raison.

Cette raison abandonnée à elle-même ne peut se persuader que Moïse ait écrit des choses si étranges. Comment peut-on faire accroire à une génération tant de miracles inutilement faits pour elle, et tous ceux qu'on dit opérés dans le désert? Quel personnage fait-on jouer à la Divinité, de l'employer à conserver les habits et les souliers de ce peuple pendant quarante ans, après avoir armé en leur faveur toute la nature!

Il est donc très-naturel de penser que toute cette histoire prodigieuse fut écrite longtemps après Moïse, comme les romans de Charlemagne furent forgés trois siècles après lui, et comme les origines de toutes les nations ont été écrites dans des temps où ces origines perdues de vue laissaient à l'imagination la liberté d'inventer. Plus un peuple est grossier et malheureux, plus il cherche à relever son ancienne histoire : et quel peuple a été plus longtemps misérable et barbare que le peuple juif?

Il n'est pas à croire que lorsqu'ils n'avaient pas de quoi se faire des souliers dans leurs déserts, sous la domination de Moïse, on fût chez eux fort curieux d'écrire. On doit présumer que les malheureux nés dans ces déserts ne reçurent pas une éducation bien brillante, et que la nation ne commença à lire et à écrire que lorsqu'elle eut quelque commerce avec les Phéniciens. C'est probablement dans les commencements de la monarchie que les Juifs qui se sentirent quelque génie mirent par écrit le *Pentateuque*, et ajustèrent comme ils purent leurs traditions. Aurait-on fait recommander par Moïse aux rois de lire et d'écrire même sa loi, dans le temps qu'il n'y avait pas encore de rois? N'est-il pas probable que le dix-septième chapitre du *Deutéronome* est fait pour modérer le pouvoir de la royauté, et qu'il fut écrit par les prêtres du temps de Saül ?

C'est vraisemblablement à cette époque qu'il faut placer la rédaction du *Pentateuque*. Les fréquents esclavages que ce peuple avait subis ne semblent pas propres à établir la littérature dans une nation, et à rendre les livres fort communs; et plus ces livres furent rares dans les commencements, plus les auteurs s'enhardirent à les remplir de prodiges.

Le *Pentateuque* attribué à Moïse est très-ancien, sans doute, s'il est rédigé du temps de Saül et de Samuel; c'est environ vers le temps de la guerre de Troie, et c'est un des plus curieux monuments de la manière de penser des hommes de ce temps-là. On voit que toutes les nations connues étaient amoureuses des prodiges à proportion de leur ignorance. Tout se faisait alors par le ministère céleste, en Égypte, en Phrygie, en Grèce, en Asie.

Les auteurs du *Pentateuque* donnent à entendre que chaque nation a ses dieux, et que ces dieux ont, à peu de chose près, un égal pouvoir.

Si Moïse change au nom de son Dieu sa verge en serpent, les prêtres de Pharaon en font autant; s'il change toutes les eaux de l'Égypte en sang, jusqu'à celle qui était dans les vases, les prêtres font sur-le-champ le même prodige sans qu'on puisse concevoir sur quelles eaux ces prêtres opéraient cette métamorphose, à moins qu'ils n'eussent créé de nouvelles eaux exprès. L'écrivain juif aime encore mieux être réduit nécessairement à cette absurdité, que de laisser douter que les dieux d'Égypte n'eussent pas le pouvoir de changer l'eau en sang aussi bien que le Dieu de Jacob.

Mais quand celui-ci vient à remplir de poux toute la terre d'Égypte, a changer en poux toute la poussière, alors paraît sa supériorité tout entière; les mages ne peuvent l'imiter, et on fait parler ainsi le Dieu des Juifs : *Pharaon saura que rien n'est semblable à moi*. Ces paroles

qu'on met dans sa bouche marquent un être qui se croit seulement
plus puissant que ses rivaux : il a été égalé dans la métamorphose
d'une verge en serpent, et dans celle des eaux en sang; mais il gagne
la partie sur l'article des poux et sur les suivants.

Cette idée de la puissance surnaturelle des prêtres de tous les pays
est marquée dans plusieurs endroits de l'Ecriture. Quand Balaam, prêtre du petit État d'un roitelet nommé Balac, au milieu des déserts,
est prêt de maudire les Juifs, leur Dieu apparaît à ce prêtre pour l'en
empêcher. Il semble que la malédiction de Balaam fût très à craindre.
Ce n'est pas même assez pour contenir ce prêtre que Dieu lui ait parlé;
il envoie devant lui un ange avec une épée, et lui fait encore parler
par son ânesse. Toutes ces précautions prouvent certainement l'opinion où l'on était que la malédiction d'un prêtre, quel qu'il fût, en-
traînait des effets funestes.

Cette idée d'un Dieu supérieur seulement aux autres dieux, quoiqu'il
eût fait le ciel et la terre, était tellement enracinée dans toutes les
têtes, que Salomon, dans sa dernière prière, s'écrie : « O mon Dieu!
il n'y a aucun dieu semblable à toi sur la terre, ni dans le ciel. » C'est
cette opinion qui rendait les Juifs si crédules sur tous les sortiléges,
sur tous les enchantements des autres nations. C'est ce qui donna lieu
à l'histoire de la pythonisse d'Endor, qui eût le pouvoir d'évoquer
l'ombre de Samuel. Chaque peuple eut ses prodiges et ses oracles, et il
ne vint même dans l'esprit d'aucune nation de douter des miracles et
des prophéties des autres. On se contentait de leur opposer de pareilles
armes; il semblait que les prêtres, en niant les prodiges des nations
voisines, eussent craint de décréditer les leurs. Cette espèce de théologie prévalut longtemps dans toute la terre.

Ce n'est pas ici le lieu d'entrer dans le détail de tout ce qui est écrit
sur Moïse. On parle de ses lois en plus d'un endroit de cet ouvrage. On
se bornera ici à remarquer combien on est étonné de voir un législateur inspiré de Dieu, un prophète qui fait parler Dieu même, et qui ne
propose point aux hommes une vie à venir. Il n'y a pas un seul mot
dans le *Lévitique* qui puisse faire soupçonner l'immortalité de l'âme.
On répond à cette accablante difficulté que Dieu se proportionnait à la
grossièreté des Juifs. Quelle misérable réponse! C'était à Dieu à élever
les Juifs jusqu'aux connaissances nécessaires, ce n'était pas à lui à se
rabaisser jusqu'à eux. Si l'âme est immortelle, s'il est des récompenses
et des peines dans une autre vie, il est nécessaire que les hommes en
soient instruits. Si Dieu parle, il faut qu'il les informe de ce dogme
fondamental. Quel législateur et quel Dieu que celui qui ne propose à
son peuple que du vin, de l'huile et du lait! quel Dieu qui encourage
toujours ses croyants comme un chef de brigands encourage sa troupe
par l'espérance de la rapine! Il est bien pardonnable, encore une fois,
à la raison humaine de ne voir dans une telle histoire que la grossièreté barbare des premiers temps d'un peuple sauvage. L'homme, quoi
qu'il fasse, ne peut raisonner autrement; mais si Dieu en effet est l'auteur du *Pentateuque*, il faut se soumettre sans raisonner.

MONSTRES. — Il est plus difficile qu'on ne pense de définir les monstres. Donnerons-nous ce nom à un animal énorme, à un poisson, à un serpent de quinze pieds de long? mais il y en a de vingt, de trente pieds, auprès desquels les premiers seraient peu de chose.

Il y a des monstres par défaut. Mais si les quatre petits doigts des pieds et des mains manquent à un homme bien fait, et d'une figure gracieuse, sera-t-il un monstre? Les dents lui sont plus nécessaires. J'ai vu un homme né sans aucune dent; il était d'ailleurs très-agréable. La privation des organes de la génération, bien plus nécessaires encore, ne constitue point un animal monstrueux.

Il y a des monstres par excès; mais ceux qui ont six doigts, le croupion allongé en forme de petite queue, trois testicules, deux orifices à la verge, ne sont pas réputés monstres.

La troisième espèce est de ceux qui auraient des membres d'autres animaux, comme un lion avec des ailes d'autruche, un serpent avec des ailes d'aigle, tel que le griffon et l'ixion des Juifs. Mais toutes les chauves-souris sont pourvues d'ailes; les poissons volants en ont, et ne sont point des monstres.

Réservons donc ce nom pour les animaux dont les difformités nous font horreur.

Le premier nègre pourtant fut un monstre pour les femmes blanches, et la première de nos beautés fut un monstre aux yeux des nègres.

Si Polyphème et les Cyclopes avaient existé, les gens qui portaient des yeux aux deux côtés de la racine du nez auraient été déclarés monstres dans l'île de Lipari et dans le voisinage de l'Etna.

J'ai vu une femme à la foire qui avait quatre mamelles et une queue de vache à la poitrine. Elle était monstre, sans difficulté, quand elle laissait voir sa gorge, et femme de mise quand elle la cachait.

Les centaures, les minotaures auraient été des monstres, mais de beaux monstres. Surtout un corps de cheval bien proportionné, qui aurait servi de base à la partie supérieure d'un homme, aurait été un chef-d'œuvre sur la terre; ainsi que nous nous figurons comme des chefs-d'œuvre du ciel ces esprits que nous appelons *anges*, et que nous peignons, que nous sculptons dans nos églises, tantôt ornés de deux ailes, tantôt de quatre, et même de six.

Nous avons déjà demandé avec le sage Locke quelle est la borne entre la figure humaine et l'animale, quel est le point de monstruosité auquel il faut se fixer pour ne pas baptiser un enfant, pour ne le pas compter de notre espèce, pour ne pas lui accorder une âme. Nous avons vu que cette borne est aussi difficile à poser, qu'il est difficile de savoir ce que c'est qu'une âme; car il n'y a que les théologiens qui le sachent.

Pourquoi les satyres que vit saint Jérôme, nés de filles et de singes, auraient-ils été réputés monstres? ne se seraient-ils pas crus au contraire mieux partagés que nous? n'auraient-ils pas eu plus de force et plus d'agilité? ne se seraient-ils pas moqués de notre espèce, à qui la cruelle nature a refusé des vêtements et des queues? Un mulet né de deux espèces différentes, un jumart fils d'un taureau et d'une jument, un tarin né, dit-on, d'un serin et d'une linotte, ne sont point des monstres.

Mais comment les mulets, les jumarts, les tarins, etc., qui sont engendrés, n'engendrent-ils point ? et comment les séministes, les ovistes, les animalculistes, expliquent-ils la formation de ces métis?

Je vous répondrai qu'ils ne l'expliquent point du tout. Les séministes n'ont jamais connu la façon dont la semence d'un âne ne communique à son mulet que ses oreilles et un peu de son derrière. Les ovistes ne font comprendre ni ne comprennent par quel art une jument peut avoir dans son œuf autre chose qu'un cheval. Et les animalculistes ne voient point comment un petit embryon d'âne vient mettre ses oreilles dans une matrice de cavale.

Celui qui, dans sa *Vénus physique*, prétendit que tous les animaux et tous les monstres se formaient par attraction, réussit encore moins que les autres à rendre raison de ces phénomènes si communs et si surprenants.

Hélas! mes amis, nul de vous ne sait comment il fait des enfants : vous ignorez les secrets de la nature dans l'homme, et vous voulez les deviner dans le mulet!

A toute force vous pourrez dire d'un monstre par défaut : « Toute la semence nécessaire n'est pas parvenue à sa place, ou bien le petit ver spermatique a perdu quelque chose de sa substance, ou bien l'œuf s'est froissé. » Vous pourrez, sur un monstre par excès, imaginer que quelques parties superflues du sperme ont surabondé; que de deux vers spermatiques réunis, l'un n'a pu animer qu'un membre de l'animal, et que ce membre est resté de surérogation; que deux œufs se sont mêlés, et qu'un de ces œufs n'a produit qu'un membre, lequel s'est joint au corps de l'autre.

Mais que direz-vous de tant de monstruosités par addition de parties animales étrangères? comment expliquerez-vous une écrevisse sur le cou d'une fille? une queue de rat sur une cuisse, et surtout les quatre pis de vache avec la queue qu'on a vus à la foire Saint-Germain? vous serez réduits à supposer que la mère de cette femme était de la famille de Pasiphaé.

Allons, courage, disons ensemble : *Que sais-je ?*

MONTAGNE.—C'est une fable bien ancienne, bien universelle, que celle de la montagne qui, ayant effrayé tout le pays par ses clameurs en travail d'enfant, fut sifflée de tous les assistants, quand elle ne mit au monde qu'une souris. Le parterre n'était pas philosophe. Les siffleurs devaient admirer. Il était aussi beau à la montagne d'accoucher d'une souris, qu'à la souris d'accoucher d'une montagne. Un rocher qui produit un rat est quelque chose de très-prodigieux; et jamais la terre n'a vu rien qui approche d'un tel miracle. Tous les globes de l'univers ensemble ne pourraient pas faire naître une mouche. Là où le vulgaire rit, le philosophe admire; et il rit où le vulgaire ouvre de grands yeux stupides d'étonnement.

MORALE. — Bavards prédicateurs, extravagants controversistes, tâchez de vous souvenir que votre maître n'a jamais annoncé que le sacrement était le signe visible d'une chose invisible; il n'a jamais admis quatre vertus cardinales et trois théologales; il n'a jamais examiné si sa mère était venue au monde maculée ou immaculée; il n'a jamais dit que les petits enfants qui mouraient sans baptême seraient damnés. Cessez de lui faire dire des choses auxquelles il ne pensa point. Il a dit, selon la vérité aussi ancienne que le monde : « Aimez Dieu et votre prochain. » Tenez-vous-en là, misérables ergoteurs; prêchez la morale, et rien de plus. Mais observez-la, cette morale : que les tribunaux ne retentissent plus de vos procès; n'arrachez plus par la griffe d'un procureur un peu de farine à la bouche de la veuve et de l'orphelin; ne disputez plus un petit bénéfice avec la même fureur qu'on disputa la papauté dans le grand schisme d'Occident. Moines, ne mettez plus (autant qu'il est en vous) l'univers à contribution; et alors nous pourrons vous croire.

Je viens de lire ces mots dans une déclamation en quatorze volumes, intitulée *Histoire du Bas-Empire*[1] :

« Les chrétiens avaient une morale; mais les païens n'en avaient point. »

Ah! monsieur Le Beau, auteur de ces quatorze volumes, où avez-vous pris cette sottise? eh! qu'est-ce donc que la morale de Socrate, de Zaleucus, de Charondas, de Cicéron, d'Épictète, de Marc-Antonin?

Il n'y a qu'une morale, monsieur Le Beau, comme il n'y a qu'une géométrie. Mais, me dira-t-on, la plus grande partie des hommes ignore la géométrie. Oui; mais dès qu'on s'y applique un peu, tout le monde est d'accord. Les agriculteurs, les manœuvres, les artistes, n'ont point fait de cours de morale; ils n'ont lu ni *de Finibus* de Cicéron, ni les *Éthiques* d'Aristote; mais sitôt qu'ils réfléchissent, ils sont sans le savoir les disciples de Cicéron : le teinturier indien, le berger tartare et le matelot d'Angleterre, connaissent le juste et l'injuste. Confucius n'a point inventé un système de morale, comme on bâtit un système de physique. Il l'a trouvé dans le cœur de tous les hommes.

Cette morale était dans le cœur du préteur Festus quand les Juifs le pressèrent de faire mourir Paul qui avait amené des étrangers dans leur temple. « Sachez, leur dit-il, que jamais les Romains ne condamnent personne sans l'entendre. » (*Actes des Apôtres*, xxv, 16.)

Si les Juifs manquaient de morale ou manquaient à la morale, les Romains la connaissaient et lui rendaient gloire.

La morale n'est point dans la superstition, elle n'est point dans les cérémonies; elle n'a rien de commun avec les dogmes. On ne peut trop répéter que tous les dogmes sont différents, et que la morale est

---

1. Lorsque Voltaire écrivait, il n'avait encore paru que quatorze volumes de l'*Histoire du Bas-Empire*, par Le Beau. Cet auteur étant mort le 13 mars 1778, pendant l'impression du vingt-deuxième volume, Ameilhon acheva ce volume, et continua l'ouvrage, qui a vingt-sept volumes, dont le dernier, publié en 1811, est en deux parties. On y joint deux volumes de tables. (*Note de M. Beuchot.*)

'la même chez tous les hommes qui font usage de leur raison. **La mo-**
rale vient donc de Dieu comme la lumière. Nos superstitions ne sont
que ténèbres. Lecteur, réfléchissez : étendez cette vérité; tirez vos
conséquences.

MOUVEMENT. — Un philosophe des environs du mont Krapack me
disait que le mouvement est essentiel à la matière.

« Tout se meut, disait-il ; le soleil tourne continuellement sur lui-
même, les planètes en font autant, chaque planète a plusieurs mouvements différents, et dans chaque planète tout transpire, tout est crible,
tout est criblé; le plus dur métal est percé d'une infinité de pores, par
lesquels s'échappe continuellement un torrent de vapeurs qui circulent
dans l'espace. L'univers n'est que mouvement; donc le mouvement est
essentiel à la matière.

— Monsieur, lui dis-je, ne pourrait-on pas vous répondre : Ce bloc
de marbre, ce canon, cette maison, cette montagne, ne remuent pas;
donc le mouvement n'est pas essentiel?

— Ils remuent, répondit-il : ils vont dans l'espace avec la terre par
leur mouvement commun; et ils remuent si bien (quoique insensiblement) par leur mouvement propre, qu'au bout de quelques siècles il ne
restera rien de leurs masses, dont chaque instant détache continuellement des particules.

— Mais, monsieur, je puis concevoir la matière en repos; donc le
mouvement n'est pas de son essence.

— Vraiment, je me soucie bien que vous conceviez ou que vous ne
conceviez pas la matière en repos. Je vous dis qu'elle ne peut y être.

— Cela est hardi; et le chaos, s'il vous plaît?

— Ah! ah! le chaos! si nous voulions parler du chaos, je vous dirais
que tout y était nécessairement en mouvement, et que « le souffle de
« Dieu y était porté sur les eaux; » que l'élément de l'eau étant reconnu
existant, les autres éléments existaient aussi; que par conséquent le
feu existait, qu'il n'y a point de feu sans mouvement, que le mouvement est essentiel au feu. Vous n'auriez pas beau jeu avec le chaos.

— Hélas! qui peut avoir beau jeu avec tous ces sujets de dispute?
Mais vous qui en savez tant, dites-moi pourquoi un corps en pousse
un autre.

— Parce que la matière est impénétrable; parce que deux corps ne
peuvent être ensemble dans le même lieu; parce qu'en tout genre le
plus faible est chassé par le plus fort.

— Votre dernière raison est plus plaisante que philosophique. Personne n'a pu encore deviner la cause de la communication du mouvement.

— Cela n'empêche pas qu'il ne soit essentiel à la matière. Personne
n'a pu deviner la cause du sentiment dans les animaux; cependant, ce
sentiment leur est si essentiel, que si vous supprimez l'idée de sentiment, vous anéantissez l'idée d'animal.

— Eh bien, je vous accorde pour un moment que le mouvement soit
essentiel à la matière (pour un moment au moins, car je ne veux pas

me brouiller avec les théologiens). Dites-nous donc comment une boule en fait mouvoir une autre.

— Vous êtes trop curieux; vous voulez que je vous dise ce qu'aucun philosophe n'a pu nous apprendre.

— Il est plaisant que nous connaissions les lois du mouvement, et que nous ignorions le principe de toute communication de mouvement.

— Il en est ainsi de tout; nous savons les lois du raisonnement, et nous ne savons pas ce qui raisonne en nous. Les canaux dans lesquels notre sang et nos liqueurs coulent sont très-connus, et nous ignorons ce qui forme notre sang et nos liqueurs. Nous sommes en vie, et nous ne savons pas ce qui nous donne la vie.

— Apprenez-moi du moins si, le mouvement étant essentiel, il n'y a pas toujours égale quantité de mouvement dans le monde.

— C'est une ancienne chimère d'Épicure renouvelée par Descartes. Je ne vois pas que cette égalité de mouvement dans le monde soit plus nécessaire qu'une égalité de triangles. Il est essentiel qu'un triangle ait trois angles et trois côtés; mais il n'est pas essentiel qu'il y ait toujours un nombre égal de triangles sur ce globe.

— Mais n'y a-t-il pas toujours égalité de forces, comme le disent d'autres philosophes[1]?

— C'est la même chimère. Il faudrait qu'en ce cas il y eût toujours un nombre égal d'hommes, d'animaux, d'êtres mobiles; ce qui est absurde.

— A propos, qu'est-ce que la force d'un corps en mouvement?

— C'est le produit de sa masse par sa vitesse dans un temps donné. La masse d'un corps est quatre, sa vitesse est quatre, la force de son coup sera seize; un autre corps est deux, sa vitesse deux, sa force est quatre : c'est le principe de toutes les mécaniques. Leibnitz annonça emphatiquement que ce principe était défectueux. Il prétendit qu'il fallait mesurer cette force, ce produit, par la masse multipliée par le carré de la vitesse. Ce n'était qu'une chicane, une équivoque indigne d'un philosophe, fondée sur l'abus de la découverte du grand Galilée, que les espaces parcourus dans le mouvement uniformément accéléré étaient comme les carrés des temps et des vitesses. »

« Leibnitz ne considérait pas le temps qu'il fallait considérer. Aucun mathématicien anglais n'adopta ce système de Leibnitz. Il fut reçu quelque temps en France par un petit nombre de géomètres. Il infecta quelques livres, et même les *Institutions physiques* d'une personne illustre. Maupertuis traite fort mal Mairan, dans un livret intitulé *A B C*,

---

[1]. Il y a toujours égalité de forces vives, mais avec deux conditions : la première, que si une force variable dépendante du temps ou du lieu du corps influe sur son mouvement, ce n'est plus la somme des forces qui reste constante, mais la somme des forces vives, plus une certaine quantité variable qui dépend de cette force; la seconde, que cette égalité des forces vives cesse d'avoir lieu toutes les fois qu'on est obligé de supposer un changement qui ne se fasse pas d'une manière insensible. Ainsi ce principe peut être vrai comme un principe mathématique d'une vérité de définition, mais non comme principe métaphysique. (*Ed. de Kehl.*)

comme s'il avait voulu enseigner l'*a b c* à celui qui suivait l'ancien et véritable calcul. Mairan avait raison; il tenait pour l'ancienne mesure de la masse multipliée par la vitesse. On revint enfin à lui; le scandale mathématique disparut, et on renvoya dans les espaces imaginaires le charlatanisme du carré de la vitesse, avec les monades, qui sont le miroir concentrique de l'univers, et avec l'harmonie préétablie. »

NATURE. — *Dialogue entre le philosophe et la nature.*

LE PHILOSOPHE. — Qui es-tu, nature? je vis dans toi; il y a cinquante ans que je te cherche, et je n'ai pu te trouver encore.

LA NATURE. — Les anciens Égyptiens, qui vivaient, dit-on, des douze cents ans, me firent le même reproche. Ils m'appelaient Isis; ils me mirent un grand voile sur la tête, et ils dirent que personne ne pouvait le lever.

LE PHILOSOPHE. — C'est ce qui fait que je m'adresse à toi. J'ai bien pu mesurer quelques-uns de tes globes, connaître leurs routes, assigner les lois du mouvement; mais je n'ai pu savoir qui tu es.

Es-tu toujours agissante? es-tu toujours passive? tes éléments se sont-ils arrangés d'eux-mêmes, comme l'eau se place sur le sable, l'huile sur l'eau, l'air sur l'huile? as-tu un esprit qui dirige toutes tes opérations, comme les conciles sont inspirés dès qu'ils sont assemblés, quoique leurs membres soient quelquefois des ignorants? De grâce, dis-moi le mot de ton énigme.

LA NATURE. — Je suis le grand tout. Je n'en sais pas davantage. Je ne suis pas mathématicienne; et tout est arrangé chez moi selon les lois mathématiques. Devine si tu peux comment tout cela s'est fait.

LE PHILOSOPHE. — Certainement, puisque ton grand tout ne sait pas les mathématiques, et que tes lois sont de la plus profonde géométrie, il faut qu'il y ait un éternel géomètre qui te dirige, une intelligence suprême qui préside à tes opérations.

LA NATURE. — Tu as raison; je suis eau, terre, feu, atmosphère, métal, minéral, pierre, végétal, animal. Je sens bien qu'il y a dans moi une intelligence; tu en as une, tu ne la vois pas. Je ne vois pas non plus la mienne; je sens cette puissance invisible; je ne puis la connaître : pourquoi voudrais-tu, toi qui n'es qu'une petite partie de moi-même, savoir ce que je ne sais pas?

LE PHILOSOPHE. — Nous sommes curieux. Je voudrais savoir comment, étant si brute dans tes montagnes, dans tes déserts, dans tes mers, tu parais pourtant si industrieuse dans tes animaux, dans tes végétaux.

LA NATURE. — Mon pauvre enfant, veux-tu que je te dise la vérité? c'est qu'on m'a donné un nom qui ne me convient pas; on m'appelle *nature*, et je suis tout art.

LE PHILOSOPHE. — Ce mot dérange toutes mes idées. Quoi! la nature ne serait que l'art?

LA NATURE. — Oui, sans doute. Ne sais-tu pas qu'il y a un art infini dans ces mers, dans ces montagnes, que tu trouves si brutes? ne sais-tu pas que toutes ces eaux gravitent vers le centre de la terre, et ne s'élèvent que par des lois immuables; que ces montagnes qui couronnent la terre sont les immenses réservoirs des neiges éternelles qui produisent sans cesse ces fontaines, ces lacs, ces fleuves, sans lesquels mon genre animal et mon genre végétal périraient? Et quant à ce qu'on appelle mes règnes animal, végétal, minéral, tu n'en vois ici que trois, apprends que j'en ai des millions. Mais si tu considères seulement la formation d'un insecte, d'un épi de blé, de l'or et du cuivre, tout te paraîtra merveilles de l'art.

LE PHILOSOPHE. — Il est vrai. Plus j'y songe, plus je vois que tu n'es que l'art de je ne sais quel grand être bien puissant et bien industrieux, qui se cache et qui te fait paraître. Tous les raisonneurs depuis Thalès, et probablement longtemps avant lui, ont joué à colin-maillard avec toi; ils ont dit : « Je te tiens, » et ils ne tenaient rien. Nous ressemblons tous à Ixion; il croyait embrasser Junon, et il ne jouissait que d'une nuée.

LA NATURE. — Puisque je suis tout ce qui est, comment un être tel que toi, une si petite partie de moi-même pourrait-elle me saisir? Contentez-vous, atomes mes enfants, de voir quelques atomes qui vous environnent, de boire quelques gouttes de mon lait, de végéter quelques moments sur mon sein, et de mourir sans avoir connu votre mère et votre nourrice.

LE PHILOSOPHE. — Ma chère mère, dis-moi un peu pourquoi tu existes, pourquoi il y a quelque chose.

LA NATURE. — Je te répondrai ce que je réponds depuis tant de siècles à tous ceux qui m'interrogent sur les premiers principes : « Je n'en sais rien. »

LE PHILOSOPHE. — Le néant vaudrait-il mieux que cette multitude d'existences faites pour être continuellement dissoutes, cette foule d'animaux nés et reproduits pour en dévorer d'autres et pour être dévorés, cette foule d'êtres sensibles formés par tant de sensations douloureuses, cette autre foule d'intelligences qui si rarement entendent raison? A quoi bon tout cela, nature?

LA NATURE. — Oh ! va interroger celui qui m'a faite.

NÉCESSAIRE. — OSMIN. — Ne dites-vous pas que tout est nécessaire?

SÉLIM. — Si tout n'était pas nécessaire, il s'ensuivrait que Dieu aurait fait des choses inutiles.

OSMIN. — C'est-à-dire qu'il était nécessaire à la nature divine qu'elle ît tout ce qu'elle a fait?

SÉLIM. — Je le crois, ou du moins je le soupçonne. Il y a des gens qui pensent autrement; je ne les entends point; peut-être ont-ils raison. Je crains la dispute sur cette matière.

OSMIN. — C'est aussi d'un autre nécessaire que je veux vous parler.

SÉLIM. — Quoi donc ? de ce qui est nécessaire à un honnête homme

pour vivre? du malheur où l'on est réduit quand on manque du nécessaire?

osmin. — Non ; car ce qui est nécessaire à l'un ne l'est pas toujours
à l'autre : il est nécessaire à un Indien d'avoir du riz, à un Anglais
d'avoir de la viande; il faut une fourrure à un Russe, et une étoffe de
gaze à un Africain ; tel homme croit que douze chevaux de carrosse
lui sont nécessaires, tel autre se borne à une paire de souliers, tel
autre marche gaiement pieds nus : je veux vous parler de ce qui est
nécessaire à tous les hommes.

sélim. — Il me semble que Dieu a donné tout ce qu'il fallait à cette
espèce : des yeux pour voir, des pieds pour marcher, une bouche
pour manger, un œsophage pour avaler, un estomac pour digérer,
une cervelle pour raisonner, des organes pour produire leurs semblables.

osmin. — Comment donc arrive-t-il que des hommes naissent privés
d'une partie de ces choses nécessaires?

sélim. — C'est que les lois générales de la nature ont amené des accidents qui ont fait naître des monstres; mais en général l'homme est
pourvu de tout ce qu'il lui faut pour vivre en société.

osmin. — Y a-t-il des notions communes à tous les hommes, qui
servent à les faire vivre en société?

sélim. — Oui. J'ai voyagé avec Paul Lucas, et partout où j'ai passé,
j'ai vu qu'on respectait son père et sa mère, qu'on se croyait obligé
de tenir sa promesse, qu'on avait de la pitié pour les innocents oppri-
més, qu'on détestait la persécution, qu'on regardait la liberté de
penser comme un droit de la nature, et les ennemis de cette liberté
comme les ennemis du genre humain; ceux qui pensent différemment
m'ont paru des créatures mal organisées, des monstres comme ceux
qui sont nés sans yeux et sans mains.

osmin. — Ces choses nécessaires le sont-elles en tout temps et en
tous lieux?

sélim. — Oui; sans cela elles ne seraient pas nécessaires à l'espèce
humaine.

osmin. — Ainsi une créance qui est nouvelle n'était pas nécessaire à
cette espèce. Les hommes pouvaient très-bien vivre en société et remplir leurs devoirs envers Dieu, avant de croire que Mahomet ait eu de
fréquents entretiens avec l'ange Gabriel.

sélim. — Rien n'est plus évident : il serait ridicule de penser qu'on
n'eût pu remplir ses devoirs d'homme avant que Mahomet fût venu au
monde; il n'était point du tout nécessaire à l'espèce humaine de croire
à l'*Alcoran* : le monde allait avant Mahomet tout comme il va aujour-
d'hui. Si le mahométisme avait été nécessaire au monde, il aurait
existé en tous lieux; Dieu, qui nous a donné à tous deux yeux pour
voir son soleil, nous aurait donné à tous une intelligence pour voir la
vérité de la religion musulmane. Cette secte n'est donc que comme les
lois positives qui changent selon les temps et selon les lieux, comme
les modes, comme les opinions des physiciens, qui se succèdent les
unes aux autres.

La secte musulmane ne pouvait donc être essentiellement nécessaire à l'homme.

OSMIN. — Mais puisqu'elle existe, Dieu l'a permise?

SÉLIM. — Oui, comme il permet que le monde soit rempli de sottises, d'erreurs et de calamités. Ce n'est pas à dire que les hommes soient tous essentiellement faits pour être sots et malheureux. Il permet que quelques hommes soient mangés par les serpents; mais on ne peut pas dire : « Dieu a fait l'homme pour être mangé par des serpents. »

OSMIN. — Qu'entendez-vous en disant : « Dieu permet? » rien peut-il arriver sans ses ordres? permettre, vouloir et faire, n'est-ce pas pour lui la même chose?

SÉLIM. — Il permet le crime, mais il ne le fait pas.

OSMIN. — Faire un crime, c'est agir contre la justice divine, c'est désobéir à Dieu. Or Dieu ne peut désobéir à lui-même, il ne peut commettre de crime; mais il a fait l'homme de façon que l'homme en commet beaucoup : d'où vient cela?

SÉLIM. — Il y a des gens qui le savent, mais ce n'est pas moi. Tout ce que je sais bien, c'est que l'*Alcoran* est ridicule, quoique de temps en temps il y ait d'assez bonnes choses. Certainement l'*Alcoran* n'était point nécessaire à l'homme; je m'en tiens là : je vois clairement ce qui est faux, et je connais très-peu ce qui est vrai.

OSMIN. — Je croyais que vous m'instruiriez, et vous ne m'apprenez rien.

SÉLIM. — N'est-ce pas beaucoup de connaître les gens qui vous trompent, et les erreurs grossières et dangereuses qu'ils vous débitent?

OSMIN. — J'aurais à me plaindre d'un médecin qui me ferait une exposition des plantes nuisibles, et qui ne m'en montrerait pas une salutaire.

SÉLIM. — Je ne suis point médecin et vous n'êtes point malade; mais il me semble que je vous donnerais une fort bonne recette si je vous disais : « Défiez-vous de toutes les inventions des charlatans, adorez Dieu, soyez honnête homme, et croyez que deux et deux font quatre. »

NEWTON ET DESCARTES. — Newton fut d'abord destiné à l'Église. Il commença par être théologien, et il lui en resta des marques toute sa vie. Il prit sérieusement le parti d'Arius contre Athanase; il alla même un peu plus loin qu'Arius, ainsi que tous les sociniens. Il y a aujourd'hui en Europe beaucoup de savants de cette opinion : je ne dirai pas de cette communion, car ils ne font point de corps; ils sont même partagés, et plusieurs d'entre eux réduisent leur système au pur déisme, accommodé avec la morale du Christ. Newton n'était pas de ces derniers; il ne différait de l'Église anglicane que sur le point de la consubstantialité, et il croyait tout le reste.

Une preuve de sa bonne foi, c'est qu'il a commenté l'*Apocalypse*. Il y trouve clairement que le pape est l'antechrist, et il explique d'ailleurs ce livre comme tous ceux qui s'en sont mêlés. Apparemment qu'il a voulu par ce commentaire consoler la race humaine de la supériorité qu'il avait sur elle.

Bien des gens, en lisant le peu de métaphysique que Newton a mis à la fin de ses *Principes mathématiques*, y ont trouvé quelque chose d'aussi obscur que l'*Apocalypse*. Les métaphysiciens et les théologiens ressemblent assez à cette espèce de gladiateurs qu'on faisait combattre les yeux couverts d'un bandeau; mais quand Newton travailla les yeux ouverts à ses mathématiques, sa vue porta aux bornes du monde.

Il a inventé le calcul qu'on appelle de l'*infini*; il a découvert et démontré un principe nouveau qui fait mouvoir toute la nature. On ne connaissait point la lumière avant lui; on n'en avait que des idées confuses et fausses. Il a dit : « Que la lumière soit connue, » et elle l'a été.

Les télescopes de réflexion ont été inventés par lui. Le premier a été fait de ses mains; et il a fait voir pourquoi on ne peut pas augmenter la force et la portée des télescopes ordinaires. Ce fut à l'occasion de son nouveau télescope qu'un jésuite allemand prit Newton pour un ouvrier, pour un faiseur de lunettes, *Artifex quidam nomine Newton*, dit-il dans un petit livre. La postérité l'a bien vengé depuis. On lui faisait en France plus d'injustice, on le prenait pour un faiseur d'expériences qui s'était trompé; et parce que Mariotte se servit de mauvais prismes, on rejeta les découvertes de Newton.

Il fut admiré de ses compatriotes dès qu'il eut écrit et opéré. Il n'a été bien connu en France qu'au bout de quarante années. Mais en récompense nous avions la matière cannelée et la matière rameuse de Descartes, et les petits tourbillons mollasses du R. P. Malebranche, et le système de M. Privat de Molières, qui ne vaut pas pourtant Poquelin de Molière.

De tous ceux qui ont un peu vécu avec M. le cardinal de Polignac, il n'y a personne qui ne lui ait entendu dire que Newton était péripatéticien, et que ses rayons colorifiques, et surtout son attraction, sentaient beaucoup l'athéisme. Le cardinal de Polignac joignait à tous les avantages qu'il avait reçus de la nature une très-grande éloquence; il faisait des vers latins avec une facilité heureuse et étonnante; mais il ne savait que la philosophie de Descartes, et il avait retenu par cœur ses raisonnements comme on retient des dates. Il n'était point devenu géomètre, et il n'était pas né philosophe. Il pouvait juger les *Catilinaires* et l'*Énéide*, mais non pas Newton et Locke.

Quand on considère que Newton, Locke, Clarke, Leibnitz, auraient été persécutés en France, emprisonnés à Rome, brûlés à Lisbonne, que faut-il penser de la raison humaine? Elle est née dans ce siècle en Angleterre. Il y avait eu, du temps de la reine Marie, une persécution assez forte sur la manière de prononcer le grec, et les persécuteurs se trompaient. Ceux qui mirent Galilée en pénitence se trompaient encore plus. Tout inquisiteur devrait rougir jusqu'au fond de l'âme, en voyant seulement une sphère de Copernic. Cependant si Newton était né en Portugal, et qu'un dominicain eût vu une hérésie dans la raison inverse du carré des distances, on aurait revêtu le chevalier Isaac Newton d'un *san-benito* dans un *auto-da-fé*.

On a souvent demandé pourquoi ceux que leur ministère engage à être savants et indulgents ont été si souvent ignorants et impitoyables. Ils ont été ignorants parce qu'ils avaient longtemps étudié, et ils ont été cruels parce qu'ils sentaient que leurs mauvaises études étaient l'objet du mépris des sages. Certainement les inquisiteurs qui eurent l'effronterie de condamner le système de Copernic, non-seulement comme hérétique, mais comme absurde, n'avaient rien à craindre de ce système. La terre a beau être emportée autour du soleil ainsi que les autres planètes, ils ne perdaient rien de leurs revenus ni de leurs honneurs. Le dogme même est toujours en sûreté, quand il n'est combattu que par des philosophes : toutes les académies de l'univers ne changeront rien à la croyance du peuple. Quel est donc le principe de cette rage qui a tant de fois animé les Anitus contre les Socrates? c'est que les Anitus disent dans le fond de leur cœur : « Les Socrates nous méprisent. »

J'avais cru dans ma jeunesse que Newton avait fait sa fortune par son extrême mérite. Je m'étais imaginé que la cour et la ville de Londres l'avaient nommé, par acclamation, grand maître des monnaies du royaume. Point du tout. Isaac Newton avait une nièce assez aimable, nommée Mme Conduit; elle plut beaucoup au grand trésorier Halifax. Le calcul infinitésimal et la gravitation ne lui auraient servi de rien sans une jolie nièce.

NOËL. — Personne n'ignore que c'est la fête de la naissance de Jésus. La plus ancienne fête qui ait été célébrée dans l'Église après celle de la Pâque et de la Pentecôte, ce fut celle du baptême de Jésus. Il n'y avait encore que ces trois fêtes quand saint Chrysostome prononça son homélie sur la Pentecôte. Nous ne parlons pas des fêtes de martyrs, qui étaient d'un ordre fort inférieur. On nomma celle du baptême de Jésus l'Épiphanie, à l'exemple des Grecs, qui donnaient ce nom aux fêtes qu'ils célébraient en mémoire de l'apparition ou de la manifestation des dieux sur la terre, parce que ce ne fut qu'après son baptême que Jésus commença de prêcher l'Évangile.

On ne sait si vers la fin du IVe siècle on solennisait cette fête dans l'île de Chypre le 6 de novembre; mais saint Épiphane[1] soutenait que Jésus avait été baptisé ce jour-là. Saint Clément d'Alexandrie[2] nous apprend que les basilidiens faisaient cette fête le 15 de tybi, cependant que d'autres la mettaient au 11 du même mois, c'est-à-dire les uns au 10 de janvier, et les autres au 6 : cette dernière opinion est celle que l'on suit encore. A l'égard de sa naissance, comme on n'en savait précisément ni le jour, ni le mois, ni l'année, elle n'était point fêtée.

Suivant les remarques qui sont à la fin des œuvres du même Père, ceux qui avaient recherché le plus curieusement le jour auquel Jésus était né disaient, les uns que c'était le 25 du mois égyptien pachon,

---

1. Hérésie LI, n. 17 et 19. — 2. *Stromates*, liv. I, p. 340

c'est-à-dire le 20 de mai, et les autres le 24 ou le 25 de pharmuthi, jours qui répondent au 19 ou 20 d'avril. Le savant M. de Beausobre [1] croit que ces derniers étaient les valentiniens. Quoi qu'il en soit, l'Orient et l'Égypte faisaient la fête de la nativité de Jésus le 6 de janvier, le même jour que celle de son baptême, sans qu'on puisse savoir, au moins avec certitude, ni quand cette coutume commença, ni quelle en fut la véritable raison.

L'opinion et la pratique des Occidentaux furent toutes différentes de celles de l'Orient. Les Centuriateurs de Magdebourg [2] rapportent un passage de Théophile de Césarée qui fait parler ainsi les Églises des Gaules : « Comme on célèbre la naissance de Jésus-Christ le 25 décembre, quelque jour de la semaine que tombe ce 25, on doit célébrer de même la résurrection de Jésus-Christ le 25 mars, quelque jour que ce soit, parce que le Seigneur est ressuscité ce jour-là. »

Si le fait est vrai, il faut avouer que les évêques des Gaules étaient bien prudents et bien raisonnables. Persuadés, comme toute l'antiquité, que Jésus avait été crucifié le 23 mars, et qu'il était ressuscité le 25, ils faisaient la pâque de sa mort le 23, et celle de sa résurrection le 25, sans se mettre en peine d'observer la pleine lune, ce qui était au fond une cérémonie judaïque, et sans s'astreindre au dimanche. Si l'Église les avait imités, elle eût évité les disputes longues et scandaleuses qui pensèrent diviser l'Orient et l'Occident, et qui, après avoir duré un siècle et demi, ne furent terminées que par le premier concile de Nicée.

Quelques savants conjecturent que les Romains choisirent le solstice d'hiver pour y mettre la naissance de Jésus, parce que c'est alors que le soleil commence à se rapprocher de notre hémisphère. Dès le temps de Jules César, le solstice civil politique fut fixé au 25 décembre. C'était à Rome une fête où l'on célébrait le retour du soleil; ce jour s'appelait *bruma*, comme le remarque Pline [3], qui le fixe, ainsi que Servius [4], au 8 des kalendes de janvier. Il se peut que cette pensée eût quelque part au choix du jour; mais elle n'en fut pas l'origine. Un passage de Josèphe, qui est évidemment faux, trois ou quatre erreurs des anciens, et une explication très-mystique d'un mot de saint Jean-Baptiste, en ont été la cause, comme Joseph Scaliger va nous l'apprendre.

Il plut aux anciens, dit ce savant critique [5], de supposer premièrement que Zacharie était souverain sacrificateur lorsque Jésus naquit. Rien n'est plus faux, et il n'y a plus personne qui le croie, au moins parmi ceux qui ont quelques connaissances.

Secondement, les anciens supposèrent ensuite que Zacharie était dans le lieu très-saint, et qu'il y offrait le parfum, lorsque l'ange lui apparut et lui annonça la naissance d'un fils.

Troisièmement, comme le souverain sacrificateur n'entrait dans le sanctuaire qu'une fois l'année, le jour des expiations, qui était le 10 du

1. *Histoire du Manichéisme*, t. II, p. 692. — 2. Cent. 2, col. 118.
3. *Histoire naturelle*, liv. XVIII, chap. xxv.
4. Sur le vers 720 du VIIe livre de l'*Énéide*.
5. *Can. Isagog.*, liv. III, p. 305.

mois judaïque tisri, qui répond en partie à celui de septembre, les anciens supposèrent que ce fut le 27, et ensuite le 23 ou le 24, que Zacharie étant de retour chez lui après la fête, Élisabeth sa femme conçut Jean-Baptiste. C'est ce qui fit mettre la fête de la conception de ce saint à ces jours-là. Comme les femmes portent leurs enfants ordinairement deux cent soixante et dix ou deux cent soixante et quatorze jours, il fallut placer la naissance de saint Jean au 24 juin. Voilà l'origine de la Saint-Jean : voici celle de Noël qui en dépend.

Quatrièmement, on suppose qu'il y eut six mois entiers entre la conception de Jean-Baptiste et celle de Jésus, quoique l'ange dît simplement à Marie[1] que c'était alors le sixième mois de la grossesse d'Élisabeth. On mit donc conséquemment la conception de Jésus au 25 mars, et l'on conclut de ces diverses suppositions que Jésus devait être né le 25 décembre, neuf mois précisément après sa conception.

Il y a bien du merveilleux dans ces arrangements. Ce n'est pas un des moindres que les quatre points cardinaux de l'année, qui sont les deux équinoxes et les deux solstices, tels qu'on les avait placés alors, soient marqués des conceptions et des naissances de Jean-Baptiste et de Jésus. Mais voici un merveilleux bien plus digne d'être remarqué. C'est que le solstice où Jésus naquit est l'époque de l'accroissement des jours, au lieu que celui où Jean-Baptiste vint au monde est l'époque de leur diminution. C'est ce que le saint précurseur avait insinué d'une manière très-mystique dans ces mots, où parlant de Jésus[2] : « Il faut, dit-il, qu'il croisse et que je diminue. »

C'est à quoi Prudence fait allusion dans une hymne sur la nativité du Seigneur. Cependant saint Léon[3] dit que de son temps il y avait à Rome des gens qui disaient que ce qui rendait la fête vénérable était moins la naissance de Jésus que le retour, et, comme ils s'exprimaient, la nouvelle naissance du soleil. Saint Épiphane[4] assure qu'il est constant que Jésus naquit le 6 de janvier; mais saint Clément d'Alexandrie, bien plus ancien et plus savant que lui, place cette naissance au 18 novembre de la vingt-huitième année d'Auguste. Cela se déduit, selon la remarque du jésuite Petau sur saint Épiphane, de ces paroles de saint Clément[5] : « Depuis la naissance de Jésus-Christ jusqu'à la mort de Commode, il y a en tout cent quatre-vingt-quatorze ans un mois et treize jours. » Or Commode mourut, suivant Petau, le dernier décembre de l'année 192 de l'ère vulgaire; il faut donc que, selon Clément, Jésus soit né un mois et treize jours avant le dernier décembre, et par conséquent le 18 novembre de la vingt-huitième année d'Auguste. Sur quoi il faut observer que saint Clément ne compte les années d'Auguste que depuis la mort d'Antoine et la prise d'Alexandrie, parce que ce fut alors que ce prince resta seul maître de l'empire.

Ainsi l'on n'est pas plus assuré de l'année que du jour et du mois de cette naissance. Quoique saint Luc déclare[6] qu'il s'est exactement in-

---

1. Luc, chap. I, v. 36. — 2. Jean, chap. III, v. 30.
3. Sermon XXI, t. II, p. 148. — 4. Hérésie LI, n. 29.
5. *Stromates*, liv. I, p. 340. — 6. Chap. I, v. 3.

formé de toutes ces choses depuis leur premier commencement, il
fait asséz voir qu'il ne savait pas exactement l'âge de Jésus, quand il
dit [1] qu'il avait environ trente ans lorsqu'il fut baptisé. En effet, cet
évangéliste [2] fait naître Jésus l'année d'un dénombrement qui fut fait,
selon lui, par Cirinus ou Cirinius, gouverneur de Syrie, tandis que ce
fut par Sentius Saturnius, si l'on en croit Turtullien [3]. Mais Saturnius
avait déjà quitté la province la dernière année d'Hérode, et avait eu
pour successeur Quintilius Varus, comme nous l'apprenons de Tacite [4];
et Publius Sulpitius Quirinus ou Quirinius, dont veut apparemment
parler saint Luc, ne succéda à Quintilius Varus qu'environ dix ans
après la mort d'Hérode, lorsque Archélaüs, roi de Judée, fut relégué
par Auguste, comme le dit Josèphe dans ses *Antiquités judaïques* [5].

Il est vrai que Tertullien [6], et avant lui saint Justin [7], renvoyaient
les païens et les hérétiques de leur temps aux archives publiques où se
conservaient les registres de ce prétendu dénombrement; mais Tertullien renvoyait également aux archives publiques pour y trouver la
nuit arrivée en plein midi au temps de la passion de Jésus, comme
nous l'avons dit à l'article ÉCLIPSE, où nous avons observé le peu
d'exactitude de ces deux Pères et de leurs pareils en citant les monuments publics, à propos de l'inscription d'une statue que saint Justin,
lequel assurait l'avoir vue à Rome, disait être dédiée à Simon le magicien, et qui l'était à un dieu des anciens Sabins.

Au reste, on ne sera point étonné de ces incertitudes, si l'on fait
attention que Jésus ne fut connu de ses disciples qu'après qu'il eut
reçu le baptême de Jean. C'est expressément à commencer depuis ce
baptême que Pierre veut que le successeur de Judas rende témoignage
de Jésus; et, selon les *Actes des apôtres* [8], Pierre entend parler de tout
le temps que Jésus a vécu avec eux.

NOMBRE. — Euclide avait-il raison de définir le nombre, collection
d'unités de même espèce?

Quand Newton dit que le nombre est un rapport abstrait d'une
quantité à une autre de même espèce, n'a-t-il pas entendu par là l'u-
sage des nombres en arithmétique, en géométrie?

Wolf dit : « Le nombre est ce qui a le même rapport avec l'unité
qu'une ligne droite avec une ligne droite. » N'est-ce pas plutôt une
propriété attribuée au nombre qu'une définition?

Si j'osais, je définirais simplement le nombre, l'idée de plusieurs
unités.

Je vois du blanc; j'ai une sensation, une idée de blanc. Je vois du
vert à côté. Il n'importe que ces deux choses soient ou ne soient pas
de la même espèce, je puis compter deux idées. Je vois quatre hommes
et quatre chevaux, j'ai l'idée de huit : de même trois pierres et six arbres me donneront l'idée de neuf.

1. Chap. III, v. 23. — 2. Chap. II, v. 2. — 3. Liv. IV, chap. XIX, contre Marcion.
4. *Hist.*, liv. V, sect. IX. — 5. Liv. XVII, chap. XV.
6. Liv. IV, chap. VI, contre Marcion. — 7. Seconde Apologie.
8. Chap. I, v. 22.

Que j'additionne, que je multiplie, que je soustraie, que je divise, ce sont des opérations de ma faculté de penser que j'ai reçue du maître de la nature; mais ce ne sont point des propriétés inhérentes au nombre. Je puis carrer 3, le cuber; mais il n'y a certainement dans la nature aucun nombre qui soit carré ou cube.

Je conçois bien ce que c'est qu'un nombre pair ou impair; mais je ne concevrai jamais ce que c'est qu'un nombre parfait ou imparfait.

Les nombres ne peuvent avoir rien par eux-mêmes.

Quelles propriétés, quelle vertu pourraient avoir dix cailloux, dix arbres, dix idées, seulement en tant qu'ils sont dix? Quelle supériorité aura un nombre divisible en trois pairs sur un autre divisible en deux pairs?

Pythagore est le premier, dit-on, qui ait découvert des vertus divines dans les nombres. Je doute qu'il soit le premier; car il avait voyagé en Égypte, à Babylone et dans l'Inde, et il devait en avoir rapporté bien des connaissances et des rêveries. Les Indiens surtout, inventeurs de ce jeu si combiné et si compliqué des échecs, et de ces chiffres si commodes que les Arabes apprirent d'eux, et qui nous ont été communiqués après tant de siècles; ces Indiens, dis-je, joignaient à leurs sciences d'étranges chimères; les Chaldéens en avaient encore davantage, et les Égyptiens encore plus. On sait assez que la chimère tient à notre nature. Heureux qui peut s'en préserver! heureux qui, après avoir eu quelques accès de cette fièvre de l'esprit, peut recouvrer une santé tolérable!

Porphyre, dans la *Vie de Pythagore*, dit que le nombre 2 est funeste. On pourrait dire que c'est au contraire le plus favorable de tous. Malheur à celui qui est toujours seul! malheur à la nature, si l'espèce humaine et celle des animaux n'étaient souvent deux à deux!

Si 2 était de mauvais augure, en récompense 3 était admirable; 4 était divin : mais les pythagoriciens et leurs imitateurs oubliaient alors que ce chiffre mystérieux 4, si divin, était composé de deux fois deux, nombre diabolique. Six avait son mérite, parce que les premiers statuaires avaient partagé leurs figures en six modules; nous avons vu que, selon les Chaldéens, Dieu avait créé le monde en six gahambârs. Mais 7 était le nombre le plus merveilleux; car il n'y avait alors que sept planètes; chaque planète avait son ciel, et cela composait sept cieux, sans qu'on sût ce que voulait dire ce mot de *ciel*. Toute l'Asie comptait par semaine de sept jours. On distinguait la vie de l'homme en sept âges. Que de raisons en faveur de ce nombre!

Les Juifs ramassèrent avec le temps quelques balayures de cette philosophie. Elle passa chez les premiers chrétiens d'Alexandrie avec les dogmes de Platon. Elle éclata principalement dans l'*Apocalypse* de Cérinthe, attribuée à Jean *le baptiseur*.

On en voit un grand exemple dans le nombre de la bête [1].

« On ne peut acheter ni vendre, à moins qu'on n'ait le caractère de la bête, ou son nom, ou son nombre. C'est ici la science. Que celui

---

1. *Apocalypse*, chap. XIII, v. 17 et 18.

qui a de l'entendement compte le nombre de la bête ; car son nom est d'homme, et son nombre est 666[1]. »

On sait quelle peine tous les grands docteurs ont prise pour deviner le mot de l'énigme. Ce nombre, composé de 3 fois 2 à chaque chiffre, signifiait-il trois fois funeste à la troisième puissance ? Il y avait deux bêtes ; et l'on ne sait pas encore de laquelle l'auteur a voulu parler. Nous avons vu que l'évêque Bossuet, moins heureux en arithmétique qu'en oraisons funèbres, a démontré que Dioclétien est la bête, parce qu'on trouve en chiffres romains 666 dans les lettres de son nom, en retranchant les lettres qui gâteraient cette opération. Mais en se servant de chiffres romains, il ne s'est pas souvenu que l'*Apocalypse* est écrite en grec. Un homme éloquent peut tomber dans cette méprise[2].

Le pouvoir des nombres fut d'autant plus respecté parmi nous, qu'on n'y comprenait rien.

Vous avez pu, ami lecteur, observer au mot FIGURE quelles fines allégories Augustin, évêque d'Hippone, tira des nombres.

Ce goût subsista si longtemps, qu'il triompha au concile de Trente. On y conserva les mystères, appelés *Sacrements* dans l'Église latine, parce que les dominicains, et Soto à leur tête, alléguèrent qu'il y avait sept choses principales qui contribuaient à la vie, sept planètes, sept vertus, ses péchés mortels, six jours de création et un de repos qui font sept ; plus, sept plaies d'Égypte ; plus, sept béatitudes : mais malheureusement les Pères oublièrent que l'*Exode* compte *dix* plaies, et que les béatitudes sont au nombre de huit dans saint Matthieu, et au nombre de quatre dans saint Luc. Mais des savants ont aplani cette petite difficulté, en retranchant de saint Matthieu les quatre béatitudes de saint Luc ; reste à six : ajoutez l'unité à ces six, vous aurez sept. Consultez Fra Paolo Sarpi au livre second de son *Histoire du Concile*.

NOUVEAU, NOUVEAUTÉS. — Il semble que les premiers mots des *Métamorphoses* d'Ovide, *In nova fert animus*, soient la devise du genre humain. Personne n'est touché de l'admirable spectacle du soleil qui se lève ou plutôt semble se lever tous les jours ; tout le monde court au moindre petit météore qui paraît un moment dans cet amas de vapeurs qui entourent la terre, et qu'on appelle le ciel :

> *Vilia sunt nobis quæcumque prioribus annis*
> *Vidimus, et sordet quidquid spectavimus olim.*

Un colporteur ne se chargera pas d'un Virgile, d'un Horace, mais d'un livre nouveau, fût-il détestable. Il vous tire à part, et vous dit : « Monsieur, voulez-vous des livres de Hollande ? »

Les femmes se plaignent depuis le commencement du monde des infidélités qu'on leur fait en faveur du premier objet nouveau qui se

---

1. Ce passage peut servir à trouver le temps où l'*Apocalypse* a été composée. Il est probable que c'est sous l'empire du tyran dont le nom est formé par des lettres telles que la somme de leurs valeurs numérales soit 666. D'après cela on a trouvé qu'elle avait été faite sous le règne de Caligula. (*Ed. de Kehl.*)

2. Voy. l'article APOCALYPSE, section II.

présente, et qui n'a souvent que cette nouveauté pour tout mérite. Plusieurs dames (il faut bien l'avouer, malgré le respect infini qu'on a pour elles) ont traité les hommes comme elles se plaignent qu'on les a traitées; et l'histoire de Joconde est beaucoup plus ancienne que l'Arioste.

Peut-être ce goût universel pour la nouveauté est-il un bienfait de la nature. On nous crie : « Contentez-vous de ce que vous avez, ne désirez rien au delà de votre état, réprimez votre curiosité, domptez les inquiétudes de votre esprit. » Ce sont de très-bonnes maximes; mais si nous les avions toujours suivies, nous mangerions encore du gland, nous coucherions à la belle étoile, et nous n'aurions eu ni Corneille, ni Racine, ni Molière, ni Poussin, ni Le Brun, ni Le Moine, ni Pigalle.

NUDITÉ. — Pourquoi enfermerait-on un homme, une femme, qui marcheraient tout nus dans les rues? et pourquoi personne n'est-il choqué des statues absolument nues, des peintures de Magdeleine et de Jésus qu'on voit dans quelques églises?

Il est vraisemblable que le genre humain a subsisté longtemps sans être vêtu.

On a trouvé dans plus d'une île, et dans le continent de l'Amérique, des peuples qui ne connaissaient pas les vêtements.

Les plus civilisés cachaient les organes de la génération par des feuilles, par des joncs entrelacés, par des plumes.

D'où vient cette espèce de pudeur? était-ce l'instinct d'allumer des désirs en voilant ce qu'on aimait à découvrir?

Est-il bien vrai que chez les nations un peu plus policées, comme les Juifs et demi-Juifs, il y ait eu des sectes entières qui n'aient voulu adorer Dieu qu'en se dépouillant de tous leurs habits? Tels ont été, dit-on, les adamites et les abéliens. Ils s'assemblaient tout nus pour chanter les louanges de Dieu : saint Épiphane et saint Augustin le disent. Il est vrai qu'ils n'étaient pas contemporains, et qu'ils étaient fort loin de leur pays. Mais enfin cette folie est possible; elle n'est pas même plus extraordinaire, plus folle que cent autres folies qui ont fait le tour du monde l'une après l'autre.

Nous avons vu à l'article EMBLÈME qu'aujourd'hui même encore les mahométans ont des saints qui sont fous, et qui vont nus comme des singes. Il se peut très-bien que des énergumènes aient cru qu'il vaut mieux se présenter à la Divinité dans l'état où elle nous a formés, que dans le déguisement inventé par les hommes. Il se peut qu'ils aient montré tout par dévotion. Il y a si peu de gens bien faits dans les deux sexes, que la nudité pouvait inspirer la chasteté, ou plutôt le dégoût, au lieu d'augmenter les désirs.

On dit surtout que les abéliens renonçaient au mariage. S'il y avait parmi eux de beaux garçons et de belles filles, ils étaient pour le moins comparables à saint Adhelme et au bienheureux Robert d'Arbrisselle, qui couchaient avec les plus jolies personnes, pour mieux faire triompher leur continence.

J'avoue pourtant qu'il eût été assez plaisant de voir une centaine d'Hélènes et de Pâris chanter des antiennes, et se donner le baiser de paix, et faire les agapes.

Tout cela montre qu'il n'y a point de singularité, point d'extravagance, point de superstition qui n'ait passé par la tête des hommes. Heureux quand ces superstitions ne troublent pas la société et n'en font pas une scène de discorde, de haine, et de fureur! Il vaut mieux sans doute prier Dieu tout nu, que de souiller de sang humain ses autels et les places publiques.

OCCULTES. — *Qualités occultes.* — On s'est moqué fort longtemps des qualités occultes; on doit se moquer de ceux qui n'y croient pas. Répétons cent fois que tout principe, tout premier ressort de quelque œuvre que ce puisse être du grand Démiourgos, est occulte et caché pour jamais aux mortels.

Qu'est-ce que la force centripète, la force de la gravitation, qui agit sans contact à des distances immenses?

Quelle puissance fait tordre notre cœur et ses oreillettes soixante fois par minute? quel autre pouvoir change cette herbe en lait dans les mamelles d'une vache, et ce pain en sang, en chair, en os, dans cet enfant qui croît à mesure qu'il mange, jusqu'au point déterminé qui fixe la hauteur de sa taille, sans qu'aucun art puisse jamais y ajouter une ligne?

Végétaux, minéraux, animaux, où est votre premier principe? Il est dans la main de celui qui fait tourner le soleil sur son axe, et qui l'a revêtu de lumière.

Ce plomb ne deviendra jamais argent; cet argent ne sera jamais or; cet or ne sera jamais diamant : de même que cette paille ne deviendra jamais poncire ou ananas.

Quelle physique corpusculaire, quels atomes déterminent ainsi leur nature? vous n'en savez rien; la cause sera éternellement occulte pour vous. Tout ce qui vous entoure, tout ce qui est dans vous, est une énigme dont il n'est pas donné à l'homme de deviner le mot.

Cet ignorant fourré croit savoir quelque chose quand il a dit que les bêtes ont une âme végétative et une sensitive, et que les hommes ont l'âme végétative, la sensitive, et l'intellectuelle.

Pauvre homme pétri d'orgueil, qui n'as prononcé que des mots, as-tu jamais vu une âme, sais-tu comment cela est fait? Nous avons beaucoup parlé d'âme dans nos *Questions*, et nous avons toujours confessé notre ignorance. Je ratifie aujourd'hui cette confession avec d'autant plus d'empressement, qu'ayant depuis ce temps beaucoup plus lu, plus médité, et étant plus instruit, je suis plus en état d'affirmer que je ne sais rien.

ONAN, ONANISME. — Nous avons promis à l'article AMOUR SOCRATIQUE de parler d'Onan et de l'onanisme, quoique cet onanisme n'ait rien de commun avec l'amour socratique, et qu'il soit plutôt un effet très-désordonné de l'amour-propre.

La race d'Onan a de très-grandes singularités. Le patriarche Juda son père coucha, comme on sait, avec sa belle-fille Thamar la Phénicienne, dans un grand chemin. Jacob, père de Juda, avait été à la fois le mari de deux sœurs filles d'un idolâtre, et il avait trompé son père et son beau-père. Loth, grand-oncle de Jacob, avait couché avec ses deux filles. Salmon, l'un des descendants de Jacob et de Juda, épousa Rahab la Cananéenne, prostituée. Booz, fils de Salmon et de Rahab, reçut dans son lit Ruth la Madianite, et fut bisaïeul de David. David enleva Bethsabée au capitaine Uriah son mari, qu'il fit assassiner pour être plus libre dans ses amours. Enfin, dans les deux généalogies de notre Seigneur Jésus-Christ, si différentes en plusieurs points, mais entièrement semblables en ceux-ci, on voit qu'il naquit de cette foule de fornications, d'adultères et d'incestes. Rien n'est plus propre à confondre la prudence humaine, à humilier notre esprit borné, à nous convaincre que les voies de la Providence ne sont pas nos voies.

Le R. P. dom Calmet fait cette réflexion à propos de l'inceste de Juda avec Thamar et du péché d'Onan, chap. XXXVIII de la *Genèse :* « L'Écriture, dit-il, nous donne le détail d'une histoire qui, dans le premier sens qui frappe l'esprit, ne paraît pas fort propre à édifier; mais le sens caché et mystérieux qu'elle renferme est aussi élevé que celui de la lettre paraît bas aux yeux de la chair. Ce n'est pas sans de bonnes raisons que le Saint-Esprit a permis que l'histoire de Thamar, de Rahab, de Ruth, et de Bethsabée, se trouvât mêlée dans la généalogie de Jésus-Christ. »

Il eût été à souhaiter que dom Calmet nous eût développé ces bonnes raisons; il aurait éclairé les doutes et calmé les scrupules de toutes les âmes honnêtes et timorées, qui voudraient comprendre comment l'Être éternel, le créateur des mondes, a pu naître, dans un village juif, d'une race de voleurs et de prostituées. Ce mystère, qui n'est pas le moins inconcevable de tous les mystères, était digne assurément d'être expliqué par un savant commentateur. Tenons-nous en ici à l'onanisme.

On sait bien quel est le crime du patriarche Juda, ainsi qu'on connaît le crime des patriarches Siméon et Lévi ses frères, commis dans Sichem, et le crime de tous les autres patriarches, commis contre leur frère Joseph; mais il est difficile de savoir précisément quel était le péché d'Onan. Juda avait marié son fils aîné Her à cette Phénicienne Thamar. Her mourut *pour avoir été méchant.* Le patriarche voulut que son second fils Onan épousât la veuve, selon l'ancienne loi des Égyptiens et des Phéniciens leurs voisins : cela s'appelait *susciter des enfants à son frère.* Le premier-né du second mariage portait le nom du défunt, et c'est ce qu'Onan ne voulait pas. Il haïssait la mémoire de son frère; et pour ne point faire d'enfant qui portât le nom de Her, il est dit qu'il *jetait sa semence à terre.*

Or il reste à savoir si c'était dans la copulation avec sa femme qu'il trompait ainsi la nature, ou si c'était au moyen de la masturbation qu'il éludait le devoir conjugal; la *Genèse* ne nous apprend point cette particularité. Mais aujourd'hui ce qu'on appelle communément le *péché d'Onan*, c'est l'abus de soi-même avec le secours de la main, vice assez commun aux jeunes garçons et même aux jeunes filles qui ont trop de tempérament.

On a remarqué que l'espèce des hommes et celle des singes sont les seules qui tombent dans ce défaut contraire au vœu de la nature.

Un médecin a écrit en Angleterre contre ce vice un petit volume intitulé *de l'Onanisme*, dont on compte environ quatre-vingts éditions, supposé que ce nombre prodigieux ne soit pas un tour de libraire pour amorcer les lecteurs ; ce qui n'est que trop ordinaire.

M. Tissot, fameux médecin de Lausanne, a fait aussi son *Onanisme*, plus approfondi et plus méthodique que celui d'Angleterre. Ces deux ouvrages étalent les suites funestes de cette malheureuse habitude, la perte des forces, l'impuissance, la dépravation de l'estomac et des viscères, les tremblements, les vertiges, l'hébétation, et souvent une mort prématurée. Il y en a des exemples qui font frémir.

M. Tissot a trouvé par l'expérience que le quinquina était le meilleur remède contre ces maladies, pourvu qu'on se défît absolument de cette habitude honteuse et funeste, si commune aux écoliers, aux pages, et aux jeunes moines.

Mais il s'est aperçu qu'il était plus aisé de prendre du quinquina que de vaincre ce qui est devenu une seconde nature.

Joignez les suites de l'onanisme avec la vérole, et **vous** verrez combien l'espèce humaine est ridicule et malheureuse.

Pour consoler cette espèce, M. Tissot rapporte autant d'exemples de malades de réplétion que de malades d'émission ; et ces exemples, il les trouve chez les femmes comme chez les hommes. Il n'y a point de plus fort argument contre les vœux téméraires de chasteté. Que voulez-vous en effet que devienne une liqueur précieuse formée par la nature pour la propagation du genre humain ? Si on la prodigue indiscrètement, elle peut vous tuer ; si on la retient, elle peut vous tuer de même. On a observé que les pollutions nocturnes sont fréquentes chez les personnes des deux sexes non mariées, mais beaucoup plus chez les jeunes religieux que chez les recluses, parce que le tempérament des hommes est plus dominant. On en a conclu que c'est une énorme folie de se condamner soi-même à ces turpitudes, et que c'est une espèce de sacrilège dans les gens sains de prostituer ainsi le don du Créateur, et de renoncer au mariage, ordonné expressément par Dieu même. C'est ainsi que pensent les protestants, les juifs, les musulmans, et tant d'autres peuples ; mais les catholiques ont d'autres raisons en faveur des couvents. Je dirai des catholiques ce que le profond Calmet dit du Saint-Esprit : ils ont eu sans doute de bonnes raisons.

OPINION. — Quelle est l'opinion de toutes les nations du nord de l'Amérique, et de celles qui bordent le détroit de la Sonde, sur le meilleur des gouvernements, sur la meilleure des religions, sur le droit public ecclésiastique, sur la manière d'écrire l'histoire, sur la nature de la tragédie, de la comédie, de l'opéra, de l'églogue, du poëme épique, sur les idées innées, la grâce concomitante et les miracles du diacre Pâris? Il est clair que tous ces peuples n'ont aucune opinion sur les choses dont ils n'ont point d'idées.

Ils ont un sentiment confus de leurs coutumes, et ne vont pas au delà de cet instinct. Tels sont les peuples qui habitent les côtes de la mer Glaciale dans l'espace de quinze cents lieues; tels sont les habitants des trois quarts de l'Afrique, et ceux de presque toutes les îles de l'Asie, et vingt hordes de Tartares, et presque tous les hommes uniquement occupés du soin pénible et toujours renaissant de pourvoir à leur subsistance; tels sont à deux pas de nous la plupart des Morlaques et des Uscoques, beaucoup de Savoyards, et quelques bourgeois de Paris.

Lorsqu'une nation commence à se civiliser, elle a quelques opinions qui toutes sont fausses. Elle croit aux revenants, aux sorciers, à l'enchantement des serpents, à leur immortalité, aux possessions du diable, aux exorcismes, aux aruspices. Elle est persuadée qu'il faut que les grains pourrissent en terre pour germer, et que les quartiers de la lune sont les causes des accès de fièvre.

Un talapoin persuade à ses dévotes que le dieu Sammonocodom a séjourné quelque temps à [Siam, et qu'il a raccourci tous les arbres d'une forêt qui l'empêchaient de jouer à son aise au cerf-volant, qui était son jeu favori. Cette opinion s'enracine dans les têtes, et à la fin un honnête homme qui douterait de cette aventure de Sammonocodom courrait risque d'être lapidé. Il faut des siècles pour détruire une opinion populaire.

On la nomme la *reine du monde;* elle l'est si bien, que quand la raison vient la combattre, la raison est condamnée à la mort. Il faut qu'elle renaisse vingt fois de ses cendres pour chasser enfin tout doucement l'usurpatrice.

ORACLES. — *Section I.* — Depuis que la secte des pharisiens, chez le peuple juif, eut fait connaissance avec le diable, quelques raisonneurs d'entre eux commencèrent à croire que ce diable et ses compagnons inspiraient chez toutes les autres nations les prêtres et les statues qui rendaient des oracles. Les saducéens n'en croyaient rien, ils n'admettaient ni anges ni démons. Il paraît qu'ils étaient plus philosophes que les pharisiens, par conséquent moins faits pour avoir du crédit sur le peuple.

Le diable faisait tout parmi la populace juive du temps de Gamaliel, de Jean *le baptiseur,* de Jacques Oblia, et de Jésus son frère, qui fut nôtre sauveur Jésus-Christ. Aussi vous voyez que le diable transporte Jésus tantôt dans le désert, tantôt sur le faîte du temple, tantôt sur une colline voisine dont on découvre tous les royaumes de la terre; le diable entre dans le corps des garçons et des filles, et des animaux.

Les chrétiens, quoique ennemis mortels des pharisiens, adoptèrent tout ce que les pharisiens avaient imaginé du diable, ainsi que les Juifs avaient autrefois introduit chez eux les coutumes et les cérémonies des Égyptiens. Rien n'est si ordinaire que d'imiter ses ennemis, et d'employer leurs armes.

Bientôt les Pères de l'Église attribuèrent au diable toutes les **religions**

qui partageaient la terre, tous les prétendus prodiges, tous les grands
événements, les comètes, les pestes, le mal caduc, les écrouelles, etc.
Ce pauvre diable, qu'on disait rôti dans un trou sous la terre, fut tout
étonné de se trouver le maître du monde. Son pouvoir s'accrut ensuite
merveilleusement par l'institution des moines.

La devise de tous ces nouveaux venus était : « Donnez-moi de l'argent, et je vous délivrerai du diable. » Leur puissance céleste et terrestre reçut enfin un terrible échec de la main de leur confrère Luther,
qui, se brouillant avec eux pour un intérêt de besace, découvrit tous
les mystères. Hondorff, témoin oculaire, nous rapporte que les réformés ayant chassé les moines d'un couvent d'Eisenach dans la Thuringe,
y trouvèrent une statue de la vierge Marie et de l'enfant Jésus, faite
par tel art, que lorsqu'on mettait des offrandes sur l'autel, la vierge et
l'enfant baissaient la tête en signe de reconnaissance, et tournaient le
dos à ceux qui venaient les mains vides.

Ce fut bien pis en Angleterre : lorsqu'on fit, par ordre de Henri VIII,
la visite juridique de tous les couvents, la moitié des religieuses étaient
grosses, et ce n'était point par l'opération du diable. L'évêque Burnet
rapporte que dans cent quarante-quatre couvents, les procès-verbaux
des commissaires du roi attestèrent des abominations dont n'appro-
chaient pas celles de Sodome et de Gomorrhe. En effet, les moines
d'Angleterre devaient être plus débauchés que les Sodomites, puisqu'ils
étaient plus riches. Ils possédaient les meilleures terres du royaume.
Le terrain de Sodome et de Gomorrhe, au contraire, ne produisant ni
blé, ni fruits, ni légumes, et manquant d'eau potable, ne pouvait être
qu'un désert affreux, habité par des misérables trop occupés de leurs
besoins pour connaître les voluptés.

Enfin, ces superbes asiles de la fainéantise ayant été supprimés par
acte du parlement, on étala dans la place publique tous les instruments
de leurs fraudes pieuses : le fameux crucifix de Boksley, qui se re-
muait et qui marchait comme une marionnette ; des fioles de liqueur
rouge qu'on faisait passer pour du sang que versaient quelquefois des
statues des saints, quand ils étaient mécontents de la cour ; des moules
de fer-blanc dans lesquels on avait soin de mettre continuellement des
chandelles allumées, pour faire croire au peuple que c'était la même
chandelle qui ne s'éteignait jamais ; des sarbacanes, qui passaient de
la sacristie dans la voûte de l'église, par lesquelles des voix célestes
se faisaient quelquefois entendre à des dévotes payées pour les écouter ;
enfin tout ce que la friponnerie inventa jamais pour subjuguer l'imbécillité.

Alors plusieurs savants de l'Europe, bien certains que les moines et
non les diables avaient mis en usage tous ces pieux stratagèmes, commencèrent à croire qu'il en avait été de même chez les anciennes religions ; que tous les oracles et tous les miracles tant vantés dans l'antiquité n'avaient été que des prestiges de charlatans ; que le diable ne
s'était jamais mêlé de rien ; mais que seulement les prêtres grecs,
romains, syriens, égyptiens, avaient été encore plus habiles que nos
moines.

Le diable perdit donc beaucoup de son crédit, jusqu'à ce qu'enfin le bonhomme Bekker, dont vous pouvez consulter l'article, écrivit son ennuyeux livre contre le diable, et prouva par cent arguments qu'il n'existait point. Le diable ne lui répondit point, mais les ministres du saint Évangile, comme vous l'avez vu, lui répondirent; ils punirent le bon Bekker d'avoir divulgué leur secret, et lui ôtèrent sa cure; de sorte que Bekker fut la victime de la nullité de Beelzébuth.

C'était le sort de la Hollande de produire les plus grands ennemis du diable. Le médecin Van Dale, philosophe humain, savant très-profond, citoyen plein de charité, esprit d'autant plus hardi que sa hardiesse était fondée sur la vertu, entreprit enfin d'éclairer les hommes, toujours esclaves des anciennes erreurs, et toujours épaississant le bandeau qui leur couvre les yeux, jusqu'à ce que quelque grand trait de lumière leur découvre un coin de vérité, dont la plupart sont très-indignes. Il prouva, dans un livre plein de l'érudition la plus recherchée, que les diables n'avaient jamais rendu aucun oracle, n'avaient opéré aucun prodige, ne s'étaient jamais mêlés de rien, et qu'il n'y avait eu de véritables démons que les fripons qui avaient trompé les hommes. Il ne faut pas que le diable se joue jamais à un savant médecin. Ceux qui connaissent un peu la nature sont fort dangereux pour les faiseurs de prestiges. Je conseille au diable de s'adresser toujours aux facultés de théologie, et jamais aux facultés de médecine.

Van Dale prouva donc par mille monuments que non-seulement les oracles des païens n'avaient été que des tours de prêtres, mais que ces friponneries consacrées dans tout l'univers n'avaient point fini du temps de Jean *le baptiseur* et de Jésus-Christ, comme on le croyait pieusement. Rien n'était plus vrai, plus palpable, plus démontré que cette vérité annoncée par le médecin Van Dale; et il n'y a pas aujourd'hui un honnête homme qui la révoque en doute.

Le livre de Van Dale n'est peut-être pas bien méthodique; mais c'est un des plus curieux qu'on ait jamais faits. Car depuis les fourberies grossières du prétendu Hystaspe et des sibylles; depuis l'histoire apocryphe du voyage de Simon Barjone à Rome, et des compliments que Simon le magicien lui envoya faire par son chien; depuis les miracles de saint Grégoire Thaumaturge, et surtout de la lettre que ce saint écrivit au diable, et qui fut portée à son adresse, jusqu'aux miracles des révérends pères jésuites et des révérends pères capucins, rien n'est oublié. L'empire de l'imposture et de la bêtise est dévoilé dans ce livre aux yeux de tous les hommes qui savent lire; mais ils sont en petit nombre.

Il s'en fallait beaucoup que cet empire fût détruit alors en Italie, en France, en Espagne, dans les États autrichiens, et surtout en Pologne, où les jésuites dominaient. Les possessions du diable, les faux miracles, inondaient encore la moitié de l'Europe abrutie. Voici ce que Van Dale raconte d'un oracle singulier qui fut rendu de son temps à Terni, dans les États du pape, vers l'an 1650, et dont la relation fut imprimée à Venise par ordre de la seigneurie.

« Un ermite, nommé Pasquale, ayant ouï dire que Jacovello, bourgeois de Terni, était fort avare et fort riche, vint faire à Terni ses oraisons dans l'église que fréquentait Jacovello, lia bientôt amitié avec lui, le flatta dans sa passion, et lui persuada que c'était une œuvre très-agréable à Dieu de faire valoir son argent; que cela même était expressément recommandé dans l'Évangile, puisque le serviteur négligent, qui n'a pas fait valoir l'argent de son maître à cinq cents pour cent, est jeté dans les ténèbres extérieures.

« Dans les conversations que l'ermite avait avec Jacovello, il l'entretint souvent des beaux discours tenus par plusieurs crucifix, et par une quantité de bonnes vierges d'Italie. Jacovello convenait que les statues des saints parlaient quelquefois aux hommes, et lui disait qu'il se croirait prédestiné si jamais il pouvait entendre parler l'image d'un saint.

« Le bon Pasquale lui répondit qu'il espérait lui donner cette satisfaction dans peu de temps; qu'il attendait incessamment de Rome une tête de mort, dont le pape avait fait présent à un ermite son confrère; que cette tête parlait comme les arbres de Dodone, et comme l'ânesse de Balaam. Il lui montra en effet la tête quatre jours après. Il demanda à Jacovello la clef d'une petite cave et d'une chambre au-dessus, afin que personne ne fût témoin du mystère. L'ermite Pasquale ayant fait passer de la cave un tuyau qui entrait dans la tête, et ayant tout disposé, se mit en prières avec son ami Jacovello : la tête alors parla en ces mots : « Jacovello, Dieu veut récompenser ton zèle. Je t'avertis « qu'il y a un trésor de cent mille écus sous un if à l'entrée de ton jar- « din. Tu mourras de mort subite, si tu cherches ce trésor avant d'avoir « mis devant moi une marmite remplie de dix marcs d'or en espèces. »

« Jacovello courut vite à son coffre, et apporta devant l'oracle sa marmite et ses dix marcs. Le bon ermite avait eu la précaution de se munir d'une marmite semblable qu'il remplit de sable. Il la substitua prudemment à la marmite de Jacovello quand celui-ci eut le dos tourné, et laissa le bon Jacovello avec une tête de mort de plus, et dix marcs d'or de moins. »

C'est à peu près ainsi que se rendaient tous les oracles, à commencer par celui de Jupiter-Ammon, et à finir par celui de Trophonius.

Un des secrets des prêtres de l'antiquité, comme des nôtres, était la confession dans les mystères. C'était là qu'ils apprenaient toutes les affaires des familles, et qu'ils se mettaient en état de répondre à la plupart de ceux qui venaient les interroger. C'est à quoi se rapporte ce grand mot que Plutarque a rendu célèbre. Un prêtre voulant confesser un initié, celui-ci lui demanda : « A qui me confesserai-je? est-ce à toi ou à Dieu? — C'est à Dieu, reprit le prêtre. — Sors donc d'ici, homme, et laisse-moi avec Dieu. »

Je ne finirais point si je rapportais toutes les choses intéressantes dont Van Dale a enrichi son livre. Fontenelle ne le traduisit pas; mais il en tira ce qu'il crut de plus convenable à sa nation, qui aime mieux les agréments que la science. Il se fit lire par ceux qu'on appelait en France la bonne compagnie; et Van Dale, qui avait écrit en latin et en grec, n'avait été lu que par des savants. Le diamant brut de Van

Dale brilla beaucoup quand il fut taillé par Fontenelle ; le succès fut si grand que les fanatiques furent en alarmes. Fontenelle avait eu beau adoucir les expressions de Van Dale, et s'expliquer quelquefois en Normand, il ne fut que trop entendu par les moines, qui n'aiment pas qu'on leur dise que leurs confrères ont été des fripons.

Un nommé Baltus, jésuite, né dans le pays Messin, l'un de ces savants qui savent consulter de vieux livres, les falsifier, et les citer mal à propos, prit le parti du diable contre Van Dale et Fontenelle. Le diable ne pouvait choisir un avocat plus ennuyeux : son nom n'est aujourd'hui connu que par l'honneur qu'il eut d'écrire contre deux hommes célèbres qui avaient raison.

Baltus, en qualité de jésuite, cabala auprès de ses confrères, qui étaient alors autant élevés en crédit qu'ils sont depuis tombés dans l'opprobre. Les jansénistes, de leur côté, plus énergumènes que les jésuites, crièrent encore plus haut qu'eux. Enfin tous les fanatiques furent persuadés que la religion chrétienne était perdue si le diable n'était conservé dans ses droits.

Peu à peu les livres des jansénistes et des jésuites sont tombés dans l'oubli. Le livre de Van Dale est resté pour les savants, et celui de Fontenelle pour les gens d'esprit.

A l'égard du diable, il est comme les jésuites et les jansénistes, il perd son crédit de plus en plus.

Section II.—Quelques histoires surprenantes d'oracles, qu'on croyait ne pouvoir attribuer qu'à des génies, ont fait penser aux chrétiens qu'ils étaient rendus par les démons, et qu'ils avaient cessé à la venue de Jésus-Christ : on se dispensait par là d'entrer dans la discussion des faits, qui eût été longue et difficile ; et il semblait qu'on confirmât la religion qui nous apprend l'existence des démons, en leur rapportant ces événements.

Cependant les histoires qu'on débitait sur les oracles doivent être fort suspectes [1]. Celle de Thamus, à laquelle Eusèbe donne sa croyance, et que Plutarque seul rapporte, est suivie dans le même historien d'un autre conte si ridicule qu'il suffirait pour la décréditer ; mais de plus elle ne peut recevoir un sens raisonnable. Si ce grand Pan était un démon, les démons ne pouvaient-ils pas se faire savoir sa mort les uns aux autres, sans y employer Thamus ? Si ce grand Pan était Jésus-Christ, comment personne ne fut-il désabusé dans le paganisme, et ne vint-il à penser que le grand Pan fût Jésus-Christ mort en Judée, si c'était Dieu lui-même qui forçait les démons à annoncer cette mort aux païens ?

L'histoire de Thulis, dont l'oracle est positif sur la Trinité, n'est rapportée que par Suidas. Ce Thulis, roi d'Égypte, n'était pas assurément un des Ptolémées. Que deviendra tout l'oracle de Sérapis, étant certain qu'Hérodote ne parle point de ce dieu, tandis que Tacite conte tout au

---

1. Voy. pour les citations l'ouvrage latin du docte Antoine Van Dale, d'où cet extrait est tiré.

long comment et pourquoi un des Ptolémées fit venir de Pont le dieu Sérapis, qui n'était alors connu que là?

L'oracle rendu à Auguste sur l'enfant hébreu à qui tous les dieux obéissent n'est point du tout recevable. Cedrenus le cite d'Eusèbe, et aujourd'hui il ne s'y trouve plus. Il ne serait pas impossible que Cedrenus citât à faux, ou citât quelque ouvrage faussement attribué à Eusèbe ; mais comment les premiers apologistes du christianisme ont-ils tous gardé le silence sur un oracle si favorable à leur religion?

Les oracles qu'Eusèbe rapporte de Porphyre, attaché au paganisme, ne sont pas plus embarrassants que les autres. Il nous les donne dépouillés de tout ce qui les accompagnait dans les écrits de Porphyre. Que savons-nous si ce païen ne les réfutait pas? selon l'intérêt de sa cause il devait le faire ; et s'il ne l'a pas fait, assurément il avait quelque intention cachée, comme de les présenter aux chrétiens à dessein de se moquer de leur crédulité, s'ils les recevaient pour vrais, et s'ils appuyaient leur religion sur de pareils fondements.

D'ailleurs quelques anciens chrétiens ont reproché aux païens qu'ils étaient joués par leurs prêtres. Voici comme en parle Clément d'Alexandrie : « Vante-nous, dit-il, si tu veux, ces oracles pleins de folie et d'impertinence, ceux de Claros, d'Apollon pythien, de Didyme, d'Amphilochus ; tu peux y ajouter les augures et les interprètes des songes et des prodiges. Fais-nous paraître aussi devant l'Apollon pythien ces gens qui devinent par la farine ou par l'orge, et ceux qui ont été si estimés parce qu'ils parlaient du ventre. Que les secrets des temples des Égyptiens, et que la nécromancie des Étrusques, demeurent dans les ténèbres ; toutes ces choses ne sont certainement que des impostures extravagantes et de pures tromperies pareilles à celles des jeux de dés. Les chèvres qu'on a dressées à la divination, les corbeaux qu'on a instruits à rendre des oracles, ne sont, pour ainsi dire, que les associés des charlatans qui fourbent tous les hommes. »

Eusèbe étale à son tour d'excellentes raisons pour prouver que les oracles ont pu n'être que des impostures ; et s'il les attribue aux démons, c'est par l'effet d'un préjugé pitoyable, et par un respect forcé pour l'opinion commune. Les païens n'avaient garde de consentir que leurs oracles ne fussent qu'un artifice de leurs prêtres ; on crut donc, par une mauvaise manière de raisonner, gagner quelque chose dans la dispute, en leur accordant que quand même il y aurait eu du surnaturel dans leurs oracles, cet ouvrage n'était pas celui de la Divinité, mais des démons.

Il n'est plus question de deviner les finesses des prêtres par des moyens qui pourraient eux-mêmes paraître trop fins. Un temps a été qu'on les a découvertes de toutes parts aux yeux de toute la terre ; ce fut quand la religion chrétienne triompha hautement du paganisme sous les empereurs chrétiens.

Théodoret dit que Théophile, évêque d'Alexandrie, fit voir à ceux de cette ville les statues creuses où les prêtres entraient par des chemins cachés pour y rendre les oracles. Lorsque par l'ordre de Constantin on abattit le temple d'Esculape à Égès en Cilicie, on chassa, dit Eusèbe dans la Vie de cet empereur, non pas un dieu ni un démon, mais le fourbe qui avait si longtemps imposé à la crédulité des peuples. A cela il ajoute en général que dans les simulacres des dieux abattus, on n'y trouvait rien moins que des dieux ou des démons, non pas même quelques malheureux spectres obscurs et ténébreux, mais seulement du foin, de la paille, ou des os de morts.

La plus grande difficulté qui regarde les oracles est surmontée depuis que nous avons reconnu que les démons n'ont point dû y avoir de part. On n'a plus aucun intérêt à les faire finir précisément à la venue de Jésus-Christ. Voici d'ailleurs plusieurs preuves que les oracles ont duré plus de quatre cents ans après Jésus-Christ, et qu'ils ne sont devenus tout à fait muets que lors de l'entière destruction du paganisme.

Suétone, dans la *Vie de Néron*, dit que l'oracle de Delphes l'avertit qu'il se donnât de garde des soixante et treize ans; que Néron crut qu'il ne devait mourir qu'à cet âge-là, et ne songea point au vieux Galba qui, étant âgé de soixante et treize ans, lui ôta l'empire.

Philostrate, dans la *Vie d'Apollonius de Tyane* qui a vu Domitien, nous apprend qu'Apollonius visita tous les oracles de la Grèce, et celui de Dodone, et celui de Delphes, et celui d'Amphiaraüs.

Plutarque, qui vivait sous Trajan, nous dit que l'oracle de Delphes était encore sur pied, quoique réduit à une seule prêtresse après en avoir eu deux ou trois.

Sous Adrien, Dion Chrysostome raconte qu'il consulta l'oracle de Delphes; et il en rapporta une réponse qui lui parut assez embarrassée, et qui l'est effectivement.

Sous les Antonins, Lucien assure qu'un prêtre de Tyane alla demander à ce faux prophète Alexandre si les oracles qui se rendaient alors à Didyme, à Claros, et à Delphes, étaient véritablement des réponses d'Apollon, ou des impostures. Alexandre eut des égards pour ces oracles qui étaient de la nature du sien, et répondit au prêtre qu'il n'était pas permis de savoir cela. Mais quand cet habile prêtre demanda ce qu'il serait après sa mort, on lui répondit hardiment : « Tu seras chameau, puis cheval, puis philosophe, puis prophète aussi grand qu'Alexandre. »

Après les Antonins, trois empereurs se disputèrent l'empire. On consulta Delphes, dit Spartien, pour savoir lequel des trois la république devait souhaiter. Et l'oracle répondit en un vers : « Le noir est le meilleur; l'Africain est le bon; le blanc est le pire. » Par le noir on entendait Pescennius Niger : par l'Africain, Severus Septimus qui était d'Afrique; et par le blanc, Claudius Albinus.

Dion, qui ne finit son Histoire qu'à la huitième année d'Alexandre Sévère, c'est-à-dire l'an 230, rapporte que de son temps Amphilochus rendait encore des oracles en songe. Il nous apprend aussi qu'il y avait dans la ville d'Apollonie un oracle où l'avenir se déclarait par la manière dont le feu prenait à l'encens qu'on jetait sur un autel.

Sous Aurélien, vers l'an 272, les Palmyréniens révoltés consultèrent un oracle d'Apollon sarpédonien en Cilicie; ils consultèrent encore celui de Vénus aphacite.

Licinius, au rapport de Sozomène, ayant dessein de recommencer la guerre contre Constantin, consulta l'oracle d'Apollon de Didyme, et en eut pour réponse deux vers d'Homère dont le sens est : « Malheureux vieillard, ce n'est point à toi à combattre contre les jeunes gens; tu n'as point de force, et ton âge t'accable. »

Un dieu assez inconnu nommé Besa, selon Ammien Marcellin, rendait encore des oracles sur des billets à Abyde, dans l'extrémité de la Thébaïde, sous l'empire de Constantius.

Enfin Macrobe, qui vivait sous Arcadius et Honorius fils de Théodose, parle du dieu d'Héliopolis de Syrie et de son oracle, et des Fortunes d'Antium, en des termes qui marquent positivement que tout cela subsistait encore de son temps.

Remarquons qu'il n'importe que toutes ces histoires soient vraies, ni que ces oracles aient effectivement rendu les réponses qu'on leur attribue. Il suffit qu'on n'a pu attribuer de fausses réponses qu'à des oracles que l'on savait qui subsistaient encore effectivement; et les histoires que tant d'auteurs en ont débitées prouvent assez qu'ils n'avaient pas cessé, non plus que le paganisme.

Constantin abattit peu de temples; encore n'osa-t-il les abattre qu'en prenant le prétexte des crimes qui s'y commettaient. C'est ainsi qu'il fit renverser celui de Vénus aphacite, et celui d'Esculape qui était à Égès en Cilicie, tous deux temples à oracles; mais il défendit que l'on sacrifiât aux dieux, et commença à rendre par cet édit les temples inutiles.

Il restait encore beaucoup d'oracles lorsque Julien parvint à l'empire; il en rétablit quelques-uns qui étaient ruinés, et il voulut même être prophète de celui de Didyme. Jovien son successeur commençait à se porter avec zèle à la destruction du paganisme; mais en sept mois qu'il régna, il ne put faire de grands progrès. Théodose, pour y parvenir, ordonna de fermer tous les temples des païens. Enfin l'exercice de cette religion fut défendu sous peine de la vie par une constitution des empereurs Valentinien et Marcien, l'an 451 de l'ère vulgaire, et le paganisme enveloppa nécessairement les oracles dans sa ruine.

Cette manière de finir n'a rien de surprenant; elle était la suite naturelle de l'établissement d'un nouveau culte. Les faits miraculeux, ou plutôt qu'on veut donner pour tels, diminuent dans une fausse religion, ou à mesure qu'elle s'établit, parce qu'elle n'en a plus besoin, ou à mesure qu'elle s'affaiblit, parce qu'ils n'obtiennent plus de croyance. Le désir si vif et si inutile de connaître l'avenir donna naissance aux oracles; l'imposture les accrédita, et le fanatisme y mit le sceau : car un moyen infaillible de faire des fanatiques, c'est de persuader avant que d'instruire. La pauvreté des peuples qui n'avaient plus rien à donner, la fourberie découverte dans plusieurs oracles, et conclue dans les autres, enfin les édits des empereurs chrétiens, voilà les causes véritables de l'établissement et de la cessation de ce genre d'imposture : des circonstances contraires l'ont fait disparaître; ainsi les oracles ont été soumis à la vicissitude des choses humaines.

On se retranche à dire que la naissance de Jésus-Christ est la promière époque de leur cessation; mais pourquoi certains démons ont-ils fui tandis que les autres restaient? D'ailleurs l'histoire ancienne prouve invinciblement que plusieurs oracles avaient été détruits avant cette naissance; tous les oracles brillants de la Grèce n'existaient plus, ou presque plus, et quelquefois l'oracle se trouvait interrompu par le silence d'un honnête prêtre qui ne voulait pas tromper le peuple. « L'oracle de Delphes, dit Lucain, est demeuré muet depuis que les princes craignent l'avenir; ils ont défendu aux dieux de parler, et les dieux ont obéi. »

ORAISON, PRIÈRE PUBLIQUE, ACTION DE GRACES, ETC. — Il reste très-peu de formules de prières publiques des peuples anciens.

Nous n'avons que la belle hymne d'Horace pour les jeux séculaires des anciens Romains. Cette prière est du rhythme et de la mesure que les autres Romains ont imités longtemps après dans l'hymne *Ut queant laxis resonare fibris.*

Le *Pervigilium Veneris* est dans un goût recherché, et n'est pas peut-être digne de la noble simplicité du règne d'Auguste. Il se peut que cette hymne à Vénus ait été chantée dans les fêtes de la déesse; mais on ne doute pas qu'on n'ait chanté le poëme d'Horace avec l plus grande solennité.

Il faut avouer que le poëme séculaire d'Horace est un des plus beaux morceaux de l'antiquité, et que l'hymne *Ut queant laxis* est un des plus plats ouvrages que nous ayons eus dans les temps barbares de la décadence de la langue latine. L'Église catholique, dans ces temps-là, cultivait mal l'éloquence et la poésie. On sait bien que Dieu préfère de mauvais vers récités avec un cœur pur, aux plus beaux vers du monde bien chantés par des impies : mais enfin de bons vers n'ont jamais rien gâté, toutes choses étant d'ailleurs égales.

Rien n'approcha jamais parmi nous des jeux séculaires qu'on célébrait de cent dix ans en cent dix ans; notre jubilé n'en est qu'une bien faible copie. On dressait trois autels magnifiques sur les bords du Tibre; Rome entière était illuminée pendant trois nuits; quinze prêtres distribuaient l'eau lustrale et des cierges aux Romains et aux Romaines qui devaient chanter les prières. On sacrifiait d'abord à Jupiter comme au grand dieu, au maître des dieux, et ensuite à Junon, à Apollon, à Latone, à Diane, à Cérès, à Pluton, à Proserpine, aux Parques, comme à des puissances subalternes. Chacune de ces divinités avait son hymne et ses cérémonies. Il y avait deux chœurs, l'un de vingt-sept garçons, l'autre de vingt-sept filles, pour chacun des dieux. Enfin le dernier jour les garçons et les filles couronnés de fleurs chantaient l'ode d'Horace.

Il est vrai que dans les maisons on chantait à table ses autres odes our le petit Ligurinus, pour Lyciscus, et pour d'autres petits fripons, lesquels n'inspiraient pas la plus grande dévotion : mais il y a temps pour tout, *pictoribus atque poetis*[1]. Le Carrache, qui dessina les figu-

1. Horace, *Art poét.* 9. (Éd.)

res de l'Arétin, peignit aussi des saints ; et dans tous nos colléges nous avons passé à Horace ce que les maîtres de l'empire romain lui passaient sans difficulté.

Pour des formules de prières, nous n'avons que de très-légers fragments de celle qu'on récitait aux mystères d'Isis. Nous l'avons citée ailleurs, nous la rapporterons encore ici, parce qu'elle n'est pas longue et qu'elle est belle.

« Les puissances célestes te servent, les enfers te sont soumis, l'univers tourne sous ta main, tes pieds foulent le Tartare, les astres répondent à ta voix, les saisons reviennent à tes ordres, les éléments t'obéissent. »

Nous répéterons aussi la formule qu'on attribue à l'ancien Orphée, laquelle nous paraît encore supérieure à celle d'Isis :

« Marchez dans la voie de la justice, adorez le seul maître de l'univers : il est un, il est seul par lui-même ; tous les êtres lui doivent leur existence ; il agit dans eux et par eux ; il voit tout, et jamais il n'a été vu des yeux mortels. »

Ce qui est fort extraordinaire, c'est que dans le *Lévitique*, dans le *Deutéronome* des Juifs, il n'y a pas une seule prière publique, pas une seule formule. Il semble que les lévites ne fussent occupés qu'à partager les viandes qu'on leur offrait. On ne voit pas même une seule prière instituée pour leurs grandes fêtes de la pâque, de la pentecôte, des trompettes, des tabernacles, de l'expiation générale, et des néoménies.

Les savants conviennent assez unanimement qu'il n'y eut de prières réglées chez les Juifs, que lorsque étant esclaves à Babylone, ils en prirent un peu les mœurs, et qu'ils apprirent quelques sciences de ce peuple si policé et si puissant. Ils empruntèrent tout des Chaldéens-Persans, jusqu'à leur langue, leurs caractères, leurs chiffres ; et, joignant quelques coutumes nouvelles à leurs anciens rites égyptiaques, ils devinrent un peuple nouveau, qui fut d'autant plus superstitieux, qu'au sortir d'un long esclavage ils furent toujours encore dans la dépendance de leurs voisins.

> . . . . *In rebus acerbis*
> *Acrius advertunt animos ad relligionem.*
> Lucrèce, III, 53-54.

Pour les dix autres tribus qui avaient été dispersées auparavant, il est à croire qu'elles n'avaient pas plus de prières publiques que les deux autres, et qu'elles n'avaient pas même encore une religion bien fixe et bien déterminée, puisqu'elles l'abandonnèrent si facilement, et qu'elles oublièrent jusqu'à leur nom ; ce que ne fit pas le petit nombre de pauvres infortunés qui vinrent rebâtir Jérusalem.

C'est donc alors que ces deux tribus, ou plutôt ces deux tribus et demie, semblèrent s'attacher à des rites invariables, qu'ils écrivirent, qu'ils eurent des prières réglées. C'est alors seulement que nous commençons à voir chez eux des formules de prières. Esdras ordonna deux prières par jour, et il en ajouta une troisième pour le jour du sabbat ·

on dit même qu'il institua dix-huit prières (afin qu'on pût choisir), dont la première commence ainsi :

« Sois béni, Seigneur Dieu de nos pères, Dieu d'Abraham, d'Isaac, de Jacob, le grand Dieu, le puissant, le terrible, le haut élevé, le distributeur libéral des biens, le plasmateur et le possesseur du monde, qui te souviens des bonnes actions, et qui envoies un libérateur à leurs descendants pour l'amour de ton nom. O roi, notre secours, notre sauveur, notre bouclier, sois béni, Seigneur, bouclier d'Abraham ! »

On assure que Gamaliel, qui vivait du temps de Jésus-Christ, et qui eut de si grands démêlés avec saint Paul, institua une dix-neuvième prière, que voici :

« Accorde la paix, les bienfaits, la bénédiction, la grâce, la bénignité et la piété à nous et à Israël ton peuple. Bénis-nous, ô notre père ! bénis-nous tous ensemble par la lumière de ta face ; car par la lumière de ta face tu nous as donné, Seigneur notre Dieu, la loi de vie, l'amour, la bénignité, l'équité, la bénédiction, la piété, la vie, et la paix. Qu'il te plaise de bénir en tout temps et à tout moment ton peuple d'Israël en lui accordant la paix. Béni sois-tu, Seigneur, qui bénis ton peuple d'Israël en lui donnant la paix. Amen[1]. »

Il y a une chose assez importante à observer dans plusieurs prières, c'est que chaque peuple a toujours demandé tout le contraire de ce que demandait son voisin.

Les Juifs priaient Dieu, par exemple, d'exterminer les Syriens, Babyloniens, Égyptiens ; et ceux-ci priaient Dieu d'exterminer les Juifs : aussi le furent-ils, comme les dix tribus qui avaient été confondues parmi tant de nations ; et ceux-ci furent plus malheureux, car s'étant obstinés à demeurer séparés de tous les autres peuples, étant au milieu des peuples, ils n'ont pu jouir d'aucun avantage de la société humaine.

De nos jours, dans nos guerres si souvent entreprises pour quelques villes ou pour quelques villages, les Allemands et les Espagnols, quand ils étaient les ennemis des Français, priaient la sainte Vierge du fond de leur cœur de bien battre les Welches et les Gavaches, lesquels de leur côté suppliaient la sainte Vierge de détruire les Maranes et les Teutons.

En Angleterre, la Rose rouge faisait les plus ardentes prières à saint George, pour obtenir que tous les partisans de la Rose blanche fussent jetés au fond de la mer : la Rose blanche répondait par de pareilles supplications. On sent combien saint George devait être embarrassé ; et si Henri VII n'était pas venu à son secours, George ne se serait jamais tiré de là.

ORDINATION. — Si un militaire chargé par le roi de France de conférer l'ordre de Saint-Louis à un autre militaire n'avait pas, en lui

---

1. Consultez sur cela les premier et second volumes de la *Mishna*, et l'article PRIÈRE ci-après. (*Ed. de Kehl.*)

donnant la croix, l'intention de le faire chevalier, le récipiendaire en serait-il moins chevalier de Saint-Louis? Non, sans doute.

Pourquoi donc plusieurs prêtres se firent-ils réordonner après la mort du fameux Lavardin, évêque du Mans? Ce singulier prélat, qui avait établi l'ordre des Coteaux [1], s'avisa, à l'article de la mort, d'une espièglerie peu commune. Il était connu pour un des plus violents esprits forts du siècle de Louis XIV; et plusieurs de ceux auxquels il avait conféré l'ordre de la prêtrise lui avaient publiquement reproché ses sentiments. Il est naturel qu'aux approches de la mort une âme sensible et timorée rentre dans la religion qu'elle a reçue dans ses premières années. La bienséance seule exigeait que l'évêque édifiât en mourant ses diocésains que sa vie avait scandalisés; mais il était si piqué contre son clergé, qu'il déclara qu'aucun de ceux qu'il avait ordonnés n'était prêtre en effet, que tous leurs actes de prêtres étaient nuls, et qu'il n'avait jamais eu l'intention de donner aucun sacrement.

C'était, ce me semble, raisonner comme un ivrogne; les prêtres manceaux pouvaient lui répondre : « Ce n'est pas votre intention qui est nécessaire, c'est la nôtre. Nous avions une envie bien déterminée d'être prêtres; nous avons fait tout ce qu'il faut pour l'être; nous sommes dans la bonne foi; si vous n'y avez pas été, il ne nous importe guère. La maxime est : *Quidquid recipitur, ad modum recipientis recipitur*, et non pas *ad modum dantis*. Lorsque notre marchand de vin nous a vendu une feuillette, nous la buvons, quand même il aurait l'intention secrète de nous empêcher de la boire; nous serons prêtres malgré votre testament. »

Ces raisons étaient fort bonnes; cependant la plupart de ceux qui avaient été ordonnés par l'évêque Lavardin ne se crurent point prêtres, et se firent ordonner une seconde fois. Mascaron, médiocre et célèbre prédicateur, leur persuada par ses discours et par son exemple de réitérer la cérémonie. Ce fut un grand scandale au Mans, à Paris et à Versailles. Il fut bientôt oublié, comme tout s'oublie.

ORGUEIL. — Cicéron, dans une de ses lettres, dit familièrement à son ami : « Mandez-moi à qui vous voulez que je fasse donner les Gaules. » Dans une autre il se plaint d'être fatigué des lettres de je ne sais quels princes qui le remercient d'avoir fait ériger leurs provinces en royaumes, et il ajoute qu'il ne sait seulement pas où ces royaumes sont situés.

Il se peut que Cicéron, qui d'ailleurs avait souvent vu le peuple romain, le peuple roi, lui applaudir et lui obéir, et qui était remercié par des rois qu'il ne connaissait pas, ait eu quelques mouvements d'orgueil et de vanité.

Quoique ce sentiment ne soit point du tout convenable à un aussi chétif animal que l'homme, cependant on pourrait le pardonner à un

---

1. C'était un ordre de gourmets. Les ivrognes étaient alors fort à la mode l'évêque du Mans était à leur tête.

Cicéron, à un César, à un Scipion : mais que dans le fond d'une de nos provinces à demi barbares, un homme qui aura acheté une petite charge, et fait imprimer des vers médiocres, s'avise d'être orgueilleux, il y a là de quoi rire longtemps [1].

ORIGINEL (PÉCHÉ). *Section I.* — C'est ici le prétendu triomphe des sociniens ou unitaires. Ils appellent ce fondement de la religion chrétienne son *péché originel.* C'est outrager Dieu, disent-ils, c'est l'accuser de la barbarie la plus absurde que d'oser dire qu'il forma toutes les générations des hommes pour les tourmenter par des supplices éternels, sous prétexte que leur premier père mangea d'un fruit dans un jardin. Cette sacrilége imputation est d'autant plus inexcusable chez les chrétiens, qu'il n'y a pas un seul mot touchant cette invention du péché originel ni dans le *Pentateuque*, ni dans les Prophètes, ni dans les Évangiles, soit apocryphes, soit canoniques, ni dans aucun des écrivains qu'on appelle *les premiers Pères de l'Église.*

Il n'est pas même conté dans la *Genèse* que Dieu ait condamné Adam à la mort pour avoir avalé une pomme. Il lui dit bien : « Tu mourras très-certainement le jour que tu en mangeras; » mais cette même *Genèse* fait vivre Adam neuf cent trente ans après ce déjeuner criminel. Les animaux, les plantes, qui n'avaient point mangé de ce fruit, moururent dans le temps prescrit par la nature. L'homme est né pour mourir, ainsi que tout le reste.

Enfin, la punition d'Adam n'entrait en aucune manière dans la loi juive. Adam n'était pas plus Juif que Persan ou Chaldéen. Les premiers chapitres de la *Genèse* (en quelque temps qu'ils fussent composés) furent regardés par tous les savants juifs comme une allégorie, et même comme une fable très-dangereuse, puisqu'il fut défendu de la lire avant l'âge de vingt-cinq ans.

En un mot, les Juifs ne connurent pas plus le péché originel que les cérémonies chinoises; et, quoique les théologiens trouvent tout ce qu'ils veulent dans l'Écriture, ou *totidem verbis*, ou *totidem litteris*, on peut assurer qu'un théologien raisonnable n'y trouvera jamais ce mystère surprenant.

Avouons que saint Augustin accrédita le premier cette étrange idée, digne de la tête chaude et romanesque d'un Africain débauché et repentant, manichéen et chrétien, indulgent et persécuteur, qui passa sa vie à se contredire lui-même.

« Quelle horreur, s'écrient les unitaires rigides, que de calomnier l'auteur de la nature jusqu'à lui imputer des miracles continuels pour damner à jamais des hommes qu'il fait naître pour si peu de temps! Ou il a créé les âmes de toute éternité, et dans ce système, étant infiniment plus anciennes que le péché d'Adam, elles n'ont aucun rapport avec lui; ou ces âmes sont formées à chaque moment qu'un homme couche avec une femme, et en ce cas Dieu est continuellement à l'affût

---

1. Voy. JÉSUITES. (*Éd. de Kehl.*)

de tous les rendez-vous de l'univers pour créer des esprits qu'il rendra
éternellement malheureux, ou Dieu est lui-même l'âme de tous les
hommes, et dans ce système il se damne lui-même. Quelle est la plus
horrible et la plus folle de ces trois suppositions? Il n'y en a pas une
quatrième; car l'opinion que Dieu attend six semaines pour créer une
âme damnée dans un fœtus, revient à celle qui la fait créer au
moment de la copulation : qu'importe six semaines de plus ou de
moins? »

J'ai rapporté le sentiment des unitaires, et les hommes sont parvenus à un tel point de superstition que j'ai tremblé en le rapportant.

Section II. — Il le faut avouer, nous ne connaissons point de Père
de l'Église, jusqu'à saint Augustin et à saint Jérôme, qui ait enseigné
la doctrine du péché originel. Saint Clément d'Alexandrie, cet homme
si savant dans l'antiquité, loin de parler en un seul endroit de cette
corruption qui a infecté le genre humain, et qui l'a rendu coupable en
naissant, dit en propres mots [1] : « Quel mal peut faire un enfant qui
ne vient que de naître? comment a-t-il pu prévariquer? comment
celui qui n'a encore rien fait a-t-il pu tomber sous la malédiction
d'Adam? »

Et remarquez qu'il ne dit point ces paroles pour combattre l'opinion
rigoureuse du péché originel, laquelle n'était point encore développée,
mais seulement pour montrer que les passions, qui peuvent corrompre
tous les hommes, n'ont pu avoir encore aucune prise sur cet enfant
innocent. Il ne dit point : « Cette créature d'un jour ne sera pas
damnée si elle meurt aujourd'hui, » car personne n'avait encore supposé
qu'elle serait damnée. Saint Clément ne pouvait combattre un système
absolument inconnu.

Le grand Origène est encore plus positif que saint Clément d'Alexandrie. Il avoue bien que le péché est entré dans le monde par Adam,
dans son explication de l'Épître de saint Paul aux Romains; mais il
tient que c'est la pente au péché qui est entrée, qu'il est très-facile de
commettre le mal, mais qu'il n'est pas dit pour cela qu'on le commettra
toujours, et qu'on sera coupable dès qu'on sera né.

Enfin, le péché originel, sous Origène, ne consistait que dans
le malheur de se rendre semblable au premier homme en péchant
comme lui.

Le baptême était nécessaire; c'était le sceau du christianisme; il
lavait tous les péchés : mais personne n'avait dit encore qu'il lavât les
péchés qu'on n'avait point commis; personne n'assurait encore qu'un
enfant fût damné et brûlât dans les flammes éternelles pour être mort
deux minutes après sa naissance. Et une preuve sans réplique, c'est qu'il
se passa beaucoup de temps avant que la coutume de baptiser les enfants
prévalût. Tertullien ne voulait point qu'on les baptisât. Or leur refuser
ce bain sacré, c'eût été les livrer visiblement à la damnation, si on
avait été persuadé que le péché originel (dont ces pauvres innocents ne

---

1. *Stromates*, liv. III

pouvaient être coupables) opérât leur réprobation, et leur fît souffrir des supplices infinis pendant toute l'éternité, pour un fait dont il était impossible qu'ils eussent la moindre connaissance. Les âmes de tous les bourreaux, fondues ensemble, n'auraient pu rien imaginer qui approchât d'une horreur si exécrable. En un mot, il est de fait qu'on ne baptisait pas les enfants; donc il est démontré qu'on était bien loin de les damner.

Il y a bien plus encore; Jésus-Christ n'a jamais dit : « L'enfant non baptisé sera damné [1]. » Il était venu au contraire pour expier tous les péchés, pour racheter le genre humain par son sang; donc les petits enfants ne pouvaient être damnés. Les enfants au berceau étaient à bien plus forte raison privilégiés. Notre divin Sauveur ne baptisa jamais personne. Paul circoncit son disciple Timothée, et il n'est point dit qu'il le baptisa.

En un mot, dans les deux premiers siècles, le baptême des enfants ne fut point en usage; donc on ne croyait point que des enfants fussent victimes de la faute d'Adam. Au bout de quatre cents ans on crut leur salut en danger, et on fut fort incertain.

Enfin Pélage vint au ve siècle; il traita l'opinion du péché originel de monstrueuse. Selon lui, ce dogme n'était fondé que sur une équivoque, comme toutes les autres opinions.

Dieu avait dit à Adam dans le jardin : « Le jour que vous mangerez du fruit de l'arbre de la science, vous mourrez. » Or il n'en mourut pas, et Dieu lui pardonna. Pourquoi donc n'aurait-il pas épargné sa race à la millième génération? pourquoi livrerait-il à des tourments infinis et éternels les petits-enfants innocents d'un père qu'il avait reçu en grâce?

Pélage regardait Dieu non-seulement comme un maître absolu, mais comme un père qui, laissant la liberté à ses enfants, les récompensait au delà de leurs mérites, et les punissait au-dessous de leurs fautes.

Lui et ses disciples disaient : « Si tous les hommes naissent les objets de la colère éternelle de celui qui leur donne la vie; si avant de penser ils sont coupables, c'est donc un crime affreux de les mettre au monde, le mariage est donc le plus horrible des forfaits. Le mariage en ce cas n'est donc qu'une émanation du mauvais principe des manichéens; ce n'est plus adorer Dieu, c'est adorer le diable. »

Pélage et les siens débitaient cette doctrine en Afrique, où saint Augustin avait un crédit immense. Il avait été manichéen; il était obligé de s'élever contre Pélage. Celui-ci ne put résister ni à Augustin ni à Jérôme; et enfin, de questions en questions, la dispute alla si loin qu'Augustin donna son arrêt de damnation contre tous les enfants nés et à naître dans l'univers, en ces propres termes : « La foi catho-

---

1. Dans *saint Jean*, Jésus dit à Nicodème, chap. III, que le vent, l'esprit souffle où il veut, que personne ne sait où il va, qu'il faut renaître, qu'on ne peut entrer dans le royaume de Dieu si on ne renaît par l'eau et par l'esprit; mais il ne parle point des enfants.

lique enseigne que tous les hommes naissent si coupables, que les enfants mêmes sont certainement damnés quand ils meurent sans avoir
été régénérés en Jésus. »

C'eût été un bien triste compliment à faire à une reine de la Chine,
ou du Japon, ou de l'Inde, ou de la Scythie, ou de la Gothie, qui venait de perdre son fils au berceau, que de lui dire : « Madame, con-
solez-vous ; monseigneur le prince royal est actuellement entre les
griffes de cinq cents diables, qui le tournent et le retournent dans une
grande fournaise pendant toute l'éternité, tandis que son corps em-
baumé repose auprès de votre palais. »

La reine épouvantée demande pourquoi ces diables rôtissent ainsi
son cher fils le prince royal à jamais. On lui répond que c'est parce
que son arrière-grand-père mangea autrefois du fruit de la science
dans un jardin. Jugez ce que doivent penser le roi, la reine, tout le
conseil, et toutes les belles dames.

Cet arrêt ayant paru un peu dur à quelques théologiens (car il y a
de bonnes âmes partout), il fut mitigé par un Pierre Chrysologue, ou
Pierre parlant d'or, lequel imagina un faubourg d'enfer nommé les
limbes, pour placer tous les petits garçons et toutes les petites filles qui
seraient morts sans baptême. C'est un lieu où ces innocents végètent
sans rien sentir, le séjour de l'apathie ; et c'est ce qu'on appelle le
paradis des sots. Vous trouvez encore cette expression dans Milton,
the paradise of fools. Il le place vers la lune. Cela est tout à fait digne
d'un poëme épique.

Explication du péché originel. — La difficulté pour les limbes est de-
meurée la même que pour l'enfer. Pourquoi ces pauvres petits sont-ils
dans les limbes ? qu'avaient-ils fait ? comment leur âme, qu'ils ne possédaient que d'un jour, était-elle coupable d'une gourmandise de six
mille ans ?

Saint Augustin, qui les damne, dit pour raison que les âmes de tous
les hommes étant dans celle d'Adam, il est probable qu'elles furent
toutes complices. Mais comme l'Église décida depuis que les âmes ne
sont faites que quand le corps est commencé, ce système tomba malgré le nom de son auteur.

D'autres dirent que le péché originel s'était transmis d'âme en âme
par voie d'émanation, et qu'une âme venue d'une autre arrivait dans
ce monde avec toute la corruption de l'âme-mère. Cette opinion fut
condamnée.

Après que les théologiens y eurent jeté leur bonnet, les philosophes s'essayèrent. Leibnitz, en jouant avec ses monades, s'amusa à
rassembler dans Adam toutes les monades humaines avec leurs petits
corps de monades. C'était moitié plus que saint Augustin. Mais cette
idée, digne de Cyrano de Bergerac, n'a pas fait fortune en philosophie.

Malebranche explique la chose par l'influence de l'imagination des
mères. Ève eût la cervelle si furieusement ébranlée de l'envie de manger du fruit, que ses enfants eurent la même envie, à peu près

comme cette femme qui, ayant vu rouer un homme, accoucha d'un enfant roué.

Nicole réduit la chose à « une certaine inclination, une certaine pente à la concupiscence que nous avons reçue de nos mères. Cette inclination n'est pas un acte; elle le deviendra un jour. » Fort bien, courage, Nicole : mais en attendant pourquoi me damner? Nicole ne touche point du tout à la difficulté; elle consiste à savoir comment nos âmes d'aujourd'hui, qui sont formées depuis peu, peuvent répondre de la faute d'une autre âme qui vivait il y a si longtemps.

Mes maîtres, que fallait-il dire sur cette matière? rien. Aussi je ne donne point mon explication, je ne dis mot.

ORTHOGRAPHE. – L'orthographe de la plupart des livres français est ridicule. Presque tous les imprimeurs ignorants impriment Wisigoths, Westphalie, Wirtemberg, Wétéravie, etc.

Ils ne savent pas que le double V allemand, qu'on écrit ainsi W, est notre V consonne, et qu'en Allemagne on prononce Vétéravie, Virtemberg, Vestphalie, Visigoths.

Ils impriment Altona au lieu d'Altena, ne sachant pas qu'en allemand un O surmonté de deux points vaut un E.

Ils ne savent pas qu'en Hollande œ fait ou; et ils font toujours des fautes en imprimant cette diphthongue.

Celles que commettent tous les jours nos traducteurs de livres sont innombrables.

Pour l'orthographe purement française, l'habitude seule peut en supporter l'incongruité. *Emploi-e-roi-ent, oc-troi-e-roi-ent,* qu'on prononce, octroieraient, emploieraient; *pa-on* qu'on prononce pan, *fa-on* qu'on prononce fan, *La-on* qu'on prononce Lan, et cent autres barbaries pareilles font dire :

Hodieque manent vestigia ruris.
(Hor., liv. II, ep. i, vers 160.)

Cela n'empêche pas que Racine, Boileau et Quinault ne charment l'oreille, et que La Fontaine ne doive plaire à jamais.

Les Anglais sont bien plus inconséquents : ils ont perverti toutes les voyelles; ils les prononcent autrement que toutes les autres nations. C'est en orthographe qu'on peut dire d'eux avec Virgile (*égl.* i, vers 67) :

Et penitus toto divisos orbe Britannos.

Cependant ils ont changé leur orthographe depuis cent ans; ils n'écrivent plus *loveth, speaketh, maketh,* mais *loves, speaks, makes.*

Les Italiens ont supprimé toutes leurs *H.* Ils ont fait plusieurs innovations en faveur de la douceur de leur langue.

L'écriture est la peinture de la voix : plus elle est ressemblante, meilleure elle est.

OSÉE. – En relisant hier, avec édification, l'Ancien Testament, je tombai sur ce passage d'Osée, chap. XIV, v. 1 : « Que Samarie périsse, parce qu'elle a tourné son Dieu à l'amertume! que les Samaritains meurent par le glaive! que leurs petits enfants soient écrasés, et qu'on fende le ventre aux femmes grosses! »

Je trouvai ces paroles un peu dures : j'allai consulter un docteur de l'université de Prague, qui était alors à sa maison de campagne au mont Krapack; il me dit : « Il ne faut pas que cela vous étonne. Les Samaritains étaient des schismatiques qui voulaient sacrifier chez eux, et ne point envoyer leur argent à Jérusalem; ils méritaient au moins les supplices auxquels le prophète Osée les condamne. La ville de Jéricho, qui fut traitée ainsi, après que ses murs furent tombés au son du cornet, était moins coupable. Les trente et un rois que Josué fit pendre n'étaient point schismatiques. Les quarante mille Éphraïmites massacrés pour avoir prononcé *siboleth* au lieu de *schiboleth* n'étaient point tombés dans l'abîme du schisme. Sachez, mon fils, que le schisme est tout ce qu'il y a de plus exécrable. Quand les jésuites firent pendre dans Thorn, en 1724, de jeunes écoliers, c'est que ces pauvres enfants étaient schismatiques. Ne doutez pas que nous autres catholiques, apostoliques, romains, et bohémiens, nous ne soyons tenus de passer au fil de l'épée tous les Russes que nous rencontrerons désarmés, d'écraser leurs enfants sur la pierre, d'éventrer leurs femmes enceintes, et de tirer de leur matrice déchirée et sanglante leurs fœtus à demi formés. Les Russes sont de la religion grecque schismatique; ils ne portent point leur argent à Rome; donc nous devons les exterminer, puisqu'il est démontré que les Jérosolymites devaient exterminer les Samaritains. C'est ainsi que nous traitâmes les Hussites, qui voulaient aussi garder leur argent. Ainsi a péri ou dû périr, ainsi a été éventrée ou dû être éventrée toute femme ou fille schismatique. »

Je pris la liberté de disputer contre lui; il se fâcha; la dispute se prolongea; il fallut souper chez lui; il m'empoisonna: mais je n'en mourus pas.

OVIDE. — Les savants n'ont pas laissé de faire des volumes pour nous apprendre au juste dans quel coin de terre Ovide Nason fut exilé par Octave Cépias surnommé Auguste. Tout ce qu'on en sait, c'est que né à Sulmone, et élevé à Rome, il passa dix ans sur la rive droite du Danube, dans le voisinage de la mer Noire. Quoiqu'il appelle cette terre *barbare*, il ne faut pas se figurer que ce fût un pays de sauvages. On y faisait des vers. Cotys, petit roi d'une partie de la Thrace, fit des vers gètes pour Ovide. Le poëte latin apprit le gète, et fit aussi des vers dans cette langue. Il semble qu'on aurait dû entendre des vers grecs dans l'ancienne patrie d'Orphée; mais ces pays étaient alors peuplés par des nations du Nord qui parlaient probablement un dialecte tartare, une langue approchante de l'ancien slavon. Ovide ne semblait pas destiné à faire des vers tartares. Le pays des Tomites, où il fut relégué, était une partie de la Mésie, province romaine, entre le mont Hémus et le Danube. Il est situé au quarante-quatrième degré et demi, comme les plus beaux climats de la France; mais les montagnes qui sont au sud, et les vents du nord et de l'est qui soufflent du Pont-

Euxin, le froid et l'humidité des forêts et du Danube, rendaient cette contrée insupportable à un homme né en Italie : aussi Ovide n'y vécut-il pas longtemps; il y mourut à l'âge de soixante années. Il se plaint dans ses élégies[1] du climat, et non des habitants :

> *Quos ego, quum loca sim vestra perosus, amo.*

Ces peuples le couronnèrent de laurier, et lui donnèrent des priviléges qui ne l'empêchèrent pas de regretter Rome. C'était un grand exemple de l'esclavage des Romains, et de l'extinction de toutes les lois, qu'un homme né dans une famille équestre, comme Octave, exilât un homme d'une famille équestre, et qu'un citoyen de Rome envoyât d'un mot un autre citoyen chez les Scythes. Avant ce temps il fallait un plébiscite, une loi de la nation, pour priver un Romain de sa patrie. Cicéron, exilé par une cabale, l'avait été du moins avec les formes des lois.

Le crime d'Ovide était incontestablement d'avoir vu quelque chose de honteux dans la famille d'Octave :

> *Cur aliquid vidi, cur noxia lumina feci*[2]?

Les doctes n'ont pas décidé s'il avait vu Auguste avec un jeune garçon plus joli que ce Mannius dont Auguste dit qu'il n'avait point voulu, parce qu'il était trop laid; ou s'il avait vu quelque écuyer entre les bras de l'impératrice Livie, que cet Auguste avait épousée grosse d'un autre; ou s'il avait vu cet empereur Auguste occupé avec sa fille ou sa petite-fille; ou enfin s'il avait vu cet empereur Auguste faisant quelque chose de pis, *torva tuentibus hircis*[3]. Il est de la plus grande probabilité qu'Ovide surprit Auguste dans un inceste. Un auteur presque contemporain, nommé Minutianus Apuleius, dit : *Pulsum quoque in exsilium, quod Augusti incestum vidisset.*

Octave Auguste prit le prétexte du livre innocent de l'*Art d'aimer*, livre très-décemment écrit, et dans lequel il n'y a pas un mot obscène, pour envoyer un chevalier romain sur la mer Noire. Le prétexte était ridicule. Comment Auguste, dont nous avons encore des vers remplis d'ordures, pouvait-il sérieusement exiler Ovide à Tomes, pour avoir donné à ses amis, plusieurs années auparavant, des copies de l'*Art d'aimer?* Comment avait-il le front de reprocher à Ovide un ouvrage écrit avec quelque modestie, dans le temps qu'il approuvait les vers où Horace prodigue tous les termes de la plus infâme prostitution, et le *futuo*, et le *mentula*, et le *cunnus?* Il y propose indifféremment ou *une fille lascive*, ou *un beau garçon qui renoue sa longue chevelure*, ou *une servante*, ou *un laquais* : tout lui est égal. Il ne lui manque que la bestialité. Il y a certainement de l'impudence à blâmer Ovide quand on tolère Horace. Il est clair qu'Octave alléguait une très-méchante raison, n'osant parler de la bonne. Une preuve qu'il s'agissait de quelque stupre, de quelque inceste, de quelque aventure secrète

---

1. *De Ponto*, liv. IV, élégie xiv, v. 24. (ÉD.)
2. *Tristes*, lib. II, ep. I, v. 103. (ÉD.) — 3. Virgile, *Égl.*, iii, 8. (ÉD.)

de la sacrée famille impériale, c'est que le bouc de Caprée, Tibère, immortalisé par les médailles de ses débauches, Tibère, monstre de lasciveté comme de dissimulation, ne rappela point Ovide. Il eut beau demander grâce à l'auteur des proscriptions et à l'empoisonneur de Germanicus, il resta sur les bords du Danube.

Si un gentilhomme hollandais, ou polonais, ou suédois, ou anglais, ou vénitien, avait vu par hasard un stathouder, ou un roi de la Grande-Bretagne, ou un roi de Suède, ou un roi de Pologne, ou un doge, commettre quelque gros péché; si ce n'était pas même par hasard qu'il l'eût vu; s'il en avait cherché l'occasion; si enfin il avait l'indiscrétion d'en parler; certainement ce stathouder, ou ce roi, ou ce doge, ne seraient pas en droit de l'exiler.

On peut faire à Ovide un reproche presque aussi grand qu'à Auguste et qu'à Tibère, c'est de les avoir loués. Les éloges qu'il leur prodigue sont si outrés, qu'ils exciteraient encore aujourd'hui l'indignation, s'il les eût donnés à des princes légitimes ses bienfaiteurs; mais il les donnait à des tyrans, et à ses tyrans. On pardonne de louer un peu trop un prince qui vous caresse, mais non pas de traiter en dieu un prince qui vous persécute. Il eût mieux valu cent fois s'embarquer sur la mer Noire, et se retirer en Perse, par les Palus-Méotides, que de faire ses *Tristes*, *de Ponto*. Il eût appris le persan aussi aisément que le gète, et aurait pu du moins oublier le maître de Rome chez le maître d'Ecbatane. Quelque esprit dur dira qu'il y avait encore un parti à prendre : c'était d'aller secrètement à Rome, s'adresser à quelques parents de Brutus et de Cassius, et de faire une douzième conspiration contre Octave; mais cela n'était pas dans le goût élégiaque.

Chose étrange que les louanges! Il est bien clair qu'Ovide souhaitait de tout son cœur que quelque Brutus délivrât Rome de son Auguste, et il lui souhaite en vers l'immortalité!

Je ne reproche à Ovide que ses *Tristes*. Bayle lui fait son procès sur sa philosophie du chaos, si bien exposée dans le commencement des *Métamorphoses* :

> *Ante mare et terras, et quod tegit omnia cœlum,*
> *Unus erat toto naturæ vultus in orbe.*

Bayle traduit ainsi ces premiers vers : « Avant qu'il y eût un ciel, une terre, et une mer, la nature était un tout homogène. » Il y a dans Ovide : « La face de la nature était la même dans tout l'univers. » Cela ne veut pas dire que tout fût homogène, mais que ce tout hétérogène, cet assemblage de choses différentes, paraissait le même; *unus vultus.*

Bayle critique tout le chaos. Ovide, qui n'est dans ses vers que le chantre de l'ancienne philosophie, dit que les choses molles et dures, les légères et les pesantes, étaient mêlées ensemble :

> *Mollia cum duris, sine pondere habentia pondus.*
> (Ovid., *Met.*, l. I, v. 20.)

Et voici comme Bayle raisonne contre lui :

« Il n'y a rien de plus absurde que de supposer un chaos qui a été homogène pendant toute une éternité, quoiqu'il eût les qualités élé‑mentaires, tant celles qu'on nomme *altératrices*, qui sont la chaleur, la froideur, l'humidité, et la sécheresse, que celles qu'on nomme *mo‑trices*, qui sont la légèreté et la pesanteur : celle-là cause du mouve‑ment en haut, celle-ci du mouvement en bas. Une matière de cette nature ne peut point être homogène, et doit contenir nécessairement toutes sortes d'hétérogénéités. La chaleur et la froideur, l'humidité et la sécheresse, ne peuvent pas être ensemble sans que leur action et leur réaction les tempère et les convertisse en d'autres qualités qui font la forme des corps mixtes; et comme ce tempérament se peut faire selon les diversités innombrables de combinaisons, il a fallu que le chaos renfermât une multitude incroyable d'espèces de composés. Le seul moyen de le concevoir homogène serait de dire que les qualités altératrices des éléments se modifièrent au même degré dans toutes les molécules de la matière, de sorte qu'il y avait partout précisément la même tiédeur, la même mollesse, la même odeur, la même sa‑veur, etc. Mais ce serait ruiner d'une main ce que l'on bâtit de l'au‑tre; ce serait, par une contradiction dans les termes, appeler *chaos* l'ouvrage le plus régulier, le plus merveilleux en sa symétrie, le plus admirable en matière de proportions qui se puisse concevoir. Je con‑viens que le goût de l'homme s'accommode mieux d'un ouvrage di‑versifié que d'un ouvrage uniforme; mais nos idées ne laissent pas de nous apprendre que l'harmonie des qualités contraires, conservée uniformément dans tout l'univers, serait une perfection aussi merveil‑leuse que le partage inégal qui a succédé au chaos. Quelle science, quelle puissance ne demanderait pas cette harmonie uniforme répandue dans toute la nature? Il ne suffirait pas de faire entrer dans chaque mixte la même quantité de chacun des quatre ingrédients; il faudrait y mettre des uns plus, des autres moins, selon que la force des uns est plus grande ou plus petite pour agir que pour résister : car on sait que les philosophes partagent dans un degré différent l'action et la réaction aux qualités élémentaires. Tout bien compté, il se trouverait que la cause qui métamorphosa le chaos l'aurait tiré, n'on pas d'un état de confusion et de guerre, comme on le suppose, mais d'un état de justesse, qui était la chose du monde la plus accomplie, et qui, par la réduction à l'équilibre des forces contraires, le tenait dans un repos équivalent à la paix. Il est donc constant que si les poëtes veu‑lent sauver l'homogénéité du chaos, il faut qu'ils effacent tout ce qu'ils ajoutent concernant cette confusion bizarre des semences con‑traires, et ce mélange indigeste, et ce combat perpétuel des principes ennemis.

«Passons-leur cette contradiction, nous trouverons assez de matière pour les combattre par d'autres endroits. Recommençons l'attaque de l'éternité. Il n'y a rien de plus absurde que d'admettre pendant un temps infini le mélange des parties insensibles des quatre éléments; car dès que vous supposez dans ces parties l'activité de la chaleur, l'action et la réaction des quatre premières qualités, et outre cela le

mouvement vers le centre dans les particules de la terre et de l'eau,
et le mouvement vers la circonférence dans celles du feu et de l'air,
vous établissez un principe qui séparera nécessairement les unes des
autres ces quatre espèces de corps, et qui n'aura besoin pour cela que
d'un certain temps limité. Considérez un peu ce qu'on appelle *la fiole
des quatre éléments*. On y enferme de petites particules métalliques,
et puis trois liqueurs beaucoup plus légères les unes que les autres.
Brouillez tout cela ensemble, vous n'y discernez plus aucun de ces
quatre mixtes; les parties de chacun se confondent avec les parties des
autres : mais laissez un peu votre fiole en repos, vous trouverez que
chacun reprend sa situation; toutes les particules métalliques se rassemblent au fond de la fiole; celles de la liqueur la plus légère se
rassemblent au haut; celles de la liqueur moins légère que celle-là,
et moins pesante que l'autre, se rangent au troisième étage; celles de
la liqueur plus pesante que ces deux-là, mais moins pesante que les
particules métalliques, se mettent au second étage; et ainsi vous retrouvez les situations distinctes que vous aviez confondues en secouant
la fiole : vous n'avez pas besoin de patience; un temps fort court vous
suffit pour revoir l'image de la situation que la nature a donnée dans
le monde aux quatre éléments. On peut conclure, en comparant l'univers à cette fiole, que si la terre réduite en poudre avait été mêlée
avec la matière des astres, et avec celle de l'air et de l'eau, en telle
sorte que le mélange eût été fait jusqu'aux particules insensibles de
chacun de ces éléments, tout aurait d'abord travaillé à se dégager, et
qu'au bout d'un terme préfix, les parties de la terre auraient formé
une masse, celles du feu une autre, et ainsi du reste, à proportion de
la pesanteur et de la légèreté de chaque espèce de corps. »

Je nie à Bayle que l'expérience de la fiole eût pu se faire du temps
du chaos. Je lui dis qu'Ovide et les philosophes entendaient par choses
pesantes et légères, celles qui le devinrent quand un dieu y eut mis la
main. Je lui dis : Vous supposez que la nature eût pu s'arranger toute
seule, se donner elle-même la pesanteur. Il faudrait que vous commen-
çassiez par me prouver que la gravité est une qualité essentiellement
inhérente à la matière, et c'est ce qu'on n'a jamais pu prouver. Descartes, dans son roman, a prétendu que les corps n'étaient devenus
pesants que quand ses tourbillons de matière subtile avaient commencé
à les pousser à un centre. Newton, dans sa véritable philosophie, ne
dit point que la gravitation, l'attraction, soit une qualité essentielle à
la matière. Si Ovide avait pu deviner le livre des *Principes mathématiques* de Newton, il vous dirait : « La matière n'était ni pesante ni en
mouvement dans mon chaos; il a fallu que Dieu lui imprimât ces deux
qualités : mon chaos ne renfermait pas la force que vous lui supposez :
nec quidquam nisi pondus iners, » ce n'était qu'une masse impuis-
sante; *pondus* ne signifie point ici *poids,* il veut dire *masse.*

Rien ne pouvait peser avant que Dieu eût imprimé à la matière le
principe de la gravitation. De quel droit un corps tendrait-il vers le
centre d'un autre, serait-il attiré par un autre, pousserait-il un autre,
si l'artisan suprême ne lui avait communiqué cette vertu inexplicable ?

Ainsi Ovide se trouverait non-seulement un bon philosophe, mais encore un passable théologien.

Vous dites : « Un théologien scolastique avouerait sans peine que, si les quatre éléments avaient existé indépendamment de Dieu avec toutes les facultés qu'ils ont aujourd'hui, ils auraient formé d'eux-mêmes cette machine du monde, et l'entretiendraient dans l'état où nous la voyons. Il doit donc reconnaître deux grands défauts dans la doctrine du chaos : l'un, et le principal, est qu'elle ôte à Dieu la création de la matière et la production des qualités propres au feu, à l'air, à la terre, et à la mer ; l'autre, qu'après lui avoir ôté cela, elle le fait venir sans nécessité sur le théâtre du monde pour distribuer les places aux quatre éléments. Nos nouveaux philosophes, qui ont rejeté les qualités et les facultés de la physique péripatéticienne, trouveraient les mêmes défauts dans la description du chaos d'Ovide ; car ce qu'ils appellent *lois générales du mouvement, principes de mécanique, modifications de la matière, figure, situation et arrangement des corpuscules*, ne comprend autre chose que cette vertu active et passive de la nature, que les péripatéticiens entendent sous les mots de *qualités altératrices et motrices des quatre éléments*. Puis donc que, suivant la doctrine de ceux-ci, ces quatre corps situés, selon leur légèreté et leur pesanteur naturelle, sont un principe qui suffit à toutes les générations, les cartésiens, les gassendistes, et les autres philosophes modernes, doivent soutenir que le mouvement, la situation et la figure des parties de la matière suffisent à la production de tous les effets naturels, sans excepter même l'arrangement général qui a mis la terre, l'air, l'eau et les astres où nous les voyons. Ainsi la véritable cause du monde et des effets qui s'y produisent n'est point différente de la cause qui a donné le mouvement aux parties de la matière, soit qu'en même temps elle ait assigné à chaque atome une figure déterminée, comme le veulent les gassendistes, soit qu'elle ait seulement donné à des parties toutes cubiques une impulsion qui, par la durée du mouvement réduit à certaines lois, leur ferait prendre dans la suite toutes sortes de figures. C'est l'hypothèse des cartésiens. Les uns et les autres doivent convenir, par conséquent, que, si la matière avait été telle avant la génération du monde qu'Ovide l'a prétendu, elle aurait été capable de se tirer du chaos par ses propres forces, et de se donner la forme de monde sans l'assistance de Dieu. Ils doivent donc accuser Ovide d'avoir commis deux bévues : l'une est d'avoir supposé que la matière avait eu, sans l'aide de la Divinité, les semences de tous les mixtes, la chaleur, le mouvement, etc. ; l'autre est de dire que, sans l'assistance de Dieu, elle ne se serait point tirée de l'état de confusion. C'est donner trop et trop peu à l'un et à l'autre ; c'est se passer de secours au plus grand besoin, et le demander lorsqu'il n'est pas nécessaire. »

Ovide pourra vous répondre encore : « Vous supposez à tort que mes éléments avaient toutes les qualités qu'ils ont aujourd'hui ; ils n'en avaient aucune ; le sujet existait nu, informe, impuissant ; et quand j'ai dit que le chaud était mêlé dans mon chaos avec le froid, le sec avec l'humide, je n'ai pu employer que ces expressions, qui signifient qu'il n'y avait ni froid ni chaud, ni sec ni humide. Ce sont des qualités que Dieu a mises dans nos sensations, et qui ne sont point dans la matière. Je n'ai point fait les bévues dont vous m'accusez. Ce sont vos cartésiens et vos gassendistes qui font des bévues avec leurs atomes et leurs parties cubiques; et leurs imaginations ne sont pas plus vraies que mes métamorphoses. J'aime mieux Daphné changée en laurier, et Narcisse en fleur, que de la matière subtile changée en soleils, et de la matière rameuse devenue terre et eau. Je vous ai donné des fables pour des fables; et vos philosophes donnent des fables pour des vérités. »

PAPISME. — *Le papiste et le trésorier.*

LE PAPISTE. — Monseigneur a dans sa principauté des luthériens, les calvinistes, des quakers, des anabaptistes, et même des juifs; et vous voudriez encore qu'il admît des unitaires!

LE TRÉSORIER. — Si ces unitaires vous apportent de l'industrie et de l'argent, quel mal nous feront-ils? vous n'en serez que mieux payé de vos gages.

LE PAPISTE. — J'avoue que la soustraction de mes gages me serait plus douloureuse que l'admission de ces messieurs; mais enfin ils ne croient pas que Jésus-Christ soit fils de Dieu.

LE TRÉSORIER. — Que vous importe, pourvu qu'il vous soit permis de le croire, et que vous soyez bien nourri, bien vêtu, bien logé? Les juifs sont bien loin de croire qu'il soit fils de Dieu, et cependant vous êtes fort aise de trouver ici des Juifs sur qui vous placez votre argent à six pour cent. Saint Paul lui-même n'a jamais parlé de la divinité de Jésus-Christ; il l'appelle franchement *un homme :* « La mort, dit-il, est entrée dans le monde par le péché d'un seul *homme....* le don de Dieu s'est répandu par la grâce d'un seul *homme,* qui est Jésus[1]. » Et ailleurs : « Vous êtes à Jésus, et Jésus est à Dieu.... » Tous vos premiers Pères de l'Eglise ont pensé comme saint Paul : il est évident que pendant trois cents ans Jésus s'est contenté de son humanité; figurez-vous que vous êtes un chrétien des trois premiers siècles.

LE PAPISTE. — Mais, monsieur, ils ne croient point à l'éternité des peines.

LE TRÉSORIER. — Ni moi non plus : soyez damné à jamais si vous voulez; pour moi, je ne compte point du tout l'être.

LE PAPISTE. — Ah! monsieur, il est bien dur de ne pouvoir damner à son plaisir tous les hérétiques de ce monde! mais la rage qu'ont les unitaires de rendre un jour les âmes heureuses n'est pas ma seule peine. Vous savez que ces monstres-là ne croient pas plus à la résurrection des corps que les saducéens; ils disent que nous sommes tous anthropophages, que les particules qui composaient votre grand-père et votre bisaïeul, ayant été nécessairement dispersées dans l'atmo-

_____
1. *Ad Rom.,* v. 12-15. (ÉD.)

sphère, sont devenues carottes et asperges, et qu'il est impossible que vous n'ayez mangé quelques petits morceaux de vos ancêtres.

LE TRÉSORIER. — Soit : mes petits-enfants en feront autant de moi ; ce ne sera qu'un rendu ; il en arrivera autant aux papistes. Ce n'est pas une raison pour qu'on vous chasse des États de monseigneur, ce n'est pas une raison non plus pour qu'il en chasse les unitaires. Ressuscitez comme vous pourrez ; il m'importe fort peu que les unitaires ressuscitent ou non, pourvu qu'ils nous soient utiles pendant leur vie.

LE PAPISTE. — Et que direz-vous, monsieur, du péché originel qu'ils nient effrontément ? N'êtes-vous pas tout scandalisé quand ils assurent que le *Pentateuque* n'en dit pas un mot ; que l'évêque d'Hippone, saint Augustin, est le premier qui ait enseigné positivement ce dogme, quoiqu'il soit évidemment indiqué par saint Paul ?

LE TRÉSORIER. — Ma foi, si le *Pentateuque* n'en a point parlé, ce n'est pas ma faute ; pourquoi n'ajoutiez-vous pas un petit mot du péché originel dans l'Ancien Testament, comme vous y avez, dit-on, ajouté tant d'autres choses ? Je n'entends rien à ces subtilités. Mon métier est de vous payer régulièrement vos gages quand j'ai de l'argent....

PARADIS. — Il n'y a guère de mot dont la signification se soit plus écartée de son étymologie. On sait assez qu'originairement il signifiait un lieu planté d'arbres fruitiers ; ensuite on donna ce nom à des jardins plantés d'arbres d'ombrage. Tels furent dans l'antiquité les jardins de Saana vers Éden dans l'Arabie Heureuse, connus si longtemps avant que les hordes des Hébreux eussent envahi une partie de la Palestine.

Ce mot *paradis* n'est célèbre chez les Juifs que dans la *Genèse*. Quelques auteurs juifs canoniques parlent de jardins ; mais aucun n'a jamais dit un mot du jardin nommé *paradis terrestre*. Comment s'est-il pu faire qu'aucun écrivain juif, aucun prophète juif, aucun cantique juif n'ait cité ce paradis terrestre dont nous parlons tous les jours ? cela est presque incompréhensible. C'est ce qui a fait croire à plusieurs savants audacieux que la *Genèse* n'avait été écrite que très-tard.

Jamais les Juifs ne prirent ce verger, cette plantation d'arbres, ce jardin, soit d'herbes, soit de fleurs, pour le ciel.

Saint Luc est le premier qui fasse entendre le ciel par ce mot *paradis*, quand Jésus-Christ dit au bon larron [1] : « Tu seras aujourd'hui avec moi dans le Paradis. »

Les anciens donnèrent le nom de ciel aux nuées : ce nom n'était pas convenable, attendu que les nuées touchent à la terre par les vapeurs dont elles sont formées, et que le ciel est un mot vague qui signifie l'espace immense dans lequel sont tant de soleils, de planètes, et de comètes ; ce qui ne ressemble nullement à un verger.

Saint Thomas dit qu'il y a trois paradis : le terrestre, le céleste, et le spirituel. Je n'entends pas trop la différence qu'il met entre le spirituel et le céleste. Le verger spirituel est, selon lui, la vision béati-

1. Luc. chap. XXIII, v. 43.

fique ! Mais c'est précisément ce qui constitue le paradis céleste, c'est la jouissance de Dieu même. Je ne prends pas la liberté de disputer contre l'ange de l'école. Je dis seulement : Heureux qui peut toujours être dans un de ces trois paradis!

Quelques savants curieux ont cru que le jardin des Hespérides, gardé par un dragon, était une imitation du jardin d'Éden gardé par un bœuf ailé, ou par un chérubin. D'autres savants plus téméraires ont osé dire que le bœuf était une mauvaise copie du dragon, et que les Juifs n'ont jamais été que de grossiers plagiaires : mais c'est blasphémer, et cette idée n'est pas soutenable.

Pourquoi a-t-on donné le nom de paradis à des cours carrées audevant d'une église?

Pourquoi a-t-on appelé paradis le rang des troisièmes loges à la Comédie et à l'Opéra? Est-ce parce que ces places étant moins chères que les autres, on a cru qu'elles étaient faites pour les pauvres, et qu'on prétend que dans l'autre paradis il y a beaucoup plus de pauvres que de riches? Est-ce parce que ces loges étant fort hautes, on leur a donné un nom qui signifie aussi le ciel? il y a pourtant un peu de différence entre monter au ciel et monter aux troisièmes loges.

Que penserait un étranger arrivant à Paris, à qui un Parisien dirait : « Voulez-vous que nous allions voir *Pourceaugnac* au paradis? »

Que d'incongruités, que d'équivoques dans toutes les langues! Que tout annonce la faiblesse humaine!

Voyez l'article PARADIS[2], dans le grand *Dictionnaire encyclopédique*; il est assurément meilleur que celui-ci.

Paradis aux bienfaisants, disait toujours l'abbé de Saint-Pierre.

PARLEMENT DE FRANCE, DEPUIS PHILIPPE LE BEL JUSQU'A CHARLES VII. — Parlement vient sans doute de parler; et l'on prétend que parler venait du mot celte *paler*, dont les Cantabres et autres Espagnols firent *palabra*. D'autres assurent que c'est de *parabola*, et que de *parabole* on fit parlement. C'est là sans doute une érudition fort utile.

Il y a du moins je ne sais quelle apparence de doctrine plus sérieuse dans ceux qui vous disent que nous n'avons pu encore découvrir de monuments où se trouve le mot barbare *parlamentum*, que vers le temps des premières croisades.

On peut répondre : Le terme *parlamentum* était en usage alors pour signifier les assemblées de la nation : donc il était en usage très-longtemps auparavant. On n'inventa jamais un terme nouveau pour les choses ordinaires.

Philippe III, dans la charte de cet établissement à Paris, parle d'anciens parlements. Nous avons des séances de parlement judiciaire depuis 1254; et une preuve qu'on s'était servi souvent du mot général *parlement*, en désignant les assemblées de la nation, c'est que nous donnâmes ce nom à ces assemblées dès que nous avons écrit en langue française; et les Anglais, qui prirent toutes nos coutumes, appelèrent *parlement* leurs assemblées des pairs.

1. Ire partie, question CII. — 2. Cet article est du chevalier de Jaucourt. (ÉD.)

Ce mot, source de tant d'équivoques, fut affecté à plusieurs autres corps, aux officiers municipaux des villes, à des moines, à des écoles : autre preuve d'un antique usage.

On ne répétera pas ici comment le roi Philippe le Bel, qui détruisit et forma tant de choses, forma une chambre de parlement à Paris, pour juger dans cette capitale les grands procès portés auparavant partout où se trouvait la cour; comment cette chambre, qui ne siégeait que deux fois l'année, fut salariée par le roi à cinq sous par jour pour chaque conseiller juge. Cette chambre était nécessairement composée de membres amovibles, puisque tous avaient d'autres emplois : de sorte que qui était juge à Paris à la Toussaint, allait commander les troupes à la Pentecôte.

Nous ne redirons point comment cette chambre ne jugea de longtemps aucun procès criminel; comment les clercs ou gradués, enquêteurs établis pour rapporter les procès aux seigneurs conseillers juges, et non pour donner leurs voix, furent bientôt mis à la place de ces juges d'épée, qui rarement savaient lire et écrire.

On sait par quelle fatalité étonnante et funeste le premier procès criminel que jugèrent ces nouveaux conseillers gradués fut celui de Charles VII leur roi, alors dauphin de France, qu'ils déclarèrent, sans le nommer, déchu de son droit à la couronne; et comment, quelques jours après, ces mêmes juges, subjugués par le parti anglais dominant, condamnèrent le Dauphin, le descendant de saint Louis, au bannissement perpétuel, le 3 janvier 1420; arrêt aussi incompétent qu'infâme, monument éternel de l'opprobre et de la désolation où la France était plongée, et que le président Hénault a tâché en vain de pallier dans son Abrégé aussi estimable qu'utile. Mais tout sort de sa sphère dans les temps de trouble. La démence du roi Charles VI, l'assassinat du duc de Bourgogne commis par les amis du Dauphin, le traité solennel de Troyes, la défection de tout Paris et des trois quarts de la France, les grandes qualités, les victoires, la gloire, l'esprit, le bonheur de Henri V, solennellement déclaré roi de France, tout semblait excuser le parlement.

Après la mort de Charles VI, en 1422, et dix jours après ses obsèques, tous les membres du parlement de Paris jurèrent sur un missel, dans la grand'chambre, obéissance et fidélité au jeune roi d'Angleterre Henri VI, fils de Henri V; et ce tribunal fit mourir une bourgeoise de Paris qui avait eu le courage d'ameuter plusieurs citoyens pour recevoir leur roi légitime dans sa capitale. Cette respectable bourgeoise fut exécutée avec tous les citoyens fidèles que le parlement put saisir. Charles VII érigea un autre parlement à Poitiers; il fut peu nombreux, peu puissant, et point payé.

Quelques membres du parlement de Paris, dégoûtés des Anglais, s'y réfugièrent. Et enfin, quand Charles eut repris Paris, et donné une amnistie générale, les deux parlements furent réunis.

Parlement — *L'étendue de ses droits.* — Machiavel, dans ses remarques politiques sur Tite Live, dit que les parlements font la force du roi de France. Il avait très-grande raison en un sens. Machiavel, Italien, voyait le pape comme le plus dangereux monarque de la chrétienté. Tous les rois lui faisaient la cour; tous voulaient l'engager dans leurs querelles; et quand il exigeait trop, quand un roi de France n'osait le refuser en face, ce roi avait son parlement tout prêt qui déclarait les prétentions du pape contraires aux lois du royaume, tortionnaires, abusives, absurdes. Le roi s'excusait auprès du pape en disant qu'il ne pouvait venir à bout de son parlement.

C'était bien pis encore quand le roi et le pape se querellaient. Alors les arrêts triomphaient de toutes les bulles, et la tiare était renversée par la main de justice. Mais ce corps ne fit jamais la force des rois quand ils eurent besoin d'argent. Comme c'est avec ce seul ressort qu'on est sûr d'être toujours le maître, les rois en voulaient toujours avoir. Il en fallut demander d'abord aux états généraux. La cour du parlement de Paris, sédentaire et instituée pour rendre la justice, ne se mêla jamais de finance jusqu'à François Iᵉʳ. La fameuse réponse du premier président Jean de La Vaquerie au duc d'Orléans (depuis Louis XII) en est une preuve assez forte : « Le parlement est pour rendre justice au peuple; les finances, la guerre, le gouvernement du roi, ne sont point de son ressort. »

On ne peut pardonner au président Hénault de n'avoir pas rapporté ce trait, qui servit longtemps de base au droit public en France, supposé que ce pays connût un droit public.

Parlement. — *Droit d'enregistrer.* — Enregistrement, mémorial, journal, livre de raison. Cet usage fut de tout temps observé chez les nations policées, et fort négligé par les barbares qui vinrent fondre sur l'empire romain. Le clergé de Rome fut plus attentif; il enregistra tout, et toujours à son avantage. Les Visigoths, les Vandales, les Bourguignons, les Francs, et tous les autres sauvages, n'avaient pas seulement de registres pour les mariages, les naissances, et les morts.

Les empereurs firent, à la vérité, écrire leurs traités et leurs ordonnances; elles étaient conservées tantôt dans un château, tantôt dans un autre; et quand ce château était pris par quelque brigand, le registre était perdu. Il n'y a guère eu que les anciens actes déposés à la tour de Londres qui aient subsisté. On n'en retrouva ailleurs que chez les moines, qui suppléèrent souvent par leur industrie à la disette des monuments publics.

Quelle foi peut-on avoir à ces anciens monuments après l'aventure des fausses décrétales qui ont été respectées pendant cinq cents ans, autant et plus que l'Évangile; après tant de faux martyrologes, de fausses légendes, et de faux actes? Notre Europe fut trop longtemps composée d'une multitude de brigands qui pillaient tout, d'un petit nombre de faussaires qui trompèrent ces brigands ignorants, et d'une populace aussi abrutie qu'indigente, courbée vers la terre toute l'année pour nourrir tous ces gens-là.

On tient que Philippe Auguste perdit son chartrier, ses titres; on ne sait pas trop à quelle occasion, ni comment, ni pourquoi il faisait

transporter aux injures de l'air des parchemins qu'il devait soigneusement enfermer sous la clef.

On croit qu'Étienne Boileau, prévôt de Paris du temps de saint
Louis, fut le premier qui tint un journal, et qu'il fut imité par Jean
de Montluc, greffier du parlement de Paris en 1313, et non en 1256,
faute de pure inadvertance dans le grand dictionnaire, au mot *Enregistrement*[1].

Peu à peu les rois s'accoutumèrent à faire enregistrer au parlement
plusieurs de leurs ordonnances, et surtout les lois que le parlement
était obligé de maintenir.

C'est une opinion commune que la première ordonnance enregistrée
est celle de Philippe de Valois sur ses droits de régale, en 1332, au
mois de septembre, laquelle pourtant ne fut enregistrée qu'en 1334.
Aucun édit sur les finances ne fut enregistré en cette cour, ni par ce
roi, ni par ses successeurs, jusqu'à François Ier.

Charles V tint un lit de justice en 1374, pour faire enregistrer la loi
qui fixe la majorité des rois à quatorze ans.

Une observation fort singulière est que l'érection de presque tous les
parlements du royaume ne fut point présentée au parlement de Paris
pour y être enregistrée et vérifiée.

Les traités de paix y furent quelquefois enregistrés : plus souvent on
s'en dispensa. Rien n'a été stable et permanent, rien n'a été uniforme.
L'on n'enregistra point le traité d'Utrecht, qui termina la funeste guerre
de la succession d'Espagne : on enregistra les édits qui établirent et
qui supprimèrent les mouleurs de bois, les essayeurs de beurre, et les
mesureurs de charbon.

Remontrances des parlements. — Toute compagnie, tout citoyen a
droit de porter ses plaintes au souverain, par la loi naturelle qui permet
de crier quand on souffre. Les premières remontrances du parlement
de Paris furent adressées à Louis XI par l'exprès commandement de
ce roi, qui, étant alors mécontent du pape, voulut que le parlement
lui remontrât publiquement les excès de la cour de Rome. Il fut bien
obéi; le parlement était dans son centre; il défendait les lois contre
les rapines. Il montra que la cour romaine avait extorqué en trente
années quatre millions six cent quarante-cinq mille écus de la France.
Ces simonies multipliées, ces vols réels commis sous le nom de piété,
commençaient à faire horreur. Mais la cour romaine ayant enfin apaisé
et séduit Louis XI, il fit taire ceux qu'il avait fait si bien parler. Il n'y
eut aucune remontrance sur les finances, du temps de Louis XI, ni de
Charles VIII, ni de Louis XII; car il ne faut pas qualifier du nom de
remontrances solennelles le refus que fit cette compagnie de prêter à
Charles VIII cinquante mille francs pour sa malheureuse expédition
d'Italie, en 1496. Le roi lui envoya le sire d'Albret, le sire de Rieux,
gouverneur de Paris, le sire de Graville, amiral de France, et le cardinal du Maine, pour la prier de se cotiser pour lui prêter cet argent

1. Par Boucher d'Argis. (Éd.)

Étrange députation ! Les registres portent que le parlement représenta « la nécessité et l'indigence du royaume, et le cas si piteux, *quòd non indiget manu scribentis.* » Garder son argent n'était pas une de ces remontrances publiques au nom de la France.

Il en fit pour la grille d'argent de Saint-Martin que François Ier acheta des chanoines, et dont il devait payer l'intérêt et le principal sur ses domaines. Voilà la première remontrance pour affaire pécuniaire.

La seconde fut pour la vente de vingt charges de nouveaux conseillers au parlement de Paris, et de trente dans les provinces. Ce fut le chancelier cardinal Duprat qui prostitua ainsi la justice. Cette honte a duré et s'est étendue sur toute la magistrature de la France depuis 1515 jusqu'à 1771, l'espace de deux cent cinquante-cinq ans, jusqu'à ce qu'un autre chancelier ait commencé à effacer cette tache.

Depuis ce temps le parlement remontra sur toutes sortes d'objets. Il y était autorisé par l'édit paternel de Louis XII, père du peuple : « Qu'on suive toujours la loi, malgré les ordres contraires à la loi que l'importunité pourrait arracher au monarque. »

Après François Ier, le parlement fut continuellement en querelle avec le ministère, ou du moins en défiance. Les malheureuses guerres de religion augmentèrent son crédit; et plus il fut nécessaire, plus il fut entreprenant. Il se regardait comme le tuteur des rois dès le temps de François II. C'est ce que Charles IX lui reprocha au temps de sa majorité par ces propres mots :

« Je vous ordonne de ne pas agir avec un roi majeur comme vous avez fait pendant sa minorité; ne vous mêlez pas des affaires dont il ne vous appartient pas de connaître; souvenez-vous que votre compagnie n'a été établie par les rois que pour rendre la justice suivant les ordonnances du souverain. Laissez au roi et à son conseil les affaires d'État; défaites-vous de l'erreur de vous regarder comme les tuteurs des rois, comme les défenseurs du royaume, et comme les gardiens de Paris. »

Le malheur des temps l'engagea dans le parti de la Ligue contre Henri III. Il soutint les Guises au point qu'après le meurtre de Henri de Guise et du cardinal son frère, il commença des procédures contre Henri III, et nomma deux conseillers, Pichon et Courtin, pour informer[1].

Après la mort de Henri III, il se déclara contre Henri le Grand. La moitié de ce corps était entraînée par la faction d'Espagne, et l'autre par un faux zèle de religion.

Henri IV eut un autre petit parlement auprès de lui, ainsi que Charles VII. Il rentra comme lui dans Paris par des négociations secrètes plus que par la force, et il réunit les deux parlements, ainsi que Charles VII en avait usé.

Tout le ministère du cardinal de Richelieu fut signalé par des résis-

---

1. L'arrêt ne parle que des meurtriers du duc de Guise et de leurs complices. Il n'était que hardi et non irrégulier. (*Ed. de Kehl.*)

tances fréquentes de cette compagnie ; résistances d'autant plus fermes qu'elles étaient approuvées de la nation.

On connaît assez la guerre de la Fronde, dans laquelle le parlement fut précipité par des factieux. La reine régente le transféra à Pontoise par une déclaration du roi son fils, déjà majeur, datée du 3 juillet 1652. Mais trois présidents seulement et quatorze conseillers obéirent.

Louis XIV, en 1655, après l'amnistie, vint à la grand'chambre, le fouet à la main, défendre les assemblées des chambres. En 1657, il ordonna l'enregistrement de tout édit, et ne permit les remontrances que dans la huitaine après l'enregistrement. Tout fut tranquille sous son règne.

Sous Louis XV. — Le parlement de Paris avait déjà, du temps de la Fronde, établi l'usage de ne plus rendre la justice lorsqu'il se croyait lésé par le gouvernement. C'était un moyen qui semblait devoir forcer le ministère à plier sous ses volontés, sans qu'on eût une rébellion à lui reprocher comme dans la minorité de Louis XIV.

Il employa cette ressource en 1718, dans la minorité de Louis XV. Le duc d'Orléans, régent, l'exila à Pontoise en 1720.

La malheureuse bulle *Unigenitus* le mit quelquefois aux prises avec le cardinal de Fleury.

Il cessa encore ses fonctions en 1751, dans les petits troubles excités par Christophe de Beaumont, archevêque de Paris, au sujet des billets de confession et des refus de sacrements.

Nouvelle cessation de service en 1753. Tout le corps fut exilé dans plusieurs villes de son ressort ; la grand'chambre le fut à Pontoise. Cet exil dura plus de quinze mois, depuis le 10 mai 1753 jusqu'au 27 auguste 1754. Le roi, dans cet espace de temps, fit rendre la justice par des conseillers d'Etat et des maîtres des requêtes. Très-peu de causes furent plaidées devant ce nouveau tribunal. La plupart de ceux qui étaient en procès aimèrent mieux s'accommoder, ou attendre le retour du parlement. Il semblait que la chicane eût été exilée avec ceux qui étaient institués pour la réprimer.

On rappela enfin le parlement à ses fonctions, et il revint aux acclamations de toute la France.

Deux ans après son retour, les esprits étant plus aigris que jamais, le roi vint tenir un lit de justice à Paris, en 1756, le 13 décembre. Il supprima deux chambres du parlement, et fit plusieurs règlements pour mettre dans ce corps une police nouvelle. A peine fut-il sorti, que tous les conseillers donnèrent leur démission, à la réserve des présidents à mortier, et de dix conseillers de grand'chambre.

La cour ne croyait pas alors pouvoir établir un nouveau tribunal à sa place. On fut de tous les côtés très-aigri et très-incertain.

L'attentat inconcevable de Damiens parut réconcilier pendant quelque temps le parlement avec la cour. Ce malheureux, non moins insensé que coupable, accusa sept membres du parlement dans une lettre qu'il osa dicter pour le roi même, et qui lui fut portée. Cette accusation absurde n'empêcha pas le roi de remettre au parlement même le jugement de Damiens, qui fut condamné au supplice de Ravaillac par ce qui restait de la grand'chambre. Plusieurs pairs et des princes du sang opinèrent.

Après l'exécution terrible du criminel, faite le 28 mars 1757, le ministère, engagé dans une guerre ruineuse et funeste, négocia avec ces mêmes officiers du parlement qui avaient donné leur démission; les exilés furent rappelés.

Ce corps, à force d'avoir été humilié par la cour, eut plus d'autorité que jamais.

Il signala cette autorité en abolissant par un arrêt l'ordre des jésuites en France, et en les dépouillant de tous leurs biens (par l'arrêt du 6 auguste 1762). Rien ne le rendit plus cher à la nation. Il fut en cela parfaitement secondé par tous les parlements du royaume, et par toute la France.

Il s'unissait en effet avec ces autres parlements, et prétendait ne faire avec eux qu'un corps, dont il était le principal membre. Tous s'appelaient alors *classes du parlement* : celui de Paris était la première classe; chaque classe faisait des remontrances sur les édits, et ne les enregistrait pas. Il y eut même quelques-uns de ces corps qui poursuivirent juridiquement les commandants de province envoyés à eux de la part du roi pour faire enregistrer. Quelques classes décernèrent des prises de corps contre ces officiers. Si ces décrets avaient été mis à exécution, il en aurait résulté un effet bien étrange. C'est sur les domaines royaux que se prennent les deniers dont on paye les frais de justice; de sorte que le roi aurait payé de ses propres domaines les arrêts rendus par ceux qui lui désobéissaient contre ses officiers principaux, qui avaient exécuté ses ordres.

Le plus singulier de ces arrêts rendus contre les commandants des provinces, et en quelque sorte contre le roi lui-même, fut celui du parlement de Toulouse contre le duc de Fitz-James Berwick, en date du 17 décembre 1763 : « Ordonne que ledit duc de Fitz-James sera pris, saisi et arrêté en quelque endroit du royaume qu'il se trouve; » c'est-à-dire que les huissiers toulousains pouvaient saisir au corps le duc de Fitz-James dans la chambre du roi même, ou à sa chapelle de Versailles. La cour dissimula longtemps cet affront : aussi elle en essuya d'autres.

Cette étonnante anarchie ne pouvait pas subsister; il fallait ou que la couronne reprît son autorité, ou que les parlements prévalussent.

On avait besoin dans des conjonctures si critiques d'un chancelier aussi hardi que L'Hospital, on le trouva. Il fallait changer toute l'administration de la justice dans le royaume, et elle fut changée.

Le roi commença par essayer de ramener le parlement de Paris; il le fit venir à un lit de justice qu'il tint à Versailles, le 7 décembre 1770, avec les princes, les pairs, et les grands officiers de la couronne. Là, il lui défendit de se servir jamais des termes d'*unité*, d'*indivisibilité*, et de *classes*;

D'envoyer aux autres parlements d'autres mémoires que ceux qui sont spécifiés par les ordonnances;

De cesser le service, sinon dans les cas que ces mêmes ordonnances ont prévus;

De donner leur démission en corps;

De rendre jamais d'arrêt qui retarde les enregistrements, le tout sous peine d'être cassés.

Le parlement, sur cet édit solennel, ayant encore cessé le service, le roi leur fit porter des lettres de jussion; ils désobéirent. Nouvelles lettres de jussion, nouvelle désobéissance. Enfin, le monarque, poussé à bout, leur envoya pour dernière tentative, le 20 janvier 1771, à quatre heures du matin, des mousquetaires qui portèrent à chaque membre un papier à signer. Ce papier ne contenait qu'un ordre de déclarer s'ils obéiraient, ou s'ils refuseraient. Plusieurs voulurent interpréter la volonté du roi : les mousquetaires leur dirent qu'ils avaient ordre d'éviter les commentaires, qu'il fallait un oui ou un non.

Quarante membres signèrent ce *oui*, les autres s'en dispensèrent. Les oui étant venus le lendemain au parlement avec leurs camarades, leur demandèrent pardon d'avoir accepté, et signèrent *non*; tous furent exilés.

La justice fut encore administrée par les conseillers d'État et les maîtres des requêtes, comme elle l'avait été en 1753; mais ce ne fut que par provision. On tira bientôt de ce chaos un arrangement utile.

D'abord le roi se rendit aux vœux des peuples qui se plaignaient depuis des siècles de deux griefs, dont l'un était ruineux, l'autre honteux et dispendieux à la fois. Le premier était le ressort trop étendu du parlement de Paris, qui contraignait les citoyens de venir de cent cinquante lieues se consumer devant lui en frais, qui souvent excédaient le capital. Le second était la vénalité des charges de judicature; vénalité qui avait introduit la forte taxation des épices.

Pour réformer ces deux abus, six parlements nouveaux furent institués le 23 février de la même année, sous le titre de *conseils supérieurs*, avec injonction de rendre *gratis* la justice. Ces conseils furent établis dans Arras, Blois, Châlons, Clermont, Lyon, Poitiers (en suivant l'ordre alphabétique). On y en ajouta d'autres depuis.

Il fallait surtout former un nouveau parlement à Paris, lequel serait payé par le roi sans acheter ses places, et sans rien exiger des plaideurs. Cet établissement fut fait le 13 avril 1771. L'opprobre de la vénalité dont François Ier et le chancelier Duprat avaient malheureusement souillé la France, fut lavé par Louis XV et par les soins du chancelier de Meaupou, second du nom. On finit par la réforme de tous les parlements, et on espéra de voir réformer la jurisprudence. On fut trompé : rien ne fut réformé. Louis XVI rétablit avec sagesse les parlements que Louis XV avait cassés avec justice. Le peuple vit leur retour avec des transports de joie.

PASSIONS. — *Leur influence sur le corps, et celle du corps sur elles.* — « Dis-moi, docteur (je n'entends pas un docteur en médecine qui sait quelque chose. qui a longtemps examiné les sinuosités du cervelet, qui a recherché si les nerfs ont un suc circulant; qui a fouillé en vain dans des matrices pour voir comment un être pensant s'y forme, et qui connaît tout ce qu'on peut connaître de notre machine; hélas! j'entends un docteur en théologie), je t'adjure par la raison au nom de laquelle tu frémis: dis-moi pourquoi, ayant vu faire à ta servante un mouvement de gauche à droite, et de droite à gauche, formé par le muscle glutéus et par le vaste externe, sur-le-champ ton imagination s'alluma; deux muscles érecteurs, qui partent de l'ischion, donnèrent un mouvement de perpendicule à ton phallus. Ses corps caverneux se remplirent de sang, tu introduisis ton *balanus intra vaginam* de ta servante; et ton *balanus* frottant *suum clitorida* lui donna comme à toi un plaisir d'une ou deux secondes, dont ni elle ni toi ne connaîtront jamais la cause, et dont naîtra cependant un être pensant, tout pourri du péché originel. Quel rapport, je te prie, de toute cette action avec un mouvement du muscle glutéus de ta gouvernante? Tu auras beau relire Sanchez et Thomas d'Aquin, et Scot et Bonaventure, tu ne sauras jamais un mot de cette mécanique incompréhensible, par laquelle l'éternel architecte dirige tes idées, tes désirs, tes actions, et fait naître un petit bâtard de prêtre, prédestiné à la damnation de toute éternité.

« Le lendemain au matin, après avoir pris ton chocolat, ta mémoire te retrace l'image du plaisir que tu goûtas la veille, et tu recommences. Conçois-tu, mon gros automate, ce que c'est que cette mémoire qui t'est commune avec tous les animaux? Sais-tu quelles fibres rappellent tes idées, et peignent dans ton cerveau les voluptés de la veille par un sentiment continué, qui a dormi avec toi et qui s'est réveillé avec toi? » Le docteur me répond, après Thomas d'Aquin, que tout cela est une production de son âme végétative, de son âme sensitive, et de son âme intellectuelle, qui toutes trois composent une âme, laquelle n'étant point étendue agit évidemment sur un corps étendu.

Je vois à son air embarrassé qu'il a balbutié des mots dont il n'a aucune idée; et je lui dis enfin : « Docteur, si tu conviens malgré toi que tu ne sais ce que c'est qu'une âme, et que tu as parlé toute ta vie sans t'entendre, que ne l'avoues-tu en honnête homme? que ne conclus-tu ce qu'il faut conclure de la prémotion physique du docteur Boursier, et de certains endroits de Malebranche, et surtout de ce sage Locke si supérieur à Malebranche? que ne conclus-tu, dis-je, que ton âme est une faculté que Dieu t'a donnée, sans te dire son secret, ainsi qu'il t'en a donné tant d'autres? Apprends que plusieurs raisonneurs prétendent qu'à proprement parler il n'y a que le pouvoir inconnu du divin Demiourgos et ses lois inconnues qui opèrent tout en nous; et qu'à parler encore mieux, nous ne saurons jamais de quoi il s'agit. »

Mon homme se fâche; le sang lui monte au visage. Il me battrait s'il était le plus fort, et s'il n'était retenu par les bienséances. Son cœur se gonfle; la systole et la diastole se font irrégulièrement; son cervelet est comprimé; il tombe en apoplexie. Quel rapport y avait-il donc entre ce sang, ce cœur, ce cervelet, et une vieille opinion du docteur qui était contraire à la mienne ? Un esprit pur, intellectuel, tombe-t-il en syncope quand on n'est pas de son avis ? J'ai proféré des sons ; il a proféré des sons ; et le voilà en apoplexie, le voilà mort.

Je suis à table, moi et mon âme, en Sorbonne, au *prima mensis*, avec cinq ou six docteurs, *socii sorbonici*. On nous donne d'un mauvais vin frelaté : d'abord nos âmes sont folles ; une demi-heure après nos âmes sont stupides, elles sont nulles ; et le lendemain nos mêmes docteurs donnent un beau décret par lequel l'âme, ne tenant point de place, et étant absolument immatérielle, est logée matériellement dans le corps calleux, pour faire leur cour au chirurgien La Peyronie.

Un convive est à table gaiement. On lui apporte une lettre qui lui inspire l'étonnement, la tristesse, et la crainte. Dans l'instant même les muscles de son ventre se contractent et se relâchent ; le mouvement péristaltique des intestins s'augmente ; le sphincter du rectum s'ouvre avec une petite convulsion ; et mon homme, au lieu d'achever son dîner, fait une copieuse évacuation. Dis-moi donc quelle connexion secrète la nature a mise entre une idée et une selle ?

De tous ceux qu'on a trépanés, il y en a toujours plusieurs qui restent imbéciles. On a donc offensé les fibres pensantes de leur cerveau : et où sont ces fibres pensantes ? O Sanchez ! ô magister De Grillandis, Tamponet, Riballier ! ô Cogé *pecus*, régent de seconde et recteur de l'université, rendez-moi raison nettement de tout cela, si vous pouvez.

Comme j'écrivais ces choses au mont Krapack, pour mon instruction particulière, on m'a apporté le livre de la *Médecine de l'esprit* du docteur Camus[1], professeur en médecine de l'université de Paris. J'ai espéré d'y voir la solution de toutes mes difficultés. Qu'y ai-je trouvé ? rien. Ah ! monsieur Camus, vous n'avez pas fait avec esprit la *Médecine de l'esprit*. C'est lui qui recommande fortement le sang d'ânon, tiré derrière l'oreille, comme un spécifique contre la folie. « Cette vertu du sang d'âne, dit-il, réintègre l'âme dans ses fonctions. » Il prétend aussi qu'on guérit les fous en leur donnant la gale. Il assure de plus que pour avoir de la mémoire il faut manger du chapon, du levraut et des alouettes, et surtout se bien garder des oignons et du beurre. Cela fut imprimé en 1769, avec approbation et privilége du roi. Et on mettait sa santé entre les mains de maître Camus, professeur en médecine ! Pourquoi n'aurait-il pas été premier médecin du roi ?

Pauvres marionnettes de l'éternel Demiourgos, qui ne savons ni pourquoi ni comment une main invisible fait mouvoir nos ressorts, et ensuite nous jette et nous entasse dans la boîte ! Répétons plus que jamais avec Aristote : *Tout est qualité occulte.*

PATRIE. — *Section I.* — Nous nous bornerons ici, selon notre usage, à proposer quelques questions que nous ne pourrons résoudre.

Un Juif a-t-il une patrie ? S'il est né à Coimbre, c'est au milieu d'une

1. Le Camus. (ÉD.)

troupe d'ignorants absurdes qui argumenteront contre lui, et auxquels il ferait des réponses absurdes, s'il osait répondre. Il est surveillé par des inquisiteurs qui le feront brûler s'ils savent qu'il ne mange point de lard, et tout son bien leur appartiendra. Sa patrie est-elle à Coimbre? peut-il aimer tendrement Coimbre? peut-il dire, comme dans les *Horaces* de Pierre Corneille (acte I, sc. I, et acte II, sc. III):

> Albe, mon cher pays et mon premier amour....
> Mourir pour le pays est un si digne sort
> Qu'on briguerait en foule une si belle mort. — Tarare!

Sa patrie est-elle Jérusalem? Il a ouï dire vaguement qu'autrefois ses ancêtres, quels qu'ils fussent, ont habité ce terrain pierreux et stérile, bordé d'un désert abominable, et que les Turcs sont maîtres aujourd'hui de ce petit pays, dont ils ne retirent presque rien. Jérusalem n'est pas sa patrie. Il n'en a point; il n'a pas sur la terre un pied carré qui lui appartienne.

Le Guèbre, plus ancien et cent fois plus respectable que le Juif, esclave des Turcs ou des Persans, ou du Grand-Mogol, peut-il compter pour sa patrie quelques pyrées qu'il élève en secret sur des montagnes?

Le Banian, l'Arménien, qui passent leur vie à courir dans tout l'Orient, et à faire le métier de courtiers, peuvent-ils dire : « Ma chère patrie, ma chère patrie? » Ils n'en ont d'autre que leur bourse et leur livre de compte.

Parmi nos nations d'Europe, tous ces meurtriers qui louent leurs services, et qui vendent leur sang au premier roi qui veut les payer, ont-ils une patrie? Ils en ont bien moins qu'un oiseau de proie qui revient tous les soirs dans le creux du rocher où sa mère fit son nid.

Les moines oseraient-ils dire qu'ils ont une patrie? « Elle est, disent-ils, dans le ciel; » à la bonne heure, mais dans ce monde je ne leur en connais pas.

Ce mot de *patrie* sera-t-il bien convenable dans la bouche d'un Grec, qui ignore s'il y eut jamais un Miltiade, un Agésilas, et qui sait seulement qu'il est l'esclave d'un janissaire, lequel est esclave d'un aga, lequel est esclave d'un bacha, lequel est esclave d'un vizir, lequel est esclave d'un padisha, que nous appelons à Paris le *Grand-Turc*?

Qu'est-ce donc que la patrie? ne serait-ce pas par hasard un bon champ, dont le possesseur, logé commodément dans une maison bien tenue, pourrait dire : « Ce champ que je cultive, cette maison que j'ai bâtie, sont à moi; j'y vis sous la protection des lois, qu'aucun tyran ne peut enfreindre? Quand ceux qui possèdent, comme moi, des champs et des maisons, s'assemblent pour leurs intérêts communs j'ai ma voix dans cette assemblée; je suis une partie du tout, un partie de la communauté, une partie de la souveraineté : voilà m patrie. » Tout ce qui n'est pas cette habitation d'hommes, n'est-il pa quelquefois une écurie de chevaux sous un palefrenier qui leur donne à son gré des coups de fouet? On a une patrie sous un bon roi; on n'en a point sous un méchant.

Section II. — Un jeune garçon pâtissier qui avait été au collége, et qui savait encore quelques phrases de Cicéron, se donnait un jour les airs d'aimer sa patrie. « Qu'entends-tu par ta patrie? lui dit un voisin : est-ce ton four? est-ce le village où tu es né, et que tu n'as jamais revu? est-ce la rue où demeuraient ton père et ta mère, qui se sont ruinés, et qui t'ont réduit à enfourner des petits pâtés pour vivre? est-ce l'hôtel de ville, où tu ne seras jamais clerc d'un quartenier? est-ce l'église de Notre-Dame, où tu n'as pu parvenir à être enfant de chœur, tandis qu'un homme absurde est archevêque et duc avec vingt mille louis d'or de rente? »

Le garçon pâtissier ne sut que répondre. Un penseur, qui écoutait cette conversation, conclut que dans une patrie un peu étendue il y avait souvent plusieurs millions d'hommes qui n'avaient point de patrie.

Toi, voluptueux Parisien, qui n'as jamais fait d'autre grand voyage que celui de Dieppe pour y manger de la marée fraîche; qui ne connais que ta maison vernie de la ville, ta jolie maison de campagne, et ta loge à cet Opéra où le reste de l'Europe s'obstine à s'ennuyer; qui parles assez agréablement ta langue parce que tu n'en sais point d'autre, tu aimes tout cela, et tu aimes encore les filles que tu entretiens, le vin de Champagne qui t'arrive de Reims, tes rentes que l'hôtel de ville te paye tous les six mois, et tu dis que tu aimes ta patrie!

En conscience, un financier aime-t-il cordialement sa patrie?

L'officier et le soldat qui dévasteront leur quartier d'hiver, si on les laisse faire, ont-ils un amour bien tendre pour les paysans qu'ils ruinent?

Où était la patrie du duc de Guise le Balafré? Était-elle à Nancy, à Paris, à Madrid, à Rome?

Quelle patrie aviez-vous, cardinaux de La Balue, Duprat, Lorraine, Mazarin?

Où fut la patrie d'Attila et de cent héros de ce genre, qui en courant toujours n'étaient jamais hors de leur chemin?

Je voudrais bien qu'on me dît quelle était la patrie d'Abraham.

Le premier qui a écrit que la patrie est partout où l'on se trouve bien, est, je crois, Euripide dans son *Phaéton :*

Ὡς πανταχοῦ γε πατρὶς ἡ βόσκουσα γῆ.

Mais le premier homme qui sortit du lieu de sa naissance pour chercher ailleurs son bien-être l'avait dit avant lui.

Section III. — Une patrie est un composé de plusieurs familles; et comme on soutient communément sa famille par amour-propre, lorsqu'on n'a pas un intérêt contraire, on soutient par le même amour-propre sa ville ou son village, qu'on appelle sa patrie.

Plus cette patrie devient grande, moins on l'aime; car l'amour partagé s'affaiblit. Il est impossible d'aimer tendrement une famille trop nombreuse qu'on connaît à peine.

Celui qui brûle de l'ambition d'être édile, tribun, préteur, consul, dictateur, crie qu'il aime sa patrie, et il n'aime que lui-même. Chacun veut être sûr de pouvoir coucher chez soi, sans qu'un autre homme s'arroge le pouvoir de l'envoyer coucher ailleurs; chacun veut être sûr de sa fortune et de sa vie. Tous formant ainsi les mêmes souhaits, il se trouve que l'intérêt particulier devient l'intérêt général : on fait des vœux pour la république, quand on n'en fait que pour soi-même.

Il est impossible qu'il y ait sur la terre un État qui ne se soit gouverné d'abord en république; c'est la marche naturelle de la nature humaine. Quelques familles s'assemblent d'abord contre les ours et contre les loups; celle qui a des grains en fournit en échange à celle qui n'a que du bois.

Quand nous avons découvert l'Amérique, nous avons trouvé toutes les peuplades divisées en républiques; il n'y avait que deux royaumes dans toute cette partie du monde. De mille nations nous n'en trouvâmes que deux subjuguées.

Il en était ainsi de l'ancien monde; tout était république en Europe, avant les roitelets d'Étrurie et de Rome. On voit encore aujourd'hui des républiques en Afrique. Tripoli, Tunis, Alger, vers notre septentrion, sont des républiques de brigands. Les Hottentots, vers le midi, vivent encore comme on dit qu'on vivait dans les premiers âges du monde, libres, égaux entre eux, sans maîtres, sans sujets, sans argent, et presque sans besoins. La chair de leurs moutons les nourrit, leur peau les habille, des huttes de bois et de terre sont leurs retraites : ils sont les plus puants de tous les hommes, mais ils ne le sentent pas; ils vivent et ils meurent plus doucement que nous.

Il reste dans notre Europe huit républiques sans monarques, Venise, la Hollande, la Suisse, Gênes, Lucques, Raguse, Genève, et Saint-Marin [1]. On peut regarder la Pologne, la Suède, l'Angleterre, comme des républiques sous un roi; mais la Pologne est la seule qui en prenne le nom.

Or, maintenant, lequel vaut mieux que votre patrie soit un État monarchique, ou un État républicain? Il y a quatre mille ans qu'on agite cette question. Demandez la solution aux riches, ils aiment tous mieux l'aristocratie; interrogez le peuple, il veut la démocratie : il n'y a que les rois qui préfèrent la royauté [2]. Comment donc est-il possible que presque toute la terre soit gouvernée par des monarques? deman-

---

1. Ceci est écrit en 1764.

2. Il n'y a qu'un esclave qui puisse dire qu'il préfère la royauté à une république bien constituée, où les hommes seraient vraiment libres, et où, jouissant, sous de bonnes lois, de tous les droits qu'ils tiennent de la nature, ils seraient encore à l'abri de toute oppression étrangère; mais cette république n'existe point, et n'a jamais existé. On ne peut choisir qu'entre la monarchie, l'aristocratie et l'anarchie; et, dans ce cas, un homme sage peut très-bien donner la préférence à la monarchie, surtout s'il se défie d'un sentiment naturel, qui le porte à préférer la constitution républicaine, non parce que tous les hommes y sont libres, mais parce qu'il se croit fait pour y devenir un de leurs maîtres. Ajoutons que sur les objets les plus importants pour les hommes, la sûreté, la liberté civile, la propriété, la répartition des impôts, la liberté du commerce et de l'industrie, les lois doivent être les mêmes dans les monarchies ou dans les

dez-le aux rats qui proposèrent de pendre une sonnette au cou du chat. Mais, en vérité, la véritable raison est, comme on l'a dit, que les hommes sont très-rarement dignes de se gouverner eux-mêmes.

Il est triste que souvent, pour être bon patriote, on soit l'ennemi du reste des hommes. L'ancien Caton, ce bon citoyen, disait toujours en opinant au sénat : « Tel est mon avis, et qu'on ruine Carthage. » Être bon patriote, c'est souhaiter que sa ville s'enrichisse par le commerce, et soit puissante par les armes. Il est clair qu'un pays ne peut gagner sans qu'un autre perde, et qu'il ne peut vaincre sans faire des malheureux.

Telle est donc la condition humaine, que souhaiter la grandeur de son pays, c'est souhaiter du mal à ses voisins. Celui qui voudrait que sa patrie ne fût jamais ni plus grande, ni plus petite, ni plus riche, ni plus pauvre, serait le citoyen de l'univers [1].

PAUL. — *Section I.* — *Questions sur Paul.* — Paul était-il citoyen romain, comme il s'en vante? S'il était de Tarsis en Cilicie, Tarsis ne fut colonie romaine que cent ans après lui; tous les antiquaires en sont d'accord. S'il était de la petite ville ou bourgade de Giscale, comme saint Jérôme l'a cru, cette ville était dans la Galilée; et certainement les Galiléens n'étaient pas citoyens romains.

Est-il vrai que Paul n'entra dans la société naissante des chrétiens, qui étaient alors demi-juifs, que parce que Gamaliel, dont il avait été le disciple, lui refusa sa fille en mariage? Il me semble que cette accusation ne se trouve que dans les *Actes des Apôtres* reçus par les ébionites, actes rapportés et réfutés par l'évêque Épiphane, dans son xxxe chapitre.

Est-il vrai que sainte Thècle vint trouver saint Paul déguisée en homme? et les Actes de sainte Thècle sont-ils recevables? Tertullien dans son livre du baptême, chapitre xvii, tient que cette histoire fut écrite par un prêtre attaché à Paul. Jérôme, Cyprien, en réfutant la fable du lion baptisé par sainte Thècle, affirment la vérité de ces Actes. C'est là que se trouve un portrait de saint Paul qui est assez singulier « Il était gros, court, large d'épaules; ses sourcils noirs se joignaient sur son nez aquilin, ses jambes étaient crochues, sa tête chauve, et il était rempli de la grâce du Seigneur. »

C'est à peu près ainsi qu'il est dépeint dans le *Philopatris* de Lu-

républiques; que, sur ces objets, l'intérêt du monarque se confond avec l'intérêt général, au moins autant que celui d'un corps législatif. Les principes qui doivent dicter les lois sur tous ces objets, puisés dans la nature des hommes, fondés sur la raison, sont indépendants des différentes formes de constitution politique. Il est malheureux que le célèbre Montesquieu, non-seulement ait méconnu cette vérité, mais qu'il ait fondé presque tout son ouvrage sur le préjugé contraire, que l'autorité de son nom soutient encore parmi un grand nombre de ses admirateurs. (*Éd. de Kehl.*)

1. Un pays peut augmenter sa richesse réelle, sans diminuer et même en augmentant celle de ses voisins. Il en est de même du bonheur public : celui d'une nation ne se fait point aux dépens du bonheur d'une autre. Il n'en est pas ainsi de la puissance; mais aussi aucune nation n'est intéressée à augmenter la sienne au delà de ce qui est nécessaire à sa sûreté. (*Éd. de Kehl.*)

cien, à la grâce du Seigneur près, dont Lucien n'avait malheureusement aucune connaissance.

Peut-on excuser Paul d'avoir repris Pierre qui judaïsait, quand lui-
même alla judaïser huit jours dans le temple de Jérusalem?

Lorsque Paul fut traduit devant le gouverneur de Judée par les Juifs,
pour avoir introduit des étrangers dans le temple, fit-il bien de dire à
ce gouverneur que c'était « pour la résurrection des morts qu'on lui
faisait son procès, » tandis qu'il ne s'agissait point de la résurrection
des morts [1]?

Paul fit-il bien de circoncire son disciple Timothée, après avoir écrit
aux Galates : « Si vous vous faites circoncire, Jésus ne vous servira de
rien? »

Fit-il bien d'écrire aux Corinthiens, chapitre IX : « N'avons-nous pas
le droit de vivre à vos dépens et de mener avec nous une femme? etc. »
Fit-il bien d'écrire aux Corinthiens dans sa seconde Épître : « Je ne
pardonnerai à aucun de ceux qui ont péché, ni aux autres? » Que pen-
serait-on aujourd'hui d'un homme qui prétendrait vivre à nos dépens
lui et sa femme, nous juger, nous punir, et confondre le coupable et
l'innocent?

Qu'entend-on par le ravissement de Paul au troisième ciel? Qu'est-ce
qu'un troisième ciel?

Quel est enfin le plus vraisemblable (humainement parlant), ou que
Paul se soit fait chrétien pour avoir été renversé de son cheval par une
grande lumière en plein midi, et qu'une voix céleste lui ait crié :
« Saul, Saul, pourquoi me persécutes-tu? » ou bien que Paul ait été
irrité contre les pharisiens, soit pour le refus de Gamaliel de lui donner
sa fille, soit par quelque autre cause?

Dans toute autre histoire le refus de Gamaliel ne semblerait-il pas
plus naturel qu'une voix céleste, si d'ailleurs nous n'étions pas obligés
de croire ce miracle?

Je ne fais aucune de ces questions que pour m'instruire, et j'exige
de quiconque voudra m'instruire, qu'il parle raisonnablement.

Section II. — Les Épîtres de saint Paul sont si sublimes, qu'il est
souvent difficile d'y atteindre.

Plusieurs jeunes bacheliers demandent ce que signifient précisément
ces paroles[2] : « Tout homme qui prie et qui prophétise avec un voile
sur sa tête souille sa tête. »

Que veulent dire celles-ci [3] : « J'ai appris du Seigneur que la nuit
même qu'il fut saisi, il prit du pain? »

Comment peut-il avoir appris cela de Jésus-Christ, auquel il n'avait
jamais parlé, et dont il avait été le plus cruel ennemi sans l'avoir jamais vu? Est-ce par inspiration? est-ce par le récit de ses disciples?
est-ce lorsqu'une lumière céleste le fit tomber de cheval? Il ne nous
en instruit pas.

---

1. *Actes*, chap. XXIV. — 2. 1ʳᵉ *Épître aux Corinthiens*, chap. XI, v. 4.
3. *Ib.*, v. 23.

Et celles-ci encore [1] : « La femme sera sauvée si elle fait des enfants? »

C'est assurément encourager la population; ne paraît pas que Paul ait fondé des couvents de filles.

Il traite d'impies [2], d'imposteurs, de diaboliques, de consciences gangrenées, ceux qui prêchent le célibat et l'abstinence des viandes.

Ceci est bien plus fort. Il semble qu'il proscrive moines, nonnes, jours de jeûne. Expliquez-moi cela, tirez-moi d'embarras.

Que dire sur les passages où il recommande aux évêques de n'avoir qu'une femme [3]? *Unius uxoris virum.*

Cela est positif. Jamais il n'a permis qu'un évêque eût deux femmes, lorsque les grands pontifes juifs pouvaient en avoir plusieurs.

Il dit positivement « que le jugement dernier se fera de son temps, que Jésus descendra dans les nuées comme il est annoncé dans saint Luc [4], que lui Paul montera dans l'air pour aller au-devant de lui avec les habitants de Thessalonique. »

La chose est-elle arrivée? est-ce une allégorie, une figure? croyait-il en effet qu'il ferait ce voyage? croyait-il avoir fait celui du troisième ciel? qu'est-ce que ce troisième ciel? comment ira-t-il dans l'air? y a-t-il été?

« Que le Dieu de notre Seigneur Jésus-Christ [5], le Père de gloire, vous donne l'esprit de sagesse. »

Est-ce là reconnaître Jésus pour le même Dieu que le Père?

« Il a opéré sa puissance sur Jésus en le ressuscitant et le mettant à sa droite. »

Est-ce là constater la divinité de Jésus?

« Vous avez rendu Jésus de peu inférieur aux anges en le couronnant de gloire [6]. »

S'il est inférieur aux anges, est-il Dieu?

« Si par le délit d'un seul plusieurs sont morts [7], la grâce et le don de Dieu ont plus abondé par la grâce d'un seul homme, qui est Jésus-Christ. »

Pourquoi l'appeler toujours homme, et jamais Dieu?

« Si à cause du péché d'un seul homme la mort a régné, l'abondance de grâce régnera bien davantage par un seul homme, qui est Jésus-Christ. »

Toujours homme, jamais Dieu, excepté un seul endroit contesté par Érasme, par Grotius, par Leclerc, etc.

« Nous sommes enfants de Dieu [8], et cohéritiers de Jésus-Christ. »

N'est-ce pas toujours regarder Jésus comme l'un de nous, quoique supérieur à nous par les grâces de Dieu?

« A Dieu seul sage, honneur et gloire par Jésus-Christ. »

Ce mot *Dieu seul* ne semble-t-il pas exclure Jésus de la divinité?

---

1. *I Timothée*, chap. II. — 2. *I Timoth.*, chap. IV.
3. *Timoth.*, chap. III, et *Tite*, chap. I. — 4. *I Thessal.*, chap. IV.
5. *Aux Éphésiens*, chap. I. — 6. *Aux Hébreux*, chap. II.
7 *Aux Romains*, chap. V. — 8. *Ibid.*, chap. VIII. v. 17.

Comment entendre tous ces passages à la lettre sans craindre d'offenser Jésus-Christ? comment les entendre dans un sens plus relevé sans craindre d'offenser Dieu le Père?

Il y en a plusieurs de cette espèce qui ont exercé l'esprit des savants. Les commentateurs se sont combattus; et nous ne prétendons pas porter la lumière où ils ont laissé l'obscurité. Nous nous soumettons toujours de cœur et de bouche à la décision de l'Église.

Nous avons eu aussi quelque peine à bien pénétrer les passages suivants :

« Votre circoncision profite si vous observez la loi juive[1]; mais si vous êtes prévaricateurs de la loi, votre circoncision devient prépuce.

« Or, nous savons que tout ce que la loi dit à ceux qui sont dans la loi, elle le dit afin que toute bouche soit obstruée[2], et que tout le monde soit soumis à Dieu, parce que toute chair ne sera pas justifiée devant lui par les œuvres de la loi, car par la loi vient la connaissance du péché. Car un seul Dieu justifie la circoncision par la foi, et le prépuce par la foi. Détruisons-nous donc la loi par la foi? à Dieu ne plaise !

« Car si Abraham a été justifié par ses œuvres, il en a gloire, mais non chez Dieu[3]. »

Nous osons dire que l'ingénieux et profond dom Calmet lui-même ne nous a pas donné, sur ces endroits un peu obscurs, une lumière qui dissipât toutes nos ténèbres. C'est sans doute notre faute de n'avoir pas entendu les commentateurs, et d'avoir été privés de l'intelligence entière du texte, qui n'est donnée qu'aux âmes privilégiées; mais dès que l'explication viendra de la chaire de vérité, nous entendrons tout parfaitement.

Section III. — Ajoutons ce petit supplément à l'article PAUL. Il vaut mieux s'édifier dans les lettres de cet apôtre, que de dessécher sa piété à calculer le temps où elles furent écrites. Les savants recherchent en vain l'an et jour auxquels saint Paul servit à lapider saint Étienne, et à garder les manteaux des bourreaux.

Ils disputent sur l'année où il fut renversé de cheval par une lumière éclatante en plein midi, et sur l'époque de son ravissement au troisième ciel.

Ils ne conviennent ni de l'année où il fut conduit prisonnier à Rome, ni de celle où il mourut.

On ne connaît la date d'aucune de ses lettres.

On croit que l'Épître aux Hébreux n'est point de lui. On rejette celle aux Laodicéens, quoique cette épître ait été reçue sur les mêmes fondements que les autres.

On ne sait pourquoi il changea son nom de Saul en celui de Paul, ni ce que signifiait ce nom.

Saint Jérôme, dans son commentaire sur l'Épître à Philémon, dit que Paul signifiait l'embouchure d'une flûte.

---

1. Épître aux *Juifs de Rome*, appelés les *Romains*, chap. II.
2 Chap. III. — 3. Chap. IV.

Les lettres de saint Paul à Sénèque, et de Sénèque à Paul, passèrent dans la primitive Église pour aussi authentiques que tous les autres écrits chrétiens. Saint Jérôme l'assure, et cite des passages de ces lettres dans son catalogue. Saint Augustin n'en doute pas dans sa cent cinquante-troisième lettre à Macédonius [1]. Nous avons treize lettres de ces deux grands hommes, Paul et Sénèque, qu'on prétend avoir été liés d'une étroite amitié à la cour de Néron. La septième lettre de Sénèque à Paul est très-curieuse. Il lui dit que les Juifs et les chrétiens sont souvent condamnés au supplice comme incendiaires de Rome. *Christiani et Judæi, tanquàm machinatores incendii, supplicio affici solent.* Il est vraisemblable en effet que les Juifs et les chrétiens, qui se haïssaient avec fureur, s'accusèrent réciproquement d'avoir mis le feu à la ville; et que le mépris et l'horreur qu'on avait pour les Juifs, dont on ne distinguait point les chrétiens, les livrèrent également les uns et les autres à la vengeance publique.

Nous sommes forcés d'avouer que le commerce épistolaire de Sénèque et de Paul est dans un latin ridicule et barbare; que les sujets de ces lettres paraissent aussi impertinents que le style; qu'on les regarde aujourd'hui comme des actes de faussaires. Mais aussi comment ose-t-on contredire le témoignage de saint Jérôme et de saint Augustin? Si ces monuments attestés par eux ne sont que de viles impostures, quelle sûreté aurons-nous pour les autres écrits plus respectables? C'est la grande objection de plusieurs savants personnages. « Si on nous a trompés indignement, disent-ils, sur les lettres de Paul et de Sénèque, sur les Constitutions apostoliques, et sur les Actes de saint Pierre, pourquoi ne nous aura-t-on pas trompés de même sur les Actes des Apôtres? » Le jugement de l'Église et la foi sont les réponses péremptoires à toutes ces recherches de la science, et à tous les raisonnements de l'esprit.

On ne sait pas sur quel fondement Abdias, premier évêque de Babylone, dit, dans son Histoire des apôtres, que saint Paul fit lapider saint Jacques le Mineur par le peuple. Mais avant qu'il se fût converti, il se peut très-facilement qu'il eût persécuté saint Jacques aussi bien que saint Étienne. Il était très-violent; il est dit dans les *Actes des apôtres* [2] qu'il respirait le sang et le carnage. Aussi Abdias a soin d'observer « que l'auteur de la sédition dans laquelle saint Jacques fut si cruellement traité, était ce même Paul que Dieu appela depuis au ministère de l'apostolat [3]. »

Ce livre attribué à l'évêque Abdias n'est point admis dans le canon; cependant Jules Africain, qui l'a traduit en latin, le croit authentique. Dès que l'Église ne l'a pas reçu, il ne faut pas le recevoir. Bornons-nous à bénir la Providence, et à souhaiter que tous les persécuteurs soient changés en apôtres charitables et compatissants.

PÉCHÉ ORIGINEL. Voy. ORIGINEL.

1. Édition des Bénédict., et dans *la Cité de Dieu*, liv. VI.
2. Chap. IX, v. 1.
3. *Apostolica Historia*, lib. VI, p. 595 et 596, *Fabric. codex.*

PÈRES, MÈRES, ENFANTS. — *Leurs devoirs.* — On a beaucoup crié
en France contre l'*Encyclopédie*, parce qu'elle avait été faite en France,
et qu'elle lui faisait honneur; on n'a point crié dans les autres pays;
au contraire, on s'est empressé de la contrefaire ou de la gâter, par la
raison qu'il y avait à gagner quelque argent.

Pour nous qui ne travaillons point pour la gloire comme les ency-
clopédistes de Paris; nous qui ne sommes point exposés comme eux à
l'envie; nous dont la petite société est cachée dans la Hesse, dans le
Wirtemberg, dans la Suisse, chez les Grisons, au mont Krapack, et qui
ne craignons point d'avoir à disputer contre le docteur de la Comédie
italienne ou contre un docteur de Sorbonne; nous qui ne vendons
point nos feuilles à un libraire; nous qui sommes des êtres libres, et
qui ne mettons du noir sur du blanc qu'après avoir examiné, autant
qu'il est en nous, si ce noir pourra être utile au genre humain; nous
enfin qui aimons la vertu, nous exposerons hardiment notre pensée.

Honore ton père et ta mère, si tu veux vivre longtemps.

J'oserais dire : Honore ton père et ta mère, dusses-tu mourir de-
main.

Aime tendrement, sers avec joie la mère qui t'a porté dans son sein
et qui t'a nourri de son lait, et qui a supporté tous les dégoûts de ta
première enfance. Remplis ces mêmes devoirs envers ton père qui t'a
élevé.

Siècles à venir, jugez un Franc nommé Louis XIII, qui à l'âge de
seize ans commença par faire murer la porte de l'appartement de sa
mère, et l'envoya en exil sans en donner la moindre raison, mais seulement parce que son favori le voulait.

« Mais, monsieur, je suis obligé de vous confier que mon père est
un ivrogne, qui me fit un jour par hasard, sans songer à moi, qui ne
m'a donné aucune éducation que celle de me battre tous les jours
quand il revenait ivre au logis. Ma mère était une coquette qui n'était
occupée que de faire l'amour. Sans ma nourrice qui s'était prise d'amitié pour moi, et qui, après la mort de son fils, m'a reçu chez elle par
charité, je serais mort de misère.

— Eh bien, aime ta nourrice, salue ton père et ta mère quand tu
les rencontreras. Il est dit dans la Vulgate[1] : *Honora patrem tuum
et matrem tuam*, et non pas *dilige*.

— Fort bien, monsieur, j'aimerai mon père et ma mère s'ils me
font du bien; je les honorerai s'ils me font du mal : j'ai toujours pensé
ainsi depuis que je pense, et vous me confirmez dans mes maximes.

— Adieu, mon enfant; je vois que tu prospéreras, car tu as un grain
de philosophie dans la tête.

— Encore un mot, monsieur; si mon père s'appelait Abraham, et
moi Isaac, et si mon père me disait : « Mon fils, tu es grand et fort,
« porte ces fagots au haut de cette montagne pour te servir de bûcher
« quand je t'aurai coupé la tête, car c'est Dieu qui me l'a ordonné ce

1. *Exode*, xx, 12; *Deut.*, v, 16; *Matth.*, xv, 4, et xix, 19; *Marc*, vii, 10, et x,
9; *Luc*, xviii, 20; *Eph.*, vi, 2. (**Ed.**)

« matin quand il m'est venu voir; » que me conseilleriez-vous de faire dans cette occasion chatouilleuse ?

— Assez chatouilleuse en effet. Mais toi, que ferais-tu? car tu me parais une assez bonne tête.

— Je vous avoue, monsieur, que je lui demanderais son ordre par écrit, et cela par amitié pour lui. Je lui dirais : « Mon père, vous êtes « chez des étrangers qui ne permettent pas qu'on assassine son fils sans « une permission expresse de Dieu dûment légalisée et contrôlée. Voyez « ce qui est arrivé à ce pauvre Calas dans la ville moitié française, moi- « tié espagnole de Toulouse. On l'a roué; et le procureur général Riquet « a conclu à faire brûler Mme Calas la mère, le tout sur le simple soup- « çon très-mal conçu qu'ils avaient pendu leur fils Marc-Antoine Calas « pour l'amour de Dieu. Je craindrais qu'il ne donnât ses conclusions « contre vous et contre votre sœur ou votre nièce Mme Sara ma mère. « Montrez-moi, encore un coup, une lettre de cachet pour me couper « le cou, signée de la main de Dieu, et plus bas Raphaël, ou Michel, « ou Belzébuth, sans quoi, serviteur; je m'en vais chez Pharaon égyp- « tiaque, ou chez le roi du désert de Gérare, qui ont été tous deux « amoureux de ma mère, et qui certainement auront de la bonté pour « moi. Coupez, si vous voulez, le cou de mon frère Ismaël; mais pour « le mien, je vous réponds que vous n'en viendrez pas à bout. »

— Comment! c'est raisonner en vrai sage. Le Dictionnaire encyclo- pédique ne dirait pas mieux. Tu iras loin, te dis-je; je t'admire de n'avoir pas dit la moindre injure à ton père Abraham, et de n'avoir point été tenté de le battre. Et dis-moi, si tu étais ce Chram que son père Clotaire, roi franc, fit brûler dans une grange; ou don Carlos, fils de ce renard Philippe II; ou bien ce pauvre Alexis, fils de ce czar Pierre, moitié héros et moitié tigre ?

— Ah! monsieur, ne me parlez plus de ces horreurs; vous me fe- riez détester la nature humaine. »

PERSÉCUTION.—Ce n'est pas Dioclétien que j'appellerai persécuteur, car il fut dix-huit ans entiers le protecteur des chrétiens; et si dans les derniers temps de son empire il ne les sauva pas des ressentiments de Galérius, il ne fut en cela qu'un prince séduit et entraîné par la ca- bale au delà de son caractère, comme tant d'autres.

Je donnerai encore moins le nom de persécuteurs aux Trajan, aux Antonin; je croirais prononcer un blasphème.

Quel est le persécuteur? c'est celui dont l'orgueil blessé et le fana- tisme en fureur irritent le prince ou les magistrats contre des hommes innocents, qui n'ont d'autre crime que de n'être pas de son avis. « Im- pudent, tu adores un Dieu, tu prêches la vertu, et tu la pratiques; tu as servi les hommes, et tu les as consolés; tu as établi l'orpheline, tu as secouru le pauvre, tu as changé les déserts où quelques esclaves traînaient une vie misérable en campagnes fertiles peuplées de familles heureuses : mais j'ai découvert que tu me méprises, et que tu n'as ja- mais lu mon livre de controverse; tu sais que je suis un fripon, que j'ai contrefait l'écriture de G***, que j'ai volé des ****; tu pourrais bien le dire, il faut que je te prévienne. J'irai donc chez le confesseur du premier ministre, ou chez le podestat; je leur remontrerai, en penchant le cou et en tordant la bouche, que tu as une opinion erronée sur les cellules où furent renfermés les Septante; que tu parlas même il y a dix ans d'une manière peu respectueuse du chien de Tobie, lequel tu soutenais être un barbet, tandis que je prouvais que c'était un lévrier; je te dénoncerai comme l'ennemi de Dieu et des hommes. » Tel est le langage du persécuteur; et si ces paroles ne sortent pas précisément de sa bouche, elles sont gravées dans son cœur avec le burin du fanatisme trempé dans le fiel de l'envie[1].

C'est ainsi que le jésuite Le Tellier osa persécuter le cardinal de Noailles, et que Jurieu persécuta Bayle.

Lorsqu'on commença à persécuter les protestants en France, ce ne fut ni François Iᵉʳ, ni Henri II, ni François II, qui épièrent ces infortunés, qui s'armèrent contre eux d'une fureur réfléchie, et qui les livrèrent aux flammes pour exercer sur eux leurs vengeances. François Iᵉʳ était trop occupé avec la duchesse d'Étampes, Henri II avec sa vieille Diane, et François II était trop enfant. Par qui la persécution commença-t-elle? Par des prêtres jaloux, qui armèrent les préjugés des magistrats et la politique des ministres.

Si les rois n'avaient pas été trompés, s'ils avaient prévu que la persécution produirait cinquante ans de guerres civiles, et que la moitié de la nation serait exterminée mutuellement l'une par l'autre, ils auraient éteint dans leurs larmes les premiers bûchers qu'ils laissèrent allumer.

Ô Dieu de miséricorde! si quelque homme peut ressembler à cet être malfaisant qu'on nous peint occupé sans cesse à détruire tes ouvrages, n'est-ce pas le persécuteur?

PHILOSOPHE. — *Section I.* — Philosophe, *amateur de la sagesse,* c'est-à-dire *de la vérité.* Tous les philosophes ont eu ce double caractère; il n'en est aucun dans l'antiquité qui n'ait donné des exemples de vertu aux hommes, et des leçons de vérités morales. Ils ont pu se tromper tous sur la physique; mais elle est si peu nécessaire à la conduite de la vie, que les philosophes n'avaient pas besoin d'elle. Il a fallu des siècles pour connaître une partie des lois de la nature. Un jour suffit à un sage pour connaître les devoirs de l'homme.

Le philosophe n'est point enthousiaste, et il ne s'érige point en prophète, il ne se dit point inspiré des dieux; ainsi je ne mettrai au rang des philosophes, ni l'ancien Zoroastre, ni Hermès, ni l'ancien Orphée, ni aucun de ces législateurs dont se vantaient les nations de la Chaldée, de la Perse, de la Syrie, de l'Égypte et de la Grèce. Ceux qui se dirent enfants des dieux étaient les pères de l'imposture; et s'ils se servirent du mensonge pour enseigner des vérités, ils étaient indignes de les enseigner; ils n'étaient pas philosophes : ils étaient tout au plus de très-prudents menteurs.

---

1. Ce paragraphe est relatif à la délation de Biord, évêque d'Anneci, contre l'auteur. (*Note de M* Beuchot.)

Par quelle fatalité, honteuse peut-être pour les peuples occidentaux, faut-il aller au bout de l'Orient pour trouver un sage simple, sans faste, sans imposture, qui enseignait aux hommes à vivre heureux six cents ans avant notre ère vulgaire, dans un temps où tout le Septentrion ignorait l'usage des lettres, et où les Grecs commençaient à peine à se distinguer par la sagesse? Ce sage est Confucius, qui étant législateur ne voulut jamais tromper les hommes. Quelle plus belle règle de conduite a-t-on jamais donnée depuis lui dans la terre entière? « Réglez un État comme vous réglez une famille; on ne peut bien gouverner sa famille qu'en lui donnant l'exemple.

« La vertu doit être commune au laboureur et au monarque.

« Occupe-toi du soin de prévenir les crimes pour diminuer le soin de les punir.

« Sous les bons rois Yao et Xu les Chinois furent bons; sous les mauvais rois Kie et Chu ils furent méchants.

« Fais à autrui comme à toi-même.

« Aime les hommes en général; mais chéris les gens de bien. Oublie les injures, et jamais les bienfaits.

« J'ai vu des hommes incapables de sciences, je n'en ai jamais vu incapables de vertus. »

Avouons qu'il n'est point de législateur qui ait annoncé des vérités plus utiles au genre humain.

Une foule de philosophes grecs enseigna depuis une morale aussi pure. S'ils s'étaient bornés à leurs vains systèmes de physique, on ne prononcerait aujourd'hui leur nom que pour se moquer d'eux. Si on les respecte encore, c'est qu'ils furent justes, et qu'ils apprirent aux hommes à l'être.

On ne peut lire certains endroits de Platon, et surtout l'admirable exorde des lois de Zaleucus, sans éprouver dans son cœur l'amour des actions honnêtes et généreuses. Les Romains ont eu leur Cicéron, qui seul vaut peut-être tous les philosophes de la Grèce. Après lui viennent des hommes encore plus respectables, mais qu'on désespère presque d'imiter : c'est Épictète dans l'esclavage, ce sont les Antonin et les Julien sur le trône.

Quel est le citoyen parmi nous qui se priverait, comme Julien, Antonin et Marc Aurèle, de toutes les délicatesses de notre vie molle et efféminée? qui dormirait comme eux sur la dure? qui voudrait s'imposer leur frugalité? qui marcherait comme eux à pied et tête nue à la tête des armées, exposé tantôt à l'ardeur du soleil, tantôt aux frimas? qui commanderait comme eux à toutes ses passions? Il y a parmi nous des dévots; mais où sont les sages? où sont les âmes inébranlables, justes, et tolérantes?

Il y a eu des philosophes de cabinet en France; et tous, excepté Montaigne, ont été persécutés. C'est, ce me semble, le dernier degré de la malignité de notre nature, de vouloir opprimer ces mêmes philosophes qui la veulent corriger.

Je conçois bien que des fanatiques d'une secte égorgent les enthousiastes d'une autre secte, que les franciscains haïssent les dominicains et qu'un mauvais artiste cabale pour perdre celui qui le surpasse : mais que le sage Charron ait été menacé de perdre la vie, que le savant et généreux Ramus ait été assassiné, que Descartes ait été obligé de fuir en Hollande pour se soustraire à la rage des ignorants, que Gassendi ait été forcé plusieurs fois de se retirer à Digne, loin des calomnies de Paris; c'est là l'opprobre éternel d'une nation.

Un des philosophes les plus persécutés fut l'immortel Bayle, l'honneur de la nature humaine. On me dira que le nom de Jurieu son calomniateur et son persécuteur est devenu exécrable, je l'avoue; celui du jésuite Le Tellier l'est devenu aussi : mais de grands hommes qu'il opprimait en ont-ils moins fini leurs jours dans l'exil et dans la disette?

Un des prétextes dont on se servit pour accabler Bayle, et pour le réduire à la pauvreté, fut son article de *David* dans son utile dictionnaire. On lui reprochait de n'avoir point donné de louanges à des actions qui en elles-mêmes sont injustes, sanguinaires, atroces, ou contraires à la bonne foi, ou qui font rougir la pudeur.

Bayle, à la vérité, ne loua point David pour avoir ramassé, selon les livres hébreux, six cents vagabonds perdus de dettes et de crimes; pour avoir pillé ses compatriotes à la tête de ces bandits; pour être venu dans le dessein d'égorger Nabal et toute sa famille, parce qu'il n'avait pas voulu payer les contributions; pour avoir été vendre ses services au roi Achis, ennemi de sa nation; pour avoir trahi ce roi Achis son bienfaiteur; pour avoir saccagé les villages alliés de ce roi Achis; pour avoir massacré dans ces villages jusqu'aux enfants à la mamelle, de peur qu'il ne se trouvât un jour une personne qui pût faire connaître ses déprédations, comme si un enfant à la mamelle aurait pu révéler son crime; pour avoir fait périr tous les habitants de quelques autres villages sous des scies, sous des herses de fer, sous des cognées de fer, et dans des fours à briques; pour avoir ravi le trône à Isboseth, fils de Saül, par une perfidie; pour avoir dépouillé et fait périr Miphiboseth, petit-fils de Saül et fils de son ami, de son protecteur Jonathas; pour avoir livré aux Gabaonites deux autres enfants de Saül, et cinq de ses petits-enfants, qui moururent à la potence.

Je ne parle pas de la prodigieuse incontinence de David, de ses concubines, de son adultère avec Bethsabée, et du meurtre d'Urie.

Quoi donc! les ennemis de Bayle auraient-ils voulu que Bayle eût fait l'éloge de toutes ces cruautés et de tous ces crimes? Faudrait-il qu'il eut dit : « Princes de la terre, imitez l'homme selon le cœur de Dieu; massacrez sans pitié les alliés de votre bienfaiteur; égorgez ou faites égorger toute la famille de votre roi; couchez avec toutes les femmes en faisant répandre le sang des hommes; et vous serez un modèle de vertu, quand on dira que vous avez fait des psaumes? »

Bayle n'avait-il pas grande raison de dire que si David fut selon le cœur de Dieu, ce fut par sa pénitence, et non par ses forfaits? Bayle ne rendait-il pas service au genre humain, en disant que Dieu, qui a sans doute dicté toute l'histoire juive, n'a pas canonisé tous les crimes rapportés dans cette histoire?

Cependant Bayle fut persécuté; et par qui? par des hommes persécutés ailleurs, par des fugitifs qu'on aurait livrés aux flammes dans leur patrie; et ces fugitifs étaient combattus par d'autres fugitifs appelés jansénistes, chassés de leur pays par les jésuites, qui ont enfin été chassés à leur tour.

Ainsi tous les persécuteurs se sont déclaré une guerre mortelle, tandis que le philosophe, opprimé par eux tous, s'est contenté de les plaindre.

On ne sait pas assez que Fontenelle, en 1713, fut sur le point de perdre ses pensions, sa place, et sa liberté, pour avoir rédigé en France, vingt ans auparavant, le *Traité des oracles* du savant Van Dale, dont il avait retranché avec précaution tout ce qui pouvait alarmer le fanatisme. Un jésuite[1] avait écrit contre Fontenelle, il n'avait pas daigné répondre; et c'en fut assez pour que le jésuite Le Tellier, confesseur de Louis XIV, accusât auprès du roi Fontenelle d'athéisme.

Sans M. d'Argenson, il arrivait que le digne fils d'un faussaire, procureur de Vire, et reconnu faussaire lui-même, proscrivait la vieillesse du neveu de Corneille.

Il est si aisé de séduire son pénitent, que nous devons bénir Dieu que ce Le Tellier n'ait pas fait plus de mal. Il y a deux gîtes dans le monde où l'on ne peut tenir contre la séduction et la calomnie; ce sont le lit et le confessionnal.

Nous avons toujours vu les philosophes persécutés par des fanatiques; mais est-il possible que les gens de lettres s'en mêlent aussi, et qu'eux-mêmes ils aiguisent souvent contre leurs frères les armes dont on les perce tous l'un après l'autre?

Malheureux gens de lettres! est-ce à vous d'être délateurs? Voyez si jamais chez les Romains il y eut des Garasse, des Chaumeix, des Hayer, qui accusassent les Lucrèce, les Posidonius, les Varron, les Pline.

Être hypocrite, quelle bassesse! mais être hypocrite et méchant, quelle horreur! Il n'y eut jamais d'hypocrites dans l'ancienne Rome, qui nous comptait pour une petite partie de ses sujets. Il y avait des fourbes, je l'avoue, mais non des hypocrites de religion, qui sont l'espèce la plus lâche et la plus cruelle de toutes. Pourquoi n'en voit-on point en Angleterre, et d'où vient y en a-t-il encore en France? Philosophes, il vous sera aisé de résoudre ce problème.[*]

Section II. — Ce beau nom a été tantôt honoré, tantôt flétri, comme celui de poëte, de mathématicien, de moine, de prêtre, et de tout ce qui dépend de l'opinion.

Domitien chassa les philosophes; Lucien se moqua d'eux. Mais quels philosophes, quels mathématiciens furent exilés par ce monstre de Domitien? Ce furent des joueurs de gobelets, des tireurs d'horoscopes, des diseurs de bonne aventure, de misérables juifs qui composaient des philtres amoureux et des talismans; des gens de cette espèce qui avaient

1. Baltus. (ÉD.)

un pouvoir spécial sur les esprits malins, qui les évoquaient, qui les faisaient entrer dans le corps des filles avec des paroles ou avec des signes, et qui les en délogeaient par d'autres signes et d'autres paroles.

Quels étaient les philosophes que Lucien livrait à la risée publique? c'était la lie du genre humain. C'étaient des gueux incapables d'une profession utile, des gens ressemblants parfaitement au *Pauvre diable*, dont on nous a fait une description aussi vraie que comique; qui ne savent s'ils porteront la livrée ou s'ils feront l'*Almanach de l'année merveilleuse*[1], s'ils travailleront à un journal ou aux grands chemins, s'ils se feront soldats ou prêtres; et qui, en attendant, vont dans les cafés dire leur avis sur la pièce nouvelle, sur Dieu, sur l'être en général, et sur les modes de l'être; puis vous empruntent de l'argent, et vont faire un libelle contre vous avec l'avocat Marchand[2], ou le nommé Chaudon, ou le nommé Bonneval.

Ce n'est pas d'une pareille école que sortirent les Cicéron, les Atticus, les Épictète, Trajan, Adrien, Antonin Pie, Marc-Aurèle, Julien.

Ce n'est pas là que s'est formé ce roi de Prusse qui a composé autant de livres philosophiques qu'il a gagné de batailles, et qui a terrassé autant de préjugés que d'ennemis.

Une impératrice victorieuse, qui fait trembler les Ottomans, et qui gouverne avec tant de gloire un empire plus vaste que l'empire romain, n'a été une grande législatrice que parce qu'elle a été philosophe. Tous les princes du Nord le sont, et le Nord fait honte au Midi. Si les confédérés de Pologne avaient un peu de philosophie, ils ne mettraient pas leur patrie, leurs terres, leurs maisons au pillage; ils n'ensanglanteraient pas leur pays, ils ne se rendraient pas les plus malheureux des hommes; ils écouteraient la voix de leur roi philosophe, qui leur a donné de si vains exemples et de si vaines leçons de modération et de prudence.

Le grand Julien était philosophe quand il écrivait à ses ministres et à ses pontifes ces belles lettres, remplies de clémence et de sagesse, que tous les véritables gens de bien admirent encore aujourd'hui en condamnant ses erreurs.

Constantin n'était pas philosophe quand il assassinait ses proches, son fils et sa femme, et que, dégouttant du sang de sa famille, il jurait que Dieu lui avait envoyé le *Labarum* dans les nues.

C'est un terrible saut d'aller de Constantin à Charles IX et à Henri III, rois d'une des cinquante grandes provinces de l'empire romain. Mais si ces rois avaient été philosophes, l'un n'aurait pas été coupable de la Saint-Barthélemi; l'autre n'aurait pas fait des processions scandaleuses avec ses gitons, ne se serait pas réduit à la nécessité d'assassiner le duc de Guise et le cardinal son frère, et n'aurait pas été assassiné lui-même par un jeune jacobin, pour l'amour de Dieu et de la sainte Église.

---

1. Opuscule d'un abbé d'Étrée, du village d'Étrée.
2. L'avocat Marchand, auteur du *Testament politique d'un académicien*, libelle odieux.

Si Louis le Juste, treizième du nom, avait été philosophe, il n'aurait pas laissé traîner à l'échafaud le vertueux de Thou et l'innocent maréchal de Marillac; il n'aurait pas laissé mourir de faim sa mère à Cologne; son règne n'aurait pas été une suite continuelle de discordes et de calamités intestines.

Comparez à tant de princes ignorants, superstitieux, cruels, gouvernés par leurs propres passions ou par celles de leurs ministres, un homme tel que Montaigne ou Charron, ou le chancelier de L'Hospital, ou l'historien de Thou, ou La Mothe-Le-Vayer, un Locke, un Shaftesbury, un Sydney, un Herbert; et voyez si vous aimeriez mieux être gouvernés par ces rois ou par ces sages.

Quand je parle des philosophes, ce n'est pas des polissons qui veulent être les singes de Diogène, mais de ceux qui imitent Platon et Cicéron.

Voluptueux courtisans, et vous petits hommes revêtus d'un petit emploi qui vous donne une petite autorité dans un petit pays, vous criez contre la philosophie : allez, vous êtes des *Nomentanus* qui vous déchaînez contre Horace, et des Cotins qui voulez qu'on méprise Boileau.

Section III. — L'empesé luthérien, le sauvage calviniste, l'orgueilleux anglican, le fanatique janséniste, le jésuite qui croit toujours régenter, même dans l'exil et sous la potence, le sorboniste qui pense être Père d'un concile, et quelques sottes que tous ces gens-là dirigent, se déchaînent tous contre le philosophe. Ce sont des chiens de différente espèce qui hurlent tous à leur manière contre un beau cheval qui paît dans une verte prairie, et qui ne leur dispute aucune des charognes dont ils se nourrissent, et pour lesquelles ils se battent entre eux.

Ils font tous les jours imprimer des fatras de théologie philosophique, des dictionnaires philosopho-théologiques; et leurs vieux arguments traînés dans les rues, ils les appellent *démonstrations*; et leurs sottises rebattues, ils les nomment *lemmes* et *corollaires*, comme les faux-monnayeurs appliquent une feuille d'argent sur un écu de plomb.

Ils se sentent méprisés par tous les hommes qui pensent, et se voient réduits à tromper quelques vieilles imbéciles. Cet état est plus humiliant que d'avoir été chassés de France, d'Espagne et de Naples. On digère tout, hors le mépris. On dit que quand le diable fut vaincu par Raphaël (comme il est prouvé), cet esprit-corps si superbe se consola très-aisément, parce qu'il savait que les armes sont journalières; mais quand il sut que Raphaël se moquait de lui, il jura de ne lui pardonner jamais. Ainsi les jésuites ne pardonnèrent jamais à Pascal; ainsi Jurieu calomnia Bayle jusqu'au tombeau; ainsi tous les tartufes se déchaînèrent contre Molière jusqu'à sa mort.

Dans leur rage ils prodiguent les impostures, comme dans leur ineptie ils débitent leurs arguments.

Un des plus roides calomniateurs, comme un des plus pauvres argumentants que nous ayons, est un ex-jésuite nommé Paulian, qui a fait imprimer de la théologo-philosopho-rapsodie en la ville d'Avignon jadis papale, et peut-être un jour papale[1]. Cet homme accuse les auteurs de l'*Encyclopédie* d'avoir dit :

« Que l'homme n'étant par sa naissance sensible qu'aux plaisirs des sens, ces plaisirs par conséquent sont l'unique objet de ses désirs;

« Qu'il n'y a en soi ni vice ni vertu, ni bien ni mal moral, ni juste ni injuste;

« Que les plaisirs des sens produisent toutes les vertus;

« Que pour être heureux il faut étouffer les remords, etc. »

En quels endroits de l'*Encyclopédie*, dont on a commencé cinq éditions nouvelles, a-t-il donc vu ces horribles turpitudes? Il fallait citer. As-tu porté l'insolence de ton orgueil et la démence de ton caractère jusqu'à penser qu'on t'en croirait sur ta parole? Ces sottises peuvent se trouver chez les casuistes, ou dans *le Portier des Chartreux;* mais certes elles ne se trouvent pas dans les articles de l'*Encyclopédie* faits par M. Diderot, par M. d'Alembert, par M. le chevalier de Jaucourt, par M. de Voltaire. Tu ne les as vues ni dans les articles de M. le comte de Tressan, ni dans ceux de MM. Blondel, Boucher-d'Argis, Marmontel, Venelle, Tronchin, d'Aubenton, d'Argenville, et de tant d'autres qui se sont dévoués généreusement à enrichir le *Dictionnaire encyclopédique*, et qui ont rendu un service éternel à l'Europe. Nul d'eux n'est assurément coupable des horreurs dont tu les accuses. Il n'y avait que toi et le vinaigrier Abraham Chaumeix le convulsionnaire crucifié qui fussent capables d'une si infâme calomnie.

Tu mêles l'erreur et la vérité, parce que tu ne sais les distinguer; tu veux faire regarder comme impie cette maxime adoptée par tous les publicistes, *que tout homme est libre de se choisir une patrie.*

Quoi! vil prédicateur de l'esclavage, il n'était pas permis à la reine Christine de voyager en France, et de vivre à Rome? Casimir et Stanislas ne pouvaient finir leurs jours parmi nous? il fallait qu'ils mourussent en Pologne, parce qu'ils étaient Polonais? Goldoni, Vanloo, Cassini, ont offensé Dieu en s'établissant à Paris? tous les Irlandais qui ont fait quelque fortune en France ont commis en cela un péché mortel?

Et tu as la bêtise d'imprimer une telle extravagance, et Riballier celle de t'approuver! et tu mets dans la même classe Bayle, Montesquieu, et le fou de La Métrie! et tu as senti que notre nation est assez douce, assez indulgente pour ne t'abandonner qu'au mépris.

Quoi! tu oses calomnier ta patrie (si un jésuite en a une)! tu oses dire « qu'on n'entend en France que des philosophes attribuer au hasard l'union et la désunion des atomes qui composent l'âme de l'homme! » *Mentiris impudentissime;* je te défie de produire un seul livre fait depuis trente ans où l'on attribue quelque chose au hasard, qui n'est qu'un mot vide de sens.

Tu oses accuser le sage Locke d'avoir dit « qu'il se peut que l'âme

---

1. Cet article a été imprimé dans le temps où le roi de France était en possession de la ville d'Avignon. Voy. AVIGNON. (*Ed. de Kehl.*)

soit un esprit, mais qu'il n'est pas sûr qu'elle le soit, et que nous ne pouvons pas décider ce qu'elle peut et ne peut pas acquérir ! »

Mentiris impudentissime. Locke, le respectable Locke dit expressément dans sa réponse au chicaneur Stillingfleet : « Je suis fortement persuadé qu'encore qu'on ne puisse pas montrer (par la seule raison) que l'âme est immatérielle, cela ne diminue nullement l'évidence de son immortalité, parce que la fidélité de Dieu est une démonstration de la vérité de tout ce qu'il a révélé[1], et le manque d'une autre démonstration ne rend pas douteux ce qui est déjà démontré. »

Voyez d'ailleurs, à l'article AME, comme Locke s'exprime sur les bornes de nos connaissances, et sur l'immensité du pouvoir de l'Être suprême.

Le grand philosophe lord Bolingbroke déclare que l'opinion contraire à celle de Locke est un blasphème.

Tous les Pères des trois premiers siècles de l'Église regardaient l'âme comme une matière légère, et ne la croyaient pas moins immortelle. Et nous avons aujourd'hui des cuistres de collége qui appellent *athées* ceux qui pensent avec les Pères de l'Église que Dieu peut donner, conserver l'immortalité à l'âme, de quelque substance qu'elle puisse être !

Tu pousses ton audace jusqu'à trouver de l'athéisme dans ces paroles : « Qui fait le mouvement dans la nature ? c'est Dieu. Qui fait végéter toutes les plantes ? c'est Dieu. Qui fait le mouvement dans les animaux ? c'est Dieu. Qui fait la pensée dans l'homme ? c'est Dieu. »

On ne peut pas dire ici : *Mentiris impudentissime*, tu mens impudemment ; mais on doit dire : « Tu blasphèmes la vérité impudemment. »

Finissons par remarquer que le héros de l'ex-jésuite Paulian est l'ex-jésuite Patouillet, auteur d'un mandement d'évêque dans lequel tous les parlements du royaume sont insultés. Ce mandement fut brûlé par la main du bourreau. Il ne restait plus à cet ex-jésuite Paulian qu'à traiter l'ex-jésuite Nonotte de Père de l'Église, et à canoniser le jésuite Malagrida, le jésuite Guignard, le jésuite Garnet, le jésuite Oldcorn, et tous les jésuites à qui Dieu a fait la grâce d'être pendus ou écartelés : c'étaient tous de grands métaphysiciens, de grands philosopho-théologiens.

Section IV. — Les gens non pensants demandent souvent aux gens pensants à quoi a servi la philosophie. Les gens pensants leur répondront : A détruire en Angleterre la rage religieuse qui fit périr le roi Charles Ier sur un échafaud ; à mettre en Suède un archevêque dans l'impuissance de faire couler le sang de la noblesse, une bulle du pape à la main ; à maintenir dans l'Allemagne la paix de la religion, en rendant toutes les disputes théologiques ridicules ; à éteindre enfin dans l'Espagne les abominables bûchers de l'inquisition.

Welches, malheureux Welches, elle empêche que des temps orageux ne produisent une seconde Fronde et un second Damiens.

---

1. Traduction de Coste.

Prêtres de Rome, elle vous force à supprimer votre bulle *In cœna Domini*, ce monument d'impudence et de folie.

Peuples, elle adoucit vos mœurs. Rois, elle vous instruit.

Section V. — Le philosophe est l'amateur de la sagesse et de la vérité : être sage, c'est éviter les fous et les méchants. Le philosophe ne doit donc vivre qu'avec des philosophes.

Je suppose qu'il y ait quelques sages parmi les Juifs : si l'un de ces sages mange avec quelques rabbins, s'il se fait servir un plat d'anguilles ou de lièvre, s'il ne peut s'empêcher de rire de quelques discours superstitieux de ses convives, le voilà perdu dans la synagogue; il en faut dire autant d'un musulman, d'un guèbre, d'un banian.

Je sais qu'on prétend que le sage ne doit jamais laisser entrevoir aux profanes ses opinions, qu'il doit être fou avec les fous, imbécile avec les imbéciles; mais on n'a pas encore osé dire qu'il doit être fripon avec les fripons. Or, si on exige que le sage soit toujours de l'avis de ceux qui trompent les hommes, n'est-ce pas demander évidemment que le sage ne soit pas un homme de bien? exigera-t-on d'un médecin qu'il soit toujours de l'avis des charlatans?

Le sage est un médecin des âmes; il doit donner ses remèdes à ceux qui lui en demandent, et fuir la société des charlatans qui le persécuteront infailliblement. Si donc un fou de l'Asie-Mineure, ou un fou de l'Inde, dit au sage : « Mon ami, tu as bien la mine de ne pas croire à la jument Borac, ou aux métamorphoses de Vistnou, je te dénoncerai, je t'empêcherai d'être bostangi, je te décrierai, je te persécuterai; » le sage doit le plaindre et se taire.

Si des ignorants, nés avec un bon esprit et voulant sincèrement s'instruire, interrogent le sage, et lui disent : « Dois-je croire qu'il y a cinq cents lieues de la lune à Vénus, autant de Mercure à Vénus et de Mercure au soleil, comme l'assurent tous les premiers Pères musulmans, malgré tous les astronomes? » le sage doit leur répondre que les Pères peuvent se tromper. Le sage doit en tout temps les avertir que cent dogmes ne valent pas une bonne action, et qu'il vaut mieux secourir un infortuné que de connaître à fond l'abolissant et l'aboli.

Quand un manant voit un serpent prêt à l'assaillir, il doit le tuer : quand un sage voit un superstitieux et un fanatique, que fera-t-il? il les empêchera de mordre.

PHILOSOPHIE. — *Section I.* — Ecrivez *filosofie* ou *philosophie*, comme il vous plaira; mais convenez que dès qu'elle paraît elle est persécutée. Les chiens à qui vous présentez un aliment pour lequel ils n'ont pas de goût vous mordent.

Vous direz que je répète; mais il faut remettre cent fois devant les yeux du genre humain que la sacrée congrégation condamna Galilée, et que les cuistres qui déclarèrent excommuniés tous les bons citoyens qui se soumettraient au grand Henri IV, furent les mêmes qui condamnèrent les seules vérités qu'on pouvait trouver dans les ouvrages de Descartes.

Tous les barbets de la fange théologique, aboyant les uns contre les autres, aboyèrent tous contre de Thou, contre La Mothe-Le-Vayer, contre Bayle. Que de sottises ont été écrites par de petits écoliers welches contre le sage Locke !

Ces Welches disent que César, Cicéron, Sénèque, Pline, Marc-Aurèle, pouvaient être philosophes, mais que cela n'est pas permis chez les Welches. On leur répond que cela est très-permis et très-utile chez les Français; que rien n'a fait plus de bien aux Anglais, et qu'il est temps d'exterminer la barbarie.

Vous me répliquez qu'on n'en viendra pas à bout. Non, chez le peuple et chez les imbéciles; mais chez tous les honnêtes gens votre affaire est faite.

Section II. — Un des grands malheurs, comme un des grands ridicules du genre humain, c'est que dans tous les pays qu'on appelle policés, excepté peut-être à la Chine, les prêtres se chargèrent de ce qui n'appartenait qu'aux philosophes. Ces prêtres se mêlèrent de régler l'année : c'était, disaient-ils, leurs droits; car il était nécessaire que les peuples connussent leurs jours de fêtes. Ainsi les prêtres chaldéens, égyptiens, grecs, romains, se crurent mathématiciens et astronomes : mais quelle mathématique et quelle astronomie ! Ils étaient trop occupés de leurs sacrifices, de leurs oracles, de leurs divinations, de leurs augures, pour étudier sérieusement. Quiconque s'est fait un métier de la charlatanerie ne peut avoir l'esprit juste et éclairé. Ils furent astrologues, et jamais astronomes [1].

Les prêtres grecs eux-mêmes ne firent d'abord l'année que de trois cent soixante jours. Il fallut que les géomètres leur apprissent qu'ils s'étaient trompés de cinq jours et plus. Ils réformèrent donc leur année. D'autres géomètres leur montrèrent encore qu'ils s'étaient trompés de six heures. Iphitus les obligea de changer leur almanach grec. Ils ajoutèrent un jour de quatre ans en quatre ans à leur année fautive; et Iphitus célébra ce changement par l'institution des olympiades.

On fut enfin obligé de recourir au philosophe Méthon, qui, en combinant l'année de la lune avec celle du soleil, composa son cycle de dix-neuf années, au bout desquelles le soleil et la lune revenaient au même point à une heure et demie près. Ce cycle fut gravé en or dans la place publique d'Athènes; et c'est ce fameux *nombre d'or* dont on se sert encore aujourd'hui avec les corrections nécessaires.

On sait assez quelle confusion ridicule les prêtres romains avaient introduite dans le comput de l'année.

Leurs bévues avaient été si grandes que leurs fêtes de l'été arrivaient en hiver. César, l'universel César, fut obligé de faire venir d'Alexandrie le philosophe Sosigène pour réparer les énormes fautes des pontifes.

Lorsqu'il fut encore nécessaire de réformer le calendrier de Jules-César, sous le pontificat de Grégoire XIII, à qui s'adressa-t-on? fut-ce à quelque inquisiteur? Ce fut à un philosophe, à un médecin nommé Lilio.

1. Voy. ASTROLOGIE.

Que l'on donne le livre de la *Connaissance des temps* à faire au professeur Cogé, recteur de l'université, il ne saura pas seulement de quoi il est question. Il faudra bien en revenir à M. de Lalande de l'académie des sciences, chargé de ce très-pénible travail trop mal récompensé.

Le rhéteur Cogé a donc fait une étrange bévue, quand il a proposé pour les prix de l'université ce sujet si singulièrement énoncé : *Non magis Deo quam regibus infensa est ista quæ vocatur hodie philosophia.* « Cette, qu'on nomme aujourd'hui philosophie, n'est pas plus ennemie des dieux que des rois. » Il voulait dire *moins* ennemie. Il a pris *magis* pour *minus*. Et le pauvre homme devait savoir que nos académies ne sont ennemies du roi ni de Dieu [1].

Section III. — Si la philosophie a fait tant d'honneur à la France dans l'*Encyclopédie*, il faut avouer aussi que l'ignorance et l'envie, qui ont osé condamner cet ouvrage, auraient couvert la France d'opprobre, si douze ou quinze convulsionnaires, qui formèrent une cabale, pouvaient être regardés comme les organes de la France, eux qui n'étaient en effet que les ministres du fanatisme et de la sédition, eux qui ont forcé le roi à casser le corps qu'ils avaient séduit. Leurs manœuvres ne furent pas si violentes que du temps de la Fronde, mais ne furent pas moins ridicules. Leur fanatique crédulité pour les convulsions et pour les misérables prestiges de Saint-Médard était si forte, qu'ils obligèrent un magistrat, d'ailleurs sage et respectable, de dire en plein parlement « que les miracles de l'Église catholique subsistaient toujours. » On ne peut entendre par ces miracles que ceux des convulsions. Assurément il ne s'en fait pas d'autres, à moins qu'on ne croie aux petits enfants ressuscités par saint Ovide. Le temps des miracles est passé; l'Église triomphante n'en a plus besoin. De bonne foi, y avait-il un seul des persécuteurs de l'*Encyclopédie* qui entendît un mot des articles d'astronomie, de dynamique, de géométrie, de métaphysique, de botanique, de médecine, d'anatomie, dont ce livre, devenu si nécessaire, est chargé à chaque tome [2]? Quelle foule d'imputations absurdes et de calomnies grossières n'accumula-t-on pas contre ce trésor de toutes les sciences! Il suffirait de les réimprimer à la suite de l'*Encyclopédie* pour éterniser leur honte. Voilà ce que c'est que d'avoir voulu juger un ouvrage qu'on n'était pas même en état d'étudier. Les lâches! ils ont crié que la philosophie ruinait la catholicité. Quoi donc! sur vingt millions d'hommes s'en est-il trouvé un seul qui ait

---

1. Voy. le *Discours de M. l'avocat Belleguier* sur ce sujet; il est assez curieux.

2. On sait bien que tout n'est pas égal dans cet ouvrage immense, et qu'il n'est pas possible que tout le soit. Les articles des Cahusac et d'autres semblables intrus ne peuvent égaler ceux des Diderot, des d'Alembert, des Jaucourt, des Boucher-d'Argis, des Venelle, des Dumarsais, et de tant d'autres vrais philosophes : mais à tout prendre, l'ouvrage est un service éternel rendu au genre humain; la preuve en est qu'on le réimprime partout. On ne fait pas le même honneur à ses détracteurs. Ont-ils existé? on ne le sait que par la mention que nous faisons d'eux.

vexé le moindre habitué de paroisse? un seul a-t-il jamais manqué de respect dans les églises? un seul a-t-il proféré publiquement contre nos cérémonies une seule parole qui approchât de la virulence avec laquelle on s'exprimait alors contre l'autorité royale?

Répétons que jamais la philosophie n'a fait de mal à l'État, et que le fanatisme, joint à l'esprit de corps, lui en a fait beaucoup dans tous les temps.

Section IV. — Précis de la philosophie ancienne. — J'ai consumé environ quarante années de mon pèlerinage dans deux ou trois coins de ce monde à chercher cette pierre philosophale qu'on nomme la *vérité.* J'ai consulté tous les adeptes de l'antiquité, Épicure et Augustin, Platon et Malebranche, et je suis demeuré dans ma pauvreté. Peut-être dans tous ces creusets des philosophes y a-t-il une ou deux onces d'or; mais tout le reste est tête-morte, fange insipide, dont rien ne peut naître.

Il me semble que les Grecs nos maîtres écrivaient bien plus pour montrer leur esprit qu'ils ne se servaient de leur esprit pour s'instruire. Je ne vois pas un seul auteur de l'antiquité qui ait un système suivi, méthodique, clair, marchant de conséquence en conséquence.

Quand j'ai voulu rapprocher et combiner les systèmes de Platon, du précepteur d'Alexandre, de Pythagore, et des Orientaux, voici à peu près ce que j'en ai pu tirer.

Le hasard est un mot vide de sens; rien ne peut exister sans cause. Le monde est arrangé suivant des lois mathématiques; donc il est arrangé par une intelligence.

Ce n'est pas un être intelligent tel que je le suis qui a présidé à la formation de ce monde, car je ne puis former un ciron; donc ce monde est l'ouvrage d'une intelligence prodigieusement supérieure.

Cet être, qui possède l'intelligence et la puissance dans un si haut degré, existe-t-il nécessairement? Il le faut bien; car il faut, ou qu'il ait reçu l'être par un autre, ou qu'il soit par sa propre nature. S'il a reçu l'être par un autre, ce qui est très-difficile à concevoir, il faut donc que je recoure à cet autre, et cet autre sera le premier moteur. De quelque côté que je me tourne, il faut donc que j'admette un premier moteur puissant et intelligent, qui est tel nécessairement par sa propre nature.

Ce premier moteur a-t-il produit les choses de rien? cela ne se conçoit pas; créer de rien, c'est changer le néant en quelque chose. Je ne dois point admettre une telle production, à moins que je ne trouve des raisons invincibles qui me forcent d'admettre ce que mon esprit ne peut jamais comprendre.

Tout ce qui existe paraît exister nécessairement, puisqu'il existe. Car s'il y a aujourd'hui une raison de l'existence des choses, il y en a eu une hier, il y en a eu une dans tous les temps; et cette cause doit toujours avoir eu son effet, sans quoi elle aurait été pendant l'éternité une cause inutile.

Mais comment les choses auront-elles toujours existé étant visiblement sous la main du premier moteur? Il faut donc que cette puissance ait toujours agi; de même, à peu près, qu'il n'y a point de soleil sans lumière, de même qu'il n'y a point de mouvement sans un être qui passe d'un point de l'espace dans un autre point.

Il y a donc un être puissant et intelligent qui a toujours agi; et si cet être n'avait point agi, à quoi lui aurait servi son existence?

Toutes les choses sont donc des émanations éternelles de ce premier moteur.

Mais comment imaginer que de la pierre et de la fange soient des émanations de l'Être éternel, intelligent et puissant?

Il faut de deux choses l'une, ou que la matière de cette pierre et cette fange existent nécessairement par elles-mêmes, ou qu'elles existent nécessairement par ce premier moteur; il n'y a pas de milieu.

Ainsi donc il n'y a que deux partis à prendre, ou d'admettre la matière éternelle par elle-même, ou la matière sortant éternellement de l'Être puissant, intelligent, éternel.

Mais, ou subsistante par sa propre nature, ou émanée de l'Être producteur, elle existe de toute éternité, puisqu'elle existe, et qu'il n'y a aucune raison pour laquelle elle n'aurait pas existé auparavant.

Si la matière est éternellement nécessaire, il est donc impossible, il est donc contradictoire qu'elle ne soit pas : mais quel homme peut assurer qu'il est impossible, qu'il est contradictoire que ce caillou et cette mouche n'aient pas l'existence? On est pourtant forcé de dévorer cette difficulté qui étonne plus l'imagination qu'elle ne contredit les principes du raisonnement.

En effet, dès que vous avez conçu que tout est émané de l'Être suprême et intelligent, que rien n'en est émané sans raison, que cet Être existant toujours a dû toujours agir, que par conséquent toutes les choses ont dû éternellement sortir du sein de son existence, vous ne devez pas être plus rebuté de croire la matière dont sont formés ce caillou et cette mouche une production éternelle, que vous n'êtes rebuté de concevoir la lumière comme une émanation éternelle de l'Être tout-puissant.

Puisque je suis un être étendu et pensant, mon étendue et ma pensée sont donc des productions nécessaires de cet Être. Il m'est évident que je ne puis me donner ni l'étendue ni la pensée : j'ai donc reçu l'une et l'autre de cet Être nécessaire.

Peut-il m'avoir donné ce qu'il n'a pas? J'ai l'intelligence, et je suis dans l'espace; donc il est intelligent, et il est dans l'espace.

Dire que cet Être éternel, ce Dieu tout-puissant, a de tout temps rempli nécessairement l'univers de ses productions, ce n'est pas lui ôter sa liberté; au contraire, car la liberté n'est que le pouvoir d'agir. Dieu a toujours pleinement agi; donc Dieu a toujours usé de la plénitude de sa liberté.

La liberté qu'on nomme d'*indifférence* est un mot sans idée, une absurdité; car ce serait se déterminer sans raison, ce serait un effet sans cause. Donc Dieu ne peut avoir cette liberté prétendue qui est une contradiction dans les termes. Il a donc toujours agi par cette même nécessité qui fait son existence.

Il est donc impossible que le monde soit sans Dieu, il est impossible que Dieu soit sans le monde.

Ce monde est rempli d'êtres qui se succèdent; donc Dieu a toujours produit des êtres qui se sont succédé.

Ces assertions préliminaires sont la base de l'ancienne philosophie orientale et de celle des Grecs. Il faut excepter Démocrite et Épicure, dont la philosophie corpusculaire a combattu ces dogmes. Mais remarquons que les épicuriens se fondaient sur une physique entièrement erronée, et que le système métaphysique de tous les autres philosophes subsiste avec tous les systèmes physiques. Toute la nature, excepté le vide, contredit Épicure; et aucun phénomène ne contredit la philosophie que je viens d'expliquer. Or une philosophie qui est d'accord avec tout ce qui se passe dans la nature, et qui contente les esprits les plus attentifs, n'est-elle pas supérieure à tout autre système non révélé?

Après les assertions des anciens philosophes, que j'ai rapprochées autant qu'il m'a été possible, que nous reste-t-il? un chaos de doutes et de chimères. Je ne crois pas qu'il y ait jamais eu un philosophe à système qui n'ait avoué à la fin de sa vie qu'il avait perdu son temps. Il faut avouer que les inventeurs des arts mécaniques ont été bien plus utiles aux hommes que les inventeurs des syllogismes : celui qui imagina la navette l'emporte furieusement sur celui qui imagina les idées innées.

PIERRE. — Pourquoi les successeurs de saint Pierre ont-ils eu tant de pouvoir en Occident, et aucun en Orient? C'est demander pourquoi les évêques de Vurtzbourg et de Saltzbourg se sont attribué les droits régaliens dans des temps d'anarchie, tandis que les évêques grecs sont toujours restés sujets. Le temps, l'occasion, l'ambition des uns et la faiblesse des autres, ont fait et feront tout dans ce monde. Nous faisons toujours abstraction de ce qui est divin.

A cette anarchie l'opinion s'est jointe, et l'opinion est la reine des hommes. Ce n'est pas qu'en effet ils aient une opinion bien déterminée, mais des mots leur en tiennent lieu.

« Je te donnerai les clefs du royaume des cieux. » Les partisans outrés de l'évêque de Rome soutinrent, vers le xie siècle, que qui donne le plus donne le moins, que les cieux entouraient la terre; et que Pierre ayant les clefs du contenant, il avait aussi les clefs du contenu. Si on entend par les cieux toutes les étoiles et toutes les planètes, il est évident, selon Tomasius, que les clefs données à Simon Barjone, surnommé Pierre, étaient un passe-partout. Si on entend par les cieux les nuées, l'atmosphère, l'éther, l'espace dans lequel roulent les planètes, il n'y a guère de serruriers, selon Meursius, qui puissent faire une clef pour ces portes-là. Mais les railleries ne sont pas des raisons.

Les clefs en Palestine étaient une cheville de bois qu'on liait avec une courroie. Jésus dit à Barjone : « Ce que tu auras lié sur la terre sera lié dans le ciel. » Les théologiens du pape en ont conclu que les papes avaient reçu le droit de lier et de délier les peuples du serment de fidélité fait à leurs rois, et de disposer à leur gré de tous les royaumes. C'est conclure magnifiquement. Les communes, dans les états généraux de France en 1302, disent, dans leur requête au roi, que « Boniface VIII était un b***** qui croyait que Dieu liait et emprisonnait au ciel ce que ce Boniface liait sur terre. » Un fameux luthérien d'Allemagne (c'était Mélanchton) ne pouvait souffrir que Jésus eût dit à Simon Barjone, Cepha ou Cephas : « Tu es Pierre, et sur cette pierre je bâtirai mon assemblée, mon Église. » Il ne pouvait concevoir que Dieu eût employé un pareil jeu de mots, une pointe si extraordinaire, et que la puissance du pape fût fondée sur un quolibet. Cette pensée n'est permise qu'à un protestant.

Pierre a passé pour avoir été évêque de Rome; mais on sait assez qu'en ce temps-là, et longtemps après, il n'y eut aucun évêché particulier. La société chrétienne ne prit une forme que vers le milieu du IIe siècle. Il se peut que Pierre eût fait le voyage de Rome; il se peut même qu'il fût mis en croix la tête en bas, quoique ce ne fût pas l'usage; mais on n'a aucune preuve de tout cela. Nous avons une lettre sous son nom, dans laquelle il dit qu'il est à Babylone : des canonistes judicieux ont prétendu que par Babylone on devait entendre Rome. Ainsi, supposé qu'il eût daté de Rome, on aurait pu conclure que la lettre avait été écrite à Babylone. On a tiré longtemps de pareilles conséquences, et c'est ainsi que le monde a été gouverné.

Il y avait un saint homme à qui on avait fait payer bien chèrement un bénéfice à Rome, ce qui s'appelle une simonie; on lui demandait s'il croyait que Simon Pierre eût été au pays; il répondit : « Je ne crois pas que Pierre y ait été, mais je suis sûr de Simon. »

Quant à la personne de saint Pierre, il faut avouer que Paul n'est pas le seul qui ait été scandalisé de sa conduite; on lui a souvent résisté en face, à lui et à ses successeurs. Saint Paul lui reprochait aigrement de manger des viandes défendues, c'est-à-dire du porc, du boudin, du lièvre, des anguilles, de l'ixion, et du griffon; Pierre se défendait en disant qu'il avait vu le ciel ouvert vers la sixième heure, et une grande nappe qui descendait des quatre coins du ciel, laquelle était toute remplie d'anguilles, de quadrupèdes et d'oiseaux, et que la voix d'un ange avait crié : « Tuez et mangez. » C'est apparemment cette même voix qui a crié à tant de pontifes : « Tuez tout, et mangez la substance du peuple, » dit Wollaston; mais ce reproche est beaucoup trop fort.

Casaubon ne peut approuver la manière dont Pierre traita Anania et Saphira sa femme. « De quel droit, dit Casaubon, un Juif esclave des Romains ordonnait-il ou souffrait-il que tous ceux qui croiraient en Jésus vendissent leurs héritages et en apportassent le prix à ses pieds? Si quelque anabaptiste à Londres faisait apporter à ses pieds tout l'argent de ses frères, ne serait-il pas arrêté comme un séducteur séditieux, comme un larron, qu'on ne manquerait pas d'envoyer à Tyburn ? N'est-il pas horrible de faire mourir Anania, parce qu'ayant vendu son fonds et en ayant donné l'argent à Pierre, il avait retenu pour lui et pour sa femme quelques écus pour subvenir à leurs nécessités, sans le dire ? » A peine Anania est-il mort, que sa femme arrive. Pierre, au lieu de l'avertir charitablement qu'il vient de faire mourir son mari d'apoplexie pour avoir gardé quelques oboles, et de lui dire de bien prendre garde à elle, la fait tomber dans le piége. Il lui demande si son mari a donné tout son argent aux saints. La bonne femme répond oui, et elle meurt sur-le-champ. Cela est dur.

Conringius demande pourquoi Pierre, qui tuait ainsi ceux qui lui avaient fait l'aumône, n'allait pas tuer plutôt tous les docteurs qui avaient fait mourir Jésus-Christ, et qui le firent fouetter lui-même plus d'une fois. « O Pierre, dit Conringius, vous faites mourir deux chrétiens qui vous ont fait l'aumône, et vous laissez vivre ceux qui ont crucifié votre Dieu ! »

Nous avons eu, du temps de Henri IV et de Louis XIII, un avocat général du parlement de Provence, homme de qualité, nommé Doraison de Torame, qui, dans un livre de l'*Église militante* dédié à Henri IV, a fait un chapitre entier des arrêts rendus par saint Pierre en matière criminelle. Il dit que l'arrêt prononcé par Pierre contre Anania et Saphira fut exécuté par Dieu même, *aux termes et cas de la juridiction spirituelle*. Tout son livre est dans ce goût. Conringius, comme on voit, ne pense pas comme notre avocat provençal. Apparemment que Conringius n'était pas en pays d'inquisition quand il faisait ces questions hardies.

Érasme, à propos de Pierre, remarquait une chose fort singulière; c'est que le chef de la religion chrétienne commença son apostolat par renier Jésus-Christ, et que le premier pontife des Juifs avait commencé son ministère par faire un veau d'or et par l'adorer.

Quoi qu'il en soit, Pierre nous est dépeint comme un pauvre qui catéchisait des pauvres. Il ressemble à ces fondateurs d'ordres, qui vivaient dans l'indigence, et dont les successeurs sont devenus grands seigneurs.

Le pape, successeur de Pierre, a tantôt gagné, tantôt perdu; mais il lui reste encore environ cinquante millions d'hommes sur la terre, soumis en plusieurs points à ses lois, outre ses sujets immédiats.

Se donner un maître à trois ou quatre cents lieues de chez soi; attendre pour penser que cet homme ait paru penser; n'oser juger en dernier ressort un procès entre quelques-uns de ses concitoyens que par des commissaires nommés par cet étranger; n'oser se mettre en possession des champs et des vignes qu'on a obtenus de son propre roi, sans payer une somme considérable à ce maître étranger; violer les lois de son pays qui défendent d'épouser sa nièce, et l'épouser légitimement en donnant à ce maître étranger une somme encore plus considérable; n'oser cultiver son champ le jour que cet étranger veut qu'on célèbre la mémoire d'un inconnu qu'il a mis dans le ciel de son autorité privée : c'est là en partie ce que c'est que d'admettre un pape; ce sont là les libertés de l'Église gallicane, si nous en croyons Dumarsais.

Il y a quelques autres peuples qui portent plus loin leur soumission. Nous avons vu de nos jours un souverain [1] demander au pape la permission de faire juger par son tribunal royal des moines accusés de parricide, ne pouvoir obtenir cette permission, et n'oser les juger.

On sait assez qu'autrefois les droits des papes allaient plus loin; ils étaient fort au-dessus des dieux de l'antiquité; car ces dieux passaient seulement pour disposer des empires, et les papes en disposaient en effet.

Sturbinus dit qu'on peut pardonner à ceux qui doutent de la divinité et de l'infaillibilité du pape, quand on fait réflexion :

Que quarante schismes ont profané la chaire de saint Pierre, et que vingt-sept l'ont ensanglantée;

Qu'Étienne VII, fils d'un prêtre, déterra le corps de Formose son prédécesseur, et fit trancher la tête à ce cadavre;

Que Sergius III, convaincu d'assassinats, eut un fils de Marozie, lequel hérita de la papauté;

Que Jean X, amant de Théodora, fut étranglé dans son lit;

Que Jean XI, fils de Sergius III, ne fut connu que par sa crapule;

Que Jean XII fut assassiné chez sa maîtresse;

Que Benoît IX acheta et revendit le pontificat;

Que Grégoire VII fut l'auteur de cinq cents ans de guerres civiles soutenues par ses successeurs;

Qu'enfin parmi tant de papes ambitieux, sanguinaires et débauchés, il y eut un Alexandre VI, dont le nom n'est prononcé qu'avec la même horreur que ceux des Néron et des Caligula.

C'est une preuve, dit-on, de la divinité de leur caractère, qu'elle ait subsisté avec tant de crimes; mais si les califes avaient eu une conduite encore plus affreuse, ils auraient donc été encore plus divins. C'est ainsi que raisonne Dermius; on lui a répondu. Mais la meilleure réponse est dans la puissance mitigée que les évêques de Rome exercent aujourd'hui avec sagesse; dans la longue possession où les empereurs les laissent jouir, parce qu'ils ne peuvent les en dépouiller; dans le système d'un équilibre général, qui est l'esprit de toutes les cours.

On a prétendu depuis peu qu'il n'y avait que deux peuples qui pussent envahir l'Italie et écraser Rome. Ce sont les Turcs et les Russes; mais ils sont nécessairement ennemis, et de plus......

Je ne sais point prévoir les malheurs de si loin.
Racine, *Andromaque*, acte I, scène II.

PIERRE LE GRAND ET J. J. ROUSSEAU. — Section I. — « Le czar Pierre... n'avait pas le vrai génie, celui qui crée et fait tout de rien. Quelques-unes des choses qu'il fit étaient bien; la plupart étaient déplacées. Il a vu que son peuple était barbare, il n'a point vu qu'il n'é-

_____
[1]. Le roi de Portugal, Joseph II. (ÉD.)

tait pas mûr pour la police; il l'a voulu civiliser quand il ne fallait que l'aguerrir. Il a d'abord voulu faire des Allemands, des Anglais, quand il fallait commencer par faire des Russes; il a empêché ses sujets de devenir jamais ce qu'ils pourraient être, en leur persuadant qu'ils étaient ce qu'ils ne sont pas. C'est ainsi qu'un précepteur français forme son élève pour briller un moment dans son enfance, et puis n'être jamais rien. L'empire de Russie voudra subjuguer l'Europe, et sera subjugué lui-même. Les Tartares ses sujets ou ses voisins deviendront ses maîtres et les nôtres : cette révolution me paraît infaillible; tous les rois de l'Europe travaillent de concert à l'accélérer [1]. » (*Du Contrat social*, liv. II, chap. VIII.)

Ces paroles sont tirées d'une brochure intitulée *le Contrat social*, ou

---

1. Pour juger un prince, il faut se transporter au temps où il a vécu. Si Rousseau, en disant que Pierre Ier n'a pas eu *le vrai génie*, a voulu dire que ce prince n'a point créé les principes de la législation et de l'administration publique, principes absolument ignorés alors en Europe, un tel reproche ne nuit point à sa gloire. Le czar vit que ses soldats étaient sans discipline, et il leur donna celle des nations de l'Europe les plus belliqueuses. Ses peuples ignoraient la marine, et en peu d'années il créa une flotte formidable. Il adopta pour le commerce les principes des peuples qui alors passaient pour les plus éclairés de l'Europe. Il sentit que les Russes ne différaient des autres Européans que par trois causes : la première était l'excessif pouvoir de la superstition sur les esprits, et l'influence des prêtres sur le gouvernement et sur les sujets. Le czar attaqua la superstition dans sa source, en détruisant les moines par le moyen le plus doux, celui de ne permettre les vœux qu'à un âge où tout homme qui a la fantaisie de les faire est à coup sûr un citoyen inutile.

Il soumit les prêtres à la loi, et ne leur laissa qu'une autorité subordonnée à la sienne pour les objets de l'ordre civil, que l'ignorance de nos ancêtres a soumis au pouvoir ecclésiastique.

La seconde cause qui s'opposait à la civilisation de la Russie était l'esclavage presque général des paysans, soit artisans, soit cultivateurs. Pierre n'osa directement détruire la servitude; mais il en prépara la destruction, en formant une armée qui le rendait indépendant des seigneurs de terres, et le mettait en état de ne les plus craindre, et en créant dans sa nouvelle capitale, au moyen des étrangers appelés dans son empire, un peuple commerçant, industrieux, et jouissant de la liberté civile.

La troisième cause de la barbarie des Russes était l'ignorance. Il sentit qu'il ne pouvait rendre sa nation puissante qu'en l'éclairant, et ce fut le principal objet de ses travaux; c'est en cela surtout qu'il a montré un véritable génie. On ne peut assez s'étonner de voir Rousseau lui reprocher de ne s'être pas borné à aguerrir sa nation; et il faut avouer que le Russe qui, en 1700, devina l'influence des lumières sur l'état politique des empires, et sut apercevoir que le plus grand bien qu'on puisse faire aux hommes est de substituer des idées justes aux préjugés qui les gouvernent, a eu plus de génie que le Génevois qui, en 1750, a voulu nous prouver les grands avantages de l'ignorance.

Lorsque Pierre monta sur le trône, la Russie était à peu près au même état que la France, l'Allemagne et l'Angleterre au XIe siècle. Les Russes ont fait en quatre-vingts ans, que les vues de Pierre ont été suivies, plus de progrès que nous n'en avons fait en quatre siècles : n'est-ce pas une preuve que ces vues n'étaient pas celles d'un homme ordinaire?

Quant à la prophétie sur les conquêtes futures des Tartares, Rousseau aurait dû observer que les barbares n'ont jamais battu les peuples civilisés que lorsque ceux-ci ont négligé la tactique, et que les peuples nomades sont toujours trop peu nombreux pour être redoutables à de grandes nations qui ont des armées. Il est différent de détrôner un despote pour se mettre à sa place, de lui imposer un tribut après l'avoir vaincu, ou de subjuguer un peuple. Les Romains conquirent la Gaule, l'Espagne; les chefs des Goths et des Francs ne firent que chasser les Romains et leur succéder. (*Éd. de Kehl.*)

insocial, du peu sociable Jean-Jacques Rousseau. Il n'est pas étonnant qu'ayant fait des miracles à Venise, il ait fait des prophéties sur Moscou ; mais comme il sait bien que le bon temps des miracles et des prophéties est passé, il doit croire que sa prédiction contre la Russie n'est pas aussi infaillible qu'elle lui a paru dans son premier accès. Il est doux d'annoncer la chute des grands empires, cela nous console de notre petitesse. Ce sera un beau gain pour la philosophie, quand nous verrons incessamment les Tartares Nogais, qui peuvent, je crois, mettre jusqu'à douze mille hommes en campagne, venir subjuguer la Russie, l'Allemagne, l'Italie, et la France. Mais je me flatte que l'empereur de la Chine ne le souffrira pas ; il a déjà accédé à la paix perpétuelle ; et comme il n'a plus de jésuites chez lui, il ne troublera point l'Europe. Jean-Jacques qui a, comme on croit, le vrai génie, trouve que Pierre le Grand ne l'avait pas.

Un seigneur russe, homme de beaucoup d'esprit, qui s'amuse quelquefois à lire des brochures, se souvint, en lisant celle-ci, de quelques vers de Molière, et les cita fort à propos :

> Il semble à trois gredins, dans leur petit cerveau,
> Que pour être imprimés et reliés en veau,
> Les voilà dans l'État d'importantes personnes,
> Qu'avec leur plume ils font le destin des couronnes [1]

« Les Russes, dit Jean-Jacques, ne seront jamais policés. » J'en ai vu du moins de très-polis, et qui avaient l'esprit juste, fin, agréable, cultivé, et même conséquent, ce que Jean-Jacques trouvera fort extraordinaire.

Comme il est très-galant, il ne manquera pas de dire qu'ils se sont formés à la cour de l'impératrice Catherine, que son exemple a influé sur eux, mais que cela n'empêche pas qu'il n'ait raison, et que bientôt cet empire sera détruit.

Ce petit bonhomme nous assure, dans un de ses modestes ouvrages, qu'on doit lui dresser une statue. Ce ne sera probablement ni à Moscou ni à Pétersbourg qu'on s'empressera de sculpter Jean-Jacques.

Je voudrais, en général, que lorsqu'on juge les nations du haut de son grenier, on fût plus honnête et plus circonspect. Tout pauvre diable peut dire ce qu'il lui plaît des Athéniens, des Romains, et des anciens Perses. Il peut se tromper impunément sur les tribunats, sur les comices, sur la dictature. Il peut gouverner en idée deux ou trois mille lieues de pays, tandis qu'il est incapable de gouverner sa servante. Il peut dans un roman recevoir un baiser âcre de sa Julie, et conseiller à un prince d'épouser la fille d'un bourreau. Il y a des sottises sans conséquence ; il y en a d'autres qui peuvent avoir des suites fâcheuses.

Les fous de cour étaient fort sensés ; ils n'insultaient par leurs bouffonneries que les faibles, et respectaient les puissants : les fous de village sont aujourd'hui plus hardis.

On répondra que Diogène et l'Arétin ont été tolérés ; d'accord : mais

---

1. Molière, *Femmes savantes*, IV, III. (Éd.)

une mouche ayant vu un jour une hirondelle qui, en volant, emportait des toiles d'araignées, en voulut faire autant; elle y fut prise.

Section II. — Ne peut-on pas dire de ces législateurs qui gouvernent l'univers à deux sous la feuille, et qui de leurs galetas donnent des ordres à tous les rois, ce qu'Homère dit de Calchas?

"Ος ἤδη τά τ' ἐόντα, τά τ' ἐσσόμενα, πρό τ' ἐόντα.
Iliade, I, 10.

Il connaît le passé, le présent, l'avenir.

C'est dommage que l'auteur du petit paragraphe que nous venons de citer n'ait connu aucun des trois temps dont parle Homère.

« Pierre le Grand, dit-il, n'avait pas le génie qui fait tout de rien. » Vraiment, Jean-Jacques, je le crois sans peine; car on prétend que Dieu seul a cette prérogative.

« Il n'a pas vu que son peuple n'était pas mûr pour la police; » en ce cas, le czar est admirable de l'avoir fait mûrir. Il me semble que c'est Jean-Jacques qui n'a pas vu qu'il fallait se servir d'abord des Allemands et des Anglais pour faire des Russes.

« Il a empêché ses sujets de jamais devenir ce qu'ils pourraient être, etc. »

Cependant ces mêmes Russes sont devenus les vainqueurs des Turcs et des Tartares, les conquérants et les législateurs de la Crimée et de vingt peuples différents; leur souveraine a donné des lois à des nations dont le nom même était ignoré en Europe.

Quant à la prophétie de Jean-Jacques, il se peut qu'il ait exalté son âme jusqu'à lire dans l'avenir; il a tout ce qu'il faut pour être prophète : mais pour le passé et pour le présent, on avouera qu'il n'y entend rien. Je doute que l'antiquité ait rien de comparable à la hardiesse d'envoyer quatre escadres au fond de la mer Baltique, dans les mers de la Grèce, de dominer à la fois sur la mer Égée et sur le Pont-Euxin, de porter la terreur dans la Colchide et aux Dardanelles, de subjuguer la Tauride, et de forcer le vizir Azem à s'enfuir des bords du Danube jusqu'aux portes d'Andrinople.

Si Jean-Jacques compte pour rien tant de grandes actions qui étonnent la terre attentive, il doit du moins avouer qu'il y a quelque générosité dans un comte d'Orloff, qui, après avoir pris un vaisseau qui portait toute la famille et tous les trésors d'un bacha, lui renvoya sa famille et ses trésors.

Si les Russes n'étaient pas mûrs pour la police du temps de Pierre le Grand, convenons qu'ils sont mûrs aujourd'hui pour la grandeur d'âme, et que Jean-Jacques n'est pas tout à fait mûr pour la vérité et pour le raisonnement.

A l'égard de l'avenir, nous le saurons quand nous aurons des Ézéchiels, des Isaïes, des Habacucs, des Michées. Mais le temps en est passé; et, si on ose le dire, il est à craindre qu'il ne revienne plus.

J'avoue que ces *mensonges imprimés* sur le temps présent m'étonnent toujours. Si on se donne ces libertés dans un siècle où mille volumes.

mille gazettes, mille journaux peuvent continuellement vous démentir, quelle foi pourrons-nous avoir en ces historiens des anciens temps qui recueillaient tous les bruits vagues, qui ne consultaient aucunes archives, qui mettaient par écrit ce qu'ils avaient entendu dire à leurs grand'mères dans leur enfance, bien sûrs qu'aucun critique ne relèverait leurs fautes ?

Nous eûmes longtemps neuf Muses; la saine critique est la dixième, qui est venue bien tard. Elle n'existait point du temps de Cécrops, du premier Bacchus, de Sanchoniathon, de Thaut, de Brama, etc., etc. On écrivait alors impunément tout ce qu'on voulait : il faut être aujourd'hui un peu plus avisé.

PLAGIAT. — On dit qu'originairement ce mot vient du latin *plaga*, et qu'il signifiait la condamnation au fouet de ceux qui avaient vendu des hommes libres pour des esclaves. Cela n'a rien de commun avec le plagiat des auteurs, lesquels ne vendent point d'hommes, soit esclaves, soit libres. Ils se vendent seulement eux-mêmes quelquefois pour un peu d'argent.

Quand un auteur vend les pensées d'un autre pour les siennes, ce larcin s'appelle *plagiat*. On pourrait appeler *plagiaires* tous les compilateurs, tous les faiseurs de dictionnaires, qui ne font que répéter à tort et à travers les opinions, les erreurs, les impostures, les vérités déjà imprimées dans des dictionnaires précédents; mais ce sont du moins des plagiaires de bonne foi, ils ne s'arrogent point le mérite de l'invention. Ils ne prétendent pas même à celui d'avoir déterré chez les anciens les matériaux qu'ils ont assemblés; ils n'ont fait que copier les laborieux compilateurs du xvie siècle. Ils vous vendent en in-quarto ce que vous aviez déjà en in-folio. Appelez-les, si vous voulez, *libraires*, et non pas auteurs. Rangez-les plutôt dans la classe des fripiers que dans celle des plagiaires.

Le véritable plagiat est de donner pour vôtres les ouvrages d'autrui, de coudre dans vos rapsodies de longs passages d'un bon livre avec quelques petits changements. Mais le lecteur éclairé, voyant ce morceau de drap d'or sur un habit de bure, reconnaît bientôt le voleur maladroit.

Ramsay, qui, après avoir été presbytérien dans son pays d'Écosse, ensuite anglican à Londres, puis quaker, et qui persuada enfin au célèbre Fénelon, archevêque de Cambrai, qu'il était catholique, et même qu'il avait beaucoup de penchant pour l'amour pur; Ramsay, dis-je, fit les *Voyages de Cyrus*, parce que son maître avait fait voyager Télémaque. Il n'y a jusque-là que de l'imitation. Dans ces voyages il copie les phrases, les raisonnements d'un ancien auteur anglais qui introduit un jeune solitaire disséquant sa chèvre morte, et remontant à Dieu par sa chèvre. Cela ressemble fort à un plagiat. Mais en conduisant Cyrus en Égypte, il se sert, pour décrire ce pays singulier, des mêmes expressions employées par Bossuet; il le copie mot pour mot sans le citer. Voilà un plagiat dans toutes les formes. Un de mes amis le lui reprochait un jour; Ramsay lui répondit qu'on pouvait se rencontrer, et qu'il n'était pas étonnant qu'il pensât comme Fénelon, et qu'il s'exprimât comme Bossuet. Cela s'appelle *être fier comme un Écossais.*

Le plus singulier de tous les plagiats est peut-être celui du P. Barre, auteur d'une grande histoire d'Allemagne, en dix volumes. On venait d'imprimer l'*Histoire de Charles XII*, et il en prit plus de deux cents pages qu'il inséra dans son ouvrage. Il fait dire à un duc de Lorraine précisément ce que Charles XII a dit.

Il attribue à l'empereur Arnould ce qui est arrivé au monarque suédois.

Il dit de l'empereur Rodolphe ce qu'on avait dit du roi Stanislas.

Valdemar, roi de Danemark, fait et dit précisément les mêmes choses que Charles à Bender, etc., etc.

Le plaisant de l'affaire est qu'un journaliste, voyant cette prodigieuse ressemblance entre ces deux ouvrages, ne manqua pas d'imputer le plagiat à l'auteur de l'*Histoire de Charles XII*, qui avait pourtant écrit vingt ans avant le P. Barre.

C'est surtout en poésie qu'on se permet souvent le plagiat, et c'est assurément de tous les larcins le moins dangereux pour la société.

PLATON. — *Section I.* — *Du* Timée de Platon, *et de quelques autres choses.* — Les Pères de l'Église des quatre premiers siècles furent tous grecs et platoniciens; vous ne trouvez pas un Romain qui ait écrit pour le christianisme, et qui ait eu la plus légère teinture de philosophie. J'observerai ici en passant qu'il est assez étrange que cette Église de Rome, qui ne contribua en rien à ce grand établissement, en ait seule recueilli tout l'avantage. Il en a été de cette révolution comme de toutes celles qui sont nées des guerres civiles : les premiers qui troublent un État travaillent toujours sans le savoir pour d'autres que pour eux.

L'école d'Alexandrie, fondée par un nommé Marc, auquel succédèrent Athénagoras, Clément, Origène, fut le centre de la philosophie chrétienne. Platon était regardé par tous les Grecs d'Alexandrie comme le maître de la sagesse, comme l'interprète de la Divinité. Si les premiers chrétiens n'avaient pas embrassé les dogmes de Platon, ils n'auraient jamais eu aucun philosophe, aucun homme d'esprit dans leur parti. Je mets à part l'inspiration et la grâce qui sont au-dessus de toute philosophie, et je ne parle que du train ordinaire des choses humaines.

Ce fut, dit-on, dans le *Timée* de Platon principalement que les Pères grecs s'instruisirent. Ce *Timée* passe pour l'ouvrage le plus sublime de toute la philosophie ancienne. C'est presque le seul que Dacier n'ait point traduit; et je pense que la raison en est qu'il ne l'entendait point, et qu'il craignit de montrer à des lecteurs clairvoyants le visage de cette divinité grecque qu'on n'adore que parce qu'elle est voilée.

Platon, dans ce beau dialogue, commence par introduire un prêtre égyptien qui apprend à Solon l'ancienne histoire de la ville d'Athènes, qui était fidèlement conservée depuis neuf mille ans dans les archives de l'Égypte.

« Athènes, dit le prêtre, était alors la plus belle ville de la Grèce, et la plus renommée dans le monde pour les arts de la guerre et de la paix; elle résista seule aux guerriers de cette fameuse île Atlantide, qui vinrent sur des vaisseaux innombrables subjuguer une grande partie de l'Europe et de l'Asie. Athènes eut la gloire d'affranchir tant de peuples vaincus, et de préserver l'Égypte de la servitude qui nous menaçait : mais après cette illustre victoire et ce service rendu au genre humain, un tremblement de terre épouvantable engloutit en vingt-quatre heures et le territoire d'Athènes et toute la grande île Atlantide. Cette île n'est aujourd'hui qu'une vaste mer, que les débris de cet ancien monde et le limon mêlé à ses eaux rendent innavigable. »

Voilà ce que ce prêtre conte à Solon; voilà comment Platon débute pour nous expliquer ensuite la formation de l'âme, les opérations du verbe, et sa trinité. Il n'est pas physiquement impossible qu'il y eût eu une île Atlantide qui n'existait plus depuis neuf mille ans, et qui périt par un tremblement de terre, comme il est arrivé à Herculanum et à tant d'autres villes : mais notre prêtre, en ajoutant que la mer qui baigne le mont Atlas est inaccessible aux vaisseaux, rend l'histoire un peu suspecte.

Il se peut faire, après tout, que depuis Solon, c'est-à-dire depuis trois mille ans, les flots aient nettoyé le limon de l'ancienne île Atlantide, et rendu la mer navigable; mais enfin il est toujours surprenant qu'on débute par cette île pour parler du verbe.

Peut-être, en faisant ce conte de prêtre ou de vieille, Platon n'a-t-il voulu insinuer autre chose que les vicissitudes qui ont changé tant de fois la face du globe. Peut-être a-t-il voulu dire seulement ce que Pythagore et Timée de Locres avaient dit si longtemps avant lui, et ce que nos yeux nous disent tous les jours, que tout périt et se renouvelle dans la nature. L'histoire de Deucalion et de Pyrrha, la chute de Phaéton, sont des fables; mais des inondations et des embrasements sont des vérités.

Platon part de son île imaginaire pour dire des choses que les meilleurs philosophes de nos jours ne désavoueraient pas : « Ce qui est produit a nécessairement une cause, un auteur. Il est difficile de trouver l'auteur de ce monde; et quand on l'a trouvé, il est dangereux de le dire au peuple. »

Rien n'est plus vrai encore aujourd'hui. Qu'un sage, en passant par Notre-Dame de Lorette, s'avise de dire à un sage son ami que Notre-Dame de Lorette, avec son petit visage noir, ne gouverne pas l'univers entier : si une bonne femme entend ces paroles, et si elle les redit à d'autres bonnes femmes de la Marche d'Ancône, le sage sera lapidé comme Orphée. Voilà précisément le cas où croyaient être les premiers chrétiens qui ne disaient pas du bien de Cybèle et de Diane. Cela seul devait les attacher à Platon; les choses inintelligibles qu'il débite ensuite ne durent pas les dégoûter de lui.

Je ne reprocherai point à Platon d'avoir dit dans son *Timée* que le *monde est un animal;* car il entend sans doute que les éléments en mouvement animent le monde, et il n'entend pas par *animal* un chien et un homme qui marchent, qui sentent, qui mangent, qui dorment, et qui engendrent. Il faut toujours expliquer un auteur dans le sens le plus favorable; et ce n'est que lorsqu'on accuse les gens d'hérésie, ou quand on dénonce leurs livres, qu'il est de droit d'en interpréter malignement toutes les paroles, et de les empoisonner : ce n'est pas ainsi que j'en userai avec Platon.

Il y a d'abord chez lui une espèce de trinité qui est l'âme de la matière; voici ses paroles : « De la substance indivisible, toujours semblable à elle-même, et de la substance divisible, il composa une troisième substance qui tient de la même et de l'autre. »

Ensuite viennent des nombres à la pythagoricienne, qui rendent la chose encore plus inintelligible, et par conséquent plus respectable. Quelle provision pour des gens qui commençaient une guerre de plume!

Ami lecteur, un peu de patience, s'il vous plaît, et un peu d'attention. « Quand Dieu eut formé l'âme du monde de ces trois substances, cette âme s'élança du milieu de l'univers aux extrémités de l'être, se répandant partout au dehors, et se repliant sur elle-même; elle forma ainsi dans tous les temps une origine divine de la sagesse éternelle. »

Et quelques lignes après :

« Ainsi la nature de cet animal immense qu'on nomme le monde est éternelle. »

Platon, à l'exemple de ses prédécesseurs, introduit donc l'Être suprême, artisan du monde, formant ce monde avec les temps; de sorte que Dieu ne pouvait être sans le monde, ni le monde sans Dieu, comme le soleil ne peut exister sans répandre la lumière dans l'espace, ni cette lumière voler dans l'espace sans le soleil.

Je passe sous silence beaucoup d'idées à la grecque, ou plutôt à l'orientale; comme, par exemple, qu'il y a quatre sortes d'animaux, les dieux célestes, les oiseaux de l'air, les poissons, et les animaux terrestres dont nous avons l'honneur d'être.

Je me hâte de venir à une seconde trinité : « L'être engendré, l'être qui engendre, et l'être qui ressemble à l'engendré et à l'engendreur. » Cette trinité est assez formelle; et les Pères ont pu y trouver leur compte.

Cette trinité est suivie d'une théorie un peu singulière des quatre éléments. La terre est fondée sur un triangle équilatère, l'eau sur un triangle rectangle, l'air sur un scalène, et le feu sur un isocèle. Après quoi il prouve démonstrativement qu'il ne peut y avoir que cinq mondes, parce qu'il n'y a que cinq corps solides réguliers, et que cependant il n'y a qu'un monde qui est rond.

J'avoue qu'il n'y a point de philosophe aux petites-maisons qui ait jamais si puissamment raisonné. Vous vous attendez, ami lecteur, à m'entendre parler de cette autre fameuse trinité de Platon, que ses commentateurs ont tant vantée : c'est l'Être éternel, formateur éternel du monde; son verbe, ou son intelligence, ou son idée; et le bon qui en résulte. Je vous assure que je l'ai bien cherchée dans ce *Timée*, je ne l'y ai jamais trouvée; elle peut y être *totidem litteris*, mais elle n'y est pas *totidem verbis*, ou je suis fort trompé.

Après avoir lu tout Platon, à mon grand regret, j'ai aperçu quelque ombre de la trinité dont on lui fait honneur. C'est dans le livre sixième de sa *République chimérique*, lorsqu'il dit : « Parlons du fils, production merveilleuse du bon, et sa parfaite image. » Mais malheureusement il se trouve que cette parfaite image de Dieu, c'est le soleil. On en conclut que c'était le soleil intelligible, lequel, avec le verbe et le père, composait la trinité platonique.

Il y a dans l'*Épinomis* de Platon des galimatias fort curieux; en voici un que je traduis aussi raisonnablement que je le puis, pour la commodité du lecteur :

« Sachez qu'il y a huit vertus dans le ciel; je les ai observées, ce qui est facile à tout le monde. Le soleil est une de ces vertus, la lune une autre, la troisième est l'assemblage des étoiles; et les cinq planètes font avec ces trois vertus le nombre de huit. Gardez-vous de penser que ces vertus, ou ceux qui sont dans elles et qui les animent, qu'ils marchent d'eux-mêmes, soit qu'ils soient portés dans des véhicules; gardez-vous, dis-je, de croire que les uns soient des dieux, et que les autres ne le soient pas; que les uns soient adorables, et qu'il y en ait d'autres qu'on ne doive ni adorer ni invoquer. Ils sont tous frères, chacun a son partage, nous leur devons à tous les mêmes honneurs, ils remplissent tous l'emploi que le verbe leur assigna quand il forma l'univers visible. »

Voilà déjà le verbe trouvé, il faut maintenant trouver les trois personnes. Elles sont dans la seconde lettre de Platon à Denys. Ces lettres ne sont pas assurément supposées. Le style est le même que celui de ses Dialogues. Il dit souvent à Denys et à Dion des choses assez difficiles à comprendre, et qu'on croirait écrites en chiffres; mais aussi il en dit de fort claires, et qui se sont trouvées vraies longtemps après lui. Par exemple, voici comme il s'exprime dans sa septième lettre à Dion :

« J'ai été convaincu que tous les États sont assez mal gouvernés; il n'y a guère ni bonne institution, ni bonne administration. On y vit, pour ainsi dire, au jour la journée, et tout va au gré de la fortune, plutôt qu'au gré de la sagesse. »

Après cette courte digression sur les affaires temporelles, revenons aux spirituelles, à la trinité. Platon dit à Denys :

« Le roi de l'univers est environné de ses ouvrages, tout est l'effet de sa grâce. Les plus belles des choses ont en lui leur cause première; les secondes en perfection ont en lui une seconde cause; et il est encore la troisième cause des ouvrages du troisième degré. »

On pourrait ne pas reconnaître dans cette lettre la trinité telle que nous l'admettons; mais c'était beaucoup d'avoir, dans un auteur grec, un garant des dogmes de l'Église naissante. Toute l'Église grecque fut donc platonicienne, comme toute l'Église latine fut péripatéticienne depuis le commencement du xiiie siècle. Ainsi deux Grecs qu'on n'a jamais entendus ont été nos maîtres à penser, jusqu'au temps où les hommes se sont mis, au bout de deux mille ans, à penser par eux-mêmes.

Section II. — Questions sur Platon, et sur quelques autres bagatelles. — Platon, en disant aux Grecs ce que tant de philosophes des autres nations avaient dit avant lui, en assurant qu'il y a une intelligence suprême qui arrangea l'univers, pensait-il que cette intelligence suprême résidait en un seul lieu, comme un roi de l'Orient dans son sérail? ou bien croyait-il que cette puissante intelligence se répand partout comme la lumière, ou comme un être encore plus fin, plus prompt, plus actif, plus pénétrant que la lumière? Le dieu de Platon, en un mot, est-il dans la matière? en est-il séparé? O vous qui avez lu Platon attentivement, c'est-à-dire sept ou huit songe-creux cachés dans quelques galetas de l'Europe, si jamais ces questions viennent jusqu'à vous, je vous supplie d'y répondre.

L'île barbare des Cassitérides, où les hommes vivaient dans les bois du temps de Platon, a produit enfin des philosophes qui sont autant au-dessus de lui que Platon était au-dessus de ceux de ses contemporains qui ne raisonnaient pas.

Parmi ces philosophes, Clarke est peut-être le plus profond ensemble et le plus clair, le plus méthodique et le plus fort, de tous ceux qui ont parlé de l'Être suprême.

Lorsqu'il eut donné au public son excellent livre, il se trouva un jeune gentilhomme de la province de Glocester qui lui fit avec candeur des objections aussi fortes que ses démonstrations. On peut les voir à la fin du premier volume de Clarke; ce n'était pas sur l'existence nécessaire de l'Être suprême qu'il disputait, c'était sur son infinité et sur son immensité.

Il ne paraît pas en effet que Clarke ait prouvé qu'il y ait un être qui pénètre intimement tout ce qui existe, et que cet être, dont on ne peut concevoir les propriétés, ait la propriété de s'étendre au delà de toute borne imaginable.

Le grand Newton a démontré qu'il y a du vide dans la nature : mais quel philosophe pourra me démontrer que Dieu est dans ce vide, qu'il touche à ce vide, qu'il remplit ce vide? Comment, étant aussi bornés que nous le sommes, pouvons-nous connaître ces profondeurs? Ne nous suffit-il pas qu'il nous soit prouvé qu'il existe un maître suprême? il ne nous est pas donné de savoir ce qu'il est, ni comment il est.

Il semble que Locke et Clarke aient eu les clefs du monde intelligible. Locke a ouvert tous les appartements où l'on peut entrer; mais Clarke n'a-t-il pas voulu pénétrer un peu trop au delà de l'édifice?

Comment un philosophe tel que Samuel Clarke, après un si admirable ouvrage sur l'existence de Dieu, en a-t-il pu faire ensuite un si pitoyable sur des choses de fait?

Comment Benoît Spinosa, qui avait autant de profondeur dans l'esprit que Samuel Clarke, après s'être élevé à la métaphysique la plus sublime, peut-il ne pas s'apercevoir qu'une intelligence suprême pré-side à des ouvrages visiblement arrangés avec une suprême intelligence (s'il est vrai, après tout, que ce soit là le système de Spinosa)?

Comment Newton, le plus grand des hommes, a-t-il pu commenter l'Apocalypse, ainsi qu'on l'a déjà remarqué?

Comment Locke, après avoir si bien développé l'entendement hu-main, a-t-il pu dégrader son entendement dans un autre ouvrage?

Je crois voir des aigles qui, s'étant élancés dans la nue, vont se re-poser sur un fumier.

POËTES. — Un jeune homme, au sortir du collège, délibère s'il se fera avocat, médecin, théologien, ou poëte; s'il prendra soin de notre fortune, de notre santé, de notre âme, ou de nos plaisirs. Nous avons déjà parlé des avocats et des médecins; nous parlerons de la fortune prodigieuse que fait quelquefois un théologien.

Le théologien devenu pape a non-seulement ses valets théologiens, cuisiniers, échansons, porte-coton, médecins, chirurgiens, balayeurs, faiseurs d'*Agnus Dei*, confituriers, prédicateurs; il a aussi son poëte. Je ne sais quel fou était le poëte de Léon X, comme David fut quelque temps le poëte de Saül.

C'est assurément, de tous les emplois qu'on peut avoir dans une grande maison, l'emploi le plus inutile. Les rois d'Angleterre, qui ont conservé dans leur île beaucoup d'anciens usages perdus dans le conti-nent, ont, comme on sait, leur poëte en titre d'office. Il est obligé de faire tous les ans une ode à la louange de sainte Cécile, qui jouait au-trefois si merveilleusement du clavecin ou du psaltérion, qu'un ange descendit du neuvième ciel pour l'écouter de plus près, attendu que l'harmonie du psaltérion n'arrive d'ici-bas au pays des anges qu'en sourdine.

Moïse est le premier poëte que nous connaissions. Il est à croire que longtemps avant lui les Égyptiens, les Chaldéens, les Syriens, les In-diens, connaissaient la poésie, puisqu'ils avaient de la musique. Mais enfin, son beau cantique qu'il chanta avec sa sœur Maria en sortant du fond de la mer Rouge, est le premier monument poétique en vers hexamètres que nous ayons. Je ne suis pas du sentiment de ces bé-lîtres ignorants + impies, Newton, Leclerc, et d'autres, qui prouvent que tout cela ne fut écrit qu'environ huit cents ans après l'événement, et qui disent avec insolence que Moïse ne put écrire en hébreu, puis-que la langue hébraïque n'est qu'un dialecte nouveau du phénicien, et que Moïse ne pouvait savoir le phénicien. Je n'examine point avec le savant Huet comment Moïse put chanter, lui qui était bègue et qui ne pouvait parler.

A entendre plusieurs de ces messieurs, Moïse serait bien moins an-cien qu'Orphée, Musée, Homère, Hésiode. On voit au premier coup d'œil combien cette opinion est absurde. Le moyen qu'un Grec puisse être aussi ancien qu'un Juif?

Je ne répondrai pas non plus à ces autres impertinents qui soup-çonnent que Moïse n'est qu'un personnage imaginaire, une fabuleuse imitation de la fable de l'ancien Bacchus, et qu'on chantait dans les orgies tous les prodiges de Bacchus attribués depuis à Moïse, avant qu'on sût qu'il y eût des Juifs au monde. Une telle idée se réfute d'elle-même. Le bon sens nous fait voir qu'il est impossible qu'il y ait eu un Bacchus avant un Moïse.

Nous avons encore un excellent poëte juif, très-réellement antérieur à Horace, c'est le roi David; et nous savons bien que le *Miserere* est infiniment au-dessus du *Justum ac tenacem propositi virum*.

Mais ce qui étonne, c'est que des législateurs et des rois aient été nos premiers poëtes. Il se trouve aujourd'hui des gens assez bons pour se faire les poëtes des rois. Virgile, à la vérité, n'avait pas la charge de poëte d'Auguste, ni Lucain celle de poëte de Néron; mais j'avoue qu'ils avilirent un peu la profession en donnant du dieu à l'un et à l'autre.

On demande comment la poésie étant si peu nécessaire au monde, elle occupe un si haut rang parmi les beaux-arts. On peut faire la même question sur la musique. La poésie est la musique de l'âme, et surtout des âmes grandes et sensibles.

Un mérite de la poésie dont bien des gens ne se doutent pas, c'est qu'elle dit plus que la prose, et en moins de paroles que la prose.

Qui pourra jamais traduire ce vers latin avec autant de brièveté qu'il est sorti du cerveau du poëte :

Vive memor leti, fugit hora, hoc quod loquor inde est.
(Perse, sat. v, 153.)

Je ne parle pas des autres charmes de la poésie, on les connaît assez; mais j'insisterai sur le grand précepte d'Horace [1], *sapere est et principium et fons*. Point de vraie poésie sans une grande sagesse. Mais comment accorder cette sagesse avec l'enthousiasme? Comme César, qui formait un plan de bataille avec prudence, et combattait avec fureur.

Il y a eu des poëtes un peu fous; oui, et c'est parce qu'ils étaient de très-mauvais poëtes. Un homme qui n'a que des dactyles et des spondées ou des rimes dans la tête, est rarement un homme de bon sens; mais Virgile est doué d'une raison supérieure.

Lucrèce était un misérable physicien, et il avait cela de commun avec toute l'antiquité. La physique ne s'apprend pas avec de l'esprit; c'est un art que l'on ne peut exercer qu'avec des instruments : et les instruments n'avaient pas encore été inventés. Il faut des lunettes, des microscopes, des machines pneumatiques, des baromètres, etc., pour avoir quelque idée commencée des opérations de la nature.

Descartes n'en savait guère plus que Lucrèce, lorsque ses clefs ouvrirent le sanctuaire; et on a fait cent fois plus de chemin depuis Galilée, meilleur physicien que Descartes, jusqu'à nos jours, que depuis le premier Hermès jusqu'à Lucrèce, et depuis Lucrèce jusqu'à Galilée.

Toute la physique ancienne est d'un écolier absurde. Il n'en est pas

---

1. *De Arte poetica*, vers 309. (ÉD.)

ainsi de la philosophie de l'âme et de ce bon sens qui, aidé du courage de l'esprit, fait peser avec justesse les doutes et les vraisemblances. C'est là le grand mérite de Lucrèce; son troisième chant est un chef-d'œuvre de raisonnement; il disserte comme Cicéron, il s'exprime quelquefois comme Virgile; et il faut avouer que, quand notre illustre Polignac réfute ce troisième chant, il ne le réfute qu'en cardinal.

Quand je dis que le poëte Lucrèce raisonne en métaphysicien excellent dans ce troisième chant, je ne dis pas qu'il ait raison; on peut argumenter avec un jugement vigoureux, et se tromper, si on n'est pas instruit par la révélation. Lucrèce n'était point Juif; et les Juifs, comme on sait, étaient les seuls hommes sur la terre qui eussent raison du temps de Cicéron, de Posidonius, de César et de Caton. Ensuite, sous Tibère, les Juifs n'eurent plus raison, et il n'y eut que les chrétiens qui eurent le sens commun.

Ainsi il était impossible que Lucrèce, Cicéron et César ne fussent pas des imbéciles en comparaison des Juifs et de nous; mais il faut convenir qu'aux yeux du reste du genre humain ils étaient de très-grands hommes.

J'avoue que Lucrèce se tua, Caton aussi, Cassius et Brutus aussi; mais on peut fort bien se tuer, et avoir raisonné en homme d'esprit pendant sa vie.

Distinguons dans tout auteur l'homme et ses ouvrages. Racine écrit comme Virgile, mais il devient janséniste par faiblesse, et il meurt de chagrin par une faiblesse non moins grande, parce qu'un autre homme, en passant dans une galerie, ne l'a pas regardé : j'en suis fâché, mais le rôle de Phèdre n'en est pas moins admirable.

POLICE DES SPECTACLES. — On excommuniait autrefois les rois de France, et, depuis Philippe Iᵉʳ jusqu'à Louis VIII, tous l'ont été solennellement, de même que tous les empereurs depuis Henri IV jusqu'à Louis de Bavière inclusivement. Les rois d'Angleterre ont eu aussi une part très-honnête à ces présents de la cour de Rome. C'était la folie du temps; et cette folie coûta la vie à cinq ou six cent mille hommes. Actuellement on se contente d'excommunier les représentants des monarques : ce n'est pas les ambassadeurs que je veux dire, mais les comédiens, qui sont rois et empereurs trois ou quatre fois par semaine, et qui gouvernent l'univers pour gagner leur vie.

Je ne connais guère que leur profession et celle des sorciers à qui on fasse aujourd'hui cet honneur. Mais comme il n'y a plus de sorciers depuis environ soixante à quatre-vingts ans que la bonne philosophie a été connue des hommes, il ne reste plus pour victimes qu'Alexandre, César, Athalie, Polyeucte, Andromaque, Brutus, Zaïre, et Arlequin.

La grande raison qu'on en apporte, c'est que ces messieurs et ces dames représentent des passions. Mais si la peinture du cœur humain mérite une si horrible flétrissure, on devrait donc user d'une plus grande rigueur avec les peintres et les statuaires. Il y a beaucoup de tableaux licencieux qu'on vend publiquement, au lieu qu'on ne représente pas un seul poëme dramatique qui ne soit dans la plus exacte bienséance. La Vénus du Titien et celle du Corrège sont toutes nues, et sont dangereuses en tout temps pour notre jeunesse modeste ; mais les comédiens ne récitent les vers admirables de *Cinna* que pendant environ deux heures, et avec l'approbation du magistrat, sous l'autorité royale. Pourquoi donc ces personnages vivants sur le théâtre sont-ils plus condamnés que ces comédiens muets sur la toile ? *Ut pictura poesis erit*[1]. Qu'auraient dit les Sophocle et les Euripide, s'ils avaient pu prévoir qu'un peuple qui n'a cessé d'être barbare qu'en les imitant imprimerait un jour cette tache au théâtre, qui reçut de leur temps une si haute gloire ?

Ésopus et Roscius n'étaient pas des sénateurs romains, il est vrai ; mais le flamen ne les déclarait point infâmes, et on ne se doutait pas que l'art de Térence fût un art semblable à celui de Locuste. Le grand pape, le grand prince Léon X, à qui on doit la renaissance de la bonne tragédie et de la bonne comédie en Europe, et qui fit représenter tant de pièces de théâtre dans son palais avec tant de magnificence, ne devinait pas qu'un jour, dans une partie de la Gaule, des descendants des Celtes et des Goths se croiraient en droit de flétrir ce qu'il honorait. Si le cardinal de Richelieu eût vécu, lui qui a fait bâtir la salle du Palais-Royal, lui à qui la France doit le théâtre, il n'eût pas souffert plus longtemps que l'on osât couvrir d'ignominie ceux qu'il employait à réciter ses propres ouvrages.

Ce sont les hérétiques, il le faut avouer, qui ont commencé à se déchaîner contre le plus beau de tous les arts. Léon X ressuscitait la scène tragique ; il n'en fallait pas davantage aux prétendus réformateurs pour crier à l'œuvre de Satan. Aussi la ville de Genève et plusieurs illustres bourgades de Suisse ont été cent cinquante ans sans souffrir chez elles un violon. Les jansénistes, qui dansent aujourd'hui sur le tombeau de saint Pâris, à la grande édification du prochain, défendirent, le siècle passé, à une princesse de Conti qu'ils gouvernaient, de faire apprendre à danser à son fils, attendu que la danse est trop profane. Cependant il fallait avoir bonne grâce, et savoir le menuet ; on ne voulait point de violon, et le directeur eut beaucoup de peine à souffrir, par accommodement, qu'on montrât à danser au prince de Conti avec des castagnettes. Quelques catholiques un peu visigoths de deçà les monts craignirent donc les reproches des réformateurs, et crièrent aussi haut qu'eux ; ainsi peu à peu s'établit dans notre France la mode de diffamer César et Pompée, et de refuser certaines cérémonies à certaines personnes gagées par le roi, et travaillant sous les yeux du magistrat. On ne s'avisa point de réclamer contre cet abus ; car qui aurait voulu se brouiller avec des hommes puissants, et des hommes du temps présent, pour Phèdre et pour les héros des siècles passés ?

On se contenta donc de trouver cette rigueur absurde, et d'admirer toujours à bon compte les chefs-d'œuvre de notre scène.

1. Horace, *Art poét.*, vers. 361. (ÉD.)

Rome, de qui nous avons appris notre catéchisme, n'en use point comme nous; elle a su toujours tempérer les lois selon les temps et selon les besoins; elle a su distinguer les bateleurs effrontés, qu'on censurait autrefois avec raison, d'avec les pièces de théâtre du Trissin et de plusieurs évêques et cardinaux qui ont aidé à ressusciter la tragédie. Aujourd'hui même on représente à Rome publiquement des comédies dans des maisons religieuses. Les dames y vont sans scandale; on ne croit point que des dialogues récités sur des planches soient une infamie diabolique. On a vu jusqu'à la pièce de *George Dandin* exécutée à Rome par des religieuses, en présence d'une foule d'ecclésiastiques et de dames. Les sages Romains se gardent bien surtout d'excommunier ces messieurs qui chantent le dessus dans les opéras italiens; car en vérité c'est bien assez d'être châtré dans ce monde, sans être encore damné dans l'autre.

Dans le bon temps de Louis XIV il y avait toujours aux spectacles qu'il donnait un banc qu'on nommait *le banc des évêques*. J'ai été témoin que dans la minorité de Louis XV le cardinal de Fleury, alors évêque de Fréjus, fut très-pressé de faire revivre cette coutume. D'autres temps, d'autres mœurs; nous sommes apparemment bien plus sages que dans les temps où l'Europe entière venait admirer nos fêtes, où Richelieu fit revivre la scène en France, où Léon X fit renaître en Italie le siècle d'Auguste. Mais un temps viendra où nos neveux, en voyant l'impertinent ouvrage du P. Le Brun contre l'art des Sophocles, et les œuvres de nos grands hommes, imprimés dans le même temps, s'écrieront : « Est-il possible que les Français aient pu ainsi se contredire et que la plus absurde barbarie ait levé si orgueilleusement la tête contre les plus belles productions de l'esprit humain? »

Saint Thomas d'Aquin, dont les mœurs valaient bien celles de Calvin et du P. Quesnel; saint Thomas, qui n'avait jamais vu de bonne comédie, et qui ne connaissait que de malheureux histrions, devine pourtant que le théâtre peut être utile. Il eut assez de bon sens et assez de justice pour sentir le mérite de cet art, tout informe qu'il était; il le permit, il l'approuva. Saint Charles Borromée examinait lui-même les pièces qu'on jouait à Milan; il les munissait de son approbation et de son seing.

Qui seront après cela les visigoths qui voudront traiter d'empoisonneurs Rodrigue et Chimène? Plût au ciel que ces barbares, ennemis du plus beau des arts, eussent la piété de Polyeucte, la clémence d'Auguste, la vertu de Burrhus, et qu'ils finissent comme le mari d'Alzire.

POLITIQUE. — La politique de l'homme consiste d'abord à tâcher d'égaler les animaux à qui la nature a donné la nourriture, le vêtement, et le couvert.

Ces commencements sont longs et difficiles.

Comment se procurer le bien-être et se mettre à l'abri du mal? C'est là tout l'homme.

Ce mal est partout. Les quatre éléments conspirent à le former. La stérilité d'un quart du globe, les maladies, la multitude d'animaux ennemis, tout nous oblige de travailler sans cesse à écarter le mal.

Nul homme ne peut seul se garantir du mal et se procurer le bien; il faut des secours. La société est donc aussi ancienne que le monde.

Cette société est tantôt trop nombreuse, tantôt trop rare. Les révolutions de ce globe ont détruit souvent des races entières d'hommes et d'autres animaux dans plusieurs pays, et les ont multipliées dans d'autres.

Pour multiplier une espèce, il faut un climat et un terrain tolérables; et avec ces avantages on peut encore être réduit à marcher tout nu, à souffrir la faim, à manquer de tout, à périr de misère.

Les hommes ne sont pas comme les castors, les abeilles, les vers à soie : ils n'ont pas un instinct sûr qui leur procure le nécessaire.

Sur cent mâles il s'en trouve à peine un qui ait du génie; sur cinq cents femelles à peine une.

Ce n'est qu'avec du génie qu'on invente les arts qui procurent à la longue un peu de ce bien-être, unique objet de toute politique.

Pour essayer ces arts, il faut des secours, des mains qui vous aident, des entendements assez ouverts pour vous comprendre, et assez dociles pour vous obéir. Avant de trouver et d'assembler tout cela, des milliers de siècles s'écoulent dans l'ignorance et dans la barbarie; des milliers de tentatives avortent. Enfin un art est ébauché, et il faut encore des milliers de siècles pour le perfectionner.

Politique du dehors. — Quand la métallurgie est trouvée par une nation, il est indubitable qu'elle battra ses voisins et en fera des esclaves.

Vous avez des flèches et des sabres, et vous êtes nés dans un climat qui vous a rendus robustes. Nous sommes faibles, nous n'avons que des massues et des pierres, vous nous tuez; et si vous nous laissez la vie, c'est pour labourer vos champs, pour bâtir vos maisons; nous vous chantons quelques airs grossiers quand vous vous ennuyez, si nous avons de la voix, ou nous soufflons dans quelques tuyaux pour obtenir de vous des vêtements et du pain. Nos femmes et nos filles sont-elles jolies, vous les prenez pour vous. Monseigneur, votre fils profite de cette politique établie; il ajoute de nouvelles découvertes à cet art naissant. Ses serviteurs coupent les testicules à mes enfants; il les honore de la garde de ses épouses et de ses maîtresses. Telle a été et telle est encore la politique, le grand art de faire servir les hommes à son bien-être, dans la plus grande partie de l'Asie.

Quelques peuplades ayant ainsi asservi plusieurs autres peuplades, les victorieuses se battent avec le fer pour le partage des dépouilles. Chaque petite nation nourrit et soudoie des soldats. Pour encourager ces soldats et pour les contenir, chacune a ses dieux, ses oracles, ses prédictions; chacune nourrit et soudoie des devins et des sacrificateurs bouchers. Ces devins commencent par deviner en faveur des chefs de nation, ensuite ils devinent pour eux-mêmes et partagent le gouvernement. Le plus fort et le plus habile subjugue à la fin les autres après des siècles de carnages qui font frémir, et de friponneries qui font rire : c'est là le complément de la politique.

Pendant que ces scènes de brigandages et de fraudes se passent dans une partie du globe, d'autres peuplades, retirées dans les cavernes des montagnes, ou dans des cantons entourés de marais inaccessibles, ou dans quelques petites contrées habitables au milieu des déserts de sable, ou des presqu'îles, ou des îles, se défendent contre les tyrans du continent. Tous les hommes enfin ayant à peu près les mêmes armes, le sang coule d'un bout du monde à l'autre.

On ne peut pas toujours tuer; on fait la paix avec son voisin, jusqu'à ce qu'on se croie assez fort pour recommencer la guerre. Ceux qui savent écrire rédigent ces traités de paix. Les chefs de chaque peuple, pour mieux tromper leurs ennemis, attestent les dieux qu'ils se sont faits; on invente les serments : l'un vous promet au nom de *Sammonocodom*, l'autre au nom de *Jupiter*, de vivre toujours avec vous en bonne harmonie; et à la première occasion ils vous égorgent au nom de *Jupiter* et de *Sammonocodom*.

Dans les temps les plus raffinés, le lion d'Ésope fait un traité avec trois animaux ses voisins. Il s'agit de partager une proie en quatre parts égales. Le lion, pour de bonnes raisons qu'il déduira en temps et lieu, prend d'abord trois parts pour lui seul, et menace d'étrangler quiconque osera toucher à la quatrième. C'est là le sublime de la politique.

Politique du dedans. — Il s'agit d'avoir dans le pays le plus de pouvoir, le plus d'honneurs et le plus de plaisirs que vous pourrez. Pour y parvenir, il faut beaucoup d'argent.

Cela est très-difficile dans une démocratie : chaque citoyen est votre rival. Une démocratie ne peut subsister que dans un petit coin de terre. Vous aurez beau être riche par votre commerce secret, ou par celui de votre grand-père, votre fortune vous fera des jaloux et très-peu de créatures. Si dans quelque démocratie une maison riche gouverne, ce ne sera pas pour longtemps.

Dans une aristocratie on peut plus aisément se procurer honneurs, plaisirs, pouvoir et argent; mais il y faut une grande discrétion. Si on abuse trop, les révolutions sont à craindre.

Ainsi dans la démocratie tous les citoyens sont égaux. Ce gouvernement est aujourd'hui rare et chétif, quoique naturel et sage.

Dans l'aristocratie l'inégalité, la supériorité se fait sentir; mais moins elle est arrogante, plus elle assure son bien-être.

Reste la monarchie : c'est là que tous les hommes sont faits pour un seul. Il accumule tous les honneurs dont il veut se décorer, goûte tous les plaisirs dont il veut jouir, exerce un pouvoir absolu; et tout cela, pourvu qu'il ait beaucoup d'argent. S'il en manque, il sera malheureux au dedans comme au dehors; il perdra bientôt pouvoir, plaisirs, honneurs, et peut-être la vie.

Tant que cet homme a de l'argent, non-seulement il jouit, mais ses parents, ses principaux serviteurs jouissent aussi; et une foule de mercenaires travaillent toute l'année pour eux dans la vaine espérance de goûter un jour dans leurs chaumières le repos que leur sultan et leurs bachas semblent goûter dans leurs sérails. Mais voici à peu près ce qui arrive.

Un gros et gras cultivateur possédait autrefois un vaste terrain de champs, prés, vignes, vergers, forêts. Cent manœuvres cultivaient pour lui; il dînait avec sa famille, buvait et s'endormait. Ses principaux domestiques, qui le volaient, dînaient après lui, et mangeaient presque tout. Les manœuvres venaient, et faisaient très-maigre chère. Ils murmurèrent, ils se plaignirent, ils perdirent patience; enfin ils mangèrent le dîner du maître, et le chassèrent de sa maison. Le maître dit que ces coquins-là étaient des enfants rebelles qui battaient leur père. Les manœuvres dirent qu'ils avaient suivi la loi sacrée de la nature, que l'autre avait violée. On s'en rapporta enfin à un devin du voisinage qui passait pour un homme inspiré. Ce saint homme prend la métairie pour lui, et fait mourir de faim les domestiques et l'ancien maître, jusqu'à ce qu'il soit chassé à son tour. C'est la politique du dedans.

C'est ce qu'on a vu plus d'une fois; et quelques effets de cette politique subsistent encore dans toute leur force. Il faut espérer que dans dix ou douze mille siècles, quand les hommes seront plus éclairés, les grands possesseurs des terres, devenus plus politiques, traiteront mieux leurs manœuvres, et ne se laisseront pas subjuguer par des devins et des sorciers.

POLYPES. — En qualité de douteur, il y a longtemps que j'ai rempli ma vocation. J'ai douté, quand on m'a voulu persuader que les glossopètres que j'ai vus se former dans ma campagne étaient originairement des langues de chiens marins; que la chaux employée à ma grange n'était composée que de coquillages; que les coraux étaient le produit des excréments de certains petits poissons; que la mer par ses courants a formé le mont Cenis et le mont Taurus, et que Niobé fut autrefois changée en marbre.

Ce n'est pas que je n'aime l'extraordinaire, le merveilleux, autant qu'aucun voyageur et qu'aucun homme à système; mais pour croire fermement, je veux voir par mes yeux, toucher par mes mains, et à plusieurs reprises. Ce n'est pas même assez; je veux encore être aidé par les yeux et par les mains des autres.

Deux de mes compagnons, qui font comme moi des questions sur l'*Encyclopédie*, se sont longtemps amusés à considérer avec moi en tous sens plusieurs de ces petites tiges qui croissent dans des bourbiers à côté des lentilles d'eau. Ces herbes légères, qu'on appelle *polypes d'eau douce*, ont plusieurs racines, et de là vient qu'on leur a donné le nom de *polypes*. Ces petites plantes parasites ne furent que des plantes jusqu'au commencement du siècle où nous sommes. Leuwenhoek s'avisa de les faire monter au rang d'animal. Nous ne savons pas s'ils y ont beaucoup gagné.

Nous pensons que pour être réputé animal il faut être doué de la sensation. Que l'on commence donc par nous faire voir que ces polypes d'eau douce ont du sentiment, afin que nous leur donnions parmi nous droit de bourgeoisie.

Nous n'avons pas osé accorder cette dignité à la sensitive, quoiqu'elle parût y avoir les plus grandes prétentions : pourquoi la donnerions-nous à une espèce de petit jonc? Est-ce parce qu'il revient de bouture? mais cette propriété est commune à tous les arbres qui croissent au bord de l'eau, aux saules, aux peupliers, aux trembles, etc. C'est cela même qui démontre que le polype est un végétal. Il est si léger qu'il change de place au moindre mouvement de la goutte d'eau qui le porte; de là on a conclu qu'il marchait. On pouvait supposer de même que les petites îles flottantes des marais de Saint-Omer sont des animaux, car elles changent souvent de place.

On a dit : « Ses racines sont ses pieds, sa tige est son corps, ses branches sont ses bras; le tuyau qui compose sa tige est percé en haut, c'est sa bouche. Il y a dans ce tuyau une légère moelle blanche, dont quelques animalcules presque imperceptibles sont très-avides; ils entrent dans le creux de ce petit jonc en le faisant courber, et mangent cette pâte légère; c'est le polype qui prend ces animaux avec son museau, et qui s'en nourrit. » quoiqu'il n'y ait pas la moindre apparence de tête, de bouche, d'estomac.

Nous avons examiné ce jeu de la nature avec toute l'attention dont nous sommes capables. Il nous a paru que cette production appelée *polype* ressemblait à un animal beaucoup moins qu'une carotte ou une asperge. En vain nous avons opposé à nos yeux tous les raisonnements que nous avions lus autrefois; le témoignage de nos yeux l'a emporté.

Il est triste de perdre une illusion. Nous savons combien il serait doux d'avoir un animal qui se reproduirait de lui-même et par bouture, et qui, ayant toutes les apparences d'une plante, joindrait le règne animal au règne végétal.

Il serait bien plus naturel de donner le rang d'animal à la plante nouvellement découverte dans l'Amérique anglaise, à laquelle on a donné le plaisant nom de *Vénus gobe-mouches*. C'est une espèce de sensitive épineuse dont les feuilles se replient. Les mouches sont prises dans ces feuilles, et y périssent plus sûrement que dans une toile d'araignée. Si quelqu'un de nos physiciens veut appeler animal cette plante, il ne tient qu'à lui; il aura des partisans.

Mais si vous voulez quelque chose de plus extraordinaire, quelque chose de plus digne de l'observation des philosophes, regardez le colimaçon qui marche un mois, deux mois entiers, après qu'on lui a coupé la tête, et auquel ensuite une tête revient garnie de tous les organes que possédait la première. Cette vérité, dont tous les enfants peuvent être témoins, vaut bien l'illusion des polypes d'eau douce. Que devient son sensorium, sa mémoire, son magasin d'idées, son âme, quand on lui a coupé la tête? Comment tout cela revient-il? une âme qui renaît est un phénomène bien curieux! non, cela n'est pas plus étrange qu'une âme produite, une âme qui dort et qui se réveille, une âme détruite[1].

---

1. Phèdre (III, x) a dit : *Periculosum est credere et non credere*. M. de Vol-

POLYTHÉISME. — La pluralité des dieux est le grand reproche dont on accable aujourd'hui les Romains et les Grecs : mais qu'on me montre dans toutes leurs histoires un seul fait, et dans tous leurs livres un seul mot, dont on puisse inférer qu'ils avaient plusieurs dieux suprêmes; et si on ne trouve ni ce fait ni ce mot, si au contraire tout est plein de monuments et de passages qui attestent un Dieu souverain, supérieur à tous les autres dieux, avouons que nous avons jugé les anciens aussi témérairement que nous jugeons souvent nos contemporains.

On lit en mille endroits que Zeus, Jupiter, est le maître des dieux et des hommes. *Jovis omnia plena*[1]. Et saint Paul rend aux anciens ce témoignage : *In ipso vivimus, movemur et sumus, ut quidam vestrorum poetarum dixit*[2]. « Nous avons en Dieu la vie, le mouvement et l'être, comme l'a dit un de vos poëtes. » Après cet aveu, oserons-nous accuser nos maîtres de n'avoir pas reconnu un Dieu suprême ?

Il ne s'agit pas ici d'examiner s'il y avait eu autrefois un Jupiter roi de Crète, si on en avait fait un dieu; si les Égyptiens avaient douze grands dieux, ou huit, du nombre desquels était celui que les Latins ont nommé Jupiter. Le nœud de la question est uniquement ici de savoir si les Grecs et les Romains reconnaissaient un être céleste, maître des autres êtres célestes. Ils le disent sans cesse, il faut donc les croire.

Voyez l'admirable lettre du philosophe Maxime de Madaure à saint Augustin : « Il y a un Dieu sans commencement, père commun de tout, et qui n'a jamais rien engendré de semblable à lui : quel homme est assez stupide et assez grossier pour en douter? » Ce païen du IVe siècle dépose ainsi pour toute l'antiquité.

Si je voulais lever le voile des mystères d'Egypte, je trouverais le Knef, qui a tout produit, et qui préside à toutes les autres divinités; je trouverais Mithra chez les Perses, Brama chez les Indiens; et peut-être je ferais voir que toute nation policée admettait un Être suprême avec des divinités dépendantes. Je ne parle pas des Chinois, dont le gouvernement, le plus respectable de tous, n'a jamais reconnu qu'un Dieu unique depuis près de quatre mille ans. Mais tenons-nous-en aux Grecs et aux Romains, qui sont ici l'objet de mes recherches : ils eurent mille superstitions; qui en doute? ils adoptèrent des fables ridicules; on le sait bien; et j'ajoute qu'ils s'en moquaient eux-mêmes : mais le fond de leur mythologie était très-raisonnable.

Premièrement, que les Grecs aient placé dans le ciel des héros pour prix de leurs vertus, c'est l'acte de religion le plus sage et le plus

----

taire porte ici le doute trop loin; il est difficile de ne pas regarder le polype comme un véritable animal, après avoir lu avec attention les belles expériences de M. Trembley. Au reste, M. de Voltaire ne nie point les faits, mais seulement que les polypes soient des animaux; et il croit que leur analogie plus forte avec les plantes doit les faire reléguer dans le règne végétal. Voilà ce qu'auraient dû observer ceux qui lui ont reproché cette opinion avec tant d'humeur, et qui avaient eux-mêmes besoin d'indulgence pour des opinions bien moins excusables. Voy. le chap. III *Des Singularités de la nature* (*Mélanges*, année 1768). (*Ed. de Kehl.*)

1. Virgile, *Églogue* III, 60. (É.) — 2. *Actes des apôtres*, XVII, 28. (ÉD.)

utile. Quelle plus belle récompense pouvait-on leur donner, et quelle plus belle espérance pouvait-on proposer? est-ce à nous de le trouver mauvais? à nous qui, éclairés par la vérité, avons saintement consacré cet usage que les anciens imaginèrent? Nous avons cent fois plus de bienheureux, à l'honneur de qui nous avons élevé des temples, que les Grecs et les Romains n'ont eu de héros et de demi-dieux : la différence est qu'ils accordaient l'apothéose aux actions les plus éclatantes, et nous aux vertus les plus modestes. Mais leurs héros divinisés ne partageaient point le trône de Zeus, du Demiourgos, du maître éternel; ils étaient admis dans sa cour, ils jouissaient de ses faveurs. Qu'y a-t-il à cela de déraisonnable? n'est-ce pas une ombre faible de notre hiérarchie céleste? Rien n'est d'une morale plus salutaire, et la chose n'est pas physiquement impossible par elle-même; il n'y a pas là de quoi se moquer des nations de qui nous tenons notre alphabet.

Le second objet de nos reproches est la multitude des dieux admis au gouvernement du monde; c'est Neptune qui préside à la mer, Junon à l'air, Éole aux vents, Pluton ou Vesta à la terre, Mars aux armées. Mettons à quartier les généalogies de tous ces dieux, aussi fausses que celles qu'on imprime tous les jours des hommes; passons condamnation sur toutes leurs aventures dignes des *Mille et une Nuits*, aventures qui jamais ne firent le fond de la religion grecque et romaine : en bonne foi, où sera la bêtise d'avoir adopté des êtres du second ordre, lesquels ont quelque pouvoir sur nous autres qui sommes peut-être du cent millième ordre? Y a-t-il là une mauvaise philosophie, une mauvaise physique? n'avons-nous pas neuf chœurs d'esprits célestes plus anciens que l'homme? ces neuf chœurs n'ont-ils pas chacun un nom différent? les Juifs n'ont-ils pas pris la plupart de ces noms chez les Persans? plusieurs anges n'ont-ils pas leurs fonctions assignées? Il y avait un ange exterminateur qui combattait pour les Juifs; l'ange des voyageurs qui conduisait Tobie. Michaël était l'ange particulier des Hébreux; selon Daniel il combat l'ange des Perses, il parle à l'ange des Grecs. Un ange d'un ordre inférieur rend compte à Michaël, dans le livre de Zacharie, de l'état où il avait trouvé la terre. Chaque nation avait son ange. La version des Septante dit dans le *Deutéronome* que le Seigneur fit le partage des nations suivant le nombre des anges. Saint Paul, dans les *Actes des apôtres*, parle à l'ange de la Macédoine. Ces esprits célestes sont souvent appelés *dieux* dans l'Écriture, *Éloïm*. Car chez tous les peuples le mot qui répond à celui de *theos, deus, dieu*, ne signifie pas toujours le maître absolu du ciel et de la terre; il signifie souvent être céleste, être supérieur à l'homme, mais dépendant du souverain de la nature; il est même donné quelquefois à des princes, à des juges.

Puis donc qu'il est vrai, puisqu'il est réel pour nous qu'il y a des substances célestes chargées du soin des hommes et des empires, les peuples qui ont admis cette vérité sans révélation sont bien plus dignes d'estime que de mépris.

Ce n'est donc pas dans le polythéisme qu'est le ridicule; c'est dans l'abus qu'on en fit, c'est dans les fables populaires, c'est dans la multitude de divinités impertinentes que chacun se forgeait à son gré.

La déesse des tetons, *dea Rumilia* ; la déesse de l'action du mariage, *dea Pertunda* ; le dieu de la chaise percée, *deus Stercutius* ; le dieu Pet, *deus Crepitus*, ne sont pas assurément bien vénérables. Ces puérilités, l'amusement des vieilles et des enfants de Rome, servent seulement à prouver que le mot *deus* avait des acceptions bien différentes. Il est sûr que *deus Crepitus*, le dieu Pet, ne donnait pas la même idée que *deus divum et hominum sator*, la source des dieux et des hommes. Les pontifes romains n'admettaient point ces petits magots dont les bonnes femmes remplissaient leurs cabinets. La religion romaine était au fond très-sérieuse, très-sévère. Les serments étaient inviolables. On ne pouvait commencer la guerre sans que le collège des Féciales l'eût déclarée juste. Une vestale convaincue d'avoir violé son vœu de virginité était condamnée à mort. Tout cela nous annonce un peuple austère plutôt qu'un peuple ridicule.

Je me borne ici à prouver que le sénat ne raisonnait point en imbécile, en adoptant le polythéisme. L'on demande comment ce sénat, dont deux ou trois députés nous ont donné des fers et des lois, pouvait souffrir tant d'extravagances dans le peuple, et autoriser tant de fables chez les pontifes. Il ne serait pas difficile de répondre à cette question. Les sages de tout temps se sont servis des fous. On laisse volontiers au peuple ses lupercales, ses saturnales, pourvu qu'il obéisse ; on ne met point à la broche les poulets sacrés qui ont promis la victoire aux armées. Ne soyons jamais surpris que les gouvernements les plus éclairés aient permis les coutumes, les fables les plus insensées. Ces coutumes, ces fables, existaient avant que le gouvernement se fût formé ; on ne veut point abattre une ville immense et irrégulière pour la rebâtir au cordeau.

Comment se peut-il faire, dit-on, qu'on ait vu d'un côté tant de philosophie, tant de science, et de l'autre tant de fanatisme ? C'est que la science, la philosophie, n'étaient nées qu'un peu avant Cicéron, et que le fanatisme occupait la place depuis des siècles. La politique dit alors à la philosophie et au fanatisme : « Vivons tous trois ensemble comme nous pourrons. »

POPULATION. — *Section I.* — Il n'y eut que fort peu de chenilles dans mon canton l'année passée. Nous les tuâmes presque toutes ; Dieu nous en a donné plus que de feuilles cette année.

N'en est-il pas ainsi à peu près des autres animaux, et surtout de l'espèce humaine ? La famine, la peste, et la guerre, les deux sœurs venues de l'Arabie et de l'Amérique, détruisent les hommes dans un canton ; on est tout étonné de le trouver peuplé cent ans après.

J'avoue que c'est un devoir sacré de peupler ce monde, et que tous les animaux sont forcés par le plaisir à remplir cette vue du grand *Demiourgos*.

Pourquoi ces peuplades sur la terre ? et à quoi bon former tant d'êtres destinés à se dévorer tous, et l'animal homme, qui semble né pour égorger son semblable d'un bout de la terre à l'autre? On m'assure que je saurai un jour ce secret; je le souhaite en qualité de curieux.

Il est clair que nous devons peupler tant que nous pouvons; car que ferions-nous de notre matière séminale? ou sa surabondance nous rendrait malades, ou son émission nous rendrait coupables; et l'alternative est triste.

Les sages Arabes, voleurs du désert, dans les traités qu'ils font avec tous les voyageurs, stipulent toujours qu'on leur donnera des filles. Quand ils conquirent l'Espagne, ils imposèrent un tribut de filles. Le pays de Médée [1] paye les Turcs en filles. Les flibustiers firent venir des filles de Paris dans la petite île dont ils s'étaient emparés : et on conte que Romulus, dans un beau spectacle qu'il donna aux Sabins, leur vola trois cents filles.

Je ne conçois pas pourquoi les Juifs, que d'ailleurs je révère, tuèrent tout dans Jéricho, jusqu'aux filles, et pourquoi ils disent dans leurs psaumes qu'il sera doux d'écraser *les enfants à la mamelle*, sans en excepter nommément les filles.

Tous les autres peuples, soit Tartares, soit Cannibales, soit Teutons ou Welches, ont eu toujours les filles en grande recommandation.

Avec cet heureux instinct, il semble que la terre devrait être couverte d'animaux de notre espèce. Nous avons vu que le P. Petau en comptait près de sept cents milliards en deux cent quatre-vingts ans, après l'aventure du déluge. Et ce n'est pourtant pas à la suite des *Mille et une Nuits* qu'il a fait imprimer ce beau dénombrement.

Je compte aujourd'hui sur notre globule environ neuf cents millions de mes confrères, tant mâles que femelles [2]. Wallace leur en accorde mille millions. Je me trompe ou lui; et peut-être nous trompons-nous tous deux : mais c'est peu de chose qu'un dixième; et dans toute l'arithmétique des historiens, on se trompe bien davantage.

Je suis un peu surpris que notre arithméticien Wallace, qui pousse le nombre de nos concitoyens jusqu'à un milliard, prétende dans la même page que, l'an 966 de la création, nos pères étaient au nombre de 1610 millions.

Premièrement, je voudrais qu'on m'établît bien nettement l'époque de la création; et comme nous avons dans notre Occident près de quatre-vingts systèmes sur cet événement, il est difficile de rencontrer juste.

En second lieu, les Égyptiens, les Chaldéens, les Persans, les Indiens, les Chinois, ayant tous des calculs encore plus différents, il est encore plus malaisé de s'accorder avec eux.

Troisièmement, pourquoi en neuf cent soixante-six années le monde aurait-il été plus peuplé qu'il ne l'est de nos jours?

Pour sauver cette absurdité, on nous dit qu'il n'en allait pas autre-

---

1. La Géorgie, dont la Colchide fait partie, appartient maintenant à la Russie. (ÉD.)

2. Voltaire écrivait en 1771. On ne portait, en 1828, la population de tout le globe qu'à sept cent trente-sept millions. (*Note de M. Beuchot.*)

fois comme de notre temps; que l'espèce était bien plus vigoureuse; qu'on digérait mieux; que par conséquent on était bien plus prolifique, et qu'on vivait plus longtemps. Que n'ajoutait-on que le soleil était plus chaud et la lune plus belle?

On nous allègue que du temps de César, quoique les hommes commençassent fort à dégénérer, cependant le monde était alors une fourmilière de nos bipèdes, mais qu'à présent c'est un désert. Montesquieu, qui a toujours exagéré et qui a tout sacrifié à la démangeaison de montrer de l'esprit, ose croire, ou veut faire accroire dans ses *Lettres persanes*, que le monde était trente fois plus peuplé du temps de César qu'aujourd'hui.

Wallace avoue que ce calcul, fait au hasard, est beaucoup trop fort: mais savez-vous quelle raison il en donne? c'est qu'avant César, le monde avait eu plus d'habitants qu'aux jours les plus brillants de la république romaine. Il remonte au temps de Sémiramis; et il exagère encore plus que Montesquieu, s'il est possible.

Ensuite, se prévalant du goût qu'on a toujours attribué au Saint-Esprit pour l'hyperbole, il ne manque pas d'apporter en preuve les onze cent soixante mille hommes d'élite qui marchaient si fièrement sous les étendards du grand roi Josaphat ou Jeozaphat, roi de la province de Juda. Serrez, serrez, monsieur Wallace; le Saint-Esprit ne peut se tromper; mais ses ayants cause et ses copistes ont mal calculé et mal chiffré. Toute votre Écosse ne pourrait pas fournir onze cent soixante mille âmes pour assister à vos prêches; et le royaume de Juda n'était pas la vingtième partie de l'Écosse. Voyez encore une fois ce que dit saint Jérôme de cette pauvre Terre-Sainte, dans laquelle il demeura si longtemps. Avez-vous bien calculé ce qu'il aurait fallu au grand roi Josaphat pour payer, nourrir, habiller, armer onze cent soixante mille soldats d'élite?

Et voilà justement comme on écrit l'histoire[1].

M. Wallace revient de Josaphat à César, et conclut que depuis ce dictateur de courte durée la terre s'est dépeuplée visiblement. Voyez, dit-il, les Suisses; ils étaient, au rapport de César au nombre de trois cent soixante-huit mille, quand ils quittèrent sagement leur pays pour aller chercher fortune, à l'exemple des Cimbres.

Je ne veux que cet exemple pour faire rentrer en eux-mêmes les partisans un peu outrés du talent d'engendrer dont ils gratifient les anciens aux dépens des modernes. Le canton de Berne, par un dénombrement exact, possède seul le nombre des habitants qui désertèrent l'Helvétie du temps de César. L'espèce humaine est donc plus que doublée dans l'Helvétie depuis cette aventure.

Je crois de même l'Allemagne, la France, l'Angleterre, bien plus peuplées qu'elles ne l'étaient alors. Ma raison est la prodigieuse extirpation des forêts et le nombre des grandes villes bâties et accrues depuis huit cents ans, et le nombre des arts augmenté en proportion.

1. Vers de Voltaire dans *Charlot*, acte I scène VII. (ÉD.)

Voilà, je pense, une réponse précise à toutes les déclamations vagues qu'on répète tous les jours dans des livres où l'on néglige la vérité en faveur des saillies, et qui deviennent très-inutiles à force d'esprit.

L'*Ami des hommes* suppose que du temps de César on compta cinquante-deux millions d'hommes en Espagne; Strabon dit qu'elle a toujours été mal peuplée, parce que le milieu des terres manque d'eau. Strabon paraît avoir raison, et l'*Ami des hommes* paraît se tromper.

Mais on nous effraye en nous demandant ce que sont devenues ces multitudes prodigieuses de Huns, d'Alains, d'Ostrogoths, de Visigoths, de Vandales, de Lombards, qui se répandirent comme des torrents sur l'Europe au ve siècle.

Je me défie de ces multitudes; j'ose soupçonner qu'il suffisait de trente ou quarante mille bêtes féroces tout au plus pour venir jeter l'épouvante dans l'empire romain, gouverné par une Pulchérie, par des eunuques et par des moines. C'était assez que dix mille barbares eussent passé le Danube, pour que dans chaque paroisse on dit au prône qu'il y en avait plus que de sauterelles dans les plaies d'Égypte; que c'était un fléau de Dieu; qu'il fallait faire pénitence et donner son argent aux couvents. La peur saisissait tous les habitants; ils fuyaient en foule. Voyez seulement quel effroi un loup jeta dans le Gévaudan en 1766.

Mandrin, suivi de cinquante gueux, met une ville entière à contribution. Dès qu'il est entré par une porte, on dit à l'autre qu'il vient avec quatre mille combattants et du canon.

Si Attila fut jamais à la tête de cinquante mille assassins affamés, ramassés de province en province, on lui en donnait cinq cent mille.

Les millions d'hommes qui suivaient les Xerxès, les Cyrus, les Tomyris, les trente ou trente-quatre millions d'Égyptiens, et la Thèbes aux cent portes,

> ....*Et quidquid Græcia mendax*
> *Audet in historia* [1],

ressemblent assez aux cinq cent mille hommes d'Attila. Cette compagnie de voyageurs aurait été difficile à nourrir sur la route.

Ces Huns venaient de la Sibérie, soit; de là je conclus qu'ils venaient en très-petit nombre. La Sibérie n'était certainement pas plus fertile que de nos jours. Je doute que sous le règne de Tomyris il y eût une ville telle que Tobolsk, et que ces déserts affreux pussent nourrir un grand nombre d'habitants.

Les Indes, la Chine, la Perse, l'Asie Mineure, étaient très-peuplées; je le crois sans peine : et peut-être ne le sont-elles pas moins de nos jours, malgré la rage destructive des invasions et des guerres. Partout où la nature a mis des pâturages, le taureau se marie à la génisse, le bélier à la brebis, et l'homme à la femme.

Les déserts de Barca, de l'Arabie, d'Horeb, de Sinaï, de Jérusalem, de Cobi, etc., ne furent jamais peuplés, ne le sont point, et ne le se-

1. Juvénal. sat. x, 174. 75. (ÉD.)

ront jamais, à moins qu'il n'arrive quelque révolution qui change en bonne terre labourable ces horribles plaines de sable et de cailloux.

Le terrain de la France est assez bon, et il est suffisamment couvert de consommateurs, puisque en tout genre il y a plus de postulants que de places, puisqu'il y a deux cent mille fainéants qui gueusent d'un bout du pays à l'autre, et qui soutiennent leur détestable vie aux dépens des riches; enfin, puisque la France nourrit près de quatre-vingt mille moines, dont aucun n'a fait servir ses mains à produire un épi de froment.

Section II. — Réfutation d'un article de l'Encyclopédie. — Vous lisez dans le grand *Dictionnaire encyclopédique*, à l'article *Population*, ces paroles dans lesquelles il n'y a pas un mot de vrai :

« La France s'est accrue de plusieurs grandes provinces très-peuplées; et cependant ses habitants sont moins nombreux d'un cinquième qu'ils ne l'étaient avant ces réunions : et ses belles provinces, que la nature semble avoir destinées à fournir des subsistances à toute l'Europe, sont incultes[1]. »

1° Comment des provinces très-peuplées étant incorporées à un royaume, ce royaume serait-il moins peuplé d'un cinquième? a-t-il été ravagé par la peste? S'il a perdu ce cinquième, le roi doit avoir perdu un cinquième de ses revenus. Cependant le revenu annuel de la couronne est porté à près de trois cent quarante millions de livres, année commune, à quarante-neuf livres et demie le marc. Cette somme retourne aux citoyens par le payement des rentes et des dépenses, et ne peut encore y suffire.

2° Comment l'auteur peut-il avancer que la France a perdu le cinquième de ses habitants en hommes et en femmes, depuis l'acquisition de Strasbourg, quand il est prouvé, par les recherches de trois intendants, que la population est augmentée depuis vingt ans dans leurs généralités?

Les guerres, qui sont le plus horrible fléau du genre humain, laissent en vie l'espèce femelle qui le répare. De là vient que les bons pays sont toujours à peu près également peuplés.

Les émigrations des familles entières sont plus funestes. La révocation de l'édit de Nantes et les dragonnades ont fait à la France une plaie cruelle : mais cette blessure est refermée, et le Languedoc, qui est la province dont il est le plus sorti de réformés, est aujourd'hui la province de France la plus peuplée, après l'Île-de-France et la Normandie.

3° Comment peut-on dire que les belles provinces de France sont incultes? en vérité, c'est se croire damné en paradis. Il suffit d'avoir des

---

1. Cette opinion s'est établie d'après d'anciens dénombrements vraisemblablement très-exagérés. Jamais la France n'a été mieux cultivée, et par conséquent plus peuplée que depuis la paix de 1763; mais on doit dire en même temps qu'elle n'est peut-être pas encore parvenue à la moitié de la population et de la richesse que son sol peut lui promettre, et desquelles l'exécution du plan dont on a vu quelques essais en 1776, l'aurait fait approcher dans l'espace de trois ou quatre générations. (*Ed. de Kehl.*)

yeux pour être persuadé du contraire. Mais, sans entrer ici dans un long détail, considérons Lyon, qui contient environ cent trente mille habitants, c'est-à-dire autant que Rome, et non pas deux cent mille, comme dit l'abbé de Caveyrac dans son Apologie de la dragonnade et de la Saint-Barthélemy [1]. Il n'y a point de ville où l'on fasse meilleure chère. D'où vient cette affluence de nourritures excellentes, si ce n'est des campagnes voisines? Ces campagnes sont donc très-bien cultivées, elles sont donc riches. J'en dirai autant de toutes les villes de France. L'étranger est étonné de l'abondance qu'il y trouve, et d'être servi en vaisselle d'argent dans plus d'une maison.

Il y a des terrains indomptables, comme les landes de Bordeaux, la partie de la Champagne nommée *pouilleuse*. Ce n'est pas assurément la mauvaise administration qui a frappé de stérilité ces malheureux pays : ils n'étaient pas meilleurs du temps des druides.

C'est un grand plaisir de se plaindre et de censurer, je l'avoue. Il est doux, après avoir mangé d'un mouton de pré salé, d'un veau de rivière, d'un caneton de Rouen, d'un pluvier de Dauphiné, d'une gelinotte ou d'un coq de bruyère de Franche-Comté; après avoir bu du vin de Chambertin, de Silleri, d'Aï, de Frontignan; il est doux, dis-je, de plaindre dans une digestion un peu laborieuse le sort des campagnes qui ont fourni très-chèrement toutes ces délicatesses. Voyagez, messieurs, et vous verrez si vous serez ailleurs mieux nourris, mieux abreuvés, mieux logés, mieux habillés, et mieux voiturés.

Je crois l'Angleterre, l'Allemagne protestante, la Hollande, plus peuplées à proportion. La raison en est évidente : il n'y a point dans ces pays-là de moines qui jurent à Dieu d'être inutiles aux hommes. Les prêtres, n'ayant que très-peu de chose à faire, s'occupent à étudier et à propager. Ils font des enfants robustes, et leur donnent une meilleure éducation que n'en ont les enfants des marquis français et italiens.

Rome, au contraire, serait déserte sans les cardinaux, les ambassadeurs et les voyageurs. Elle ne serait, comme le temple de Jupiter-Ammon, qu'un monument illustre. On comptait, du temps des premiers Césars, des millions d'hommes dans ce territoire stérile, que les esclaves et le fumier rendaient fécond. C'était une exception à cette loi générale, que la population est d'ordinaire en raison de la bonté du sol.

La victoire avait fertilisé et peuplé cette terre ingrate. Une espèce de gouvernement la plus étrange, la plus contradictoire qui ait jamais étonné les hommes, a rendu au territoire de Romulus sa première nature. Tout le pays est dépeuplé d'Orviète à Terracine. Rome, réduite à ses citoyens, ne serait pas à Londres comme un est à douze; et en

1. Caveyrac a copié cette exagération de Pluche, sans lui en faire honneur. Pluche, dans sa *Concorde* (ou discorde) *de la géographie*, page 152, donne libéralement un million d'habitants à Paris, deux cent mille à Lyon, deux cent mille à Lille, qui n'en a pas la moitié; cent mille à Nantes, à Marseille, à Toulouse. Il vous débite ces mensonges imprimés avec la même confiance qu'il parle du lac Sirbon et qu'il démontre le déluge. Et on nourrit l'esprit de la jeunesse de ces extravagances!

fait d'argent et de commerce, elle ne serait pas aux villes d'Amsterdam et de Londres comme un est à mille.

Ce que Rome a perdu, non-seulement l'Europe l'a regagné, mais la population a triplé presque partout depuis Charlemagne.

Je dis triplé, et c'est beaucoup; car on ne propage point en progression géométrique. Tous les calculs qu'on a faits sur cette prétendu. multiplication sont des chimères absurdes.

Si une famille d'hommes ou de singes multipliait en cette façon, la terre au bout de deux cents ans n'aurait pas de quoi les nourrir.

La nature a pourvu à conserver et à restreindre les espèces. Elle ressemble aux parques qui filaient et coupaient toujours. Elle n'est occupée que de naissances et de destructions.

Si elle a donné à l'animal homme plus d'idées, plus de mémoire qu'aux autres; si elle l'a rendu capable de généraliser ses idées et de les combiner; si elle l'a avantagé du don de la parole, elle ne lui a pas accordé celui de la multiplication comme aux insectes. Il y a plus de fourmis dans telle lieue carrée de bruyères, qu'il n'y a jamais eu d'hommes sur le globe.

Quand un pays possède un grand nombre de fainéants, soyez sûr qu'il est assez peuplé, puisque ces fainéants sont logés, nourris, vêtus, amusés, respectés, par ceux qui travaillent.

S'il y a trop d'habitants, si toutes les places sont prises, on va travailler et mourir à Saint-Domingue, à la Martinique, à Philadelphie, Boston.

Le point principal n'est pas d'avoir du superflu en hommes, mais de rendre ce que nous en avons le moins malheureux qu'il est possible.

Remercions la nature de nous avoir donné l'être dans la zone tempérée, peuplée partout d'un nombre plus que suffisant d'habitants qui cultivent tous les arts; et tâchons de ne pas gâter notre bonheur par nos sottises.

Section III. — Fragment sur la population .

Section IV. — De la population de l'Amérique. — La découverte de l'Amérique, cet objet de tant d'avarice, de tant d'ambition, est devenue aussi un objet de la philosophie. Un nombre prodigieux d'écrivains s'est efforcé de prouver que les Américains étaient une colonie de l'ancien monde. Quelques métaphysiciens modestes [2] ont dit que le même pouvoir qui a fait croître l'herbe dans les campagnes de l'Amérique y a pu mettre aussi des hommes; mais ce système nu et simple n'a pas été écouté.

Quand le grand Colombo soupçonna l'existence de ce nouvel univers, on lui soutint que la chose était impossible; on prit Colombo pour un visionnaire. Quand il en eut fait la découverte, on dit que ce nouveau monde était connu longtemps auparavant.

1. Cette section est la XIXᵉ des *Remarques de l'Essai sur les Mœurs* (Voy. *Mélanges*, année 1763). (ED.)
2. *Essai sur les mœurs*, chap. CXLV et CXLVI, et *Philosophie de l'histoire*, paragraphe VIII. (ED.)

On a prétendu que Martin Beheim, natif de Nuremberg, était parti de Flandre vers l'an 1460, pour chercher ce monde inconnu, et qu'il poussa jusqu'au détroit de Magellan, dont il laissa des cartes incognito; mais comme Martin Beheim n'avait pas peuplé l'Amérique, et qu'il fallait absolument qu'un des arrière-petits-fils de Noé eût pris cette peine, on chercha dans l'antiquité tout ce qui pouvait avoir rapport à quelque long voyage, et on l'appliqua à la découverte de cette quatrième partie de notre globe. On fit aller les vaisseaux de Salomon au Mexique, et c'est de là qu'on tira l'or d'Ophir pour ce prince, qui était obligé d'en emprunter du roi Hiram. On trouva l'Amérique dans Platon. On en fit honneur aux Carthaginois; et on cita sur cette anecdote un livre d'Aristote qu'il n'a pas composé.

Hornius prétendit trouver quelque conformité entre la langue des Hébreux et celle des Caraïbes. Le P. Lafitau, jésuite, n'a pas manqué de suivre une si belle ouverture. Les Mexicains dans leurs grandes afflictions déchiraient leurs vêtements; quelques peuples de l'Asie en usaient autrefois ainsi, donc ils sont les ancêtres des Mexicains. On pouvait ajouter qu'on danse beaucoup en Languedoc, que les Hurons dansent aussi dans leurs réjouissances, et qu'ainsi les Languedociens viennent des Hurons, ou les Hurons des Languedociens.

Les auteurs d'une terrible *Histoire universelle* prétendent que tous les Américains sont une colonie de Tartares. Ils assurent que c'est l'opinion la plus généralement reçue parmi les savants; mais ils ne disent pas que ce soit parmi les savants qui pensent. Selon eux, quelque descendant de Noé n'eut rien de plus pressé que d'aller s'établir dans le délicieux pays de Kamtschatka, au nord de la Sibérie. Sa famille n'ayant rien à faire alla visiter le Canada, soit en équipant des flottes, soit en marchant par plaisir au milieu des glaces, soit par quelque langue de terre qui ne s'est pas retrouvée jusqu'à nos jours. On se mit ensuite à faire des enfants dans le Canada, et bientôt ce beau pays ne pouvant plus nourrir la multitude prodigieuse de ses habitants, ils allèrent peupler le Mexique, le Pérou, le Chili; et leurs arrière-petites-filles accouchèrent de géants vers le détroit de Magellan.

Comme on trouve des animaux féroces dans quelques pays chauds de l'Amérique, ces auteurs supposent que les Christophes Colombs de Kamtschatka les avaient amenés en Canada pour leur divertissement, et avaient eu la précaution de prendre tous les individus de ces espèces qui ne se trouvent plus dans notre continent.

Mais les Kamtschatkiens n'ont pas seuls servi à peupler le nouveau monde; ils ont été charitablement aidés par les Tartares-Mantchoux, par les Huns, par les Chinois, par les Japonais.

Les Tartares-Mantchoux sont incontestablement les ancêtres des Péruviens, car Mango-Capak est le premier inca du Pérou. Mango ressemble à Manco, Manco à Mancu, Mancu à Mantchu, et de là à Mantchou il n'y a pas loin. Rien n'est mieux démontré.

Pour les Huns, ils ont bâti en Hongrie une ville qu'on appelait Cunadi; or, en changeant *cu* en *ca*, on trouve Canadi, d'où le Canada a manifestement tiré son nom.

Une plante ressemblante au ginseng des Chinois croît en Canada; donc les Chinois l'y ont portée, avant même qu'ils fussent maîtres de la partie de la Tartarie chinoise où croît leur ginseng : et d'ailleurs les Chinois sont de si grands navigateurs qu'ils ont envoyé autrefois des flottes en Amérique, sans jamais conserver avec leurs colonies la moindre correspondance.

A l'égard des Japonais, comme ils sont les plus voisins de l'Amérique, dont ils ne sont guère éloignés que de douze cents lieues, ils y ont sans doute été autrefois; mais ils ont depuis négligé ce voyage.

Voilà pourtant ce qu'on ose écrire de nos jours. Que répondre à ces systèmes et à tant d'autres? rien.

POSSÉDÉS. — De tous ceux qui se vantent d'avoir des liaisons avec le diable, il n'y a que les possédés à qui on n'a jamais rien de bon à répliquer. Qu'un homme vous dise : « Je suis possédé, » il faut l'en croire sur sa parole. Ceux-là ne sont point obligés de faire des choses bien extraordinaires; et quand ils les font, ce n'est que pour surabondance de droit. Que répondre à un homme qui roule les yeux, qui tord la bouche, et qui dit qu'il a le diable au corps? Chacun sent ce qu'il sent. Il y a eu autrefois tout plein de possédés, il peut donc s'en rencontrer encore. S'ils s'avisent de battre le monde, on le leur rend bien, et alors ils deviennent fort modérés. Mais pour un pauvre possédé qui se contente de quelques convulsions, et qui ne fait de mal à personne, on n'est pas en droit de lui en faire. Si vous disputez contre lui, vous aurez infailliblement le dessous; il vous dira : « Le diable est entré chez moi sous une telle forme; j'ai depuis ce temps-là une colique surnaturelle, que tous les apothicaires du monde ne peuvent soulager. » Il n'y a certainement d'autre parti à prendre avec cet homme que celui de l'exorciser, ou de l'abandonner au diable.

C'est grand dommage qu'il n'y ait plus aujourd'hui ni possédés, ni magiciens, ni astrologues, ni génies. On ne peut concevoir de quelle ressource étaient, il y a cent ans, tous ces mystères. Toute la noblesse vivait alors dans ses châteaux. Les soirs d'hiver sont longs; on serait mort d'ennui sans ces nobles amusements. Il n'y avait guère de château où il ne revînt une fée à certains jours marqués, comme la fée Merlusine au château de Lusignan. Le grand veneur, homme sec et noir, chassait avec une meute de chiens noirs dans la forêt de Fontainebleau. Le diable tordait le cou au maréchal Fabert. Chaque village avait son sorcier ou sa sorcière; chaque prince avait son astrologue; toutes les dames se faisaient dire leur bonne aventure; les possédés couraient les champs; c'était à qui avait vu le diable, ou à qui le verrait; tout cela était un sujet de conversations inépuisables, qui tenait les esprits en haleine. A présent on joue insipidement aux cartes, et on a perdu à être détrompé.

POSTE. — Autrefois, si vous aviez eu un ami à Constantinople et un autre à Moscou, vous auriez été obligé d'attendre leur retour pour apprendre de leurs nouvelles. Aujourd'hui, sans qu'ils sortent de leur chambre ni vous de la vôtre, vous conversez familièrement avec eux par le moyen d'une feuille de papier. Vous pouvez même leur envoyer par la poste un sachet de l'apothicaire Arnoult contre l'apoplexie, et il est reçu plus infailliblement qu'il ne les guérit.

Si l'un de vos amis a besoin de faire toucher de l'argent à Pétersbourg et l'autre à Smyrne, la poste fait votre affaire.

Votre maîtresse est-elle à Bordeaux, et vous devant Prague avec votre régiment, elle vous assure régulièrement de sa tendresse; vous savez par elle toutes les nouvelles de la ville, excepté les infidélités qu'elle vous fait.

Enfin la poste est le lien de toutes les affaires, de toutes les négociations; les absents deviennent par elle présents; elle est la consolation de la vie.

La France, où cette belle invention fut renouvelée dans nos temps barbares, a rendu ce service à toute l'Europe. Aussi n'a-t-elle jamais corrompu ce bienfait; et jamais le ministère qui a eu le département des postes n'a ouvert les lettres d'aucun particulier, excepté quand il a eu besoin de savoir ce qu'elles contenaient. Il n'en est pas ainsi, dit-on, dans d'autres pays. On a prétendu qu'en Allemagne vos lettres, en passant par cinq ou six dominations différentes, étaient lues cinq ou six fois, et qu'à la fin le cachet était si rompu, qu'on était obligé d'en remettre un autre.

M. Craigs, secrétaire d'État en Angleterre, ne voulut jamais qu'on ouvrît les lettres dans ses bureaux; il disait que c'était violer la foi publique, qu'il n'est pas permis de s'emparer d'un secret qui ne nous est pas confié, qu'il est souvent plus criminel de prendre à un homme ses pensées que son argent, que cette trahison est d'autant plus malhonnête, qu'on peut la faire sans risque, et sans en pouvoir être convaincu.

Pour dérouter l'empressement des curieux, on imagina d'abord d'écrire une partie de ses dépêches en chiffres; mais la partie en caractères ordinaires servait quelquefois à faire découvrir l'autre. Cet inconvénient fit perfectionner l'art des chiffres, qu'on appelle *sténographie*.

On opposa à ces énigmes l'art de les déchiffrer; mais cet art fut très-fautif et très-vain. On ne réussit qu'à faire accroire à des gens peu instruits qu'on avait déchiffré leurs lettres, et on n'eut que le plaisir de leur donner des inquiétudes. Telle est la loi des probabilités, que dans un chiffre bien fait il y a deux cents, trois cents, quatre cents à parier contre un que dans chaque numéro vous ne devinerez pas la syllabe dont il est représentatif.

Le nombre des hasards augmente avec la combinaison de ces numéros; et le déchiffrement devient totalement impossible quand le chiffre est fait avec un peu d'art.

Ceux qui se vantent de déchiffrer une lettre sans être instruits des affaires qu'on y traite, et sans avoir des secours préliminaires, sont de plus grands charlatans que ceux qui se vanteraient d'entendre une langue qu'ils n'ont point apprise.

Quant à ceux qui vous envoient familièrement par la poste une tragédie en grand papier et en gros caractère, avec des feuilles blanches pour y mettre vos observations, ou qui vous régalent d'un premier tome de métaphysique en attendant le second, on peut leur dire qu'ils n'ont pas toute la discrétion requise, et qu'il y a même des pays où ils risqueraient de faire connaître au ministère qu'ils sont de mauvais poëtes et de mauvais métaphysiciens.

POURQUOI (LES). — Pourquoi ne fait-on presque jamais la dixième partie du bien qu'on pourrait faire ?

Il est clair que si une nation qui habite entre les Alpes, les Pyrénées et la mer, avait employé à l'amélioration et à l'embellissement du pays la dixième partie de l'argent qu'elle a perdu dans la guerre de 1741, et la moitié des hommes tués inutilement en Allemagne, l'État aurait été plus florissant. Pourquoi ne l'a-t-on pas fait ? pourquoi préférer une guerre que l'Europe regardait comme injuste aux travaux heureux de la paix, qui auraient produit l'agréable et l'utile ?

Pourquoi Louis XIV, qui avait tant de goût pour les grands monuments, pour les fondations, pour les beaux-arts, perdit-il huit cents millions de notre monnaie d'aujourd'hui à voir ses cuirassiers et sa maison passer le Rhin à la nage, à ne point prendre Amsterdam, à soulever contre lui presque toute l'Europe ? Que n'aurait-il point fait avec ses huit cents millions ?

Pourquoi, lorsqu'il réforma la jurisprudence, ne fut-elle réformée qu'à moitié ? tant d'anciens usages fondés sur les décrétales et sur le droit canon devaient-ils subsister encore ? Était-il nécessaire que, dans tant de causes qu'on appelle *ecclésiastiques*, et qui au fond sont civiles, on appelât à son évêque, de son évêque au métropolitain, du métropolitain au primat, du primat à Rome *ad apostolos*, comme si les apôtres avaient été autrefois les juges des Gaules en dernier ressort ?

Pourquoi, lorsque Louis XIV fut outragé par le pape Alexandre VII, Chigi, s'amusa-t-il à faire venir un légat en France pour lui faire de frivoles excuses, et à dresser dans Rome une pyramide dont les inscriptions ne regardaient que les archers du guet de Rome ; pyramide qu'il fit démolir bientôt après ? Ne valait-il pas mieux abolir pour jamais la simonie, par laquelle tout évêque des Gaules et tout abbé paye à la chambre apostolique italienne la moitié de son revenu ?

Pourquoi le même monarque, bien plus outragé par Innocent XI, Odescalchi, qui prenait contre lui le parti du prince d'Orange, se contenta-t-il de faire soutenir quatre propositions dans ses universités, et se refusa-t-il aux vœux de toute la magistrature, qui sollicitait une rupture éternelle avec la cour romaine ?

Pourquoi, en faisant des lois, oublia-t-on de ranger toutes les provinces du royaume sous une loi uniforme, et laissa-t-on subsister cent quarante coutumes, cent quarante-quatre mesures différentes ?

Pourquoi les provinces de ce royaume furent-elles toujours réputées étrangères l'une à l'autre, de sorte que les marchandises de Normandie, transportées par terre en Bretagne, payent des droits comme si elles venaient d'Angleterre?

Pourquoi n'était-il pas permis de vendre en Picardie le blé recueilli en Champagne, sans une permission expresse, comme on obtient à Rome pour trois jules la permission de lire des livres défendus?

Pourquoi laissait-on si longtemps la France souillée de l'opprobre de la vénalité? Il semblait réservé à Louis XV d'abolir cet usage d'acheter le droit de juger les hommes, comme on achète une maison de campagne, et de faire payer des épices à un plaideur, comme on fait payer des billets de comédie à la porte.

Pourquoi instituer dans un royaume les charges et dignités de Conseillers du roi... Inspecteurs des boissons,

Inspecteurs des boucheries,

Greffiers des inventaires,

Contrôleurs des amendes,

Inspecteurs des cochons,

Péréquateurs des tailles,

Mouleurs de bois à brûler,

Aides à mouleurs,

Empileurs de bois,

Déchargeurs de bois neuf,

Contrôleurs de bois de charpente,

Marqueurs de bois de charpente,

Mesureurs de charbon,

Cribleurs de grains,

Inspecteurs des veaux,

Contrôleurs de volailles,

Jaugeurs de tonneaux,

Essayeurs d'eaux-de-vie,

Essayeurs de bière,

Rouleurs de tonneaux,

Débardeurs de foin,

Plancheleurs-débâcleurs,

Auneurs de toile,

Inspecteurs des perruques?

Ces offices, qui font sans doute la prospérité et la splendeur d'un empire, formaient des communautés nombreuses, qui avaient chacune leur syndic. Tout cela fut supprimé en 1719, mais pour faire place à d'autres de pareille espèce dans la suite des temps.

Ne vaudrait-il pas mieux retrancher tout le faste et tout le luxe de la grandeur que de les soutenir misérablement par des moyens si bas et si honteux?

Pourquoi un royaume réduit souvent aux extrémités et à quelque

_____

1. Le contrôleur-général Pontchartrain, depuis chancelier, est un des ministres qui ont le plus employé ce moyen d'obtenir des secours momentanés : c'est lui qui disait : « La Providence veille sur ce royaume; à peine le roi a-t-il créé une charge, que Dieu crée sur-le-champ un sot pour l'acheter. » (Ed. de Kehl.)

avilissement s'est-il pourtant soutenu, quelques efforts que l'on ait faits pour l'écraser? c'est que la nation est active et industrieuse. Elle ressemble aux abeilles; on leur prend leur cire et leur miel, et le moment d'après elles travaillent à en faire d'autres.

Pourquoi dans la moitié de l'Europe les filles prient-elles Dieu en latin, qu'elles n'entendent pas?

Pourquoi presque tous les papes et tous les évêques au XVIᵉ siècle, ayant publiquement tant de bâtards, s'obstinèrent-ils à proscrire le mariage des prêtres, tandis que l'Eglise grecque a continué d'ordonner que ses curés eussent des femmes?

Pourquoi dans l'antiquité n'y eut-il jamais de querelle théologique, et ne distingua-t-on jamais aucun peuple par un nom de secte? Les Égyptiens n'étaient point appelés Isiaques, Osiriaques; les peuples de Syrie n'avaient point le nom de Cybéliens. Les Crétois avaient une dévotion particulière à Jupiter, et ne s'intitulèrent jamais Jupitériens. Les anciens Latins étaient fort attachés à Saturne; il n'y eut pas un village du Latium qu'on appelât Saturnien. Au contraire, les disciples du Dieu de vérité, prenant le titre de leur maître même, et s'appelant *oints* comme lui, déclarèrent, dès qu'ils le purent, une guerre éternelle à tous les peuples qui n'étaient pas oints, et se firent pendant plus de quatorze cents ans la guerre entre eux, en prenant les noms d'*ariens*, de *manichéens*, de *donatistes*, de *hussites*, de *papistes*, de *luthériens*, de *calvinistes*. Et même, en dernier lieu, les jansénistes et les molinistes n'ont point eu de mortification plus cuisante que de n'avoir pu s'égorger en bataille rangée. D'où vient cela?

Pourquoi un marchand libraire vous vend-il publiquement le cours d'athéisme du grand poëte Lucrèce, imprimé à l'usage du dauphin, fils unique de Louis XIV, par les ordres et sous les yeux du sage duc de Montausier, et de l'éloquent Bossuet, évêque de Meaux, et du savant Huet, évêque d'Avranches? C'est là que vous trouvez ces sublimes impiétés, ces vers admirables contre la Providence et contre l'immortalité de l'âme, qui passent de bouche en bouche à tous les siècles à venir :

Ex nihilo nihil, in nihilum nil posse reverti.

Pers. *Sat.* III, v. 84.

Rien ne vient du néant, rien ne s'anéantit.

Tangere enim et tangi nisi corpus nulla potest res.

Lucr., lib. I, v. 305.

Le corps seul peut toucher et gouverner le corps.

Nec bene promeritis capitur, nec tangitur ira (Deus).

Id., I, 62.

Rien ne peut flatter Dieu, rien ne peut l'irriter.

Tantum relligio potuit suadere malorum.

Id., I, 102.

C'est la religion qui produit tous les maux

>   *Mortale æterno jungere, et una*
>   *Consentire putare et fungi mutua posse,*
>   *Desipere est.*
>   Lucr., III, 801-3.

Il faut être insensé pour oser joindre ensemble
Ce qui dure à jamais et ce qui doit périr.

>   *Nil igitur mors est, ad nos neque pertinet hilum.*
>   Id., III, 842.

Cesser d'être n'est rien; tout meurt avec le corps.

>   *Mortalem tamen esse animam fateare necesse est.*
>   Id., III, 542.

Non, il n'est point d'enfer, et notre âme est mortelle.

>   *Hinc Acherusia fit stultorum denique vita.*
>   Id., III, 1036.

Les vieux fous sont en proie aux superstitions.

Et cent autres vers qui sont le charme de toutes les nations; productions immortelles d'un esprit qui se crut mortel.

Non-seulement on vous vend ces vers latins dans la rue Saint-Jacques et sur le quai des Augustins, mais vous achetez hardiment les traductions faites dans tous les patois dérivés de la langue latine, traductions ornées de notes savantes qui éclaircissent la doctrine du matérialisme, qui rassemblent toutes les preuves contre la Divinité, et qui l'anéantiraient si elle pouvait être détruite. Vous trouvez ce livre relié en maroquin dans la belle bibliothèque d'un grand prince dévot, d'un cardinal, d'un chancelier, d'un archevêque, d'un président à mortier; mais on condamna les dix-huit premiers livres de l'histoire du sage de Thou, dès qu'ils parurent. Un pauvre philosophe welche [1] ose-t-il imprimer, en son propre et privé nom, que si les hommes étaient nés sans doigts ils n'auraient jamais pu travailler en tapisserie, aussitôt un autre welche, revêtu, pour son argent, d'un office de robe, requiert qu'on brûle le livre et l'auteur.

Pourquoi les spectacles sont-ils anathématisés par certaines gens qui se disent du premier ordre de l'État, tandis que les spectacles sont nécessaires à tous les ordres de l'État, tandis qu'ils sont payés par le souverain de l'État, qu'ils contribuent à la gloire de l'État, et que les lois de l'État les maintiennent avec autant de splendeur que de régularité?

Pourquoi abandonne-t-on au mépris, à l'avilissement, à l'oppression, à la rapine, le grand nombre de ces hommes laborieux et innocents qui cultivent la terre tous les jours de l'année pour vous en faire manger tous les fruits; et qu'au contraire on respecte, on ménage, on courtise l'homme inutile, et souvent très-méchant, qui ne vit que de leur travail, et qui n'est riche que de leur misère?

---

1. Helvétius. (ÉD.)

Pourquoi, pendant tant de siècles, parmi tant d'hommes qui font croître le blé dont nous sommes nourris, ne s'en trouva-t-il aucun qui découvrît cette erreur ridicule, laquelle enseigne que le blé doit pourrir pour germer, et mourir pour renaître; erreur qui a produit tant d'assertions impertinentes, tant de fausses comparaisons, tant d'opinions ridicules?

Pourquoi, les fruits de la terre étant si nécessaires pour la conservation des hommes et des animaux, voit-on cependant tant d'années et tant de contrées où ces fruits manquent absolument?

Pourquoi la terre est-elle couverte de poisons dans la moitié de l'Afrique et de l'Amérique?

Pourquoi n'est-il aucun territoire où il n'y ait beaucoup plus d'insectes que d'hommes?

Pourquoi un peu de sécrétion blanchâtre et puante forme-t-elle un être qui aura des os durs, des désirs et des pensées? et pourquoi ces êtres-là se persécuteront-ils toujours les uns les autres?

Pourquoi existe-t-il tant de mal, tout étant formé par un Dieu que tous les théistes se sont accordés à nommer *bon*?

Pourquoi, nous plaignant sans cesse de nos maux, nous occupons-nous toujours à les redoubler?

Pourquoi, étant si misérables, a-t-on imaginé que n'être plus est un grand mal, lorsqu'il est clair que ce n'était pas un mal de n'être point avant sa naisssance?

Pourquoi, pleut-il tous les jours dans la mer, tandis que tant de déserts demandent de la pluie, et sont toujours arides?

Pourquoi, et comment a-t-on des rêves dans le sommeil, si on n'a point d'âme? et comment ces rêves sont-ils toujours si incohérents, si extravagants, si on en a une?

Pourquoi les astres circulent-ils d'occident en orient plutôt qu'au contraire?

Pourquoi existons-nous? pourquoi y a-t-il quelque chose?

PRÉJUGÉS. — Le préjugé est une opinion sans jugement. Ainsi dans toute la terre on inspire aux enfants toutes les opinions qu'on veut, avant qu'ils puissent juger.

Il y a des préjugés universels, nécessaires, et qui font la vertu même. Par tout pays on apprend aux enfants à reconnaître un Dieu rémunérateur et vengeur; à respecter, à aimer leur père et leur mère; à regarder le larcin comme un crime, le mensonge intéressé comme un vice, avant qu'ils puissent deviner ce que c'est qu'un vice et une vertu.

Il y a donc de très-bons préjugés; ce sont ceux que le jugement ratifie quand on raisonne.

Sentiment n'est pas simple préjugé; c'est quelque chose de bien plus fort. Une mère n'aime pas son fils parce qu'on lui dit qu'il le faut aimer, elle le chérit heureusement malgré elle. Ce n'est point par préjugé que vous courez au secours d'un enfant inconnu prêt à tomber dans un précipice, ou à être dévoré par une bête.

Mais c'est par préjugé que vous respecterez un homme revêtu de certains habits, marchant gravement, parlant de même. Vos parents vous ont dit que vous deviez vous incliner devant cet homme; vous le respectez avant de savoir s'il mérite vos respects : vous croissez en âge et en connaissances; vous vous apercevez que cet homme est un charlatan pétri d'orgueil, d'intérêt et d'artifice; vous méprisez ce que vous révériez; et le préjugé cède au jugement. Vous avez cru par préjugé les fables dont on a bercé votre enfance; on vous a dit que les Titans firent la guerre aux dieux, et que Vénus fut amoureuse d'Adonis; vous prenez à douze ans ces fables pour des vérités; vous les regardez à vingt ans comme des allégories ingénieuses.

Examinons en peu de mots les différentes sortes de préjugés, afin de mettre de l'ordre dans nos affaires. Nous serons peut-être comme ceux qui, du temps du système de Law, s'aperçurent qu'ils avaient calculé des richesses imaginaires.

Préjugés des sens. — N'est-ce pas une chose plaisante que nos yeux nous trompent toujours, lors même que nous voyons très-bien, et qu'au contraire nos oreilles ne nous trompent pas? Que votre oreille bien conformée entende : *Vous êtes belle, je vous aime;* il est bien sûr qu'on ne vous a pas dit : *Je vous hais, vous êtes laide.* Mais vous voyez un miroir uni; il est démontré que vous vous trompez, c'est une surface très-raboteuse. Vous voyez le soleil d'environ deux pieds de diamètre; il est démontré qu'il est un million de fois plus gros que la terre.

Il semble que Dieu ait mis la vérité dans vos oreilles, et l'erreur dans vos yeux; mais étudiez l'optique, et vous verrez que Dieu ne vous a pas trompé, et qu'il est impossible que les objets vous paraissent autrement que vous les voyez dans l'état présent des choses.

Préjugés physiques. — Le soleil se lève, la lune aussi, la terre est immobile : ce sont là des préjugés physiques naturels. Mais que les écrevisses soient bonnes pour le sang, parce qu'étant cuites elles sont rouges comme lui; que les anguilles guérissent la paralysie, parce qu'elles frétillent; que la lune influe sur nos maladies, parce qu'un jour on observa qu'un malade avait eu un redoublement de fièvre pendant le décours de la lune : ces idées et mille autres ont été des erreurs d'anciens charlatans, qui jugèrent sans raisonner, et qui, étant trompés, trompèrent les autres.

Préjugés historiques. — La plupart des histoires ont été crues sans examen, et cette créance est un préjugé. Fabius Pictor raconte que, plusieurs siècles avant lui, une vestale de la ville d'Albe, allant puiser de l'eau dans sa cruche, fut violée; qu'elle accoucha de Romulus et de Rémus, qu'ils furent nourris par une louve, etc. Le peuple romain crut cette fable; il n'examina point si dans ce temps-là il y avait des vestales dans le Latium, s'il était vraisemblable que la fille d'un roi sortît de son couvent avec sa cruche, s'il était probable qu'une louve allaitât deux enfants au lieu de les manger; le préjugé s'établit.

Un moine écrit que Clovis, étant dans un grand danger à la bataille de Tolbiac, fit vœu de se faire chrétien s'il en réchappait ; mais est-il naturel qu'on s'adresse à un dieu étranger dans une telle occasion ? n'est-ce pas alors que la religion dans laquelle on est né agit le plus puissamment ? Quel est le chrétien qui, dans une bataille contre les Turcs, ne s'adressera pas plutôt à la sainte Vierge qu'à Mahomet ? On ajoute qu'un pigeon apporta la sainte ampoule dans son bec pour oindre Clovis, et qu'un ange apporta l'oriflamme pour le conduire ; le préjugé crut toutes les historiettes de ce genre. Ceux qui connaissent la nature humaine savent bien que l'usurpateur Clovis, et l'usurpateur Rolon ou Rol, se firent chrétiens pour gouverner plus sûrement des chrétiens, comme les usurpateurs turcs se firent musulmans pour gouverner plus sûrement les musulmans.

Préjugés religieux. — Si votre nourrice vous a dit que Cérès préside aux blés, ou que Vistnou et Xaca se sont faits hommes plusieurs fois, ou que Sammonocodom est venu couper une forêt, ou qu'Odin vous attend dans sa salle vers le Jutland, ou que Mahomet ou quelque autre a fait un voyage dans le ciel ; enfin si votre précepteur vient ensuite enfoncer dans votre cervelle ce que votre nourrice y a gravé, vous en tenez pour votre vie. Votre jugement veut-il s'élever contre ces préjugés, vos voisins, et surtout vos voisines crient à l'impie, et vous effrayent ; votre derviche, craignant de voir diminuer son revenu, vous accuse auprès du cadi, et ce cadi vous fait empaler s'il le peut, parce qu'il veut commander à des sots, et qu'il croit que les sots obéissent mieux que les autres : et cela durera jusqu'à ce que vos voisins, et le derviche, et le cadi, commencent à comprendre que la sottise n'est bonne à rien, et que la persécution est abominable.

PRÉPUCE. — Il est toujours question de prépuce dans le livre des Juifs. Le passage le plus embarrassant, touchant le prépuce, est celui du premier chapitre des Machabées. L'auteur parle de plusieurs Juifs qui demandèrent permission au roi Antiochus de vivre à la grecque, permission qu'on leur accorda très-facilement. Ils étaient honteux, dans les bains publics et dans les exercices où il fallait paraître nus, de montrer aux Grecs les marques de leur circoncision. Le texte dit qu'ils se firent des prépuces, et qu'ils violèrent le saint Testament : *Fecerunt sibi præputia, et recesserunt a Testamento sancto.*

Comment se fait-on un prépuce ? il ne revient point comme les ongles. Ce n'est à la vérité qu'un très-petit bord du capuchon du gland qu'on a coupé ; mais ce bout de chair ne renaît pas plus que le bout du nez.

Les rabbins ont prétendu qu'il y a une manière de faire rétablir ce prépuce ; mais ils ont raisonné en rabbins. En vain le médecin Bartholin a voulu soutenir cette opinion ridicule. Il y a seulement une manière assez aisée de déguiser un peu l'amputation du prépuce : c'est de le lier un peu par le bout avec un fil, quand la verge n'est pas dans son intumescence : mais un tel palliatif ne pourrait se prolonger longtemps. Au reste on coupe si peu de chair aux Hébreux et aux musulmans, qu'il faut de bons yeux pour s'apercevoir de ce qui manque.

On n'a pas eu moins de peine à expliquer un passage de Jérémie assez singulier :

« Je visiterai quiconque a le prépuce coupé, l'Égypte, Juda, Édom, les enfants d'Ammon et de Moab, et tous ceux qui ont les cheveux courts et qui habitent le désert, car toutes ces nations ont leur prépuce; mais les Israélites sont incirconcis de cœur. »

On a cru que le prophète Jérémie se contredisait, puisqu'il est clair que la plupart des peuples dont il parle étaient circoncis; aussi les opinions sont-elles fort partagées sur le sens de ce passage.

Dans les premiers temps du christianisme, c'était une question très-délicate s'il fallait abolir ou conserver la circoncision. Jésus-Christ avait été circoncis. Les frères reprochèrent à saint Pierre d'avoir communiqué avec ceux qui possédaient leur prépuce : *Quare introisti ad viros præputium habentes?* (*Act. Apost.*, cap. II.) Saint Paul dit : « La circoncision est utile si tu as accompli la loi; mais si tu prévariques, ta circoncision devient prépuce. » (*Epist. ad Rom.*, cap. I.) Et ces paroles sont encore un sujet de dispute. Saint Paul et ses compagnons à l'apostolat avaient des disciples circoncis, et d'autres qui ne l'étaient pas. Les chrétiens ont, depuis longtemps, la circoncision en horreur; cependant les catholiques se vantent de posséder le prépuce de notre Sauveur; il est à Rome dans l'église de Saint-Jean-de-Latran, la première qu'on ait bâtie dans cette capitale; il est aussi à Saint-Jacques-de-Compostelle en Espagne; dans Anvers; dans l'abbaye de Saint-Corneille à Compiègne; à Notre-Dame-de-la-Colombe, dans le diocèse de Chartres; dans la cathédrale du Puy-en-Velai; et dans plusieurs autres lieux. Il y a peut-être un peu de superstition dans cette piété mal entendue.

PRÉTENTIONS. — Il n'y a pas dans notre Europe un seul prince qui ne s'intitule *souverain* d'un pays possédé par son voisin. Cette manie politique est inconnue dans le reste du monde : jamais le roi de Boutan ne s'est dit *empereur de la Chine;* jamais le conteish tartare ne prit le titre de *roi d'Égypte.*

Les plus belles prétentions ont toujours été celles des papes : deux clefs en sautoir les mettaient visiblement en possession du royaume des cieux; ils liaient et ils déliaient tout sur la terre. Cette ligature les rendait maîtres du continent; et les filets de saint Pierre leur donnaient le domaine des mers.

Plusieurs savants théologiens ont cru que ces dieux diminuèrent eux-mêmes quelques articles de leurs prétentions, lorsqu'ils furent vivement attaqués par les titans nommés *luthériens*, *anglicans*, *calvinistes*, etc. Il est très-vrai que plusieurs d'entre eux devinrent plus modestes, que leur cour céleste eut plus de décence; cependant leurs prétentions se sont renouvelées dans toutes les occasions. Je n'en veux pour preuve que la conduite d'Aldobrandin, Clément VIII, envers le grand Henri IV, quand il fallut lui donner une absolution dont il n'avait que faire, puisqu'il était absous par les évêques de son royaume et qu'il était victorieux.

Aldobrandin résista d'abord pendant une année entière, et ne voulut pas reconnaître le duc de Nevers pour ambassadeur de France. A la fin il consentit à ouvrir la porte du royaume des cieux à Henri, aux conditions suivantes :

1° Que Henri demanderait pardon de s'être fait ouvrir la porte par des sous-portiers tels que des évêques, au lieu de s'adresser au grand portier.

2° Qu'il s'avouerait déchu du trône de France jusqu'à ce qu'Aldobrandin le réhabilitât par la plénitude de sa puissance.

3° Qu'il se ferait sacrer et couronner une seconde fois, la première étant nulle, puisqu'elle avait été faite sans l'ordre exprès d'Aldobrandin.

4° Qu'il chasserait tous les protestants de son royaume, ce qui n'était ni honnête ni possible. La chose n'était pas honnête, parce que les protestants avaient prodigué leur sang pour le faire roi de France; elle n'était pas possible, parce que ces dissidents étaient au nombre de deux millions.

5° Qu'il ferait au plus vite la guerre au Grand-Turc, ce qui n'était ni plus honnête ni plus possible, puisque le Grand-Turc l'avait reconnu roi dans le temps que Rome ne le reconnaissait pas, et que Henri n'avait ni troupes, ni argent, ni vaisseaux, pour aller faire la guerre comme un fou à ce Grand-Turc son allié.

6° Qu'il recevrait, couché sur le ventre tout de son long, l'absolution de monsieur le légat, selon la forme ordinaire; c'est-à-dire qu'il serait fustigé par monsieur le légat.

7° Qu'il rappellerait les jésuites chassés de son royaume par le parlement, pour l'assassinat commis sur sa personne par Jean Chastel leur écolier.

J'omets plusieurs autres petites prétentions. Henri en fit modérer plusieurs. Il obtint surtout, avec bien de la peine, qu'il ne serait fouetté que par procureur, et de la propre main d'Aldobrandin.

Vous me direz que Sa Sainteté était forcée à exiger des conditions si extravagantes par le vieux démon du Midi Philippe II, qui avait dans Rome plus de pouvoir que le pape. Vous comparerez Aldobrandin à un soldat poltron, que son colonel conduit à la tranchée à coups de bâton.

Je vous répondrai qu'en effet Clément VIII craignait Philippe II, mais qu'il n'était pas moins attaché aux droits de sa tiare; que c'était un si grand plaisir pour le petit-fils d'un banquier de donner le fouet à un roi de France, que pour rien au monde Aldobrandin n'eût voulu s'en départir.

Vous me répliquerez que si un pape voulait réclamer aujourd'hui de telles prétentions, s'il voulait donner le fouet au roi de France, au roi d'Espagne, ou au roi de Naples, ou au duc de Parme, pour avoir chassé les révérends Pères jésuites, il risquerait d'être traité comme Clément VII le fut par Charles-Quint, et d'essuyer des humiliations beaucoup plus grandes; qu'il faut sacrifier ses prétentions à son humilité; qu'on doit céder au temps; que le shérif de la Mecque doit proclamer Alibeg roi d'Egypte, s'il est victorieux et affermi. Je vous répondrai que vous avez raison.

Prétentions de l'empire, tirées de Glafey et de Schwoeder. — Sur Rome (nulle). Charles-Quint, même après avoir pris Rome, ne réclama point le droit de domaine utile.

Sur le patrimoine de saint Pierre, depuis Viterbe jusqu'à Civita-Castellana, terres de la comtesse Mathilde, mais cédées solennellement par Rodolphe de Habsbourg.

Sur Parme et Plaisance, domaine suprême comme partie de la Lombardie; envahies par Jules II, données par Paul III à son bâtard Farnèse; hommage toujours fait depuis ce temps au pape; suzeraineté toujours réclamée par les seigneurs de Lombardie; le droit de suzeraineté entièrement rendu à l'empereur aux traités de Cambrai, de Londres, à la paix de 1737.

Sur la Toscane, droit de suzeraineté exercé par Charles-Quint; État de l'Empire appartenant aujourd'hui au frère de l'empereur.

Sur la république de Lucques, érigée en duché par Louis de Bavière en 1328; les sénateurs déclarés depuis vicaires de l'Empire par Charles IV. L'empereur Charles VI, dans la guerre de 1701, y exerça pourtant son droit de souveraineté, en lui faisant payer beaucoup d'argent.

Sur le duché de Milan, cédé par l'empereur Venceslas à Galéas Visconti, mais regardé comme un fief de l'empire.

Sur le duché de Mirandole, réuni à la maison d'Autriche en 1711 par Joseph Ier.

Sur le duché de Mantoue, érigé en duché par Charles-Quint, réuni de même en 1708.

Sur Guastalla, Novellaria, Bozzolo, Castiglione, aussi fiefs de l'empire, détachés du duché de Mantoue.

Sur tout le Montferrat, dont le duc de Savoie reçut l'investiture à Vienne en 1708.

Sur le Piémont, dont l'empereur Sigismond donna l'investiture au duc de Savoie Amédée VIII.

Sur le comté d'Asti, donné par Charles-Quint à la maison de Savoie: les ducs de Savoie toujours vicaires en Italie depuis l'empereur Sigismond.

Sur Gênes, autrefois du domaine des rois lombards : Frédéric Barberousse lui donna en fief le rivage depuis Monaco jusqu'à Porto-Venere; elle est libre sous Charles-Quint en 1529; mais l'acte porte : *In civitate nostra Genua, et salvis Romani imperii juribus.*

Sur les fiefs de Langues, dont les ducs de Savoie ont le domaine direct.

Sur Padoue, Vicence et Vérone, droits devenus caducs.

Sur Naples et Sicile, droits plus caducs encore. Presque tous les États d'Italie sont ou ont été vassaux de l'Empire.

Sur la Poméranie et le Mecklenbourg, dont Frédéric Barberousse donna les fiefs.

Sur le Danemark, autrefois fief de l'Empire : Othon Ier en donna l'investiture.

Sur la Pologne, pour les terres auprès de la Vistule.

Sur la Bohême et la Silésie, unies à l'Empire par Charles IV en 1355.

Sur la Prusse, du temps de Henri VII : le grand maître de Prusse reconnu membre de l'Empire en 1500.

Sur la Livonie du temps des chevaliers de l'épée.

Sur la Hongrie, dès le temps de Henri II.

Sur la Lorraine, par le traité de 1542 : reconnue État de l'Empire, payant taxe pour la guerre du Turc.

Sur le duché de Bar, jusqu'à l'an 1311 que Philippe le Bel vainqueur se fit prêter hommage.

Sur le duché de Bourgogne, en vertu des droits de Marie de Bourgogne.

Sur le royaume d'Arles et la Bourgogne transjurane, que Conrad le salique posséda du chef de sa femme.

Sur le Dauphiné, comme partie du royaume d'Arles, l'empereur Charles IV s'étant fait couronner à Arles en 1365, et ayant créé le dauphin de France son vicaire.

Sur la Provence, comme membre du royaume d'Arles, dont Charles d'Anjou fit hommage à l'Empire.

Sur la principauté d'Orange, comme arrière-fief de l'Empire.

Sur Avignon, par la même raison.

Sur la Sardaigne, que Frédéric II érigea en royaume.

Sur la Suisse, comme membre des royaumes d'Arles et de Bourgogne.

Sur la Dalmatie, dont une grande partie appartient aujourd'hui entièrement aux Vénitiens, et l'autre à la Hongrie.

PRÊTRES. — Les prêtres sont dans un État à peu près ce que sont les précepteurs dans les maisons des citoyens, faits pour enseigner, prier, donner l'exemple; ils ne peuvent avoir aucune autorité sur les maîtres de la maison, à moins qu'on ne prouve que celui qui donne les gages doit obéir à celui qui les reçoit. De toutes les religions, celle qui exclut le plus positivement les prêtres de toute autorité civile, c'est sans contredit celle de Jésus : *Rendez à César ce qui est à César. — Il n'y aura parmi vous ni premier ni dernier. — Mon royaume n'est point de ce monde.*

Les querelles de l'Empire et du sacerdoce, qui ont ensanglanté l'Europe pendant plus de six siècles, n'ont donc été de la part des prêtres que des rébellions contre Dieu et les hommes, et un péché continuel contre le Saint-Esprit.

Depuis Calchas, qui assassina la fille d'Agamemnon, jusqu'à Grégoire XII et Sixte V, deux évêques de Rome qui voulurent priver le grand Henri IV du royaume de France, la puissance sacerdotale a été fatale au monde.

Prière n'est pas domination; exhortation n'est pas despotisme. Un bon prêtre doit être le médecin des âmes. Si Hippocrate avait ordonné à ses malades de prendre de l'ellébore sous peine d'être pendus, Hippocrate aurait été plus fou et plus barbare que Phalaris, et il aurait eu peu de pratiques. Quand un prêtre dit : « Adorez Dieu, soyez juste, indulgent, compatissant, » c'est alors un très-bon médecin. Quand il dit : « Croyez-moi, ou vous serez brûlé, » c'est un assassin.

Le magistrat doit soutenir et contenir le prêtre, comme le père de famille doit donner de la considération au précepteur de ses enfants et empêcher qu'il n'en abuse. *L'accord du sacerdoce et de l'Empire* est le système le plus monstrueux; car dès qu'on cherche cet accord, on suppose nécessairement la division; il faut dire : *la protection donnée par l'Empire au sacerdoce.*

Mais dans les pays où le sacerdoce a obtenu l'Empire, comme dans Salem où Melchisédech était prêtre et roi, comme dans le Japon où le daïri a été si longtemps empereur, comment faut-il faire? Je réponds que les successeurs de Melchisédech et des daïri ont été dépossédés.

Les Turcs sont sages en ce point. Ils font à la vérité le voyage de la Mecque; mais ils ne permettent pas au shérif de la Mecque d'excommunier le sultan. Ils ne vont point acheter à la Mecque la permission de ne pas observer le ramadan, et celle d'épouser leurs cousines ou leurs nièces; ils ne sont point jugés par des imans que le shérif délègue; ils ne payent point la première année de leur revenu au shérif. Que de choses à dire sur tout cela! Lecteur, c'est à vous de les dire vous-même.

PRÊTRES DES PAÏENS. — Dom Navarrète, dans une de ses lettres à don Juan d'Autriche, rapporte ce discours du dalaï-lama à son conseil privé :

« Mes vénérables frères, vous et moi nous savons très-bien que je ne suis pas immortel; mais il est bon que les peuples le croient. Les Tartares du grand et du petit Thibet sont un peuple de col roide et de lumières courtes, qui ont besoin d'un joug pesant et de grosses erreurs. Persuadez-leur bien mon immortalité, dont la gloire rejaillit sur vous, et qui vous procure honneurs et richesses.

« Quand le temps viendra où les Tartares seront plus éclairés, on pourra leur avouer alors que les grands lamas ne sont point immortels, mais que leurs prédécesseurs l'ont été; et que ce qui était nécessaire pour la fondation de ce divin édifice, ne l'est plus quand l'édifice est affermi sur un fondement inébranlable.

« J'ai eu d'abord quelque peine à faire distribuer aux vassaux de mon empire les agréments de ma chaise percée, proprement enchâssés dans des cristaux ornés de cuivre doré; mais ces monuments ont été reçus avec tant de respect qu'il a fallu continuer cet usage, lequel, après tout, ne répugne en rien aux bonnes mœurs, et qui fait entrer beaucoup d'argent dans notre trésor sacré.

« Si jamais quelque raisonneur impie persuade au peuple que notre derrière n'est pas aussi divin que notre tête, si on se révolte contre nos reliques, vous en soutiendrez la valeur autant que vous le pourrez. Et si vous êtes forcés enfin d'abandonner la sainteté de notre cul, vous conserverez toujours dans l'esprit des raisonneurs le profond respect qu'on doit à notre cervelle, ainsi que dans un traité avec les Mongules nous avons cédé une mauvaise province pour être possesseurs paisibles des autres.

« Tant que nos Tartares du grand et du petit Thibet ne sauront ni lire ni écrire, tant qu'ils seront grossiers et dévots, vous pourrez prendre hardiment leur argent, coucher avec leurs femmes et avec leurs filles, et les menacer de la colère du dieu Fo s'ils osent se plaindre.

« Lorsque le temps de raisonner sera arrivé (car enfin il faut bien qu'un jour les hommes raisonnent), vous prendrez alors une conduite tout opposée, et vous direz le contraire de ce que vos prédécesseurs ont dit; car vous devez changer la bride à mesure que les chevaux deviennent plus difficiles à gouverner. Il faudra que votre extérieur soit plus grave, vos intrigues plus mystérieuses, vos secrets mieux gardés, vos sophismes plus éblouissants, votre politique plus fine. Vous êtes alors les pilotes d'un vaisseau qui fait eau de tous côtés. Ayez sous vous des subalternes qui soient continuellement occupés à pomper, à calfater, à boucher tous les trous. Vous voguerez avec plus de peine; mais enfin vous voguerez, et vous jetterez dans l'eau ou dans le feu, selon qu'il conviendra le mieux, tous ceux qui voudront examiner si vous avez bien radoubé le vaisseau.

« Si les incrédules sont, ou le prince des Kalkas, ou le conteish des Calmouks, ou un prince de Casan, ou tel autre grand seigneur qui ait malheureusement trop d'esprit, gardez-vous bien de prendre querelle avec eux. Respectez-les, dites-leur toujours que vous espérez qu'ils rentreront dans la bonne voie. Mais pour les simples citoyens, ne les épargnez jamais; plus ils seront gens de bien, plus vous devrez travailler à les exterminer; car ce sont les gens d'honneur qui sont les plus dangereux pour vous.

« Vous aurez la simplicité de la colombe, la prudence du serpent, et la griffe du lion, selon les lieux et selon les temps. »

Le dalaï-lama avait à peine prononcé ces paroles, que la terre trembla, les éclairs coururent d'un pôle à l'autre, le tonnerre gronda, une voix céleste se fit entendre : ADOREZ DIEU, ET NON LE GRAND LAMA.

Tous les petits lamas soutinrent que la voix avait dit : « Adorez Dieu et le grand lama. » On le crut longtemps dans le royaume du Thibet; et maintenant on ne le croit plus.

PRIÈRES. — Nous ne connaissons aucune religion sans prières; les Juifs mêmes en avaient, quoiqu'il n'y eût point chez eux de formule publique, jusqu'au temps où ils chantèrent leurs cantiques dans leurs synagogues, ce qui n'arriva que très-tard.

Tous les hommes, dans leurs désirs et dans leurs craintes, invoquèrent le secours d'une divinité. Des philosophes, plus respectueux envers l'Être suprême, et moins condescendants à la faiblesse humaine.

ne voulurent, pour toute prière, que la résignation. C'est en effet tout
ce qui semble convenir entre la créature et le créateur. Mais la philosophie n'est pas faite pour gouverner le monde; elle s'élève trop au-
dessus du vulgaire; elle parle un langage qu'il ne peut entendre. Ce
serait proposer aux marchandes de poissons frais d'étudier les sections
coniques.

Parmi les philosophes même, je ne crois pas qu'aucun autre que
Maxime de Tyr ait traité cette matière; voici la substance des idées de
ce Maxime.

L'Éternel a ses desseins de toute éternité. Si la prière est d'accord
avec ses volontés immuables, il est très-inutile de lui demander ce
qu'il a résolu de faire. Si on le prie de faire le contraire de ce qu'il a
résolu, c'est le prier d'être faible, léger, inconstant; c'est croire qu'il
soit tel, c'est se moquer de lui. Ou vous lui demandez une chose juste;
en ce cas il la doit, et elle se fera sans qu'on l'en prie, c'est même
se défier de lui que lui faire instance : ou la chose est injuste, et
alors on l'outrage. Vous êtes digne ou indigne de la grâce que vous
implorez: si digne, il le sait mieux que vous; si indigne, on commet
un crime de plus en demandant ce qu'on ne mérite pas.

En un mot, nous ne faisons des prières à Dieu que parce que nous
l'avons fait à notre image. Nous le traitons comme un bacha, comme
un sultan qu'on peut irriter ou apaiser.

Enfin toutes les nations prient Dieu : les sages se résignent et lui
béissent.

Prions avec le peuple, et résignons-nous avec les sages.

Nous avons déjà parlé des prières publiques de plusieurs nations,
et de celles des Juifs. Ce peuple en a une depuis un temps immémorial, laquelle mérite toute notre attention par sa conformité avec notre prière enseignée par Jésus-Christ même. Cette oraison juive s'appelle le Kadish; elle commence par ces mots : « O Dieu ! que votre
nom soit magnifié et sanctifié; faites régner votre règne; que la rédemption fleurisse, et que le Messie vienne promptement ! »

Ce Kadish, qu'on récite en chaldéen, a fait croire qu'il était aussi
ancien que la captivité, et que ce fut alors qu'ils commencèrent à
espérer un messie, un libérateur, qu'ils ont demandé depuis dans les
temps de leurs calamités.

Ce mot de messie, qui se trouve dans cette ancienne prière, a fourni
beaucoup de disputes sur l'histoire de ce peuple. Si cette prière est
du temps de la transmigration à Babylone, il est clair qu'alors les
Juifs devaient souhaiter et attendre un libérateur. Mais d'où vient que,
dans des temps plus funestes encore, après la destruction de Jérusalem par Titus, ni Josèphe ni Philon ne parlèrent jamais de l'attente
d'un messie ? Il y a des obscurités dans l'histoire de tous les peuples;
mais celle des Juifs est un chaos perpétuel. Il est triste pour les gens
qui veulent s'instruire que les Chaldéens et les Égyptiens aient perdu
leurs archives, tandis que les Juifs ont conservé les leurs.

Voici sur la prière une anecdote assez curieuse, et qui ne paraîtra
pas déplacée à la suite de ce qu'on vient de rapporter dans cet article.

Il s'agit d'un acte juridique, dont une copie, que l'on assure très-fidèle, est parvenue en nos mains depuis peu. Il fut dressé par ordre d'un bon seigneur picard, qui probablement n'avait jamais lu les écrits de Maxime de Tyr, mais dont les idées ne laissent pas d'avoir une grande analogie avec celles de ce philosophe grec. C'est au lecteur à les apprécier : contentons-nous de transcrire le texte de cet acte.

« Du 30 septembre mil sept cent soixante-trois, à la requête de M. le comte de Créqui-Canaple, surnommé Hugues au baptême, seigneur de Quatrequine, de la châtellenie d'Orville, etc., etc., demeurant ci-devant à Port, et de présent à sa terre d'Orville, soit signifié et dûment fait savoir au sieur Jean-Baptiste-Laurent Vichery, curé de la paroisse d'Orville, y demeurant, qu'il ait à se départir, en ce qui le concerne, de l'usage de nommer le seigneur d'Orville aux prières publiques de l'Église, parce que Dieu étant juste accorde infailliblement ce qui est juste, sans en exiger la demande, et refuse pareillement tout ce qui est injuste, quand même on le lui demanderait. Et parce que, d'ailleurs, il est manifeste que la prière procède du vouloir être obéi, et par conséquent s'offense du refus de l'obéissance, ce qui est précisément le déni du vrai culte; car le vouloir de l'homme doit se conformer au vouloir divin, et non le vouloir divin au vouloir de l'homme; d'où il résulte que la prière est un acte de rébellion contre la Divinité, puisqu'elle tend à conformer le vouloir divin au vouloir de l'homme. En conséquence, ledit seigneur de Créqui-Canaple, sans s'arrêter à l'usage de l'Europe entière et même de toutes les nations sur la prière, déclare audit sieur curé d'Orville, qu'il ne consent point que personne prie pour lui, ni de prier lui-même pour les vivants ni pour les morts, se reposant entièrement sur la toute-science, la toute-sagesse et la toute-puissance de la Divinité en ses jugements; pareillement, qu'il ne consent pas que ledit sieur curé d'Orville le nomme aux prières publiques, et s'y oppose formellement; à ce qu'il n'en prétende cause d'ignorance, dont acte. Signé, etc.; signifié, etc.; contrôlé, etc., etc. »

PRIVILÉGES, CAS PRIVILÉGIÉS. — L'usage, qui prévaut presque toujours contre la raison, a voulu qu'on appelât privilégiés les délits des ecclésiastiques et des moines contre l'ordre civil, ce qui est pourtant très-commun; et qu'on nommât délits communs ceux qui ne regardent que la discipline ecclésiastique, cas dont la police civile ne s'embarrasse pas, et qui sont abandonnés à la hiérarchie sacerdotale.

L'Église n'ayant de juridiction que celles que les souverains lui ont accordée, et les juges de l'Église n'étant ainsi que des juges privilégiés par le souverain, on devrait appeler privilégiés cas privilégiés ceux qui sont de leur compétence, et délits communs ceux qui doivent être punis par les officiers du prince. Mais les canonistes, qui sont très-rarement exacts dans leurs expressions, surtout lorsqu'il s'agit de la juridiction royale, ayant regardé un prêtre nommé official comme étant de droit le seul juge des clercs, ils ont qualifié de privilége ce qui appartient de droit commun aux tribunaux laïques, et les ordonnances des rois ont adopté cette expression en France.

S'il faut se conformer à cet usage, le juge d'Église connaît seul du délit commun; mais il ne connaît des cas privilégiés que concurremment avec le juge royal. Celui-ci se rend au tribunal de l'officialité, mais il n'y est que l'assesseur du juge d'Église. Tous les deux sont assistés de leur greffier; chacun rédige séparément, mais en présence l'un de l'autre, les actes de la procédure. L'official, qui préside, interroge seul l'accusé; et si le juge royal a des questions à lui faire, il doit requérir le juge d'Église de les proposer. L'instruction conjointe étant achevée, chaque juge rend séparément son jugement.

Cette procédure est hérissée de formalités, et elle entraîne d'ailleurs des longueurs qui ne devraient pas être admises dans la jurisprudence criminelle. Les juges d'Église, qui n'ont pas fait une étude des lois et des formalités, n'instruisent guère de procédures criminelles sans donner lieu à des appels comme d'abus, qui ruinent en frais le prévenu, le font languir dans les fers, ou retardent sa punition s'il est coupable.

D'ailleurs, les Français n'ont aucune loi précise qui ait déterminé quels sont les cas privilégiés. Un malheureux gémit souvent une année entière dans les cachots avant de savoir quels seront ses juges.

Les prêtres et les moines sont dans l'État et sujets de l'État : il est bien étrange que lorsqu'ils ont troublé la société, ils ne soient pas jugés comme les autres citoyens, par les seuls officiers du souverain.

Chez les Juifs, les grands prêtres mêmes n'avaient point ce privilége, que nos lois ont accordé à de simples habitués de paroisse. Salomon déposa le grand pontife Abiathar, sans le renvoyer à la synagogue pour lui faire son procès[1]. Jésus-Christ, accusé devant un juge séculier et païen, ne récusa pas sa juridiction. Saint Paul, traduit au tribunal de Félix et de Festus, ne le déclina point.

L'empereur Constantin accorda d'abord ce privilége aux évêques; Honorius et Théodose le Jeune l'étendirent à tous les clercs, et Justinien les confirma.

En rédigeant l'ordonnance criminelle de 1670, le conseiller d'État Pussort et le président Novion étaient d'avis[2] d'abolir la procédure conjointe, et de rendre aux juges royaux le droit de juger seuls les clercs accusés de cas privilégiés; mais cet avis raisonnable fut combattu par le premier président de Lamoignon et par l'avocat général Talon; et une loi qui était faite pour réformer nos abus confirma le plus ridicule de tous.

Une déclaration du roi du 26 avril 1657 défend au parlement de Paris de continuer la procédure commencée contre le cardinal de Retz, accusé de crime de lèse-majesté. La même déclaration veut que les procès des cardinaux, archevêques, et évêques du royaume, ac-

---

1. IIIᵉ livre des *Rois*, chap. II, v. 26 et 27.
2. Procès-verbal de l'ordonnance, p. 43 et 44.

cusés du crime de lèse-majesté, soient instruits et jugés par les juges ecclésiastiques, comme il est ordonné par les canons.

Mais cette déclaration, contraire aux usages du royaume, n'a été enregistrée dans aucun parlement, et ne serait pas suivie. Nos livres rapportent plusieurs arrêts qui ont décrété de prise de corps, déposé, confisqué les biens, et condamné à l'amende et à d'autres peines des cardinaux, des archevêques, et des évêques. Ces peines ont été prononcées contre l'évêque de Nantes, par arrêt du 25 juin 1455;

Contre Jean de La Balue, cardinal et évêque d'Angers, par arrêt du 29 juillet 1469;

Contre Jean Hébert, évêque de Constance, en 1480;

Contre Louis de Rochechouart, évêque de Nantes, en 1481;

Contre Geoffroi de Pompadour, évêque de Périgueux, et Georges d'Amboise, évêque de Montauban, en 1488;

Contre Geoffroi Dintiville, évêque d'Auxerre, en 1531;

Contre Bernard Lordat, évêque de Pamiers, en 1537;

Contre le cardinal de Châtillon, évêque de Beauvais, le 19 mars 1569;

Contre Geoffroi de La Martonie, évêque d'Amiens, le 9 juillet 1594;

Contre Gilbert Genebrard, archevêque d'Aix, le 26 janvier 1596;

Contre Guillaume Rose, évêque de Senlis, le 5 septembre 1598;

Contre le cardinal de Sourdis, archevêque de Bordeaux, le 17 novembre 1615.

Le parlement de Paris décréta de prise de corps le cardinal de Bouillon, et fit saisir ses biens par arrêt du 20 juin 1710.

Le cardinal de Mailly, archevêque de Reims, fit, en 1717, un mandement tendant à détruire la paix ecclésiastique établie par le gouvernement : le bourreau brûla publiquement le mandement par arrêt du parlement.

Le sieur Languet, évêque de Soissons, ayant soutenu qu'il ne pouvait être jugé par la justice du roi, même pour crime de lèse-majesté, il fut condamné à dix mille livres d'amende.

Dans les troubles honteux excités par les refus des sacrements, le simple présidial de Nantes condamna l'évêque de cette ville à six mille francs d'amende, pour avoir refusé la communion à ceux qui la demandaient.

En 1764, l'archevêque d'Auch, du nom de Montillet, fut condamné à une amende; et son mandement, regardé comme un libelle diffamatoire, fut brûlé par le bourreau à Bordeaux.

Ces exemples ont été très-fréquents. La maxime que les ecclésiastiques sont entièrement soumis à la justice du roi comme les autres citoyens a prévalu dans tout le royaume. Il n'y a point de loi expresse qui l'ordonne; mais l'opinion de tous les jurisconsultes, le cri unanime de la nation, et le bien de l'État, sont une loi.

PROPHÈTES. — Le prophète Jurieu fut sifflé, les prophètes des Cévennes furent pendus ou roués, les prophètes qui vinrent du Languedoc et du Dauphiné à Londres furent mis au pilori, les prophètes anabaptistes furent condamnés à divers supplices, le prophète Savonarole fut cuit à Florence. Et s'il est permis de joindre à tous ceux-là les véritables prophètes juifs, on verra que leur destinée n'a pas été moins malheureuse; le plus grand de leurs prophètes, saint Jean-Baptiste, eut le cou coupé.

On prétend que Zacharie fut assassiné; mais heureusement cela n'est pas prouvé. Le prophète Jeddo ou Addo, qui fut envoyé à Béthel à condition qu'il ne mangerait ni ne boirait, ayant malheureusement mangé un morceau de pain, fut mangé à son tour par un lion; et on trouva ses os sur le grand chemin, entre ce lion et son âne. Jonas fut avalé par un poisson; il est vrai qu'il ne resta dans son ventre que trois jours et trois nuits; mais c'est toujours passer soixante et douze heures fort mal à son aise.

Habacuc fut transporté en l'air par les cheveux à Babylone. Ce n'est pas un grand malheur à la vérité; mais c'est une voiture fort incommode. On doit beaucoup souffrir quand on est suspendu par les cheveux l'espace de trois cents milles. J'aurais mieux aimé une paire d'ailes, la jument Borac, ou l'hippogriffe.

Michée, fils de Jemilla, ayant vu le Seigneur assis sur son trône avec l'armée du ciel à droite et à gauche, et le Seigneur ayant demandé quelqu'un pour aller tromper le roi Achab; le diable s'étant présenté au Seigneur, et s'étant chargé de la commission, Michée rendit compte de la part du Seigneur au roi Achab de cette aventure céleste. Il est vrai que pour récompense il ne reçut qu'un énorme soufflet de la main du prophète Sédékia; il est vrai qu'il ne fut mis dans un cachot que pour quelques jours : mais enfin il est désagréable, pour un homme inspiré, d'être souffleté et fourré dans un cul de basse-fosse.

On croit que le roi Amasias fit arracher les dents au prophète Amos pour l'empêcher de parler. Ce n'est pas qu'on ne puisse absolument parler sans dents; on a vu de vieilles édentées très-bavardes : mais il faut prononcer distinctement une prophétie, et un prophète édenté n'est pas écouté avec le respect qu'on lui doit.

Baruch essuya bien des persécutions. Ézéchiel fut lapidé par les compagnons de son esclavage. On ne sait si Jérémie fut lapidé, ou s'il fut scié en deux.

Pour Isaïe, il passe pour constant qu'il fut scié par ordre de Manassé, roitelet de Juda.

Il faut convenir que c'est un méchant métier que celui de prophète. Pour un seul qui, comme Élie, va se promener de planètes en planètes dans un beau carrosse de lumière, traîné par quatre chevaux blancs, il y en a cent qui vont à pied, et qui sont obligés d'aller demander leur dîner de porte en porte. Ils ressemblent assez à Homère, qui fut obligé, dit-on, de mendier dans les sept villes qui se disputèrent depuis l'honneur de l'avoir vu naître. Ses commentateurs lui ont attribué une infinité d'allégories auxquelles il n'avait jamais pensé. On a fait souvent le même honneur aux prophètes. Je ne disconviens pas qu'il n'y eût ailleurs des gens instruits de l'avenir. Il n'y a qu'à donner à son âme un certain degré d'exaltation, comme l'a très-bien imaginé un brave philosophe ou fou de nos jours, qui voulait percer un trou jusqu'aux antipodes, et enduire les malades de poix résine.

Les Juifs exaltèrent si bien leur âme, qu'ils virent très-clairement toutes les choses futures : mais il est difficile de deviner au juste si par Jérusalem les prophètes entendent toujours la vie éternelle, si Babylone signifie Londres ou Paris; si quand ils parlent d'un grand dîner on doit l'expliquer par un jeûne; si du vin rouge signifie du sang; si un manteau rouge signifie la foi, et un manteau blanc la charité. L'intelligence des prophètes est l'effort de l'esprit humain.

Il y a encore une grande difficulté à l'égard des prophètes juifs; c'est que plusieurs d'entre eux étaient hérétiques samaritains. Osée était de la tribu d'Issachar, territoire samaritain; Élie et Élisée eux-mêmes en étaient : mais il est aisé de répondre à cette objection. On sait assez que l'esprit souffle où il veut, et que la grâce tombe sur le sol le plus aride comme sur le plus fertile.

PROPHÉTIES. — *Section I.* — Ce mot, dans son acception ordinaire, signifie prédiction de l'avenir. C'est en ce sens que Jésus [1] disait à ses disciples : « Il est nécessaire que tout ce qui a été écrit de moi dans la loi de Moïse, dans les prophètes et dans les psaumes, soit accompli. » « Alors, ajoute l'évangéliste, il leur ouvrit l'esprit, afin qu'ils comprissent les Écritures. »

On sentira la nécessité indispensable d'avoir l'esprit ouvert pour comprendre les prophéties, si l'on fait attention que les Juifs, qui en étaient dépositaires, n'ont jamais pu reconnaître Jésus pour le messie, et qu'il y a dix-huit siècles que nos théologiens disputent avec eux pour fixer le sens de quelques-unes qu'ils tâchent d'appliquer à Jésus. Telles sont, celle de Jacob [2] : « Le sceptre ne sera point ôté de Juda, et le chef de sa cuisse, jusqu'à ce que celui qui doit être envoyé vienne; » celle de Moïse [3] : « Le Seigneur votre Dieu vous suscitera un prophète comme moi, de votre nation et d'entre vos frères; c'est lui que vous écouterez; » celle d'Isaïe [4] : « Voici qu'une vierge concevra et enfantera un fils qui sera nommé Emmanuel; » celle de Daniel [5] : « Soixante et dix semaines ont été abrégées en faveur de votre peuple, etc. » Notre objet n'est point d'entrer ici dans ce détail théologique.

Observons seulement qu'il est dit dans les *Actes des Apôtres*, qu'en donnant un successeur à Judas, et dans d'autres occasions, ils se proposaient expressément d'accomplir les prophéties; mais les apôtres mêmes en citaient quelquefois qui ne se trouvent point dans l'Écriture des Juifs; telle est celle-ci alléguée par saint Matthieu [7] : Jésus vint demeurer dans une ville appelée Nazareth, afin que cette prédiction des prophètes fût accomplie : « Il sera appelé Nazaréen. »

Saint Jude, dans son Épître, cite aussi une prophétie du livre d'Hénoch qui est apocryphe; et l'auteur de l'ouvrage imparfait sur saint

1. *Luc*, chap. XXIV, v. 44 et 45. — 2. *Genèse*, chap. XLIX, v. 10.
3. *Deutér.*, chap. XVIII, v. 15. — 4. Chap. VII, v. 14. — 5. Chap. IX, v. 24.
6. Chap. I, v. 16; et chap. XIII, v. 47. — 7. Chap. II, v.

Matthieu, parlant de l'étoile vue en Orient par les mages, s'exprime
en ces termes : « On m'a raconté, dit-il, sur le témoignage de je ne sais
quelle Écriture, qui n'est pas à la vérité authentique, mais qui réjouit la foi bien loin de la détruire, qu'il y a aux bords de l'Océan
oriental une nation qui possédait un livre qui porte le nom de Seth,
et dans lequel il est parlé de l'étoile qui devait apparaître aux mages,
et des présents que les mages devaient offrir au fils de Dieu. Cette nation, instruite par ce livre, choisit douze personnes des plus religieuses d'entre elles, et les chargea du soin d'observer quand l'étoile
apparaîtrait. Lorsque quelqu'un d'eux venait à mourir, on lui substituait un de ses fils ou de ses proches. Ils s'appelaient mages dans
leur langue, parce qu'ils servaient Dieu dans le silence et à voix
basse. »

Ces mages allaient donc tous les ans, après la récolte des blés, sur
une montagne qui est dans leur pays, qu'ils nomment le mont de la
Victoire, et qui est très-agréable, à cause des fontaines qui l'arrosent
et des arbres qui le couvrent. Il y a aussi un antre creusé dans le
roc, et c'est là qu'après s'être lavés et purifiés, ils offraient des sacrifices, et priaient Dieu en silence pendant trois jours.

Ils n'avaient point discontinué cette pieuse pratique depuis un grand
nombre de générations, lorsque enfin l'heureuse étoile vint descendre
sur leur montagne. On voyait en elle la figure d'un petit enfant, sur
lequel il y avait celle d'une croix. Elle leur parla, et leur dit d'aller
en Judée. Ils partirent à l'instant, l'étoile marchant toujours devant
eux, et ils furent deux années en chemin.

Cette prophétie du livre de Seth ressemble à celle de Zorodascht ou
Zoroastre, excepté que la figure que l'on devait voir dans l'étoile était
celle d'une jeune fille vierge ; aussi Zoroastre ne dit pas qu'elle aurait
une croix sur elle. Cette prophétie, citée dans l'Évangile de l'enfance[1],
est rapportée ainsi par Abulpharage[2] : Zoroastre, le maître des Magu-
séens, instruisit les Perses de la manifestation future de notre Seigneur Jésus-Christ, et leur commanda de lui offrir des présents lorsqu'il serait né. Il les avertit que dans les derniers temps une vierge
concevrait sans l'opération d'aucun homme, et que lorsqu'elle mettrait
au monde son fils, il apparaîtrait une étoile qui luirait en plein jour,
au milieu de laquelle ils verraient la figure d'une jeune fille vierge. « Ce
sera vous, mes enfants, ajouta Zoroastre, qui l'apercevrez avant toutes
les nations. Lors donc que vous verrez paraître cette étoile, allez où
elle vous conduira. Adorez cet enfant naissant ; offrez-lui vos présents :
car c'est le Verbe qui a créé le ciel. »

L'accomplissement de cette prophétie est rapporté dans l'Histoire
naturelle de Pline[3] ; mais outre que l'apparition de l'étoile aurait précédé la naissance de Jésus d'environ quarante ans, ce passage semble
fort suspect aux savants, et ce ne serait pas le premier ni le seul qui
aurait été interpolé en faveur du christianisme. En voici le précis :
« Il parut à Rome, pendant sept jours, une comète si brillante, qu'à

1. Art. VII. — 2. Dinast., p. 82. — 3. Liv. II, chap. XXV.

peine en pouvait-on supporter la vue; on apercevait au milieu d'elle un dieu sous la forme humaine; on la prit pour l'âme de Jules-César qui venait de mourir, et on l'adora dans un temple particulier. »

M. Assemani, dans sa *Bibliothèque orientale* [1], parle aussi d'un livre de Salomon, métropolitain de Bassora, intitulé l'*Abeille*, dans lequel il y a un chapitre sur cette prédiction de Zoroastre. Hornius, qui ne doutait pas de son authenticité, a prétendu que Zoroastre était Balaam, et cela vraisemblablement parce qu'Origène, dans son premier Livre contre Celse, dit [2] que les mages avaient sans doute les prophéties de Balaam, dont on trouve ces paroles dans les *Nombres* [3] : « Une étoile se lèvera de Jacob, et un homme sortira d'Israël. » Mais Balaam n'était pas plus Juif que Zoroastre, puisqu'il dit lui-même qu'il était venu d'Aram, des montagnes d'Orient [4].

D'ailleurs saint Paul parle expressément à Tite [5] d'un prophète crétois; et saint Clément d'Alexandrie [6] reconnaît que comme Dieu voulant sauver les Juifs leur donna des prophètes, il suscita de même les plus excellents hommes d'entre les Grecs, ceux qui étaient les plus propres à recevoir ses grâces; il les sépara des hommes du vulgaire, afin d'être les prophètes des Grecs, et de les instruire dans leur propre langue. « Platon, dit-il encore [7], n'a-t-il pas prédit en quelque manière l'économie salutaire, lorsque, dans son second Livre de la *République*, il a imité cette parole de l'Écriture [8] : « Défaisons-nous du « juste, car il nous incommode, » et s'est exprimé en ces termes : « Le « juste sera battu de verges; il sera tourmenté; on lui crèvera les yeux; « et, après avoir souffert toutes sortes de maux, il sera enfin crucifié ? »

Saint Clément aurait pu ajouter que si l'on ne creva pas les yeux à Jésus, malgré cette prophétie de Platon, on ne lui brisa pas non plus les os, quoiqu'il soit dit dans un psaume [9] : « Pendant qu'on brise mes os, mes ennemis, qui me persécutent, m'accablent par leurs reproches. » Au contraire, saint Jean [10] dit positivement que les soldats rompirent les jambes aux deux autres qui étaient crucifiés avec lui, mais qu'ils ne rompirent point celles de Jésus, afin que cette parole de l'Écriture fût accomplie [11] : « Vous ne briserez aucun de ses os. »

Cette Écriture, citée par saint Jean, s'entendait à la lettre de l'agneau pascal que devaient manger les Israélites; mais Jean-Baptiste ayant appelé [12] Jésus l'agneau de Dieu, non-seulement on lui en fit depuis l'application, mais on prétendit même que sa mort avait été prédite par Confucius. Spizeli cite l'*Histoire de la Chine* par Martini, dans laquelle il est rapporté que l'an 39 du règne de Kingi, des chasseurs tuèrent hors des portes de la ville un animal rare que les Chinois appellent *kilin*, c'est-à-dire agneau de Dieu. A cette nouvelle Confucius frappa sa poitrine, jeta de profonds soupirs, et s'écria plus d'une

1. Tome III, 1re partie, p. 316. — 2. Chap. XII. — 3. Chap. XXIV, v. 17.
4. *Nombres*, chap. XXIII, v. 7. — 5. Chap. I, v. 12.
6. *Stromates*, liv. VI, p. 638. — 7. *Ibid.*, liv. V, p. 601.
8. *La Sagesse*, chap. II, v. 12. — 9. Ps. XLII, v. 11. — 10. Chap. XIX, v. 32 et 36.
11. *Exod.*, chap. XII, v. 46; et *N.*, chap. IX, v. 12. — 10. Chap. XIX, v. 32 et 36.
12. *Jean*, chap. I, v. 29 et 36.

fois : « Kilin, qui est-ce qui a dit que vous étiez venu? » Il ajouta : « Ma doctrine tend à sa fin, elle ne sera plus d'aucun usage dès que vous paraîtrez. »

On trouve encore une autre prophétie du même Confucius dans son second livre, laquelle on applique également à Jésus, quoiqu'il n'y soit pas désigné sous le nom d'agneau de Dieu. La voici : « On ne doit pas craindre que lorsque le Saint, l'attendu des nations sera venu, on ne rende pas à sa vertu tout l'honneur qui lui est dû. Ses œuvres seront conformes aux lois du ciel et de la terre. »

Ces prophéties contradictoires, prises dans les livres des Juifs, semblent excuser leur obstination, et peuvent rendre raison de l'embarras de nos théologiens dans leur controverse avec eux. De plus, celles que nous venons de rapporter des autres peuples, prouvent que l'auteur des *Nombres*, les apôtres et les *Pères* reconnaissent des prophètes chez toutes les nations. C'est ce que prétendent aussi les Arabes [1], qui comptent cent vingt-quatre mille prophètes depuis la création du monde jusqu'à Mahomet, et croient que chacun d'eux a été envoyé à une nation particulière.

Nous parlerons des prophétesses à l'article *Sibylle*.

Section II. — Il est encore des prophètes : nous en avions deux à Bicêtre en 1723; l'un et l'autre se disaient Élie. On les fouetta, et il n'en fut plus question.

Avant les prophètes des Cévennes, qui tiraient des coups de fusil derrière les haies au nom du Seigneur en 1704, la Hollande eut le fameux Pierre Jurieu, qui publia l'*Accomplissement des prophéties*. Mais que la Hollande n'en soit pas trop fière. Il était né en France dans une petite ville appelée Mer, de la généralité d'Orléans. Cependant il faut avouer que ce ne fut qu'à Rotterdam que Dieu l'appela à la prophétie.

Ce Jurieu vit clairement, comme bien d'autres, dans l'*Apocalypse*, que le pape était la bête [2]; qu'elle tenait (*poculum aureum plenum abominationum*, la coupe d'or pleine d'abominations; que les quatre premières lettres de ces quatre mots latins formaient le mot *papa*; que par conséquent son règne allait finir; que les Juifs rentreraient dans Jérusalem, qu'ils domineraient sur le monde entier pendant mille ans, après quoi viendrait l'antechrist; puis Jésus assis sur une nuée jugerait les vivants et les morts.

Jurieu prophétise expressément [3] que le temps de la grande révolution et de la chute entière du papisme « tombera justement sur l'an 1689, que j'estime, dit-il, être le temps de la vendange apocalyptique; car les deux témoins ressusciteront en ce temps-là. Après quoi la France doit rompre avec le pape avant la fin du siècle, ou au commencement de l'autre, et le reste de l'empire antichrétien s'abolira partout. »

1. *Histoire des Arabes*, chap. xx, par Abraham Echellensis.
2. Tome I, p. 187. — 3 Tome II, p. 133 et 134.

Cette particule disjonctive *ou*, ce signe du doute n'était pas d'un homme adroit. Il ne faut pas qu'un prophète hésite. Il peut être obscur, mais il doit être sûr de son fait.

La révolution du papisme n'étant point arrivée en 1689, comme Pierre Jurieu l'avait prédit, il fit faire au plus vite une nouvelle édition où il assura que c'était pour 1690. Et ce qui est étonnant, c'est que cette édition fut suivie immédiatement d'une autre. Il s'en est fallu beaucoup que le *Dictionnaire* de Bayle ait eu une pareille vogue; mais l'ouvrage de Bayle est resté, et Pierre Jurieu n'est pas même demeuré dans la *Bibliothèque bleue* avec Nostradamus.

On n'avait pas alors pour un seul prophète. Un presbytérien anglais, qui étudiait à Utrecht, combattit tout ce que disait Jurieu sur les sept fioles et les sept trompettes de l'*Apocalypse*, sur le règne de mille ans, sur la conversion des Juifs, et même sur l'antechrist. Chacun s'appuyait de l'autorité de Cocceïus, de Coterus, de Drabicius, de Comenius, grands prophètes précédents, et de la prophétesse Christine. Les deux champions se bornèrent à écrire; on espérait qu'ils se donneraient des soufflets, comme Sédékia en appliqua un à Michée, en lui disant : « Devine comment l'esprit divin a passé de ma main sur ta joue. » Mot à mot, « comment l'esprit a-t-il passé de moi à toi [1] ? » Le public n'eut pas cette satisfaction, et c'est bien dommage.

Section III. — Il n'appartient qu'à l'Église infaillible de fixer le véritable sens des prophéties; car les Juifs ont toujours soutenu avec leur opiniâtreté ordinaire qu'aucune prophétie ne pouvait regarder Jésus-Christ; et les Pères de l'Église ne pouvaient disputer contre eux avec avantage, puisque, hors saint Éphrem, le grand Origène et saint Jérôme, il n'y eut jamais aucun Père de l'Église qui sût un mot d'hébreu.

Ce ne fut qu'au IXe siècle que Raban le maure, depuis évêque de Mayence, apprit la langue juive. Son exemple fut suivi de quelques autres, et alors on commença à disputer avec les rabbins sur le sens des prophéties.

Raban fut étonné des blasphèmes qu'ils prononçaient contre notre Sauveur, l'appelant *bâtard*, *impie*, *fils de Panther*, et disant qu'il n'est pas permis de prier Dieu sans le maudire [2] : « Quod nulla oratio « posset apud Deum accepta esse nisi in ea Dominum nostrum Jesum « Christum maledicant. Confitentes eum esse impium et filium impii, « id est, nescio cujus ethnici quem nominant Panthera, a quo dicunt « matrem Domini adulteratam. »

Ces horribles profanations se trouvent en plusieurs endroits dans le Talmud, dans les livres du Nizzachon, dans la dispute de Rittangel, dans celles de Jechiel et de Nachmanides, intitulées le *Rempart de la Foi*, et surtout dans l'abominable ouvrage du Toldos Jeschut.

---

1. *La Vulgate* porte : *Mene ergo dimisit spiritus Domini, et locutus est tibi?* III *Rois*, chap. XXII, v. 24. (ED.)
2. *Wagenselius in procemio*, p. 53.

C'est particulièrement dans le prétendu *Rempart de la Foi* du rabbin Isaac, que l'on interprète toutes les prophéties qui annoncent Jésus-Christ en les appliquant à d'autres personnes.

C'est là qu'on assure que la Trinité n'est figurée dans aucun livre hébreu, et qu'on n'y trouve pas la plus légère trace de notre sainte religion. Au contraire, ils allèguent cent endroits qui, selon eux, disent que la loi mosaïque doit durer éternellement.

Le fameux passage qui doit confondre les Juifs et faire triompher la religion chrétienne, de l'aveu de tous nos grands théologiens, est celui d'Isaïe : « Voici, une vierge sera enceinte, elle enfantera un fils, et son nom sera Emmanuel; il mangera du beurre et du miel jusqu'à ce qu'il sache rejeter le mal et choisir le bien..... Et avant que l'enfant sache rejeter le mal et choisir le bien, la terre que tu as en détestation sera abandonnée de ses deux rois..... Et l'Éternel sifflera aux mouches des ruisseaux d'Égypte, et aux abeilles qui sont au pays d'Assur..... Et en ce jour-là le Seigneur rasera avec un rasoir de louage le roi d'Assur, la tête et le poil des génitoires, et il achèvera aussi la barbe..... Et l'Éternel me dit : « Prends un grand rouleau, et y écris avec une tou-
« che en gros caractère, qu'on se dépêche de butiner, prenez vite les
« dépouilles..... » Donc je pris avec moi de fidèles témoins, savoir Urie le sacrificateur, et Zacharie fils de Jeberecia..... Et je couchai avec la prophétesse; elle conçut et enfanta un enfant mâle; et l'Éternel me dit : « Appelle l'enfant Maher-salalhas-bas. Car avant que l'en-
« fant sache crier « mon père » et « ma mère, » on enlèvera la puissance
« de Damas, et le butin de Samarie devant le roi d'Assur. »

Le rabbin Isaac affirme, après tous les autres docteurs de sa loi, que le mot hébreu *alma* signifie tantôt une vierge, tantôt une femme mariée; que Ruth est appelée *alma* lorsqu'elle était mère; qu'une femme adultère est quelquefois même nommée *alma;* qu'il ne s'agit ici que de la femme du prophète Isaïe; que son fils ne s'appelle point *Emmanuel*, mais *Maher-salal-has-bas;* que quand ce fils mangera du beurre et du miel, les deux rois qui assiégent Jérusalem seront chassés du pays, etc.

Ainsi ces interprètes aveugles de leur propre religion et de leur propre langue combattent contre l'Église, et disent obstinément que cette prophétie ne peut regarder Jésus-Christ en aucune manière.

On a mille fois réfuté leur explication dans nos langues modernes. On a employé la force, les gibets, les roues, les flammes; cependant ils ne se rendent pas encore.

« Il a porté nos maladies, et il a soutenu nos douleurs, et nous l'avons cru affligé de plaies, frappé de Dieu et affligé. »

Quelque frappante que cette prédiction puisse nous paraître, ces Juifs obstinés disent qu'elle n'a nul rapport avec Jésus-Christ, et qu'elle ne peut regarder que les prophètes qui étaient persécutés pour les péchés du peuple.

« Et voilà que mon serviteur prospérera, sera honoré, et élevé très-haut. »

Ils disent encore que cela ne regarde pas Jésus-Christ, mais David;

que ce roi en effet prospéra, mais que Jésus, qu'ils méconnurent, ne prospéra pas.

« Voici que je ferai un nouveau pacte avec la maison d'Israël et avec la maison de Juda. »

Ils disent que ce passage ne signifie, selon la lettre et selon le sens, autre chose sinon : « Je renouvellerai mon pacte avec Juda et avec Israël. » Cependant leur pacte n'a pas été renouvelé; on ne peut faire un plus mauvais marché que celui qu'ils ont fait. N'importe, ils sont obstinés.

« Et toi, Bethléem d'Éphrata, qui es petite dans les milliers de Juda, il sortira pour toi un dominateur en Israël, et sa sortie est depuis le commencement jusqu'au jour d'à jamais. »

Ils osent nier encore que cette prophétie soit pour Jésus-Christ. Ils disent qu'il est évident que Michée parle de quelque capitaine natif de Bethléem, qui remportera quelque avantage à la guerre contre les Babyloniens; car il parle le moment d'après de l'histoire de Babylone et des capitaines qui élurent Darius. Et si on démontre qu'il s'agit du Messie, ils n'en veulent pas convenir.

Ces Juifs se trompent grossièrement sur Juda qui devait être comme un lion, et qui n'a été que comme un âne sous les Perses, sous Alexandre, sous les Séleucides, sous les Ptolémées, sous les Romains, sous les Arabes, et sous les Turcs.

Ils ne savent ce qu'ils entendent par le *Shilo*, et par la *verge*, et par la *cuisse de Juda*. La verge n'a été dans Juda qu'un temps très-court; ils disent des pauvretés; mais l'abbé Houteville n'en dit-il pas beaucoup davantage avec ses phrases, son néologisme et son éloquence de rhéteur, qui met toujours des mots à la place des choses, et qui se propose des objections très-difficiles pour n'y répondre que par du verbiage?

Tout cela est donc peine perdue; et quand l'abbé François [1] ferait encore un livre plus gros, quand il le joindrait aux cinq ou six mille volumes que nous avons sur cette matière, nous en serions plus fatigués sans avoir avancé d'un seul pas.

On se trouve donc plongé dans un chaos qu'il est impossible à la faiblesse de l'esprit humain de débrouiller jamais. On a besoin, encore une fois, d'une Église infaillible qui juge sans appel. Car enfin, si un Chinois, un Tartare, un Africain, réduit au malheur de n'avoir que du bon sens, lisait toutes ces prophéties, il lui serait impossible d'en faire l'application, ni à Jésus-Christ, ni aux Juifs, ni à personne. Il serait dans l'étonnement, dans l'incertitude, ne concevrait rien, n'aurait pas une seule idée distincte. Il ne pourrait pas faire un pas dans cet abîme; il lui faut un guide. Prenons donc l'Église pour notre guide, c'est le moyen de cheminer. On arrive avec ce guide, non-seulement au sanctuaire de la vérité, mais à de bons canonicats, à de grosses

---

1. On a de l'abbé François un *Examen des faits qui servent de fondement à la religion chrétienne*, 1767, 3 vol. in-12, et quelques ouvrages contre Voltaire. (ÉD.)

commanderies, à de très-opulentes abbayes crossées et mitrées, dont l'abbé est appelé *monseigneur* par ses moines et par ses paysans, à des évêchés qui vous donnent le titre de *prince* ; on jouit de la terre, et on est sûr de posséder le ciel en propre.

PROPRIÉTÉ. — *Liberty and property*, c'est le cri anglais. Il vaut mieux que *Saint-George et mon droit*, *Saint-Deny et Mont-joie* : c'est le cri de la nature.

De la Suisse à la Chine les paysans possèdent des terres en propre. Le droit seul de conquête a pu, dans quelques pays, dépouiller les hommes d'un droit si naturel.

L'avantage général d'une nation est celui du souverain, du magistrat et du peuple, pendant la paix et pendant la guerre. Cette possession des terres accordées aux paysans, est-elle également utile au trône et aux sujets dans tous les temps ? Pour qu'elle le soit au trône, il faut qu'elle puisse produire un revenu plus considérable et plus de soldats.

Il faut donc voir si le commerce et la population augmenteront. Il est certain que le possesseur d'un terrain cultivera beaucoup mieux son héritage que celui d'autrui. L'esprit de propriété double la force de l'homme. On travaille pour soi et pour sa famille avec plus de vigueur et de plaisir que pour un maître. L'esclave qui est dans la puissance d'un autre, a peu d'inclination pour le mariage. Il craint souvent même de faire des esclaves comme lui. Son industrie est étouffée, son âme abrutie, et ses forces ne s'exercent jamais dans toute leur élasticité. Le possesseur, au contraire, désire une femme qui partage son bonheur, et des enfants qui l'aident dans son travail. Son épouse et ses fils font ses richesses. Le terrain de ce cultivateur peut devenir dix fois plus fertile qu'auparavant sous les mains d'une famille laborieuse. Le commerce général sera augmenté ; le trésor du prince en profitera ; la campagne fournira plus de soldats. C'est donc évidemment l'avantage du prince. La Pologne serait trois fois plus peuplée et plus riche si le paysan n'était pas esclave.

Ce n'en est pas moins l'avantage des seigneurs. Qu'un seigneur possède dix mille arpents de terre cultivés par des serfs, dix mille arpents ne lui procureront qu'un revenu très-faible, souvent absorbé par les réparations, et réduit à rien par l'intempérie des saisons. Que sera-ce si la terre est d'une plus vaste étendue, et si le terrain est ingrat ? il ne sera que le maître d'une vaste solitude. Il ne sera réellement riche qu'autant que ses vassaux le seront. Son bonheur dépend du leur. Si ce bonheur s'étend jusqu'à rendre sa terre trop peuplée, si le terrain manque à tant de mains laborieuses (au lieu qu'auparavant les mains manquaient au terrain), alors l'excédant des cultivateurs nécessaires se répand dans les villes, dans les ports de mer, dans les ateliers des artistes, dans les armées. La population aura produit ce grand bien ; et la possession des terres accordées aux cultivateurs, sous la redevance qui enrichit les seigneurs, aura produit cette population.

Il y a une autre espèce de propriété non moins utile; c'est celle qui est affranchie de toute redevance, et qui ne paye que les tributs généraux imposés par le souverain, pour le bien et le maintien de l'État. C'est cette propriété qui a contribué surtout à la richesse de l'Angleterre, de la France et des villes libres d'Allemagne. Les souverains qui affranchirent les terrains dont étaient composés leurs domaines en recueillirent d'abord un grand avantage, puisqu'on acheta chèrement ces franchises; et ils en retirent aujourd'hui un bien plus grand, surtout en Angleterre et en France, par les progrès de l'industrie et du commerce.

L'Angleterre donna un grand exemple au XVIᵉ siècle, lorsqu'on affranchit les terres dépendantes de l'Église et des moines. C'était une chose bien odieuse, bien préjudiciable à un État, de voir des hommes voués par leur institut à l'humilité et à la pauvreté, devenus les maîtres des plus belles terres du royaume, traiter les hommes, leurs frères, comme des animaux de service, faits pour porter leurs fardeaux. La grandeur de ce petit nombre de prêtres avilissait la nature humaine. Leurs richesses particulières appauvrissaient le reste du royaume. L'abus a été détruit, et l'Angleterre est devenue riche.

Dans tout le reste de l'Europe, le commerce n'a fleuri, les arts n'ont été en honneur, les villes ne se sont accrues et embellies, que quand les serfs de la couronne et de l'Église ont eu des terres en propriété. Et ce qu'on doit soigneusement remarquer, c'est que si l'Église y a perdu des droits qui ne lui appartenaient pas, la couronne y a gagné l'extension de ses droits légitimes : car l'Église, dont la première institution est d'imiter son législateur humble et pauvre, n'est point faite originairement pour s'engraisser du fruit des travaux des hommes; et le souverain, qui représente l'État, doit économiser le fruit de ces mêmes travaux pour le bien de l'État même et pour la splendeur du trône. Partout où le peuple travaille pour l'Église, l'État est pauvre : partout où le peuple travaille pour lui et pour le souverain, l'État est riche.

C'est alors que le commerce étend partout ses branches. La marine marchande devient l'école de la marine militaire. De grandes compagnies de commerce se forment. Le souverain trouve, dans les temps difficiles, des ressources auparavant inconnues. Ainsi dans les États autrichiens, en Angleterre, en France, vous voyez le prince emprunter facilement de ses sujets cent fois plus qu'il n'en pouvait arracher par la force, quand les peuples croupissaient dans la servitude.

Tous les paysans ne seront pas riches; et il ne faut pas qu'ils le soient. On a besoin d'hommes qui n'aient que leurs bras et de la bonne volonté. Mais ces hommes mêmes, qui semblent le rebut de la fortune, participeront au bonheur des autres. Ils seront libres de vendre leur travail à qui voudra le mieux payer. Cette liberté leur tiendra lieu de propriété. L'espérance certaine d'un juste salaire les soutiendra. Ils élèveront avec gaieté leurs familles dans leurs métiers laborieux et utiles. C'est surtout cette classe d'hommes si méprisables aux yeux des puissants qui fait la pépinière des soldats. Ainsi, depuis le sceptre jusqu'à la faux et à la houlette, tout s'anime, tout prospère, tout prend une nouvelle force par ce seul ressort.

Après avoir vu s'il est avantageux à un État que les cultivateurs soient propriétaires, il reste à voir jusqu'où cette concession peut s'étendre. Il est arrivé dans plus d'un royaume que le serf affranchi, étant devenu riche par son industrie, s'est mis à la place de ses anciens maîtres appauvris par leur luxe. Il a acheté leurs terres, il a pris leurs noms. L'ancienne noblesse a été avilie, et la nouvelle n'a été qu'enviée et méprisée. Tout a été confondu. Les peuples qui ont souffert ces usurpations ont été le jouet des nations qui se sont préservées de ce fléau.

Les erreurs d'un gouvernement peuvent être une leçon pour les autres. Ils profitent du bien qu'il a fait; ils évitent le mal où il est tombé.

Il est si aisé d'opposer le frein des lois à la cupidité et à l'orgueil des nouveaux parvenus, de fixer l'étendue des terrains roturiers qu'ils peuvent acheter, de leur interdire l'acquisition des grandes terres seigneuriales [1], que jamais un gouvernement ferme et sage ne pourra se repentir d'avoir affranchi la servitude et d'avoir enrichi l'indigence. Un bien ne produit jamais un mal que lorsque ce bien est poussé à un excès vicieux, et alors il cesse d'être bien. Les exemples des autres nations avertissent; et c'est ce qui fait que les peuples qui sont policés les derniers surpassent souvent les maîtres dont ils ont pris les leçons.

PROVIDENCE. — J'étais à la grille lorsque sœur Fessue disait à sœur Confite : « La Providence prend un soin visible de moi; vous savez comme j'aime mon moineau; il était mort, si je n'avais pas dit neuf *Ave Maria*, pour obtenir sa guérison. Dieu a rendu mon moineau à la vie; remercions la sainte Vierge. »

Un métaphysicien lui dit : « Ma sœur, il n'y a rien de si bon que des *Ave Maria*, surtout quand une fille les récite en latin dans un faubourg de Paris; mais je ne crois pas que Dieu s'occupe beaucoup de votre moineau, tout joli qu'il est; songez, je vous prie, qu'il a d'autres affaires. Il faut qu'il dirige continuellement le cours de seize planètes et de l'anneau de Saturne, au centre desquels il a placé le soleil, qui est aussi gros qu'un million de nos terres. Il a des milliards de milliards d'autres soleils, de planètes et de comètes à gouverner. Ses lois immuables et son concours éternel font mouvoir la nature entière; tout est lié à son trône par une chaîne infinie dont aucun anneau ne peut jamais être hors de sa place. Si des *Ave Maria* avaient fait vivre le moineau de sœur Fessue un instant de plus qu'il ne devait

---

1. Ces deux dernières lois seraient injustes. Mais si on voulait s'opposer à la trop grande inégalité des richesses, et qu'on n'eût ni assez de courage, ni une politique assez éclairée pour abolir absolument les substitutions et les droits d'aînesse, on pourrait restreindre ce privilège aux fiefs possédés par la noblesse ancienne ou titrée. Ce serait du moins agir conséquemment, d'après un principe vicieux à la vérité, celui de favoriser les distinctions entre les États. (*Ed. de Kehl.*)

vivre, ces *Ave Maria* auraient violé toutes les lois posées de toute éternité par le grand Être; vous auriez dérangé l'univers; il vous aurait fallu un nouveau monde, un nouveau Dieu, un nouvel ordre de choses.

SŒUR FESSUE. — Quoi! vous croyez que Dieu fasse si peu de cas de sœur Fessue?

LE MÉTAPHYSICIEN. — Je suis fâché de vous dire que vous n'êtes, comme moi, qu'un petit chaînon imperceptible de la chaîne infinie; que vos organes, ceux de votre moineau, et les miens, sont destinés à subsister un nombre déterminé de minutes dans ce faubourg de Paris.

SŒUR FESSUE. — S'il est ainsi, j'étais prédestinée à dire un nombre déterminé d'*Ave Maria*.

LE MÉTAPHYSICIEN. — Oui; mais ils n'ont pas forcé Dieu à prolonger la vie de votre moineau au delà de son terme. La constitution du monde portait que dans ce couvent, à une certaine heure, vous prononceriez comme un perroquet certaines paroles dans une certaine langue que vous n'entendez point; que cet oiseau, né comme vous par l'action irrésistible des lois générales, ayant été malade, se porterait mieux; que vous vous imagineriez l'avoir guéri avec des paroles, et que nous aurions ensemble cette conversation.

SŒUR FESSUE. — Monsieur, ce discours sent l'hérésie. Mon confesseur, le R. P. de Menou, en inférera que vous ne croyez pas à la Providence.

LE MÉTAPHYSICIEN. — Je crois la Providence générale, ma chère sœur, celle dont est émanée de toute éternité la loi qui règle toute chose, comme la lumière jaillit du soleil; mais je ne crois point qu'une Providence particulière change l'économie du monde pour votre moineau ou pour votre chat.

SŒUR FESSUE. — Mais pourtant, si mon confesseur vous dit, comme il me l'a dit à moi, que Dieu change tous les jours ses volontés en faveur des âmes dévotes?

LE MÉTAPHYSICIEN. — Il me dira la plus plate bêtise qu'un confesseur de filles puisse dire à un homme qui pense.

SŒUR FESSUE. — Mon confesseur une bête! sainte Vierge Marie!

LE MÉTAPHYSICIEN. — Je ne dis pas cela: je dis qu'il ne pourrait justifier que par une bêtise énorme les faux principes qu'il vous a insinués, peut-être fort adroitement, pour vous gouverner.

SŒUR FESSUE. — Ouais! j'y penserai; cela mérite réflexion. »

PUISSANCE, TOUTE-PUISSANCE. — Je suppose que celui qui lira cet article est convaincu que ce monde est formé avec intelligence, et qu'un peu d'astronomie et d'anatomie suffisent pour faire admirer cette intelligence universelle et suprême.

Encore une fois, *Mens agitat molem.* (Virg., *Æn.*, VI.)

Peut-il savoir par lui-même si cette intelligence est toute-puissante, c'est-à-dire infiniment puissante? A-t-il la moindre notion de l'infini, pour comprendre ce que c'est qu'une puissance infinie?

Le célèbre historien philosophe David Hume dit : « Un poids de dix onces est enlevé dans la balance par un autre poids; donc cet autre poids est de plus de dix onces; mais on ne peut apporter de raison pourquoi il doit être de cent. »

On peut dire de même : « Tu reconnais une intelligence suprême assez forte pour te former, pour te conserver un temps limité, pour te récompenser, pour te punir. En sais-tu assez pour te démontrer qu'elle peut davantage?

« Comment peux-tu te prouver par ta raison que cet Être peut plus qu'il n'a fait?

« La vie de tous les animaux est courte. Pouvait-il la faire plus longue?

« Tous les animaux sont la pâture les uns des autres sans exception : tout naît pour être dévoré. Pouvait-il former sans détruire?

« Tu ignores quelle est sa nature. Tu ne peux donc savoir si sa nature ne l'a pas forcé de ne faire que les choses qu'il a faites.

« Ce globe n'est qu'un vaste champ de destruction et de carnage. Ou le grand Être a pu en faire une demeure éternelle de délices pour tous les êtres sensibles, ou il ne l'a pas pu. S'il l'a pu et s'il ne l'a pas fait, crains de le regarder comme malfaisant; mais s'il ne l'a pas pu, ne crains point de le regarder comme une puissance très-grande, circonscrite par sa nature dans ses limites. »

Qu'elle soit infinie ou non, cela ne t'importe. Il est indifférent à un sujet que son maître possède cinq cents lieues de terrain ou cinq mille; il n'en est ni plus ni moins sujet.

Lequel serait le plus injurieux à cet Être ineffable de dire : « Il a fait des malheureux sans pouvoir s'en dispenser, » ou : « Il les a faits pour son plaisir? »

Plusieurs sectes le représentent comme cruel; d'autres, de peur d'admettre un Dieu méchant, ont l'audace de nier son existence. Ne vaut-il pas mieux dire que probablement la nécessité de sa nature et celle des choses ont tout déterminé?

Le monde est le théâtre du mal moral et du mal physique; on ne le sent que trop; et le *Tout est bien* de Shaftesbury, de Bolingbroke et de Pope, n'est qu'un paradoxe de bel esprit, une mauvaise plaisanterie.

Les deux principes de Zoroastre et de Manès, tant ressassés par Bayle, sont une plaisanterie plus mauvaise encore. Ce sont, comme on l'a déjà observé, les deux médecins de Molière [1], dont l'un dit à l'autre : « Passez-moi l'émétique, et je vous passerai la saignée. » Le manichéisme est absurde; et voilà pourquoi il a eu un si grand parti.

J'avoue que je n'ai point été éclairé par tout ce que dit Bayle sur les manichéens et sur les pauliciens. C'est de la controverse; j'aurais voulu de la pure philosophie. Pourquoi parler de nos mystères à Zoroastre? Dès que vous osez traiter nos mystères, qui ne veulent que de la foi et non du raisonnement, vous vous ouvrez des précipices.

---

1. L'*Amour Médecin*, acte III, scène I. (ÉD.)

Le fatras de notre théologie scolastique n'a rien à faire avec le fatras des rêveries de Zoroastre.

Pourquoi discuter avec Zoroastre le péché originel ? il n'en a jamais été question que du temps de saint Augustin. Zoroastre, ni aucun législateur de l'antiquité, n'en avait entendu parler.

Si vous disputez avec Zoroastre, mettez sous la clef l'Ancien et le Nouveau Testament, qu'il ne connaissait pas, et qu'il faut révérer sans vouloir les expliquer.

Qu'aurais-je donc dit à Zoroastre ? Ma raison ne peut admettre deux dieux qui se combattent; cela n'est bon que dans un poëme où Minerve se querelle avec Mars. Ma faible raison est bien plus contente d'un seul grand Être, dont l'essence était de faire et qui a fait tout ce que sa nature lui a permis, qu'elle n'est satisfaite de deux grands Êtres, dont l'un gâte tous les ouvrages de l'autre. Votre mauvais principe Arimane n'a pu déranger une seule des lois astronomiques et physiques du bon principe Oromase; tout marche avec la plus grande régularité dans les cieux. Pourquoi le méchant Arimane n'aurait-il eu de puissance que sur ce petit globe de la terre ?

Si j'avais été Arimane, j'aurais attaqué Oromase dans ses belles et grandes provinces de tant de soleils et d'étoiles. Je ne me serais pas borné à lui faire la guerre dans un petit village.

Il y a beaucoup de mal dans ce village : mais d'où savons-nous que ce mal n'était pas inévitable ?

Vous êtes forcé d'admettre une intelligence répandue dans l'univers; mais 1° savez-vous, par exemple, si cette puissance s'étend jusqu'à prévoir l'avenir ? Vous l'avez assuré mille fois; mais vous n'avez jamais pu ni le prouver, ni le comprendre. Vous ne pouvez savoir comment un être quelconque voit ce qui n'est pas. Or l'avenir n'est pas; donc nul être ne peut le voir. Vous vous réduisez à dire qu'il prévoit; mais prévoir c'est conjecturer !

Or un Dieu qui, selon vous, conjecture, peut se tromper. Il s'est réellement trompé dans votre système; car s'il avait prévu que son ennemi empoisonnerait ici-bas toutes ses œuvres, il ne les aurait pas produites; il ne se serait pas préparé lui-même la honte d'être continuellement vaincu.

2° Ne lui fais-je pas bien plus d'honneur en disant qu'il a fait tout par la nécessité de sa nature, que vous ne lui en faites en lui suscitant un ennemi qui défigure, qui souille, qui détruit ici-bas toutes ses œuvres?

3° Ce n'est point avoir de Dieu une idée indigne que de dire qu'ayant formé des milliards de mondes où la mort et le mal n'habitent point, il a fallu que le mal et la mort habitassent dans celui-ci.

4° Ce n'est point rabaisser Dieu que de dire qu'il ne pouvait former l'homme sans lui donner de l'amour-propre; que cet amour-propre ne pouvait le conduire sans l'égarer presque toujours; que ses passions sont nécessaires, mais qu'elles sont funestes; que la propagation ne

___
1. C'est le sentiment des sociniens.

peut s'exécuter sans désirs; que ces désirs ne peuvent animer l'homme sans querelles; que ces querelles amènent nécessairement des guerres, etc.

5° En voyant une partie des combinaisons du règne végétal, animal et minéral, et ce globe percé partout comme un crible, d'où tant d'exhalaisons s'échappent en foule, quel sera le philosophe assez hardi ou le scolastique assez imbécile pour voir clairement que la nature pouvait arrêter les effets des volcans, les intempéries de l'atmosphère, la violence des vents, les pestes, et tous les fléaux destructeurs?

6° Il faut être bien puissant, bien fort, bien industrieux, pour avoir formé des lions qui dévorent des taureaux, et produit des hommes qui inventent des armes pour tuer d'un seul coup, non-seulement les taureaux et les lions, mais encore pour se tuer les uns les autres. Il faut être très-puissant pour avoir fait naître des araignées qui tendent des filets pour prendre des mouches; mais ce n'est pas être tout-puissant, infiniment puissant.

7° Si le grand Être avait été infiniment puissant, il n'y a nulle raison pour laquelle il n'aurait pas fait les animaux sensibles infiniment heureux; il ne l'a pas fait, donc il ne l'a pas pu.

8° Toutes les sectes des philosophes ont échoué contre l'écueil du mal physique et moral. Il ne reste que d'avouer que Dieu ayant agi pour le mieux n'a pu agir mieux.

9° Cette nécessité tranche toutes les difficultés et finit toutes les disputes. Nous n'avons pas le front de dire : *Tout est bien ;* nous disons : « Tout est le moins mal qu'il se pouvait. »

10° Pourquoi un enfant meurt-il souvent dans le sein de sa mère? Pourquoi un autre, ayant eu le malheur de naître, est-il réservé à des tourments aussi longs que sa vie, terminés par une mort affreuse?

Pourquoi la source de la vie a-t-elle été empoisonnée dans toute la terre depuis la découverte de l'Amérique? Pourquoi, depuis le vii° siècle de notre ère vulgaire, la petite-vérole emporte-t-elle la huitième partie du genre humain? Pourquoi de tout temps les vessies ont-elles été sujettes à être des carrières de pierres? Pourquoi la peste, la guerre, la famine et l'inquisition? Tournez-vous de tous les sens, vous ne trouverez d'autre solution sinon que tout a été nécessaire.

Je parle ici aux seuls philosophes, et non pas aux théologiens. Nous savons bien que la foi est le fil du labyrinthe. Nous savons que la chute d'Adam et d'Ève, le péché originel, la puissance immense donnée aux diables, la prédilection accordée par le grand Être au peuple juif, et le baptême substitué à l'amputation du prépuce, sont les réponses qui éclaircissent tout. Nous n'avons argumenté que contre Zoroastre, et non contre l'université de Conimbre ou Coimbre, à laquelle nous nous soumettons dans tous nos articles. (Voyez les *Lettres de Memmius à Cicéron* [1], et répondez-y, si vous pouvez.)

---

1. Dans les *Mélanges*, année 1771. (ÉD.)

PUISSANCE. — *Les deux puissances.* — *Section I.* — Quiconque tient le sceptre et l'encensoir a les deux mains fort occupées. On peut le regarder comme un homme fort habile, s'il commande à des peuples qu'il ont le sens commun ; mais s'il n'a affaire qu'à des imbéciles, à des espèces de sauvages, on peut le comparer au cocher de Bernier, que son maître rencontra un jour dans un carrefour de Delhi haranguant la populace et lui vendant de l'orviétan. « Quoi ! Lapierre, lui dit Bernier, tu es devenu médecin ? — Oui, monsieur, lui répondit le cocher ; tel peuple, tel charlatan. »

Le daïri des Japonais, le dalaï-lama du Thibet, auraient pu en dire autant. Numa Pompilius même, avec son Égérie, aurait fait la même réponse à Bernier. Melchisédech était probablement dans le cas, aussi bien que cet Anius dont parle Virgile au troisième chant de l'*Énéide* :

> *Rex Anius, rex idem hominum Phœbique sacerdos,*
> *Vittis et sacra redimitus tempora lauro.*
> V. 80, 81.

Je ne sais quel translateur du XVIe siècle a translaté ainsi ces vers de Virgile :

> Anius, qui fut roi tout ainsi qu'il fut prêtre,
> Mange à deux râteliers, et doublement est maître.

Ce charlatan Anius n'était roi que de l'île de Délos, très-chétif royaume, qui, après celui de Melchisédech et d'Yvetot, était un des moins considérables de la terre ; mais le culte d'Apollon lui avait donné une grande réputation : il suffit d'un saint pour mettre tout un pays en crédit.

Trois électeurs allemands sont plus puissants qu'Anius, et ont comme lui le droit de mitre et de couronne, quoique subordonnés, du moins en apparence, à l'empereur romain, qui n'est que l'empereur d'Allemagne. Mais de tous les pays où la plénitude du sacerdoce et la plénitude de la royauté constituent la puissance la plus pleine qu'on puisse imaginer, c'est Rome moderne.

Le pape est regardé, dans la partie de l'Europe catholique, comme le premier des rois et le premier des prêtres. Il en fut de même dans la Rome qu'on appelle *païenne* ; Jules César était à la fois grand pontife, dictateur, guerrier, vainqueur, très-éloquent, très-galant, en tout le premier des hommes, et à qui nul moderne n'a pu être comparé, excepté dans une épître dédicatoire.

Le roi d'Angleterre possède à peu près les mêmes dignités que le pape en qualité de chef de l'Église.

L'impératrice de Russie est aussi maîtresse absolue de son clergé dans l'empire le plus vaste qui soit sur la terre. L'idée qu'il peut exister deux puissances opposées l'une à l'autre dans un même État y est regardée par le clergé même comme une chimère aussi absurde que pernicieuse.

Je dois rapporter à ce propos une lettre que l'impératrice de Russie,

Catherine II, daigna m'écrire au mont Krapack, le 22 auguste 1765, et dont elle m'a permis de faire usage dans l'occasion :

« Des capucins qu'on tolère à Moscou (car la tolérance est générale dans cet empire; il n'y a que les jésuites qui n'y sont pas soufferts [1]), s'étant opiniâtrés cet hiver à ne pas vouloir enterrer un Français qui était mort subitement, sous prétexte qu'il n'avait pas reçu les sacrements, Abraham Chaumeix fit un factum contre eux, pour leur prouver qu'ils devaient enterrer un mort. Mais ce factum, ni deux réquisitions du gouverneur, ne purent porter ces Pères à obéir. A la fin, on leur fit dire de choisir, ou de passer la frontière, ou d'enterrer ce Français. Ils partirent, et j'envoyai d'ici des augustins plus dociles, qui, voyant qu'il n'y avait pas à badiner, firent tout ce qu'on voulut. Voilà donc Abraham Chaumeix en Russie qui devient raisonnable; il s'oppose à la persécution. S'il prenait de l'esprit, il ferait croire les miracles aux plus incrédules; mais tous les miracles du monde n'effaceront pas sa honte d'avoir été le délateur de l'*Encyclopédie*... »

« Les sujets de l'Eglise souffrant des vexations souvent tyranniques, auxquelles les fréquents changements de maîtres contribuaient beaucoup, se révoltèrent vers la fin du règne de l'impératrice Elisabeth; et ils étaient, à mon avénement, plus de cent mille en armes. C'est ce qui fit qu'en 1762 j'exécutai le projet de changer entièrement l'administration des biens du clergé, et de fixer ses revenus. Arsène, évêque de Rostou, s'y opposa, poussé par quelques-uns de ses confrères, qui ne trouvèrent pas à propos de se nommer. Il envoya deux mémoires où il voulait établir le principe absurde des deux puissances. Il avait déjà fait cette tentative du temps de l'impératrice Elisabeth; on s'était contenté de lui imposer silence; mais son insolence et sa folie redoublant, il fut jugé par le métropolitain de Novogorod et par le synode entier, condamné comme un fanatique, coupable d'une entreprise contraire à la foi orthodoxe autant qu'au pouvoir souverain, déchu de sa dignité et de la prêtrise, et livré au bras séculier. Je lui fis grâce, et je me contentai de le réduire à la condition de moine. »

Telles sont ses propres paroles; il en résulte qu'elle sait soutenir l'Eglise et la contenir; qu'elle respecte l'humanité autant que la religion; qu'elle protége le laboureur autant que le prêtre; que tous les ordres de l'Etat doivent la servir.

J'aurai encore l'indiscrétion de transcrire ici un passage d'une de ses lettres (28 novembre 1765) :

« La tolérance est établie chez nous; elle fait loi de l'Etat; il est défendu de persécuter. Nous avons, il est vrai, des fanatiques qui, faute de persécution, se brûlent eux-mêmes; mais si ceux des autres pays en faisaient autant, il n'y aurait pas grand mal, le monde en serait plus tranquille, et Calas n'aurait pas été roué. »

Ne croyez pas qu'elle écrive ainsi par un enthousiasme passager et vain, qu'on désavoue ensuite dans la pratique, ni même par le désir

---

1. On a commencé à les y souffrir depuis qu'ils ont été détruits par le pape parce qu'ils ne peuvent plus être dangereux. (*Éd. de Kehl.*)

louable d'obtenir dans l'Europe les suffrages des hommes qui pensent et qui enseignent à penser. Elle pose ces principes pour base de son gouvernement. Elle a écrit de sa main dans le conseil de législation ces paroles, qu'il faut graver aux portes de toutes les villes :

« Dans un grand empire, qui étend sa domination sur autant de peuples divers qu'il y a différentes croyances parmi les hommes, la faute la plus nuisible serait l'intolérance. »

Remarquez qu'elle n'hésite pas de mettre l'intolérance au rang des fautes, j'ai presque dit des délits. Ainsi une impératrice despotique détruit dans le fond du Nord la persécution et l'esclavage, tandis que dans le Midi.....

[1] Jugez après cela, monsieur, s'il se trouvera un honnête homme dans l'Europe qui ne sera pas prêt de signer le panégyrique que vous méditez. Non-seulement cette princesse est tolérante, mais elle veut que ses voisins le soient. Voilà la première fois qu'on a déployé le pouvoir suprême pour établir la liberté de conscience. C'est la plus grande époque que je connaisse dans l'histoire moderne.

C'est à peu près ainsi que les anciens Persans défendirent aux Carthaginois d'immoler des hommes.

Plût à Dieu qu'au lieu des barbares qui fondirent autrefois des plaines de la Scythie et des montagnes de l'Immaüs et du Caucase vers les Alpes et les Pyrénées pour tout ravager, on vît descendre aujourd'hui des armées pour renverser le tribunal de l'inquisition, tribunal plus horrible que les sacrifices de sang humain tant reprochés à nos pères !

Enfin, ce génie supérieur veut faire entendre à ses voisins ce que l'on commence à comprendre en Europe, que des opinions métaphysiques inintelligibles, qui sont les filles de l'absurdité, sont les mères de la discorde ; et que l'Église, au lieu de dire : « Je viens apporter le glaive et non la paix, » doit dire hautement : « J'apporte la paix et non le glaive. » Aussi l'impératrice ne veut-elle tirer l'épée que contre ceux qui veulent opprimer les dissidents.

Section II. — Conversation du R. P. Bouvet, missionnaire de la compagnie de Jésus, avec l'empereur Kang-Hi, en présence de frère Attiret, jésuite, tirée des mémoires secrets de la mission en 1772.

PÈRE BOUVET. — Oui, Sacrée Majesté, dès que vous aurez eu le bonheur de vous faire baptiser par moi, comme je l'espère, vous serez soulagé de la moitié du fardeau immense qui vous accable. Je vous ai parlé de la fable d'Atlas qui portait le ciel sur ses épaules. Hercule le soulagea et porta le ciel. Vous êtes l'Atlas, et Hercule est le pape. Il y aura deux puissances dans votre empire. Notre bon Clément XI sera la première. Ainsi vous goûterez le plus grand des biens, celui d'être oisif pendant votre vie, et d'être sauvé après votre mort.

L'EMPEREUR. — Vraiment je suis très-obligé à ce cher pape qui dai-

1. Ceci est tiré d'une lettre du citoyen du mont Krapack, dans laquelle se trouve l'extrait de la lettre de l'impératrice.

gne prendre cette peine : mais comment pourra-t-il gouverner mon
empire à six mille lieues de chez lui ?

PÈRE BOUVET. — Rien n'est plus aisé, Sacrée Majesté Impériale.
Nous sommes ses vicaires apostoliques; il est vicaire de Dieu; ainsi
vous serez gouverné par Dieu même.

L'EMPEREUR. — Quel plaisir ! je ne me sens pas d'aise. Votre vice-
Dieu partagera donc avec moi les revenus de l'empire ? car toute peine
vaut salaire.

PÈRE BOUVET. — Notre vice-Dieu est si bon, qu'il ne prendra d'ordinaire que le quart tout au plus, excepté dans les cas de désobéissance.
Notre casuel ne montera qu'à deux millions sept cent cinquante mille
onces d'argent pur. C'est un bien mince objet en comparaison des biens
célestes.

L'EMPEREUR. — Oui, c'est marché donné. Votre Rome en tire autant
apparemment du Grand-Mogol mon voisin, de l'empire du Japon mon
autre voisin, de l'impératrice de Russie mon autre bonne voisine, de
l'empire de Perse, de celui de Turquie ?

PÈRE BOUVET. — Pas encore; mais cela viendra, grâce à Dieu et à
nous.

L'EMPEREUR. — Et combien vous en revient-il à vous autres ?

PÈRE BOUVET. — Nous n'avons point de gages fixes; mais nous sommes comme la principale actrice d'une comédie d'un comte de Caylus
mon compatriote, tout ce que je..... c'est pour moi.

L'EMPEREUR. — Mais dites-moi si vos princes chrétiens d'Europe
payent à votre Italien à proportion de ma taxe.

PÈRE BOUVET. — Non, la moitié de cette Europe s'est séparée de lui,
et ne le paye point : l'autre moitié paye le moins qu'elle peut.

L'EMPEREUR. — Vous me disiez ces jours passés qu'il était maître
d'un assez joli pays.

PÈRE BOUVET. — Oui, mais ce domaine lui produit peu; il est en
friche.

L'EMPEREUR. — Le pauvre homme! il ne sait pas faire cultiver sa
terre, et il prétend gouverner les miennes !

PÈRE BOUVET. — Autrefois dans un de nos conciles, c'est-à-dire dans
un de nos sénats de prêtres, qui se tenait dans une ville nommée
Constance, notre saint-père fit proposer une taxe nouvelle pour soutenir sa dignité. L'assemblée répondit qu'il n'avait qu'à faire labourer
son domaine; mais il s'en donna bien de garde; il aima mieux vivre
du produit de ceux qui labourent dans d'autres royaumes. Il lui parut
que cette manière de vivre avait plus de grandeur.

L'EMPEREUR. — Oh bien ! allez lui dire que non-seulement je fais labourer chez moi, mais que je laboure moi-même; et je doute fort que
ce soit pour lui.

PÈRE BOUVET. — Ah ! sainte Vierge Marie ! je suis pris pour dupe.

L'EMPEREUR. — Partez vite, j'ai été trop indulgent.

FRÈRE ATTIRET, à P. Bouvet. — Je vous avais bien dit que l'empereur, tout bon qu'il est, avait plus d'esprit que vous et moi.

PURGATOIRE. — Il est assez singulier que les Églises protestantes se soient réunies à crier que le purgatoire fut inventé par les moines. Il est bien vrai qu'ils inventèrent l'art d'attraper de l'argent des vivants en priant Dieu pour les morts; mais le purgatoire était avant tous les moines.

Ce qui peut avoir induit les doctes en erreur, c'est que ce fut le pape Jean XVI qui institua, dit-on, la fête des morts vers le milieu du x° siècle. De cela seul je conclus qu'on priait pour eux auparavant; car si on se mit à prier pour tous, il est à croire qu'on priait déjà pour quelques-uns d'entre eux, de même qu'on n'inventa la fête de tous les saints que parce qu'on avait longtemps auparavant fêté plusieurs bienheureux. La différence entre la Toussaint et la fête des morts, c'est qu'à la première nous invoquons, et à la seconde nous sommes invoqués; à la première nous nous recommandons à tous les heureux, et à la seconde les malheureux se recommandent à nous.

Les gens les plus ignorants savent comment cette fête fut instituée d'abord à Cluni, qui était alors terre de l'empire allemand. Faut-il redire « que saint Odilon, abbé de Cluny, était coutumier de délivrer beaucoup d'âmes du purgatoire par ses messes et par ses prières, et qu'un jour un chevalier ou un moine, revenant de la Terre-Sainte, fut jeté par la tempête dans une petite île où il rencontra un ermite, lequel lui dit qu'il y avait là auprès de grandes flammes et furieux incendies, où les trépassés étaient tourmentés, et qu'il entendait souvent les diables se plaindre de l'abbé Odilon et de ses moines qui délivraient tous les jours quelque âme; qu'il fallait prier Odilon de continuer, afin d'accroître la joie des bienheureux au ciel, et la douleur des diables en enfer? »

C'est ainsi que frère Girard, jésuite, raconte la chose dans sa *Fleur des saints*[1], d'après frère Ribadeneira. Fleury diffère un peu de cette légende; mais il en a conservé l'essentiel.

Cette révélation engagea saint Odilon à instituer dans Cluny la fête des trépassés, qui ensuite fut adoptée par l'Église.

C'est depuis ce temps que le purgatoire valut tant d'argent à ceux qui avaient le pouvoir d'en ouvrir les portes. C'est en vertu de ce pouvoir que le roi d'Angleterre Jean, ce grand terrien, surnommé *sans terre*, en se déclarant homme-lige du pape Innocent III, et en lui soumettant son royaume, obtint la délivrance d'une âme de ses parents qui était excommunié : *pro mortuo excommunicato pro quo supplicant consanguinei.*

La chancellerie romaine eut même son tarif pour l'absolution des morts; et il y eut beaucoup d'autels privilégiés, où chaque messe qu'on disait au xiv° siècle et au xv°, pour six liards, délivrait une âme. Les hérétiques avaient beau remontrer qu'à la vérité les apôtres avaient eu le droit de délier tout ce qui était lié sur la terre, mais non pas sous terre, on leur courait sus comme à des scélérats qui osaient douter du pouvoir des clefs; et en effet, il est à remarquer

1. Tome II, p. 445.

que quand le pape veut bien vous remettre cinq ou six cents ans de
purgatoire, il vous fait grâce de sa pleine puissance : *pro potestate a
Deo accepta concedit.*

De l'antiquité du purgatoire. — On prétend que le purgatoire était,
de temps immémorial, reconnu par le fameux peuple juif; et on se
fonde sur le second livre des *Machabées*, qui dit expressément « qu'ayant
trouvé sous les habits des Juifs (au combat d'Odollam) des choses
consacrées aux idoles de Jamnia, il fut manifeste que c'était pour cela
qu'ils avaient péri ; et ayant fait une quête de douze mille dragmes
d'argent[1], lui qui pensait bien et religieusement de la résurrection,
les envoya à Jérusalem pour les péchés des morts. »

Comme nous nous sommes fait un devoir de rapporter les objections
des hérétiques et des incrédules, afin de les confondre par leurs propres sentiments, nous rapporterons ici leurs difficultés sur les douze
mille francs envoyés par Judas, et sur le purgatoire.

Ils disent :

1° Que douze mille francs de notre monnaie étaient beaucoup pour
Judas, qui soutenait une guerre de barbets contre un grand roi;

2° Qu'on peut envoyer un présent à Jérusalem pour les péchés des
morts, afin d'attirer la bénédiction de Dieu sur les vivants;

3° Qu'il n'était point encore question de résurrection dans ces temps-
là ; qu'il est reconnu que cette question ne fut agitée chez les Juifs
que du temps de Gamaliel, un peu avant les prédications de Jésus-
Christ;

4° Que la loi des Juifs, consistant dans le *Décalogue*, le *Lévittique*
et le *Deutéronome*, n'ayant jamais parlé ni de l'immortalité de l'âme,
ni des tourments de l'enfer, il était impossible à plus forte raison
qu'elle eût jamais annoncé un purgatoire;

5° Les hérétiques et les incrédules font les derniers efforts pour démontrer à leur manière que tous les livres des Machabées sont évidemment apocryphes. Voici leurs prétendues preuves :

Les Juifs n'ont jamais reconnu les livres des Machabées pour canoniques : pourquoi les reconnaîtrions-nous ?

Origène déclare formellement que l'histoire des Machabées est à rejeter. Saint Jérôme juge ces livres indignes de croyance.

Le concile de Laodicée, tenu en 367, ne les admit point parmi les
livres canoniques; les Athanase, les Cyrille, les Hilaire les rejettent.

Les raisons pour traiter ces livres de romans, et de très-mauvais
romans, sont les suivantes :

L'auteur ignorant commence par la fausseté la plus reconnue de
tout le monde. Il dit[2] : « Alexandre appela les jeunes nobles qui avaient
été nourris avec lui dès leur enfance, et il leur partagea son royaume
tandis qu'il vivait encore. »

Un mensonge aussi sot et aussi grossier ne peut venir d'un écrivain
sacré et inspiré.

---

1. Liv. II, chap. XII, v. 40 et 43. — 2. Liv. I, chap. I, v. 7.

L'auteur des Machabées, en parlant d'Antiochus Épiphane, dit : « Antiochus marcha vers Élimaïs ; il voulut la prendre et la piller [1], et il ne le put, parce que son discours avait été su des habitants ; et ils s'élevèrent en combat contre lui. Et il s'en alla avec une tristesse grande, et retourna en Babylone. Et lorsqu'il était encore en Perse, il apprit que son armée en Juda avait pris la fuite.... et il se mit au lit, et il mourut l'an 149. »

Le même auteur [2] dit ailleurs tout le contraire. Il dit qu'Antiochus Épiphane voulut piller Persépolis, et non pas Élimaïs ; qu'il tomba de son chariot, qu'il fut frappé d'une plaie incurable ; qu'il fut mangé des vers ; qu'il demanda bien pardon au Dieu des Juifs ; qu'il voulut se faire Juif ; et c'est là qu'on trouve ce verset que les fanatiques ont appliqué tant de fois à leurs ennemis : *Orabat scelestus ille veniam quam non erat consecuturus*, « le scélérat demandait un pardon qu'il ne devait pas obtenir. » Cette phrase est bien juive ; mais il n'est pas permis à un auteur inspiré de se contredire si indignement.

Ce n'est pas tout : voici bien une autre contradiction et une autre bévue. L'auteur fait mourir Antiochus Épiphane d'une troisième façon [3] ; on peut choisir. Il avance que ce prince fut lapidé dans le temple de Nanée. Ceux qui ont voulu excuser cette ânerie, prétendent qu'on veut parler d'Antiochus Eupator ; mais ni Épiphane ni Eupator ne fut lapidé.

Ailleurs, l'auteur dit [4] qu'un autre Antiochus (le grand) fut pris par les Romains, et qu'ils donnèrent à Eumènes les Indes et la Médie. Autant vaudrait-il dire que François I⁰ʳ fit prisonnier Henri VIII, et qu'il donna la Turquie au duc de Savoie. C'est insulter le Saint-Esprit d'imaginer qu'il ait dicté des absurdités si dégoûtantes.

Le même auteur dit [5] que les Romains avaient conquis les Galates ; mais ils ne conquirent la Galatie que plus de cent ans après. Donc le malheureux romancier n'écrivait que plus d'un siècle après le temps où l'on suppose qu'il a écrit ; et il en est ainsi de presque tous les livres juifs, à ce que disent les incrédules.

Le même auteur dit [6] que les Romains nommaient tous les ans un chef du sénat. Voilà un homme bien instruit ! il ne savait pas seulement que Rome avait deux consuls. « Quelle foi pouvons-nous ajouter, disent les incrédules, à ces rapsodies de contes puérils, entassés sans ordre et sans choix par les plus ignorants et les plus imbéciles des hommes ? Quelle honte de les croire ! quelle barbarie de cannibales d'avoir persécuté des hommes sensés pour les forcer à faire semblant de croire des pauvretés pour lesquelles ils avaient le plus profond mépris ! » Ainsi s'expriment des auteurs audacieux.

Notre réponse est que quelques méprises, qui viennent probablement des copistes, n'empêchent point que le fond ne soit vrai ; que le Saint-Esprit a inspiré l'auteur et non les copistes ; que si le concile de

1. Chap. VI, v. 3 et suiv. — 2. Liv. II, chap. IX.
3. Liv. II, chap. I, v. 13. — 4. Liv. I, chap. VIII. v. 7 et 9.
5. Liv. I, chap. VIII, v. 2 et 6. — 6. *Ibid.*, v. 15 et 16.

Laodicée a rejeté les Machabées, ils ont été admis par le concile de Trente, dans lequel il y eut jusqu'à des jésuites; qu'ils sont reçus dans toute l'Eglise romaine, et que par conséquent nous devons les recevoir avec soumission.

De l'origine du purgatoire. — Il est certain que ceux qui admirent le purgatoire dans la primitive Eglise, furent traités d'hérétiques; on condamna les simoniens qui admettaient la purgation des âmes, Ψυχὴν καθαρόν [1].

Saint Augustin condamna depuis les origénistes, qui tenaient pour ce dogme.

Mais les simoniens et les origénistes avaient-ils pris ce purgatoire dans Virgile, dans Platon, chez les Egyptiens?

Vous le trouvez clairement énoncé dans le sixième livre de Virgile, ainsi que nous l'avons déjà remarqué; et ce qui est de plus singulier, c'est que Virgile peint des âmes pendues en plein air, d'autres brûlées, d'autres noyées :

> ....*Aliæ panduntur inanes*
> *Suspensæ ad ventos; aliis sub gurgite vasto*
> *Infectum eluitur scelus, aut exuritur igni.*
>
> VIRG., Æn., VI, 740.

L'abbé Pellegrin traduit ainsi ces vers :

> On voit ces purs esprits branler au gré des vents,
> Ou noyés dans les eaux, ou brûlés dans les flammes;
> C'est ainsi qu'on nettoie et qu'on purge les âmes.

Et ce qu'il y a de plus singulier encore, c'est que le pape Grégoire, surnommé *le grand*, non-seulement adopta cette théologie de Virgile, mais dans ses dialogues il introduit plusieurs âmes qui arrivent du purgatoire, après avoir été pendues ou noyées.

Platon avait parlé du purgatoire dans son *Phédon*; et il est aisé de se convaincre, par la lecture du *Mercure Trismégiste*, que Platon avait pris chez les Egyptiens tout ce qu'il n'avait pas emprunté de Timée de Locres.

Tout cela est bien récent, tout cela est d'hier en comparaison des anciens brachmanes. Ce sont eux, il faut l'avouer, qui inventèrent le purgatoire, comme ils inventèrent aussi la révolte et la chute des génies, des animaux célestes [2].

C'est dans leur Shasta, ou Shastabad, écrit trois mille cent ans avant l'ère vulgaire, que mon cher lecteur trouvera le purgatoire. Ces anges rebelles, dont on copia l'histoire chez les Juifs, du temps du rabbin Gamaliel, avaient été condamnés par l'Eternel et par son fils à mille ans de purgatoire; après quoi Dieu leur pardonna et les fit hommes. Nous vous l'avons déjà dit, mon cher lecteur; nous vous avons déjà représenté que les brachmanes trouvèrent l'éternité des supplices trop

---

1. Liv. des *Hérésies*, chap. XXII. — 2. Voy. l'article BRACHMANES.

duré; car enfin l'éternité est ce qui ne finit jamais. Les brachmanes pensaient comme l'abbé de Chaulieu.

> Pardonne alors, Seigneur, si, plein de tes bontés
> Je n'ai pu concevoir que mes fragilités,
> Ni tous ces vains plaisirs qui passent comme un songe,
> Pussent être l'objet de tes sévérités;
> Et si j'ai pu penser que tant de cruautés
> Puniraient un peu trop la douceur d'un mensonge.

Épître sur la mort, au marquis de La Fare.

QUAKERS. — *Quaker* ou *Qouacre*, ou *Primitif*, ou *Membre de la primitive Église chrétienne*, ou *Pensylvanien*, ou *Philadelphien*.

De tous ces titres, celui que j'aime le mieux est celui de Philadelphien, *ami des frères*. Il y a bien des sortes de vanités; mais la plus belle est celle qui, ne s'arrogeant aucun titre, rend presque tous les autres ridicules.

Je m'accoutume bientôt à voir un bon Philadelphien me traiter d'ami et de frère; ces mots raniment dans mon cœur la charité, qui se refroidit trop aisément. Mais que deux moines s'appellent, s'écrivent, Votre Révérence; qu'ils se fassent baiser la main en Italie et en Espagne; c'est le dernier degré d'un orgueil en démence; c'est le dernier degré de sottise dans ceux qui la baisent; c'est le dernier degré de la surprise et du rire dans ceux qui sont témoins de ces inepties. La simplicité du Philadelphien est la satire continuelle des évêques qui se monseigneurisent.

« N'avez-vous point de honte, disait un laïque au fils d'un manœuvre, devenu évêque[1], de vous intituler monseigneur et prince? est-ce ainsi qu'en usaient Barnabé, Philippe et Jude? — Va, va, dit le prélat, si Barnabé, Philippe et Jude l'avaient pu, ils l'auraient fait; et la preuve en est, que leurs successeurs l'ont fait dès qu'ils l'ont pu. »

Un autre, qui avait un jour à sa table plusieurs Gascons, disait : « Il faut bien que je sois monseigneur, puisque tous ces messieurs sont marquis. » *Vanitas vanitatum*.

J'ai déjà parlé des quakers à l'article *Église primitive*, et c'est pour cela que j'en veux parler encore. Je vous prie, mon cher lecteur, de ne point dire que je me répète; car s'il y a deux ou trois pages répétées dans ce Dictionnaire, ce n'est pas ma faute, c'est celle des éditeurs. Je suis malade au mont Krapack, je ne puis pas avoir l'œil à tout. J'ai des associés qui travaillent comme moi à la vigne du Seigneur, qui cherchent à inspirer la paix et la tolérance, l'horreur pour le fanatisme, la persécution, la calomnie, la dureté de mœurs, et l'ignorance insolente.

Je vous dirai, sans me répéter, que j'aime les quakers. Oui, si la mer ne me faisait pas un mal insupportable, ce serait dans ton sein, ô Pensylvanie, que j'irais finir le reste de ma carrière, s'il ? du

---

1. Biord, évêque d'Annecy, qui dénonça Voltaire, était fils d'un maçon. (**B.**)

reste. Tu es située au quarantième degré, dans le climat le plus doux et le plus favorable; tes campagnes sont fertiles, tes maisons commodément bâties, tes habitants industrieux, tes manufactures en honneur. Une paix éternelle règne parmi tes citoyens; les crimes y sont presque inconnus, et il n'y a qu'un seul exemple d'un homme banni du pays. Il le méritait bien; c'était un prêtre anglican qui, s'étant fait quaker, fut indigne de l'être. Ce malheureux fut sans doute possédé du diable, car il osa prêcher l'intolérance; il s'appelait George Keith: on le chassa; je ne sais pas où il est allé; mais puissent tous les intolérants aller avec lui!

Aussi de trois cent mille habitants qui vivent heureux chez toi, il y a deux cent mille étrangers. On peut, pour douze guinées, acquérir cent arpents de très-bonne terre; et dans ces cent arpents on est véritablement roi, car on est libre, on est citoyen; vous ne pouvez faire de mal à personne, et personne ne peut vous en faire; vous pensez ce qu'il vous plaît, et vous le dites sans que personne vous persécute; vous ne connaissez point le fardeau des impôts, continuellement redoublé; vous n'avez point de cour à faire; vous ne redoutez point l'insolence d'un subalterne important. Il est vrai qu'au mont Krapack nous vivons à peu près comme vous; mais nous ne devons la tranquillité dont nous jouissons qu'aux montagnes couvertes de neiges éternelles, et aux précipices affreux qui entourent notre paradis terrestre. Encore le diable quelquefois franchit-il, comme dans Milton, ces précipices et ces monts épouvantables, pour venir infecter de son haleine empoisonnée les fleurs de notre paradis. Satan s'était déguisé en crapaud pour venir tromper deux créatures qui s'aimaient. Il est venu une fois chez nous dans sa propre figure pour apporter l'intolérance. Notre innocence a triomphé de toute la fureur du diable.

QUESTION, TORTURE. — J'ai toujours présumé que la question, la torture avait été inventée par des voleurs, qui étant entrés chez un avare, et ne trouvant point son trésor, lui firent souffrir mille tourments jusqu'à ce qu'il le découvrît.

On a dit souvent que la question était un moyen de sauver un coupable robuste, et de perdre un innocent trop faible; que chez les Athéniens on ne donnait la question que dans les crimes d'État; que les Romains n'appliquèrent jamais à la torture un citoyen romain pour savoir son secret;

Que le tribunal abominable de l'inquisition renouvela ce supplice, et que par conséquent il doit être en horreur à toute la terre;

Qu'il est aussi absurde d'infliger la torture pour parvenir à la connaissance d'un crime, qu'il était absurde d'ordonner autrefois le duel pour juger un coupable; car souvent le coupable était vainqueur, et souvent le coupable vigoureux et opiniâtre résiste à la question, tandis que l'innocent débile y succombe;

Que cependant le duel était appelé *le jugement de Dieu*, et qu'il ne manque plus que d'appeler la torture *le jugement de Dieu*;

Que la torture est un supplice plus long et plus douloureux que la mort; qu'ainsi on punît l'accusé avant d'être certain de son crime, et qu'on le punît plus cruellement qu'en le faisant mourir;

Que mille exemples funestes ont dû désabuser les législateurs de cet usage affreux;

Que cet usage est aboli dans plusieurs pays de l'Europe, et qu'on voit moins de grands crimes dans ces pays que dans le nôtre, où la torture est pratiquée.

On demande après cela pourquoi la torture est toujours admise chez les Français, qui passent pour un peuple doux et agréable.

On répond que cet affreux usage subsiste encore parce qu'il est établi; on avoue qu'il y a beaucoup de personnes douces et agréables en France, mais on nie que le peuple soit humain.

Si on donne la question à des Jacques Clément, à des Jean Chastel, à des Ravaillac, à des Damiens, personne ne murmurera; il s'agit de la vie d'un roi et du salut de tout l'État [1]. Mais que des juges d'Abbeville condamnent à la torture un jeune officier pour savoir quels sont les enfants qui ont chanté avec lui une vieille chanson, qui ont passé devant une procession de capucins sans ôter leur chapeau, j'ose presque dire que cette horreur perpétrée dans un temps de lumières et de paix est pire que les massacres de la Saint-Barthélemy commis dans les ténèbres du fanatisme.

Nous l'avons déjà insinué, et nous voudrions le graver bien profondément dans tous les cerveaux et dans tous les cœurs.

QUÊTE. — L'on compte quatre-vingt-dix-huit ordres monastiques dans l'Église; soixante-quatre qui sont rentés, et trente-quatre qui vivent de quête, « sans aucune obligation, disent-ils, de travailler, ni corporellement ni spirituellement, pour gagner leur vie, mais seulement pour éviter l'oisiveté; et comme seigneurs directs de tout le monde, et participants à la souveraineté de Dieu en l'empire de l'univers, ils ont droit de vivre aux dépens du public, sans faire que ce qu'il leur plaira. »

Ces propres paroles se lisent dans un livre très-curieux intitulé : *Les heureux succès de la piété;* et les raisons qu'en allègue l'auteur ne sont pas moins convaincantes. « Depuis, dit-il, que le cénobite a consacré à Jésus-Christ le droit de se servir des biens temporels, le monde ne possède plus rien qu'à son refus; et il voit les royaumes et les seigneuries comme des usages que sa libéralité a laissés en fief. C'est ce qui le rend seigneur du monde, possédant tout par un domaine direct, parce que s'étant rendu une possession de Jésus-Christ par le vœu, et le possédant, il ne prend aucunement (en quelque manière) part à sa souveraineté. Le religieux a même cet avantage sur le prince, qu'il ne

---

1. Lorsque l'impératrice-reine demanda sur cet objet l'avis des jurisconsultes les plus éclairés de ses États, celui qui proposa d'abolir la torture crut devoir soutenir que le seul cas pour lequel elle pût être conservée était le crime de lèse-majesté. L'impératrice lut son livre, et abolit la torture sans aucune réserve. Une souvera.... é faire plus qu'un philosophe n'avait osé dire. (*Ed. de Kehl.*)

lui faut point d'armes pour lever ce que le peuple doit à son exercice : il possède les affections devant que de recevoir les libéralités, et son empire s'étend plus sur les cœurs que sur les biens. »

Ce fut François d'Assise qui, l'an 1209, imagina cette nouvelle manière de vivre de quête; mais voici ce que porte sa règle[1] : « Les frères à qui Dieu en a donné le talent travailleront fidèlement, en sorte qu'ils évitent l'oisiveté sans éteindre l'esprit d'oraison; et pour récompense de leur travail ils recevront leurs besoins corporels pour eux et pour leurs frères suivant l'humilité et la pauvreté; mais ils ne recevront point d'argent. Les frères n'auront rien en propre, ni maison, ni lieu, ni autre chose; mais se regardant comme étrangers en ce monde, ils iront avec confiance demander l'aumône. »

Remarquons avec le judicieux Fleury, que si les inventeurs des nouveaux ordres mendiants n'étaient pas canonisés pour la plupart, on pourrait les soupçonner de s'être laissé séduire à l'amour-propre, et d'avoir voulu se distinguer par leur raffinement au-dessus des autres. Mais sans préjudice de leur sainteté, on peut hardiment attaquer leurs lumières; et le pape Innocent III avait raison de faire difficulté d'approuver le nouvel Institut de Saint-François; et plus encore le concile de Latran, tenu en 1215, de défendre de nouvelles religions, c'est-à-dire de nouveaux ordres ou congrégations.

Cependant, comme au XIIIe siècle l'on était touché des désordres que l'on avait devant les yeux, de l'avarice du clergé, de son luxe, de sa vie molle et voluptueuse qui avait gagné les monastères rentés, l'on fut si frappé de ce renoncement à la possession des biens temporels en particulier et en commun, qu'au chapitre général que saint François tint près d'Assise en 1219, où il se trouva plus de cinq mille frères mineurs qui campèrent en rase campagne, ils ne manquèrent de rien par la charité des villes voisines. On voyait accourir de tous les pays les ecclésiastiques, les laïques, la noblesse, le petit peuple, et non-seulement leur fournir les choses nécessaires, mais s'empresser à les servir de leurs propres mains avec une sainte émulation d'humilité et de charité.

Saint François, par son testament, avait fait une défense expresse à ses disciples de demander au pape aucun privilége, et de donner aucune explication à sa règle; mais quatre ans après sa mort, dans un chapitre assemblé l'an 1230, ils obtinrent du pape Grégoire IX une bulle qui déclare qu'ils ne sont point obligés à l'observation de son testament, et qui explique la règle en plusieurs articles. Ainsi le travail des mains, si recommandé dans l'Écriture, et si bien pratiqué par les premiers moines, est devenu odieux; et la mendicité, odieuse auparavant, est devenue honorable.

Aussi, trente ans après la mort de saint François, on remarquait déjà un relâchement extrême dans les ordres de sa fondation. Nous n'en citerons pour preuve que le témoignage de saint Bonaventure, qui ne peut être suspect. C'est dans la lettre qu'il écrivit en 1257, étant

1. Chap. V et VI.

général de l'ordre, à tous les provinciaux et les gardiens. Cette lettre est dans ses opuscules, tome II, page 352. Il se plaint de la multitude des affaires pour lesquelles ils requéraient de l'argent, de l'oisiveté de divers frères, de leur vie vagabonde, de leurs importunités à demander, des grands bâtiments qu'ils élevaient, enfin de leur avidité des sépultures et des testaments. Saint Bonaventure n'est pas le seul qui se soit élevé contre ces abus, puisque M. Camus, évêque de Belley, observe que le seul ordre des minoritains a souffert plus de vingt-cinq réformes en quatre cents ans. Disons un mot sur chacun de ces griefs que tant de réformes n'ont pu déraciner encore.

Les frères mendiants, sous prétexte de charité, se mêlaient de toutes sortes d'affaires publiques et particulières. Ils entraient dans le secret des familles, et se chargeaient de l'exécution des testaments; ils prenaient des députations pour négocier la paix entre les villes et les princes. Les papes surtout leur donnaient volontiers des commissions, comme à des gens sans conséquence, qui voyageaient à peu de frais, et qui leur étaient entièrement dévoués; ils les employaient même quelquefois à des levées de deniers.

Mais une chose plus singulière encore, c'est le tribunal de l'inquisition dont ils se chargèrent. On sait que dans ce tribunal odieux il y a capture de criminels, prison, torture, condamnations, confiscations, peines infamantes et fort souvent corporelles par le bras séculier. Il est sans doute bien étrange de voir des religieux, faisant profession de l'humilité la plus profonde et de la pauvreté la plus exacte, transformés tout d'un coup en juges criminels, ayant des appariteurs et des familiers armés, c'est-à-dire des gardes et des trésors à leur disposition, se rendant ainsi terribles à toute la terre.

Nous glissons sur le mépris du travail des mains, qui attire l'oisiveté chez les mendiants comme chez les autres religieux. De là cette vie vagabonde que saint Bonaventure reproche à ses frères, lesquels, dit-il, sont à charge à leurs hôtes, et scandalisent au lieu d'édifier. Leur importunité à demander fait craindre leur rencontre comme celle des voleurs. En effet cette importunité est une espèce de violence à laquelle peu de gens savent résister, surtout à l'égard de ceux dont l'habit et la profession ont attiré du respect; et d'ailleurs c'est une suite naturelle de la mendicité, car enfin il faut vivre. D'abord la faim et les autres besoins pressants font vaincre la pudeur d'une éducation honnête; et quand une fois on a franchi cette barrière, on se fait un mérite et un honneur d'avoir plus d'industrie qu'un autre à attirer les aumônes.

« La grandeur et la curiosité des bâtiments, ajoute le même saint, incommodent nos amis qui fournissent à la dépense, et nous exposent aux mauvais traitements des hommes. » « Ces frères, dit aussi Pierre Desvignes, qui dans la naissance de leur religion semblaient fouler aux pieds la gloire du monde, reprennent le faste qu'ils ont quitté; n'ayant rien, ils possèdent tout, et sont plus riches que les riches mêmes. » On connaît ce mot de Dufresny à Louis XIV : « Sire, je ne regarde jamais le nouveau Louvre sans m'écrier : « Superbe monument de la

« magnificence d'un des plus grands rois qui de son nom ait rempli la
« terre, palais digne de nos monarques, vous seriez achevé, si l'on vous
« avait donné à l'un des quatre ordres mendiants pour tenir ses chapi-
« tres et loger son général. »

Quant à leur avidité des sépultures et des testaments, Matthieu Pâris
l'a peinte en ces termes : « Ils sont soigneux d'assister à la mort des
grands, au préjudice des pasteurs ordinaires; ils sont avides de gain,
et extorquent des testaments secrets; ils ne recommandent que leur
ordre, et le préfèrent à tous les autres. » Sauval rapporte aussi qu'en
1502 Gilles Dauphin, général des cordeliers, en considération des
bienfaits que son ordre avait reçus de messieurs du parlement de Paris,
envoya aux présidents, conseillers et greffiers, la permission de se
faire enterrer en habit de cordelier. L'année suivante il gratifia d'un
semblable brevet les prévôts des marchands et échevins, et les principaux officiers de la ville. Il ne faut pas regarder cette permission
comme une simple politesse, s'il est vrai que saint François fait régulièrement chaque année une descente en purgatoire, pour en tirer
les âmes de ceux qui sont morts dans l'habit de son ordre, comme
l'assuraient ces religieux.

Voici un trait à ce sujet qui ne sera pas hors de propos. L'Estoile,
dans ses *Mémoires*, année 1577, raconte qu'une fille fort belle, déguisée en homme, et qui se faisait appeler Antoine, fut découverte
et prise dans le couvent des cordeliers de Paris. Elle servait, entre
autres, frère Jacques Berson, qu'on appelait l'enfant de Paris, et le
cordelier aux belles mains. Ces révérends Pères disaient tous qu'ils
croyaient que c'était un vrai garçon. Elle en fut quitte pour le fouet,
qui fut un grand dommage à la chasteté de cette fille qui se disait
mariée, et qui par dévotion avait servi dix ou douze ans ces bons religieux, sans jamais avoir été intéressée en son honneur. Peut-être
croyait-elle s'exempter, après la mort, d'un long séjour en purgatoire;
c'est ce que l'Estoile ne dit pas.

Le même évêque de Belley, que nous avons déjà cité, prétend qu'un
seul ordre de mendiants coûte par an trente millions d'or pour le vêtement et la nourriture de ses moines, sans compter l'extraordinaire;
de sorte qu'il n'y a point de prince catholique qui lève tant sur ses
sujets, que les cénobites mendiants qui sont dans ses États exigent de
ses peuples. Que sera-ce si on y ajoute les trente-trois autres ordres?
« On verra, dit-il, que les trente-quatre ensemble tirent plus des peuples chrétiens que les soixante-quatre de cénobites rentés ni tous les
autres ecclésiastiques n'ont de bien. » Avouons que c'est beaucoup dire.

QUISQUIS (DU) DE RAMUS OU LA RAMÉE, *avec quelques observations utiles sur les persécuteurs, les calomniateurs, et les faiseurs
de libelles.* — Il vous importe fort peu, mon cher lecteur, qu'une des
plus violentes persécutions excitées au XVIe siècle contre Ramus, ait
eu pour objet la manière dont on devait prononcer *quisquis* et
quanquam.

Cette grande dispute partagea longtemps tous les régents de collège et tous les maîtres de pension du xvie siècle; mais elle est assoupie aujourd'hui, et probablement ne se réveillera pas.

Voulez-vous apprendre [1] si « M Gallandius Torticolis passait M. Ramus son ennemi en l'art oratoire, ou si M. Ramus passait M. Gallandius Torticolis, » vous pourrez vous satisfaire en consultant Thomas Freigius, *in vita Rami*; car Thomas Freigius est un auteur qui peut être utile aux curieux, quoi qu'en dise Bañosius.

Mais que ce *Ramus* ou *La Ramée*, fondateur d'une chaire de mathématiques au collége royal de Paris, bon philosophe dans un temps où l'on ne pouvait guère en compter que trois, Montaigne, Charron, et de Thou l'historien; que ce Ramus, homme vertueux dans un siècle de crimes, homme aimable dans la société, et même, si on veut, bel esprit; qu'un tel homme, dis-je, ait été persécuté toute sa vie; qu'il ait été assassiné par des professeurs et des écoliers de l'Université; qu'on ait traîné les lambeaux de son corps sanglant aux portes de tous les colléges, comme une juste réparation faite à la gloire d'Aristote; que cette horreur, dis-je encore, ait été commise à l'édification des âmes catholiques et pieuses! ô Français! avouez que cela est un peu welche.

On me dit que depuis ces temps les choses sont bien changées en Europe, que les mœurs se sont adoucies, qu'on ne persécute plus les gens jusqu'à la mort. Quoi donc! n'avons-nous pas déjà observé dans ce Dictionnaire que le respectable Barneveldt, le premier homme de la Hollande, mourut sur l'échafaud pour la plus folle et la plus impertinente dispute qui ait jamais troublé les cerveaux théologiques?

Que le procès criminel du malheureux Théophile n'eut sa source que dans quatre vers d'une ode que les jésuites Garasse et Voisin lui imputèrent, qu'ils le poursuivirent avec la fureur la plus violente et les artifices les plus noirs, qu'ils le firent brûler en effigie?

Que de nos jours cet autre procès de La Cadière ne fut intenté que par la jalousie d'un jacobin contre un jésuite qui avait disputé avec lui sur la grâce?

Qu'une misérable querelle de littérature dans un café fut la première origine de ce fameux procès de Jean-Baptiste Rousseau le poëte; procès dans lequel un philosophe innocent fut sur le point de succomber par des manœuvres bien criminelles?

N'avons-nous pas vu l'abbé Guyot Desfontaines dénoncer le pauvre abbé Pellegrin comme auteur d'une pièce de théâtre, et lui faire ôter la permission de dire la messe qui était son gagne-pain?

Le fanatique Jurieu ne persécuta-t-il pas sans relâche le philosophe Bayle; et lorsqu'il fut parvenu enfin à le faire dépouiller de sa pension et de sa place, n'eut-il pas l'infamie de le persécuter encore?

Le théologien Lange n'accusa-t-il pas Wolf, non-seulement de ne pas croire en Dieu, mais encore d'avoir insinué dans son discours de géométrie qu'il ne fallait pas s'enrôler au service du second roi de Prusse? Et sur cette délation, le roi ne donna-t-il pas au vertueux Wolf le choix de sortir de ses États dans vingt-quatre heures, ou

---

1. Voy. Brantôme, *Hommes illustres*, tome II.

d'être pendu? Enfin la cabale jésuitique ne voulut-elle pas perdre Fontenelle?

Je vous citerais cent exemples des fureurs de la jalousie pédantesque; et j'ose maintenir, à la honte de cette indigne passion, que si tous ceux qui ont persécuté les hommes célèbres ne les ont pas traités comme les gens de collége traitèrent Ramus, c'est qu'ils ne l'ont pas pu.

C'est surtout dans la canaille de la littérature et dans la fange de la théologie que cette passion éclate avec le plus de rage.

Nous allons, mon cher lecteur, vous en donner quelques exemples.

Exemples des persécutions que des hommes de lettres inconnus ont excitées ou tâché d'exciter contre des hommes de lettres connus. — Le catalogue de ces persécutions serait bien long; il faut se borner.

Le premier qui éleva l'orage contre le très-estimable et très-regretté Helvétius fut un petit convulsionnaire [1].

Si ce malheureux avait été un véritable homme de lettres, il aurait pu relever avec honnêteté les défauts du livre.

Il aurait pu remarquer que ce mot *esprit*, étant seul, ne signifie pas l'entendement humain, titre convenable au livre de Locke; qu'en français le mot *esprit* ne veut dire ordinairement que pensée brillante. Ainsi la manière de bien penser dans les ouvrages d'esprit signifie, dans le titre de ce livre, la manière de mettre de la justesse dans les ouvrages agréables, dans les ouvrages d'imagination. Le titre *Esprit*, sans aucune explication, pouvait donc paraître équivoque; et c'était assurément une bien petite faute.

Ensuite, en examinant ce livre, on aurait pu observer :

Que ce n'est point parce que les singes ont les mains différentes de nous qu'ils ont moins de pensées, car leurs mains sont comme les nôtres;

Qu'il n'est pas vrai que l'homme soit l'animal le plus multiplié sur la terre; car dans chaque maison il y a deux ou trois mille fois plus de mouches que d'hommes;

Qu'il est faux que du temps de Néron on se plaignît de la doctrine de l'autre monde nouvellement introduite, laquelle énervait les courages [2]; car cette doctrine était introduite depuis longtemps;

Qu'il est faux que les mots nous rappellent des images ou des idées; car les images sont des idées : il fallait dire des idées simples ou composées;

Qu'il est faux que la Suisse ait à proportion plus d'habitants que la France et l'Angleterre;

Qu'il est faux que le mot de *libre* soit le synonyme d'*éclairé* : lisez le chapitre de Locke sur la puissance;

Qu'il est faux que les Romains aient accordé à César, sous le nom d'*imperator*, ce qu'ils lui refusaient sous le nom de *rex*; car ils le créèrent dictateur perpétuel, et quiconque avait gagné une bataille était *imperator* : Cicéron était *imperator*;

1. Abraham Chaumeix. (ÉD.) — 2. Voy. Cicéron, Lucrèce, Virgile, etc.

Qu'il est faux que la science ne soit que le souvenir des idées d'autrui, car Archimède et Newton inventaient;

Qu'il est faux autant que déplacé de dire que la Lecouvreur et Ninon aient eu autant d'esprit qu'Aristote et Solon; car Solon fit des lois, Aristote quelques livres excellents, et nous n'avons rien de ces deux demoiselles;

Qu'il est faux de conclure que l'esprit soit le premier des dons, de ce que l'envie permet à chacun d'être le panégyriste de sa probité, et qu'il n'est pas permis de vanter son esprit : car, premièrement, il n'est permis de parler de sa probité que quand elle est attaquée; secondement, l'esprit est un ornement dont il est impertinent de se vanter, et la probité une chose nécessaire dont il est abominable de manquer;

Qu'il est faux que l'on devienne stupide dès qu'on cesse d'être passionné; car, au contraire, une passion violente rend l'âme stupide sur tous les autres objets;

Qu'il est faux que tous les hommes soient nés avec les mêmes talents; car dans toutes les écoles des arts et des sciences, tous ayant les mêmes maîtres, il y en a toujours très-peu qui réussissent;

Qu'enfin, sans aller plus loin, cet ouvrage, d'ailleurs estimable, est un peu confus, qu'il manque de méthode, et qu'il est gâté par des contes indignes d'un livre de philosophie.

Voilà ce qu'un véritable homme de lettres aurait pu remarquer. Mais de crier au déisme et à l'athéisme tout à la fois, de recourir indignement à ces deux accusations contradictoires, de cabaler pour perdre un homme d'un très-grand mérite, pour le dépouiller lui et son approbateur de leurs charges, de solliciter contre lui non-seulement la Sorbonne qui ne peut faire aucun mal par elle-même, mais le parlement qui en pouvait faire beaucoup, ce fut la manœuvre la plus lâche et la plus cruelle, et c'est ce qu'ont fait deux ou trois hommes pétris de fanatisme, d'orgueil et d'envie.

Du gazetier ecclésiastique. — Lorsque l'*Esprit des lois* parut, le gazetier ecclésiastique ne manqua pas de gagner de l'argent, ainsi que nous l'avons déjà remarqué, en accusant dans deux feuilles absurdes le président de Montesquieu d'être déiste et athée. Sous un autre gouvernement, Montesquieu eût été perdu : mais les feuilles du gazetier, qui, à la vérité, furent bien vendues, parce qu'elles étaient calomnieuses, lui valurent aussi les sifflets et l'horreur du public.

De Patouillet. — Un ex-jésuite, nommé *Patouillet*, s'avisa de faire, en 1764, un mandement sous le nom d'un prélat, dans lequel il accusait encore deux hommes de lettres connus, d'être déistes et athées, selon la louable coutume de ces messieurs. Mais comme ce mandement attaquait aussi tous les parlements du royaume, et que d'ailleurs il était écrit d'un style de collége, il ne fut guère connu que du procureur général qui le déféra, et du bourreau qui le brûla.

Du Journal chrétien. — Quelques écrivains avaient entrepris un

Journal chrétien, comme si les autres journaux étaient idolâtres. Ils vendaient leur christianisme vingt sous par mois, ensuite ils le proposèrent à quinze, il tomba à douze, puis disparut à jamais. Ces bonnes gens avaient, en 1760, renouvelé l'accusation ordinaire de déisme et d'athéisme contre M. de Saint-Foix, à l'occasion de quelques faits très-vrais, rapportés dans les *Essais sur Paris*. Ils trouvèrent cette fois-là dans l'auteur qu'ils attaquaient un homme qui se défendait mieux que Ramus : il leur fit un procès criminel au Châtelet. Ces chrétiens furent obligés de se rétracter, après quoi ils restèrent dans leur néant.

De Nonotte. — Un autre ex-jésuite, nommé Nonotte, dont nous avons quelquefois dit deux mots pour le faire connaître, fit encore la même manœuvre en deux volumes, et répéta les accusations de déisme et d'athéisme contre un homme assez connu. Sa grande preuve était que cet homme avait, cinquante ans auparavant, traduit dans une tragédie deux vers de Sophocle, dans lesquels il est dit que les prêtres païens s'étaient souvent trompés. Nonotte envoya son livre à Rome au secrétaire des brefs; il espérait un bénéfice, et n'en eut point; mais il obtint l'honneur inestimable de recevoir une lettre du secrétaire des brefs.

C'est une chose plaisante que tous ces dogmes attaqués de la rage aient encore de la vanité. Ce Nonotte, régent de collége et prédicateur de village, le plus ignorant des prédicateurs, avait imprimé dans son libelle, que Constantin fut en effet très-doux et très-honnête dans sa famille; qu'en conséquence le *Labarum* s'était fait voir à lui dans le ciel; que Dioclétien avait passé toute sa vie à massacrer des chrétiens pour son plaisir, quoiqu'il les eût protégés sans interruption pendant dix-huit années; que Clovis ne fut jamais cruel; que les rois de ce temps-là n'eurent jamais plusieurs femmes à la fois; que les confessionnaux furent en usage dès les premiers siècles de l'Église; que ce fut une action très-méritoire de faire une croisade contre le comte de Toulouse, de lui donner le fouet, et de le dépouiller de ses États.

M. Damilaville daigna relever les erreurs de Nonotte [1], et l'avertit qu'il n'était pas poli de dire de grosses injures, sans aucune raison, à l'auteur de l'*Essai sur les mœurs et l'esprit des nations*; qu'un critique est obligé d'avoir toujours raison, et que Nonotte avait trop rarement observé cette loi.

« Comment ! s'écrie Nonotte, je n'aurais pas toujours raison, moi qui suis jésuite, ou qui du moins l'ai été! Je pourrais me tromper, moi qui ai régenté en province, et qui même ai prêché! » Et voilà Nonotte qui fait encore un gros livre, pour prouver à l'univers que, s'il s'est trompé, c'est sur la foi de quelques jésuites, que par conséquent on doit le croire. Et il entasse, il entasse bévue sur bévue, pour se plaindre à l'univers du tort qu'on lui fait, pour éclairer l'univers très-peu instruit de la vanité de Nonotte et de ses erreurs.

---

1. Voltaire avait donné, comme étant de Damilaville, les *Éclaircissements historiques* qui font partie des *Mélanges*, année 1763. (*Note de M. Beuchot.*)

Tous ces gens-là trouvent toujours mauvais qu'on ose se défendre contre eux. Ils ressemblent au Scaramouche de l'ancienne comédie italienne, qui volait un rabat de point à Mezzetin : celui-ci déchirait un peu le rabat en se défendant; et Scaramouche lui disait : « Comment ! insolent, vous me déchirez mon rabat ! »

De Larcher, ancien répétiteur du collége Mazarin. — Une autre lumière de collége, un nommé Larcher, pouvait, sans être un méchant homme, faire un méchant livre de critique, dans lequel il semble inviter toutes les belles dames de Paris à venir coucher pour de l'argent dans l'église Notre-Dame, avec tous les rouliers et tous les bateliers, et cela par dévotion. Il prétend que les jeunes Parisiens sont fort sujets à la sodomie; il cite pour son garant un auteur grec son favori. Il s'étend avec complaisance sur la bestialité; et il se fâche sérieusement de ce que dans un errata de son livre on a mis par mégarde : *Bestialité,* lisez *bétise*[1].

Mais ce même Larcher commence son livre comme ceux de ses confrères, par vouloir faire brûler l'abbé Bazin. Il l'accuse de déisme et d'athéisme, pour avoir dit que les fléaux qui affligent la nature viennent tous de la Providence. Et après cela M. Larcher est tout étonné qu'on se soit moqué de lui.

A présent que toutes les impostures de ces messieurs sont reconnues, que les délateurs en fait de religion sont devenus l'opprobre du genre humain; que leurs livres, s'ils trouvent deux ou trois lecteurs, n'excitent que la risée : c'est une chose divertissante de voir comment tous ces gens-là s'imaginent que l'univers a les yeux sur eux; comme ils accumulent brochures sur brochures, dans lesquelles ils prennent à témoin tout le public de leurs innombrables efforts pour inspirer les bonnes mœurs, la modération, et la piété.

Des libelles de Langleviel, dit La Beaumelle. — On a remarqué que tous ces écrivains subalternes de libelles diffamatoires sont un composé d'ignorance, d'orgueil, de méchanceté, et de démence. Une de leurs folies est de parler toujours d'eux-mêmes, eux qui par tant de raisons sont forcés de se cacher.

Un des plus inconcevables héros de cette espèce est un certain Langleviel de La Beaumelle, qui atteste tout le public qu'on a mal orthographié son nom. « Je m'appelle Langleviel, et non pas Langlevieux, dit-il dans une de ses immortelles productions; donc tout ce qu'on me reproche est faux, et ne peut porter sur moi. »

Dans une autre lettre, voici comme il parle à l'univers attentif : « Le six du même mois parut mon ode : on la trouva très-belle, et elle l'était pour Copenhague où je l'envoyai, et autant pour Berlin, où il y a peut-être moins de goût qu'à Copenhague. J'avais le projet de faire imprimer les classiques français; mais j'en fus détourné le 27 janvier par une aventure de galanterie qui eut des suites funestes. Je fus

---

1. C'était une plaisanterie de Voltaire : voy. dans les *Mélanges,* année 1767, le chapitre VII de la *Défense de mon oncle. (Note de M. Beuchot.)*

volé par le capitaine Cocchius, dont la femme m'avait fait des agaceries à l'Opéra. Je fus condamné sans avoir été interrogé ni confronté, et je fus conduit à Spandau. J'écrivis au roi. Je crois que Darget supprima mes lettres. Il écrivit à l'ingénieur Lefebvre qu'on ne cherchait qu'à me jouer un mauvais tour. Vous voyez que Darget ne me disait pas bien finement que son maître avait des impressions fâcheuses contre moi. »

Hé, pauvre homme! qui dans le monde peut s'embarrasser si tu as donné une galanterie à Mme Cocchius, ou si Mme Cocchius te l'a donnée?.qu'importe que tu aies été volé par M. Cocchius, ou que tu l'aies volé? qu'importe que Darget se soit moqué de toi? qui saura jamais qu'un natif des Cévennes ait fait une ode à Copenhague?

On retrouve partout la mouche d'Ésope, qui, du fond d'un char, dans un chemin sablonneux, s'écriait : « Que j'élève de poussière ! »

L'orgueil des petits consiste à parler toujours de soi : l'orgueil des grands est de n'en jamais parler. Ce dernier orgueil est infiniment plus noble; mais il est quelquefois un peu insultant pour la compagnie. Il veut dire : « Messieurs, vous ne valez pas la peine que je cherche à être estimé de vous. »

Tout homme a de l'orgueil; tout homme est sensible. Le plus habile est celui qui sait le mieux cacher son jeu.

Il y a un cas où l'on est malheureusement obligé de parler de soi, et même très-longtemps; c'est quand on a un procès. Alors il faut bien instruire ses juges; c'est un devoir de leur donner bonne opinion de vous. Cicéron, en plaidant *pro domo sua*, fut obligé de rappeler ses services à la république; Démosthène avait été réduit à la même nécessité dans sa harangue contre Eschine. Hors de là taisez-vous, et ne faites parler que votre mérite, si vous en avez.

La mère du maréchal de Villars disait à son fils : « Ne parlez jamais de vous qu'au roi, et de votre femme à personne. »

On pardonne à un tailleur qui vous apporte votre habit de vouloir vous persuader qu'il est un très-bon ouvrier : sa fortune dépend de l'opinion qu'il vous inspire.

Il était permis à Dubelloi de vanter un peu les vers durs et mal faits de son *Siége de Calais*, toute son existence était fondée sur cette pièce, aussi insipide qu'éblouissante. Si Racine avait parlé ainsi d'*Iphigénie*, il aurait révolté les lecteurs.

C'est presque toujours par orgueil qu'on attaque de grands noms. La Beaumelle, dans un de ses libelles[1], insulte MM. d'Erlach, de Sinner, de Diesbach, de Vatteville, etc., et il s'en justifie en disant que c'est un ouvrage de politique. Mais dans ce même libelle, qu'il appelle son livre de politique, il dit en propres mots[2] : « Une république fondée par Cartouche aurait eu de plus sages lois que la république de Solon. » Quel respect cet homme a pour les voleurs!

« [3] Le roi de Prusse ne tient son sceptre que de l'abus que l'empe-

---

1. *Mes pensées*. (ÉD.) — 2. Num. XXXII. — 3. *Ibid.*, CLXXXIII.

reur a fait de sa puissance, et de la lâcheté des autres princes. » Quel juge des rois et des royaumes !

« [1] Pourquoi aurions-nous de l'horreur du régicide de Charles Ier ? il serait mort aujourd'hui. »

Quelle raison, ou plutôt quelle exécrable démence ? Sans doute il serait mort aujourd'hui, puisque cet horrible parricide fut commis en 1640. Ainsi donc il ne faut pas, selon Langleviel, détester Ravaillac, parce que le grand Henri IV fut assassiné en 1610.

« [2] Cromwell et Richelieu se ressemblent. » Cette ressemblance est difficile à trouver; mais la folie atroce de l'auteur est aisée à reconnaître.

Il parle de MM. de Maurepas, Chauvelin, Machault, Berrier, en les nommant par leurs noms sans y mettre le *monsieur*, et il en parle avec un ton d'autorité qui fait rire.

Ensuite il fit le roman des *Mémoires de madame de Maintenon*, dans lequel il outrage les maisons de Noailles, de Richelieu, tous les ministres de Louis XIV, tous les généraux d'armée; sacrifiant toujours la vérité à la fiction, pour l'amusement des lecteurs.

Ce qui paraît son chef-d'œuvre en ce genre, c'est sa réponse à un de nos écrivains[3] qui avait dit en parlant de la France :

« Je défie qu'on me montre aucune monarchie sur la terre dans laquelle les lois, la justice distributive, et les droits de l'humanité, aient été moins foulés aux pieds. »

Voici comme ce monsieur réfute cette assertion, qui est de la plus exacte vérité.

« Je ne puis relire ce passage sans indignation, quand je me rappelle toutes les injustices générales et particulières que commit le feu roi. Quoi ! Louis XIV était juste quand il ramenait tout à lui-même, quand il oubliait (et il l'oubliait sans cesse) que l'autorité n'était confiée à un seul que pour la félicité de tous? Était-il juste quand il armait cent mille hommes[4] pour venger l'affront fait par un fou[5] à un de ses ambassadeurs; quand, en 1667, il déclarait la guerre à l'Espagne pour agrandir ses États, malgré la légitimité d'une renonciation solennelle et libre[6]; quand il envahissait la Hollande uniquement pour l'humilier; quand il bombardait Gênes pour la punir de n'être pas son alliée[7]; quand il s'obstinait à ruiner totalement la France pour placer un de ses petits-fils sur un trône étranger[8] ?

1. *Mes pensées*, num., CCX. — 2. *Ibid.*, CCX.

3. Voltaire lui-même, à l'article 13° de son *Supplément au Siècle de Louis XIV*. (Ed.)

4. Où cet ignorant a-t-il vu que Louis XIV ait levé une armée de cent mille hommes en 1662, dans la querelle des ambassadeurs de France et d'Espagne à Londres?

5. Où a-t-il pris que le baron de Batteville, ambassadeur d'Espagne, était fou?

6. Où a-t-il pris qu'une renonciation d'une mineure est libre? Il ignore d'ailleurs la loi de dévolution qui adjugeait la Flandre au roi de France.

7. Ce n'était pas pour la punir de n'être pas son alliée, mais d'avoir secouru ses ennemis étant son alliée.

8. Oublie-t-il les droits du roi d'Espagne, le testament de Charles, les vœux

« Etait-il juste, respectait-il les lois, était-il plein des droits de l'humanité quand il écrasait son peuple d'impôts[1]; quand, pour soutenir des entreprises imprudentes, il imaginait mille nouvelles espèces de tributs, telles que le papier marqué qui excita une révolte à Rennes et à Bordeaux; quand, en 1691[2], il abîmait par quatre-vingts édits bursaux quatre-vingt mille familles; quand, en 1692[3], il extorquait l'argent de ses sujets par cinquante-cinq édits; quand, en 1693[4], il épuisait leur patience et appauvrissait leur misère par soixante autres?

« Protégeait-il les lois, observait-il la justice distributive, respectait-il les droits de l'humanité, faisait-il de grandes choses pour le bien public, mettait-il la France au-dessus de toutes les monarchies de la terre, quand, pour abattre par les fondements un édit accordé au cinquième de la nation, il surseyait, en 1676, pour trois ans les dettes des prosélytes[5]? »

Ce n'est pas le seul endroit où ce monsieur insulte avec brutalité à la mémoire d'un de nos grands rois, et qui est si chère à son successeur. Il a osé dire ailleurs que Louis XIV avait empoisonné le marquis de Louvois son ministre[6]; que le régent avait empoisonné la famille royale[7], et que le père du prince de Condé d'aujourd'hui avait fait assassiner Vergier; que la maison d'Autriche a des empoisonneurs à gages.

Une fois, il s'est avisé de faire le plaisant dans une brochure contre *l'Histoire de Henri IV*. Quelle plaisanterie!

« Je lis avec un charme infini, dans l'*Histoire du Mogol*[8], que le petit-fils de Sha-Abas fut bercé pendant sept ans par des femmes, qu'ensuite il fut bercé pendant huit ans par des hommes; qu'on l'accoutuma de bonne heure à s'adorer lui-même et à se croire formé d'un autre limon que ses sujets; que tout ce qui l'environnait avait ordre de lui épargner le pénible soin d'agir, de penser, de vouloir, et de le rendre inhabile à toutes les fonctions du corps et de l'âme; qu'en

_____

de la nation, l'ambassade qui vint demander à Louis XIV son petit-fils pour roi? Langleviel veut-il détrôner les souverains d'Espagne, de Naples, de Sicile et de Parme?

1. Il remit pour quatre millions d'impôts en 1662, et il fournit du blé aux pauvres à ses dépens.

2. Il ne mit aucun impôt sur le peuple en 1691, dans le plus fort d'une guerre très-ruineuse. Il créa pour un million de rentes sur l'hôtel de ville, des augmentations de gages, de nouveaux offices, et pas une seule taxe sur les cultivateurs ni sur les marchands. Son revenu, cette année, ne monta qu'à cent douze millions deux cent cinquante et un mille livres.

3. Même erreur.

4. Même erreur. Il est donc démontré que cet ignorant est le plus infâme calomniateur; et de qui? de ses rois.

5. Cette grâce accordée aux prosélytes n'était point à charge à l'État : on voit seulement dans cette observation l'audace d'un petit huguenot, qui a été apprenti prédicant à Genève, et qui, n'imitant pas la sagesse de ses confrères, s'est rendu indigne de la protection qu'il a surprise en France.

6. Tome III, pages 269 et 270, du *Siècle de Louis XIV*, qu'il falsifia et qu'il vendit, chargé de notes infâmes, à un libraire de Francfort, nommé Esslinger, comme il a eu l'impudence de l'avouer lui-même.

7. Tome III, p. 323. — 8. Pages 24, 25.

conséquence un prêtre le dispensait de la fatigue de prier de sa bouche le grand Être; que certains officiers étaient préposés pour lui mâcher noblement, comme dit Rabelais, le peu de paroles qu'il avait à prononcer; que d'autres lui tâtaient le pouls trois ou quatre fois le jour comme à un agonisant; qu'à son lever, qu'à son coucher, trente seigneurs accouraient, l'un pour lui dénouer l'aiguillette, l'autre pour le déconstiper, celui-ci pour l'accoutrer d'une chemise, celui-là pour l'armer d'un cimeterre, chacun pour s'emparer du membre dont il avait la surintendance. Ces particularités me plaisent, parce qu'elles me donnent une idée nette du caractère des Indiens, et que d'ailleurs elles me font assez entrevoir celui du petit-fils de Sha-Abas, pour me dispenser de lire tant d'épais volumes, que les Indiens ont écrits sur les faits et gestes de cet empereur automate. »

Cet homme est bien mal instruit de l'éducation des princes mogols. Ils sont à trois ans entre les mains des eunuques, et non entre les mains des femmes. Il n'y a point de seigneurs à leur lever et à leur coucher; on ne leur dénoue point l'aiguillette. On voit assez qui l'auteur veut désigner. Mais reconnaîtra-t-on à ce portrait le fondateur des Invalides, de l'Observatoire, de Saint-Cyr; le protecteur généreux d'une famille royale infortunée; le conquérant de la Franche-Comté, de la Flandre française, le fondateur de la marine, le rémunérateur éclairé de tous les arts utiles ou agréables; le législateur de la France qui reçut son royaume dans le plus horrible désordre, et qui le mit au plus haut point de la gloire et de la grandeur; enfin le roi que don Ustariz, cet homme d'État si estimé, appelle un homme prodigieux, malgré des défauts inséparables de la nature humaine?

Y reconnaîtra-t-on le vainqueur de Fontenoi et de Laufeldt, qui donna la paix à ses ennemis étant victorieux; le fondateur de l'École militaire qui, à l'exemple de son aïeul, n'a jamais manqué de tenir son conseil? Où est ce petit-fils automate de Sha-Abas?

Qui ne voit la délicate allusion de ce brave homme, ainsi que la profonde science de ce grand écrivain? Il croit que Sha-Abas était un Mogol, et c'était un Persan de la race des Sophi. Il appelle au hasard son petit-fils automate; et ce petit-fils était Abas, second fils de Saïn-Mirza, qui remporta quatre victoires contre les Turcs, et qui fit ensuite la guerre aux Mogols.

C'est ainsi que ce pauvre homme a écrit tous ses libelles; c'est ainsi qu'il fit le pitoyable roman de *Madame de Maintenon*, parlant d'ailleurs de tout à tort et à travers, avec une suffisance qui ne serait pas permise au plus savant homme de l'Europe.

De quelle indignation n'est-on pas saisi quand on voit un misérable échappé des Cévennes, élevé par charité, et souillé des actions les plus infâmes, oser parler ainsi des rois, s'emporter jusqu'à une licence si effrénée, abuser à ce point du mépris qu'on a pour lui, et de l'indulgence qu'on a eue de ne le condamner qu'à six mois de cachot!

On ne sait pas combien de telles horreurs font tort à la littérature. C'est là pourtant ce qui lui attire des entraves rigoureuses. Ce sont ces

abominables libellistes dignes de la potence qui font qu'on est si difficile sur les bons livres.

Il vient de paraître un de ces ouvrages de ténèbres[1], où, depuis le
monarque jusqu'au dernier citoyen, tout le monde est insulté avec
fureur; où la calomnie la plus atroce et la plus absurde distille un
poison affreux sur tout ce qu'on respecte et qu'on aime. L'auteur s'est
dérobé à l'exécration publique[2], mais La Beaumelle s'y est offert.

Puissent les jeunes fous qui seraient tentés de suivre de tels exemples, et qui, sans talents et sans science, ont la rage d'écrire, sentir
à quoi une telle frénésie les expose! On risque la corde si on est connu;
et si on ne l'est pas, on vit dans la fange et dans la crainte. La
vie d'un forçat est préférable à celle d'un faiseur de libelles; car l'un
peut avoir été condamné injustement aux galères, et l'autre les mérite.

Observations sur tous ces libelles diffamatoires. — Que tous ceux
qui sont tentés d'écrire de telles infamies se disent : « Il n'y a point
d'exemple qu'un libelle ait fait le moindre bien à son auteur; jamais
on ne recueillit de profit ni de gloire dans cette carrière honteuse. »
De tous ces libelles contre Louis XIV, il n'en est pas un seul aujour-
d'hui qui soit un livre de bibliothèque, et qui ne soit tombé dans un
oubli profond. De cent combats meurtriers livrés dans une guerre, et
dont chacun semblait devoir décider du destin d'un État, il en est à
peine trois ou quatre qui laissent un bon souvenir; les événements
tombent les uns sur les autres, comme les feuilles dans l'automne
pour disparaître sur la terre; et un gredin voudrait que son libelle
obscur demeurât dans la mémoire des hommes! Le gredin vous répond : « On se souvient des vers d'Horace contre Pantolabus, contre
Nomentanus, et de ceux de Boileau contre Cotin et l'abbé de Pure. »
On réplique au gredin : « Ce ne sont point là des libelles; si tu veux
mortifier tes adversaires, tâche d'imiter Boileau et Horace : mais
quand tu auras un peu de leur bon sens et de leur génie, tu ne feras
plus de libelles. »

Errata et supplément à l'article LANGLEVIEL *des questions sur l'Encyclopédie.* — Langleviel n'est pas le nom du personnage qui est l'objet
de cet article; il se nomme *Angliviel*, et s'est surnommé de La Beaumelle pour les causes ci-après.

Feu M. d'Avéjan, évêque d'Alais, y fonda un collége de vingt-cinq
bourses pour vingt-cinq jeunes gens fils de père et mère protestants,
afin de les faire élever dans la religion catholique. N.... Angliviel a
été de ce nombre. Il était fils d'un soldat irlandais qui s'était marié à
Valerogues, gros bourg du diocèse d'Alais, avec une protestante; et
voilà pourquoi son fils, qu'il avait laissé orphelin en bas âge, fut du
nombre de ces vingt-cinq, M. l'évêque ne voulant pas lui laisser su-

---

1. *Le Gazetier cuirassé.*
2. L'auteur du *Gazetier cuirassé*, ou *Anecdotes scandaleuses de la cour de
France* est Theveneau de Morande. (ED.)

cer avec le lait les erreurs de sa mère. Il fit de bonnes études dans
ce collége, qui était alors très-bien composé. Il s'y distingua par quelques prix qu'il eut, et plus encore par de petites friponneries.
M. Puech en était alors principal. C'était de son nom qu'étaient signées les petites marques de distinction qu'on donne aux écoliers, et
qu'on appelle *exemptions*. M. Puech en avait signé à la fois plusieurs
mains; la feuille en contenait soixante-quatre; le sieur Angliviel en vola
quelques mains, et les vendit aux écoliers deux ou trois sous la pièce.
Ces mains de papier étant épuisées, et ce commerce étant très-lucra-
tif, ledit sieur en vola d'autres, ou les acheta chez l'imprimeur. La
signature de M. Puech y manquait; ce ne fut pas un obstacle; elle
fut si parfaitement imitée que M. Puech lui-même y fut trompé, et le
trafic alla son train. Cette adresse inspira de nouvelles idées audit
Angliviel. Il se servit de cette signature pour avoir chez le nommé
Portalier, pâtissier, de quoi déjeuner avec friandise durant un certain temps. Cela fut enfin découvert, et Angliviel, qui venait de finir
sa rhétorique, fut chassé honteusement du collége, quoiqu'il dût y
rester encore deux ans. C'était en 1744 ou 1745, je ne peux assigner
l'époque précise. Alors Angliviel fit entendre à sa mère protestante,
que c'était parce qu'il avait paru faire sa première communion à la
catholique malgré lui, qu'on l'avait renvoyé. La mère, pénétrée d'un
zèle pour le calvinisme que la persécution échauffait encore dans ce
temps-là, lui fournit les moyens de s'expatrier et d'aller à Genève, où
il pourrait devenir ministre du saint Évangile. Angliviel partit; mais
comme il se croyait déjà quelque chose, il s'imagina que le gouvernement avait les yeux ouverts sur lui, vu le lieu, l'objet et le genre
de son éducation; et conséquemment il prit le nom de La Beaumelle
pour se dérober à des recherches qu'on n'avait pas envie de faire. A
Genève, Angliviel se lia avec M. Baulacre, qui en était alors bibliothécaire. Mlle Baulacre, sa nièce, avait une petite société de veillée
dans la cour du collége. La Beaumelle y fut admis; et dans une conversation de femmes, il eut de quoi savoir la chronique scandaleuse
de Genève : c'était plus qu'il n'en fallait pour alimenter sa malignité
naturelle; mais il fallait, avant tout, se faire un nom. Voici comme
il s'y prit. M. de La Visclède, secrétaire perpétuel de l'académie de
Marseille, venait de faire une *Ode sur la mort*, qui avait été couronnée
aux jeux floraux; il ne s'était point fait connaître. La Beaumelle s'en
procura une copie; il la fit imprimer en placard et en in-8°, chez Du-
villard, la dédia à M. Lullin, alors professeur d'histoire ecclésiastique,
et jouit de la gloire d'être, à vingt-un ans environ, auteur d'une ode
où il y avait de bonnes strophes. Cette célébrité lui plut; mais il fallait se donner le plaisir de la satire[1]. En conséquence, d'après ce qu'il
avait recueilli des médisances féminines, il composa un catalogue de

---

1. *Nota.* Il logeait à Genève chez M. Giraudeau l'aîné, auteur de *La banque
rendue facile*, etc. Il y brouilla et perdit tout; il y traduisit le catéchisme théologique de M. Ostervald; il y fit quelques fragments satiriques, qui furent insérés dans le *Mercure suisse* : je ne peux me rappeler l'année, ni le mois; mais

livres dans lequel il déchira tout Genève. Je ne me souviens que d'un article, et le voici : *Le mauvais ménage*, *opéra comique*, *par M. et Mme Gallatin*. Tous les autres étaient dans ce goût. Cela fut su; il fut honni, s'intrigua, alla en Danemark, etc., etc., etc.

Je ne peux plus répondre de la vérité des faits qui ont suivi cette époque.

RAISON. — Dans le temps que toute la France était folle du système de Law, et qu'il était contrôleur général, un homme qui avait toujours raison vint lui dire, en présence d'une grande assemblée :

« Monsieur, vous êtes le plus grand fou, le plus grand sot, ou le plus grand fripon qui ait encore paru parmi nous; et c'est beaucoup dire : voici comme je le prouve. Vous avez imaginé qu'on peut décupler les richesses d'un État avec du papier; mais ce papier ne pouvant représenter que l'argent, représentatif des vraies richesses qui sont les productions de la terre et des manufactures, il faudrait que vous eussiez commencé par nous donner dix fois plus de blé, de vin, de drap et de toile, etc. Ce n'est pas assez, il faudrait être sûr du débit. Or vous faites dix fois plus de billets que nous n'avons d'argent et de denrées; donc vous êtes dix fois plus extravagant, ou plus inepte, ou plus fripon que tous les contrôleurs ou surintendants qui vous ont précédé. Voici d'abord comme je prouve ma majeure. »

A peine avait-il commencé sa majeure qu'il fut conduit à Saint-Lazare.

Quand il fut sorti de Saint-Lazare, où il étudia beaucoup et où il fortifia sa raison, il alla à Rome; il demanda une audience publique au pape, à condition qu'on ne l'interromprait point dans sa harangue, et il lui parla en ces termes :

« Saint Père, vous êtes un antechrist, et voici comme je le prouve à Votre Sainteté. J'appelle antechrist ou antichrist, selon la force du mot, celui qui fait tout le contraire de ce que le Christ a fait et commandé. Or le Christ a été pauvre, et vous êtes très-riche; il a payé le tribut, et vous exigez des tributs; il a été soumis aux puissances, et vous êtes devenu puissance; il marchait à pied, et vous allez à Castel-Gandolfe dans un équipage somptueux; il mangeait tout ce qu'on voulait bien lui donner, et vous voulez que nous mangions du poisson le vendredi et le samedi, quand nous habitons loin de la mer et des rivières; il a défendu à Simon Barjone de se servir de l'épée, et vous avez des épées à votre service, etc., etc., etc. Donc en ce sens Votre Sainteté est antechrist. Je vous révère fort en tout autre sens, et je vous demande une indulgence *in articulo mortis*. »

On mit mon homme au château Saint-Ange.

Quand il fut sorti du château Saint-Ange, il courut à Venise, et

il en est un qui a pour épigraphe ces deux vers de M. de Voltaire, avec un hémistiche gâté :

*Courons après la gloire, amis. L'ambition
Est du cœur des humains la grande passion.*

demanda à parler au doge. « Il faut, lui dit-il, que Votre Sérénité soit un grand extravagant d'épouser tous les ans la mer : car, premièrement, on ne se marie qu'une fois avec la même personne; secondement, votre mariage ressemble à celui d'Arlequin, lequel était à moitié fait, attendu qu'il ne manquait que le consentement de la future; troisièmement, qui vous a dit qu'un jour d'autres puissances maritimes ne vous déclareraient pas inhabile à consommer le mariage? »

Il dit, et on l'enferma dans la tour de Saint-Marc.

Quand il fut sorti de la tour de Saint-Marc, il alla à Constantinople; il eut audience du mufti, et lui parla en ces termes : « Votre religion, quoiqu'elle ait de bonnes choses, comme l'adoration du grand Être, et la nécessité d'être juste et charitable, n'est d'ailleurs qu'un réchauffé du judaïsme, et un ramas ennuyeux de contes de ma mère-l'oie. Si l'archange Gabriel avait apporté de quelque planète les feuilles du *Koran* à Mahomet, toute l'Arabie aurait vu descendre Gabriel : personne ne l'a vu; donc Mahomet n'était qu'un imposteur hardi qui trompa des imbéciles. »

A peine eut-il prononcé ces paroles qu'il fut empalé. Cependant il avait eu toujours raison.

RARE. — Rare en physique est opposé à dense. En morale, il est opposé à commun.

Ce dernier rare est ce qui excite l'admiration. On n'admire jamais ce qui est commun, on en jouit.

Un curieux se préfère au reste des chétifs mortels, quand il a dans son cabinet une médaille rare qui n'est bonne à rien, un livre rare que personne n'a le courage de lire, une vieille estampe d'*Albert-Dure*[1], mal dessinée et mal empreinte; il triomphe s'il a dans son jardin un arbre rabougri venu d'Amérique. Ce curieux n'a point de goût; il n'a que de la vanité. Il a ouï dire que le beau est rare; mais il devrait savoir que tout rare n'est point beau.

Le beau est rare dans tous les ouvrages de la nature, et dans ceux de l'art.

Quoiqu'on ait dit bien du mal des femmes, je maintiens qu'il est plus rare de trouver des femmes parfaitement belles que de passablement bonnes.

Vous rencontrerez dans les campagnes dix mille femmes attachées à leur ménage, laborieuses, sobres, nourrissant, élevant, instruisant leurs enfants; et vous en trouverez à peine une que vous puissiez montrer aux spectacles de Paris, de Londres, de Naples, ou dans les jardins publics, et qu'on puisse regarder comme une beauté.

De même, dans les ouvrages de l'art, vous avez dix mille barbouillages contre un chef-d'œuvre.

Si tout était beau et bon, il est clair qu'on n'admirerait plus rien; on jouirait. Mais aurait-on du plaisir en jouissant? c'est une grande question.

1. Albert Dürer. (Éd.)

Pourquoi les beaux morceaux du *Cid*, des *Horaces*, de *Cinna*, eurent-ils un succès si prodigieux? c'est que dans la profonde nuit où l'on était plongé, on vit briller tout à coup une lumière nouvelle que l'on n'attendait pas; c'est que ce beau était la chose du monde la plus rare.

Les bosquets de Versailles étaient une beauté unique dans le monde, comme l'étaient alors certains morceaux de Corneille. Saint-Pierre de Rome est unique, et on vient du bout du monde s'extasier en le voyant.

Mais supposons que toutes les églises de l'Europe égalent Saint-Pierre de Rome, que toutes les statues soient des Vénus de Médicis, que toutes les tragédies soient aussi belles que l'*Iphigénie* de Racine, tous les ouvrages de poésie aussi bien faits que l'*Art poétique* de Boileau, toutes les comédies aussi bonnes que le *Tartufe*, et ainsi en tout genre, aurez-vous alors autant de plaisir à jouir des chefs-d'œuvre rendus communs, qu'ils vous en faisaient goûter quand ils étaient rares? Je dis hardiment que non; et je crois qu'alors l'ancienne école a raison, elle qui l'a si rarement : *Ab assuetis non fit passio*, « habitude ne fait point passion. »

Mais, mon cher lecteur, en sera-t-il de même dans les œuvres de la nature? Serez-vous dégoûté si toutes les filles sont belles comme Hélène; et vous, mesdames, si tous les garçons sont des Pâris? Supposons que tous les vins soient excellents, aurez-vous moins d'envie de boire? si les perdreaux, les faisandeaux, les gelinottes, sont communs en tout temps, aurez-vous moins d'appétit? Je dis encore hardiment que non, malgré l'axiome de l'école : *habitude ne fait point passion :* et la raison, vous la savez, c'est que tous les plaisirs que la nature nous donne sont des besoins toujours renaissants, des jouissances nécessaires, et que les plaisirs des arts ne sont pas nécessaires. Il n'est pas nécessaire à l'homme d'avoir des bosquets où l'eau jaillisse jusqu'à cent pieds de la bouche d'une figure de marbre, et d'aller au sortir de ces bosquets voir une belle tragédie. Mais les deux sexes sont toujours nécessaires l'un à l'autre. La table et le lit sont nécessaires. L'habitude d'être alternativement sur ces deux trônes ne vous dégoûtera jamais.

Quand les petits Savoyards montrèrent pour la première fois *la rareté, la curiosité*, rien n'était plus rare en effet. C'était un chef-d'œuvre d'optique inventé, dit-on, par Kircher; mais cela n'était pas nécessaire, et il n'y a plus de fortune à espérer dans ce grand art.

On admira dans Paris un rhinocéros, il y a quelques années. S'il y avait dans une province dix mille rhinocéros, on ne courrait après eux que pour les tuer. Mais qu'il y ait cent mille belles femmes, on courra toujours après elles pour les.... honorer.

RAVAILLAC.—J'ai connu dans mon enfance un chanoine de Péronne, âgé de quatre-vingt-douze ans, qui avait été élevé par un des plus furieux bourgeois de la Ligue. Il disait toujours : *Feu monsieur de Ravaillac.* Ce chanoine avait conservé plusieurs manuscrits très-curieux de ces temps apostoliques, quoiqu'ils ne fissent pas beaucoup d'honneur à son parti; en voici un qu'il laissa à mon oncle.

Dialogue d'un page du duc de Sully, et de maître Filesac, docteur de Sorbonne, l'un des deux confesseurs de Ravaillac.

MAÎTRE FILESAC. — Dieu merci, mon cher enfant, Ravaillac est mort comme un saint. Je l'ai entendu en confession; il s'est repenti de son péché, et a fait un ferme propos de n'y plus retomber. Il voulait recevoir la sainte communion; mais ce n'est pas ici l'usage comme à Rome : sa pénitence lui en a tenu lieu, et il est certain qu'il est en paradis.

LE PAGE. — Lui en paradis? dans le jardin? lui! ce monstre!

MAÎTRE FILESAC. — Oui, mon bel enfant, dans le jardin, dans le ciel, c'est la même chose.

LE PAGE. — Je le veux croire; mais il a pris un mauvais chemin pour y arriver.

MAÎTRE FILESAC. — Vous parlez en jeune huguenot. Apprenez que ce que je vous dis est de foi. Il a eu l'attrition; et cette attrition, jointe au sacrement de confession, opère immanquablement salvation, qui mène droit en paradis, où il prie maintenant Dieu pour nous.

LE PAGE. — Je ne veux point du tout qu'il parle à Dieu de moi. Qu'il aille au diable avec ses prières et son attrition!

MAÎTRE FILESAC. — Dans le fond c'était une bonne âme. Son zèle l'a emporté; il a mal fait; mais ce n'était pas en mauvaise intention. Car dans tous ses interrogatoires il a répondu qu'il n'avait assassiné le roi, que parce qu'il allait faire la guerre au pape, et que c'était la faire à Dieu. Ses sentiments étaient fort chrétiens. Il est sauvé, vous dis-je, il était lié, et je l'ai délié.

LE PAGE. — Ma foi, plus je vous écoute, plus vous me paraissez un homme à lier vous-même. Vous me faites horreur.

MAÎTRE FILESAC. — C'est que vous n'êtes pas encore dans la bonne voie : vous y serez un jour. Je vous ai toujours dit que vous n'étiez pas loin du royaume des cieux; mais le moment n'est pas encore venu.

LE PAGE. — Le moment ne viendra jamais de me faire croire que vous avez envoyé Ravaillac en paradis.

MAÎTRE FILESAC. — Dès que vous serez converti, comme je l'espère, vous le croirez comme moi; mais en attendant, sachez que vous et le duc de Sully, votre maître, vous serez damnés à toute éternité avec Judas Iscariote et le mauvais riche, tandis que Ravaillac est dans le sein d'Abraham.

LE PAGE. — Comment, coquin!

MAÎTRE FILESAC. — Point d'injures, petit fils; il est défendu d'appeler son frère raca. On est alors coupable de la gehenne ou gehenne du feu. Souffrez que je vous endoctrine sans vous fâcher.

LE PAGE. — Va, tu me parais si raca, que je ne me fâcherai plus.

MAÎTRE FILESAC. — Je vous disais donc qu'il est de foi que vous serez damné; et malheureusement notre cher Henri IV l'est déjà, comme la Sorbonne l'avait toujours prévu.

LE PAGE. — Mon cher maître damné! attends, attends, scélérat; un bâton, un bâton!

MAÎTRE FILESAC. — Calmez-vous, petit fils, vous m'avez promis de m'écouter patiemment. N'est-il pas vrai que le grand Henri est mort sans confession? N'est-il pas vrai qu'il était en péché mortel, étant encore amoureux de Mme la princesse de Condé, et qu'il n'a pas eu le temps de demander le sacrement de pénitence, Dieu ayant permis qu'il ait été frappé à l'oreillette gauche du cœur, et que le sang l'ait étouffé en un instant? Vous ne trouverez assurément aucun bon catholique qui ne vous dise les mêmes vérités que moi.

LE PAGE. — Tais-toi, maître fou : si je croyais que tes docteurs enseignassent une doctrine si abominable, j'irais sur-le-champ les brûler dans leurs loges.

MAÎTRE FILESAC. — Encore une fois, ne vous emportez pas, vous l'avez promis. Mgr le marquis de Conchini, qui est un bon catholique, saurait bien vous empêcher d'être assez sacrilège pour maltraiter mes confrères.

LE PAGE. — Mais en conscience, maître Filesac, est-il bien vrai que l'on pense ainsi dans ton parti?

MAÎTRE FILESAC. — Soyez-en très-sûr; c'est notre catéchisme.

LE PAGE. — Écoute, il faut que je t'avoue qu'un de tes sorboniqueurs m'avait presque séduit l'an passé. Il m'avait fait espérer une pension sur un bénéfice. « Puisque le roi, me disait-il, a entendu la messe en latin, vous qui n'êtes qu'un petit gentilhomme, vous pourriez bien l'entendre aussi sans déroger. Dieu a soin de ses élus; il leur donne des mitres, des crosses, et prodigieusement d'argent. Vos réformés vont à pied et ne savent qu'écrire. » Enfin, j'étais ébranlé; mais après ce que tu viens de me dire, j'aimerais cent fois mieux me faire mahométan que d'être de ta secte.

Ce page avait tort. On ne doit point se faire mahométan parce qu'on est affligé; mais il faut pardonner à un jeune homme sensible et qui aimait tant Henri IV. Maître Filesac parlait suivant sa théologie, et le petit page selon son cœur.

RELIGION. — *Section I.* — Les épicuriens, qui n'avaient nulle religion, recommandaient l'éloignement des affaires publiques, l'étude et la concorde. Cette secte était une société d'amis, car leur principal dogme était l'amitié. Atticus, Lucrèce, Memmius, et quelques hommes de cette trempe, pouvaient vivre très-honnêtement ensemble, et cela se voit dans tous les pays. Philosophez tant qu'il vous plaira entre vous. Je crois entendre des amateurs qui se donnent un concert d'une musique savante et raffinée; mais gardez-vous d'exécuter ce concert devant le vulgaire ignorant et brutal; il pourrait vous casser vos instruments sur vos têtes. Si vous avez une bourgade à gouverner, il faut qu'elle ait une religion.

Je ne parle point ici de la nôtre; elle est la seule bonne, la seule nécessaire, la seule prouvée, et la seconde révélée.

Aurait-il été possible à l'esprit humain, je ne dis pas d'admettre une religion qui approchât de la nôtre, mais qui fût moins mauvaise que toutes les autres religions de l'univers ensemble? et quelle serait cette religion?

Ne serait-ce point celle qui nous proposerait l'adoration de l'Être suprême, unique, infini, éternel, formateur du monde, qui le meut et le vivifie, *cui nec simile nec secundum*[1]; celle qui nous réunirait à cet Être des êtres pour prix de nos vertus, et qui nous en séparerait pour le châtiment de nos crimes?

Celle qui admettrait très-peu de dogmes inventés par la démence orgueilleuse, éternels sujets de dispute; celle qui enseignerait une morale pure, sur laquelle on ne disputât jamais?

Celle qui ne ferait point consister l'essence du culte dans de vaines cérémonies, comme de vous cracher dans la bouche, ou de vous ôter un bout de votre prépuce, ou de vous couper un testicule, attendu qu'on peut remplir tous les devoirs de la société avec deux testicules et un prépuce entier, et sans qu'on vous crache dans la bouche?

Celle de servir son prochain pour l'amour de Dieu, au lieu de le persécuter, de l'égorger au nom de Dieu; celle qui tolérerait toutes les autres, et qui, méritant ainsi la bienveillance de toutes, serait seule capable de faire du genre humain un peuple de frères?

Celle qui aurait des cérémonies augustes dont le vulgaire serait frappé, sans avoir des mystères qui pourraient révolter les sages et irriter les incrédules?

Celle qui offrirait aux hommes plus d'encouragement aux vertus sociales que d'expiations pour les perversités?

Celle qui assurerait à ses ministres un revenu assez honorable pour les faire subsister avec décence, et ne leur laisserait jamais usurper des dignités et un pouvoir qui pourraient en faire des tyrans? Celle qui établirait des retraites commodes pour la vieillesse et pour la maladie, mais jamais pour la fainéantise?

Une grande partie de cette religion est déjà dans le cœur de plusieurs princes, et elle sera dominante dès que les articles de paix perpétuelle que l'abbé de Saint-Pierre a proposés seront signés de tous les potentats.

Section II. — Je méditais cette nuit; j'étais absorbé dans la contemplation de la nature; j'admirais l'immensité, le cours, les rapports de ces globes infinis que le vulgaire ne sait pas admirer.

J'admirais encore plus l'intelligence qui préside à ces vastes ressorts. Je me disais : « Il faut être aveugle pour n'être pas ébloui de ce spectacle; il faut être stupide pour n'en pas reconnaître l'auteur; il faut être fou pour ne pas l'adorer. Quel tribut d'adoration dois-je lui rendre? ce tribut ne doit-il pas être le même dans toute l'étendue de

1. Horace, liv. I, ode XII, v. 18. (ÉD.)

l'espace, puisque c'est le même pouvoir suprême qui règne également dans cette étendue? Un être pensant qui habite dans une étoile de la voie lactée ne lui doit-il pas le même hommage que l'être pensant sur ce petit globe où nous sommes? La lumière est uniforme pour l'astre de Sirius et pour nous; la morale doit être uniforme. Si un animal sentant et pensant dans Sirius est né d'un père et d'une mère tendres qui aient été occupés de son bonheur, il leur doit autant d'amour et de soins que nous en devons ici à nos parents. Si quelqu'un dans la voie lactée voit un indigent estropié, s'il peut le soulager et s'il ne le fait pas, il est coupable envers tous les globes. Le cœur a partout les mêmes devoirs : sur les marches du trône de Dieu, s'il a un trône; et au fond de l'abîme, s'il est un abîme. »

J'étais plongé dans ces idées, quand un de ces génies qui remplissent les intermondes descendit vers moi. Je reconnus cette même créature aérienne qui m'avait apparu autrefois pour m'apprendre combien les jugements de Dieu diffèrent des nôtres, et combien une bonne action est préférable à la controverse [1].

Il me transporta dans un désert tout couvert d'ossements entassés; et entre ces monceaux de morts il y avait des allées d'arbres toujours verts, et au bout de chaque allée un grand homme d'un aspect auguste, qui regardait avec compassion ces tristes restes.

« Hélas! mon archange, lui dis-je, où m'avez-vous mené? — A la désolation, me répondit-il. — Et qui sont ces beaux patriarches que je vois immobiles et attendris au bout de ces allées vertes, et qui semblent pleurer sur cette foule innombrable de morts? — Tu le sauras, pauvre créature humaine, me répliqua le génie des intermondes; mais auparavant il faut que tu pleures. »

Il commença par le premier amas. « Ceux-ci, dit-il, sont les vingt-trois mille Juifs qui dansèrent devant un veau d'or, avec les vingt-quatre mille qui furent tués sur des filles madianites. Le nombre des massacrés pour des délits ou des méprises pareilles se monte à près de trois cent mille.

« Aux allées suivantes sont les charniers des chrétiens égorgés les uns par les autres pour des disputes métaphysiques. Ils sont divisés en plusieurs monceaux de quatre siècles chacun. Un seul aurait monté jusqu'au ciel; il a fallu les partager.

— Quoi! m'écriai-je, des frères ont ainsi traité leurs frères, et j'ai le malheur d'être de cette confrérie!

— Voici, dit l'esprit, les douze millions d'Américains tués dans leur patrie, parce qu'ils n'avaient pas été baptisés. — Eh, mon Dieu! que ne laissiez-vous ces ossements affreux se dessécher dans l'hémisphère où leurs corps naquirent, et où ils furent livrés à tant de trépas différents? Pourquoi réunir ici tous ces monuments abominables de la barbarie et du fanatisme? — Pour t'instruire.

— Puisque tu veux m'instruire, dis-je au génie, apprends-moi s'il y a eu d'autres peuples que les chrétiens et les juifs à qui le zèle et la

1. Voy. l'article POEME.

religion malheureusement tournée en fanatisme, aient inspiré tant de cruautés horribles. — Oui, me dit-il, les mahométans se sont souillés des mêmes inhumanités, mais rarement; et lorsqu'on leur a demandé *amman*, miséricorde, et qu'on leur a offert le tribut, ils ont pardonné. Pour les autres nations, il n'y en a aucune depuis l'existence du monde qui ait jamais fait une guerre purement de religion. Suis-moi maintenant. » Je le suivis.

Un peu au delà de ces piles de morts nous trouvâmes d'autres piles; c'étaient des sacs d'or et d'argent; et chacune avait son étiquette : « Substance des hérétiques massacrés au xviiie siècle, au xviie, au xvie, » et ainsi en remontant. « Or et argent des Américains égorgés, etc., etc. » Et toutes ces piles étaient surmontées de croix, de mitres, de crosses, de tiares enrichies de pierreries.

« Quoi! mon génie, ce fut donc pour avoir ces richesses qu'on accumula ces morts? — Oui, mon fils. »

Je versai des larmes; et quand j'eus mérité par ma douleur qu'il me menât au bout des allées vertes, il m'y conduisit.

« Contemple, me dit-il, les héros de l'humanité qui ont été les bienfaiteurs de la terre, et qui se sont tous réunis à bannir du monde, autant qu'ils l'ont pu, la violence et la rapine. Interroge-les. »

Je courus au premier de la bande; il avait une couronne sur la tête, et un petit encensoir à la main; je lui demandai humblement son nom. « Je suis Numa Pompilius, me dit-il; je succédai à un brigand, et j'avais des brigands à gouverner : je leur enseignai la vertu et le culte de Dieu; ils oublièrent après moi plus d'une fois l'un et l'autre; je défendis qu'il y eût dans les temples aucun simulacre, parce que la Divinité qui anime la nature ne peut être représentée. Les Romains n'eurent sous mon règne ni guerres ni séditions, et ma religion ne fit que du bien. Tous les peuples voisins vinrent honorer mes funérailles, ce qui n'est arrivé qu'à moi. »

Je lui baisai la main, et j'allai au second; c'était un beau vieillard d'environ cent ans, vêtu d'une robe blanche : il mettait le doigt médium sur sa bouche, et de l'autre main il jetait des fèves derrière lui. Je reconnus Pythagore. Il m'assura qu'il n'avait jamais eu de cuisse d'or, et qu'il n'avait point été coq; mais qu'il avait gouverné les Crotoniates avec autant de justice que Numa gouvernait les Romains, à peu près de son temps, et que cette justice était la chose du monde la plus nécessaire et la plus rare. J'appris que les pythagoriciens faisaient leur examen de conscience deux fois par jour. Les honnêtes gens! et que nous sommes loin d'eux! Mais nous qui n'avons été pendant treize cents ans que des assassins, nous disons que ces sages étaient des orgueilleux.

Je ne dis mot à Pythagore pour lui plaire, et je passai à Zoroastre, qui s'occupait à concentrer le feu céleste dans le foyer d'un miroir concave, au milieu d'un vestibule à cent portes qui toutes conduisent à la sagesse. Sur la principale de ces portes [1], je lus ces paroles, qui

---

1, Les préceptes de Zoroastre sont appelés *portes*, et sont au nombre de cent.

sont le précis de toute la morale, et qui abrégent toutes les disputes des casuistes :

« Dans le doute si une action est bonne ou mauvaise, abstiens-toi. »

« Certainement, dis-je à mon génie, les barbares qui ont immolé toutes les victimes dont j'ai vu les ossements n'avaient pas lu ces belles paroles. »

Nous vîmes ensuite les Zaleucus, les Thalès, les Anaximandre, et tous les sages qui avaient cherché la vérité et pratiqué la vertu.

Quand nous fûmes à Socrate, je le reconnus bien vite à son nez épaté[1]. « Eh bien, lui dis-je, vous voilà donc au nombre des confidents du Très-Haut ! Tous les habitants de l'Europe, excepté les Turcs et les Tartares de Crimée, qui ne savent rien, prononcent votre nom avec respect. On le révère, on l'aime, ce grand nom, au point qu'on a voulu savoir ceux de vos persécuteurs. On connaît Mélitus et Anitus à cause de vous, comme on connaît Ravaillac à cause de Henri IV : mais je ne connais que ce nom d'Anitus ; je ne sais pas précisément quel était ce scélérat par qui vous fûtes calomnié, et qui vint à bout de vous faire condamner à la ciguë.

— Je n'ai jamais pensé à cet homme depuis mon aventure, me répondit Socrate ; mais puisque vous m'en faites souvenir, je le plains beaucoup. C'était un méchant prêtre qui faisait secrètement un commerce de cuirs, réputé honteux parmi nous. Il envoya ses deux enfants dans mon école. Les autres disciples leur reprochèrent leur père le corroyeur ; ils furent obligés de sortir. Le père irrité n'eut point de cesse qu'il n'eût ameuté contre moi tous les prêtres et tous les sophistes. On persuada au conseil des cinq cents que j'étais un impie qui ne croyait pas que la Lune, Mercure et Mars fussent des dieux. En effet, je pensais comme à présent qu'il n'y a qu'un Dieu, maître de toute la nature. Les juges me livrèrent à l'empoisonneur de la république ; il accourcit ma vie de quelques jours : je mourus tranquillement à l'âge de soixante et dix ans ; et depuis ce temps-là je passe une vie heureuse avec tous ces grands hommes que vous voyez, et dont je suis le moindre. »

Après avoir joui quelque temps de l'entretien de Socrate, je m'avançai avec mon guide dans un bosquet situé au-dessus des bocages où tous ces sages de l'antiquité semblaient goûter un doux repos.

Je vis un homme d'une figure douce et simple, qui me parut âgé d'environ trente-cinq ans. Il jetait de loin des regards de compassion sur ces amas d'ossements blanchis, à travers desquels on m'avait fait passer pour arriver à la demeure des sages. Je fus étonné de lui trouver les pieds enflés et sanglants, les mains de même, le flanc percé, et les côtés écorchés de coups de fouet. « Eh, bon Dieu ! lui dis-je, est-il possible qu'un juste, un sage soit dans cet état ? je viens d'en voir un qui a été traité d'une manière bien odieuse ; mais il n'y a pas de comparaison entre son supplice et le vôtre. De mauvais prêtres et de

---

1. Voy. Xénophon, le Banquet, v, 8. (ÉD.)

mauvais juges l'ont empoisonné : est-ce aussi par des prêtres et par des juges que vous avez été assassiné si cruellement ? »

Il me répondit oui avec beaucoup d'affabilité.

« Et qui étaient donc ces monstres ?

— C'étaient des hypocrites.

— Ah! c'est tout dire; je comprends par ce seul mot qu'ils durent vous condamner au dernier supplice. Vous leur aviez donc prouvé, comme Socrate, que la Lune n'était pas une déesse, et que Mercure n'était pas un dieu?

— Non, il n'était pas question de ces planètes. Mes compatriotes ne savaient point du tout ce que c'est qu'une planète; ils étaient tous de francs ignorants. Leurs superstitions étaient toutes différentes de celles des Grecs.

— Vous voulûtes donc leur enseigner une nouvelle religion?

— Point du tout; je leur disais simplement : « Aimez Dieu de tout « votre cœur, et votre prochain comme vous-même, car c'est là tout « l'homme. » Jugez si ce précepte n'est pas aussi ancien que l'univers; jugez si je leur apportais un culte nouveau. Je ne cessais de leur dire que j'étais venu non pour abolir la loi, mais pour l'accomplir; j'avais observé tous leurs rites; circoncis comme ils l'étaient tous, baptisé comme l'étaient les plus zélés d'entre eux, je payais comme eux le corban; je faisais comme eux la pâque, en mangeant debout un agneau cuit dans des laitues. Moi et mes amis nous allions prier dans le temple; mes amis même fréquentèrent ce temple après ma mort; en un mot, j'accomplis toutes leurs lois sans en excepter une.

— Quoi! ces misérables n'avaient pas même à vous reprocher de vous être écarté de leurs lois!

— Non, sans doute.

— Pourquoi donc vous ont-ils mis dans l'état où je vous vois?

— Que voulez-vous que je vous dise? ils étaient fort orgueilleux et intéressés. Ils virent que je les connaissais; ils surent que je les faisais connaître aux citoyens; ils étaient les plus forts; ils m'ôtèrent la vie : et leurs semblables en feront toujours autant, s'ils le peuvent, à quiconque leur aura trop rendu justice.

— Mais ne dites-vous, ne fîtes-vous rien qui pût leur servir de prétexte?

— Tout sert de prétexte aux méchants.

— Ne leur dites-vous pas une fois que vous étiez venu apporter le glaive et non la paix?

— C'est une erreur de copiste; je leur dis que j'apportais la paix et non le glaive. Je n'ai jamais rien écrit; on a pu changer ce que j'avais dit sans mauvaise intention.

— Vous n'avez donc contribué en rien par vos discours, ou mal rendus, ou mal interprétés, à ces monceaux affreux d'ossements que j'ai vus sur ma route en venant vous consulter?

— Je n'ai vu qu'avec horreur ceux qui se sont rendus coupables de tous ces meurtres.

— Et ces monuments de puissance et de richesse, d'orgueil et d'avarice, ces trésors, ces ornements, ces signes de grandeur, que j'ai vus accumulés sur la route en cherchant la sagesse, viennent-ils de vous?

— Cela est impossible; j'ai vécu, moi et les miens, dans la pauvreté et dans la bassesse : ma grandeur n'était que dans la vertu. »

J'étais près de le supplier de vouloir bien me dire au juste qui il. était. Mon guide m'avertit de n'en rien faire. Il me dit que je n'étais pas fait pour comprendre ces mystères sublimes. Je le conjurai seulement de m'apprendre en quoi consistait la vraie religion.

« Ne vous l'ai-je pas déjà dit? « Aimez Dieu, et votre prochain « comme vous-même. »

— Quoi! en aimant Dieu on pourrait manger gras le vendredi?

— J'ai toujours mangé ce qu'on m'a donné; car j'étais trop pauvre pour donner à dîner à personne.

— En aimant Dieu, en étant juste, ne pourrait-on pas être assez prudent pour ne point confier toutes les aventures de sa vie à un inconnu?

— C'est ainsi que j'en ai toujours usé.

— Ne pourrai-je, en faisant du bien, me dispenser d'aller en pèlerinage à Saint-Jacques de Compostelle?

— Je n'ai jamais été dans ce pays-là.

— Faudrait-il me confiner dans une retraite avec des sots?

— Pour moi, j'ai toujours fait de petits voyages de ville en ville.

— Me faudrait-il prendre parti pour l'Église grecque ou pour la latine?

— Je ne fis aucune différence entre le Juif et le Samaritain quand je fus au monde.

— Eh bien, s'il est ainsi, je vous prends pour mon seul maître. » Alors il me fit un signe de tête qui me remplit de consolation. La vision disparut, et la bonne conscience me resta.

Section III. — *Questions sur la religion.* — *première question.* — L'évêque de Worcester, Warburton, auteur d'un des plus savants ouvrages qu'on ait jamais faits, s'exprime ainsi, page 8, tome I : « Une religion, une société qui n'est pas fondée sur la créance d'une autre vie, doit être soutenue par une providence extraordinaire. Le judaïsme n'est pas fondé sur la créance d'une autre vie; donc le judaïsme a été soutenu par une providence extraordinaire. »

Plusieurs théologiens se sont élevés contre lui; et comme on rétorque tous les arguments, on a rétorqué le sien, on lui a dit :

« Toute religion qui n'est pas fondée sur le dogme de l'immortalité de l'âme, et sur les peines et les récompenses éternelles, est nécessairement fausse : or le judaïsme ne connut point ces dogmes; donc le judaïsme, loin d'être soutenu par la Providence, était, par vos principes, une religion fausse et barbare qui attaquait la Providence. »

Cet évêque eut quelques autres adversaires qui lui soutinrent que l'immortalité de l'âme était connue chez les Juifs, dans le temps même de Moïse; mais il leur prouva très-évidemment que ni le Décalogue, ni le *Lévitique*, ni le *Deutéronome*, n'avaient dit un seul mot de cette créance, et qu'il est ridicule de vouloir tordre et corrompre quelques passages des autres livres pour en tirer une vérité qui n'est point annoncée dans le livre de la loi

Monsieur l'évêque, ayant fait quatre volumes pour démontrer que la loi judaïque ne proposait ni peines ni récompenses après la mort, n'a jamais pu répond : à ses adversaires d'une manière bien satisfaisante. Ils lui disaient : « Ou Moïse connaissait ce dogme, et alors il a trompé les Juifs en ne le manifestant pas; ou il l'ignorait, et en ce cas il n'en savait pas assez pour fonder une bonne religion. En effet, si sa religion avait été bonne, pourquoi l'aurait-on abolie? Une religion vraie doit être pour tous les temps et pour tous les lieux; elle doit être comme la lumière du soleil, qui éclaire tous les peuples et toutes les générations. »

Ce prélat, tout éclairé qu'il est, a eu beaucoup de peine à se tirer de toutes ces difficultés : mais quel système en est exempt?

Seconde question. — Un autre savant beaucoup plus philosophe, qui est un des plus profonds métaphysiciens de nos jours, donne de fortes raisons pour prouver que le polythéisme a été la première religion des hommes, et qu'on a commencé à croire plusieurs dieux, avant que la raison fût assez éclairée pour ne reconnaître qu'un seul Être suprême.

J'ose croire, au contraire, qu'on a commencé d'abord par reconnaître un seul Dieu, et qu'ensuite la faiblesse humaine en a adopté plusieurs; et voici comme je conçois la chose :

Il est indubitable qu'il y eut des bourgades avant qu'on eût bâti de grandes villes, et que tous les hommes ont été divisés en petites républiques avant qu'ils fussent réunis dans de grands empires. Il est bien naturel qu'une bourgade effrayée du tonnerre, affligée de la perte de ses moissons, maltraitée par la bourgade voisine, sentant tous les jours sa faiblesse, sentant partout un pouvoir invisible, ait bientôt dit : « Il y a quelque être au-dessus de nous qui nous fait du bien et du mal. »

Il me paraît impossible qu'elle ait dit : « Il y a deux pouvoirs. » Car pourquoi plusieurs? On commence en tout genre par le simple, ensuite vient le composé, et souvent enfin on revient au simple par des lumières supérieures. Telle est la marche de l'esprit humain.

Quel est cet être qu'on aura d'abord invoqué? sera-ce le soleil? sera-ce la lune? je ne le crois pas. Examinons ce qui se passe dans les enfants; ils sont à peu près ce que sont les hommes ignorants. Ils ne sont frappés ni de la beauté ni de l'utilité de l'astre qui anime la nature, ni des secours que la lune nous prête, ni des variations régulières de son cours; ils n'y pensent pas, ils y sont trop accoutumés. On n'adore, on n'invoque, on ne veut apaiser que ce qu'on craint; tous les enfants voient le ciel avec indifférence; mais que le tonnerre gronde, ils tremblent, ils vont se cacher. Les premiers hommes en ont sans doute agi de même. Il ne peut y avoir que des espèces de philosophes qui aient remarqué le cours des astres, les aient fait admirer, et les aient fait adorer ; mais des cultivateurs simples et sans aucune lumière n'en savaient pas assez pour embrasser une erreur si noble.

Un village se sera donc borné à dire : « Il y a une puissance qui tonne, qui grêle sur nous, qui fait mourir nos enfants ; apaisons-la : mais comment l'apaiser ? Nous voyons que nous avons calmé par de petits présents la colère des gens irrités ; faisons donc de petits présents à cette puissance. Il faut lui donner un nom. Le premier qui s'offre est celui de *chef*, de *maître*, de *seigneur* ; cette puissance est donc appelée monseigneur. C'est probablement la raison pour laquelle les premiers Égyptiens appelèrent leur dieu *Knef* ; les Syriens, *Adoni* ; les peuples voisins, *Baal* ou *Bel*, ou *Melch*, ou *Moloch* ; les Scythes, *Papée* ; tous mots qui signifient *seigneur*, *maître*.

C'est ainsi qu'on trouva presque toute l'Amérique partagée en une multitude de petites peuplades, qui toutes avaient leur dieu protecteur. Les Mexicains mêmes, et les Péruviens, qui étaient de grandes nations, n'avaient qu'un seul dieu : l'une adorait Manco Kapak, l'autre le dieu de la guerre. Les Mexicains donnaient à leur dieu guerrier le nom de *Vitzliputzli*, comme les Hébreux avaient appelé leur Seigneur *Sabaoth*.

Ce n'est point par une raison supérieure et cultivée que tous les peuples ont ainsi commencé à reconnaître une seule divinité ; s'ils avaient été philosophes, ils auraient adoré le dieu de toute la nature, et non pas le dieu d'un village ; ils auraient examiné ces rapports infinis de tous les êtres, qui prouvent un être créateur et conservateur ; mais ils n'examinèrent rien, ils sentirent. C'est là le progrès de notre faible entendement ; chaque bourgade sentait sa faiblesse et le besoin qu'elle avait d'un fort protecteur. Elle imaginait cet être tutélaire et terrible résidant dans la forêt voisine, ou sur la montagne, ou dans une nuée. Elle n'en imaginait qu'un seul, parce que la bourgade n'avait qu'un chef à la guerre. Elle l'imaginait corporel, parce qu'il était impossible de se le représenter autrement. Elle ne pouvait croire que la bourgade voisine n'eût pas aussi son dieu. Voilà pourquoi Jephté dit aux habitants de Moab : « Vous possédez légitimement ce que votre dieu Chamos vous a fait conquérir ; vous devez nous laisser jouir de ce que notre dieu nous a donné par ses victoires. » (*Juges*, xi, 24.)

Ce discours, tenu par un étranger à d'autres étrangers, est très-remarquable. Les Juifs et les Moabites avaient dépossédé les naturels du pays ; l'un et l'autre n'avait d'autre droit que celui de la force, et l'un dit à l'autre : « Ton dieu t'a protégé dans ton usurpation, souffre que mon dieu me protège dans la mienne. »

Jérémie et Amos demandent l'un et l'autre « quelle raison a eue le dieu Melchom de s'emparer du pays de Gad. » Il paraît évident par ces passages que l'antiquité attribuait à chaque pays un dieu protecteur. On trouve encore des traces de cette théologie dans Homère.

Il est bien naturel que l'imagination des hommes s'étant échauffée, et leur esprit ayant acquis des connaissances confuses, ils aient bientôt multiplié leurs dieux, et assigné des protecteurs aux éléments, aux mers, aux forêts, aux fontaines, aux campagnes. Plus ils auront examiné les astres, plus ils auront été frappés d'admiration. Le moyen de ne pas adorer le soleil, quand on adore la divinité d'un ruisseau? Dès que le premier pas est fait, la terre est bientôt couverte de dieux; et on descend enfin des astres aux chats et aux oignons.

Cependant il faut bien que la raison se perfectionne; le temps forme enfin des philosophes qui voient que ni les oignons, ni les chats, ni même les astres, n'ont arrangé l'ordre de la nature. Tous ces philosophes, babyloniens, persans, égyptiens, scythes, grecs et romains, admettent un Dieu suprême, rémunérateur et vengeur.

Ils ne le disent pas d'abord aux peuples : car quiconque eût mal parlé des oignons et des chats devant des vieilles et des prêtres eût été lapidé; quiconque eût reproché à certains Égyptiens de manger leurs dieux eût été mangé lui-même, comme en effet Juvénal rapporte qu'un Égyptien fut tué et mangé tout cru [1] dans une dispute de controverse.

Mais que fit-on? Orphée et d'autres établissent des mystères que les initiés jurent par des serments exécrables de ne point révéler, et le principal de ces mystères est l'adoration d'un seul Dieu. Cette grande vérité pénètre dans la moitié de la terre; le nombre des initiés devient immense : il est vrai que l'ancienne religion subsiste toujours; mais comme elle n'est point contraire au dogme de l'unité de Dieu, on la laisse subsister. Et pourquoi l'abolirait-on? Les Romains reconnaissent le *Deus optimus maximus;* les Grecs ont leur *Zeus,* leur Dieu suprême. Toutes les autres divinités ne sont que des êtres intermédiaires : on place des héros et des empereurs au rang des dieux, c'est-à-dire des bienheureux; mais il est sûr que Claude, Octave, Tibère, et Caligula, ne sont pas regardés comme les créateurs du ciel et de la terre.

En un mot, il paraît prouvé que, du temps d'Auguste, tous ceux qui avaient une religion reconnaissaient un Dieu supérieur, éternel, et plusieurs ordres de dieux secondaires, dont le culte fut appelé depuis *idolâtrie.*

Les lois des Juifs n'avaient jamais favorisé l'idolâtrie : car quoiqu'ils admissent des malachim, des anges, des êtres célestes d'un ordre inférieur, leur loi n'ordonnait point que ces divinités secondaires eussent un culte chez eux. Ils adoraient les anges, il est vrai, c'est-à-dire ils se prosternaient quand ils en voyaient; mais comme cela n'arrivait pas souvent, il n'y avait ni de cérémonial ni de culte légal établi pour eux. Les chérubins de l'arche ne recevaient point d'hommages. Il est constant que les Juifs, du moins depuis Alexandre, adoraient ouvertement un seul Dieu, comme la foule innombrable d'initiés l'adoraient secrètement dans leurs mystères.

1. Victrix turba . . . .
. . . . longum usque adeo tardumque putavit
Exspectare focos, contenta cadavere crudo.
Juvénal satire xv vers 81-83.

Troisième question. — Ce fut dans ce temps où le culte d'un Dieu suprême était universellement établi chez tous les sages en Asie, en Europe, et en Afrique, que la religion chrétienne prit naissance.

Le platonisme aida beaucoup à l'intelligence de ses dogmes. Le *Logos*, qui, chez Platon, signifiait la sagesse, la raison de l'Être suprême, devint chez nous le Verbe et une seconde personne de Dieu. Une métaphysique profonde et au-dessus de l'intelligence humaine fut un sanctuaire inaccessible dans lequel la religion fut enveloppée.

On ne répétera point ici comment Marie fut déclarée dans la suite mère de Dieu, comment on établit la consubstantialité du Père et du Verbe, et la procession du *Pneuma*, organe divin du divin Logos, deux natures et deux volontés résultantes de l'hypostase, et enfin la manducation supérieure, l'âme nourrie ainsi que le corps des membres et du sang de l'Homme-Dieu adoré et mangé sous la forme du pain, présent aux yeux, sensible au goût, et cependant anéanti. Tous les mystères ont été sublimes.

On commença, dès le IIᵉ siècle, par chasser les démons au nom de Jésus : auparavant on les chassait au nom de Jehovah ou Ihaho; car saint Matthieu rapporte que les ennemis de Jésus ayant dit qu'il chassait les démons au nom du prince des démons, il leur répondit : « Si c'est par Belzébuth que je chasse les démons, par qui vos enfants les chassent-ils? »

On ne sait point en quel temps les Juifs reconnurent pour prince des démons Belzébuth, qui était un dieu étranger; mais on sait (et c'est Josèphe qui nous l'apprend) qu'il y avait à Jérusalem des exorcistes préposés pour chasser les démons des corps des possédés, c'est-à-dire des hommes attaqués de maladies singulières, qu'on attribuait alors dans une grande partie de la terre à des génies malfaisants.

On chassait donc ces démons avec la véritable prononciation de *Jehovah* aujourd'hui perdue, et avec d'autres cérémonies aujourd'hui oubliées.

Cet exorcisme par *Jehovah* ou par les autres noms de Dieu était encore en usage dans les premiers siècles de l'Église. Origène, en disputant contre Celse, lui dit, nᵒ 262 [1] : « Si en invoquant Dieu, ou en jurant par lui, on le nomme le Dieu d'Abraham, d'Isaac, et de Jacob, on fera certaines choses par ces noms, dont la nature et la force sont telles que les démons se soumettent à ceux qui les prononcent; mais si on le nomme d'un autre nom, comme Dieu de la mer bruyante, supplantateur, ces noms seront sans vertu. Le nom d'Israël traduit en grec ne pourra rien opérer; mais prononcez-le en hébreu, avec les autres mots requis, vous opérerez la conjuration. »

Le même Origène, au nombre XIX, dit ces paroles remarquables : « Il y a des noms qui ont naturellement de la vertu, tels que sont ceux dont se servent les sages parmi les Égyptiens, les mages en Perse, les brachmanes dans l'Inde. Ce qu'on nomme magie n'est pas un art vain

---

1. Ce n'est pas nᵒ 262, mais page 262 de l'édition de Cambridge, 1677, in-4ᵒ. *Note de M. Beuchot.*)

et chimérique, ainsi que le prétendent les stoïciens et les épicuriens . ni le nom de Sabaoth, ni celui d'Adonaï, n'ont pas été faits pour des êtres créés, mais ils appartiennent à une théologie mystérieuse qui se rapporte au Créateur : de là vient la vertu de ces noms quand on les arrange et qu'on les prononce selon les règles, etc. »

Origène en parlant ainsi ne donne point son sentiment particulier, il ne fait que rapporter l'opinion universelle. Toutes les religions alors connues admettaient une espèce de magie ; et on distinguait la magie céleste et la magie infernale, la nécromancie et la théurgie ; tout était prodige, divination, oracle. Les Perses ne niaient point les miracles des Égyptiens, ni les Égyptiens ceux des Perses. Dieu permettait que les premiers chrétiens fussent persuadés des oracles attribués aux sibylles, et leur laissait encore quelques erreurs peu importantes, qui ne corrompaient point le fond de la religion.

Une chose encore fort remarquable, c'est que les chrétiens des deux premiers siècles avaient de l'horreur pour les temples, les autels et les simulacres. C'est ce qu'Origène avoue, n° 347. Tout changea depuis avec la discipline, quand l'Église reçut une forme constante.

Quatrième question. — Lorsque une fois une religion est établie légalement dans un État, les tribunaux sont tous occupés à empêcher qu'on ne renouvelle la plupart des choses qu'on faisait dans cette religion avant qu'elle fût publiquement reçue. Les fondateurs s'assemblaient en secret malgré les magistrats ; on ne permet que les assemblées publiques sous les yeux de la loi, et toutes associations qui se dérobent à la loi sont défendues. L'ancienne maxime était qu'il vaut mieux obéir à Dieu qu'aux hommes ; la maxime opposée est reçue, que c'est obéir à Dieu que de suivre les lois de l'État. On n'entendait parler que d'obsessions et de possessions ; le diable était alors déchaîné sur la terre ; le diable ne sort plus aujourd'hui de sa demeure. Les prodiges, les prédictions étaient alors nécessaires, on ne les admet plus : un homme qui prédirait des calamités sur les places publiques serait mis aux Petites-Maisons. Les fondateurs recevaient secrètement l'argent des fidèles ; un homme qui recueillerait de l'argent pour en disposer, sans y être autorisé par la loi, serait repris de justice. Ainsi on ne se sert plus d'aucun des échafauds qui ont servi à bâtir l'édifice.

Cinquième question. — Après notre sainte religion, qui sans doute est la seule bonne, quelle serait la moins mauvaise ?

Ne serait-ce pas la plus simple ? ne serait-ce pas celle qui enseignerait beaucoup de morale et très-peu de dogmes ? celle qui tendrait à rendre les hommes justes, sans les rendre absurdes ? celle qui n'ordonnerait point de croire des choses impossibles, contradictoires, injurieuses à la Divinité, et pernicieuses au genre humain, et qui n'oserait point menacer des peines éternelles quiconque aurait le sens commun ? Ne serait-ce point celle qui ne soutiendrait pas sa créance par des bourreaux, et qui n'inonderait pas la terre de sang pour des sophismes inintelligibles ? celle dans laquelle une équivoque, un jeu de mots et deux ou trois chartes supposées ne feraient pas un souverain et un dieu d'un prêtre souvent incestueux, homicide et empoisonneur? celle qui ne soumettrait pas les rois à ce prêtre? celle qui n'enseignerait que l'adoration d'un Dieu, la justice, la tolérance, et l'humanité?

Sixième question. — On a dit que la religion des gentils était absurde en plusieurs points, contradictoire, pernicieuse; mais ne lui a-t-on pas imputé plus de mal qu'elle n'en a fait, et plus de sottises qu'elle n'en a prêché?

> Car de voir Jupiter taureau,
> Serpent, cygne, ou quelque autre chose,
> Je ne trouve point cela beau,
> Et ne m'étonne pas si parfois on en cause.
> Molière, Prologue d'*Amphitryon*.

Sans doute cela est fort impertinent; mais qu'on me montre dans toute l'antiquité un temple dédié à Léda couchant avec un cygne ou avec un taureau. Y a-t-il eu un sermon prêché dans Athènes ou dans Rome pour encourager les filles à faire des enfants avec les cygnes de leur basse-cour? Les fables recueillies et ornées par Ovide sont-elles la religion? ne ressemblent-elles pas à notre Légende dorée, à notre Fleur des saints? Si quelque brame ou quelque derviche venait nous objecter l'histoire de sainte Marie Égyptienne, laquelle n'ayant pas de quoi payer les matelots qui l'avaient conduite en Égypte, donna à chacun d'eux ce que l'on appelle des faveurs, en guise de monnaie, nous dirions au brame: «Mon révérend père, vous vous trompez, notre religion n'est pas la Légende dorée.»

Nous reprochons aux anciens leurs oracles, leurs prodiges; s'ils revenaient au monde, et qu'on pût compter les miracles de Notre-Dame de Lorette et ceux de Notre-Dame d'Éphèse, en faveur de qui des deux serait la balance du compte?

Les sacrifices humains ont été établis chez presque tous les peuples, mais très-rarement mis en usage. Nous n'avons que la fille de Jephté et le roi Agag d'immolés chez les Juifs, car Isaac et Jonathas ne le furent pas. L'histoire d'Iphigénie n'est pas bien avérée chez les Grecs. Les sacrifices humains sont très-rares chez les anciens Romains; en un mot, la religion païenne a fait répandre très-peu de sang, et la nôtre en a couvert la terre. La nôtre est sans doute la seule bonne, la seule vraie; mais nous avons fait tant de mal par son moyen, que quand nous parlons des autres nous devons être modestes.

Septième question. — Si un homme veut persuader sa religion à des étrangers ou à ses compatriotes, ne doit-il pas s'y prendre avec la plus insinuante douceur et la modération la plus engageante? S'il commence par dire que ce qu'il annonce est démontré, il trouvera une foule d'incrédules; s'il ose leur dire qu'ils ne rejettent sa doctrine qu'autant qu'elle condamne leurs passions, que leur cœur a corrompu leur esprit, qu'ils n'ont qu'une raison fausse et orgueilleuse, il les révolte, il les anime contre lui, il ruine lui-même ce qu'il veut établir.

Si la religion qu'il annonce est vraie, l'emportement et l'insolence la rendront-ils plus vraie? Vous mettez-vous en colère quand vous dites qu'il faut être doux, patient, bienfaisant, juste, remplir tous les devoirs de la société? non, car tout le monde est de votre avis. Pourquoi donc dites-vous des injures à votre frère, quand vous lui prêchez une métaphysique mystérieuse? c'est que son sens irrite votre amour-propre. Vous avez l'orgueil d'exiger que votre frère soumette son intelligence à la vôtre : l'orgueil humilié produit la colère; elle n'a point d'autre source. Un homme blessé de vingt coups de fusil dans une bataille ne se met point en colère; mais un docteur blessé du refus d'un suffrage devient furieux et implacable.

Huitième question. — Ne faut-il pas soigneusement distinguer la religion de l'État et la religion théologique? Celle de l'État exige que les imans tiennent des registres des circoncis, les curés ou pasteurs des registres des baptisés; qu'il y ait des mosquées, des églises, des temples, des jours consacrés à l'adoration et au repos, des rites établis par la loi; que les ministres de ces rites aient de la considération sans pouvoir; qu'ils enseignent les bonnes mœurs au peuple, et que les ministres de la loi veillent sur les mœurs des ministres des temples. Cette religion de l'État ne peut en aucun temps causer aucun trouble.

Il n'en est pas ainsi de la religion théologique; celle-ci est la source de toutes les sottises et de tous les troubles imaginables; c'est la mère du fanatisme et de la discorde civile; c'est l'ennemie du genre humain. Un bonze prétend que Fo est un dieu; qu'il a été prédit par des fakirs; qu'il est né d'un éléphant blanc; que chaque bonze peut faire un Fo avec des grimaces. Un talapoin dit que Fo était un saint homme dont les bonzes ont corrompu la doctrine, et que c'est Sammonocodom qui est le vrai dieu. Après cent arguments et cent démentis, les deux factions conviennent de s'en rapporter au dalaï-lama, qui demeure à trois cents lieues de là, qui est immortel et même infaillible. Les deux factions lui envoient une députation solennelle. Le dalaï-lama commence, selon son divin usage, par leur distribuer sa chaise percée.

Les deux sectes rivales la reçoivent d'abord avec un respect égal, la font sécher au soleil, et l'enchâssent dans de petits chapelets qu'ils baisent dévotement: mais, dès que le dalaï-lama et son conseil ont prononcé au nom de Fo, voilà le parti condamné qui jette les chapelets au nez du vice-dieu, et qui lui veut donner cent coups d'étrivières. L'autre parti défend son lama dont il a reçu de bonnes terres; tous deux se battent longtemps; et quand ils sont las de s'exterminer, de s'assassiner, de s'empoisonner réciproquement, ils se disent encore de grosses injures; et le dalaï-lama en rit; et il distribue encore sa chaise percée à quiconque veut bien recevoir les déjections du bon père lama.

RELIQUES. — On désigne par ce nom les restes ou les parties restantes du corps ou des habits d'une personne mise après sa mort, par l'Église, au nombre des bienheureux.

Il est clair que Jésus n'a condamné que l'hypocrisie des Juifs, en disant[1] : « Malheur à vous, scribes et pharisiens hypocrites, qui bâtissez des tombeaux aux prophètes et ornez les monuments des justes! » Aussi les chrétiens orthodoxes ont une égale vénération pour les reliques et pour les images des saints; et même je ne sais quel docteur, nommé Henri, ayant osé dire que quand les os ou autres reliques sont changés en vers, il ne faut pas adorer ces vers, le jésuite Vasquez[2] décida que l'opinion de Henri est absurde et vaine : car il n'importe de quelle manière se fasse la corruption. « Par conséquent, dit-il, nous pouvons adorer les reliques, tant sous la forme de vers que sous la forme de cendres. »

Quoi qu'il en soit, saint Cyrille d'Alexandrie[3] avoue que l'origine des reliques est païenne; et voici la description que fait de leur culte Théodoret, qui vivait au commencement de l'ère chrétienne. « On court aux temples des martyrs, dit ce savant évêque[4], pour leur demander, les uns la conservation de leur santé, les autres la guérison de leurs maladies, et les femmes stériles la fécondité. Après avoir obtenu des enfants, ces femmes en demandent la conservation. Ceux qui entreprennent des voyages conjurent les martyrs de les accompagner et de les conduire. Lorsqu'ils sont de retour, ils vont leur témoigner leur reconnaissance. Ils ne les adorent pas comme des dieux; mais ils les honorent comme des hommes divins, et les conjurent d'être leurs intercesseurs.

« Les offrandes qui sont appendues dans leurs temples sont des preuves publiques que ceux qui ont demandé avec foi ont obtenu l'accomplissement de leurs vœux et la guérison de leurs maladies. Les uns y appendent des yeux, les autres des pieds, les autres des mains, d'or et d'argent. Ces monuments publient la vertu de ceux qui sont ensevelis dans ces tombeaux, comme leur vertu publie que le Dieu pour lequel ils ont souffert est le vrai Dieu; aussi les chrétiens ont-ils soin de donner à leurs enfants les noms des martyrs, afin de les mettre en sûreté sous leur protection. »

Enfin Théodoret ajoute que les temples des dieux ont été démolis, et que les matériaux ont servi à la construction des temples des martyrs : « Car le Seigneur, dit-il aux païens, a substitué ses morts à vos dieux; il a fait voir la vanité de ceux-ci, et a transféré aux autres les honneurs qu'on rendait aux premiers. » C'est de quoi se plaint amèrement le fameux sophiste de Sardes, en déplorant la ruine du temple de Sérapis à Canope, qui fut démoli par ordre de l'empereur Théodose Ier, l'an 389.

« Des gens, dit Eunapius, qui n'avaient jamais entendu parler de la guerre, se trouvèrent pourtant fort vaillants contre les pierres de ce temple, et principalement contre les riches offrandes dont il était rempli. On donna ces lieux saints à des moines, gens infâmes et inutiles,

---

1. Matthieu, chap. XXIII, v. 29.
2. Liv. II, *De l'Adoration*, disp. III, chap. 8.
3. Liv. X, *contre Julien*. — 4. Question 51 sur l'*Exode*.

qui, pourvu qu'ils eussent un habit noir et malpropre, prenaient une
autorité tyrannique sur l'esprit des peuples; et à la place des dieux
que l'on voyait par les lumières de la raison, ces moines donnaient à
adorer des têtes de brigands punis pour leurs crimes, qu'on avait sa-
lées pour les conserver. »

Le peuple est superstitieux, et c'est par la superstition qu'on l'en-
chaîne. Les miracles forgés au sujet des reliques devinrent un aimant
qui attirait de toutes parts des richesses dans les églises. La fourberie
et la crédulité avaient été portées si loin, que, dès l'an 386, le même
Théodose fut obligé de faire une loi par laquelle il défendait de transporter d'un lieu dans un autre les corps ensevelis, de séparer les reliques de chaque martyr, et d'en trafiquer.

Pendant les trois premiers siècles du christianisme, on s'était contenté de célébrer le jour de la mort des martyrs, qu'on appelait leur
jour natal, en s'assemblant dans les cimetières où reposaient leurs
corps, pour prier pour eux, comme nous l'avons remarqué à l'article
Messe. On ne pensait point alors qu'avec le temps les chrétiens dussent leur élever des temples, transporter leurs cendres et leurs os d'un
lieu dans un autre, les montrer dans des châsses, et enfin en faire
un trafic qui excitât l'avarice à remplir le monde de reliques supposées.

Mais le troisième concile de Carthage, tenu l'an 397, ayant inséré
dans le canon des Écritures l'Apocalypse de saint Jean, dont l'authenticité jusqu'alors avait été contestée, ce passage du chapitre VI : « Je
vis sous les autels les âmes de ceux qui avaient été tués pour la parole
de Dieu, » autorisa la coutume d'avoir des reliques de martyrs sous
les autels; et cette pratique fut bientôt regardée comme si essentielle,
que saint Ambroise, malgré les instances du peuple, ne voulut pas
consacrer une église où il n'y en avait point; et l'an 692, le concile
de Constantinople, *in Trullo*, ordonna même de démolir tous les autels sous lesquels il ne se trouverait point de reliques. Un autre concile de Carthage, au contraire, avait ordonné l'an 401, aux évêques
de faire abattre les autels qu'on voyait élever partout dans les champs
et sur les grands chemins en l'honneur des martyrs, dont on déterrait
çà et là de prétendues reliques, sur des songes et de vaines révélations
de toutes sortes de gens.

Saint Augustin[1] rapporte que, vers l'an 415, Lucien, prêtre et curé
d'un bourg nommé Caphargamata, distant de quelques milles de Jérusalem, vit en songe jusqu'à trois fois le docteur Gamaliel, qui lui
déclara que son corps, ceux d'Abibas son fils, de saint Étienne et de
Nicodème, étaient enterrés dans un endroit de sa paroisse qu'il
lui indiqua. Il lui commanda, de leur part et de la sienne, de ne les
pas laisser plus longtemps dans le tombeau négligé où ils étaient depuis quelques siècles, et d'aller dire à Jean, évêque de Jérusalem, de
venir les en tirer incessamment, s'il voulait prévenir les malheurs
dont le monde était menacé. Gamaliel ajouta que cette translation de-

1. *Cité de Dieu*, liv. XXII, chap. VIII.

vait se faire sous l'épiscopat de Jean, qui mourut environ un an après. L'ordre du ciel était que le corps de saint Étienne fût transporté à Jérusalem.

Lucien ou entendit mal ou fut malheureux; il fit creuser et ne trouva rien : ce qui obligea le docteur juif d'apparaître à un moine fort simple et fort innocent, et de lui marquer plus précisément l'endroit où reposaient les sacrées reliques. Lucien y trouva le trésor qu'il cherchait, selon la révélation que Dieu lui en avait faite. Il y avait dans ce tombeau une pierre où était gravé le mot de *cheliel*, qui signifie couronne en hébreu, comme *stephanos* en grec. A l'ouverture du cercueil d'Étienne la terre trembla; on sentit une odeur excellente, et un grand nombre de malades furent guéris. Le corps du saint était réduit en cendres, hormis les os que l'on transporta à Jérusalem et que l'on mit dans l'église de Sion. A la même heure il survint une grande pluie, au lieu qu'il y avait eu jusqu'alors une extrême sécheresse.

Avite, prêtre espagnol, qui était alors en Orient, traduisit en latin cette histoire que Lucien avait écrite en grec. Comme l'Espagnol était ami de Lucien, il en obtint une petite portion des cendres du saint, quelques os pleins d'une onction qui était la preuve visible de leur sainteté, surpassant les parfums nouvellement faits et leurs odeurs les plus agréables. Ces reliques, apportées par Orose dans l'île de Minorque, y convertirent en huit jours cinq cent quarante Juifs.

On fut ensuite informé, par diverses visions, que des moines d'Égypte avaient des reliques de saint Étienne, que des inconnus y avaient portées. Comme les moines, n'étant pas prêtres alors, n'avaient point encore d'églises en propre, on alla prendre ce trésor pour le transporter dans une église qui était près d'Usale. Aussitôt quelques personnes virent au-dessus de l'église une étoile qui semblait venir au-devant du saint martyr. Ces reliques ne restèrent pas longtemps dans cette église; l'évêque d'Usale, trouvant à propos d'en enrichir la sienne, alla les prendre et les transporta, assis sur un char, accompagné de beaucoup de peuple, qui chantait les louanges de Dieu, et d'un grand nombre de cierges et de luminaires.

Ainsi les reliques furent transportées dans un lieu élevé de l'église, et placées sur un trône orné de tentures. On les mit ensuite sur un carreau ou sur un petit lit dans un lieu fermé à clef, auquel on avait laissé une petite fenêtre, afin que l'on pût y faire toucher des linges qui servaient à guérir divers maux. Un peu de poussière ramassée sur la châsse guérit tout d'un coup un paralytique. Des fleurs qu'on avait présentées au saint, appliquées sur les yeux d'un aveugle, lui rendirent la vue. Il y eut même sept ou huit morts de ressuscités.

Saint Augustin[1], qui tâche de justifier ce culte en le distinguant de celui de l'adoration qui n'est dû qu'à Dieu seul, est obligé de convenir[2] qu'il connaît lui-même plusieurs chrétiens qui adorent les sépulcres et les images. « J'en connais plusieurs, ajoute ce saint, qui

---

1. *Contre Fauste*, liv. XX, chap. IV. — 2. *Des mœurs de l'Église*, chap. XXXIX.

boivent avec les plus grands excès sur les tombeaux, et qui, donnant des festins aux cadavres, s'ensevelissent eux-mêmes sur ceux qui sont ensevelis. »

En effet, sortant tout fraîchement du paganisme, et ravis de trouver dans l'Église chrétienne, quoique sous d'autres noms, des hommes déifiés, les peuples les honoraient tout comme ils avaient honoré leurs faux dieux; et ce serait vouloir se tromper grossièrement, que de juger des idées et des pratiques de la populace par celles des évêques éclairés et des philosophes. On sait que les sages, parmi les païens, faisaient les mêmes distinctions que nos saints évêques. « Il faut, disait Hiéroclès[1], reconnaître et servir les dieux, de sorte que l'on ait grand soin de les bien distinguer du Dieu suprême, qui est leur auteur et leur père. Il ne faut pas non plus trop exalter leur dignité; et enfin le culte qu'on leur rend doit se rapporter à leur unique créateur, que vous pouvez nommer proprement le Dieu des dieux, parce qu'il est le maître de tous et le plus excellent de tous. » Porphyre[2], qui, comme saint Paul[3], qualifie le Dieu suprême, de Dieu qui est au-dessus de toutes choses, ajoute qu'on ne doit lui sacrifier rien de sensible, rien de matériel, parce qu'étant un esprit pur, tout ce qui est matériel est impur pour lui. Il ne peut être dignement honoré que par la pensée et les sentiments d'une âme qui n'est souillée d'aucune passion vicieuse.

En un mot, saint Augustin[4], en déclarant avec naïveté qu'il n'ose parler librement sur plusieurs semblables abus, pour ne pas donner occasion de scandale à des personnes pieuses ou à des brouillons, fait assez voir que les évêques usaient avec les païens, pour les convertir, de la même connivence que saint Grégoire recommandait deux siècles après pour convertir l'Angleterre. Ce pape, consulté par le moine Augustin sur quelques restes de cérémonies, moitié civiles, moitié païennes, auxquelles les Anglais, nouveaux convertis, ne voulaient pas renoncer, lui répondit : « On n'ôte point à des esprits durs toutes leurs habitudes à la fois; on n'arrive point sur un rocher escarpé en y sautant, mais en s'y traînant pas à pas. »

La réponse du même pape à Constantine, fille de l'empereur Tibère Constantin, et épouse de Maurice, qui lui demandait la tête de saint Paul, pour mettre dans un temple qu'elle avait bâti en l'honneur de cet apôtre, n'est pas moins remarquable. Saint Grégoire[5] mande à cette princesse que les corps des saints brillent de tant de miracles, qu'on n'ose même approcher de leurs tombeaux pour y prier, sans être saisi de frayeur. Que son prédécesseur (Pélage II) ayant voulu ôter de l'argent qui était sur le tombeau de saint Pierre, pour le mettre à la distance de quatre pieds, il lui apparut des signes épouvantables. Que lui Grégoire voulant faire quelques réparations au monument de saint Paul, comme il fallait creuser un peu avant, et celui qui avait la garde du lieu ayant eu la hardiesse de lever des os, qui ne touchaient pas

1. *Sur les vers de Pythagore*, p. 10.
2. *De l'abstinence*, liv. II, article XXXIV.
3. *Epître aux Romains*, chap. IX, v. 5. — 4. *Cité de Dieu*, liv. XXII, chap. VIII.
5. Lettre XXX, indict. XII, liv. III.

au tombeau de l'apôtre, pour les transporter ailleurs, il lui apparut
aussi des signes terribles, et il mourut sur-le-champ. Que son prédécesseur ayant voulu aussi faire des réparations au tombeau de saint
Laurent, on découvrit imprudemment le cercueil où était le corps du
martyr; et quoique ceux qui y travaillaient fussent des moines et des
officiers du temple, ils moururent tous dans l'espace de dix jours,
parce qu'ils avaient vu le corps du saint. Que lorsque les Romains
donnent des reliques, ils ne touchent jamais aux corps sacrés, mais se
contentent de mettre dans une boîte quelques linges et de les en approcher. Que ces linges ont la même vertu que les reliques, et font
autant de miracles. Que certains Grecs doutant de ce fait, le pape
Léon se fit apporter des ciseaux, et ayant coupé en leur présence de
ces linges qu'on avait approchés des corps saints, il en sortit du sang.
Qu'à Rome, dans l'Occident, c'est un sacrilége de toucher aux corps
des saints; et que si quelqu'un l'entreprend, il peut s'assurer que son
crime ne sera pas impuni. Que c'est pour cela qu'il ne peut se persuader que les Grecs aient la coutume de transporter les reliques. Que
des Grecs ayant osé déterrer la nuit des corps proche de l'église de
Saint-Paul, dans le dessein de les transporter en leur pays, ils furent
aussitôt découverts; et que c'est ce qui le persuade que les reliques
qui se transportent de la sorte sont fausses. Que des Orientaux prétendant que les corps de saint Pierre et de saint Paul leur appartenaient,
vinrent à Rome pour les emporter dans leur patrie; mais qu'arrivés
aux catacombes où ces corps reposaient, lorsqu'ils voulurent les
prendre, des éclairs soudains, des tonnerres effroyables, dispersèrent
leur multitude épouvantée, et les forcèrent de renoncer à leur entreprise. Que ceux qui ont suggéré à Constantine de lui demander la tête
de saint Paul n'ont eu dessein que de lui faire perdre ses bonnes
grâces.

Saint Grégoire finit par ces mots : « J'ai cette confiance en Dieu, que
vous ne serez pas privée du fruit de votre bonne volonté, ni de la
vertu des saints apôtres, que vous aimez de tout votre cœur et de tout
votre esprit; et que si vous n'avez pas leur présence corporelle, vous
jouirez toujours de leur protection. »

Cependant l'histoire ecclésiastique fait foi que les translations de reliques étaient également fréquentes en Occident et en Orient; bien
plus, l'auteur des notes sur cette lettre observe que le même saint
Grégoire, dans la suite, donna divers corps saints, et que d'autres
papes en ont donné jusqu'à six ou sept à un seul particulier.

Après cela faut-il s'étonner de la faveur qu'eurent les reliques dans
l'esprit des peuples et des rois? Les serments les plus ordinaires des
anciens Français se faisaient sur les reliques des saints. Ce fut ainsi que
les rois Gontran, Sigebert et Chilpéric partagèrent les États de Clotaire, et convinrent de jouir de Paris en commun. Ils en firent le serment sur les reliques de saint Polyeucte, de saint Hilaire, et de saint
Martin. Cependant Chilpéric se jeta dans la place, et prit seulement
la précaution d'avoir la châsse de quantité de reliques qu'il fit porter
comme une sauvegarde à la tête de ses troupes, dans l'espérance que

la protection de ces nouveaux patrons le mettrait à l'abri des peines dues à son parjure. Enfin le catéchisme du concile de Trente approuve la coutume de jurer par les reliques.

On observe encore que les rois de France de la première et de la seconde race gardaient dans leur palais un grand nombre de reliques, surtout la chape et le manteau de saint Martin, et qu'ils les faisaient porter à leur suite et jusque dans les armées. On envoyait les reliques du palais dans les provinces, lorsqu'il s'agissait de prêter serment de fidélité au roi, ou de conclure quelque traité.

RÉSURRECTION. — *Section I.* — On conte que les Égyptiens n'avaient bâti leurs pyramides que pour en faire des tombeaux, et que leurs corps embaumés par dedans et par dehors attendaient que leurs âmes vinssent les ranimer au bout de mille ans. Mais si leurs corps devaient ressusciter, pourquoi la première opération des parfumeurs était-elle de leur percer le crâne avec un crochet, et d'en tirer la cervelle ? L'idée de ressusciter sans cervelle fait soupçonner (si on peut user de ce mot) que les Égyptiens n'en avaient guère de leur vivant; mais il faut considérer que la plupart des anciens croyaient que l'âme est dans la poitrine. Et pourquoi l'âme est-elle dans la poitrine plutôt qu'ailleurs ? C'est qu'en effet, dans tous nos sentiments un peu violents, on éprouve vers la région du cœur une dilatation ou un resserrement, qui a fait penser que c'était là le logement de l'âme. Cette âme était quelque chose d'aérien; c'était une figure légère qui se promenait où elle pouvait, jusqu'à ce qu'elle eût retrouvé son corps.

La croyance de la résurrection est beaucoup plus ancienne que les temps historiques. Athalide, fils de Mercure, pouvait mourir et ressusciter à son gré; Esculape rendit la vie à Hippolyte; Hercule, à Alceste. Pélops, ayant été haché en morceaux par son père, fut ressuscité par les dieux. Platon raconte qu'Hérès ressuscita pour quinze jours seulement.

Les pharisiens, chez les Juifs, n'adoptèrent le dogme de la résurrection que très-longtemps après Platon.

Il y a dans les *Actes des apôtres* un fait bien singulier, et bien digne d'attention. Saint Jacques et plusieurs de ses compagnons conseillent à saint Paul d'aller dans le temple de Jérusalem observer toutes les cérémonies de l'ancienne loi, tout chrétien qu'il était, « afin que tous sachent, disent-ils, que tout ce qu'on dit de vous est faux, et que vous continuez de garder la loi de Moïse. » C'est dire bien clairement : « Allez mentir, allez vous parjurer, allez renier publiquement la religion que vous enseignez. »

Saint Paul alla donc pendant sept jours dans le temple, mais le septième il fut reconnu. On l'accusa d'y être venu avec des étrangers, et de l'avoir profané. Voici comment il se tira d'affaire :

« Or Paul sachant qu'une partie de ceux qui étaient là étaient saducéens, et l'autre pharisiens, il s'écria dans l'assemblée : « Mes frères, « je suis pharisien et fils de pharisien; c'est à cause de l'espérance « d'une autre vie et de la résurrection des morts que l'on veut me con-

« damner[1]. » Il n'avait point du tout été question de la résurrection des morts dans toute cette affaire ; Paul ne le disait que pour animer les pharisiens et les saducéens les uns contre les autres.

V. 7. « Paul ayant parlé de la sorte, il s'émut une dissension entre les pharisiens et les saducéens ; et l'assemblée fut divisée. »

V. 8. « Car les saducéens disent qu'il n'y a ni résurrection, ni ange, ni esprit, au lieu que les pharisiens reconnaissent et l'un et l'autre, etc. »

On a prétendu que Job, qui est très-ancien, connaissait le dogme de la résurrection. On cite ces paroles : « Je sais que mon rédempteur est vivant, et qu'un jour sa rédemption s'élèvera sur moi, ou que je me relèverai de la poussière, que ma peau reviendra, que je verrai encore Dieu dans ma chair[2]. »

Mais plusieurs commentateurs entendent par ces paroles, que Job espère qu'il relèvera bientôt de maladie, et qu'il ne demeurera pas toujours couché sur la terre comme il l'était. La suite prouve assez que cette explication est la véritable ; car il s'écrie le moment d'après à ses faux et durs amis : « Pourquoi donc dites-vous : *Persécutons-le ?* » ou bien, « parce que vous direz, parce que nous l'avons persécuté. » Cela ne veut-il pas dire : « Vous vous repentirez de m'avoir offensé, quand vous me reverrez dans mon premier état de santé et d'opulence ? » Un malade qui dit : « Je me lèverai, » ne dit pas : « Je ressusciterai. » Donner des sens forcés à des passages clairs, c'est le sûr moyen de ne jamais s'entendre, ou plutôt d'être regardés comme des gens de mauvaise foi par les honnêtes gens.

Saint Jérôme ne place la naissance de la secte des pharisiens que très-peu de temps avant Jésus-Christ. Le rabbin Hillel passe pour le fondateur de la secte pharisienne ; et cet Hillel était contemporain de Gamaliel, le maître de saint Paul.

Plusieurs de ces pharisiens croyaient que les Juifs seuls ressusciteraient, et que le reste des hommes n'en valait pas la peine. D'autres ont soutenu qu'on ne ressusciterait que dans la Palestine, et que les corps de ceux qui auront été enterrés ailleurs seront secrètement transportés auprès de Jérusalem pour s'y rejoindre à leur âme. Mais saint Paul, écrivant aux habitants de Thessalonique, leur a dit « que le second avénement de Jésus-Christ est pour eux et pour lui, qu'ils en seront témoins. »

V. 16. « Car aussitôt que le signal aura été donné par l'archange et par le son de la trompette de Dieu, le Seigneur lui-même descendra du ciel, et ceux qui seront morts en Jésus-Christ ressusciteront les premiers. »

V. 17. « Puis nous autres qui sommes vivants, et qui serons demeurés jusqu'alors, nous serons emportés avec eux dans les nuées, pour aller au-devant du Seigneur au milieu de l'air, et ainsi nous vivrons pour jamais avec le Seigneur[5]. »

---

1. *Actes des apôtres*, chap. XXIII, v. 6. — 2. Job, XIX, 25. 3. Ire *Épître aux Thess.*, chap. IV.

Ce passage important ne prouve-t-il pas évidemment que les premiers chrétiens comptaient voir la fin du monde, comme en effet elle est prédite dans saint Luc, pour le temps même que saint Luc vivait? S'ils ne virent point cette fin du monde, si personne ne ressuscita pour lors, ce qui est différé n'est pas perdu.

Saint August'n croit que les enfants, et même les enfants mort-nés, ressusciteront dans l'âge de la maturité. Les Origène, les Jérôme, les Athanase, les Basile, n'ont pas cru que les femmes dussent ressusciter avec leur sexe.

Enfin, on a toujours disputé sur ce que nous avons été, sur ce que nous sommes, et sur ce que nous serons.

Section II. — Le P. Malebranche prouve la résurrection par les chenilles qui deviennent papillons. Cette preuve, comme on voit, est aussi légère que les ailes des insectes dont il l'emprunte. Des penseurs qui calculent font des objections arithmétiques contre cette vé ité si bien prouvée. Ils disent que les hommes et les autres animaux sont réellement nourris et reçoivent leur croissance de la substance de leurs prédécesseurs. Le corps d'un homme réduit en poussière, répandu dans l'air et retombant sur la surface de la terre, devient légume ou froment. Ainsi Caïn mangea une partie d'Adam; Énoch se nourrit de Caïn; Irad, d'Énoch; Maviael, d'Irad; Mathusalem, de Maviael; et il se trouve qu'il n'y a aucun de nous qui n'ait avalé une petite portion de notre premier père. C'est pourquoi on a dit que nous étions tous anthropophages. Rien n'est plus sensible après une bataille; non-seulement nous tuons nos frères, mais au bout de deux ou trois ans, nous les avons tous mangés quand on a fait les moissons sur le champ de bataille; nous serons aussi mangés sans difficulté à notre tour. Or, quand il faudra ressusciter, comment rendrons-nous à chacun le corps qui lui appartenait sans perdre du nôtre?

Voilà ce que disent ceux qui se défient de la résurrection; mais les ressusciteurs leur ont répondu très-pertinemment.

Un rabbin nommé Samaï démontre la résurrection par ce passage de l'*Exode : «* J'ai apparu à Abraham, à Isaac et à Jacob; et je leur ai promis avec serment de leur donner la terre de Canaan. » Or Dieu, malgré son serment, dit ce grand rabbin, ne leur donna point cette terre; donc ils ressusciteront pour en jouir, afin que le serment soit accompli.

Le profond philosophe dom Calmet trouve dans les vampires une preuve bien plus concluante. Il a vu de ces vampires qui sortaient des cimetières pour aller sucer le sang des gens endormis; il est clair qu'ils ne pouvaient sucer le sang des vivants, s'ils étaient encore morts; donc ils étaient ressuscités : cela est péremptoire.

Une chose encore certaine, c'est que tous les morts, au jour du jugement, marcheront sous la terre comme des taupes, à ce que dit le Talmud, pour aller comparaître dans la vallée de Josaphat, qui est entre la ville de Jérusalem et le mont des Oliviers. On sera fort pressé dans cette vallée; mais il n'y a qu'à réduire les corps proportionnellement, comme les diables de Milton dans la salle du Pandémonium.

Cette résurrection se fera au son de la trompette, à ce que dit saint Paul. Il faudra nécessairement qu'il y ait plusieurs trompettes, car le tonnerre lui-même ne s'entend guère plus de trois ou quatre lieues à la ronde. On demande combien il y aura de trompettes : les théologiens n'ont pas encore fait ce calcul; mais ils le feront.

Les Juifs disent que la reine Cléopatre, qui sans doute croyait la résurrection comme toutes les dames de ce temps-là, demanda à un pharisien si on ressusciterait tout nu. Le docteur lui répondit qu'on serait très-bien habillé, par la raison que le blé qu'on sème, étant mort en terre, ressuscite en épi avec une robe et des barbes. Ce rabbin était un théologien excellent; il raisonnait comme dom Calmet.

Section III. — De la résurrection des anciens. — On a prétendu que le dogme de la résurrection était fort en vogue chez les Égyptiens, et que ce fut l'origine de leurs embaumements et de leurs pyramides; et moi-même je l'ai cru autrefois. Les uns disaient qu'on ressusciterait au bout de mille ans, d'autres voulaient que ce fût après trois mille. Cette différence dans leurs opinions théologiques semble prouver qu'ils n'étaient pas bien sûrs de leur fait. D'ailleurs nous ne voyons aucun homme ressuscité dans l'histoire d'Égypte, mais nous en avons quelques-uns chez les Grecs. C'est donc aux Grecs qu'il faut s'informer de cette invention de ressusciter.

Mais les Grecs brûlaient souvent les corps, et les Égyptiens les embaumaient, afin que quand l'âme, qui était une petite figure aérienne, reviendrait dans son ancienne demeure, elle la trouvât toute prête. Cela eût été bon si elle eût retrouvé ses organes; mais l'embaumeur commençait par ôter la cervelle et vider les entrailles. Comment les hommes auraient-ils pu ressusciter sans intestins et sans la partie médullaire par où l'on pense? où reprendre son sang, sa lymphe, et ses autres humeurs?

Vous me direz qu'il était encore plus difficile de ressusciter chez les Grecs, quand il ne restait de vous qu'une livre de cendres tout au plus, et encore mêlée avec la cendre du bois, des aromates, et des étoffes.

Votre objection est forte, et je tiens comme vous la résurrection pour une chose fort extraordinaire; mais cela n'empêche pas qu'Athalide, fils de Mercure, ne mourût et ne ressuscitât plusieurs fois. Les dieux ressuscitèrent Pélops, quoiqu'il eût été mis en ragoût, et que Cérès en eût déjà mangé une épaule. Vous savez qu'Esculape avait rendu la vie à Hippolyte; c'était un fait avéré dont les plus incrédules ne doutaient pas : le nom de *Virbius* donné à Hippolyte était une preuve convaincante. Hercule avait ressuscité Alceste et Pirithoüs. Hérès, chez Platon, ne ressuscita à la vérité que pour quinze jours; mais c'était toujours une résurrection, et le temps ne fait rien à l'affaire.

Plusieurs graves scoliastes voient évidemment le purgatoire et la résurrection dans Virgile. Pour le purgatoire, je suis obligé d'avouer qu'il y est expressément au sixième livre. Cela pourra déplaire aux protestants, mais je ne sais qu'y faire.

> *Non tamen omne malum miseris, nec funditus omnes*
> *Corporeæ excedunt pestes,* etc.
>
> (*Æn.*, VI, 736-37.)

> Les cœurs les plus parfaits, les âmes les plus pures,
> Sont aux regards des dieux tout chargés de souillures;
> Il faut en arracher jusqu'au seul souvenir.
> Nul ne fut innocent : il faut tous nous punir.
> Chaque âme a son démon, chaque vice a sa peine;
> Et dix siècles entiers nous suffisent à peine
> Pour nous former un cœur qui soit digne des dieux, etc.

Voilà mille ans de purgatoire bien nettement exprimés, sans même que vos parents pussent obtenir des prêtres de ce temps-là une indulgence qui abrégeât votre souffrance pour de l'argent comptant. Les anciens étaient beaucoup plus sévères et moins simoniaques que nous, eux qui d'ailleurs imputaient à leurs dieux tant de sottises. Que voulez-vous? toute leur théologie était pétrie de contradictions, comme les malins disent qu'est la nôtre.

Le purgatoire achevé, ces âmes allaient boire de l'eau du Léthé, et demandaient instamment à rentrer dans de nouveaux corps, et à revoir la lumière du jour. Mais est-ce là une résurrection? Point du tout, c'est prendre un corps entièrement nouveau, ce n'est point reprendre le sien; c'est une métempsycose qui n'a nul rapport à la manière dont nous autres ressuscitons.

Les âmes des anciens faisaient un très-mauvais marché, je l'avoue, en revenant au monde; car qu'est-ce que revenir sur la terre pendant soixante et dix ans tout au plus, et souffrir encore tout ce que vous savez qu'on souffre dans soixante et dix ans de vie, pour aller ensuite passer mille ans encore à recevoir la discipline? Il n'y a point d'âme, à mon gré, qui ne se lassât de cette éternelle vicissitude d'une vie si courte et d'une si longue pénitence.

Section IV.—*De la résurrection des modernes.*—Notre résurrection est toute différente. Chaque homme reprendra précisément le même corps qu'il avait eu; et tous ces corps seront brûlés dans toute l'éternité, excepté un sur cent mille tout au plus. C'est bien pis qu'un purgatoire de dix siècles pour revivre ici-bas quelques années.

Quand viendra le grand jour de cette résurrection générale? on ne le sait pas positivement; et les doctes sont fort partagés. Ils ne savent pas non plus comment chacun retrouvera ses membres. Ils font sur cela beaucoup de difficultés.

1° Notre corps, disent-ils, est pendant la vie dans un changement continuel; nous n'avons rien à cinquante ans du corps où était logée notre âme à vingt.

2° Un soldat breton va en Canada : il se trouve que par un hasard assez commun il manque de nourriture : il est forcé de manger d'un Iroquois qu'il a tué la veille. Cet Iroquois s'était nourri de jésuites pendant deux ou trois mois; une grande partie de son corps était devenue jésuite. Voilà le corps de ce soldat composé d'Iroquois, de jésuite, et de tout ce qu'il a mangé auparavant. Comment chacun reprendra-t-il précisément ce qui lui appartient? et que lui appartient-il en propre?

3° Un enfant meurt dans le ventre de sa mère, juste au moment qu'il vient de recevoir une âme; ressuscitera-t-il fœtus, ou garçon, ou homme fait? Si fœtus, à quoi bon? si garçon ou homme, d'où lui viendra sa substance?

4° L'âme arrive dans un autre fœtus avant qu'il soit décidé garçon ou fille; ressuscitera-t-il fille, garçon, ou fœtus?

5° Pour ressusciter, pour être la même personne que vous étiez, il faut que vous ayez la mémoire bien fraîche et bien présente; c'est la mémoire qui fait votre identité. Si vous avez perdu la mémoire, comment serez-vous le même homme?

6° Il n'y a qu'un certain nombre de particules terrestres qui puissent constituer un animal. Sable, pierre, minéral, métal, n'y servent de rien. Toute terre n'y est pas propre; il n'y a que les terrains favorables à la végétation qui le soient au genre animal. Quand, au bout de plusieurs siècles, il faudra que le monde ressuscite, où trouver la terre propre à former tous ces corps?

7° Je suppose une île dont la partie végétale puisse fournir à la fois à mille hommes, et à cinq ou six mille animaux pour la nourriture et le service de ces mille hommes; au bout de cent mille générations, nous aurons un milliard d'hommes à ressusciter. La matière manque évidemment.

Materies opus est ut crescant postera sæcla.
(Lucrèce, III, 980.)

8° Enfin, quand on a prouvé ou cru prouver qu'il faut un miracle aussi grand que le déluge universel ou les dix plaies d'Egypte pour opérer la résurrection du genre humain dans la vallée de Josaphat, on demande ce que sont devenues toutes les âmes de ces corps en attendant le moment de rentrer dans leur étui.

On pourrait faire cinquante questions un peu épineuses, mais les docteurs répondent aisément à tout cela.

RIME. — La rime n'aurait-elle pas été inventée pour aider la mémoire, et pour régler en même temps le chant et la danse? le retour des mêmes sons servait à faire souvenir promptement des mots intermédiaires entre les deux rimes. Ces rimes avertissaient à la fois le chanteur et le danseur; elles indiquaient la mesure. Ainsi les vers furent dans tous les pays le langage des dieux.

On peut donc mettre au rang des opinions probables, c'est-à-dire incertaines, que la rime fut d'abord une cérémonie religieuse; car après tout, il se pourrait qu'on eût fait des vers et des chansons pour sa maîtresse ayant d'en faire pour ses dieux; et les amants emportés vous diront que cela revient au même.

Un rabbin qui me montrait l'hébreu, lequel je n'ai jamais pu apprendre, me citait un jour plusieurs psaumes rimés que nous avions, disait-il, traduits pitoyablement. Je me souviens de deux vers que voici :

> *Hibbitu clare vena haru*
> *Uph nehem al jech pharu* [1].

> Si on le regarde on est illuminé,
> Et leurs faces ne sont point confuses.

Il n'y a guère de rime plus riche que celle de ces deux vers; cela posé, je raisonne ainsi :

Les Juifs, qui parlaient un jargon moitié phénicien, moitié syriaque, rimaient; donc les grandes nations dans lesquelles ils étaient enclavés devaient rimer aussi. Il est à croire que les Juifs, qui, comme nous l'avons dit si souvent, prirent tout de leurs voisins, en prirent aussi la rime.

Tous les Orientaux riment : ils sont fidèles à leurs usages; ils s'habillent comme ils s'habillaient il y a cinq ou six mille ans; donc il est à croire qu'ils riment depuis ce temps-là.

Quelques doctes prétendent que les Grecs commencèrent par rimer, soit pour leurs dieux, soit pour leurs héros, soit pour leurs amies; mais qu'ensuite ayant mieux senti l'harmonie de leur langue, ayant mieux connu la prosodie, ayant raffiné sur la mélodie, ils firent ces beaux vers non rimés, que les Latins imitèrent et surpassèrent bien souvent.

Pour nous autres descendants des Goths, des Vandales, des Huns, des Welches, des Francs, des Bourguignons; nous barbares, qui ne pouvons avoir la mélodie grecque et latine, nous sommes obligés de rimer. Les vers blancs chez tous les peuples modernes ne sont que de la prose sans aucune mesure; elle n'est distinguée de la prose ordinaire que par un certain nombre de syllabes égales et monotones, qu'on est convenu d'appeler *vers*.

Nous avons dit ailleurs que ceux qui avaient écrit en vers blancs ne l'avaient fait que parce qu'ils ne savaient pas rimer; les vers blancs sont nés de l'impuissance de vaincre la difficulté, et de l'envie d'avoir plus tôt fait.

Nous avons remarqué que l'Arioste a fait quarante-huit mille rimes de suite dans son *Orlando*, sans ennuyer personne. Nous avons observé combien la poésie française en vers rimés entraîne d'obstacles après elle, et que le plaisir naissait de ces obstacles mêmes. Nous avons toujours été persuadés qu'il fallait rimer pour les oreilles, non pour les yeux; et nous avons exposé nos opinions sans suffisance, attendu notre insuffisance.

Mais toute notre modération nous abandonne aux funestes nouvelles

1. Psaume XXXIII, 6.

qu'on nous mande de Paris au mont Krapack. Nous apprenons qu'il s'élève une petite secte de barbares qui veut qu'on ne fasse désormais de tragédies qu'en prose. Ce dernier coup manquait à nos douleurs : c'est l'abomination de la désolation dans le temple des Muses. Nous concevons bien que Corneille ayant mis l'*Imitation de Jésus-Christ* en vers, quelque mauvais plaisant aurait pu menacer le public de faire jouer une tragédie en prose par Floridor et Mondori ; mais ce projet ayant été exécuté sérieusement par l'abbé d'Aubignac, on sait quel succès il eut. On sait dans quel discrédit tomba la prose de l'*OEdipe* de La Motte-Houdart ; il fut presque aussi grand que celui de son *OEdipe* en vers. Quel malheureux Visigoth peut oser, après *Cinna* et *Andromaque*, bannir les vers du théâtre ? C'est donc à cet excès d'opprobre que nous sommes parvenus après le grand siècle ! Ah ! barbares, allez donc voir jouer cette tragédie en redingote à Faxhall, après quoi venez y manger du rosbif de mouton et boire de la bière forte.

Qu'auraient dit Racine et Boileau si on leur avait annoncé cette terrible nouvelle ? *Bone Deus !* de quelle hauteur sommes-nous tombés et dans quel bourbier sommes-nous !

Il est vrai que la rime ajoute un mortel ennui aux vers médiocres.

Le poëte alors est un mauvais mécanicien, qui fait entendre le bruit choquant de ses poulies et de ses cordes : ses lecteurs éprouvent la même fatigue qu'il a ressentie en rimant ; ses vers ne sont qu'un vain tintement de syllabes fastidieuses. Mais s'il pense heureusement, et s'il rime de même, il éprouve et il donne un grand plaisir, qui n'est goûté que par les âmes sensibles et par les oreilles harmonieuses.

RIRE. — Que le rire soit le signe de la joie comme les pleurs sont le symptôme de la douleur, quiconque a ri n'en doute pas. Ceux qui cherchent des causes métaphysiques au rire ne sont pas gais : ceux qui savent pourquoi cette espèce de joie qui excite le ris retire vers les oreilles le muscle zygomatique, l'un des treize muscles de la bouche, sont bien savants. Les animaux ont ce muscle comme nous ; mais ils ne rient point de joie, comme ils ne répandent point de pleurs de tristesse. Le cerf peut laisser couler une humeur de ses yeux quand il est aux abois, le chien aussi quand on le dissèque vivant ; mais ils ne pleurent point leurs maîtresses, leurs amis, comme nous ; ils n'éclatent point de rire comme nous à la vue d'un objet comique : l'homme est le seul animal qui pleure et qui rie.

Comme nous ne pleurons que de ce qui nous afflige, nous ne rions que de ce qui nous égaye : les raisonneurs ont prétendu que le rire naît de l'orgueil, qu'on se croit supérieur à celui dont on rit. Il est vrai que l'homme, qui est un animal risible, est aussi un animal orgueilleux ; mais la fierté ne fait pas rire ; un enfant qui rit de tout son cœur ne s'abandonne point à ce plaisir parce qu'il se met au-dessus de ceux qui le font rire ; s'il rit quand on le chatouille, ce n'est pas assurément parce qu'il est sujet au péché mortel de l'orgueil. J'avais onze ans quand je lus tout seul, pour la première fois, l'*Amphitryon* de Molière : je ris au point de tomber à la renverse ; était-ce par fierté ?

On n'est point fier quand on est seul. Était-ce par fierté que le maître de l'âne d'or se mit tant à rire quand il vit son âne manger son souper ? Quiconque rit éprouve une joie gaie dans ce moment-là, sans avoir un autre sentiment.

Toute joie ne fait pas rire, les grands plaisirs sont très-sérieux : les plaisirs de l'amour, de l'ambition, de l'avarice, n'ont jamais fait rire personne.

Le rire va quelquefois jusqu'aux convulsions : on dit même que quelques personnes sont mortes de rire ; j'ai peine à le croire, et sûrement il en est davantage qui sont mortes de chagrin.

Les vapeurs violentes qui excitent tantôt les larmes, tantôt les symptômes du rire, tirent à la vérité les muscles de la bouche ; mais ce n'est point un ris véritable, c'est une convulsion, c'est un tourment. Les larmes peuvent alors être vraies, parce qu'on souffre ; mais le rire ne l'est pas ; il faut lui donner un autre nom, aussi l'appelle-t-on rire *sardonien*.

Le ris malin, le *perfidum ridens*, est autre chose ; c'est la joie de l'humiliation d'autrui : on poursuit par des éclats moqueurs, par le *cachinnum* (terme qui nous manque), celui qui nous a promis des merveilles et qui ne fait que des sottises : c'est huer plutôt que rire. Notre orgueil alors se moque de l'orgueil de celui qui s'en fait accroire. On hue notre ami Fréron dans l'*Écossaise* plus encore qu'on n'en rit : j'aime toujours à parler de l'ami Fréron ; cela me fait rire.

ROI. — « Roi, basileus, tyrannos, rex, dux, imperator, melch, baal, bel, pharao, éli, shadai, adoni, shak, sophi, padisha, bogdan, chazan, kan, krall, king, kong, kœnig, » etc., etc., toutes expressions qui semblent signifier la même chose, et qui expriment des idées toutes différentes.

Dans la Grèce, ni *basileus*, ni *tyrannos*, ne donna jamais l'idée du pouvoir absolu. Saisit ce pouvoir qui put ; mais ce n'est que malgré soi qu'on le laissa prendre.

Il est clair que chez les Romains les rois ne furent point despotiques. Le dernier Tarquin mérita d'être chassé, et le fut. Nous n'avons aucune preuve que les petits chefs de l'Italie aient jamais pu faire à leur gré présent d'un lacet au premier homme de l'État, comme fait aujourd'hui un Turc imbécile dans son sérail, et comme de vils esclaves barbares beaucoup plus imbéciles le souffrent sans murmurer.

Nous ne voyons pas un roi au delà des Alpes et vers le Nord, dans dans les temps où nous commençons à connaître cette vaste partie du monde. Les Cimbres qui marchèrent vers l'Italie, et qui furent exterminés par Marius, étaient des loups affamés qui sortaient de leurs forêts avec leurs louves et leurs louveteaux. Mais de tête couronnée chez ces animaux ; d'ordres intimés de la part d'un secrétaire d'État, d'un grand boutillier, d'un logothète ; d'impôts, de taxes arbitraires, de commis aux portes, d'édits bursaux, on n'en avait pas plus de notion que de vêpres et de l'opéra.

Il faut que l'or et l'argent monnayé et même non monnayé soit une recette infaillible pour mettre celui qui n'en a pas dans la dépendance absolue de celui qui a trouvé le secret d'en amasser. C'est avec cela seul qu'il eut des postillons et des grands officiers de la couronne, des gardes, des cuisiniers, des filles, des femmes, des geôliers, des aumôniers, des pages, et des soldats.

Il eût été fort difficile de se faire obéir ponctuellement si on n'avait eu à donner que des moutons et des pourpoints. Aussi il est très-vraisemblable qu'après toutes les révolutions qu'éprouva notre globe, ce fut l'art de fondre les métaux qui fit les rois, comme ce sont aujourd'hui les canons qui les maintiennent.

César avait bien raison de dire qu'avec de l'or on a des hommes, et qu'avec des hommes on a de l'or. Voilà tout le secret.

Ce secret avait été connu dès longtemps en Asie et en Égypte. Les princes et les prêtres partagèrent autant qu'ils le purent.

Le prince disait au prêtre : « Tiens, voilà de l'or ; mais il faut que tu affermisse mon pouvoir, et que tu prophétises en ma faveur; je serai oint, tu seras oint. Rends des oracles, fais des miracles, tu seras bien payé, pourvu que je sois toujours le maître. » Le prêtre se faisait donner terres et monnaie, et il prophétisait pour lui-même, rendait des oracles pour lui-même, chassait le souverain très-souvent, et se mettait à sa place. Ainsi les choen ou choïm d'Égypte, les mages de Perse, les Chaldéens devers Babylone, les chazin de Syrie (si je me trompe de nom il n'importe guère), tous ces gens-là voulaient dominer. Il y eut des guerres fréquentes entre le trône et l'autel en tout pays, jusque chez la misérable nation juive.

Nous le savons bien depuis douze cents ans, nous autres habitants de la zone tempérée d'Europe. Nos esprits ne tiennent pas trop de cette température; nous savons ce qu'il nous en a coûté. Et l'or et l'argent sont tellement le mobile de tout, que plusieurs de nos rois d'Europe envoient encore aujourd'hui de l'or et de l'argent à Rome, où des prêtres le partagent dès qu'il est arrivé.

Lorsque, dans cet éternel conflit de juridiction, les chefs des nations ont été puissants, chacun d'eux a manifesté sa prééminence à sa mode. C'était un crime, dit-on, de cracher en présence du roi des Mèdes. Il faut frapper la terre de son front neuf fois devant le roi de la Chine. Un roi d'Angleterre imagina de ne jamais boire un verre de bière si on ne le lui présentait à genoux. Un autre se fait baiser son pied droit. Les cérémonies diffèrent; mais tous en tout temps ont voulu avoir l'argent des peuples. Il y a des pays où l'on fait au krall, au chazan, une pension, comme en Pologne, en Suède, dans la Grande-Bretagne. Ailleurs un morceau de papier suffit pour que le bogdan ait tout l'argent qu'il désire.

Et puis, écrivez sur le droit des gens, sur la théorie de l'impôt, sur le tarif, sur le *foderum mansionaticum*, *viaticum*; faites de beaux calculs sur la taille proportionnelle; prouvez par de profonds raisonnements cette maxime si neuve que le berger doit tondre ses moutons, et non pas les écorcher.

Quelles sont les limites de la prérogative des rois et de la liberté des peuples? Je vous conseille d'aller examiner cette question dans l'hôtel de ville d'Amsterdam, à tête reposée.

ROME, COUR DE ROME. — L'évêque de Rome, avant Constantin, n'était aux yeux des magistrats romains, ignorants de notre sainte religion, que le chef d'une faction secrète, souvent toléré par le gouvernement, et quelquefois puni du dernier supplice. Les noms des premiers disciples nés juifs, et de leurs successeurs, qui gouvernèrent le petit troupeau caché dans la grande ville de Rome, furent absolument ignorés de tous les écrivains latins. On sait assez que tout changea, et comment tout changea sous Constantin.

L'évêque de Rome, protégé et enrichi, fut toujours sujet des empereurs, ainsi que l'évêque de Constantinople, de Nicomédie, et tous les autres évêques, sans prétendre à la moindre ombre d'autorité souveraine. La fatalité, qui dirige toutes les affaires de ce monde, établit enfin la puissance de la cour ecclésiastique romaine, par les mains des barbares qui détruisirent l'empire.

L'ancienne religion, sous laquelle les Romains avaient été victorieux pendant tant de siècles, subsistait encore dans les cœurs malgré la persécution, quand Alaric vint assiéger Rome l'an 408 de notre ère vulgaire; et le pape Innocent Ier n'empêcha pas qu'on ne sacrifiât aux dieux dans le Capitole et dans les autres temples, pour obtenir contre les Goths le secours du ciel. Mais ce pape Innocent fut du nombre des députés vers Alaric, si on en croit Zosime et Orose. Cela prouve que le pape était déjà un personnage considérable.

Lorsque Attila vint ravager l'Italie en 452, par le même droit que les Romains avaient exercé sur tant de peuples, par le droit de Clovis, et des Goths, et des Vandales, et des Hérules, l'empereur envoya le pape Léon Ier, assisté de deux personnages consulaires, pour négocier avec Attila. Je ne doute pas que saint Léon ne fût accompagné d'un ange armé d'une épée flamboyante qui fit trembler le roi des Huns, quoiqu'il ne crût pas aux anges et qu'une épée ne lui fît pas peur. Ce miracle est très-bien peint dans le Vatican, et vous sentez bien qu'on ne l'eût jamais peint s'il n'avait été vrai. Tout ce qui me fâche, c'est que cet ange laissa prendre et saccager Aquilée et toute l'Illyrie, et qu'il n'empêcha pas ensuite Genseric de piller Rome pendant quatorze jours : ce n'était pas apparemment l'ange exterminateur.

Sous les exarques, le crédit des papes augmenta; mais ils n'eurent encore nulle ombre de puissance civile. L'évêque romain élu par le peuple demandait, selon le protocole du *Diarium romanum*, la protection de l'évêque de Ravenne auprès de l'exarque, qui accordait ou refusait la confirmation à l'élu.

L'exarchat ayant été détruit par les Lombards, les rois lombards voulurent se rendre maîtres aussi de la ville de Rome; rien n'est plus naturel.

Pepin, l'usurpateur de la France, ne souffrit pas que les Lombards usurpassent cette capitale et fussent trop puissants; rien n'est plus naturel encore.

On prétend que Pepin et son fils Charlemagne donnèrent aux évêques romains plusieurs terres de l'exarchat, que l'on nomma *les Justices* de Saint-Pierre. Telle est la première origine de leur puissance temporelle. Il paraît que dès ce temps-là ces évêques songeaient à se procurer quelque chose de plus considérable que ces justices.

Nous avons une lettre du pape Adrien Ier à Charlemagne, dans laquelle il dit : « La libéralité pieuse de Constantin le Grand, empereur de sainte mémoire, éleva et exalta, du temps du bienheureux pontife romain Silvestre, la sainte Église romaine, et lui conféra sa puissance dans cette partie de l'Italie. »

On voit que dès lors on commençait à vouloir faire croire la donation de Constantin, qui fut depuis regardée pendant cinq cents ans, non pas absolument comme un article de foi, mais comme une vérité incontestable. Ce fut à la fois un crime de lèse-majesté et un péché mortel de former des doutes sur cette donation[1].

Depuis la mort de Charlemagne, l'évêque augmenta son autorité dans Rome de jour en jour; mais il s'écoula des siècles avant qu'il y fût regardé comme souverain. Rome eut très-longtemps un gouvernement patricien municipal.

Ce Jean XII, que l'empereur allemand Othon Ier fit déposer dans une espèce de concile, en 963, comme simoniaque, incestueux, sodomite, athée, et ayant fait pacte avec le diable; ce Jean XII, dis-je, était le premier homme de l'Italie en qualité de patrice et de consul, avant d'être évêque de Rome; et malgré tous ces titres, malgré le crédit de la fameuse Marozie sa mère, il n'y avait qu'une autorité très-contestée.

Ce Grégoire VII qui, de moine étant devenu pape, voulut déposer les rois et donner les empires, loin d'être le maître à Rome, mourut le protégé ou plutôt le prisonnier de ces princes normands conquérants des Deux-Siciles, dont il se croyait le seigneur suzerain.

Dans le grand schisme d'Occident, les papes qui se disputèrent l'empire du monde vécurent souvent d'aumônes.

Un fait assez extraordinaire, c'est que les papes ne furent riches que depuis le temps où ils n'osèrent se montrer à Rome.

Bertrand de Goth, Clément V le Bordelais, qui passa sa vie en France, vendait publiquement les bénéfices, et laissa des trésors immenses, selon Villani.

Jean XXII son successeur fut élu à Lyon. On prétend qu'il était le fils d'un savetier de Cahors. Il inventa plus de manières d'extorquer l'argent de l'Église que jamais les traitants n'ont inventé d'impôts.

Le même Villani assure qu'il laissa à sa mort vingt-cinq millions de florins d'or. Le patrimoine de Saint-Pierre ne lui aurait pas assurément fourni cette somme.

En un mot, jusqu'à Innocent VIII, qui se rendit maître du château Saint-Ange, les papes ne jouirent jamais dans Rome d'une souveraineté véritable.

---

1. Voyez l'article DONATIONS.

Leur autorité spirituelle fut sans doute le fondement de la temporelle; mais s'ils s'étaient bornés à imiter la conduite de saint Pierre, dont on se persuada qu'ils remplissaient la place, ils n'auraient jamais acquis que le royaume des cieux. Ils surent toujours empêcher les empereurs de s'établir à Rome, malgré ce beau nom de *roi des Romains*. La faction guelfe l'emporta toujours en Italie sur la faction gibeline. On aimait mieux obéir à un prêtre italien qu'à un roi allemand.

Dans les guerres civiles que la querelle de l'empire et du sacerdoce suscita pendant plus de cinq cents années, plusieurs seigneurs obtinrent des souverainetés, tantôt en qualité de vicaires de l'empire, tantôt comme vicaires du saint-siège. Tels furent les princes d'Este à Ferrare, les Bentivoglio à Bologne, les Malatesta à Rimini, les Manfredi à Faenza, les Baglione à Pérouse, les Ursins dans Anguillara et dans Serveti, les Colonne dans Ostie, les Riario à Forli, les Montefeltro dans Urbin, les Varano dans Camerino, les Gravina dans Sinigaglia.

Tous ces seigneurs avaient autant de droits aux terres qu'ils possédaient que les papes en avaient au patrimoine de Saint-Pierre; les uns et les autres étaient fondés sur des donations.

On sait comme le pape Alexandre VI se servit de son bâtard César de Borgia pour envahir toutes ces principautés.

Le roi Louis XII obtint de ce pape la cassation de son mariage, après dix-huit années de jouissance, à condition qu'il aiderait l'usurpateur.

Les assassinats commis par Clovis, pour s'emparer des États des petits rois ses voisins, n'approchent pas des horreurs exécutées par Alexandre VI et par son fils.

L'histoire de Néron est bien moins abominable : le prétexte de la religion n'augmentait pas l'atrocité de ses crimes. Observez que dans le même temps les rois d'Espagne et de Portugal demandaient à ce pape, l'un l'Amérique et l'autre l'Asie, et que ce monstre les donna au nom du Dieu qu'il représentait. Observez que cent mille pèlerins couraient à son jubilé, et adoraient sa personne.

Jules II acheva ce qu'Alexandre VI avait commencé. Louis XII, né pour être la dupe de tous ses voisins, aida Jules à prendre Bologne et Pérouse. Ce malheureux roi, pour prix de ses services, fut chassé d'Italie et excommunié par ce même pape, que l'archevêque d'Auch, son ambassadeur à Rome, appelait *Votre Méchanceté*, au lieu de Votre Sainteté.

Pour comble de mortification, Anne de Bretagne sa femme, aussi dévote qu'impérieuse, lui disait qu'il serait damné pour avoir fait la guerre au pape.

Si Léon X et Clément VII perdirent tant d'États qui se détachèrent de la communion papale, ils ne restèrent pas moins absolus sur les provinces fidèles à la foi catholique.

La cour romaine excommunia Henri III, et déclara Henri IV indigne de régner.

Elle tire encore beaucoup d'argent de tous les États catholiques d'Allemagne, de la Hongrie, de la Pologne, de l'Espagne, et de la France. Ses ambassadeurs ont la préséance sur tous les autres; elle n'est plus assez puissante pour faire la guerre, et sa faiblesse fait son bonheur. L'État ecclésiastique est le seul qui ait toujours joui des douceurs de la paix depuis le saccagement de Rome par les troupes de Charles-Quint. Il paraît que les papes avaient été souvent traités comme ces dieux des Japonais, à qui tantôt on présente des offrandes d'or, et que tantôt on jette dans la rivière.

RUSSIE. Voy. PIERRE LE GRAND.

SALIQUE. Voy. LOI SALIQUE.

SALOMON. — Plusieurs rois ont été de grands clercs et ont fait de bons livres. Le roi de Prusse, Frédéric le Grand, est le dernier exemple que nous en ayons. Il sera peu imité; nous ne devons pas présumer qu'on trouve beaucoup de monarques allemands qui fassent des vers français, et qui écrivent l'histoire de leur pays. Jacques Ier en Angleterre, et même Henri VIII, ont écrit. Il faut en Espagne remonter jusqu'au roi Alfonse X; encore est-il douteux qu'il ait mis la main aux Tables Alfonsines.

La France ne peut se vanter d'avoir eu un roi auteur[1]. L'empire d'Al-

---

1. On a prétendu que Charles IX était l'auteur d'un livre sur la chasse. Il est très-vraisemblable que si ce prince eût moins cultivé l'art de tuer les bêtes, et n'eût point pris dans les forêts l'habitude de voir couler le sang, on eût eu plus de peine à lui arracher l'ordre de la Saint-Barthélemy. La chasse est un des moyens les plus sûrs pour émousser dans les hommes le sentiment de la pitié pour leurs semblables; effet d'autant plus funeste, que ceux qui l'éprouvent, placés dans un rang plus élevé, ont plus besoin de ce frein. (*Éd. de Kehl.*) — Voltaire ne croyait pas que les vers attribués à François Ier fussent de ce prince. Il croyait que les bons vers qu'on a sous le nom de Charles IX, sont de son précepteur. Henri IV, dont on a un assez grand nombre de lettres, a fait quelques couplets : on les trouve dans des chansonniers; ils ont été recueillis sous le titre de *Henri IV poète*. La traduction des *Préceptes d'Agapetus*, par Louis XIII, est attribuée à son précepteur. Ce n'est qu'en 1806 qu'on a imprimé des *OEuvres de Louis XIV*, en six volumes in-8°, qui se composent de lettres et de mémoires. Les écrits de Louis XIV n'ont point été inconnus à Voltaire, qui en parle dans le chapitre XXVIII du *Siècle de Louis XIV*. Voltaire, dans son *Éloge de Louis XV* (voy. les *Mélanges*, année 1774), parle de la *Géographie par le cours des fleuves*, composée par ce monarque, ou par G. Delisle, son maître (voy. l'article DELISLE, dans le *Catalogue des écrivains*, qui est en tête du *Siècle de Louis XIV*). C'est donc en connaissance de cause que Voltaire a dit que « la France ne peut se vanter d'avoir eu un roi auteur. » Je ne sais si les écrits de Louis XVI et de Louis XVIII détruisent sa remarque. On dit que Louis XVI est auteur du *Supplément à l'art du serrurier*, 1781, in-folio. On lui attribue une traduction des *Doutes historiques sur la Vie et le règne de Richard III*, par H. Walpole, traduction qui ne fut imprimée que huit ans après sa mort, en 1800, et encore la traduction des deux premiers volumes de l'*Histoire de la décadence de l'empire romain*, par Gibbon; n'étant que dauphin, il avait fait imprimer une *Description de la forêt de Compiègne*, 1766, in-8°; et les *Maximes morales et politiques tirées du Télémaque*, 1766, réimprimées en 1814, in-18. On a attribué à Louis XVIII plusieurs opuscules; voy. la table du *Dictionnaire des anonymes*, de A. A. Barbier, seconde édition; ce prince est certainement auteur de la *Relation d'un voyage à Bruxelles et à Coblentz*, 1823, in-8°, plusieurs fois réimprimée en divers formats. (*Note de M. Beuchot.*)

lemagne n'a aucun livre de la main de ses empereurs; mais l'empire romain se glorifie de César, de Marc-Aurèle, et de Julien. On compte en Asie plusieurs écrivains parmi les rois. Le présent empereur de la Chine, Kien-long, passe surtout pour un grand poëte; mais Salomon, ou Soleyman l'Hébreu, a encore plus de réputation que Kien-long le Chinois.

Le nom de Salomon a toujours été révéré dans l'Orient. Les ouvrages qu'on croit de lui, les annales des Juifs, les fables des Arabes, ont porté sa renommée jusqu'aux Indes. Son règne est la grande époque des Hébreux.

Il était le troisième roi de la Palestine. Le premier livre des *Rois* dit que sa mère Bethsabée obtint de David qu'il fît couronner Salomon son fils, au lieu de son aîné Adonias. Il n'est pas surprenant qu'une femme complice de la mort de son premier mari ait eu assez d'artifice pour faire donner l'héritage au fruit de son adultère, et pour faire déshériter le fils légitime, qui de plus était l'aîné.

C'est une chose très-remarquable que le prophète Nathan, qui était venu reprocher à David son adultère, le meurtre d'Urie, le mariage qui suivit ce meurtre, fût le même qui depuis seconda Bethsabée pour mettre sur le trône Salomon, né de ce mariage sanguinaire et infâme. Cette conduite, à ne raisonner que selon *la chair*, prouverait que ce prophète Nathan avait, selon les temps, deux poids et deux mesures. Le livre même ne dit pas que Nathan reçut une mission particulière de Dieu pour faire déshériter Adonias. S'il en eut une, il faut la respecter; mais nous ne pouvons admettre que ce que nous trouvons écrit.

C'est une grande question en théologie si Salomon est plus renommé par son argent comptant, ou par ses femmes, ou par ses livres. Je suis fâché qu'il ait commencé son règne à la turque, en égorgeant son frère.

Adonias, exclu du trône par Salomon, lui demanda pour toute grâce qu'il lui permît d'épouser Abisag, cette jeune fille qu'on avait donnée à David pour le réchauffer dans sa vieillesse. L'Écriture ne dit point si Salomon disputait à Adonias la concubine de son père, mais elle dit que Salomon, sur la seule demande d'Adonias, le fit assassiner. Apparemment que Dieu, qui lui donna l'esprit de sagesse, lui refusa alors celui de justice et d'humanité, comme il lui refusa depuis le don de la continence.

Il est dit dans le même livre des *Rois* qu'il était maître d'un grand royaume qui s'étendait de l'Euphrate à la mer Rouge et à la Méditerranée; mais malheureusement il est dit en même temps que le roi d'Égypte avait conquis le pays de Gazer dans le Canaan, et qu'il donna pour dot la ville de Gazer à sa fille qu'on prétend que Salomon épousa; il est dit qu'il y avait un roi à Damas; les royaumes de Sidon et de Tyr florissaient : entouré d'États puissants, il manifesta sans doute sa sagesse en demeurant en paix avec eux tous. L'abondance extrême qui enrichit son pays ne pouvait être que le fruit de cette sagesse profonde, puisque du temps de Saül il n'y avait pas un ouvrier en fer dans son pays. Nous l'avons déjà remarqué, ceux qui veulent raisonner trouvent difficile que David, successeur de Saül vaincu par les Philistins, ait pu pendant son administration fonder un vaste empire.

Les richesses qu'il laissa à Salomon sont encore plus merveilleuses; il lui donna comptant cent trois mille talents d'or, et un million treize mille talents d'argent. Le talent d'or hébraïque vaut, selon Arbuthnot, six mille livres sterling; le talent d'argent, environ cinq cents livres sterling. La somme totale du legs en argent comptant, sans les pierreries et les autres effets, et sans le revenu ordinaire proportionné sans doute à ce trésor, montait, suivant ce calcul, à un milliard cent dix-neuf millions cinq cent mille livres sterling, ou à cinq milliards cinq cent quatre-vingt-dix-sept millions d'écus d'Allemagne, ou à vingt-cinq milliards six cent quarante-huit millions de France. Il n'y avait pas alors autant d'espèces circulantes dans le monde entier. Quelques érudits évaluent ce trésor un peu plus bas, mais la somme est toujours bien forte pour la Palestine.

On ne voit pas après cela pourquoi Salomon se tourmentait tant à envoyer ses flottes au pays d'Ophir pour rapporter de l'or. On devine encore moins comment ce puissant monarque n'avait pas dans ses vastes États un seul homme qui sût façonner du bois dans la forêt du Liban. Il fut obligé de prier Hiram, roi de Tyr, de lui prêter des fendeurs de bois et des ouvriers pour le mettre en œuvre. Il faut avouer que ces contradictions exercent le génie des commentateurs.

On servait par jour, pour le dîner et le souper de sa maison, cinquante bœufs et cent moutons, et de la volaille et du gibier à proportion; ce qui peut aller par jour à soixante mille livres pesant de viande : cela fait une bonne maison.

On ajoute qu'il avait quarante mille écuries et autant de remises pour ses chariots de guerre, mais seulement douze mille écuries pour sa cavalerie. Voilà bien des chariots pour un pays de montagnes; et c'était un grand appareil pour un roi dont le prédécesseur n'avait eu qu'une mule à son couronnement, et pour un terrain qui ne nourrit que des ânes.

On n'a pas voulu qu'un prince qui avait tant de chariots se bornât à un petit nombre de femmes; on lui en donne sept cents qui portaient le nom de *reines*; et ce qui est étrange, c'est qu'il n'avait que trois cents concubines, contre la coutume des rois, qui ont d'ordinaire plus de maîtresses que de femmes.

Il entretenait quatre cent douze mille chevaux, sans doute pour aller se promener avec elles le long du lac de Génézareth, ou vers celui de Sodome, ou vers le torrent de Cédron, qui serait un des endroits les plus délicieux de la terre, si ce torrent n'était pas à sec neuf mois de l'année, et si le terrain n'était pas horriblement pierreux.

Quant au temple qu'il fit bâtir, et que les Juifs ont cru le plus bel ouvrage de l'univers, si les Bramante, les Michel-Ange, et les Palladio, avaient vu ce bâtiment, ils ne l'auraient pas admiré. C'était une espèce de petite forteresse carrée qui renfermait une cour, et dans cette cour un édifice de quarante coudées de long, et un autre de vingt; et il est dit seulement que ce second édifice, qui était proprement le temple, l'oracle, le saint des saints, avait vingt coudées de large comme de long, et vingt de haut. M. Soufflot n'aurait pas été fort content de ces proportions.

Les livres attribués à Salomon ont duré plus que son temple.

Le nom seul de l'auteur a rendu ces livres respectables : ils devaient être bons, puisqu'ils étaient d'un roi, et que ce roi passait pour le plus sage des hommes.

Le premier ouvrage qu'on lui attribue est celui des *Proverbes*. C'est un recueil de maximes qui paraissent à nos esprits raffinés quelquefois triviales, basses, incohérentes, sans goût, sans choix, et sans dessein. Ils ne peuvent se persuader qu'un roi éclairé ait composé un recueil de sentences dans lesquelles on n'en trouve pas une seule qui regarde la manière de gouverner, la politique, les mœurs des courtisans, les usages d'une cour. Ils sont étonnés de voir des chapitres entiers où il n'est parlé que de gueuses qui vont inviter les passants dans les rues à coucher avec elles.

Ils se révoltent contre les sentences dans ce goût : « Il y a trois choses insatiables, et une quatrième qui ne dit jamais, *C'est assez* : le sépulcre, la matrice, la terre qui n'est jamais rassasiée d'eau ; et le feu, qui est la quatrième, ne dit jamais, *C'est assez* [1].

« Il y a trois choses difficiles, et j'ignore entièrement la quatrième : la voie d'un aigle dans l'air, la voie d'un serpent sur la pierre, la voie d'un vaisseau sur la mer, et la voie d'un homme dans une femme [2].

« Il y a quatre choses qui sont les plus petites de la terre, et qui sont plus sages que les sages : les fourmis, petit peuple qui se prépare une nourriture pendant la moisson ; le lièvre, peuple faible qui couche sur des pierres ; la sauterelle, qui, n'ayant pas de rois, voyage par troupes ; le lézard, qui travaille de ses mains, et qui demeure dans les palais des rois [3]. »

« Est-ce à un grand roi, disent-ils, au plus sage des mortels qu'on ose imputer de telles niaiseries ? » Cette critique est forte, il faut parler avec plus de respect.

Les *Proverbes* ont été attribués à Isaïe, à Elzia, à Sobna, à Éliacin, à Joacké, et à plusieurs autres ; mais qui que ce soit qui ait compilé ce recueil de sentences orientales, il n'y a pas d'apparence que ce soit un roi qui s'en soit donné la peine. Aurait-il dit que « la terreur du roi est comme le rugissement du lion ? » C'est ainsi que parle un sujet ou un esclave que la colère de son maître fait trembler. Salomon aurait-il tant parlé de la femme impudique ? aurait il dit : « Ne regardez point le vin quand il paraît clair, et que sa couleur brille dans le verre [4]? »

Je doute fort qu'on ait eu des verres à boire du temps de Salomon ; c'est une invention fort récente ; toute l'antiquité buvait dans des

---

1. *Proverbes*, chap. xxx, v. 15 et 16. (ÉD.) — 2. *Ibid.*, v. 18 et 19. (ÉD.)
3. *Ibid.*, v. 24, 25, 26, 27 et 28. (ÉD.) — 4. *Ibid.*, XXIII, 31. (ÉD.)

tasses de bois ou de métal ; et ce seul passage indique peut-être que cette collection juive fut composée dans Alexandrie, ainsi que tant d'autres livres juifs [1].

L'*Ecclésiaste*, que l'on met sur le compte de Salomon, est d'un ordre et d'un goût tout différents. Celui qui parle dans cet ouvrage semble être détrompé des illusions de la grandeur, lassé de plaisirs, et dégoûté de la science. On l'a pris pour un épicurien qui répète à chaque page que le juste et l'impie sont sujets aux mêmes accidents, que l'homme n'a rien de plus que la bête, qu'il vaut mieux n'être pas né que d'exister, qu'il n'y a point d'autre vie, et qu'il n'y a rien de bon et de raisonnable que de jouir en paix du fruit de ses travaux avec la femme qu'on aime.

Il se pourrait faire que Salomon eût tenu de tels discours à quelques-unes de ses femmes : on prétend que ce sont des objections qu'il se fait ; mais ces maximes, qui ont l'air un peu libertin, ne ressemblent point du tout à des objections ; et c'est se moquer du monde d'entendre dans un auteur le contraire de ce qu'il dit.

On a cru voir un matérialiste à la fois sensuel et dégoûté, qui paraissait avoir mis au dernier verset un mot édifiant sur Dieu, pour diminuer le scandale qu'un tel livre devait causer.

Au reste, plusieurs Pères ont prétendu que Salomon avait fait pénitence ; ainsi on peut lui pardonner.

Les critiques ont de la peine à se persuader que ce livre soit de Salomon ; et Grotius prétend qu'il fut écrit sous Zorobabel. Il n'est pas naturel que Salomon ait dit : « Malheur à la terre qui a un roi enfant ! » Les Juifs n'avaient point eu encore de tels rois.

Il n'est pas naturel qu'il ait dit : « J'observe le visage du roi. » Il est bien plus vraisemblable que l'auteur ait voulu faire parler Salomon, et que, par cette aliénation d'esprit qu'on découvre dans tant de rabbins, il ait oublié souvent dans le corps du livre que c'était un roi qu'il faisait parler.

Ce qui leur paraît surprenant, c'est que l'on ait consacré cet ouvrage parmi les livres canoniques. « S'il fallait, disent-ils, établir aujourd'hui le canon de la *Bible*, peut-être n'y mettrait-on pas l'*Ecclésiaste* ; mais il fut inséré dans un temps où les livres étaient très-rares, où ils étaient plus admirés que lus. Tout ce qu'on peut faire aujourd'hui, c'est de pallier autant qu'il est possible l'épicuréisme qui règne dans cet ouvrage. On a fait pour l'*Ecclésiaste* comme pour tant d'autres choses qui révoltent bien autrement. Elles furent établies dans des temps d'ignorance ; et on est forcé, à la honte de la raison, de les soutenir dans des temps éclairés, et d'en déguiser ou l'absurdité ou l'horreur par des allégories. » Ces critiques sont trop hardis.

Le *Cantique des cantiques* est encore attribué à Salomon, parce que le nom de roi s'y trouve en deux ou trois endroits, parce qu'on fait

---

1. Un pédant (l'abbé Guénée) a cru trouver une erreur dans ce passage ; il a prétendu qu'on a mal traduit, par le mot de *verre*, le gobelet qui était, dit-il, de bois ou de métal : mais comment le vin aurait-il brillé dans un gobelet de métal ou de bois ? et puis qu'importe ?

dire à l'amante qu'elle est belle *comme les peaux de Salomon*, parce que l'amante dit qu'elle est *noire*, et qu'on a cru que Salomon désignait par là sa femme égyptienne.

Ces trois raisons n'ont pas persuadé. 1° Quand l'amante, en parlant à son amant, dit : « Le roi m'a menée dans ses celliers, » elle parle visiblement d'un autre que de son amant ; donc le roi n'est pas cet amant : c'est le roi du festin, c'est le paranymphe, c'est le maître de la maison, qu'elle entend ; et cette Juive est si loin d'être la maîtresse d'un roi, que, dans tout le cours de l'ouvrage, c'est une bergère, une fille des champs, qui va chercher son amant à la campagne et dans les rues de la ville, et qui est arrêtée aux portes par les gardes qui lui volent sa robe.

2° *Je suis belle comme les peaux de Salomon*, est l'expression d'une villageoise qui dirait : « Je suis belle comme les tapisseries du roi ; » et c'est précisément parce que le nom de Salomon se trouve dans cet ouvrage qu'il ne saurait être de lui. Quel monarque ferait une comparaison si ridicule ? « Voyez, dit l'amante au troisième chapitre, voyez le roi Salomon avec le diadème dont sa mère l'a couronné au jour de son mariage. » Qui ne reconnaît à ces expressions la comparaison ordinaire que font les filles du peuple en parlant de leurs amants ? Elles disent : « Il est beau comme un prince, il a un air de roi, etc. »

3° Il est vrai que cette bergère qu'on fait parler dans ce cantique amoureux dit qu'elle est hâlée du soleil, qu'elle est *brune*. Or, si c'était là la fille du roi d'Égypte, elle n'était point si hâlée. Les filles de qualité en Égypte sont blanches. Cléopâtre l'était ; et en un mot, ce personnage ne peut être à la fois une fille de village et une reine.

Il se peut qu'un monarque qui avait mille femmes ait dit à l'une d'elles : « Qu'elle me baise d'un baiser de sa bouche, car vos tetons sont meilleurs que le vin. » Un roi et un berger, quand il s'agit de baiser sur la bouche, peuvent s'exprimer de la même manière. Il est vrai qu'il est assez étrange qu'on ait prétendu que c'était la fille qui parlait en cet endroit, et qui faisait l'éloge des tetons de son amant.

On avoue encore qu'un roi galant a pu faire dire à sa maîtresse : « Mon bien-aimé est comme un bouquet de myrte, il demeurera entre mes tetons. »

Qu'il a pu lui dire : « Votre nombril est comme une coupe dans laquelle il y a toujours quelque chose à boire ; votre ventre est comme un boisseau de froment ; vos tetons sont comme deux faons de chevreuil, et votre nez est comme la tour du mont Liban. »

J'avoue que les églogues de Virgile sont d'un autre style ; mais chacun a le sien, et un Juif n'est pas obligé d'écrire comme Virgile.

On n'a pas oublié ce beau tour d'éloquence orientale : « Notre sœur est encore petite, elle n'a point de tetons ; que ferons-nous de notre sœur ? Si c'est un mur, bâtissons dessus ; si c'est une porte, fermons-la. »

A la bonne heure que Salomon, le plus sage des hommes, ait parlé ainsi dans ses goguettes ; mais plusieurs rabbins ont soutenu que non-seulement cette petite églogue voluptueuse n'était pas du roi Salomon, mais qu'elle n'était pas authentique. Théodore de Mopsuète était de ce sentiment; et le célèbre Grotius appelle le *Cantique des cantiques* un ouvrage libertin, *flagitiosus*. Cependant il est consacré, et on le regarde comme une allégorie perpétuelle du mariage de Jésus-Christ avec son Église. Il faut avouer que l'allégorie est un peu forte, et qu'on ne voit pas ce que l'Église pourrait entendre quand l'auteur dit que sa petite sœur n'a point de tetons.

Après tout, ce cantique est un morceau précieux de l'antiquité; c'est le seul livre d'amour qui nous soit resté des Hébreux. Il y est souvent parlé de jouissance. C'est une églogue juive. Le style est comme celui de tous les ouvrages d'éloquence des Hébreux, sans liaison, sans suite, plein de répétitions, confus, ridiculement métaphorique; mais il y a des endroits qui respirent la naïveté et l'amour.

Le livre de la *Sagesse* est dans un goût plus sérieux; mais il n'est pas plus de Salomon que le *Cantique des cantiques*. On l'attribue communément à Jésus fils de Sirach, d'autres à Philon de Biblos: mais quel que soit l'auteur, on a cru que de son temps on n'avait point encore le *Pentateuque*; car il dit, au chapitre x, qu'Abraham voulut immoler Isaac du temps du déluge, et dans un autre endroit il parle du patriarche Joseph comme d'un roi d'Égypte: du moins c'est le sens le plus naturel.

Le pis est que l'auteur, dans le même chapitre, prétend qu'on voit de son temps la statue de sel en laquelle la femme de Loth fut changée. Ce que les critiques trouvent de pis encore, c'est que le livre leur paraît un amas très-ennuyeux de lieux communs; mais ils doivent considérer que de tels ouvrages ne sont pas faits pour suivre les vaines règles de l'éloquence. Ils sont écrits pour édifier et non pour plaire; il faut même lutter contre son dégoût pour les lire.

Il y a grande apparence que Salomon était riche et savant pour son temps et pour son peuple. L'exagération, compagne inséparable de la grossièreté, lui attribua des richesses qu'il n'avait pu posséder, et des livres qu'il n'avait pu faire. Le respect pour l'antiquité a depuis consacré ces erreurs.

Mais que ces livres aient été écrits par un Juif, que nous importe? Notre religion chrétienne est fondée sur la juive, mais non pas sur tous les livres que les Juifs ont faits.

Pourquoi le *Cantique des cantiques*, par exemple, serait-il plus sacré pour nous que les fables du *Talmud?* C'est, dit-on, que nous l'avons compris dans le canon des Hébreux. Et qu'est-ce que ce canon? C'est un recueil d'ouvrages authentiques. Eh bien! un ouvrage pour être authentique est-il divin? une histoire des roitelets de Juda et de Sichem, par exemple, est-elle autre chose qu'une histoire? Voilà un étrange préjugé. Nous avons les Juifs en horreur, et nous voulons que tout ce qui a été écrit par eux et recueilli par nous porte l'empreinte de la Divinité. Il n'y a jamais eu de contradiction si palpable.

SAMMONOCODOM. — Je me souviens que Sammonocodom, le dieu des Siamois, naquit d'une jeune vierge, et fut élevé sur une fleur.

Ainsi la grand'mère de Gengis fut engrossée par un rayon du soleil. Ainsi l'empereur de la Chine Kien-long, aujourd'hui glorieusement régnant, assure positivement, dans son beau poëme de *Moukden*, que sa bisaïeule était une très-jolie vierge, qui devint mère d'une race de héros pour avoir mangé des cerises. Ainsi Danaé fut mère de Persée, Rhéa Sylvia de Romulus. Ainsi Arlequin avait bien raison de dire, en voyant tout ce qui se passait dans le monde : *Tutto il mondo è fatto come la nostra famiglia.*

La religion de ce Siamois nous prouve que jamais législateur n'enseigna une mauvaise morale. Voyez, lecteur, que celle de Brama, de Zoroastre, de Numa, de Thaut, de Pythagore, de Mahomet, et même du poisson Oannès, est absolument la même. J'ai dit souvent qu'on jetterait des pierres à un homme qui viendrait prêcher une morale relâchée, et voilà pourquoi les jésuites eux-mêmes ont eu des prédicateurs si austères.

Les règles que Sammonocodom donna aux talapoins ses disciples sont aussi sévères que celles de saint Basile et de saint Benoît.

« Fuyez les chants, les danses, les assemblées, tout ce qui peut amollir l'âme.

« N'ayez ni or ni argent.

« Ne parlez que de justice, et ne travaillez que pour elle.

« Dormez peu, mangez peu, n'ayez qu'un habit.

« Ne raillez jamais.

« Méditez en secret, et réfléchissez souvent sur la fragilité des choses humaines. »

Par quelle fatalité, par quelle fureur est-il arrivé que dans tous les pays l'excellence d'une morale si sainte et si nécessaire a été toujours déshonorée par des contes extravagants, par des prodiges plus ridicules que toutes les fables des *Métamorphoses*? Pourquoi n'y a-t-il pas une seule religion dont les préceptes ne soient d'un sage, et dont les dogmes ne soient d'un fou? (On sent bien que j'excepte la nôtre, qui est en tout sens infiniment sage.)

N'est-ce point que les législateurs s'étant contentés de donner des préceptes raisonnables et utiles, les disciples des premiers disciples et les commentateurs ont voulu enchérir? Ils ont dit : « Nous ne serons pas assez respectés, si notre fondateur n'a pas eu quelque chose de surnaturel et de divin. Il faut absolument que notre Numa ait eu des rendez-vous avec la nymphe Égérie; qu'une des cuisses de Pythagore ait été de pur or; que la mère de Sammonocodom ait été vierge en accouchant de lui; qu'il soit né sur une rose, et qu'il soit devenu dieu. »

Les premiers Chaldéens ne nous ont transmis que des préceptes moraux très-honnêtes; cela ne suffit pas : il est bien plus beau que ces préceptes aient été annoncés par un brochet qui sortait deux fois par jour du fond de l'Euphrate pour venir faire un sermon.

Ces malheureux disciples, ces détestables commentateurs, n'ont pas vu qu'ils pervertissaient le genre humain. Tous les gens raisonnables disent : « Voilà des préceptes très-bons; j'en aurais bien dit autant : mais voilà des doctrines impertinentes, absurdes, révoltantes, capables de décrier les meilleurs préceptes. » Qu'arrive-t-il ? ces gens raisonnables ont des passions tout comme les talapoins; et plus ces passions sont fortes, plus ils s'enhardissent à dire tout haut : « Mes talapoins m'ont trompé sur la doctrine; ils pourraient bien m'avoir trompé sur des maximes qui contredisent mes passions. » Alors ils secouent le joug, parce qu'il a été imposé maladroitement; ils ne croient plus en Dieu, parce qu'ils voient bien que Sammonocodom n'est pas dieu. J'en ai déjà averti mon cher lecteur en quelques endroits, lorsque j'étais à Siam; et je l'ai conjuré de croire en Dieu malgré les talapoins.

Le R. P. Tachard, qui s'était tant amusé sur le vaisseau avec le jeune Destouches, garde-marine, et depuis auteur de l'opéra d'*Issé* [1], savait bien que ce que je dis est très-vrai.

D'un frère cadet du dieu Sammonocodom. — Voyez si j'ai eu tort de vous exhorter souvent à définir les termes, à éviter les équivoques. Un mot étranger, que vous traduisez très-mal par le mot Dieu, vous fait tomber mille fois dans des erreurs très-grossières. L'essence suprême, l'intelligence suprême, l'âme de la nature, le grand Être, l'éternel géomètre qui a tout arrangé avec ordre, poids et mesure, voilà Dieu. Mais lorsqu'on donne le même nom à Mercure, aux empereurs romains, à Priape, à la divinité des tetons, à la divinité des fesses, au dieu Pet, au dieu de la chaise percée, on ne s'entend plus, on ne sait plus où l'on en est. Un juge juif, une espèce de bailli est appelé dieu dans nos saintes Écritures. Un ange est appelé dieu. On donne le nom de dieux aux idoles des petites nations voisines de la horde juive.

Sammonocodom n'est pas dieu proprement dit; et une preuve qu'il n'est pas Dieu, c'est qu'il devint dieu; et qu'il avait un frère nommé Thevatat, qui fut pendu, et qui fut damné.

Or il n'est pas rare que dans une famille il y ait un homme habile qui fasse fortune, et un autre malavisé qui soit repris de justice. Sammonocodom devint saint, il fut canonisé à la manière siamoise; et son frère, qui fut un mauvais garnement, et qui fut mis en croix, alla dans l'enfer, où il est encore.

Nos voyageurs ont rapporté que quand nous voulûmes prêcher un dieu crucifié aux Siamois, ils se moquèrent de nous. Ils nous dirent que la croix pouvait bien être le supplice du frère d'un dieu, mais non pas d'un dieu lui-même. Cette raison paraissait assez plausible, mais elle n'est pas convaincante en bonne logique; car puisque le vrai Dieu donna pouvoir à Pilate de le crucifier, il put, à plus forte raison, donner pouvoir de crucifier son frère. En effet Jésus-Christ avait un frère, saint Jacques, qui fut lapidé. Il n'en était pas moins Dieu. Les mauvaises actions imputées à Thevatat, frère du dieu Sammonocodom,

---

1. Il en a fait la musique; les paroles sont de La Motte-Houdart. (*Note de M. Beuchot.*)

étaient encore un faible argument contre l'abbé de Choisi et le P. Tachard; car il se pouvait très-bien faire que Thévatat eût été pendu injustement, et qu'il eût mérité le ciel au lieu d'être damné : tout cela est fort délicat.

Au reste, on demande comment le P. Tachard put en si peu de temps apprendre assez bien le siamois pour disputer contre les talapoins.

On répond que Tachard entendait la langue siamoise comme François-Xavier entendait la langue indienne.

SAMOTHRACE. — Que la fameuse île de Samothrace soit à l'embouchure de l'Hèbre, comme le disent tant de dictionnaires, ou qu'elle en soit à vingt milles, comme c'est la vérité, ce n'est pas ce que je recherche.

Cette île fut longtemps la plus célèbre de tout l'Archipel, et même de toutes les îles. Ses dieux Cabires, ses hiérophantes, ses mystères, lui donnèrent autant de réputation que le trou Saint-Patrice en eut en Irlande il n'y a pas longtemps [1].

Cette Samothrace, qu'on appelle aujourd'hui Samandrachi, est un rocher recouvert d'un peu de terre stérile, habitée par de pauvres pêcheurs. Ils seraient bien étonnés si on leur disait que leur île eut autrefois tant de gloire; et ils diraient : « Qu'est-ce que la gloire? »

Je demande ce qu'étaient ces hiérophantes, ces francs-maçons sacrés qui célébraient leurs mystères antiques de Samothrace, et d'où ils venaient, eux et leurs dieux Cabires.

Il n'est pas vraisemblable que ces pauvres gens fussent venus de Phénicie, comme le dit Bochart avec ses étymologies hébraïques, et comme le dit après lui l'abbé Banier. Ce n'est pas ainsi que les dieux s'établissent; ils sont comme les conquérants, qui ne subjuguent les peuples que de proche en proche. Il y a trop loin de la Phénicie à cette pauvre île pour que les dieux de la riche Sidon et de la superbe Tyr soient venus se confiner dans cet ermitage : les hiérophantes ne sont pas si sots.

Le fait est qu'il y avait des dieux Cabires, des prêtres Cabires, des mystères Cabires, dans cette île chétive et stérile. Non-seulement Hérodote en parle; mais le Phénicien Sanchoniathon, si antérieur à Hérodote, en parle aussi dans ses fragments heureusement conservés par Eusèbe. Et, qui pis est, ce Sanchoniathon, qui vivait certainement avant le temps où l'on place Moïse, cite le grand Thaut, le premier Hermès, le premier Mercure d'Égypte; et ce grand Thaut vivait huit cents ans avant Sanchoniathon, de l'aveu même de ce Phénicien.

_____

1. Ce trou Saint-Patrice, ou Saint-Patrick, est une des portes du purgatoire. Les cérémonies et les épreuves que les moines faisaient observer aux pèlerins qui venaient visiter ce redoutable trou, ressemblaient assez aux cérémonies et aux épreuves des mystères d'Isis et de Samothrace. L'ami lecteur qui voudra un peu approfondir la plupart de nos questions s'apercevra fort agréablement que les mêmes friponneries, les mêmes extravagances, ont fait le tour de la terre; le tout pour gagner honneurs et argent. Voy. l'*Extrait du purgatoire de saint Patrice*, par M. Sinner.

Les Cabires étaient donc en honneur deux mille trois ou quatre cents ans avant notre ère vulgaire.

Maintenant si vous voulez savoir d'où venaient ces dieux Cabires établis en Samothrace, n'est-il pas vraisemblable qu'ils venaient de Thrace, le pays le plus voisin, et qu'on leur avait donné cette petite île pour y jouer leurs farces, et pour gagner quelque argent? Il se pourrait bien faire qu'Orphée eût été un fameux ménétrier des dieux Cabires.

Mais qui étaient ces dieux? ils étaient ce qu'ont été tous les dieux de l'antiquité, des fantômes inventés par des fripons grossiers, sculptés par des ouvriers plus grossiers encore, et adorés par des brutes appelées hommes.

Ils étaient trois Cabires; car nous avons déjà observé que dans l'antiquité tout se faisait par trois.

Il faut qu'Orphée soit venu très-longtemps après l'invention de ces trois dieux; car il n'en admit qu'un seul dans ses mystères. Je prendrais volontiers Orphée pour un socinien rigide.

Je tiens les anciens dieux Cabires pour les premiers dieux des Thraces, quelques noms grecs qu'on leur ait donnés depuis.

Mais voici quelque chose de bien plus curieux pour l'histoire de Samothrace. Vous savez que la Grèce et la Thrace ont été affligées autrefois de plusieurs inondations. Vous connaissez les déluges de Deucalion et d'Ogygès. L'île de Samothrace se vantait d'un déluge plus ancien, et son déluge se rapportait assez au temps où l'on prétend que vivait cet ancien roi de Thrace nommé Xissutre, dont nous avons parlé à l'article ARARAT.

Vous pouvez vous souvenir que les dieux de Xixutru ou Xissutre, qui étaient probablement les Cabires, lui ordonnèrent de bâtir un vaisseau d'environ trente mille pieds de long sur douze cents pieds de large; que ce vaisseau vogua longtemps sur les montagnes de l'Arménie pendant le déluge; qu'ayant embarqué avec lui des pigeons et beaucoup d'autres animaux domestiques, il lâcha ses pigeons pour savoir si les eaux s'étaient retirées, et qu'ils revinrent tout crottés, ce qui fit prendre à Xissutre le parti de sortir enfin de son grand vaisseau.

Vous me direz qu'il est bien étrange que Sanchoniathon n'ait point parlé de cette aventure. Je vous répondrai que nous ne pouvons pas décider s'il l'inséra ou non dans son histoire, vu qu'Eusèbe, qui n'a rapporté que quelques fragments de cet ancien historien, n'avait aucun intérêt à rapporter l'histoire du vaisseau et des pigeons. Mais Bérose la raconte; et il y joint du merveilleux selon l'usage de tous les anciens.

Les habitants de Samothrace avaient érigé des monuments de ce déluge.

Ce qui est encore plus étonnant, et ce que nous avons déjà remarqué en partie, c'est que ni la Grèce, ni la Thrace, ni aucun peuple, ne connut jamais le véritable déluge, le grand déluge, le déluge de Noé.

Comment, encore une fois, un événement aussi terrible que celui du submergement de toute la terre put-il être ignoré des survivants? comment le nom de notre père Noé, qui repeupla le monde, put-il être inconnu à tous ceux qui lui devaient la vie? C'est le plus étonnant de tous les prodiges, que de tant de petits-fils aucun n'ait parlé de son grand-père.

Je me suis adressé à tous les doctes; je leur ai dit : « Avez-vous jamais lu quelque vieux livre grec, toscan, arabe, égyptien, chaldéen, indien, persan, chinois, où le nom de Noé se soit trouvé? » Ils m'ont tous répondu que non. J'en suis encore tout confondu.

Mais que l'histoire de cette inondation universelle se trouve dans une page d'un livre écrit dans un désert par des fugitifs, et que cette page ait été inconnue au reste du monde entier, jusque vers l'an 900 de la fondation de Rome, c'est ce qui me pétrifie; je n'en reviens pas. Mon cher lecteur, crions bien fort : *O altitudo ignorantiarum!*

SAMSON. — En qualité de pauvres compilateurs par alphabet, de ressasseurs d'anecdotes, d'éplucheurs de minuties, de chiffonniers qui ramassent des guenilles au coin des rues, nous nous glorifierons, avec toute la fierté attachée à nos sublimes sciences, d'avoir découvert qu'on joua *le fort Samson*, tragédie, sur la fin du xvie siècle, en la ville de Rouen, et qu'elle fut imprimée chez Abraham Couturier. Jean ou John Milton, longtemps maître d'école à Londres, puis secrétaire pour le latin du parlement nommé *le croupion;* Milton, auteur du *Paradis perdu* et du *Paradis retrouvé,* fit la tragédie de *Samson agoniste;* et il est bien cruel de ne pouvoir dire en quelle année.

Mais nous savons qu'on l'imprima avec une préface, dans laquelle on vante beaucoup un de nos confrères les commentateurs, nommé Paræus, lequel s'aperçut le premier, par la force de son génie, que l'*Apocalypse* est une tragédie. En vertu de cette découverte, il partagea l'*Apocalypse* en cinq actes, et y inséra des chœurs dignes de l'élégance et du beau naturel de la pièce. L'auteur de cette même préface nous parle des belles tragédies de saint Grégoire de Nazianze. Il assure qu'une tragédie ne doit jamais avoir plus de cinq actes; et, pour le prouver, il nous donne le *Samson agoniste* de Milton, qui n'en a qu'un. Ceux qui aiment les longues déclamations seront satisfaits de cette pièce.

Une comédie de *Samson* fut jouée longtemps en Italie. On en donna une traduction à Paris en 1717, par un nommé Romagnesi; on la représenta sur le théâtre français de la comédie prétendue italienne, anciennement le palais des ducs de Bourgogne. Elle fut imprimée et dédiée au duc d'Orléans, régent de France.

Dans cette pièce sublime, Arlequin, valet de Samson, se battait contre un coq d'Inde, tandis que son maître emportait les portes de la ville de Gaza sur ses épaules.

En 1732, on voulut représenter à l'Opéra de Paris une tragédie de *Samson*[1] mise en musique par le célèbre Rameau; mais on ne le per-

---

1. *Samson*, opéra de Voltaire. (ÉD.)

mit pas. Il n'y avait ni arlequin ni coq d'Inde, la chose parut trop
sérieuse : on était bien aise d'ailleurs de mortifier Rameau, qui avait
de grands talents. Cependant on joua dans ce temps-là l'opéra de
Jephté, tiré de l'ancien Testament, et la comédie de *l'Enfant prodigue*,
tirée du nouveau.

Il y a une vieille édition du *Samson agoniste* de Milton, précédée
d'un abrégé de l'histoire de ce héros; voici la traduction de cet abrégé.

« Les Juifs, à qui Dieu avait promis par serment tout le pays qui est
entre le ruisseau d'Égypte et l'Euphrate, et qui pour leurs péchés
n'eurent jamais ce pays, étaient au contraire réduits en servitude; et
cet esclavage dura quarante ans. Or il y avait un Juif de la tribu de
Dan, nommé Manué ou Manao, et la femme de ce Manué était stérile;
et un ange apparut à cette femme, et lui dit : « Vous aurez un fils, à
« condition qu'il ne boira jamais de vin, qu'il ne mangera jamais de
« lièvre, et qu'on ne lui fera jamais les cheveux. »

« L'ange apparut ensuite au mari et à la femme; on lui donna un
chevreau à manger; il n'en voulut point, et disparut au milieu de la
fumée; et la femme dit : « Certainement nous mourrons, car nous
« avons vu un dieu. » Mais ils n'en moururent pas.

« L'esclave Samson naquit, fut consacré nazaréen; et dès qu'il fut
grand, la première chose qu'il fit fut d'aller dans la ville phénicienne
ou philistine de Tamnata courtiser une fille d'un de ses maîtres, qu'il
épousa.

« En allant chez sa maîtresse, il rencontra un lion, le déchira en
pièces de sa main nue, comme il eût fait un chevreau. Quelques jours
après il trouva un essaim d'abeilles dans la gueule de ce lion mort,
avec un rayon de miel, quoique les abeilles ne se reposent jamais sur
des charognes.

« Alors il proposa cette énigme à ses camarades : « La nourriture
« est sortie du mangeur, et le doux est sorti du dur. Si vous devinez, je
« vous donnerai trente tuniques et trente robes; sinon, vous me don-
« nerez trente robes et trente tuniques. » Ses camarades, ne pouvant
deviner le fait en quoi consistait le mot de l'énigme, gagnèrent la
jeune femme de Samson; elle tira le secret de son mari, et il fut obligé
de leur donner trente tuniques et trente robes. « Ah! leur dit-il, si
« vous n'aviez pas labouré avec ma vache, vous n'auriez pas deviné. »

« Aussitôt le beau-père de Samson donna un autre mari à sa fille.

« Samson, en colère d'avoir perdu sa femme, alla prendre sur-le-
champ trois cents renards, les attacha tous ensemble par la queue
avec des flambeaux allumés, et ils allèrent mettre le feu dans les blés
des Philistins.

« Les Juifs esclaves, ne voulant point être punis par leurs maîtres
pour les exploits de Samson, vinrent le surprendre dans la caverne où
il demeurait, le lièrent avec de grosses cordes, et le livrèrent aux
Philistins. Dès qu'il est au milieu d'eux, il rompt ses cordes; et trouvant une mâchoire d'âne, il tue en un tour de main mille Philistins
avec cette mâchoire. Un tel effort l'ayant mis tout en feu, il se mourait
de soif. Aussitôt Dieu fit jaillir une fontaine d'une dent de la mâchoire

d'âne. Samson ayant bu s'en alla dans Gaza, ville philistine; il y devint sur-le-champ amoureux d'une fille de joie. Comme il dormait avec elle, les Philistins fermèrent les portes de la ville, et environnèrent la maison; il se leva, prit les portes, et les emporta. Les Philistins, au désespoir de ne pouvoir venir à bout de ce héros, s'adressèrent à une autre fille de joie nommée Dalila, avec laquelle il couchait pour lors. Celle-ci lui arracha enfin le secret en quoi consistait sa force. Il ne fallait que le tondre pour le rendre égal aux autres hommes; on le tondit, il devint faible; on lui creva les yeux, on lui fit tourner la meule et jouer du violon. Un jour qu'il jouait dans un temple philistin, entre deux colonnes du temple, il fut indigné que les Philistins eussent des temples à colonnade, tandis que les Juifs n'avaient qu'un tabernacle porté sur quatre bâtons. Il sentit que ses cheveux commençaient à revenir. Transporté d'un saint zèle, il jeta à terre les deux colonnes; le temple fut renversé; les Philistins furent écrasés, et lui aussi. »

Telle est mot à mot cette préface.

C'est cette histoire qui est le sujet de la pièce de Milton et de Romagnesi : elle était faite pour la farce italienne.

SCANDALE. — Sans rechercher si le scandale était originairement une pierre qui pouvait faire tomber les gens, ou une querelle, ou une séduction, tenons-nous-en à la signification d'aujourd'hui. Un scandale est une grave indécence. On l'applique principalement aux gens d'Église. Les *Contes* de La Fontaine sont libertins; plusieurs endroits de Sanchez, de Tambourin, de Molina, sont scandaleux.

On est scandaleux par ses écrits ou par sa conduite. Le siége que soutinrent les augustins contre les archers du guet, au temps de la Fronde, fut scandaleux. La banqueroute du frère jésuite Lavalette fut plus que scandaleuse. Le procès des révérends Pères capucins de Paris, en 1764, fut un scandale très-réjouissant. Il faut en dire ici un petit mot pour l'édification du lecteur.

Les révérends Pères capucins s'étaient battus dans le couvent; les uns avaient caché leur argent, les autres l'avaient pris. Jusque-là ce n'était qu'un scandale particulier, une pierre qui ne pouvait faire tomber que des capucins; mais quand l'affaire fut portée au parlement, le scandale devint public.

Il est dit[1] au procès qu'il faut douze cents livres de pain par semaine au couvent de Saint-Honoré, de la viande, du vin, du bois à proportion, et qu'il y a quatre quêteurs en titre d'office chargés de lever ces contributions dans la ville. Quel scandale épouvantable! douze cents livres de viande et de pain par semaine pour quelques capucins, tandis que tant d'artistes accablés de vieillesse, et tant d'honnêtes veuves, sont exposés tous les jours à périr de misère!

[2]Que le R. P. Dorothée se soit fait trois mille livres de rente aux dépens du couvent, et par conséquent aux dépens du public, voilà

1. Page 27 du *Mémoire contre frère Athanase*, présenté au parlement
2. Page 3, *ibid.*

non-seulement un scandale énorme, mais un vol manifeste, et un vol fait à la classe la plus indigente des citoyens de Paris; car ce sont les pauvres qui payent la taxe imposée par les moines mendiants. L'ignorance et la faiblesse du peuple lui persuadent qu'il ne peut gagner le ciel qu'en donnant son nécessaire, dont ces moines composent leur superflu.

Il a donc fallu que, de ce seul chef, frère Dorothée ait extorqué vingt mille écus au moins aux pauvres de Paris, pour se faire mille écus de rente.

Songez bien, mon cher lecteur, que de telles aventures ne sont pas rares dans ce XVIII° siècle de notre ère vulgaire, qui a produit tant de bons livres. Je vous l'ai déjà dit, le peuple ne lit point. Un capucin, un récollet, un carme, un picpus, qui confesse et qui prêche, est capable de faire lui seul plus de mal que les meilleurs livres ne pourront jamais faire de bien.

J'oserais proposer aux âmes bien nées de répandre dans une capitale un certain nombre d'anticapucins, d'antirécollets, qui iraient de maison en maison recommander aux pères et mères d'être bien vertueux, et de garder leur argent pour l'entretien de leur famille et le soutien de leur vieillesse; d'aimer Dieu de tout leur cœur, et de ne jamais rien donner aux moines. Mais revenons à la vraie signification du mot *scandale*.

[1]Dans ce procès des capucins, on accuse frère Grégoire d'avoir fait un enfant à Mlle Bras-de-Fer, et de l'avoir ensuite mariée à Moutard le cordonnier. On ne dit point si frère Grégoire a donné lui-même la bénédiction nuptiale à sa maîtresse et à ce pauvre Moutard avec dispense. S'il l'a fait, voilà le scandale le plus complet qu'on puisse donner; il renferme fornication, vol, adultère, et sacrilége. *Horresco referens*[2].

Je dis d'abord fornication, puisque frère Grégoire forniqua avec Madeleine Bras-de-Fer, qui n'avait alors que quinze ans.

Je dis vol, puisqu'il donna des tabliers et des rubans à Madeleine, et qu'il est évident qu'il vola le couvent pour les acheter, pour payer les soupers et les frais des couches, et les mois de nourrice.

Je dis adultère, puisque ce méchant homme continua à coucher avec Mme Moutard.

Je dis sacrilége, puisqu'il confessait Madeleine. Et s'il maria lui-même sa maîtresse, figurez-vous quel homme c'était que frère Grégoire.

Un de nos collaborateurs et coopérateurs à ce petit ouvrage des *Questions philosophiques et encyclopédiques* travaille à faire un livre de morale sur les scandales, contre l'opinion de frère Patouillet. Nous espérons que le public en jouira incessamment.

SCHISME. — On a inséré dans le grand *Dictionnaire encyclopédique*

1. Page 43 du *Mémoire contre frère Athanase*, présenté au parlement.
2. Virgile, *Æn.*, II, 204. (ED.)

tout ce que nous avions dit du grand schisme des Grecs et des Latins dans l'*Essai sur les mœurs et l'esprit des nations*. Nous ne voulons pas nous répéter.

Mais en songeant que schisme signifie déchirure, et que la Pologne est déchirée, nous ne pouvons que renouveler nos plaintes sur cette fatale maladie particulière aux chrétiens. Cette maladie, que nous n'avons pas assez décrite, est une espèce de rage qui se porte d'abord aux yeux et à la bouche : on regarde avec un œil enflammé celui qui ne pense pas comme nous; on lui dit les injures les plus atroces. La rage passe ensuite aux mains; on écrit des choses qui manifestent le transport au cerveau. On tombe dans des convulsions de démoniaque, on tire l'épée, on se bat avec acharnement jusqu'à la mort. La médecine n'a pu jusqu'à présent trouver de remède à cette maladie, la plus cruelle de toutes : il n'y a que la philosophie et le temps qui puissent la guérir.

Les Polonais sont aujourd'hui les seuls chez qui la contagion dont nous parlons fasse des ravages. Il est à croire que cette maladie horrible est née chez eux avec la plika. Ce sont deux maladies de la tête qui sont bien funestes. La propreté peut guérir la plika; la seule sagesse peut extirper le schisme.

On dit que ces deux maux étaient inconnus chez les Sarmates quand ils étaient païens. La plika n'attaque aujourd'hui que la populace; mais tous les maux nés du schisme devorent aujourd'hui les plus grands de la république.

L'origine de ce mal est dans la fertilité de leurs terres qui produisent beaucoup de blé. Il est bien triste que la bénédiction du ciel les ait rendus si malheureux. Quelques provinces ont prétendu qu'il fallait absolument mettre du levain dans leur pain; mais la plus grande partie du royaume s'est obstinée à croire qu'il y a de certains jours de l'année où la pâte fermentée était mortelle[1].

Voilà une des premières origines du schisme ou de la déchirure de la Pologne; la dispute a aigri le sang. D'autres causes s'y sont jointes.

Les uns se sont imaginé, dans les convulsions de cette maladie, que le Saint-Esprit procédait du Père et du Fils, et les autres ont crié qu'il ne procédait que du Père. Les deux partis, dont l'un s'appelle le parti romain, et l'autre le dissident, se sont regardés mutuellement comme des pestiférés; mais, par un symptôme singulier de ce mal, les pestiférés dissidents ont voulu toujours s'approcher des catholiques, et les catholiques n'ont jamais voulu s'approcher d'eux.

Il n'y a point de maladie qui ne varie beaucoup. La diète, qu'on croit si salutaire, a été si pernicieuse à cette nation, qu'au sortir d'une diète, au mois de juin 1768, les villes d'Uman, de Zablotin, de Tetiou, de Zilianka, de Zafran, ont été détruites et inondées de sang, et que plus de deux cent mille malades ont péri misérablement.

D'un côté l'empire de Russie, et de l'autre l'empire de Turquie ont

---

1. Allusion à la querelle pour le pain ordinaire avec lequel les Russes communient, et le pain azyme des Polonais du rite de Rome.

envoyé cent mille chirurgiens pourvus de lancettes, de bistouris, et de tous les instruments propres à couper les membres gangrenés; la maladie n'en a été que plus violente. Le transport au cerveau a été si furieux[1], qu'une quarantaine de malades se sont assemblés pour disséquer le roi, qui n'était nullement attaqué du mal, et dont la cervelle et toutes les parties nobles étaient très-saines, ainsi que nous l'avons observé à l'article SUPERSTITION. On croit que si on s'en rapportait à lui, il pourrait guérir la nation; mais un des caractères de cette maladie si cruelle est de craindre la guérison, comme les enragés craignent l'eau.

Nous avons des savants qui prétendent que ce mal vient anciennement de la Palestine, et que les habitants de Jérusalem et de Samarie en furent longtemps attaqués. D'autres croient que le premier siége de cette peste fut l'Égypte, et que les chiens et les chats, qui étaient en grande considération, étant devenus enragés, communiquèrent la rage du schisme à la plupart des Égyptiens qui avaient la tête faible.

On remarque surtout que les Grecs qui voyagèrent en Égypte, comme Timée de Locres et Platon, eurent le cerveau un peu troublé; mais ce n'était ni la rage ni la peste proprement dite; c'était une espèce de délire dont on ne s'apercevait même que difficilement, et et qui était souvent caché sous je ne sais quelle apparence de raison. Mais les Grecs ayant, avec le temps, porté leur mal chez les nations de l'Occident et du Septentrion, la mauvaise disposition des cerveaux de nos malheureux pays fit que la petite fièvre de Timée de Locres et de Platon devint chez nous une contagion effroyable, que les médecins appelèrent tantôt intolérance, tantôt persécution, tantôt guerre de religion, tantôt rage, tantôt peste.

Nous avons vu quels ravages ce fléau épouvantable a faits sur la terre. Plusieurs médecins se sont présentés de nos jours pour extirper ce mal horrible jusque dans sa racine. Mais qui le croirait? il se trouve des facultés entières de médecine à Salamanque, à Coimbre, en Italie, à Paris même, qui soutiennent que le schisme, la déchirure, est nécessaire à l'homme; que les mauvaises humeurs s'évacuent par les blessures qu'elle fait; que l'enthousiasme, qui est un des premiers symptômes du mal, exalte l'âme, et produit de très-bonnes choses; que la tolérance est sujette à mille inconvénients; que si tout le monde était tolérant, les grands génies manqueraient de ce ressort qui a produit tant de beaux ouvrages théologiques; que la paix est un grand malheur pour un État, parce que la paix amène les plaisirs, et que les plaisirs, à la longue, pourraient adoucir la noble férocité qui forme les héros; que si les Grecs avaient fait un traité de commerce avec les Troyens, au lieu de leur faire la guerre, il n'y aurait eu ni d'Achille, ni d'Hector, ni d'Homère, et que le genre humain aurait croupi dans l'ignorance.

Ces raisons sont fortes, je l'avoue; je demande du temps pour y répondre.

_____

1. Assassinat du roi de Pologne commis à Varsovie.

SCOLIASTE. — Par exemple, Dacier et son illustre épouse étaient, quoi qu'on dise, des traducteurs et des scoliastes très-utiles. C'était encore une des singularités du grand siècle, qu'un savant et sa femme nous fissent connaître Homère et Horace, en nous apprenant les mœurs et les usages des Grecs et des Romains, dans le même temps où Boileau donnait son *Art poétique*; Racine, *Iphigénie* et *Athalie*; Quinault, *Atys* et *Armide*; où Fénelon écrivait son *Télémaque*, où Bossuet déclamait ses *Oraisons funèbres*, où Le Brun peignait, où Girardon sculptait, où du Cange fouillait les ruines des siècles barbares pour en tirer des trésors, etc., etc.: remercions les Dacier mari et femme. J'ai plusieurs questions à leur proposer.

Questions sur Horace. A M. Dacier. — Voudriez-vous, monsieur, avoir la bonté de me dire pourquoi, dans la Vie d'Horace imputée à Suétone, vous traduisez le mot d'Auguste *purissimum penem*, par petit débauché? Il me semble que les Latins, dans le discours familier, entendaient par *purus penis* ce que les Italiens modernes ont entendu par *buon coglione*, *faceto coglione*, phrase que nous traduisions à la lettre au XVIᵉ siècle, quand notre langue était un composé de welche et d'italien. *Purissimus penis* ne signifierait-il pas un convive agréable, un bon compagnon? le *purissimus* exclut le débauché. Ce n'est pas que je veuille insinuer par là qu'Horace ne fût très-débauché; à Dieu ne plaise!

Je ne sais pourquoi vous dites¹ qu'une espèce de guitare grecque, le *barbiton*, avait anciennement des cordes de soie. Ces cordes n'auraient point rendu de son, et les premiers Grecs ne connaissaient point la soie.

Il faut que je vous dise un mot sur la quatrième Ode², dans laquelle « le beau Printemps revient avec le Zéphyre; Vénus ramène les Amours, les Grâces, les Nymphes; elles dansent d'un pas léger et mesuré aux doux rayons de Diane qui les regarde, tandis que Vulcain embrase les forges des laborieux Cyclopes. »

Vous traduisez : « Vénus recommence à danser au clair de la lune avec les Grâces et les Nymphes, pendant que Vulcain est empressé à faire travailler ses Cyclopes. »

Vous dites dans vos remarques que l'on n'a jamais vu de cour plus jolie que celle de Vénus, et qu'Horace fait ici une allégorie fort galante; car par Vénus il entend les femmes; par les Nymphes il entend les filles; et par Vulcain il entend les sots qui se tuent du soin de leurs affaires, tandis que leurs femmes se divertissent. Mais êtes-vous bien sûr qu'Horace ait entendu tout cela?

Dans l'ode sixième, Horace dit :

> *Nos convivia, nos prœlia virginum*
> *Sectis in juvenes unguibus acrium*
> *Cantamus vacui, sive quid urimur,*
> *Non præter solitum leves*

---

1. Remarques sur l'ode I du livre I. — 2. Ode IV.

« Pour moi, soit que je sois libre, soit que j'aime, suivant ma légèreté ordinaire, je chante nos festins et les combats de nos jeunes filles qui menacent leurs amants de leurs ongles qui ne peuvent les blesser.»

Vous traduisez : « En quelque état que je sois, libre ou amoureux, et toujours prêt à changer, je ne m'amuse qu'à chanter les combats des jeunes filles qui se font les ongles pour mieux égratigner leurs amants. »

Mais j'oserai vous dire, monsieur, qu'Horace ne parle point d'égratigner, et que mieux on coupe ses ongles, moins on égratigne.

Voici un trait plus curieux que celui des filles qui égratignent. Il s'agit de Mercure dans l'ode dixième; vous dites qu'il est vraisemblable qu'on n'a donné à Mercure la qualité de dieu des larrons [1] « que par rapport à Moïse, qui commanda à ses Hébreux de prendre tout ce qu'ils pourraient aux Égyptiens, comme le remarque le savant Huet, évêque d'Avranches, dans sa *Démonstration évangélique.* »

Ainsi, selon vous et cet évêque, Moïse et Mercure sont les patrons des voleurs. Mais vous savez combien on se moqua du savant évêque, qui fit de Moïse un Mercure, un Bacchus, un Priape, un Adonis, etc. Assurément Horace ne se doutait pas que Mercure serait un jour comparé à Moïse dans les Gaules.

Quant à cette ode à Mercure, vous croyez que c'est une hymne dans laquelle Horace l'adore; et moi, je soupçonne qu'il s'en moque.

Vous croyez qu'on donna l'épithète de *Liber* à Bacchus [2] parce que les rois s'appelaient *Liberi.* Je ne vois dans l'antiquité aucun roi qui ait pris ce titre. Ne se pourrait-il pas que la liberté avec laquelle les buveurs parlent à table eût valu cette épithète au dieu des buveurs?

O matre pulchra filia pulchrior [3].

Vous traduisez : « Belle Tyndaris, qui pouvez seule remporter le prix de la beauté sur votre charmante mère. » Horace dit seulement : « Votre mère est belle, et vous êtes plus belle encore. » Cela me paraît plus court et mieux; mais je puis me tromper.

Horace, dans cette ode, dit que Prométhée, ayant pétri l'homme de limon, fut obligé d'y ajouter les qualités des autres animaux, et qu'il mit dans son cœur la colère du lion.

Vous prétendez que cela est imité de Simonide, qui assure que Dieu ayant fait l'homme, et n'ayant plus rien à donner à la femme, prit chez les animaux tout ce qui lui convenait, donna aux unes les qualités du pourceau, aux autres celles du renard, à celles-ci les talents du singe, à ces autres ceux de l'âne. Assurément Simonide n'était pas galant, ni Dacier non plus.

In me tota ruens Venus [4]
Cyprum deseruit.

Vous traduisez : « Vénus a quitté entièrement Chypre pour venir loger dans mon cœur. »

---

1. Ode x. — 2. Note sur l'ode xii. — 3. Ode xiv. — 4. Ode xix.

N'aimez-vous pas mieux ces vers de Racine [1].

> Ce n'est plus une ardeur dans mes veines cachée,
> C'est Vénus tout entière à sa proie attachée ?

> *Dulce ridentem Lalagen amabo*,
> *Dulce loquentem* [2].

« J'aimerai Lalagé, qui parle et rit avec tant de grâce. »
N'aimez-vous pas encore mieux la traduction de Sapho par Boileau

> Que l'on voit quelquefois doucement lui sourire,
> Que l'on voit quelquefois tendrement lui parler ?

> *Quis desiderio sit pudor aut modus* [3]
> *Tam cari capitis ?*

Vous traduisez : « Quelle honte peut-il y avoir à pleurer un homme qui nous était si cher ? etc. »

Le mot de *honte* ne rend pas ici celui de *pudor ; que peut-il y avoir*, n'est pas le style d'Horace. J'aurais peut-être mis à la place : « Peut-on rougir de regretter une tête si chère, peut-on sécher ses larmes ? »

> *Natis in usum lætitiæ scyphis*
> *Pugnare Thracum est.*
>
> Od. XXVII.

Vous traduisez : « C'est aux Thraces de se battre avec les verres qui ont été faits pour la joie. »

On ne buvait point dans des verres alors, et les Thraces encore moins que les Romains.

N'aurait-il pas mieux valu dire : « C'est une barbarie des Thraces d'ensanglanter des repas destinés à la joie ? »

> *Nunc est bibendum, nunc pede libero* [4]
> *Pulsanda tellus.*

Vous traduisez : « C'est maintenant, mes chers amis, qu'il faut boire, et que sans rien craindre il faut danser de toute sa force. »

Frapper la terre d'un pas libre en cadence, ce n'est pas danser de toute sa force. Cette expression même n'est ni agréable, ni noble, ni d'Horace.

Je saute par-dessus cent questions grammaticales que je voudrais vous faire, pour vous demander compte du *vin superbe de* Cécube. Vous voulez absolument qu'Horace ait dit :

> *Tinget pavimentum superbo* [5]
> *Pontificum potiore cœnis.*

Vous traduisez : « Il inondera ses chambres de ce vin qui nagera sur ses riches parquets, de ce vin qui aurait dû être réservé pour les festins des pontifes. »

---

1. *Phèdre*, I, III. (ÉD.) — 2. Ode XXII. — 3. Ode XXIV. — 4. Ode XXXVII. 5. Liv. II, ode XIV

Horace ne dit rien de tout cela. Comment voulez-vous que du vin dont on fait une petite libation dans le *triclinium*, dans la salle à manger, inonde ces chambres? Pourquoi prétendez-vous que ce vin dût être réservé pour les pontifes? J'ai d'excellent vin de Malaga et de Canarie; mais je vous réponds que je ne l'enverrai pas à mon évêque.

Horace parle d'un superbe parquet, d'une magnifique mosaïque; et vous m'allez parler d'un vin superbe, d'un vin magnifique! On lit dans toutes les éditions d'Horace, *Tinget pavimentum superbum*, et non pas *superbo*.

Vous dites que c'est un grand sentiment de religion dans Horace, de ne vouloir réserver ce bon vin que pour les prêtres. Je crois, comme vous, qu'Horace était très-religieux, témoin tous ses vers pour les bambins; mais je pense qu'il aurait encore mieux aimé boire ce bon vin de Cécube, que de le réserver pour les prêtres de Rome.

> *Motus doceri gaudet Ionicos*
> *Matura virgo, et fingitur artubus*, etc.
>   Liv. III, od. vi.

Vous traduisez : « Le plus grand plaisir de nos filles à marier est d'apprendre les danses lascives des Ioniens. A cet usage elles n'ont point de honte de se rendre les membres souples, et de les former à des postures déshonnêtes. »

Que de phrases pour deux petits vers! Ah, monsieur, des postures déshonnêtes! S'il y a dans le latin *fingitur artubus*, et non pas *artibus*, cela ne signifie-t-il pas : « Nos jeunes filles apprennent les danses et les mouvements voluptueux des Ioniennes? » et rien de plus.

Je tombe sur cette ode[1], *Horrida tempestas*.

Vous dites que le vieux commentateur se trompe en pensant que *contraxit cœlum* signifie *nous a caché le ciel*; et pour montrer qu'il s'est trompé, vous êtes de son avis.

Ensuite quand Horace introduit le docteur Chiron, précepteur d'Achille, annonçant à son élève, pour l'encourager, qu'il ne reviendra pas de Troie :

> *Unde tibi reditum certo subtemine Parcæ*
> *Rupere.*
>   Epod. xiii.

Vous traduisez : « Les Parques ont coupé le fil de votre vie. »

Mais ce fil n'est pas coupé. Il le sera; mais Achille n'est pas encore tué. Horace ne parle point de fil; *Parcæ* est là pour *fata*. Cela veut dire mot à mot : « Les destins s'opposent à votre retour. »

Vous dites que « Chiron savait cela par lui-même, car il était grand astrologue. »

Vous ne voulez pas que *dulcibus alloquiis* signifie *de doux entretiens*. Que voulez-vous donc qu'il signifie? Vous assurez positivement que « rien n'est plus ridicule, et qu'Achille ne parlait jamais à per-

---

1. Liv. V, ode xiii.

sonne. » Mais il parlait à Patrocle, à Phénix, à Automédon, aux capitaines thessaliens. Ensuite vous imaginez que le mot *alloqui* signifie consoler. Ces contradictions peuvent égarer *studiosam juventutem.*

Dans vos remarques sur la troisième satire du second livre, vous nous apprenez que les sirènes s'appelaient de ce nom chez les Grecs, parce que *sir* signifiait *cantique* chez les Hébreux. Est-ce Bochart qui vous l'a dit ? Croyez-vous qu'Homère eût beaucoup de liaisons avec les Juifs ? Non vous n'êtes pas du nombre de ces fous qui veulent faire accroire aux sots que tout nous vient de cette misérable nation juive qui habitait un si petit pays, et qui fut si longtemps inconnue à l'Europe entière.

Je pourrais faire des questions sur chaque ode et sur chaque épître; mais ce serait un gros livre. Si jamais j'ai le temps, je vous proposerai mes doutes, non-seulement sur ces odes, mais encore sur les *Satires,* les *Épîtres,* et l'*Art poétique.* Mais à présent il faut que je parle à madame votre femme.

A Mme Dacier, sur Homère. — Madame, sans vouloir troubler la paix de votre ménage, je vous dirai que je vous estime et vous respecte encore plus que votre mari; car il n'est pas le seul traducteur et commentateur, et vous êtes la seule traductrice et commentatrice. Il est si beau à une Française d'avoir fait connaître le plus ancien des poëtes, que nous vous devons d'éternels remercîments.

Je commence par remarquer la prodigieuse différence du grec à notre welche, devenu latin et ensuite français.

Voici votre élégante traduction du commencement de l'*Iliade*[1]:

« Déesse, chantez la colère d'Achille fils de Pélée; cette colère pernicieuse qui causa tant de malheurs aux Grecs, et qui précipita dans le sombre royaume de Pluton les âmes généreuses de tant de héros, et livra leurs corps en proie aux chiens et aux vautours, depuis le jour fatal qu'une querelle d'éclat eut divisé le fils d'Atrée et le divin Achille: ainsi les décrets de Jupiter s'accomplissaient. Quel dieu les jeta dans ces dissensions? Le fils de Jupiter et de Latone, irrité contre le roi qui avait déshonoré Chrysès son sacrificateur, envoya sur l'armée une affreuse maladie qui emportait les peuples; car Chrysès étant allé aux vaisseaux des Grecs, chargé de présents pour la rançon de sa fille, et tenant dans ses mains les bandelettes sacrées d'Apollon avec le sceptre d'or, pria humblement les Grecs, et surtout les deux fils d'Atrée leurs généraux. « Fils d'Atrée, leur dit-il, et vous généreux Grecs, que les
« dieux qui habitent l'Olympe vous fassent la grâce de détruire la su-
« perbe ville de Priam, et de vous voir heureusement de retour dans
« votre patrie; mais rendez-moi ma fille en recevant ces présents, et
« respectez en moi le fils du grand Jupiter, Apollon, dont les traits
« sont inévitables. » Tous les Grecs firent connaître par un murmure favorable qu'il fallait respecter le ministre du dieu, et recevoir ses ri-

[1]. Vers 1-25. (Ed.)

ches présents. Mais cette demande déplut à Agamemnon aveuglé par sa colère. »

Voici la traduction mot à mot, et vers par ligne :

La colère chantez, déesse, de Piliade Achille,
Funeste, qui infinis aux Akaïens maux apporta,
Et plusieurs fortes âmes à l'enfer envoya
De héros; et à l'égard d'eux, proie les fit aux chiens
Et à tous les oiseaux. S'accomplissait la volonté de Dieu,
Depuis que d'abord différèrent disputants
Agamemnon chef des hommes et le divin Achille,
Qui des dieux par dispute les commit à combattre?
De Latone et de Dieu le fils; car contre le roi étant irrité,
Il suscita dans l'armée une maladie mauvaise, et mouraient les peuples.

Il n'y a pas moyen d'aller plus loin. Cet échantillon suffit pour montrer le différent génie des langues, et pour faire voir combien les traductions littérales sont ridicules.

Je pourrais vous demander pourquoi vous avez parlé du sombre royaume de Pluton et des vautours, dont Homère ne dit rien.

Pourquoi vous dites qu'Agamemnon avait déshonoré le prêtre d'Apollon. Déshonorer signifier ôter l'honneur : Agamemnon n'avait ôté à ce prêtre que sa fille. Il me semble que le verbe ἀτιμάω ne signifie pas en cet endroit déshonorer, mais mépriser, maltraiter.

Pourquoi vous faites dire à ce prêtre : «Que les dieux vous fassent la grâce de détruire, » etc. Ces termes, *vous fassent la grâce*, semblent pris de notre catéchisme. Homère dit : «Que les dieux habitants de l'Olympe vous donnent de détruire la ville de Troie. »

.... δοῖεν, Ὀλύμπια δώματ' ἔχοντες,
Ἐκπέρσαι Πριάμοιο πόλιν.
(*Il.*, I, 18-19.)

Pourquoi vous dites que tous les Grecs firent connaître par un murmure favorable qu'il fallait respecter le ministre des dieux. Il n'est point question dans Homère d'un murmure favorable. Il y a expressément, tous dirent, πάντες ἐπευφήμησαν.

Vous avez partout ou retranché, ou ajouté, ou changé, et ce n'est pas à moi de décider si vous avez bien ou mal fait.

Il n'y a qu'une chose dont je sois sûr, et dont vous n'êtes pas convenue : c'est que si on faisait aujourd'hui un poëme tel que celui d'Homère, on serait, je ne dis pas seulement sifflé d'un bout de l'Europe à l'autre, mais je dis entièrement ignoré; et cependant l'*Iliade* était un poëme excellent pour les Grecs. Nous avons vu combien les langues diffèrent. Les mœurs, les usages, les sentiments, les idées, diffèrent bien davantage.

Si je l'osais, je comparerais l'*Iliade* au livre de *Job*; tous deux sont orientaux, fort anciens, également pleins de fictions, d'images et d'hyperboles. Il y a dans l'un et dans l'autre des morceaux qu'on cite souvent. Les héros de ces deux romans se piquent de parler beaucoup et de se répéter; les amis s'y disent des injures. Voilà bien des ressemblances.

Que quelqu'un s'avise aujourd'hui de faire un poëme dans le goût de Job, vous verrez comme il sera reçu.

Vous dites dans votre préface qu'il est impossible de mettre Homère en vers français; dites que cela vous est impossible, parce que vous ne vous êtes pas adonnée à notre poésie. Les *Géorgiques* de Virgile sont bien plus difficiles à traduire; cependant on y est parvenu.

Je suis persuadé que nous avons deux ou trois poëtes en France qui traduiraient bien Homère; mais en même temps je suis très-convaincu qu'on ne les lira pas s'ils ne changent, s'ils n'adoucissent, s'ils n'élaguent presque tout. La raison en est, madame, qu'il faut écrire pour son temps, et non pour les temps passés. Il est vrai que notre froid La Motte a tout adouci, tout élagué, et qu'on ne l'en a pas lu davantage. Mais c'est qu'il a tout énervé.

Un jeune homme vint ces jours passés me montrer une traduction d'un morceau du vingt-quatrième livre de l'*Iliade*[1]. Je le mets ici sous vos yeux, quoique vous ne vous connaissiez guère en vers français[2] :

> L'horizon se couvrait des ombres de la nuit;
> L'infortuné Priam, qu'un dieu même a conduit,
> Entre, et paraît soudain dans la tente d'Achille.
> Le meurtrier d'Hector, en ce moment tranquille,
> Par un léger repas suspendait ses douleurs.
> Il se détourne; il voit ce front baigné de pleurs,
> Ce roi jadis heureux, ce vieillard vénérable
> Que le fardeau des ans et la douleur accable,
> Exhalant à ses pieds ses sanglots et ses cris,
> Et lui baisant la main qui fit périr son fils.
> Il n'osait sur Achille encor jeter la vue.
> Il voulait lui parler, et sa voix s'est perdue.
> Enfin il le regarde, et parmi ses sanglots,
> Tremblant, pâle, et sans force, il prononce ces mots :
>
> « Songez, seigneur, songez que vous avez un père.... »
> Il ne put achever. — Le héros sanguinaire
> Sentit que la pitié pénétrait dans son cœur.
> Priam lui prend les mains. « Ah! prince, ah! mon vainqueur,
> J'étais père d'Hector!... et ses généreux frères
> Flattaient mes derniers jours, et les rendaient prospères...
> Ils ne sont plus.... Hector est tombé sous vos coups....
> Puisse l'heureux Pélée entre Thétis et vous
> Prolonger de ses ans l'éclatante carrière!
> Le seul nom de son fils remplit la terre entière;
> Ce nom fait son bonheur ainsi que son appui.

1. Vers 471-530. (Éd.)
2. Ces vers sont de M. de Voltaire. (*Note de Wagnière.*)

Vos honneurs sont les siens, vos lauriers sont à lui.
Hélas ! tout mon bonheur et toute mon attente,
Est de voir de mon fils la dépouille sanglante
De racheter de vous ces restes mutilés,
Traînés devant mes yeux sous nos murs désolés.
Voilà le seul espoir, le seul bien qui me reste.
Achille, accordez-moi cette grâce funeste,
Et laissez-moi jouir de ce spectacle affreux. »

Le héros, qu'attendrit ce discours douloureux,
Aux larmes de Priam répondit par des larmes.
« Tous nos jours sont tissus de regrets et d'alarmes,
Lui dit-il : par mes mains les dieux vous ont frappé.
Dans le malheur commun moi-même enveloppé,
Mourant avant le temps loin des yeux de mon père,
Je teindrai de mon sang cette terre étrangère.
J'ai vu tomber Patrocle ; Hector me l'a ravi :
Vous perdez votre fils, et je perds un ami.
Tel est donc des humains le destin déplorable,
Dieu verse donc sur nous la coupe inépuisable,
La coupe des douleurs et des calamités ;
Il y mêle un moment de faibles voluptés,
Mais c'est pour en aigrir la fatale amertume. »

« Me conseillez-vous de continuer? me dit le jeune homme. — Comment ! lui répondis-je, vous vous mêlez aussi de peindre ! il me semble que je vois ce vieillard qui veut parler, et qui dans sa douleur ne peut d'abord que prononcer quelques mots étouffés par ses soupirs. Cela n'est pas dans Homère ; mais je vous le pardonne. Je vous sais même bon gré d'avoir esquivé les deux tonneaux, qui feraient un mauvais effet dans notre langue, et surtout d'avoir accourci. Oui, oui, continuez. La nation ne vous donnera pas quinze mille livres sterling, comme les Anglais les ont données à Pope ; mais peu d'Anglais ont eu le courage de lire toute son *Iliade*. »

Croyez-vous de bonne foi que, depuis Versailles jusqu'à Perpignan et jusqu'à Saint-Malo, vous trouviez beaucoup de Grecs qui s'intéressent à Eurithion [1], tué autrefois par Nestor ; à Ekopolious, fils de Thalesious, tué par Antilokus [2] ; à Simoisious, fils d'Athemion, tué par Télamon [3] ; et à Pirous, fils d'Embrasous, blessé à la cheville du pied droit? Nos vers français, cent fois plus difficiles à faire que des vers grecs, n'aiment point ces détails. J'ose vous répondre qu'aucune de nos dames ne vous lira ; et que deviendrez-vous sans elles? Si elles étaient toutes des Dacier, elles vous liraient encore moins. N'est-il pas vrai, madame? on ne réussira jamais si on ne connaît bien le goût de son siècle et le génie de sa langue.

1. Ereuthalion. *Iliade*, VII, 148-56. (Éd.)
2. Echepolos, fils de Thalysias-Antilokos. *Iliade*, IV, 457-61. (Éd.)
3. Simoïsios, fils d'Anthémion, tué par Ajax Télamonien. *Iliade*, IV, 473-74. (Éd.)

SECTE. — *Section I.* — Toute secte, en quelque genre que ce puisse être, est le ralliement du doute et de l'erreur. Scotistes, thomistes, réaux, nominaux, papistes, calvinistes, molinistes, jansénistes, ne sont que des noms de guerre.

Il n'y a point de secte en géométrie; on ne dit point un euclidien, un archimédien.

Quand la vérité est évidente, il est impossible qu'il s'élève des partis et des factions. Jamais on n'a disputé s'il fait jour à midi.

La partie de l'astronomie qui détermine le cours des astres et le retour des éclipses étant une fois connue, il n'y a plus de dispute chez les astronomes.

On ne dit point en Angleterre : « Je suis newtonien, je suis lockien, halleyen; » pourquoi? parce que quiconque a lu ne peut refuser son consentement aux vérités enseignées par ces trois grands hommes. Plus Newton est révéré, moins on s'intitule newtonien; ce mot supposerait qu'il y a des antinewtoniens en Angleterre. Nous avons peut-être encore quelques cartésiens en France; c'est uniquement parce que le système de Descartes est un tissu d'imaginations erronées et ridicules.

Il en est de même dans le petit nombre de vérités de fait qui sont bien constatées. Les actes de la tour de Londres ayant été authentiquement recueillis par Rymer, il n'y a point de rymériens, parce que personne ne s'avise de combattre ce recueil. On n'y trouve ni contradictions, ni absurdités, ni prodiges; rien qui révolte la raison, rien par conséquent que des sectaires s'efforcent de soutenir ou de renverser par des raisonnements absurdes. Tout le monde convient donc que les *Actes* de Rymer sont dignes de foi.

Vous êtes mahométan, donc il y a des gens qui ne le sont pas, donc vous pourriez bien avoir tort.

Quelle serait la religion véritable, si le christianisme n'existait pas? c'est celle dans laquelle il n'y a point de sectes; celle dans laquelle tous les esprits s'accordent nécessairement.

Or dans quel dogme tous les esprits se sont-ils accordés? dans l'adoration d'un Dieu et dans la probité. Tous les philosophes de la terre qui ont eu une religion dirent dans tous les temps : « Il y a un Dieu, et il faut être juste. » Voilà donc la religion universelle établie dans tous les temps et chez tous les hommes.

Le point dans lequel ils s'accordent tous est donc vrai, et les systèmes par lesquels ils diffèrent sont donc faux.

« Ma secte est la meilleure, » me dit un brame. Mais, mon ami, si ta secte est bonne, elle est nécessaire; car si elle n'était pas absolument nécessaire, tu m'avoueras qu'elle serait inutile : si elle est absolument nécessaire, elle l'est à tous les hommes; comment donc se peut-il faire que tous les hommes n'aient pas ce qui leur est absolument nécessaire? comment se peut-il que le reste de la terre se moque de toi et de ton Brama?

Lorsque Zoroastre, Hermès, Orphée, Minos, et tous les grands hommes disent : « Adorons Dieu et soyons justes, » personne ne rit; mais toute la terre siffle celui qui prétend qu'on ne peut plaire à Dieu qu'en tenant à sa mort une queue de vache, et celui qui veut qu'on se fasse couper un bout de prépuce, et celui qui consacre des crocodiles et des oignons, et celui qui attache le salut éternel à des os de morts qu'on porte sous sa chemise, ou à une indulgence plénière qu'on achète à Rome pour deux sous et demi.

D'où vient ce concours universel de risée et de sifflets d'un bout de l'univers à l'autre? Il faut bien que les choses dont le monde se moque ne soient pas d'une vérité bien évidente. Que dirons-nous d'un secrétaire de Séjan, qui dédia à Pétrone un livre d'un style ampoulé, intitulé : *La vérité des oracles sibyllins, prouvée par les faits?*

Ce secrétaire vous prouve d'abord qu'il était nécessaire que Dieu envoyât sur la terre plusieurs sibylles l'une après l'autre; car il n'avait pas d'autres moyens d'instruire les hommes. Il est démontré que Dieu parlait à ces sibylles, car le mot *sibylle* signifie *conseil de Dieu*. Elles devaient vivre longtemps, car c'est bien le moins que des personnes à qui Dieu parle aient ce privilége. Elles furent au nombre de douze, car ce nombre est sacré. Elles avaient certainement prédit tous les événements du monde, car Tarquin le Superbe acheta trois de leurs livres cent écus d'une vieille. Quel incrédule, ajoute le secrétaire, osera nier tous ces faits évidents qui se sont passés dans un coin à la face de toute la terre? Qui pourra nier l'accomplissement de leurs prophéties? Virgile lui-même n'a-t-il pas cité les prédictions des sibylles? Si nous n'avons pas les premiers exemplaires des livres sibyllins, écrits dans un temps où l'on ne savait ni lire ni écrire, n'en avons-nous pas des copies authentiques? Il faut que l'impiété se taise devant ces preuves. Ainsi parlait Houttevillus[1] à Séjan. Il espérait avoir une place d'augure qui lui vaudrait cinquante mille livres de rente, et il n'eut rien.

« Ce que ma secte enseigne est obscur, je l'avoue, dit un fanatique; et c'est en vertu de cette obscurité qu'il faut la croire; car elle dit elle-même qu'elle est pleine d'obscurités. Ma secte est extravagante, donc elle est divine : car comment ce qui paraît si fou aurait-il été embrassé par tant de peuples, s'il n'y avait pas du divin? C'est précisément comme l'Alcoran, que les Sonnites disent avoir un visage d'ange et un visage de bête; ne soyez pas scandalisé du mufle de la bête, et révérez la face de l'ange. » Ainsi parle cet insensé; mais un fanatique d'une autre secte répond à ce fanatique : « C'est toi qui es la bête, et c'est moi qui suis l'ange. »

Or qui jugera ce procès? qui décidera entre ces deux énergumènes? L'homme raisonnable, impartial, savant d'une science qui n'est pas celle des mots; l'homme dégagé des préjugés et amateur de la vérité et de la justice; l'homme enfin qui n'est pas bête, et qui ne croit point être ange.

---

1. Il est facile de reconnaître que Voltaire a voulu désigner l'abbé Houtteville auteur d'un mauvais livre intitulé : *La vérité de la religion chrétienne, prouvée par les faits.* (*Ed. de Kehl.*)

Section II. — *Secte et erreur* sont synonymes. Tu es péripatéticien, et moi platonicien ; nous avons donc tous deux tort ; car tu ne combats Platon que parce que ses chimères t'ont révolté ; et moi je ne m'éloigne d'Aristote que parce qu'il m'a paru qu'il ne sait ce qu'il dit. Si l'un ou l'autre avait démontré la vérité, il n'y aurait plus de secte. Se déclarer pour l'opinion d'un homme contre celle d'un autre, c'est prendre parti comme dans une guerre civile. Il n'y a point de secte en mathématiques, en physique expérimentale. Un homme qui examine le rapport d'un cône et d'une sphère n'est point de la secte d'Archimède ; celui qui voit que le carré de l'hypoténuse d'un triangle rectangle est égal aux carrés des deux autres côtés n'est point de la secte de Pythagore.

Quand vous dites que le sang circule, que l'air pèse, que les rayons du soleil sont des faisceaux de sept rayons réfrangibles, vous n'êtes ni de la secte d'Harvey, ni de celle de Torricelli, ni de celle de Newton ; vous acquiescez seulement à des vérités démontrées par eux, et l'univers entier sera à jamais de votre avis.

Voilà le caractère de la vérité ; elle est de tous les temps ; elle est pour tous les hommes ; elle n'a qu'à se montrer pour qu'on la reconnaisse ; on ne peut disputer contre elle. Longue dispute signifie : « Les deux partis ont tort[1]. »

SENS COMMUN. — Il y a quelquefois dans les expressions vulgaires une image de ce qui se passe au fond du cœur de tous les hommes. *Sensus communis* signifiait chez les Romains non-seulement sens commun, mais humanité, sensibilité. Comme nous ne valons pas les Romains, ce mot ne dit chez nous que la moitié de ce qu'il disait chez eux. Il ne signifie que le bon sens, raison grossière, raison commencée, première notion des choses ordinaires, état mitoyen entre la stupidité et l'esprit. « Cet homme n'a pas le sens commun, » est une grosse injure. « Cet homme a le sens commun, » est une injure aussi ; cela veut dire qu'il n'est pas tout à fait stupide, et qu'il manque de ce qu'on appelle esprit. Mais d'où vient cette expression *sens commun*, si ce n'est des sens ? Les hommes, quand ils inventèrent ce mot, faisaient l'aveu que rien n'entrait dans l'âme que par les sens ; autrement, auraient-ils employé le mot de *sens* pour signifier le raisonnement commun ?

On dit quelquefois : « Le sens commun est fort rare ; » que signifie cette phrase ? que dans plusieurs hommes la raison commencée est arrêtée dans ses progrès par quelques préjugés ; que tel homme, qui juge très-sainement dans une affaire, se trompera toujours grossiè a-

---

1. Une erreur générale et populaire, qu'un parti riche et puissant est intéressé à soutenir, peut résister longtemps aux attaques de la vérité. Il en est de même de quelques vérités politiques, directement contraires aux intérêts de certaines classes qui vivent, dans tous les pays, des erreurs du gouvernement et de la misère du peuple. Ces vérités ne peuvent s'établir qu'après une longue résistance. Mais M. de Voltaire suppose dans cet article que la vérité n'a point à combattre l'intérêt ; et dans ce sens la maxime est vraie. (*Ed. de Kehl.*)

ment dans une autre. Cet Arabe, qui sera d'ailleurs un bon calculateur, un savant chimiste, un astronome exact, croira cependant que Mahomet a la moitié de la lune dans sa manche.

Pourquoi ira-t-il au delà du sens commun dans les trois sciences dont je parle, et sera-t-il au-dessous du sens commun quand il s'agira de cette moitié de lune? C'est que dans les premiers cas il a vu avec ses yeux, il a perfectionné son intelligence; et dans le second il a vu par les yeux d'autrui, il a fermé les siens, il a perverti le sens commun qui est en lui.

Comment cet étrange renversement d'esprit peut-il s'opérer? Comment les idées, qui marchent d'un pas si régulier et si ferme dans la cervelle sur un grand nombre d'objets, peuvent-elles clocher si misérablement sur un autre mille fois plus palpable et plus aisé à comprendre? Cet homme a toujours en lui les mêmes principes d'intelligence; il faut donc qu'il y ait un organe vicié, comme il arrive quelquefois que le gourmet le plus fin peut avoir le goût dépravé sur une espèce particulière de nourriture.

Comment l'organe de cet Arabe, qui voit la moitié de la lune dans la manche de Mahomet, est-il vicié? c'est par la peur. On lui a dit que s'il ne croyait pas à cette manche, son âme, immédiatement après sa mort, en passant sur le pont aigu, tomberait pour jamais dans l'abîme; on lui a dit bien pis : « Si jamais vous doutez de cette manche, un derviche vous traitera d'impie; un autre vous prouvera que vous êtes un insensé qui, ayant tous les motifs possibles de crédibilité, n'avez pas voulu soumettre votre raison superbe à l'évidence; un troisième vous déférera au petit divan d'une petite province, et vous serez légalement empalé. »

Tout cela donne une terreur panique au bon Arabe, à sa femme, à sa sœur, à toute la petite famille. Ils ont du bon sens sur tout le reste, mais sur cet article leur imagination est blessée, comme celle de Pascal, qui voyait continuellement un précipice auprès de son fauteuil. Mais notre Arabe croit-il en effet à la manche de Mahomet? non; il fait des efforts pour croire; il dit : « Cela est impossible, mais cela est vrai; je crois ce que je ne crois pas. » Il se forme dans sa tête, sur cette manche, un chaos d'idées qu'il craint de débrouiller; et c'est véritablement n'avoir pas le sens commun.

SENSATION. — Les huîtres ont, dit-on, deux sens; les taupes, quatre; les autres animaux, comme les hommes, cinq; quelques personnes en admettent un sixième; mais il est évident que la sensation voluptueuse dont ils veulent parler se réduit au sentiment du tact, et que cinq sens sont notre partage. Il nous est impossible d'en imaginer par delà, et d'en désirer.

Il se peut que dans d'autres globes on ait des sens dont nous n'avons pas d'idées; il se peut que le nombre des sens augmente de globe en globe, et que l'être qui a des sens innombrables et parfaits soit le terme de tous les êtres.

Mais nous autres, avec nos cinq organes, quel est notre pouvoir?

Nous sentons toujours malgré nous, et jamais parce que nous le voulons; il nous est impossible de ne pas avoir la sensation que notre nature nous destine, quand l'objet nous frappe. Le sentiment est dans nous, mais il ne peut en dépendre. Nous le recevons : et comment le recevons-nous? On sait assez qu'il n'y a aucun rapport entre l'air battu, et des paroles qu'on me chante, et l'impression que ces paroles font dans mon cerveau.

Nous sommes étonnés de la pensée; mais le sentiment est tout aussi merveilleux. Un pouvoir divin éclate dans la sensation du dernier des insectes comme dans le cerveau de Newton. Cependant, que mille animaux meurent sous nos yeux, vous n'êtes point inquiets de ce que deviendra leur faculté de sentir, quoique cette faculté soit l'ouvrage de l'Être des êtres; vous les regardez comme des machines de la nature, nées pour périr et pour faire place à d'autres.

Pourquoi et comment leur sensation subsisterait-elle quand ils n'existent plus? Quel besoin l'auteur de tout ce qui est aurait-il de conserver des propriétés dont le sujet est détruit? Il vaudrait autant dire que le pouvoir de la plante nommée sensitive, de retirer ses feuilles vers ses branches, subsiste encore quand la plante n'est plus. Vous allez sans doute demander comment, la sensation des animaux périssant avec eux, la pensée de l'homme ne périra pas. Je ne peux répondre à cette question, je n'en sais pas assez pour la résoudre. L'auteur éternel de la sensation et de la pensée sait seul comment il la donne, et comment il la conserve.

Toute l'antiquité a maintenu que rien n'est dans notre entendement qui n'ait été dans nos sens. Descartes, dans ses romans, prétendit que nous avions des idées métaphysiques avant de connaître le teton de notre nourrice; une faculté de théologie proscrivit ce dogme, non parce que c'était une erreur, mais parce que c'était une nouveauté : ensuite elle adopta cette erreur, parce qu'elle était détruite par Locke, philosophe anglais, et qu'il fallait bien qu'un Anglais eût tort. Enfin, après avoir changé si souvent d'avis, elle est revenue à proscrire cette ancienne vérité, que les sens sont les portes de l'entendement. Elle a fait comme les gouvernements obérés, qui tantôt donnent cours à certains billets, et tantôt les décrient; mais depuis longtemps personne ne veut des billets de cette faculté.

Toutes les facultés du monde n'empêcheront jamais les philosophes de voir que nous commençons par sentir, et que notre mémoire n'est qu'une sensation continuée. Un homme qui naîtrait privé de ses cinq sens serait privé de toute idée, s'il pouvait vivre. Les notions métaphysiques ne viennent que par les sens; car comment mesurer un cercle ou un triangle, si on n'a pas vu ou touché un cercle et un triangle? comment se faire une idée imparfaite de l'infini, qu'en reculant des bornes? et comment retrancher des bornes, sans en avoir vu ou senti?

La sensation enveloppe toutes nos facultés, dit un grand philosophe [1].

1. Condillac, *Traité des sensations.*

Que conclure de tout cela? Vous qui lisez et qui pensez, concluez.

Les Grecs avaient inventé la faculté *Psyché* pour les sensations, et la faculté *Noûs* pour les pensées. Nous ignorons malheureusement ce que c'est que ces deux facultés; nous les avons, mais leur origine ne nous est pas plus connue qu'à l'huître, à l'ortie de mer, au polype, aux vermisseaux et aux plantes. Par quelle mécanique inconcevable le sentiment est-il dans tout mon corps, et la pensée dans ma seule tête? Si on vous coupe la tête, il n'y a pas d'apparence que vous puissiez alors résoudre un problème de géométrie : cependant votre glande pinéale, votre corps calleux, dans lesquels vous logez votre âme, subsistent longtemps sans altération; votre tête coupée est si pleine d'esprits animaux, que souvent elle bondit après avoir été séparée de son tronc : il semble qu'elle devrait avoir dans ce moment des idées très-vives, et ressembler à la tête d'Orphée, qui faisait encore de la musique et qui chantait Eurydice quand on la jetait dans les eaux de l'Hèbre.

Si vous ne pensez pas quand vous n'avez plus de tête, d'où vient que votre cœur se meut et paraît sentir quand il est arraché?

Vous sentez, dites-vous, parce que tous les nerfs ont leur origine dans le cerveau; et cependant si on vous a trépané, et si on vous brûle le cerveau, vous ne sentez rien. Les gens qui savent les raisons de tout cela sont bien habiles.

SERPENT. — « Je certifie que j'ai tué en diverses fois plusieurs serpents, en mouillant un peu avec ma salive un bâton ou une pierre, et en donnant, sur le milieu du corps du serpent, un petit coup, qui pouvait à peine occasionner une petite contusion. 19 janvier 1772. FIGUIER, *chirurgien.* »

Ce chirurgien m'ayant donné ce certificat, deux témoins qui lui ont vu tuer ainsi des serpents m'ont attesté ce qu'ils avaient vu. Je voudrais le voir aussi; car j'ai avoué, dans plusieurs endroits de nos *Questions*, que j'avais pris pour mon patron saint Thomas Didyme, qui voulait toujours mettre le doigt dessus.

Il y a dix-huit cents ans que cette opinion s'est perpétuée chez les peuples; et peut-être aurait-elle dix-huit mille ans d'antiquité, si la *Genèse* ne nous instruisait pas au juste de la date de notre inimitié avec le serpent. Et l'on peut dire que si Ève avait craché quand le serpent était à son oreille, elle eût épargné bien des maux au genre humain.

Lucrèce, au livre IV (vers 642-3), rapporte cette manière de tuer les serpents comme une chose très-connue :

> *Est utique, ut serpens hominis contacta salivis*
> *Disperit, ac sese mandendo conficit ipsa.*

Crachez sur un serpent, sa force l'abandonne,
Il se mange lui-même, il se dévore, il meurt.

Il y a un peu de contradiction à le peindre languissant et se dévorant lui-même. Aussi mon chirurgien Figuier n'affirme pas que les serpents qu'il a tués se soient mangés. La *Genèse* dit bien que nous les tuons avec le talon, mais non pas avec de la salive.

Nous sommes dans l'hiver, au 19 janvier : c'est le temps où les serpents restent chez eux. Je ne puis en trouver au mont Krapack; mais j'exhorte tous les philosophes à cracher sur tous les serpents qu'ils rencontreront en chemin, au printemps. Il est bon de savoir jusqu'où s'étend le pouvoir de la salive de l'homme.

Il est certain que Jésus-Christ lui-même se servit de salive pour guérir un homme sourd et muet [1].

Il le prit à part; il mit ses doigts dans ses oreilles; il cracha sur sa langue; et, regardant le ciel, il soupira, et s'écria : *Effeta*. Aussitôt le sourd et muet se mit à parler.

Il se peut donc en effet que Dieu ait permis que la salive de l'homme tue les serpents; mais il peut avoir permis aussi que mon chirurgien ait assommé des serpents à grands coups de pierre et de bâton, et il est même probable qu'ils en seraient morts, soit que le sieur Figuier eût craché, soit qu'il n'eût pas craché.

Je prie donc tous les philosophes d'examiner la chose avec attention. On peut, par exemple, quand on verra passer Fréron dans la rue, lui cracher au nez; et, s'il en meurt, le fait sera constaté, malgré tous les raisonnements des incrédules.

Je saisis cette occasion de prier aussi les philosophes de couper le plus qu'ils pourront de têtes de limaçons à coquille; car j'atteste que la tête est revenue à des limaçons à qui je l'avais très-bien coupée. Mais ce n'est pas assez que j'en aie fait l'expérience, il faut que d'autres la fassent encore pour que la chose acquière quelque degré de probabilité; car, si j'ai fait heureusement deux fois cette expérience, je l'ai manquée trente fois : son succès dépend de l'âge du limaçon, du temps auquel on lui coupe la tête, de l'endroit où on la lui coupe, du lieu où on le garde jusqu'à ce que la tête lui revienne.

S'il est important de savoir qu'on peut donner la mort en crachant, il est bien plus essentiel de savoir qu'il revient des têtes. L'homme vaut mieux qu'un limaçon; et je ne doute pas que, dans un temps où tous les arts se perfectionnent, on ne trouve l'art de donner une bonne tête à un homme qui n'en aura point.

SIBYLLE. — La première femme qui s'avisa de prononcer des oracles à Delphes s'appelait *Sibylla*. Elle eut pour père Jupiter, au rapport de Pausanias, et pour mère Lamia, fille de Neptune; et elle vivait fort longtemps avant le siège de Troie. De là vient que par le nom de *sibylle* on désigna toutes les femmes qui, sans être prêtresses ni même attachées à un oracle particulier, annonçaient l'avenir et se disaient inspirées. Différents pays et différents siècles avaient eu leurs sibylles; on conservait les prédictions qui portaient leur nom, et l'on en formait des recueils.

Le plus grand embarras pour les anciens, était d'expliquer par quel

---

1. Marc, chap. VII.

heureux privilége ces sibylles avaient le don de prédire l'avenir. Les platoniciens en trouvaient la cause dans l'union intime que la créature, parvenue à un certain degré de perfection, pouvait avoir avec la Divinité. D'autres rapportaient cette vertu divinatrice des sibylles aux vapeurs et aux exhalaisons des cavernes qu'elles habitaient. D'autres enfin attribuaient l'esprit prophétique des sibylles à leur humeur sombre et mélancolique ou à quelque maladie singulière.

Saint Jérôme[1] a soutenu que ce don était en elles la récompense de leur chasteté; mais il y en a du moins une très-célèbre qui se vante d'avoir eu mille amants, sans avoir été mariée. Il eût été plus court et plus sensé à saint Jérôme et aux autres Pères de l'Église de nier l'esprit prophétique des sibylles, et de dire qu'à force de proférer des prédictions à l'aventure, elles ont pu rencontrer quelquefois, surtout à l'aide d'un commentaire favorable par lequel on ajustait des paroles dites au hasard à des faits qu'elles n'avaient jamais pu prévoir.

Le singulier, c'est qu'on recueillit leurs prédictions après l'événement. La première collection de vers sibyllins, achetée par Tarquin, contenait trois livres; la seconde fut compilée après l'incendie du Capitole, mais on ignore combien de livres elle contenait; et la troisième est celle que nous avons en huit livres, et dans laquelle il n'est pas douteux que l'auteur n'ait inséré plusieurs prédictions de la seconde. Cette collection est le fruit de la pieuse fraude de quelques chrétiens platoniciens plus zélés qu'habiles, qui crurent, en la composant, prêter des armes à la religion chrétienne, et mettre ceux qui la défendaient en état de combattre le paganisme avec le plus grand avantage.

Cette compilation informe de prophéties différentes fut imprimée pour la première fois, l'an 1545, sur des manuscrits, et publiée plusieurs fois depuis avec d'amples commentaires, surchargés d'une érudition souvent triviale et presque toujours étrangère au texte, que ces commentaires éclaircissent rarement. Les ouvrages composés pour et contre l'authenticité de ces livres sibyllins sont en très-grand nombre, et quelques-uns même très-savants; mais il y règne si peu d'ordre et de critique, et les auteurs étaient tellement dénués de tout esprit philosophique, qu'il ne resterait à ceux qui auraient le courage de les lire que l'ennui et la fatigue de cette lecture.

La date de cette compilation se trouve clairement indiquée dans le cinquième et dans le huitième livre. On fait dire à la sibylle que l'empire romain aura quinze empereurs, dont quatorze sont désignés par la valeur numérale de la première lettre de leur nom dans l'alphabet grec. Elle ajoute que le quinzième, qui sera, dit-on, un homme à tête blanche, portera le nom d'une mer voisine de Rome : le quinzième des empereurs romains est Adrien, et le golfe Adriatique est la mer dont il porte le nom.

« De ce prince, continue la sibylle, en sortiront trois autres qui régiront l'empire en même temps; mais à la fin un seul d'entre eux en restera possesseur. » Ces trois rejetons sont Antonin, Marc-Aurèle,

---

1. Contre Jovinien.

et Lucius Verus. La sibylle fait allusion aux adoptions et aux associations qui les unirent. Marc-Aurèle se trouva seul maître de l'empire à la mort de Lucius Verus, au commencement de l'an 169, et il le gouverna sans collègue jusqu'à l'année 177 qu'il s'associa son fils Commode. Comme il n'y a rien qui puisse avoir quelque rapport avec ce nouveau collègue de Marc-Aurèle, il est visible que la collection doit avoir été faite entre les années 169 et 177 de l'ère vulgaire.

Josèphe l'historien¹ cite un ouvrage de la sibylle, où l'on parlait de la tour de Babel et de la confusion des langues à peu près comme dans la *Genèse*² : ce qui prouve que les chrétiens ne sont pas les premiers auteurs de la supposition des livres sibyllins. Josèphe ne rapportant pas les paroles mêmes de la sibylle, nous ne sommes plus en état de vérifier si ce qui est dit de ce même événement dans notre collection était tiré de l'ouvrage cité par Josèphe ; mais il est certain que plusieurs des vers attribués à la sibylle dans l'exhortation qui se trouve parmi les œuvres de saint Justin, dans l'ouvrage de Théophile d'Antioche, dans Clément d'Alexandrie, et dans quelques autres Pères, ne se lisent point dans notre recueil ; et comme la plupart de ces vers ne portent aucun caractère de christianisme, ils pourraient être l'ouvrage de quelque juif platonisant.

Dès le temps de Celse les sibylles avaient déjà quelque crédit parmi les chrétiens, comme il paraît par deux passages de la réponse d'Origène. Mais dans la suite, les vers sibyllins paraissant favorables au christianisme, on les employa communément dans les ouvrages de controverse, avec d'autant plus de confiance que les païens eux-mêmes, qui reconnaissaient les sibylles pour des femmes inspirées, se retranchaient à dire que les chrétiens avaient falsifié leurs écrits ; question de fait qui ne pouvait être décidée que par une comparaison des différents manuscrits, que très-peu de gens étaient en état de faire.

Enfin ce fut d'un poëme de la sibylle de Cumes que l'on tira les principaux dogmes du christianisme. Constantin, dans le beau discours qu'il prononça devant l'assemblée des saints, montre que la quatrième églogue de Virgile n'est qu'une description prophétique du Sauveur, et que s'il n'a pas été l'objet immédiat du poëte, il l'a été de la sibylle dont le poëte a emprunté ses idées ; laquelle, étant remplie de l'esprit de Dieu, avait annoncé la naissance du Rédempteur.

On crut voir dans ce poëme le miracle de la naissance de Jésus d'une vierge, l'abolition du péché par la prédication de l'Évangile, l'abolition de la peine par la grâce du Rédempteur. On y crut voir l'ancien serpent terrassé, et le venin mortel dont il a empoisonné la nature humaine entièrement amorti. On y crut voir que la grâce du Seigneur, quelque puissante qu'elle soit, laisserait néanmoins subsister dans les fidèles des restes et des vestiges du péché ; en un mot, on y crut voir Jésus-Christ annoncé sous le grand caractère de fils de Dieu.

---

1. *Antiquités judaïques*, liv. XX, chap. XVI. — 2. Chap. XI.

Il y a dans cette églogue quantité d'autres traits qu'on dirait avoir été copiés d'après les prophètes juifs, et qui s'appliquent d'eux-mêmes à Jésus-Christ; c'est du moins le sentiment de l'Église[1]. Saint Augustin[2] en a été persuadé comme les autres, et a prétendu qu'on ne peut appliquer qu'à Jésus-Christ les vers de Virgile. Enfin les plus habiles modernes soutiennent la même opinion[3].

SICLE. — Poids et monnaie des Juifs. Mais comme ils ne frappèrent jamais de monnaie, et qu'ils se servirent toujours à leur avantage de la monnaie des autres peuples, toute monnaie d'or qui pesait environ une guinée, et toute monnaie d'argent pesant un petit écu de France, était appelée *sicle*; et ce sicle était le poids du sanctuaire, et le poids de roi.

Il est dit dans les livres des *Rois*[4] qu'Absalon avait de très-beaux cheveux, dont il faisait couper tous les ans une partie. Plusieurs grands commentateurs prétendent qu'il les faisait couper tous les mois, et qu'il y en avait pour la valeur de deux cents sicles. Si c'était des sicles d'or, la chevelure d'Absalon lui valait juste deux mille quatre cents guinées par an. Il y a peu de seigneuries qui rapportent aujourd'hui le revenu qu'Absalon tirait de sa tête.

Il est dit que lorsque Abraham acheta un antre en Hébron, du Cananéen Ephron, pour enterrer sa femme, Ephron lui vendit cet antre quatre cents sicles d'argent, de monnaie valable et reçue[5], *probatæ monetæ publicæ*.

Nous avons remarqué qu'il n'y avait point de monnaie dans ce temps-là. Ainsi ces quatre cents sicles d'argent devaient être quatre cents sicles de poids, lesquels vaudraient aujourd'hui trois livres quatre sous pièce, qui font douze cent quatre-vingts livres de France.

Il fallait que le petit champ qui fut vendu avec cette caverne fût d'une excellente terre pour être vendu si cher.

Lorsque Éliézer, serviteur d'Abraham, rencontra la belle Rebecca, fille de Bathuel, portant une cruche d'eau sur son épaule, et qu'elle lui eut donné à boire à lui et à ses chameaux, il lui donna des pendants d'oreille d'or qui pesaient deux sicles[6], et des bracelets d'or qui en pesaient dix. C'était un présent de vingt-quatre guinées.

Parmi les lois de l'*Exode*, il est dit que si un bœuf frappe de ses cornes un esclave mâle ou femelle, le possesseur du bœuf donnera trente sicles d'argent au maître de l'esclave, et le bœuf sera lapidé. Apparemment il était sous-entendu que le bœuf aurait fait une blessure dangereuse; sans quoi trente-deux écus auraient été une somme un peu trop forte vers le mont Sinaï, où l'argent n'était pas commun. C'est ce qui a fait soupçonner à plusieurs graves personnages, mais trop téméraires, que l'*Exode* ainsi que la *Genèse* n'avaient été écrits que dans des temps postérieurs.

Ce qui les a confirmés dans leur opinion erronée, c'est qu'il est dit

---

1. *Remarques de Valois sur Eusèbe*, p. 267. — 2. Lettre CLV.
3. Noel Alexandre, siècle I. — 4. Liv. II, chap. XIV, v. 26.
5. *Genèse*, chap. XXIII, v. 16. — 6. *Genèse*, chap. XXIV, v. 22.

dans le même *Exode*[1] : « Prenez d'excellente myrrhe du poids de cinq
cents sicles, deux cent cinquante de cinnamum, deux cent cinquante
de cannes de sucre, deux cent cinquante de casse, quatre pintes
et chopine d'huile d'olive, pour oindre le tabernacle ; et on fera mourir quiconque s'oindra d'une pareille composition, ou en oindra un
étranger. »

Il est ajouté qu'à tous ces aromates on joindra du stacté, de l'onyx,
du galbanum, et de l'encens brillant, et que du tout on doit faire une
colature selon l'art du parfumeur.

Mais je ne vois pas ce qui a dû tant révolter les incrédules dans cette
composition. Il est naturel de penser que les Juifs, qui, selon le texte,
volèrent aux Égyptiens tout ce qu'ils purent emporter, aient volé de
l'encens brillant, du galbanum, de l'onyx, du stacté, de l'huile d'olive,
de la casse, des cannes de sucre, du cinnamum, et de la myrrhe. Ils
avaient aussi volé sans doute beaucoup de sicles ; et nous avons vu
qu'un des plus zélés partisans de cette horde hébraïque évalue ce qu'ils
avaient volé seulement en or à neuf millions. Je ne compte pas après
lui.

SOCRATE. — Le moule est-il cassé de ceux qui aimaient la vertu
pour elle-même, un Confucius, un Pythagore, un Thalès, un Socrate ?
Il y avait de leur temps des foules de dévots à leurs pagodes et à leurs
divinités, des esprits frappés de la crainte de Cerbère et des Furies,
qui couraient les initiations, les pèlerinages, les mystères, qui se rui-
naient en offrandes de brebis noires. Tous les temps ont vu de ces malheureux dont parle Lucrèce (III, 51-54) :

> *Et quocumque tamen miseri venere, parentant,*
> *Et nigras mactant pecudes, et Manibu' divis*
> *Inferias mittunt ; multoque in rebus acerbis*
> *Acrius advertunt animos ad relligionem.*

Les macérations étaient en usage ; les prêtres de Cybèle se faisaient
châtrer pour garder la continence. D'où vient que, parmi tous ces martyrs de la superstition, l'antiquité ne compte pas un seul grand
homme, un sage ? C'est que la crainte n'a jamais pu faire la vertu.
Les grands hommes ont été les enthousiastes du bien moral. La sagesse était leur passion dominante ; ils étaient sages comme Alexandre
était guerrier, comme Homère était poëte, et Apelle peintre, par
une force et une nature supérieure : et voilà peut-être tout ce qu'on
doit entendre par le démon de Socrate.

Un jour deux citoyens d'Athènes, revenant de la chapelle de Mercure, aperçurent Socrate dans la place publique. L'un dit à l'autre :
« N'est-ce pas là ce scélérat qui dit qu'on peut être vertueux sans aller
tous les jours offrir des moutons et des oies ? — Oui, dit l'autre, c'est
ce sage qui n'a point de religion ; c'est cet athée qui dit qu'il n'y a
qu'un seul Dieu. » Socrate approcha d'eux avec son air simple, son

---

1. *Exode*, chap. xxx, v. 23 et suiv.

démon, et son ironie que Mme Dacier a si fort exaltée : « Mes amis, leur dit-il, un petit mot, je vous prie. Un homme qui prie la Divinité, qui l'adore, qui cherche à lui ressembler autant que le peut la faiblesse humaine, et qui fait tout le bien dont il est capable, comment nommeriez-vous un tel homme? — C'est une âme très-religieuse, dirent-ils. — Fort bien : on pourrait donc adorer l'Être suprême, et avoir à toute force de la religion? — D'accord, dirent les deux Athéniens. — Mais croyez-vous, poursuivit Socrate, que quand le divin architecte du monde arrangea tous ces globes qui roulent sur vos têtes, quand il donna le mouvement et la vie à tant d'êtres différents, il se servit du bras d'Hercule, ou de la lyre d'Apollon, ou de la flûte de Pan? — Cela n'est pas probable, dirent-ils. — Mais s'il n'est pas vraisemblable qu'il ait employé le secours d'autrui pour construire ce que nous voyons, il n'est pas croyable qu'il le conserve par d'autres que par lui-même. Si Neptune était le maître absolu de la mer, Junon de l'air, Éole des vents, Cérès des moissons, et que l'un voulût le calme quand l'autre voudrait du vent et de la pluie, vous sentez bien que l'ordre de la nature ne subsisterait pas tel qu'il est. Vous m'avouerez qu'il est nécessaire que tout dépende de celui qui a tout fait. Vous donnez quatre chevaux blancs au soleil, et deux chevaux noirs à la lune : mais ne vaut-il pas mieux que le jour et la nuit soient l'effet du mouvement imprimé aux astres par le maître des astres, que s'ils étaient produits par six chevaux? » Les deux citoyens se regardèrent et ne répondirent rien. Enfin Socrate finit par leur prouver qu'on pouvait avoir des moissons sans donner de l'argent aux prêtres de Cérès, aller à la chasse sans offrir des petites statues d'argent à la chapelle de Diane, que Pomone ne donnait point des fruits, que Neptune ne donnait point des chevaux, et qu'il fallait remercier le souverain qui a tout fait.

Son discours était dans la plus exacte logique. Xénophon, son disciple, homme qui connaissait le monde, et qui depuis sacrifia au vent dans la retraite des dix mille, tira Socrate par la manche, et lui dit : « Votre discours est admirable; vous avez parlé bien mieux qu'un oracle : vous êtes perdu. L'un de ces honnêtes gens à qui vous parlez est un boucher qui vend des moutons et des oies pour les sacrifices, et l'autre un orfèvre qui gagne beaucoup à faire de petits dieux d'argent et de cuivre pour les femmes; ils vont vous accuser d'être un impie qui voulez diminuer leur négoce; ils déposeront contre vous auprès de Mélitus et d'Anitus vos ennemis, qui ont conjuré votre perte : gare la ciguë! votre démon familier aurait bien dû vous avertir de ne pas dire à un boucher et à un orfèvre ce que vous ne deviez dire qu'à Platon et à Xénophon. »

Quelque temps après, les ennemis de Socrate le firent condamner par le conseil des cinq cents. Il eut deux cent vingt voix pour lui. Cela fait présumer qu'il y avait deux cent vingt philosophes dans ce tribunal; mais cela fait voir que dans toute compagnie le nombre des philosophes est toujours le plus petit.

Socrate but donc la ciguë pour avoir parlé en faveur de l'unité de

Dieu : et ensuite les Athéniens consacrèrent une chapelle à Socrate, à celui qui s'était élevé contre les chapelles dédiées aux êtres inférieurs.

SOLDAT. — Le ridicule faussaire qui fit ce Testament du cardinal de Richelieu, dont nous avons beaucoup plus parlé qu'il ne mérite, donne pour un beau secret d'État de lever cent mille soldats quand on veut en avoir cinquante mille.

Si je ne craignais d'être aussi ridicule que ce faussaire, je dirais qu'au lieu de lever cent mille mauvais soldats, il en faut engager cinquante mille bons; qu'il faut rendre leur profession honorable; qu'il faut qu'on la brigue, et non pas qu'on la fuie; que cinquante mille guerriers assujettis à la sévérité de la règle sont bien plus utiles que cinquante mille moines.

Que ce nombre est suffisant pour défendre un État de l'étendue de l'Allemagne, ou de la France, ou de l'Espagne, ou de l'Italie;

Que des soldats en petit nombre dont on a augmenté l'honneur et la paye ne déserteront point;

Que cette paye étant augmentée dans un État, et le nombre des engagés diminué, il faudra bien que les États voisins imitent celui qui aura le premier rendu ce service au genre humain;

Qu'une multitude d'hommes dangereux étant rendue à la culture de la terre ou aux métiers, et devenue inutile, chaque État en sera plus florissant.

M. le marquis de Monteynard a donné, en 1771, un exemple à l'Europe; il a donné un surcroît à la paye, et des honneurs aux soldats qui serviraient après le temps de leur engagement. Voilà comme il faut mener les hommes.

SOMNAMBULES, ET SONGES. — *Section I.* — J'ai vu un somnambule, mais il se contentait de se lever, de s'habiller, de faire la révérence, de danser le menuet assez proprement; après quoi il se déshabillait, se recouchait, et continuait de dormir.

Cela n'approche pas du somnambule de l'*Encyclopédie*. C'était un jeune séminariste qui se relevait pour composer un sermon en dormant, l'écrivait correctement, le relisait d'un bout à l'autre, ou du moins croyait le relire, y faisait des corrections, raturait des lignes, en substituait d'autres, remettait à sa place un mot oublié; composait de la musique, la notait exactement, après avoir réglé son papier avec sa canne, et plaçait les paroles sous les notes sans se tromper, etc., etc.

Il est dit qu'un archevêque de Bordeaux a été témoin de toutes ces opérations et de beaucoup d'autres aussi étonnantes. Il serait à souhaiter que ce prélat eût donné lui-même son attestation signée de ses grands vicaires, ou du moins de monsieur son secrétaire.

Mais supposons que ce somnambule ait fait tout ce qu'on lui attribue, je lui ferai toujours les mêmes questions que je ferais à un simple songeur. Je lui dirais : « Vous avez songé plus fortement qu'un autre, mais c'est par le même principe; cet autre n'a eu que la fièvre, et vous avez eu le transport au cerveau. Mais enfin, vous avez reçu

l'un et l'autre des idées, des sensations auxquelles vous ne vous atten-
diez nullement; vous avez fait tout ce que vous n'aviez nulle envie de
faire. »

De deux dormeurs l'un n'a pas une seule idée, l'autre en reçoit une
foule; l'un est insensible comme un marbre, l'autre éprouve des désirs
et des jouissances. Un amant fait en rêvant une chanson pour sa maîtresse, qui dans son délire croit lui écrire une lettre tendre, et qui en
récite tout haut les paroles.

> *Scribit amatori meretrix; dat adultera munus....*
> *In noctis spatio miserorum vulnera durant.*
>
>   (Pétrone, ch. CIV, vers 14 et 16.)

S'est-il passé autre chose dans votre machine pendant ce rêve si
puissant sur vous, que ce qui se passe tous les jours dans votre machine éveillée?

Vous, monsieur le séminariste, né avec le don de l'imitation, vous
avez écouté cent sermons, votre cerveau s'est monté à en faire; vous
en avez écrit en veillant, poussé par le talent d'imiter; vous en écrivez de même en dormant. Comment s'est-il pu faire que vous soyez
devenu prédicateur en rêve, vous étant couché sans aucune volonté de
prêcher? Ressouvenez-vous bien de la première fois que vous mîtes
par écrit l'esquisse d'un sermon pendant la veille. Vous n'y pensiez
pas le quart d'heure d'auparavant; vous étiez dans votre chambre,
livré à une rêverie vague sans aucune idée déterminée; votre mémoire
vous rappelle, sans que votre volonté s'en mêle, le souvenir d'une certaine fête : cette fête vous rappelle qu'on prêche ce jour-là; vous vous
souvenez d'un texte, ce texte fournit un exorde; vous avez auprès de
vous encre et papier, vous écrivez des choses que vous ne pensiez pas
devoir jamais écrire.

Voilà précisément ce qui vous est arrivé dans votre acte de noctam-
bule.

Vous avez cru dans l'une et l'autre opération ne faire que ce que
vous vouliez; et vous avez été dirigé sans le savoir par tout ce qui a
précédé l'écriture de ce sermon.

De même, lorsque en sortant de vêpres vous vous êtes renfermé
dans votre cellule pour méditer, vous n'aviez nul dessein de vous occuper de votre voisine; cependant son image s'est peinte à vous quand
vous n'y pensiez pas; votre imagination s'est allumée sans que vous
ayez songé à un éteignoir; vous savez ce qui s'en est ensuivi.

Vous avez éprouvé la même aventure pendant votre sommeil.

Quelle part avez-vous eue à toutes ces modifications de votre individu? la même que vous avez à la course de votre sang dans vos
artères et dans vos veines, à l'arrosement de vos vaisseaux lymphati-
ques, au battement de votre cœur et de votre cerveau.

J'ai lu l'article *Songe* dans le *Dictionnaire encyclopédique*, et je n'y
ai rien compris. Mais quand je recherche la cause de mes idées et de
mes actions dans le sommeil et dans la veille, je n'y comprends pas
davantage

Je sais bien qu'un raisonneur qui voudrait me prouver que quand je veille, et que je ne suis ni frénétique ni ivre, je suis alors un animal agent, ne laisserait pas de m'embarrasser.

Mais je l'embarrasserais bien davantage, en lui prouvant que quand il dort il est entièrement patient, pur automate.

Or dites-moi ce que c'est qu'un animal qui est absolument machine la moitié de sa vie, et qui change de nature deux fois en vingt-quatre heures.

Section II[1]. — Des songes. —

Somnia, quæ mentes ludunt volitantibus umbris,
Non delubra deum nec ab æthere numina mittunt;
Sed sibi quisque facit.

(Pétrone, ch. CIV, vers 1-3.)

Mais comment, tous les sens étant morts dans le sommeil, y en a-t-il un interne qui est vivant? comment vos yeux ne voyant plus, vos oreilles n'entendant rien, voyez-vous cependant et entendez-vous dans vos rêves? Le chien est à la chasse en songe, il aboie, il suit sa proie, il est à la curée. Le poëte fait des vers en dormant. Le mathématicien voit des figures; le métaphysicien raisonne bien ou mal : on en a des exemples frappants.

Sont-ce les seuls organes de la machine qui agissent? est-ce l'âme pure qui, soustraite à l'empire des sens, jouit de ses droits en liberté?

Si les organes seuls produisent les rêves de la nuit, pourquoi ne produiront-ils pas seuls les idées du jour? Si l'âme pure, tranquille dans le repos des sens, agissant par elle-même, est l'unique cause, le sujet unique de toutes les idées que vous avez en dormant, pourquoi toutes ces idées sont-elles presque toujours irrégulières, déraisonnables, incohérentes? Quoi! c'est dans le temps où cette âme est le moins troublée qu'il y a plus de trouble dans toutes ses imaginations! elle est en liberté, et elle est folle! Si elle était née avec des idées métaphysiques (comme l'ont dit tant d'écrivains qui rêvaient les yeux ouverts), ses idées pures et lumineuses de l'être, de l'infini, de tous les premiers principes, devraient se réveiller en elle avec la plus grande énergie quand son corps est endormi : on ne serait jamais bon philosophe qu'en songe.

Quelque système que vous embrassiez, quelques vains efforts que vous fassiez pour vous prouver que la mémoire remue votre cerveau, et que votre cerveau remue votre âme, il faut que vous conveniez que toutes vos idées vous viennent dans le sommeil sans vous et malgré vous : votre volonté n'y a aucune part. Il est donc certain que vous pouvez penser sept ou huit heures de suite, sans avoir la moindre envie de penser, et sans même être sûr que vous pensez. Pesez cela, et tâchez de deviner ce que c'est que le composé de l'animal.

---

1. Quelques éditions placent ici la *Lettre aux auteurs de la Gazette littéraire*. (ED.)

Les songes ont toujours été un grand objet de superstition ; rien n'était plus naturel. Un homme, vivement touché de la maladie de sa maîtresse, songe qu'il la voit mourante ; elle meurt le lendemain ; donc les dieux lui ont prédit sa mort.

Un général d'armée rêve qu'il gagne une bataille ; il la gagne en effet ; les dieux l'ont averti qu'il serait vainqueur.

On ne tient compte que des rêves qui ont été accomplis ; on oublie les autres. Les songes font une grande partie de l'histoire ancienne, aussi bien que les oracles.

La *Vulgate* traduit ainsi la fin du verset 26 du chapitre xix du *Lévitique* : « Vous n'observerez point les songes. » Mais le mot *songe* n'est point dans l'hébreu ; et il serait assez étrange qu'on réprouvât l'observation des songes dans le même livre où il est dit que Joseph devint le bienfaiteur de l'Égypte et de sa famille, pour avoir expliqué trois songes.

L'explication des rêves était une chose si commune, qu'on ne se bornait pas à cette intelligence ; il fallait encore deviner quelquefois ce qu'un autre homme avait rêvé. Nabuchodonosor ayant oublié un songe qu'il avait fait, ordonna à ses mages de le deviner ; et les menaça de mort s'ils n'en venaient pas à bout ; mais le Juif Daniel, qui était de l'école des mages, leur sauva la vie en devinant quel était le songe du roi, et en l'interprétant. Cette histoire et beaucoup d'autres pourraient servir à prouver que la loi des Juifs ne défendait pas l'oneiromantie, c'est-à-dire la science des songes.

Section III. — A Lausanne, 25 octobre 1757. — Dans un de mes rêves, je soupais avec M. Touron, qui faisait les paroles et la musique des vers qu'il nous chantait. Je lui fis ces quatre vers dans mon songe :

Mon cher Touron, que tu m'enchantes
Par la douceur de tes accents !
Que tes vers sont doux et coulants !
Tu les fais comme tu les chantes.

Dans un autre rêve je récitai le premier chant de *la Henriade* tout autrement qu'il n'est. Hier je rêvai qu'on nous disait des vers à souper. Quelqu'un prétendait qu'il y avait trop d'esprit ; je lui répondais que les vers étaient une fête qu'on donnait à l'âme, et qu'il fallait des ornements dans les fêtes.

J'ai donc, en rêvant, dit des choses que j'aurais dites à peine dans la veille ; j'ai donc eu des pensées réfléchies malgré moi, et sans y avoir la moindre part. Je n'avais ni volonté, ni liberté ; et cependant je combinais des idées avec sagacité, et même avec quelque génie. Que suis-je donc, sinon une machine ?

SOPHISTE. — Un géomètre un peu dur nous parlait ainsi : Y a-t-il rien dans la littérature de plus dangereux que des rhéteurs sophistes ? parmi ces sophistes y en eut-il jamais de plus inintelligibles et de plus indignes d'être entendus que le divin Platon ?

La seule idée utile qu'on puisse peut-être trouver chez lui, est l'immortalité de l'âme, qui était déjà établie chez tous les peuples policés. Mais comment prouve-t-il cette immortalité?

On ne peut trop remettre cette preuve sous nos yeux pour nous faire bien apprécier ce fameux Grec.

Il dit, dans son *Phédon*, que la mort est le contraire de la vie, que le mort naît du vivant, et le vivant du mort, et que par conséquent les âmes vont sous terre après notre mort.

S'il est vrai que le sophiste Platon, qui se donne pour ennemi de tous les sophistes, raisonne presque toujours ainsi, qu'étaient donc ces prétendus grands hommes, et à quoi ont-ils servi?

Le grand défaut de toute la philosophie platonicienne était d'avoir pris les idées abstraites pour des choses réelles. Un homme ne peut avoir fait une belle action que parce qu'il y a un beau réellement existant, auquel cette action est conforme!

On ne peut faire aucune action sans avoir l'idée de cette action : donc ces idées existent je ne sais où, et il faut les consulter !

Dieu avait l'idée du monde avant de le former; c'était son logos : donc le monde était la production du logos!

Que de querelles, tantôt vaines, tantôt sanglantes, cette manière d'argumenter apporta-t-elle enfin sur la terre! Platon ne se doutait pas que sa doctrine pût un jour diviser une Église qui n'était pas encore née.

Pour concevoir le juste mépris que méritent toutes ces vaines subtilités, lisez Démosthène; voyez si dans aucune de ses harangues il emploie un seul de ces ridicules sophismes. C'est une preuve bien claire que dans les affaires sérieuses on ne faisait pas plus de cas de ces ergoteries, que le conseil d'État n'en fait des thèses de théologie.

Vous ne trouverez pas un seul de ces sophismes dans les *Oraisons* de Cicéron. C'était un jargon de l'école, inventé pour amuser l'oisiveté : c'était le charlatanisme de l'esprit.

STYLE. — *Section I.* — Le style des lettres de Balzac n'aurait pas été mauvais pour des oraisons funèbres; et nous avons quelques morceaux de physique dans le goût du poème épique et de l'ode. Il est bon que chaque chose soit à sa place.

Ce n'est pas qu'il n'y ait quelquefois un grand art, ou plutôt un très-heureux naturel à mêler quelques traits d'un style majestueux dans un sujet qui demande de la simplicité; à placer à propos de la finesse, de la délicatesse, dans un discours de véhémence et de force. Mais ces beautés ne s'enseignent pas. Il faut beaucoup d'esprit et de goût. Il serait difficile de donner des leçons de l'un et de l'autre.

Il est bien étrange que depuis que les Français s'avisèrent d'écrire, ils n'eurent aucun livre écrit d'un bon style, jusqu'à l'année 1656, où les *Lettres provinciales* parurent. Pourquoi personne n'avait-il écrit l'histoire d'un style convenable, jusqu'à la *Conspiration de Venise* de l'abbé de Saint-Réal?

D'où vient que Pellisson eut le premier le vrai style de l'éloquence cicéronienne, dans ses mémoires pour le surintendant Fouquet?

Rien n'est donc plus difficile et plus rare que le style convenable à la matière que l'on traite.

N'affectez point des tours inusités et des mots nouveaux dans un livre de religion, comme l'abbé Houtteville; ne déclamez point dans un livre de physique; point de plaisanterie en mathématique; évitez l'enflure et les figures outrées dans un plaidoyer. Une pauvre bourgeoise ivrogne ou ivrognesse meurt d'apoplexie; vous dites qu'elle est dans la région des morts: on l'ensevelit; vous assurez que sa dépouille mortelle est confiée à la terre. Si on sonne pour son enterrement, c'est un son funèbre qui se fait entendre dans les nues. Vous croyez imiter Cicéron, et vous n'imitez que maître Petit-Jean.

J'ai entendu souvent demander si, dans nos meilleures tragédies, on n'avait pas trop souvent admis le style familier, qui est si voisin du style simple et naïf.

Par exemple, dans *Mithridate* :

> Seigneur, vous changez de visage !

cela est simple, et même naïf. Ce demi-vers, placé où il est, fait un effet terrible : il tient du sublime. Au lieu que les mêmes paroles de Bérénice à Antiochus :

> Prince, vous vous troublez et changez de visage [1]!

ne sont que très-ordinaires; c'est une transition plutôt qu'une situation.

Rien n'est si simple que ce vers :

> Madame, j'ai reçu des lettres de l'armée [2].

Mais le moment où Roxane prononce ces paroles fait trembler. Cette noble simplicité est très-fréquente dans Racine, et fait une de ses principales beautés.

Mais on se récria contre plusieurs vers qui ne parurent que familiers.

> Il suffit; et que fait la reine Bérénice?...
> A-t-on vu de ma part le roi de Comagène?
> Sait-il que je l'attends? — J'ai couru chez la reine....
> Il en était sorti lorsque j'y suis couru [3].
> On sait qu'elle est charmante; et de si belles mains
> Semblent vous demander l'empire des humains [4].
> Comme vous je me perds d'autant plus que j'y pense [5].
> Quoi! seigneur, le sultan reverra son visage [6]!
>   Mais, à ne point mentir,

---

1. *Bérénice*, I, IV. (ÉD.) — 2. *Bajazet*, IV, III. (ÉD.) — 3. *Bérénice*, II, I. (ÉD.)
4. *Id.*, II, II. (ÉD.) — 5. *Id.*, II, V. (ÉD.) — 6. *Bajazet*, I, I. (ÉD.)

Votre amour dès longtemps a dû le pressentir[1].
Madame, encore un coup, c'est à vous de choisir[2].
Elle veut, Acomat, que je l'épouse. — Eh bien [3]!
Et je vous quitte. — Et moi je ne vous quitte pas[4].
         Crois-tu, si je l'épouse,
Qu'Andromaque en son cœur n'en sera point jalouse[5]?
Tu vois que c'en est fait, ils se vont épouser[6].
Pour bien faire il faudrait que vous le prévinssiez[7]....
Attendez. — Non, vois-tu, je le nierais en vain[8].

On a trouvé une grande quantité de pareils vers trop prosaïques, et d'une familiarité qui n'est le propre que de la comédie. Mais ces vers se perdent dans la foule des bons; ce sont des fils de laiton qui servent à joindre des diamants.

Le style élégant est si nécessaire, que sans lui la beauté des sentiments est perdue. Il suffit seul pour embellir les sentiments les moins nobles et les moins tragiques.

Croirait-on qu'on pût, entre une reine incestueuse et un père qui devient parricide, introduire une jeune amoureuse, dédaignant de subjuguer un amant qui ait déjà eu d'autres maîtresses, et mettant sa gloire à triompher de l'austérité d'un homme qui n'a jamais rien aimé? C'est pourtant ce qu'Aricie ose dire dans le sujet tragique de *Phèdre*. Mais elle le dit dans des vers si séducteurs, qu'on lui pardonne ces sentiments d'une coquette de comédie (acte II, scène 1) :

Phèdre en vain s'honorait des soupirs de Thésée :
Pour moi, je suis plus fière et fuis la gloire aisée
D'arracher un hommage à mille autres offert,
Et d'entrer dans un cœur de toutes parts ouvert.
Mais de faire fléchir un courage inflexible,
De porter la douleur dans une âme insensible,
D'enchaîner un captif de ses fers étonné,
Contre un joug qui lui plaît vainement mutiné;
C'est là ce que je veux, c'est là ce qui m'irrite.
Hercule à désarmer coûtait moins qu'Hippolyte,
Et vaincu plus souvent, et plus tôt surmonté,
Préparait moins de gloire aux yeux qui l'ont dompté.

Ces vers ne sont pas tragiques; mais tous les vers ne doivent pas l'être; et s'ils ne font aucun effet au théâtre, ils charment à la lecture par la seule élégance du style.

Presque toujours les choses qu'on dit frappent moins que la manière dont on les dit; car les hommes ont tous à peu près les mêmes idées de ce qui est à la portée de tout le monde. L'expression, le style fait toute la différence. Des déclarations d'amour, des jalousies, des ruptures, des raccommodements, forment le tissu de la plupart de nos

1. *Bajazet*, I, IV. (ED.) — 2. *Id.*, II, I. (ED.) — 3. *Id.*, II, III. (ED.) — 4. *Id.*, II, V. (ED.) — 5. *Andromaque*, II, V. (ED.) — 6. *Bajazet*, III, III. (ED. 7. *Andromaque*, II, I. (ED.) — 8. *Bajazet*, III, III. (ED.)

pièces de théâtre, et surtout de celles de Racine, fondées sur ces petits moyens. Combien peu de génies ont-ils su exprimer ces nuances
que tous les auteurs ont voulu peindre! Le style rend singulières les
choses les plus communes, fortifie les plus faibles, donne de la grandeur aux plus simples.

Sans le style, il est impossible qu'il y ait un seul bon ouvrage en
aucun genre d'éloquence et de poésie.

La profusion des mots est le grand vice du style de presque tous nos
philosophes modernes. Le *Système de la nature* en est un grand exemple. Il y a dans ce livre confus quatre fois trop de paroles; et c'est en
partie par cette raison qu'il est si confus.

L'auteur de ce livre dit d'abord que l'homme est l'ouvrage de la
nature, qu'il existe dans la nature, qu'il ne peut même sortir de la
nature que par la pensée, etc.; que pour un être formé par la nature
et circonscrit par elle, il n'existe rien au delà du grand tout dont il
fait partie et dont il éprouve les influences; qu'ainsi les êtres qu'on
suppose au-dessus de la nature ou distingués d'elle-même seront toujours des chimères.

Il ajoute ensuite : « Il ne nous sera jamais possible de nous en former des idées véritables. » Mais comment peut-on se former une idée,
soit fausse, soit véritable, d'une chimère, d'une chose qui n'existe
point? Ces paroles oiseuses n'ont point de sens, et ne servent qu'à l'ar-
rondissement d'une phrase inutile.

Il ajoute encore « qu'on ne pourra jamais se former des idées véritables du lieu que ces chimères occupent, ni de leur façon d'agir. »
Mais comment des chimères peuvent-elles occuper une place dans l'espace? comment peuvent-elles avoir des façons d'agir? quelle serait la
façon d'agir d'une chimère, qui est le néant? Dès qu'on a dit *chimère*,
on a tout dit :

> *Omne supervacuum pleno de pectore manat.*
> (Horat., *de Art poët.*, 335.)

« Que l'homme apprenne les lois de la nature [2]; qu'il se soumette à
ces lois auxquelles rien ne peut le soustraire; qu'il consente à ignorer
les causes entourées pour lui d'un voile impénétrable. »

Cette seconde phrase n'est point du tout une suite de la première.
Au contraire, elle semble la contredire visiblement. Si l'homme apprend les lois de la nature, il connaîtra ce que nous entendons par les
causes des phénomènes; elles ne sont point pour lui entourées d'un
voile impénétrable. Ce sont des expressions triviales échappées à
l'écrivain.

« Qu'il subisse sans murmurer les arrêts d'une force universelle qui
ne peut revenir sur ses pas, ou qui ne peut jamais s'écarter des règles
que son essence lui prescrit. »

Qu'est-ce qu'une force qui ne revient point sur ses pas? les pas d'une
force! et non content de cette fausse image, il vous en propose une

---

1. Page 1. — 2. Page 2.

autre, si vous l'aimez mieux; et cette autre est une règle prescrite par une essence. Presque tout le livre est malheureusement écrit de ce style obscur et diffus.

« Tout ce que l'esprit humain a successivement inventé pour changer ou perfectionner sa façon d'être, n'est qu'une conséquence nécessaire de l'essence propre de l'homme et de celle des êtres qui agissent sur lui. Toutes nos institutions, nos réflexions, nos connaissances, n'ont pour objet que de nous procurer un bonheur vers lequel notre propre nature nous force de tendre sans cesse. Tout ce que nous faisons et pensons, tout ce que nous sommes et que nous serons, n'est jamais qu'une suite de ce que la nature nous a faits. »

Je n'examine point ici le fond de cette métaphysique; je ne recherche point comment nos inventions pour changer notre façon d'être, etc., sont les effets nécessaires d'une essence qui ne change point. Je me borne au style. *Tout ce que nous serons n'est jamais :* quel solécisme! *une suite de ce que la nature nous a faits!* quel autre solécisme! il fallait dire : *ne sera jamais qu'une suite des lois de la nature.* Mais il l'a déjà dit quatre fois en trois pages.

Il est très-difficile de se faire des idées nettes sur Dieu et sur la nature; il est peut-être aussi difficile de se faire un bon style.

Voici un monument singulier de style dans un discours que nous entendîmes à Versailles en 1745.

Harangue au roi, prononcée par M. Le Camus, premier président de la cour des aides. — Sire, les conquêtes de Votre Majesté sont si rapides, qu'il s'agit de ménager la croyance des descendants, et d'adoucir la surprise des miracles, de peur que les héros ne se dispensent de les suivre, et les peuples de les croire.

Non, sire, il n'est plus possible qu'ils en doutent lorsqu'ils liront dans l'histoire qu'on a vu Votre Majesté à la tête de ses troupes les écrire elle-même au champ de Mars sur un tambour : c'est les avoir gravés à toujours au temple de mémoire.

Les siècles les plus reculés sauront que l'Anglais, cet ennemi fier et audacieux, cet ennemi jaloux de votre gloire, a été forcé de tourner autour de votre victoire; que leurs alliés ont été témoins de leur honte, et qu'ils n'ont tous accouru au combat que pour immortaliser le triomphe du vainqueur.

Nous n'osons dire à Votre Majesté, quelque amour qu'elle ait pour son peuple, qu'il n'y a plus qu'un secret d'augmenter notre bonheur, c'est de diminuer son courage, et que le ciel nous vendrait trop cher ses prodiges s'il nous en coûtait vos dangers, ou ceux du jeune héros qui forme nos plus chères espérances.

Section II. — Sur la corruption du style. — On se plaint généralement que l'éloquence est corrompue, quoique nous ayons des modèles presque en tous les genres. Un des grands défauts de ce siècle, qui contribue le plus à cette décadence, c'est le mélange des styles. Il me semble que nous autres auteurs, nous n'imitons pas assez les peintres, qui ne joignent jamais des attitudes de Callot à des figures de Raphaël. Je vois qu'on affecte quelquefois dans des histoires, d'ailleurs bien écrites, dans de bons ouvrages dogmatiques, le ton le plus familier de la conversation. Quelqu'un a dit autrefois qu'il faut écrire comme on parle; le sens de cette loi est qu'on écrive naturellement. On tolère dans une lettre l'irrégularité, la licence du style, l'incorrection, les plaisanteries hasardées; parce que des lettres écrites sans dessein et sans art sont des entretiens négligés : mais quand on parle ou qu'on écrit avec respect, on s'astreint alors à la bienséance. Or je demande à qui on doit plus de respect qu'au public?

Est-il permis de dire dans des ouvrages de mathématique, « qu'un géomètre qui veut faire son salut doit monter au ciel en ligne perpendiculaire; que les quantités qui s'évanouissent donnent du nez en terre pour avoir voulu trop s'élever; qu'une semence qu'on a mise le germe en bas s'aperçoit du tour qu'on lui joue, et se relève; que si Saturne périssait, ce serait son cinquième satellite, et non le premier, qui prendrait sa place, parce que les rois éloignent toujours d'eux leurs héritiers; qu'il n'y a de vide que dans la bourse d'un homme ruiné; qu'Hercule était un physicien, et qu'on ne pouvait résister à un philosophe de cette force? »

Des livres très-estimables sont infectés de cette tache. La source d'un défaut si commun vient, ce me semble, du reproche de pédantisme qu'on a fait longtemps et justement aux auteurs : *In vitium ducit culpæ fuga* [1]. On a tant répété qu'on doit écrire du ton de la bonne compagnie, que les auteurs les plus sérieux sont devenus plaisants, et, pour être de *bonne compagnie* avec leurs lecteurs, ont dit des choses de très-mauvaise compagnie.

On a voulu parler de science comme Voiture parlait à Mlle Paulet de galanterie, sans savoir que Voiture même n'avait pas saisi le véritable goût de ce petit genre dans lequel il passa pour exceller; car souvent il prenait le faux pour le délicat, et le précieux pour le naturel. La plaisanterie n'est jamais bonne dans le genre sérieux, parce qu'elle ne porte jamais que sur un côté des objets qui n'est pas celui que l'on considère; elle roule presque toujours sur des rapports faux, sur des équivoques : de là vient que les plaisants de profession ont presque tous l'esprit faux autant que superficiel.

Il me semble qu'en poésie on ne doit pas plus mélanger les styles qu'en prose. Le style marotique a depuis quelque temps gâté un peu la poésie par cette bigarrure de termes bas et nobles, surannés et modernes; on entend dans quelques pièces de morale les sons du sifflet de Rabelais parmi ceux de la flûte d'Horace.

> Il faut parler français : Boileau n'eut qu'un langage;
> Son esprit était juste, et son style était sage.
> Sers-toi de ses leçons : laisse aux esprits mal faits
> L'art de moraliser du ton de Rabelais [2].

1. Horace, *De arte poet.*, vers 31. (ÉD.)
2. Ces vers sont de Voltaire, *Septième Discours sur l'homme.* (ÉD.)

J'avoue que je suis révolté de voir dans une épître sérieuse les ex
pressions suivantes :

> Des rimeurs disloqués, à qui le cerveau tinte [1],
> Plus amers qu'aloès et jus de coloquinte,
> Vices portant méchef. Gens de tel acabit,
> Chiffonniers, Ostrogoths, maroufles que Dieu fit.
>
> De tous ces termes bas l'entassement facile
> Déshonore à la fois le génie et le style.

SUICIDE, ou HOMICIDE DE SOI-MÊME. — Il y a quelques années
qu'un Anglais, nommé Bacon Morris, ancien officier et homme de
beaucoup d'esprit, me vint voir à Paris. Il était accablé d'une maladie
cruelle dont il n'osait espérer la guérison. Après quelques visites, il
entra un jour chez moi avec un sac et deux papiers à la main. « L'un
de ces deux papiers, me dit-il, est mon testament; le second est mon
épitaphe; et ce sac plein d'argent est destiné aux frais de mon enterrement. J'ai résolu d'éprouver pendant quinze jours ce que pourront
les remèdes et le régime pour me rendre la vie moins insupportable;
et si je ne réussis pas, j'ai résolu de me tuer. Vous me ferez enterrer
où il vous plaira; mon épitaphe est courte. » Il me la fit lire, il n'y avait
que ces deux mots de Pétrone : « *Valete, curæ* [2], » *adieu les soins.*

Heureusement pour lui et pour moi qui l'aimais, il guérit et ne se
tua point. Il l'aurait sûrement fait comme il le disait. J'appris qu'avant
son voyage en France, il avait passé à Rome dans le temps qu'on craignait, quoique sans raison, quelque attentat de la part des Anglais
sur un prince respectable et infortuné. Mon Bacon Morris fut soupçonné
d'être venu dans la ville sainte pour une fort mauvaise intention. Il y
était depuis quinze jours quand le gouverneur l'envoya chercher, et
lui dit qu'il fallait s'en retourner dans vingt-quatre heures. « Ah! répondit l'Anglais, je pars dans l'instant, car cet air-ci ne vaut rien pour
un homme libre; mais pourquoi me chassez-vous? — On vous prie de
vouloir bien vous en retourner, reprit le gouverneur, parce qu'on
craint que vous n'attentiez à la vie du prétendant.—Nous pouvons combattre des princes, les vaincre, et les déposer, repartit l'Anglais; mais
nous ne sommes point assassins pour l'ordinaire : or, monsieur le gouverneur, depuis quand croyez-vous que je sois à Rome?—Depuis quinze

---

1. Ce ne sont pas tout à fait les vers, mais ce sont les expressions de J. B. Rousseau, liv. I, épître III, à Clément Marot :

> Me défigure en ses vers *ostrogoths*....
> De *chiffonniers* de la double colline....
>   Ta plume baptisa
> De noms trop doux *gens de tel acabit :*
> Ce sont trop bien *maroufles que Dieu fit....*
>   Ce rimeur si sucré
> Devient *amer* quand le cerveau lui tinte,
> Plus qu'aloès et jus de coloquinte.

2. *Satyricon*, chap. LXXIX. (ÉD.)

jours, dit le gouverneur. — Il y a donc quinze jours que j'aurais tué la personne dont vous parlez, si j'étais venu pour cela; et voici comme je m'y serais pris. J'aurais d'abord dressé un autel à Mutius Scévola; puis j'aurais frappé le prétendant du premier coup, entre vous et le pape, et je me serais tué du second; mais nous ne tuons les gens que dans les combats. Adieu, monsieur le gouverneur. » Et après avoir dit ces propres paroles, il retourna chez lui et partit.

A Rome, qui est pourtant le pays de Mutius Scévola, cela passe pour férocité barbare, à Paris pour folie, à Londres pour grandeur d'âme.

Je ne ferai ici que très-peu de réflexions sur l'homicide de soi-même; je n'examinerai point si feu M. Chreech eut raison d'écrire à la marge de son *Lucrèce* : « *Nota bene* que quand j'aurai fini mon livre sur Lucrèce, il faut que je me tue; » et s'il a bien fait d'exécuter cette résolution. Je ne veux point éplucher les motifs de mon ancien préfet, le P. Biennassès, jésuite, qui nous dit adieu le soir, et qui le lendemain matin, après avoir dit sa messe et avoir cacheté quelques lettres, se précipita du troisième étage. Chacun a ses raisons dans sa conduite.

Tout ce que j'ose dire avec assurance, c'est qu'il ne sera jamais à craindre que cette folie de se tuer devienne une maladie épidémique, la nature y a trop bien pourvu: l'espérance, la crainte, sont les ressorts puissants dont elle se sert pour arrêter presque toujours la main du malheureux prêt à se frapper.

On a beau nous dire qu'il y a eu des pays où un conseil était établi pour permettre aux citoyens de se tuer, quand ils en avaient des raisons valables; je réponds, ou que cela n'est pas, ou que ces magistrats avaient très-peu d'occupation.

Pourquoi donc Caton, Brutus, Cassius, Antoine, Othon, et tant d'autres, se sont-ils tués si résolûment, et que nos chefs de parti se sont laissé pendre, ou bien ont laissé languir leur misérable vieillesse dans une prison? Quelques beaux esprits disent que ces anciens n'avaient pas le véritable courage; que Caton fit une action de poltron en se tuant, et qu'il y aurait eu bien plus de grandeur d'âme à ramper sous César. Cela est bon dans une ode ou dans une figure de rhétorique. Il est très-sûr que ce n'est pas être sans courage que de se procurer tranquillement une mort sanglante, qu'il faut quelque force pour surmonter ainsi l'instinct le plus puissant de la nature, et qu'enfin une telle action prouve plutôt de la férocité que de la faiblesse. Quand un malade est en frénésie, il ne faut pas dire qu'il n'a point de force; il faut dire que sa force est celle d'un frénétique.

La religion païenne défendait l'homicide de soi-même, ainsi que la chrétienne; il y avait même des places dans les enfers pour ceux qui s'étaient tués.

SUPERSTITION. — *Section I.* — Je vous ai entendu dire quelquefois : « Nous ne sommes plus superstitieux; la réforme du xvie siècle nous a rendus plus prudents; les protestants nous ont appris à vivre. »

Eh! qu'est-ce donc que le sang d'un saint Janvier que vous liquéfiez tous les ans quand vous l'approchez de sa tête? Ne vaudrait-il pas mieux faire gagner leur vie à dix mille gueux, en les occupant à des travaux utiles, que de faire bouillir le sang d'un saint pour les amuser? songez plutôt à faire bouillir leur marmite.

Pourquoi bénissez-vous encore dans Rome les chevaux et les mulets à Sainte-Marie-Majeure?

Que veulent ces bandes de flagellants en Italie et en Espagne, qui vont chantant et se donnant la discipline en présence des dames? pensent-ils qu'on ne va en paradis qu'à coups de fouet?

Ces morceaux de la vraie croix qui suffiraient à bâtir un vaisseau de cent pièces de canon, tant de reliques reconnues pour fausses, tant de faux miracles, sont-ils des monuments d'une piété éclairée?

La France se vante d'être moins superstitieuse qu'on ne l'est devers Saint-Jacques de Compostelle et devers Notre-Dame de Lorette. Cependant que de sacristies où vous trouvez encore des pièces de la robe de la Vierge, des roquilles de son lait, des rognures de ses cheveux! et n'avez-vous pas encore dans l'église du Puy-en-Velai le prépuce de son fils conservé précieusement?

Vous connaissez tous l'abominable farce qui se joue depuis les premiers jours du XIVe siècle dans la chapelle de Saint-Louis, au Palais de Paris, la nuit de chaque jeudi saint au vendredi. Les possédés du royaume se donnent rendez-vous dans cette église; les convulsions de Saint-Médard n'approchent pas des horribles simagrées, des hurlements épouvantables, des tours de force que font ces malheureux. On leur donne à baiser un morceau de la vraie croix, enchâssé dans trois pieds d'or et orné de pierreries. Alors les cris et les contorsions redoublent. On apaise le diable en donnant quelques sous aux énergumènes; mais pour les mieux contenir, on a dans l'église cinquante archers du guet, la baïonnette au bout du fusil.

La même exécrable comédie se joue à Saint-Maur. Je vous citerais vingt exemples semblables; rougissez, et corrigez-vous.

Il est des sages qui prétendent qu'on doit laisser au peuple ses superstitions, comme on lui laisse ses guinguettes, etc.;

Que de tout temps il a aimé les prodiges, les diseurs de bonne aventure, les pèlerinages et les charlatans; que dans l'antiquité la plus reculée on célébrait Bacchus sauvé des eaux, portant des cornes, faisant jaillir d'un coup de sa baguette une source de vin d'un rocher, passant la mer Rouge à pied sec avec tout son peuple, arrêtant le soleil et la lune, etc.;

Qu'à Lacédémone on conservait les deux œufs dont accoucha Léda, pendants à la voûte d'un temple; que dans quelques villes de la Grèce les prêtres montraient le couteau avec lequel on avait immolé Iphigénie, etc.

Il est d'autres sages qui disent: « Aucune de ces superstitions n'a produit du bien; plusieurs ont fait de grands maux : il faut donc les abolir. »

Section II. — Je vous prie, mon cher lecteur, de jeter un coup d'œil sur le miracle qui vient de s'opérer en basse Bretagne, dans l'an-

née 1771 de notre ère vulgaire. Rien n'est plus authentique; cet imprimé est revêtu de toutes les formes légales. Lisez.

*Récit surprenant sur l'apparition visible et miraculeuse de Jésus-
Christ au saint Sacrement de l'autel, qui s'est faite par la toute-puissance de Dieu, dans l'église paroissiale de Paimpol, près Tréguier en
basse Bretagne, le jour des Rois.* — Le 6 janvier 1771, jour des Rois,
pendant qu'on chantait le salut, on vit des rayons de lumière sortir du
saint Sacrement, et l'on aperçut à l'instant Notre-Seigneur Jésus en figure naturelle, qui parut plus brillant que le soleil, et qui fut vu une
demi-heure entière, pendant laquelle parut un arc-en-ciel sur le faîte
de l'église. Les pieds de Jésus restèrent imprimés sur le tabernacle, où
ils se voient encore, et il s'y opère tous les jours plusieurs miracles. A
quatre heures du soir Jésus ayant disparu de dessus le tabernacle, le
curé de ladite paroisse s'approcha de l'autel, et y trouva une lettre que
Jésus y avait laissée : il voulut la prendre ; mais il lui fut impossible de
la pouvoir lever. Ce curé, ainsi que le vicaire, en furent avertir monseigneur l'évêque de Tréguier, qui ordonna dans toutes les églises de
la ville les prières de quarante heures pendant huit jours, durant lequel temps le peuple allait en foule voir cette sainte lettre. Au bout de
la huitaine, monseigneur l'évêque y vint en procession, accompagné
de tout le clergé séculier et régulier de la ville, après trois jours de
jeûne au pain et à l'eau. La procession étant entrée dans l'église, monseigneur l'évêque se mit à genoux sur les degrés de l'autel ; et après
avoir demandé à Dieu la grâce de pouvoir lever cette lettre, il monta à
l'autel, et la prit sans difficulté : s'étant ensuite tourné vers le peuple, il
en fit la lecture à haute voix, et recommanda à tous ceux qui savaient
lire, de lire cette lettre tous les premiers vendredis de chaque mois ;
et à ceux qui ne savaient pas lire, de dire cinq *Pater* et cinq *Ave* en
l'honneur des cinq plaies de Jésus-Christ, afin d'obtenir les grâces pro-
mises à ceux qui la liront dévotement, et la conservation des biens de
la terre. Les femmes enceintes doivent dire, pour leur heureuse délivrance, neuf *Pater* et neuf *Ave* en faveur des âmes du purgatoire, afin
que leurs enfants aient le bonheur de recevoir le saint sacrement de
baptême.

Tout le contenu en ce récit a été approuvé par monseigneur l'évêque,
par monsieur le lieutenant général de ladite ville de Tréguier, et par
plusieurs personnes de distinction qui se sont trouvées présentes à ce
miracle.

*Copie de la lettre trouvée sur l'autel, lors de l'apparition miracu-
leuse de Notre-Seigneur Jésus-Christ au très-saint Sacrement de l'autel
le jour des Rois, 1771.* — « Éternité de vie, éternité de châtiments,
éternelles délices ; rien n'en peut dispenser : il faut choisir un parti,
ou celui d'aller à la gloire, ou marcher au supplice. Le nombre d'années que les hommes passent sur la terre dans toutes sortes de plaisirs
sensuels et de débauches excessives, d'usurpations, de luxe, d'homi-
cides, de larcins, de médisances, et d'impuretés, blasphémant et ju-

rant mon saint nom en vain, et mille autres crimes, ne permettant pas
de souffrir plus longtemps que des créatures créées à mon image et
ressemblance, rachetées par le prix de mon sang sur l'arbre de la croix,
où j'ai enduré mort et passion, m'offensent continuellement en trans-
gressant mes commandements et en abandonnant ma loi divine; je
vous avertis que si vous continuez à vivre dans le péché, et que je ne
voie en vous ni remords, ni contrition, ni une sincère et véritable
confession et satisfaction, je vous ferai sentir la pesanteur de mon bras
divin. Si ce n'étaient les prières de ma chère mère, j'aurais déjà détruit la terre, pour les péchés que vous commettez les uns contre les
autres. Je vous ai donné six jours pour travailler, et le septième pour
vous reposer, pour sanctifier mon saint nom, pour entendre la sainte
messe, et employer le reste du jour au service de Dieu mon père. Au
contraire, on ne voit que blasphèmes et ivrogneries; et le monde est
tellement débordé, qu'on n'y voit que vanités et mensonges. Les chrétiens, au lieu d'avoir compassion des pauvres qu'ils voient à leurs
portes, et qui sont mes membres, pour parvenir au royaume céleste,
ils aiment mieux mignarder des chiens et autres animaux, et laisser
mourir de faim et de soif ces objets, en s'abandonnant entièrement à
Satan, par leur avarice, gourmandise, et autres vices : au lieu d'assister les pauvres, ils aiment mieux sacrifier tout à leurs plaisirs et
débauches. C'est ainsi qu'ils me déclarent la guerre. Et vous, pères et
mères, pleins d'iniquités, vous souffrez vos enfants jurer et blasphémer mon saint nom : au lieu de leur donner une bonne éducation,
vous leur amassez, par avarice, des biens qui sont dédiés à Satan. Je
vous dis, par la bouche de Dieu mon père, de ma chère mère, de tous
les chérubins et séraphins, et par saint Pierre le chef de mon Église,
que si vous ne vous amendez, je vous enverrai des maladies extraordinaires qui périra tout; vous ressentirez la juste colère de Dieu mon
père; vous serez réduits à un tel état, que vous n'aurez connaissance
des uns des autres. Ouvrez les yeux et contemplez ma croix, que je
vous ai laissée pour arme contre l'ennemi du genre humain, et pour
vous servir de guide à la gloire éternelle : regardez mon chef couronné
d'épines, mes pieds et mes mains percés de clous; j'ai répandu jusqu'à
la dernière goutte de mon sang pour votre rédemption, par un pur
amour de père pour des enfants ingrats. Faites des œuvres qui puissent vous attirer ma miséricorde; ne jurez pas mon saint nom; priez-
moi dévotement; jeûnez souvent; et particulièrement faites l'aumône
aux pauvres, qui sont mes membres; car c'est de toutes les bonnes
œuvres celle qui m'est la plus agréable : ne méprisez ni la veuve ni
l'orphelin; restituez ce qui ne vous appartient pas; fuyez toutes les occasions de pécher; gardez soigneusement mes commandements; ho-
norez Marie, ma très-chère mère.

« Ceux ou celles qui ne profiteront pas des avertissements que je
leur donne, qui ne croiront pas mes paroles, attireront par leur obstination mon bras vengeur sur leurs têtes; ils seront accablés de malheurs, qui seront les avant-coureurs de leur fin dernière et malheureuse, après laquelle ils seront précipités dans les flammes éternelles,

où ils souffriront des peines sans fin, qui sont le juste châtiment réservé à leurs crimes.

« Au contraire, ceux ou celles qui feront un saint usage des avertissements de Dieu qui leur sont donnés par cette lettre, apaiseront sa colère, et obtiendront de lui, après une confession sincère de leurs fautes, la rémission de leurs péchés, tant grands soient-ils. »

Il faut garder soigneusement cette lettre, en l'honneur de Notre-Seigneur Jésus-Christ.

Avec permission, A Bourges, le 30 juillet 1771. Dr BEAUVOIR, lieutenant général de police.

N. B. Il faut remarquer que cette sottise a été imprimée à Bourges, sans qu'il y ait eu ni à Tréguier ni à Paimpol le moindre prétexte qui pût donner lieu à une pareille imposture. Cependant, supposons que dans les siècles à venir quelque cuistre à miracle veuille prouver un point de théologie par l'apparition de Jésus-Christ sur l'autel de Paimpol, ne se croira-t-il pas en droit de citer la propre lettre de Jésus, imprimée à Bourges avec permission ? ne traitera-t-il pas d'impies ceux qui en douteront? ne prouvera-t-il pas par les faits que Jésus opérait partout des miracles dans notre siècle ? Voilà un beau champ ouvert aux Houttevilles et aux Abbadies.

Section III. — Nouvel exemple de la superstition la plus horrible. — Ils avaient communié à l'autel de la sainte Vierge, ils avaient juré à la sainte Vierge de massacrer leur roi, ces trente conjurés qui se jetèrent sur le roi de Pologne, la nuit du 3 novembre de la présente année 1771.

Apparemment quelqu'un des conjurés n'était pas entièrement en état de grâce quand il reçut dans son estomac le corps du propre fils de la sainte Vierge avec son sang sous les apparences du pain, et qu'il fit serment de tuer son roi ayant son Dieu dans sa bouche, car il n'y eut que deux domestiques du roi de tués. Les fusils et les pistolets tirés contre Sa Majesté le manquèrent; il ne reçut qu'un léger coup de feu au visage, et plusieurs coups de sabre qui ne furent pas mortels.

C'en était fait de sa vie, si l'humanité n'avait pas enfin combattu la superstition dans le cœur d'un des assassins, nommé Kosinski. Quel moment quand ce malheureux dit à ce prince tout sanglant: « Vous êtes pourtant mon roi ! — Oui, lui répondit Stanislas-Auguste, et votre bon roi qui ne vous ai jamais fait de mal. — Cela est vrai, dit l'autre; mais j'ai fait serment de vous tuer. »

Ils avaient juré devant l'image miraculeuse de la Vierge à Czentoshova. Voici la formule de ce beau serment : « Nous qui, excités par un zèle saint et religieux, avons résolu de venger la Divinité, la religion et la patrie outragées par Stanislas-Auguste, contempteur des lois divines et humaines, etc., fauteur des athées et des hérétiques, etc., jurons et promettons, devant l'image sacrée et miraculeuse de la mère de Dieu, etc., d'extirper de la terre celui qui la déshonore en foulant aux pieds la religion, etc. Dieu nous soit en aide ! »

C'est ainsi que les assassins des Sforze et des Médicis, et que tant d'autres saints assassins faisaient dire des messes, ou la disaient eux-mêmes pour l'heureux succès de leur entreprise.

La lettre de Varsovie qui fait le détail de cet attentat ajoute : « Les religieux qui emploient leur pieuse ardeur à faire ruisseler le sang et ravager la patrie ont réussi, en Pologne comme ailleurs, à inculquer à leurs affiliés qu'il est permis de tuer les rois. »

En effet, les assassins s'étaient cachés dans Varsovie, pendant trois jours, chez les révérends Pères dominicains; et quand on a demandé à ces moines complices pourquoi ils avaient gardé chez eux trente hommes armés sans en avertir le gouvernement, ils ont répondu que ces hommes étaient venus pour faire leurs dévotions et pour accomplir un vœu.

O temps des Jean Chastel, des Guignard, des Ricodovis, des Poltrot, des Ravaillac, des Damiens, des Malagrida, vous revenez donc encore! Sainte Vierge, et vous son digne fils, empêchez qu'on n'abuse de vos sacrés noms pour commettre le même crime!

M. Jean-George Le Franc, évêque du Puy-en-Velai, dit, dans son immense pastorale aux habitants du Puy, pages 258 et 259, que ce sont les philosophes qui sont des séditieux. Et qui accuse-t-il de sédition? lecteurs, vous serez étonnés : c'est Locke, le sage Locke lui-même; il le rend « complice des pernicieux desseins du comte de Shaftesbury, l'un des héros du parti philosophiste. »

Ah! monsieur Jean-George, combien de méprises en peu de mots! Premièrement vous prenez le petit-fils pour le grand-père! Le comte Shaftesbury, l'auteur des *Caractéristiques* et des *Recherches sur la Vertu*, ce héros du parti *philosophiste*, mort en 1713, cultiva toute sa vie les lettres dans la plus profonde retraite. Secondement, le grand chancelier Shaftesbury son grand-père, à qui vous attribuez des forfaits, passe en Angleterre pour avoir été un véritable patriote. Troisièmement, Locke est révéré dans toute l'Europe comme un sage.

Je vous défie de me montrer un seul philosophe, depuis Zoroastre jusqu'à Locke, qui ait jamais excité une sédition, qui ait trempé dans un attentat contre la vie des rois, qui ait troublé la société; et malheureusement je vous trouverai mille superstitieux, depuis Aod jusqu'à Kosinski, teints du sang des rois et de celui des peuples! La superstition met le monde entier en flammes; la philosophie les éteint.

Peut-être ces pauvres philosophes ne sont-ils pas assez dévots à la sainte Vierge; mais ils le sont à Dieu, à la raison, à l'humanité.

Polonais, si vous n'êtes pas philosophes, du moins ne vous égorgez pas. Français et Welches, réjouissez-vous, et ne vous querellez plus.

Espagnols, que les noms d'*inquisition* et de *sainte hermandad* ne soient plus prononcés parmi vous. Turcs qui avez asservi la Grèce, moines qui l'avez abrutie, disparaissez de la terre.

Section IV. — Chapitre tiré de Cicéron, de Sénèque, et de Plutarque.
— Presque tout ce qui va au delà de l'adoration d'un Être suprême, et de la soumission du cœur à ses ordres éternels, est superstition.

C'en est une très-dangereuse que le pardon des crimes attaché à certaines cérémonies.

> *Et nigras mactant pecudes, et Manibu' divis*
> *Inferias mittunt.*
>   Lucrèce, III, 52-53.

> *Ah ! nimium faciles, qui tristia crimina cædis*
> *Fluminea tolli posse putatis aqua !*
>   Ovide, *Fast.*, II, 45-46.

Vous pensez que Dieu oubliera votre homicide, si vous vous baignez dans un fleuve, si vous immolez une brebis noire, et si on prononce sur vous des paroles. Un second homicide vous sera donc pardonné au même prix, et ainsi un troisième, et cent meurtres ne vous coûteront que cent brebis noires et cent ablutions ! Faites mieux, misérables humains, point de meurtres et point de brebis noires.

Quelle infâme idée d'imaginer qu'un prêtre d'Isis et de Cybèle, en jouant des cymbales et des castagnettes, vous réconciliera avec la Divinité ! Eh ! qu'est-il donc ce prêtre de Cybèle, cet eunuque errant qui vit de vos faiblesses, pour s'établir médiateur entre le ciel et vous ? Quelles patentes a-t-il reçues de Dieu ? Il reçoit de l'argent de vous pour marmotter des paroles, et vous pensez que l'Être des êtres ratifie les paroles de ce charlatan !

Il y a des superstitions innocentes ; vous dansez les jours de fêtes en l'honneur de Diane ou de Pomone, ou de quelqu'un de ces dieux secondaires dont votre calendrier est rempli : à la bonne heure. La danse est très-agréable, elle est utile au corps ; elle réjouit l'âme, elle ne fait de mal à personne ; mais n'allez pas croire que Pomone et Vertumne vous sachent beaucoup de gré d'avoir sauté en leur honneur, et qu'ils vous punissent d'y avoir manqué. Il n'y a d'autre Pomone ni d'autre Vertumne que la bêche et le hoyau du jardinier. Ne soyez pas assez imbéciles pour croire que votre jardin sera grêlé, si vous avez manqué de danser la *pyrrhique* ou la *cordace*.

Il y a peut-être une superstition pardonnable et même encourageante à la vertu ; c'est celle de placer parmi les dieux les grands hommes qui ont été les bienfaiteurs du genre humain. Il serait mieux sans doute de s'en tenir à les regarder simplement comme des hommes vénérables, et surtout de tâcher de les imiter. Vénérez sans culte un Solon, un Thalès, un Pythagore ; mais n'adorez pas un Hercule pour avoir nettoyé les écuries d'Augias, et pour avoir couché avec cinquante filles dans une nuit.

Gardez-vous surtout d'établir un culte pour des gredins qui n'ont eu d'autre mérite que l'ignorance, l'enthousiasme, et la crasse ; qui se sont fait un devoir et une gloire de l'oisiveté et de la gueuserie : ceux qui ont été au moins inutiles pendant leur vie méritent-ils l'apothéose après leur mort ?

Remarquez que les temps les plus superstitieux ont toujours été ceux des plus horribles crimes.

Section V. — Le superstitieux est au fripon ce que l'esclave est au -yran. Il y a plus encore; le superstitieux est gouverné par le fanatique, et le devient. La superstition née dans le paganisme, adoptée par le judaïsme, infecta l'Église chrétienne dès les premiers temps. Tous les Pères de l'Église, sans exception, crurent au pouvoir de la magie. L'Église condamna toujours la magie, mais elle y crut toujours : elle n'excommunia point les sorciers comme des fous qui étaient trompés, mais comme des hommes qui étaient réellement en commerce avec les diables.

Aujourd'hui la moitié de l'Europe croit que l'autre a été longtemps et est encore superstitieuse. Les protestants regardent les reliques, les indulgences, les macérations, les prières pour les morts, l'eau bénite, et presque tous les rites de l'Église romaine, comme une démence superstitieuse. La superstition, selon eux, consiste à prendre des pratiques inutiles pour des pratiques nécessaires. Parmi les catholiques romains il y en a de plus éclairés que leurs ancêtres, qui ont renoncé à beaucoup de ces usages autrefois sacrés; et ils se défendent sur les autres qu'ils ont conservés, en disant : « Ils sont indifférents, et ce qui n'est qu'indifférent ne peut être mal. »

Il est difficile de marquer les bornes de la superstition. Un Français voyageant en Italie trouve presque tout superstitieux, et ne se trompe guère. L'archevêque de Cantorbéry prétend que l'archevêque de Paris est superstitieux; les presbytériens font le même reproche à M. de Cantorbéry, et sont à leur tour traités de superstitieux par les quakers, qui sont les plus superstitieux de tous aux yeux des autres chrétiens.

Personne ne convient donc chez les sociétés chrétiennes de ce que c'est que la superstition. La secte qui semble le moins attaquée de cette maladie de l'esprit est celle qui a le moins de rites. Mais si avec peu de cérémonies elle est fortement attachée à une croyance absurde, cette croyance absurde équivaut, elle seule, à toutes les pratiques superstitieuses observées depuis Simon le magicien jusqu'au curé Gauffridi.

Il est donc évident que c'est le fond de la religion d'une secte qui passe pour superstition chez une autre secte.

Les musulmans en accusent toutes les sociétés chrétiennes, et en sont accusés. Qui jugera ce grand procès? Sera-ce la raison? mais chaque secte prétend avoir la raison de son côté. Ce sera donc la force qui jugera, en attendant que la raison pénètre dans un assez grand nombre de têtes pour désarmer la force.

Par exemple, il a été un temps dans l'Europe chrétienne où il n'était pas permis à de nouveaux époux de jouir des droits du mariage sans avoir acheté ce droit de l'évêque et du curé.

Quiconque dans son testament ne laissait pas une partie de son bien à l'Église était excommunié et privé de la sépulture. Cela s'appelait mourir *déconfès,* c'est-à-dire ne confessant pas la religion chrétienne. Et quand un chrétien mourait *intestat,* l'Église relevait le mort de cette excommunication, en faisant un testament pour lui, en stipulant et en se faisant payer le legs pieux que le défunt aurait dû faire.

C'est pourquoi le pape Grégoire IX et saint Louis ordonnèrent, après le concile de Narbonne tenu en 1235, que tout testament auquel on n'aurait pas appelé un prêtre serait nul; et le pape décerna que le testateur et le notaire seraient excommuniés.

La taxe des péchés fut encore, s'il est possible, plus scandaleuse. C'était la force qui soutenait toutes ces lois auxquelles se soumettait la superstition des peuples; et ce n'est qu'avec le temps que la raison fit abolir ces honteuses vexations, dans le temps qu'elle en laissait subsister tant d'autres.

Jusqu'à quel point la politique permet-elle qu'on ruine la superstition? Cette question est très-épineuse; c'est demander jusqu'à quel point on doit faire la ponction à un hydropique, qui peut mourir dans l'opération. Cela dépend de la prudence du médecin.

Peut-il exister un peuple libre de tous préjugés superstitieux? C'est demander : Peut-il exister un peuple de philosophes? On dit qu'il n'y a nulle superstition dans la magistrature de la Chine. Il est vraisemblable qu'il n'en restera aucune dans la magistrature de quelques villes d'Europe.

Alors ces magistrats empêcheront que la superstition du peuple ne soit dangereuse. L'exemple de ces magistrats n'éclairera pas la canaille, mais les principaux bourgeois la contiendront. Il n'y a peut-être pas un seul tumulte, un seul attentat religieux où les bourgeois n'aient autrefois trempé, parce que ces bourgeois alors étaient canaille; mais la raison et le temps les auront changés. Leurs mœurs adoucies adouciront celles de la plus vile et de la plus féroce populace; c'est de quoi nous avons des exemples frappants dans plus d'un pays. En un mot, moins de superstitions, moins de fanatisme; et moins de fanatisme, moins de malheurs.

SUPPLICES. — *Section I.* — Oui, répétons : « Un pendu n'est bon à rien. » Probablement quelque bourreau, aussi charlatan que cruel, aura fait accroire aux imbéciles de son quartier que la graisse de pendu guérissait de l'épilepsie.

Le cardinal de Richelieu, en allant à Lyon se donner le plaisir de faire exécuter Cinq-Mars et de Thou, apprit que le bourreau s'était cassé la jambe : « Quel malheur ! dit-il au chancelier Seguier, nous n'avons point de bourreau. » J'avoue que cela était bien triste; c'était un fleuron qui manquait à sa couronne. Mais enfin on trouva un vieux bonhomme qui abattit la tête de l'innocent et sage de Thou en douze coups de sabre. De quelle nécessité était cette mort ? quel bien pouvait faire l'assassinat juridique du maréchal de Marillac ?

Je dirai plus : si le duc Maximilien de Sully n'avait pas forcé le bon Henri IV à faire exécuter le maréchal de Biron, couvert de blessures reçues à son service, peut-être Henri n'aurait-il pas été assassiné lui-même; peut-être cet acte de clémence, si bien placé après la condamnation, aurait adouci l'esprit de la Ligue, qui était encore très-violent; peut-être n'aurait-on pas crié sans cesse aux oreilles du peuple : « Le roi protége toujours les hérétiques, le roi maltraite les bons catholiques, le roi est un avare, le roi est un vieux débauché qui, à l'âge de cinquante-sept ans, est amoureux de la jeune princesse de Condé, ce qui réduit son mari à s'enfuir du royaume avec sa femme. » Toutes ces flammes du mécontentement universel n'auraient pas mis le feu à la cervelle du fanatique feuillant Ravaillac.

Quant à ce qu'on appelle communément *la justice*, c'est-à-dire l'usage de tuer un homme parce qu'il aura volé un écu à son maître, ou de le brûler comme Simon Morin, pour avoir dit qu'il a eu des conversations avec le Saint-Eprit, et comme on a brûlé un vieux fou de jésuite nommé Malagrida, pour avoir imprimé les entretiens que la sainte vierge Marie avait avec sa mère sainte Anne quand elle était dans son ventre, etc., cet usage, il en faut convenir, n'est ni humain ni raisonnable, et ne peut jamais être de la moindre utilité.

Nous avons déjà demandé quel avantage pouvait résulter pour l'État de la mort d'un pauvre homme connu sous le nom du *fou de Verberie*[1], qui, dans un souper chez des moines, avait proféré des paroles insensées, et qui fut pendu au lieu d'être purgé et saigné.

Nous avons demandé encore s'il était bien nécessaire qu'un autre fou qui était dans les gardes du corps, et qui se fit quelques taillades légères avec un couteau, à l'exemple des charlatans, pour obtenir quelque récompense, fût pendu aussi par arrêt du parlement? Était-ce là un grand crime? y avait-il un grand danger pour la société de laisser vivre cet homme?

En quoi était-il nécessaire qu'on coupât la main et la langue au chevalier de La Barre? qu'on l'appliquât à la torture ordinaire et extraordinaire, et qu'on le brûlât tout vif? telle fut sa sentence, prononcée par les Solons et les Lycurgues d'Abbeville. De quoi s'agissait-il? avait-il assassiné son père et sa mère? craignait-on qu'il ne mît le feu à la ville? On l'accusait de quelques irrévérences, si secrètes que la sentence même ne les articula pas. Il avait, dit-on, chanté une vieille chanson que personne ne connaît; il avait vu passer de loin une procession de capucins sans la saluer.

Il faut que chez certains peuples le plaisir de tuer son prochain en cérémonie, comme dit Boileau[2], et de lui faire souffrir des tourments

---

1. Le personnage que Voltaire appelle, comme tout le monde, *Fou de Verberie* (voy. dans les *Mélanges*, année 1771, la *Méprise d'Arras*), mais qu'il ne nomme jamais, est Jacques Rinquet, prêtre du diocèse de Cambrai, condamné à mort et exécuté en décembre 1762, âgé de plus de cinquante ans; il avait été jésuite, ou du moins se donna pour tel chez les Mathurins de Verberie, où, dans les premiers jours de septembre, il avait dit qu'il se rendait à Paris pour relever son ordre, et que s'il ne venait pas à bout de son dessein, il ferait imprimer un livre intitulé : *La Religion inconnue...*; qu'il n'y avait point de religion en France, et qu'il n'y avait personne capable d'exécuter une action semblable à ce qui s'était passé en Russie (Pierre III venait d'y être assassiné), que lors de l'attentat de Damiens, c'était lui et non Malagrida qui était dans la cour du château, à Versailles; qu'il s'appelait Guillaume Perène, natif d'Amiens, etc. Le reste de ses discours n'est pas plus sensé. (*Note de M. Beuchot.*)

2.   ..... Il voit la justice en grosse compagnie
        Mener tuer un homme avec cérémonie.
                          Sat. viii, vers 205-6. (Éd.)

épouvantables, soit un amusement bien agréable. Ces peuples habitent le quarante-neuvième degré de latitude; c'est précisément la position des Iroquois. Il faut espérer qu'on les civilisera un jour.

Il y a toujours dans cette nation de barbares deux ou trois mille personnes très-aimables, d'un goût délicat, et de très-bonne compagnie, qui à la fin poliront les autres.

Je demanderais volontiers à ceux qui aiment tant à élever des gibets, des échafauds, des bûchers, et à faire tirer des arquebusades dans la cervelle, s'ils sont toujours en temps de famine, et s'ils tuent ainsi leurs semblables de peur d'avoir trop de monde à nourrir.

Je fus effrayé un jour en voyant la liste des déserteurs depuis huit années seulement; on en comptait soixante mille. C'était soixante mille compatriotes auxquels il fallait casser la tête au son du tambour, et avec lesquels on aurait conquis une province s'ils avaient été bien nourris et bien conduits.

Je demanderais encore à quelques-uns de ces Dracons subalternes si dans leur pays il n'y a pas de grandes routes et des chemins de traverse à construire, des terrains incultes à défricher, et si les pendus et les arquebusés peuvent leur rendre ce service.

Je ne leur parlerais pas d'humanité, mais d'utilité : malheureusement ils n'entendent quelquefois ni l'une ni l'autre. Et quand M. Beccaria fut applaudi de l'Europe pour avoir démontré que les peines doivent être proportionnées aux délits, il se trouva bien vite chez les Iroquois un avocat[1] gagné par un prêtre, qui soutint que torturer, pendre, rouer, brûler, dans tous les cas, est toujours le meilleur.

Section II. — C'est en Angleterre surtout, plus qu'en aucun pays, que s'est signalée la tranquille fureur d'égorger les hommes avec le glaive prétendu de la loi. Sans parler de ce nombre prodigieux de seigneurs du sang royal, de pairs du royaume, d'illustres citoyens péris sur un échafaud en place publique, il suffirait de réfléchir sur le supplice de la reine Anne Boulen, de la reine Catherine Howard, de la reine Jeanne Gray, de la reine Marie Stuart, du roi Charles Ier, pour justifier celui[2] qui a dit que c'était au bourreau d'écrire l'histoire d'Angleterre.

Après cette île on prétend que la France est le pays où les supplices ont été le plus communs. Je ne dirai rien de celui de la reine Brunehaut, car je n'en crois rien. Je passe à travers mille échafauds, et je m'arrête à celui du comte de Montecuculli, qui fut écartelé en présence de François Ier et de toute la cour, parce que le dauphin François était mort d'une pleurésie.

Cet événement est de 1536. Charles-Quint, victorieux de tous les

1. Pierre Lyonet, docteur en droit et naturaliste distingué, né à Maestricht le 21 juillet 1707, mort à la Haye le 10 janvier 1789, est auteur d'un *Discours académique sur le légitime usage de la question et de la torture.* (*Note de M. Beuchot.*)

2. Voltaire lui-même (voy. les *Mélanges*, année 1764, et la *Princesse de Babylone*). (ÉD.)

côtés en Europe et en Afrique, ravageait à la fois la Provence et la Picardie. Pendant cette campagne qui commençait pour lui avec avantage, le jeune dauphin, âgé de dix-huit ans, s'échauffe à jouer à la paume dans la petite ville de Tournon. Tout en sueur il boit de l'eau glacée; il meurt de la pleurésie le cinquième jour. Toute la cour, toute la France crie que l'empereur Charles-Quint a fait empoisonner le dauphin de France. Cette accusation, aussi horrible qu'absurde, est répétée jusqu'à nos jours. Malherbe dit dans une de ses odes :

> François, quand la Castille, inégale à ses armes,
> Lui vola son dauphin,
> Semblait d'un si grand coup devoir jeter des larmes
> Qui n'eussent jamais fin.
>
> *Ode à Duperrier.*

Il n'est pas question d'examiner si l'empereur était inégal aux armes de François Ier parce qu'il sortit de Provence après l'avoir épuisée, ou si c'est voler un dauphin que de l'empoisonner, ou si on jette des larmes d'un coup, lesquelles n'ont point fin. Ces mauvais vers font voir seulement que l'empoisonnement de François, dauphin, par Charles-Quint, passa toujours en France pour une vérité incontestable.

Daniel ne disculpe point l'empereur. Hénault dit dans son Abrégé : « François, dauphin, mort de poison. »

Ainsi tous les écrivains se copient les uns les autres. Enfin, l'auteur de l'Histoire de François Ier ose comme moi discuter le fait.

Il est vrai que le comte Montecuculli, qui était au service du dauphin, fut condamné par des commissaires à être écartelé, comme coupable d'avoir empoisonné ce prince.

Les historiens disent que ce Montecuculli était son échanson. Les dauphins n'en ont point. Mais je veux qu'ils en eussent alors; comment ce gentilhomme eût-il mêlé sur-le-champ du poison dans un verre d'eau fraîche? avait-il toujours du poison tout prêt dans sa poche pour le moment où son maître demanderait à boire ? Il n'était pas seul avec le dauphin, qu'on essuyait au sortir du jeu de paume. Les chirurgiens qui ouvrirent son corps dirent (à ce qu'on prétend) que le prince avait pris de l'arsenic. Le prince, en l'avalant, aurait senti dans le gosier des douleurs insupportables; l'eau aurait été colorée; on ne l'aurait pas traité d'une pleurésie. Les chirurgiens étaient des ignorants qui disaient ce qu'on voulait qu'ils dissent : cela n'est que trop commun.

Quel intérêt aurait eu cet officier à faire mourir son maître ? de qui pouvait-il espérer plus de fortune?

Mais, dit-on, il avait aussi l'intention d'empoisonner le roi. Nouvelle difficulté, et nouvelle improbabilité.

Qui devait lui payer ce double crime? on répond que c'était Charles-Quint. Autre improbabilité non moins forte. Pourquoi commencer par un enfant de dix-huit ans et demi, qui d'ailleurs avait deux frères ? comment arriver au roi, que Montecuculli ne servait point à table ?

Il n'y avait rien à gagner pour Charles-Quint en donnant la mort à ce jeune dauphin qui n'avait jamais tiré l'épée, et qui aurait eu des vengeurs. C'eût été un crime honteux et inutile. Il ne craignait pas le père qui était le plus brave chevalier de sa cour, et il aurait craint le fils qui sortait de l'enfance!

Mais on nous dit que ce Montecuculli, dans un voyage à Ferrare sa patrie, fut présenté à l'empereur; que ce monarque lui demanda des nouvelles de la magnificence avec laquelle le roi était servi à table, et de l'ordre qu'il tenait dans sa maison. Voilà, certes, une belle preuve que cet Italien fut suborné par Charles-Quint pour empoisonner la famille royale!

Oh! ce ne fut pas l'empereur qui l'engagea lui-même dans ce crime; ce furent ses généraux, Antoine de Lève et le marquis de Gonzague. Qui? Antoine de Lève, âgé de quatre-vingts ans, et l'un des plus vertueux chevaliers de l'Europe! et ce vieillard eut l'indiscrétion de lui proposer ces empoisonnements conjointement avec un prince de Gonzague! D'autres nomment le marquis del Vasto, que vous appelez du Guast. Accordez-vous donc, pauvres imposteurs. — Vous dites que Montecuculli l'avoua à ses juges. Avez-vous vu les pièces originales du procès?

Vous avancez que cet infortuné était chimiste. Voilà vos seules preuves; voilà les seules raisons pour lesquelles il subit le plus effroyable des supplices. Il était Italien, il était chimiste; on haïssait Charles-Quint; on se vengeait bien honteusement de sa gloire. Quoi! votre cour fait écarteler un homme de qualité sur de simples soupçons, dans la vaine espérance de déshonorer un empereur trop puissant!

Quelque temps après, vos soupçons toujours légers accusent de cet empoisonnement Catherine de Médicis, épouse de Henri II, dauphin, depuis roi de France. Vous dites que pour régner elle fit empoisonner ce premier dauphin qui était entre le trône et son mari. Imposteurs! encore une fois, accordez-vous donc. Songez-vous que Catherine de Médicis n'était alors âgée que de dix-sept ans?

On a dit que ce fut Charles-Quint lui-même qui imputa cette mort à Catherine, et on cite l'historien Vera. On se trompe; voici ses paroles [1] :

« En este ano avia muerto en Paris el delfin de Francia con señales
« evidentes de veneno. Attribuyeronlo los soyos a diligencia del mar-
« ques del Basto, y Antonio de Leiva, y costó la vida al conde de
« Montecuculo, Frances, con quien se correspondian : indigna sospe-
« cha de tan generosos hombres, y inutil; puesto, que con matar al
« delfin, se grangeava poco; porque no era nada valeroso, ni sin her-
« manos que le sucediessen.

« Brevemente se passó desta presuncion a otra mas fundada, que
« avia sido la muerte per orden de su hermano el duque de Orliens, a
« persuasion de Catalina de Medicis su muger, ambiciosa de legar a
« ser reyna, como lo fué. Y notó bien un autor que la muerte desgra-

1. Page 166, édition de Bruxelles, 1656, in-4°.

« ciada que tuvo despues este Enrico, la permitió Dios en castigo de la
« alevosa que dió (si la dió) al inocente hermano : costumbre mas que
« medianamente introducida en principes, deshazerse a poca costa de
« los que por algun camino los embaraçan ; pero siempre son visible-
« mente castigados de Dios. »

« En cette année mourut à Paris le dauphin de France avec des
signes évidents de poison. Les siens l'attribuèrent aux ordres du marquis del Vasto et d'Antoine de Lève, ce qui coûta la vie au comte de
Montecuculo, Français, qui était en correspondance avec eux : indigne
et inutile soupçon contre des hommes si généreux, puisqu'en tuant le
dauphin on gagnait peu. Il n'était encore connu par sa valeur, ni lui
ni ses frères qui devaient lui succéder.

« De cette présomption on passa à une autre ; on prétendit que ce
meurtre avait été commis par l'ordre du duc d'Orléans son frère, à la
persuasion de Catherine de Médicis, sa femme, qui avait l'ambition
d'être reine, comme elle le fut en effet. Et un auteur remarque très-
bien que la mort funeste de ce duc d'Orléans, depuis Henri II, fut une
punition divine du poison qu'il avait donné à son frère (si pourtant il
lui en fit donner) : coutume trop ordinaire aux princes de se défaire à
peu de frais de ceux qui les embarrassent dans leur chemin, mais souvent et visiblement punie de Dieu. »

Le señor de Vera n'est pas, comme on voit, un Tacite. D'ailleurs,
il prend Montecuculli ou Montecuculo pour un Français. Il dit que le
dauphin mourut à Paris, et ce fut à Tournon. Il parle de marques évidentes de poison sur le bruit public ; mais il est évident qu'il n'attribue
qu'aux Français l'accusation contre Catherine de Médicis.

Cette accusation est aussi injuste et aussi extravagante que celle qui
chargea Montecuculli.

Il résulte que cette légèreté particulière aux Français a dans tous
les temps produit des catastrophes bien funestes. A remonter du supplice injuste de Montecuculli jusqu'à celui des templiers, c'est une
suite de supplices atroces, fondés sur les présomptions les plus frivoles.
Des ruisseaux de sang ont coulé en France, parce que la nation est
souvent peu réfléchissante et très-prompte dans ses jugements. Ainsi
tout sert à perpétuer les malheurs de la terre.

Disons un mot de ce malheureux plaisir que les hommes, et surtout
les esprits faibles, ressentent en secret à parler des supplices, comme
ils en ont à parler de miracles et de sortilèges. Vous trouverez dans le
Dictionnaire de la Bible de Calmet plusieurs belles estampes des supplices usités chez les Hébreux. Ces figures font frémir tout honnête
homme. Prenons cette occasion de dire que jamais ni les Juifs, ni aucun autre peuple, ne s'avisèrent de crucifier avec des clous, et qu'il
n'y en a aucun exemple. C'est une fantaisie de peintre qui s'est établie
sur une opinion assez erronée.

Section III. — Hommes sages répandus sur la terre (car il y en a),
criez de toutes vos forces, avec le sage Beccaria, qu'il faut proportion-
ner les peines aux délits.

Que si on casse la tête d'un jeune homme de vingt ans, qui aura passé six mois auprès de sa mère ou de sa maîtresse au lieu de rejoindre son régiment, il ne pourra plus servir sa patrie.

Que si vous pendez dans la place des Terreaux [1] cette jeune servante qui a volé douze serviettes à sa maîtresse, elle aurait pu donner à votre ville une douzaine d'enfants que vous étouffez; qu'il n'y a nulle proportion entre douze serviettes et la vie, et qu'enfin vous encouragez le vol domestique, parce que nul maître ne sera assez barbare pour faire pendre son cocher qui lui aura volé de l'avoine, et qu'il le ferait punir pour le corriger, si la peine était proportionnée.

Que les juges et les législateurs sont coupables de la mort de tous les enfants que de pauvres filles séduites abandonnent ou laissent périr, ou étouffent par la même faiblesse qui les a fait naître.

Et c'est pourquoi je veux vous conter ce qui vient d'arriver dans la capitale d'une sage et puissante république qui, toute sage qu'elle est, a le malheur d'avoir conservé quelques lois barbares de ces temps antiques et sauvages qu'on appelle le temps des bonnes mœurs. On trouve auprès de cette capitale un enfant nouveau-né et mort; on soupçonne une fille d'en être la mère; on la met au cachot; on l'interroge; elle répond qu'elle ne peut avoir fait cet enfant puisqu'elle est grosse. On la fait visiter par ce qu'on appelle si mal à propos des sages-femmes, des matrones. Ces imbéciles attestent qu'elle n'est point enceinte, que ses vidanges retenues ont enflé son ventre. La malheureuse est menacée de la question; la peur trouble son esprit; elle avoue qu'elle a tué son enfant prétendu; on la condamne à la mort; elle accouche pendant qu'on lui lit sa sentence. Ses juges apprennent qu'il ne faut pas prononcer des arrêts de mort légèrement.

A l'égard de ce nombre innombrable de supplices, dans lesquels des fanatiques imbéciles ont fait périr tant d'autres fanatiques imbéciles, je n'en parlerai plus, quoiqu'on ne puisse trop en parler.

Il ne se commet guère de vols sur les grands chemins en Italie sans assassinats, parce que la peine de mort est la même pour l'un et l'autre crime.

Sans doute que M. de Beccaria en parle dans son *Traité des délits et des peines*.

SYMBOLE, ou CREDO. — Nous ne ressemblons point à Mlle Duclos, cette célèbre comédienne, à qui on disait : « Je parie, mademoiselle, que vous ne savez pas votre *Credo*. — Ah, ah, dit-elle, je ne sais pas mon *Credo!* je vais vous le réciter: *Pater noster qui....* Aidez-moi, je ne me souviens plus du reste. » Pour moi, je récite mon *Pater* et mon *Credo* tous les matins; je ne suis point comme Broussin [2], dont Reminiac disait :

Broussin, dès l'âge le plus tendre,
Posséda la sauce-Robert,

1. Le cas est arrivé à Lyon en 1772.

1. L'un des deux frères à qui est ~~~~~~ le *Voyage de Chapelle et Bachaumont*. (Note de M. Beuchot.)

Sans que son précepteur lui pût jamais apprendre
Ni son *Credo* ni son *Pater*.

Le *symbole* ou la *collation*, vient du mot *symbolein*, et l'Église latine adopte ce mot, comme elle a tout pris de l'Église grecque. Les
théologiens un peu instruits savent que ce symbole qu'on nomme *des*
apôtres n'est point du tout des apôtres.

On appelait *symbole* chez les Grecs les paroles, les signes auxquels
les initiés aux mystères de Cérès, de Cybèle, de Mithra, se reconnaissaient[1]; les chrétiens avec le temps eurent leur symbole. S'il avait
existé du temps des apôtres, il est à croire que saint Luc en aurait
parlé.

On attribue à saint Augustin une histoire du symbole dans son sermon 115; on lui fait dire dans son sermon que Pierre avait commencé
le symbole en disant : *Je crois en Dieu père tout-puissant*; Jean
ajouta : *Créateur du ciel et de la terre*; Jacques ajouta : *Je crois en*
Jésus-Christ son fils, notre Seigneur; et ainsi du reste. On a retranché
cette fable dans la dernière édition d'Augustin. Je m'en rapporte aux
révérends Pères bénédictins pour savoir au juste s'il fallait retrancher
ou non ce petit morceau qui est curieux.

Le fait est que personne n'entendit parler de ce *Credo* pendant plus
de quatre cents années. Le peuple dit que Paris n'a pas été bâti en un
jour; le peuple a souvent raison dans ses proverbes. Les apôtres eurent notre symbole dans le cœur, mais ils ne le mirent point par écrit.
On en forma un du temps de saint Irénée, qui ne ressemble point à
celui que nous récitons. Notre symbole, tel qu'il est aujourd'hui, est
constamment du ve siècle. Il est postérieur à celui de Nicée. L'article
qui dit que Jésus descendit aux enfers, celui qui parle de la communion des saints, ne se trouvent dans aucun des symboles qui précédè-
rent le nôtre. Et en effet, ni les Évangiles, ni les Actes des apôtres,
ne disent que Jésus descendit dans l'enfer. Mais c'était une opinion
établie dès le IIIe siècle, que Jésus était descendu dans l'Hadès, dans
le Tartare, mots que nous traduisons par celui d'enfer. L'enfer, en ce
sens, n'est pas le mot hébreu *scheol*, qui veut dire le souterrain, la
fosse. Et c'est pourquoi saint Athanase nous apprit depuis comment
notre Sauveur était descendu dans les enfers. « Son humanité, dit-il,
ne fut ni tout entière dans le sépulcre, ni tout entière dans l'enfer.
Elle fut dans le sépulcre selon la chair, et dans l'enfer selon l'âme. »

Saint Thomas assure que les saints qui ressuscitèrent à la mort de
Jésus-Christ moururent de nouveau pour ressusciter ensuite avec lui;
c'est le sentiment le plus suivi. Toutes ces opinions sont absolument
étrangères à la morale; il faut être homme de bien, soit que les
saints soient ressuscités deux fois, soit que Dieu ne les ait ressuscités
qu'une. Notre symbole a été fait tard, je l'avoue; mais la vertu est de
toute éternité.

1. Arnobe, liv. V, *Symbola quæ vocata sacrorum*, etc. Voy. aussi Clément
d'Alexandrie, dans son sermon protreptique, ou *Cohortatio ad gentes*.

S'il est permis de citer des modernes dans une matière si grave, je rapporterai ici le *Credo* de l'abbé de Saint-Pierre, tel qu'il est écrit de sa main dans son livre sur la pureté de la religion, lequel n'a point été imprimé, et que j'ai copié fidèlement.

« Je crois en un seul Dieu, et je l'aime. Je crois qu'il illumine toute âme venant au monde, ainsi que le dit saint Jean. J'entends par là toute âme qui le cherche de bonne foi.

« Je crois en un seul Dieu, parce qu'il ne peut y avoir qu'une seule âme du grand tout, un seul être vivifiant, un formateur unique.

« Je crois en Dieu le père tout-puissant, parce qu'il est père commun de la nature et de tous les hommes qui sont également ses enfants. Je crois que celui qui les fait tous naître également, qui arrangea les ressorts de notre vie de la même manière, qui leur a donné les mêmes principes de morale, aperçue par eux dès qu'ils réfléchissent, n'a mis aucune différence entre ses enfants que celle du crime et de la vertu.

« Je crois que le Chinois juste et bienfaisant est plus précieux devant lui qu'un docteur d'Europe pointilleux et arrogant.

« Je crois que Dieu étant notre père commun, nous sommes tenus de regarder tous les hommes comme nos frères.

« Je crois que le persécuteur est abominable, et qu'il marche immédiatement après l'empoisonneur et le parricide.

« Je crois que les disputes théologiques sont à la fois la farce la plus ridicule et le fléau le plus affreux de la terre, immédiatement après la guerre, la peste, la famine, et la vérole.

« Je crois que les ecclésiastiques doivent être payés et bien payés, comme serviteurs du public, précepteurs de morale, teneurs des registres des enfants et des morts; mais qu'on ne doit leur donner ni les richesses des fermiers généraux, ni le rang des princes, parce que l'un et l'autre corrompent l'âme, et que rien n'est plus révoltant que de voir des hommes si riches et si fiers faire prêcher l'humilité et l'amour de la pauvreté par leurs commis, qui n'ont que cent écus de gages.

« Je crois que tous les prêtres qui desservent une paroisse pourraient être mariés comme dans l'Église grecque, non-seulement pour avoir une femme honnête qui prenne soin de leur ménage, mais pour être meilleurs citoyens, donner de bons sujets à l'État, et pour avoir beaucoup d'enfants bien élevés.

« Je crois qu'il faut absolument rendre plusieurs moines à la société, que c'est servir la patrie et eux-mêmes. On dit que ce sont des hommes que Circé a changés en pourceaux; le sage Ulysse doit leur rendre la forme humaine. »

Paradis aux bienfaisants !

Nous rapportons historiquement ce symbole de l'abbé de Saint-Pierre, sans l'approuver. Nous ne le regardons que comme une singularité curieuse; et nous nous en tenons, avec la foi la plus respectueuse, au véritable symbole de l'Église.

SYSTÈME. — Nous entendons par système une supposition : ensuite, quand cette supposition est prouvée, ce n'est plus un système, c'est une vérité. Cependant nous disons encore par habitude le *système céleste*, quoique nous entendions par là la position réelle des astres.

Je crois avoir cru autrefois que Pythagore avait appris chez les Chaldéens le vrai système céleste; mais je ne le crois plus. A mesure que j'avance en âge, je doute de tout.

Cependant Newton, Grégori, et Keil, font honneur à Pythagore et à ces Chaldéens du système de Copernic; et, en dernier lieu, M. Lemonnier est de leur avis. J'ai l'impudence de n'en plus être[1].

Une de mes raisons, c'est que si les Chaldéens en avaient tant su, une si belle et si importante découverte ne se serait jamais perdue; elle se serait transmise de siècle en siècle, comme les belles démonstrations d'Archimède.

Une autre raison, c'est qu'il fallait être plus profondément instruit que ne l'étaient les Chaldéens pour contredire les yeux de tous les hommes et toutes les apparences célestes; qu'il eût fallu non-seulement faire les expériences les plus fines, mais employer les mathématiques les plus profondes, avoir le secours indispensable des télescopes, sans lesquels il était impossible de découvrir les phases de Vénus qui démontrent son cours autour du soleil, et sans lesquels encore il était impossible de voir les taches du soleil qui démontrent sa rotation autour de son axe presque immobile.

Une raison non moins forte, c'est que de tous ceux qui ont attribué à Pythagore ces belles connaissances, aucun ne nous a dit positivement de quoi il s'agit.

Diogène de Laërce, qui vivait environ neuf cents ans après Pythagore, nous apprend que, selon ce grand philosophe, le nombre un était le premier principe, et que de DEUX naissent tous les nombres; que les corps ont quatre éléments, le feu, l'eau, l'air, et la terre; que la lumière et les ténèbres, le froid et le chaud, l'humide et le sec, sont en égale quantité; qu'il ne faut point manger de fèves; que l'âme est divisée en trois parties; que Pythagore avait été autrefois Æthalide, puis Euphorbe, puis Hermotime, et que ce grand homme étudia la magie à fond. Notre Diogène ne dit pas un mot du vrai système du monde attribué à ce Pythagore; et il faut avouer qu'il y a loin de son

---

1. Si nous osions avoir une opinion sur ce sujet, nous dirions qu'il est vraisemblable que ni les Egyptiens, ni les Chaldéens, ni les Indiens, n'ont jamais connu le véritable système du monde; que Pythagore a connu ce système, parce qu'il l'a donné d'après les observations des Orientaux, alors beaucoup plus anciennes et plus complètes que celles des Grecs; qu'il suffit pour cela d'avoir une idée bien nette des lois du mouvement apparent, ce qui n'était pas impossible pour un homme qui avait autant de génie que Pythagore; que ce système fut rejeté par les Grecs, parce qu'il était trop contraire aux idées communes, et que d'ailleurs Pythagore ne pouvait l'appuyer sur d'assez fortes preuves; mais que les Grecs en conservèrent un souvenir vague qu'ils nous ont transmis. Le livre d'Eusèbe de Césarée fourmille d'erreurs grossières sur l'astronomie et la physique des anciens; mais ce livre est précieux, parce que ses absurdités mêmes peuvent conduire à retrouver les vérités qu'il défigure. Il en est de même de Plutarque, d'ailleurs beaucoup meilleur écrivain, et plus instructif qu'Eusèbe de Césarée. (*Ed. de Kehl.*)

aversion prétendue pour les fèves aux observations et aux calculs qui démontrent aujourd'hui le cours des planètes et de la terre.

Le fameux arien Eusèbe, évêque de Césarée, dans sa *Préparation évangélique*, s'exprime ainsi [1] : « Tous les philosophes prononcent que la terre est en repos ; mais Philolaüs le péripatéticien pense qu'elle se meut autour du feu dans un cercle oblique, tout comme le soleil et la lune. »

Ce galimatias n'a rien de commun avec les sublimes vérités que nous ont enseignées Copernic, Galilée, Képler, et surtout Newton.

Quant au prétendu Aristarque de Samos, qu'on dit avoir développé les découvertes des Chaldéens sur le cours de la planète de la terre et des autres planètes, il est si obscur, que Wallis a été obligé de le commenter d'un bout à l'autre pour, tâcher de le rendre intelligible.

Enfin il est fort douteux que le livre attribué à cet Aristarque de Samos soit de lui. On a fort soupçonné les ennemis de la nouvelle philosophie d'avoir fabriqué cette fausse pièce en faveur de leur mauvaise cause. Ce n'est pas seulement en fait de vieilles chartes que nous avons eu de pieux faussaires. Cet Aristarque de Samos est d'autant plus suspect, que Plutarque l'accuse d'avoir été un bigot, un méchant hypocrite, imbu de l'opinion contraire. Voici les paroles de Plutarque dans son fatras intitulé, *La face du rond de la lune* : Aristarque le Samien disait que les Grecs devaient « punir Cléanthe de Samos, lequel soupçonnait que le ciel est immobile, et que c'est la terre qui se meut autour du zodiaque, en tournant sur son axe. »

Mais, me dira-t-on, cela même prouve que le système de Copernic était déjà dans la tête de ce Cléanthe et de bien d'autres. Qu'importe qu'Aristarque le Samien ait été de l'avis de Cléanthe le Samien, ou qu'il ait été son délateur, comme le jésuite Skeiner a été depuis le délateur de Galilée ? il résulte toujours évidemment que le vrai système d'aujourd'hui était connu des anciens.

Je réponds que non ; qu'une très-faible partie de ce système fut vaguement soupçonnée par quelques têtes mieux organisées que les autres. Je réponds qu'il ne fut jamais reçu, jamais enseigné dans les écoles, que ce ne fut jamais un corps de doctrine. Lisez attentivement cette *face de la lune* de Plutarque ; vous y trouverez, si vous voulez, la doctrine de la gravitation. Le véritable auteur d'un système est celui qui le démontre.

N'envions point à Copernic l'honneur de la découverte. Trois ou quatre mots déterrés dans un vieil auteur, et qui peuvent avoir quelque rapport éloigné avec son système, ne doivent pas lui enlever la gloire de l'invention.

Admirons la grande règle de Képler, que les carrés des révolutions des planètes autour du soleil sont proportionnels aux cubes de leurs distances.

Admirons encore davantage la profondeur, la justesse, l'invention du grand Newton, qui seul a découvert les raisons fondamentales de

1. Page 850, édition in-folio de 1624.

ces lois inconnues à toute l'antiquité, et qui a ouvert aux hommes un ciel nouveau.

Il se trouve toujours de petits compilateurs qui osent être ennemis de leur siècle; ils entassent, entassent des passages de Plutarque et d'Athénée, pour tâcher de nous prouver que nous n'avons nulle obligation aux Newton, aux Halley, aux Bradley. Ils se font les trompettes de la gloire des anciens. Ils prétendent que ces anciens ont tout dit, et ils sont assez imbéciles pour croire partager leur gloire, parce qu'ils la publient. Ils tordent une phrase d'Hippocrate pour faire accroire que les Grecs connaissaient la circulation du sang mieux qu'Harvey. Que ne disent-ils aussi que les Grecs avaient de meilleurs fusils, de plus gros canons que nous, qu'ils lançaient des bombes plus loin, qu'ils avaient des livres mieux imprimés, de plus belles estampes, etc., etc.? qu'ils excellaient dans la peinture à l'huile; qu'ils avaient des miroirs de cristal, des télescopes, des microscopes, des thermomètres? Ne s'est-il pas trouvé des gens qui ont assuré que Salomon, qui ne possédait aucun port de mer, avait envoyé des flottes en Amérique? etc., etc.

Un des plus grands détracteurs de nos derniers siècles a été un nommé *Dutens*. Il a fini par faire un libelle aussi infâme qu'insipide contre les philosophes de nos jours. Ce libelle est intitulé *le Tocsin;* mais il a eu beau sonner sa cloche, personne n'est venu à son secours, et il n'a fait que grossir le nombre des Zoïles, qui, ne pouvant rien produire, ont répandu leur venin sur ceux qui ont immortalisé leur patrie et servi le genre humain par leurs productions.

T. — *Remarques sur cette lettre.* — L'euphonie, qui adoucit toujours le langage, et qui l'emporte sur la grammaire, fait que dans la prononciation nous changeons souvent ce *t* en *c*. Nous prononçons *ambicieux, akcion, parcial;* car lorsque ce *t* est suivi d'un *i* et d'une autre voyelle, le son du *t* paraît un peu trop dur. Les Italiens ont changé de même ce *t* en *z*. La même raison nous a insensiblement accoutumés à écrire et à prononcer un *t* à la fin de certains temps des verbes : *il aima,* mais *aima-t-il* constamment? *il arriva,* mais à peine *arriva-t-il;* il s'éleva, mais *s'éleva-t-il* au-dessus des préjugés? *on raisonne,* mais *raisonne-t-on* conséquemment? etc.; *il écrira,* mais *écrira-t-il* avec élégance? il joue, *joue-t-il* habilement?

Ainsi donc quand la troisième personne du présent, du prétérit et du futur, se terminant en voyelle, est suivie d'un article ou de la particule *on* qui tient lieu d'article, l'usage a voulu qu'on plaçât toujours ce *t.* On étendait autrefois plus loin cet usage : on prononçait ce *t* à la fin de tous les prétérits en *a* : *il aima à aller,* on disait *il aima-t-à aller;* et cette prononciation s'est conservée dans quelques provinces. L'usage de Paris l'a rendue très-vicieuse.

Il n'est pas vrai que pour rendre la prononciation plus douce on change le *b* en *p* devant un *t,* et qu'on dise *optenir* pour *obtenir.* Ce serait au contraire rendre la prononciation plus dure. Le *t* se met encore après l'impératif *va, va-t'en.*

Ta, pronom poss. féminin; *ta mère, ta vie, ta haine*. La même euphonie, qui adoucit toujours le langage, a changé *ta* en *ton* devant toutes les voyelles : *ton adresse, son adresse, mon adresse*, et non *ta, sa, ma adresse; ton épée*, et non *ta épée; ton industrie, ton ignorance*, non *ta industrie, ta ignorance; ton ouverture*, non *ta ouverture*. La lettre *h*, quand elle n'est point aspirée et qu'elle tient lieu de voyelle, exige aussi le changement de *ta, ma, sa*, en *ton, mon, son : ton honnêteté*, et non *ta honnêteté*.

Ta, ainsi que *ton*, donne *tes* au pluriel; *tes peines sont inutiles*.

Le redoublement du mot *ta* signifie un reproche de trop de vitesse : *ta ta ta, voilà bien instruire une affaire!* Mais ce n'est point un terme de la langue, c'est une espèce d'exclamation arbitraire. C'est ainsi que dans les salles d'armes on disait c'est un *tata*, pour désigner un ferrailleur.

TABAC. — *Tabac*, subst. masc., mot étranger. On donna ce nom, en 1560, à cette herbe découverte dans l'île de Tabago. Les naturels de la Floride la nommaient *petun;* elle eut en France le nom de *nicotiane, d'herbe à la reine*, et divers autres noms. Il y a plusieurs espèces de tabac; chacune prend son nom ou de l'endroit où cette plante croît, ou de celui où elle est manufacturée, ou du port principal, ou du pays d'où part cette marchandise. Le petit peuple ayant commencé en France à prendre du tabac par le nez, ce fut d'abord une indécence aux femmes d'en faire usage. Voilà pourquoi Boileau dit dans la satire des femmes (vers 672) :

> Fait même à ses amants, trop faibles d'estomac,
> Redouter ses baisers pleins d'ail et de tabac.

On dit *fumer du tabac*, et on entend la même chose par le mot seul de *fumer*.

TABARIN. — *Tabarin*, nom propre, devenu nom appellatif. Tabarin, valet de Mondor, charlatan sur le Pont-Neuf du temps de Henri IV, fit donner ce nom aux fous grossiers.

> Et sans honte à Térence allier Tabarin.
> Boileau, *Art poétique*, chant III, 398.

Tabarine n'est pas d'usage et ne doit pas en être, parce que les femmes sont toujours plus décentes que les hommes.

Tabarinage, et surtout *tabarinique*, qu'on trouve dans le *Dictionnaire de Trévoux*, sont aussi proscrits.

TABIS. — *Tabis*, étoffe de soie unie et ondée, passée à la calandre sous un cylindre qui imprime sur l'étoffe ces inégalités onduleuses gravées sur le cylindre même. C'est ce qu'on appelle improprement *moire*, de deux mots anglais *mo hair*, poil de chèvre sauvage. La véritable moire n'admet pas un fil de soie.

> Où suc l'ouate molle éclate le tabis.
> Boileau, *Lutrin*, ch. IV, 44.

Tabiser, passer à la calandre. Taffetas, gros de Tours *tabisé*.

TABLE. — *Table*, s. f., terme très-étendu qui a plusieurs significations.

Table à manger, table de jeu, table à écrire. Première table, seconde table, table du commun. Table de buffet, table d'hôte, où l'on mange à *tant par repas; bonne table, table réglée, table ouverte; être à table, se mettre à table, sortir de table. Table brisée, table ronde, ovale, longue, carrée. Courir les tables* (en style familier) se dit des parasites; *bénir la table*, c'est-à-dire faire une prière avant le repas. *Tomber sous la table*, dernier effet de l'ivresse. *Propos de table*, traits de gaieté et de familiarité qui échappent dans un repas.

Table de nuit, inventée en 1717; meuble commode qu'on place auprès d'un lit, et sur lequel se placent plusieurs ustensiles.

Table à tiroir; mettre papiers sur table. Table d'un instrument de musique, comme luth, clavecin; c'est la partie sur laquelle posent les cordes ou les touches.

Table de verre, signifie le verre plat qui n'a point été soufflé, et qui n'est pas encore employé.

Table de plomb, de cuivre : plaque de plomb et de cuivre d'une étendue un peu considérable.

Table de la loi, la loi des douze tables chez les Romains, les deux tables de la loi chez les Hébreux. On ne dit point *la loi des deux tables.*

Table d'autel, dans laquelle on encastre la pierre bénite sur laquelle le prêtre pose le calice. *Sainte table*, c'est l'autel même sur lequel le prêtre prend les pains enchantés, avec lesquels il va donner la communion. *Approcher de la sainte table*, communier. On ne dit pas *se mettre à la sainte table.*

Table isiaque ou *table du soleil.* C'est une grande plaque de cuivre qu'on regarde comme un des plus précieux monuments de l'ancienne Égypte; elle est couverte d'hiéroglyphes gravés. Ce monument, qui vient de la maison de Gonzague, est conservé à Turin.

Table ronde (chevaliers de la table ronde), imaginée pour éviter les disputes pour la préséance, et dont les romans ont attribué l'invention à un roi fabuleux d'Angleterre, nommé Artus.

Table pythagorique, ou de multiplication des nombres les uns par les autres.

Table en mathématique, suite de nombres rangés suivant certain ordre propre à faire retrouver l'un de ces nombres dont on a besoin.

Tables d'astronomie, ou calcul des mouvements célestes.

On a les *tables Alfonsines*, les *tables Rodolphines*, ainsi nommées parce qu'on les a faites pour ces deux monarques.

Table des sinus, des tangentes, des logarithmes.

Tables généalogiques, plus communément nommées *arbres.*

La table d'un livre, c'est-à-dire liste alphabétique ou des noms, ou les matières, ou des chapitres.

Table d'attente en architecture; c'est d'ordinaire un bossage pour recevoir une inscription.

Table de trictrac.

Toutes tables, jeu différent du trictrac ordinaire.

Table de diamant; le diamant est taillé en table quand sa surface est plate et les côtés à biseaux.

Les deux parties osseuses qui composent le crâne sont appelées *tables*.

Les trumeaux, cartouches, panneaux, en architecture, prennent aussi le nom de *table*.

Table de crépi, table en saillie, table couronnée, table fouillée, table rustique.

Table de marbre. L'une des plus anciennes juridictions du royaume, partagée en trois tribunaux : celui du connétable, à présent des maréchaux de France; celui de l'amiral; et celui du grand forestier, qui est aujourd'hui représenté par le grand maître des eaux et forêts. Cette juridiction est ainsi nommée d'une longue table de marbre, sur laquelle les vassaux étaient tenus d'apporter leurs redevances; chaque seigneur avait une table pareille, et les mots de *table, domaine, justice,* étaient presque synonymes; *réunir à sa table,* était réunir à son domaine.

Table rase. Expression empruntée de la toile des peintres avant qu'ils y aient appliqué leurs couleurs : l'esprit d'un enfant est une table rase sur laquelle les préjugés n'ont encore rien imprimé.

TABLER. — *Tabler*, v. n. Il vient du jeu de trictrac. On disait *tabler* quand on posait deux dames sur la même ligne; on dit aujourd'hui *caser*, et le mot *tabler*, qui n'est plus d'usage au propre, s'est conservé au figuré. *Tabler sur cet arrangement, tabler sur cette nouvelle.* Il était d'usage, dans le siècle passé, de dire *tabler* pour *tenir table.*

> Allez tabler jusqu'à demain.
>
> Molière, *Amphitryon*, acte III, scène VI.

TABOR, ou **THABOR.** — Montagne fameuse dans la Judée; ce nom entre souvent dans le discours familier. Il est faux que cette montagne ait une lieue et demie d'élévation au-dessus de la plaine, comme le disent plusieurs dictionnaires; il n'y a point de montagne de cette hauteur. Le Tabor n'a pas plus de six cents pieds de haut; mais il paraît très-élevé, parce qu'il est situé dans une vaste plaine.

Le Tabor de Bohême est encore célèbre par la résistance de Ziska aux armées impériales; c'est de là qu'on a donné le nom de *tabor* aux retranchements faits avec des chariots.

Les taborites, secte à peu près semblable à celle des hussites, prirent aussi leur nom de cette montagne.

TACTIQUE. — *Tactique*, s. f., signifie proprement *ordre, arrangement;* mais ce mot est consacré depuis longtemps à la science de la guerre. La tactique consiste à ranger les troupes en bataille, à faire les évolutions, à disposer les troupes, à se prévaloir avec avantage des machines de guerre. L'art de bien camper prend un autre nom, qui est celui de *castramétation.* Lorsqu'une fois la bataille est engagée, et que le succès ne dépend plus que de la valeur des troupes et du coup d'œil du général, le terme de *tactique* n'est plus convenable, parce qu'alors il ne s'agit plus ni d'ordre ni d'arrangement.

TAGE. — *Tage*, s. m. Quoique ce ne soit que le nom propre d'une rivière, le fréquent usage qu'on en fait lui doit donner place dans le *Dictionnaire de l'Académie*. Les trésors du Pactole et du Tage sont communs en poésie : on a supposé que ces deux fleuves roulaient une grande quantité d'or dans leurs eaux; ce qui n'est pas vrai.

TALISMAN. — *Talisman*, s. m., terme arabe francisé, proprement *consécration;* la même chose que *telesma* ou *phylactère;* préservatif, figure, caractère, dont la superstition s'est servie dans tous les temps et chez tous les peuples. C'est d'ordinaire une espèce de médaille fondue et frappée sous certaines constellations. Le fameux talisman de Catherine de Médicis existe encore.

TALMUD. — Ancien recueil des lois, des coutumes, des traditions et des opinions des Juifs, compilées par leurs docteurs. Il est divisé en deux parties, la *gemare* et la *misna*, postérieures de quelques siècles à notre ère vulgaire. Ce mot est devenu français, parce qu'il est commun à toutes les nations.
Talmudiste, attaché aux opinions du Talmud.
Talmudique, docteur talmudique, peu en usage.

TAMARIN. — *Tamarin*, s. m., arbre des Indes et de l'Amérique, dont l'écorce ressemble à celle du noyer, les feuilles à la fougère, et les fleurs à celles de l'oranger; son fruit est une petite gousse qui renferme une pulpe noire assez semblable à la casse, mais d'un goût un peu aigre. L'arbre et le fruit portent le nom de *tamarin*.

TAMARIS. — *Tamaris*, s. m., arbrisseau dont les fruits ont quelque ressemblance à ceux du tamarin, mais qui ont une vertu plus détersive et plus atténuante.

TAMBOUR. — *Tambour*, s. m., terme imitatif qui exprime le son de cet instrument guerrier inconnu aux Romains, et qui nous est venu des Arabes et des Maures. C'est une caisse ronde, exactement fermée en dessus et en dessous par un parchemin de mouton épais, tendu à force sur une corde à boyau. Le tambour ne sert parmi nous que pour l'infanterie; c'est avec le tambour qu'on l'assemble, qu'on l'exerce, qu'on la conduit. *Battre le tambour, le tambour bat, il bat aux champs, il appelle, il rappelle, il bat la générale; la garnison marche, sort tambour battant.*

TANT. — Adverbe de quantité, qui devient quelquefois conjonction.
Il est adverbe quand il est attaché au verbe, quand il en modifie le sens. *Il aima tant la patrie! Vous connaissez les coquettes? oh tant! Il a tant de finesse dans l'esprit, qu'il se trompe presque toujours.*
Tant est une conjonction quand il signifie *tandis que. Elle sera aimée tant qu'elle sera jolie;* c'est-à-dire tandis qu'elle sera jolie.
Tant, lorsqu'il est suivi de quelque mot dont il désigne la quantité,

gouverne toujours le génitif; *tant d'amitié, tant de richesses, tant de crimes.*

Il ne se joint jamais à un simple adjectif. On ne dit point *tant vertueux, tant méchant, tant libéral, tant avare;* mais *si vertueux, si méchant, si libéral, si avare.*

Après le verbe actif ou neutre, sans auxiliaire, il faut toujours mettre *tant; il travaille tant, il pleut tant.* Quand le verbe auxiliaire se joint au verbe actif, vous placez le *tant* entre l'un et l'autre; *il a tant travaillé, il a tant plu, ils ont tant écrit;* et jamais on ne se sert du *si: il a si plu, ils ont si écrit;* ce serait un barbarisme. Mais avec un verbe passif, le *tant* est remplacé par le *si,* et voici dans quel cas. Lorsque vous avez à exprimer un sentiment particulier par un verbe passif, comme, *je suis si touché, si ému, si courroucé, si animé,* vous ne pouvez dire *je suis tant ému, tant touché, tant courroucé, tant animé,* parce que ces mots tiennent lieu d'épithète; mais lorsqu'il s'agit d'une action, d'un fait, vous employez le mot de *tant: cette affaire fut tant débattue, les accusations furent tant renouvelées, les juges tant sollicités, les témoins tant confrontés;* et non pas *si confrontés, si sollicités, si renouvelées, si débattue.* La raison en est que ces participes expriment des faits, et ne peuvent être regardés comme des épithètes.

On ne dit point *cette femme tant belle,* parce que *belle* est épithète; mais on peut dire, surtout en vers, *cette femme autrefois tant aimée,* encore mieux que *si aimée;* mais quand on ajoute de qui elle a été aimée, il faut dire *si aimée de vous, de lui,* et non *tant aimée de vous, de lui,* parce qu'alors vous désignez un sentiment particulier. *Cette personne autrefois tant célébrée par vous;* célébrer est un fait. *Cette personne autrefois si estimée par vous;* c'est un sentiment.

> Est-ce là cette ardeur tant promise à sa cendre[1]?
> Quel crime a donc commis ce fils tant condamné[2]?

Condamné, promise, expriment des faits.

Tant peut être considéré comme une particule d'exclamation: *tant il est difficile de bien écrire! tant les oreilles sont délicates!*

Tant se met pour *autant: tant plein que vide,* pour dire, autant plein que vide; *tant vaut l'homme, tant vaut sa terre;* pour, autant vaut l'homme, autant vaut sa terre. *Tant tenu, tant payé,* c'est-à-dire il sera payé autant qu'il aura servi.

On ne dit plus *tant plus, tant moins,* parce que *tant* est alors inutile. *Plus on la pare, moins elle est belle.* A quoi servirait, *tant plus on la pare tant moins elle est belle?*

Il n'en est pas de même de *tant pis* et de *tant mieux: pis* et *mieux* ne feraient pas seuls un sens assez complet. *Il se croit sûr de la victoire, tant pis; il se défie de sa bonne fortune, tant mieux. Tant* alors signifie *d'autant, il fait d'autant mieux.*

1. *Andromaque,* IV, I. (ÉD.) — 2. *Britannicus,* IV, II. (ÉD.)

Tant que ma vue peut s'étendre, pour autant que ma vue peut s'étendre.

Tant et si peu qu'il vous plaira; au lieu de dire, autant et si peu qu'il vous plaira.

TAPISSERIE, TAPISSIER. — *Tapisserie,* s. f., ouvrage au métier ou à l'aiguille pour couvrir les murs d'un appartement. Les tapisseries au métier sont de haute ou de basse lice : pour fabriquer celles de haute lice, l'ouvrier regarde le tableau placé à côté de lui ; mais pour la basse lice, le tableau est sous le métier, et l'artiste le déroule à mesure qu'il en a besoin : l'un et l'autre travaillent avec la navette. Les tapisseries à l'aiguille s'appellent *tapisseries de point,* à cause des points d'aiguille. La tapisserie de gros point est celle dont les points sont plus écartés, plus grossiers ; celle de petit point au contraire. Les tapisseries des Gobelins, de Flandre, de Beauvais, sont de haute lice. On y employait autrefois le fil d'or et la soie ; mais l'or se blanchit, la soie se ternit. Les couleurs durent plus longtemps sur la laine.

Les tapisseries de point de Hongrie sont celles qui sont à points lâches et à longues aiguillées qui forment des points de diverses couleurs ; elles sont communes et d'un bas prix.

Les tapisseries de verdure peuvent admettre quelques petits personnages, et retiennent le nom de *verdure.* Oudri a donné la vogue aux tapisseries d'animaux. Celles à personnages sont les plus estimées. Les tapisseries des Gobelins sont des chefs-d'œuvre d'après les plus grands peintres. On distingue les tapisseries par pièces, on les vend à la pièce, on les compte par aunes de cours. Plusieurs pièces qui tapissent un appartement s'appellent une *tenture.* On les tend, on les détend, on les cloue, on les décloue.

Les petites bordures sont aujourd'hui plus estimées que les grandes.

Toutes sortes d'étoffes peuvent servir de tapisserie ; le damas, le satin, le velours, la serge. On donne même au cuir doré le nom de *tapisserie.* Il se fait de très-beaux fauteuils, de magnifiques canapés de tapisseries, soit de petit point, soit de haute ou basse lice.

Tapissier, s. m., c'est le manufacturier même ; il n'est pas nommé autrement en Flandre. C'est aussi l'ouvrier qui tend les tapisseries dans une maison, qui garnit les fauteuils. Il y a des valets de chambre tapissiers.

TAQUIN, TAQUINE. — *Taquin, ine,* adj., terme populaire qui signifie avare dans les petites choses, vilain dans sa dépense ; quelques-uns s'en servent aussi dans le style familier pour signifier un homme renfrogné et têtu, comme supposant qu'un avare doit toujours être de mauvaise humeur. Il est peu en usage.

TARIF. — *Tarif,* s. m., mot arabe devenu français, et qui signifie *rôle, table, catalogue, évaluation. Tarif du prix des denrées ; tarif de la douane ; tarif des monnaies.* L'édit du tarif dans la minorité de Louis XIV, fit révolter le parlement, et causa la guerre insensée de la Fronde. On paya mille fois plus pour la guerre civile, que le tarif n'aurait coûté.

TARTARE. — *Tartare*, s. et adj. m. et f., habitant de la Tartarie
On s'est servi souvent de ce mot pour signifier barbare.

> Et ne voyez-vous pas, par tant de cruautés,
> La rigueur d'un Tartare à travers ses bontés [1] ?

On a nommé *tartares* les valets militaires de la maison du roi, parce
qu'ils pillaient pendant que leurs maîtres se battaient.

La langue tartare, les coutumes tartares.

Tartare, s. m., enfer des Grecs et des Romains, imité du Tartarot
égyptien, qui signifiait *demeure éternelle*. Ce mot entre très-souvent
dans notre poésie, dans les odes, dans les opéras : *les peines du Tartare, les fleuves du Tartare.*

> Qu'entends-je ? le Tartare s'ouvre.
> Quels cris ! quels douloureux accents !
> La Motte, *Descente aux Enfers*, st. 4.

TARTAREUX. — *Tartareux*, adj., mot employé en chimie : *sédiment
tartareux, liqueur tartareuse*, c'est-à-dire chargée de sel de tartre.

TARTRE. — *Tartre*, s. m., sel formé par la fermentation dans les
vins fumeux, et qui s'attache aux tonneaux en cristallisation.

Le tartre calciné s'appelle *sel de tartre*, c'est l'alcali fixe végétal; il
s'emploie dans les arts et dans la médecine. Il se résout par l'humidité
en une liqueur qu'on appelle *huile de tartre.*

Le *tartre vitriolé* est cette même huile mêlée avec l'esprit de vitriol.

Cristal ou *crème de tartre*; c'est le tartre purifié et réduit en forme
de cristal. Il est formé d'un acide particulier et du sel de tartre, ou
alcali fixe, avec une abondance d'acide.

Le *tartre émétique* est une combinaison de verre d'antimoine avec la
crème de tartre.

Le *tartre folié* est la combinaison du sel de tartre avec le vinaigre.

TARTUFE, TARTUFERIE. — *Tartufe*, s. m., nom inventé par Molière, et adopté aujourd'hui dans toutes les langues de l'Europe pour
signifier les hypocrites, les fripons, qui se servent du manteau de la
religion : *c'est un tartufe, c'est un vrai tartufe.*

Tartuferie, s. f., mot nouveau formé de celui de *tartufe*; action
d'hypocrite, maintien d'hypocrite, friponnerie de faux dévot; on s'en
est servi souvent dans les disputes sur la bulle *Unigenitus.*

TAUPE. — *Taupe*, petit quadrupède, un peu plus gros que la souris,
qui habite sous terre. La nature lui a donné des yeux extrêmement
petits, enfoncés, et recouverts de petits poils, afin que la terre ne les
blesse pas, et qu'il soit averti par un peu de lumière quand il est
exposé; l'organe de l'ouïe très-fin, les pattes de devant larges, armées
d'ongles tranchants, et placées toutes deux en plan incliné, afin de
jeter à droite et à gauche la terre qu'il fouille et qu'il soulève pour se

---

1. Voltaire lui-même, *Zaïre*, V, III. (ÉD.)

faire un chemin et une habitation. Il se nourrit de la racine des herbes. Comme cet animal passe pour aveugle, La Fontaine a eu raison de dire :

> Lynx envers nos pareils, et taupes envers nous.
>
> Fable VII du liv. I.

Noir comme une taupe, trou de taupe, prendre des taupes. On se fait d'assez jolies fourrures avec des peaux de taupes. Il est allé au royaume des taupes, pour dire il est mort, proverbialement et bassement.

TAUREAU. — *Taureau,* s. m., quadrupède armé de cornes, ayant le pied fendu, les jambes fortes, la marche lente, le corps épais, la peau dure, la queue moins longue que celle du cheval, ayant quelques longs poils au bout. Son sang a passé pour être un poison, mais il ne l'est pas plus que celui des autres animaux; et les anciens qui ont écrit que Thémistocle et d'autres s'étaient empoisonnés avec du sang de taureau falsifiaient à la fois l'histoire et la nature. Lucien, qui reproche à Jupiter d'avoir placé les cornes du taureau au-dessus de ses yeux, lui fait un reproche très-injuste; car le taureau ayant l'œil grand, rond, et ouvert, il voit très-bien où il frappe; et si ses yeux avaient été placés sur sa tête, au-dessus des cornes, il n'aurait pu voir l'herbe qu'il broute.

Taureau banal est celui qui appartient au seigneur, et auquel ses vassaux sont tenus d'amener toutes leurs vaches.

Taureau de Phalaris, ou *taureau d'airain;* c'est un taureau jeté en fonte, qu'on trouva en Sicile, et qu'on supposa avoir été employé par Phalaris pour y enfermer et faire brûler ceux qu'il voulait punir, espèce de cruauté qui n'est nullement vraisemblable.

Les *taureaux de Médée,* qui gardaient la toison d'or.

Le *taureau de Marathon,* dompté par Hercule.

Le *taureau qui porta Europe;* le *taureau de Mithras;* le *taureau d'Osiris;* le *taureau,* signe du zodiaque; l'*œil du taureau,* étoile de la première grandeur. *Combats de taureaux,* communs en Espagne. *Taureau-cerf,* animal sauvage d'Éthiopie. *Prune-taureau,* espèce de prune qui a la chair sèche.

TAURICIDER. — *Tauricider,* v. n., combattre des taureaux; expression familière qui se trouve souvent dans Scarron, dans Bussy, et dans Choisy.

TAUROBOLE. — *Taurobole,* sacrifice d'expiation, fort commun aux III° et IV° siècles : on égorgeait un taureau sur une grande pierre un peu creusée et percée de plusieurs trous; sous cette pierre était une fosse, dans laquelle l'expié recevait sur son corps et sur son visage le sang de l'animal immolé. Julien le philosophe daigna se soumettre à cette expiation, pour se concilier les prêtres des gentils.

TAUROPHAGE. — *Taurophage,* s. m., mangeur de taureau; nom qu'on donnait à Bacchus et à Silène.

TAXE. — Le pape Pie II, dans une épître à Jean Peregal[1], avoue que la cour romaine ne donne rien sans argent; l'imposition même des mains et les dons du Saint-Esprit s'y vendent, et la rémission des péchés ne s'y accorde qu'aux riches.

Avant lui, saint Antonin, archevêque de Florence[2], avait observé que du temps de Boniface IX, qui mourut l'an 1404, la cour romaine était si infâme par la tache de simonie, que les bénéfices s'y conféraient moins au mérite qu'à ceux qui apportaient beaucoup d'argent. Il ajoute que ce pape remplit l'univers d'indulgences plénières, de sorte que les petites églises, dans leurs jours de fêtes, les obtenaient à un prix modique.

Théodoric de Niem[3], secrétaire de ce pontife, nous apprend en effet que Boniface envoya des quêteurs en divers royaumes pour vendre l'indulgence à ceux qui leur offraient autant d'argent qu'ils en auraient dépensé en chemin s'ils eussent fait pour cela le voyage de Rome; de sorte qu'ils remettaient tous les péchés, même sans pénitence, à ceux qui se confessaient, et les dispensaient, moyennant de l'argent, de toutes sortes d'irrégularités, disant qu'ils avaient sur cela toute la puissance que le Christ avait accordée à Pierre de lier et de délier sur la terre[4].

Et ce qui est plus singulier encore, le prix de chaque crime est taxé dans un ouvrage latin imprimé à Rome par ordre de Léon X, le 18 novembre 1514, chez Marcel Silber, dans le champ de Flore, sous le titre de *Taxe de la sacrée chancellerie et de la sacrée pénitencerie apostolique.*

Entre plusieurs autres éditions de ce livre, faites en différents pays, celle in-4° de Paris, de l'an 1510, chez Toussaint Denys, rue Saint-Jacques, à la Croix de bois, près Saint-Yves, avec privilége du roi pour trois ans, porte au frontispice les armes de France et celles de la maison de Médicis, de laquelle était Léon X. Voilà ce qui aura trompé l'auteur du *Tableau des papes*[5], qui attribue à Léon X l'établissement de ces taxes, quoique Polydore Virgile[6] et le cardinal d'Ossat[7] s'accordent à placer l'invention de la taxe de la chancellerie sous Jean XXII, vers l'an 1320, et le commencement de celle de la pénitencerie, seize ans plus tard, sous Benoît XII.

Pour nous faire une idée de ces taxes, copions ici quelques articles du chapitre des absolutions.

L'absolution[8] pour celui qui a connu charnellement sa mère, sa sœur, etc., coûte cinq gros.

L'absolution pour celui qui a défloré une vierge, six gros.

L'absolution pour celui qui a révélé la confession d'un autre, sept gros.

L'absolution[9] pour celui qui a tué son père, sa mère, etc., cinq

---

1. Épitre LXVI. — 2. *Chronique.* III° partie, titre 22.
3. Liv. I, *Du schisme*, chap. LXVIII. — 4. Matthieu, chap. XVI, v. 19.
5. Page 154. — 6 Liv. VIII, chap. II, *Des inventeurs des choses.*
7. Lettre CCCIII. — 8. Page 36. — 9. Page 58.

gros; et ainsi des autres péchés, comme nous verrons bientôt : mais à la fin du livre les prix sont évalués par ducats.

Il y est aussi parlé d'une sorte de lettres appelées *confessionnales*, par lesquelles le pape permet de choisir, à l'article de la mort, un confesseur qui donne plein pardon de tout péché : aussi ces lettres ne s'accordent qu'aux princes, et même avec grande difficulté. Ce détail se trouve page 32 de l'édition de Paris.

La cour de Rome, dans la suite, eut honte de ce livre, qu'elle supprima tant qu'il lui fut possible; elle l'a même fait insérer dans l'indice expurgatoire du concile de Trente, sur la fausse supposition que les hérétiques l'ont corrompu.

Il est vrai qu'Antoine Dupinet, gentilhomme franc-comtois, en fit imprimer à Lyon, en 1564, un extrait in-8°, dont voici le titre : *Taxes des parties casuelles de la boutique du pape, en latin et en français, avec annotations prinses des décrets, conciles, et canons, tant vieux que modernes, pour la vérification de la discipline anciennement observée en l'Église; par A. D. P.* Mais quoiqu'il n'avertisse point que son ouvrage n'est qu'un abrégé de l'autre, bien loin de corrompre son original, il en retranche au contraire quelques traits odieux, tels que celui qui se lit page 23, ligne 9 d'en bas, dans l'édition de Paris; le voici : « Et remarquez soigneusement que ces sortes de grâces et de dispenses ne s'accordent point aux pauvres, parce que, n'ayant pas de quoi, ils ne peuvent être consolés. »

Il est vrai encore que Dupinet évalue ces taxes par tournois, ducats, et carlins; mais comme il observe, page 42, que les carlins et les gros sont de la même valeur, en substituant à la taxe de cinq, six, sept gros, etc., qui est dans son original, celle d'un nombre égal de carlins, ce n'est point le falsifier. En voici la preuve dans les quatre articles déjà cités de l'original.

« L'absolution, dit Dupinet, pour celui qui connaît charnellement sa mère, sa sœur, ou quelque autre parente ou alliée, ou sa commère de baptême, est taxée à cinq carlins.

« L'absolution pour celui qui dépucelle une jeune fille est taxée à six carlins.

« L'absolution pour celui qui révèle la confession de quelque pénitent est taxée à sept carlins.

« L'absolution pour celui qui a tué son père, sa mère, son frère, sa sœur, sa femme, ou quelque autre parent ou allié, laïque néanmoins, est taxée à cinq carlins : car si le mort était ecclésiastique, l'homicide serait obligé de visiter les saints lieux. »

Rapportons-en quelques autres.

« L'absolution, continue Dupinet, pour quelque acte de paillardise que ce soit, commis par un clerc, fût-ce avec une religieuse dans le cloître ou dehors, ou avec ses parentes et alliées, ou avec sa fille spirituelle (sa filleule), ou avec quelques autres femmes que ce soit, coûte trente-six tournois, trois ducats.

« L'absolution pour un prêtre qui tient une concubine, vingt-un tournois, cinq ducats, six carlins.

« L'absolution d'un laïque pour toutes sortes de péchés de la chair se donne au for de la conscience pour six tournois, deux ducats.

« L'absolution d'un laïque pour crime d'adultère, donnée au for de la conscience, coûte quatre tournois; et, s'il y a adultère et inceste, il faut payer par tête six tournois. Si outre ces crimes on demande l'absolution du péché contre nature ou de la bestialité, il faut quatre-vingt-dix tournois, douze ducats et six carlins; mais si on demande seulement l'absolution du crime contre nature ou de la bestialité, il n'en coûtera que trente-six tournois et neuf ducats.

« La femme qui aura pris un breuvage pour se faire avorter, ou le père qui le lui aura fait prendre, payera quatre tournois, un ducat, et huit carlins; et si c'est un étranger qui ait donné le breuvage pour la faire avorter, il payera quatre tournois, un ducat, et cinq carlins.

« Un père ou une mère, ou quelque autre parent qui aura étouffé un enfant, payera quatre tournois, un ducat, huit carlins; et si le mari et la femme l'ont tué ensemble, ils payeront six tournois et deux ducats.

« La taxe qu'accorde le dataire pour contracter mariage hors les temps permis est de vingt carlins; et dans les temps permis, si les contractants sont au second ou troisième degré, elle est ordinairement de vingt-cinq ducats, et quatre pour l'expédition des bulles; et au quatrième degré, de sept tournois, un ducat, et six carlins.

« La dispense du jeûne pour un laïque aux jours marqués par l'Eglise, et la permission de manger du fromage, sont taxées à vingt carlins. La permission de manger de la viande et des œufs aux jours défendus est taxée à douze carlins; et celle de manger des laitages, à six tournois pour une personne seule; et à douze tournois, trois ducats, et six carlins, pour toute une famille et pour plusieurs parents.

« L'absolution d'un apostat et d'un vagabond qui veut revenir dans le giron de l'Eglise coûte douze tournois, trois ducats, et six carlins.

« L'absolution et la réhabilitation de celui qui est coupable de sacrilége, de vol, d'incendie, de rapine, de parjure, et semblables, est taxée à trente-six tournois et neuf ducats.

« L'absolution pour un valet qui retient le bien de son maître trépassé, pour le payement de ses gages, et qui, étant averti, n'en fait pas la restitution, pourvu que le bien qu'il retient n'excède pas la valeur de ses gages, est taxée seulement, dans le for de la conscience, à six tournois, deux ducats.

« Pour changer les clauses d'un testament, la taxe ordinaire est de douze tournois, trois ducats, six carlins.

« La permission de changer son nom propre coûte neuf tournois, deux ducats, et neuf carlins; et pour changer le surnom et la manière de le signer, il faut payer six tournois et deux ducats.

« La permission d'avoir un autel portatif pour une seule personne est taxée à dix carlins; et celle d'avoir une chapelle domestique, à cause de l'éloignement de l'église paroissiale, et pour y établir des fonts baptismaux et des chapelains, trente carlins.

« Enfin la permission de transporter des marchandises une ou plusieurs fois aux pays des infidèles, et généralement trafiquer et vendre sa marchandise, sans être obligé d'obtenir la permission des seigneurs temporels, de quelques lieux que ce soit, fussent-ils rois ou empereurs, avec toutes les clauses dérogatoires très-amples, n'est taxée qu'à vingt-quatre tournois, six ducats. »

Cette permission, qui supplée à celle des seigneurs temporels, est une nouvelle preuve des prétentions papales dont nous avons parlé à l'article BULLE. On sait d'ailleurs que tous les rescrits ou expéditions pour les bénéfices se payent encore à Rome suivant la taxe; et cette charge retombe toujours sur les laïques, par les impositions que le clergé subalterne en exige. Ne parlons ici que des droits pour les mariages et pour les sépultures.

Un arrêt du parlement de Paris, du 19 mai 1409, rendu à la poursuite des habitants et échevins d'Abbeville, porte que chacun pourra coucher avec sa femme sitôt après la célébration du mariage, sans attendre le congé de l'évêque d'Amiens, et sans payer le droit qu'exigeait ce prélat pour lever la défense qu'il avait faite de consommer le mariage les trois premières nuits des noces. Les moines de Saint-Étienne de Nevers furent privés du même droit par un autre arrêt du 27 septembre 1591. Quelques théologiens ont prétendu que cela était fondé sur le quatrième concile de Carthage, qui l'avait ordonné pour la révérence de la bénédiction matrimoniale. Mais comme ce concile n'avait point ordonné d'éluder sa défense en payant, il est plus vraisemblable que cette taxe était une suite de la coutume infâme qui donnait à certains seigneurs la première nuit des nouvelles mariées de leurs vassaux. Buchanan croit que cet usage avait commencé en Écosse sous le roi Even.

Quoi qu'il en soit, les seigneurs de Prellei et de Parsanni en Piémont appelaient ce droit *carragio;* mais ayant refusé de le commuer en une prestation honnête, leurs vassaux révoltés se donnèrent à Amédée VI, quatorzième comte de Savoie.

On a conservé un procès-verbal fait par M. Jean Fraguier, auditeur en la chambre des comptes de Paris, en vertu d'arrêt d'icelle du 7 avril 1507, pour l'évaluation du comté d'Eu, tombé en la garde du roi par la minorité des enfants du comte de Nevers et de Charlotte de Bourbon sa femme. Au chapitre du revenu de la baronnie de Saint-Martin-le-Gaillard, dépendant du comté d'Eu, il est dit : « *Item*, a ledit seigneur, audit lieu de Saint-Martin, droit de *culage* quand on se marie. »

Les seigneurs de Sonloire avaient autrefois un droit semblable, et 'ayant omis en l'aveu par eux rendu au seigneur de Montlevrier leur suzerain, l'aveu fut blâmé; mais, par acte du 15 décembre 1607, le sieur de Montlevrier y renonça formellement; et ces droits honteux ont été partout convertis en des prestations modiques appelées *marchetta*.

Or, quand nos prélats eurent des fiefs, suivant la remarque du judicieux Fleury, ils crurent avoir comme évêques ce qu'ils n'avaient que comme seigneurs; et les curés, comme leurs arrière-vassaux, imagirèrent la bénédiction du lit nuptial, qui leur valait un petit droit sous le nom de *plat de noces*, c'est-à-dire leur dîner en argent ou en espèce. Voici le quatrain qu'un curé de province mit, en cette occasion, sous le chevet d'un président fort âgé, qui épousait une jeune demoiselle du nom de La Montagne; il faisait allusion aux cornes de Moïse, dont il est parlé dans l'*Exode*[1] :

> Le président à barbe grise
> Sur la montagne va monter;
> Mais certes il peut bien compter
> D'en descendre comme Moïse.

Disons aussi deux mots sur les droits qu'exige le clergé pour les sépultures des laïques. Autrefois, au décès de chaque particulier, les évêques se faisaient représenter les testaments, et défendaient de donner la sépulture à ceux qui étaient morts *déconfès*, c'est-à-dire qui n'avaient pas fait un legs à l'Église, à moins que les parents n'allassent à l'official, qui commettait un prêtre ou quelque autre personne ecclésiastique pour réparer la faute du défunt, et faire ce legs en son nom. Les curés aussi s'opposaient à la profession de ceux qui voulaient se faire moines, jusqu'à ce qu'ils eussent payé les droits de leur sépulture; disant que, puisqu'ils mouraient au monde, il était juste qu'ils s'acquittassent de ce qu'ils auraient dû si on les avait enterrés.

Mais les débats fréquents occasionnés par ces vexations obligèrent les magistrats de fixer la taxe de ces droits singuliers. Voici l'extrait d'un règlement à ce sujet, porté par François de Harlai de Chanvallon, archevêque de Paris, le 30 mai 1693, et homologué en la cour du parlement le 10 juin suivant.

MARIAGES.	Livres.	Sols.
Pour la publication des bans....................................	1	10
Pour les fiançailles	2	»
Pour la célébration du mariage................................	6	»
Pour le certificat de la publication des bans, et la permission donnée au futur époux d'aller se marier dans la paroisse de la future épouse................................	5	»
Pour l'honoraire de la messe du mariage......................	1	10
Pour le vicaire	1	10
Pour le clerc des sacrements..................................	1	»
Pour la bénédiction du lit....................................	1	10

CONVOIS.		
Des enfants au-dessous de sept ans, lorsqu'on ne va point en corps de clergé		
Pour le curé..	1	10
Pour chaque prêtre..	»	10
Lorsqu'on ira en clergé.		
Pour le droit curial	4	»

[1] Chap. XXXIV, v. 29.

	Livres.	Sols.
Pour la présence du curé.	2	»
Pour chaque prêtre.	»	10
Pour le vicaire	1	»
Pour chaque enfant de chœur lorsqu'ils portent le corps....	»	8
Et lorsqu'ils ne le portent pas.	»	5

Et ainsi des jeunes gens au-dessus de sept ans jusqu'à douze.
Des personnes au-dessus de douze ans.

	Livres.	Sols.
Pour le droit curial	6	»
Pour l'assistance du curé.	4	»
Pour le vicaire.	2	»
Pour chaque prêtre.	1	»
Pour chaque enfant de chœur.	»	10
Chacun des prêtres qui veillent le corps pendant la nuit, à boire, et.	3	»
Et pendant le jour, à chacun.	2	»
Pour la célébration de la messe	1	»
Pour le service extraordinaire, appelé le service complet, c'est-à-dire les vigiles et les deux messes du Saint-Esprit et de la sainte Vierge.	4	10
Pour chacun des prêtres qui portent le corps.	1	»
Pour le port de la haute croix.	»	10
Pour le porte-bénitier.	»	5
Pour le port de la petite croix.	»	5
Pour le clerc des convois.	1	»

Pour le transport des corps d'une église à une autre, sera
payé moitié plus des droits ci-dessus.

Pour la réception des corps transportés.

	Livres.	Sols.
Au curé	6	»
Au vicaire.	1	10
A chaque prêtre [1].	»	15

1. Cette taxe est fort augmentée; mais nous doutons que ces augmentations aient été homologuées. On a imaginé de faire jouer dans les enterrements le rôle de confesseur du mort à un prêtre qui est dans un costume particulier, et auquel on donne un écu. Quand le malade est mort sans confession, quelquefois on accorde le confesseur pour éviter le scandale et gagner un écu; d'autres fois, l'Eglise aime mieux le scandale que l'écu. C'est un moyen de décrier une famille honnête auprès de la canaille de la paroisse, qui est dans la main des prêtres, parce que les laïques ont encore la bêtise de les charger de la distribution de leurs aumônes.

Il y a longtemps qu'on se plaint de cette avidité du clergé. Baptiste Mantouan, général des carmes, au xvᵉ siècle, dit dans ses poésies :

« . . . . Venalia nobis
« Templa, sacerdotes, altaria, sacra, coronæ,
« Ignis, thura, preces; cœlum est venale, Deusque. »

Un poète du siècle dernier a traduit ces vers de la manière suivante :

Chez nous tout est vénal; prêtres, temples, autels,
L'oremus à voix basse, et les chants solennels,
La terre des tombeaux, l'hymen et le baptême,
Et la parole sainte, et le ciel, et Dieu même.

(Ed. de Kehl.)

TECHNIQUE. — *Technique*, adj. m. f., artificiel : vers *techniques*, qui renferment des préceptes ; vers *techniques* pour apprendre l'histoire. Les vers de Despautère sont *techniques.*

« Mascula sunt pons, mons, fons. »

Ce ne sont pas des vers dans le goût de Virgile.

TENIR. — *Tenir*, v. act. et quelquefois n. La signification naturelle et primordiale de *tenir* est d'avoir quelque chose entre ses mains ; *tenir un livre, une épée, les rênes des chevaux, le timon, le gouvernail d'un vaisseau ; tenir un enfant par les lisières ; tenir quelqu'un par le bras ; tenir fort ; tenir serré, ferme, faiblement ; tenir à brasse corps ; tenir à deux mains ; tenir à la gorge ; tenir le poignard sur la gorge,* au propre, etc.

Par extension et au figuré il a plusieurs autres significations. *Tenir*, posséder. *Le roi d'Angleterre tient une principauté en Allemagne. On tient une terre en fief, un bénéfice en commende, une maison à loyer, à bail judiciaire, etc. Les mahométans tiennent les plus beaux pays de l'Europe et de l'Asie. Les rois d'Angleterre ont tenu plusieurs provinces en France à foi et hommage de la couronne.*

Tenir, dans le sens d'occuper. *Un officier tient une place pour le roi. On tient le jeu de quelqu'un, pour quelqu'un ; il tient, il occupe le premier étage ; il le tient à bail, à loyer ; tenir une ferme.*

Tenir, pour exprimer l'ordre des personnes et des choses. *Les présidents dans leurs compagnies tiennent le premier rang. On tient son rang, sa place, son poste ; et dans le discours familier, on tient son coin. Il a tenu le milieu entre ces deux extrémités. Les livres d'histoire tiennent le premier rang dans sa bibliothèque.*

Tenir, pour garder. *Tenir son argent dans son cabinet, son vin à la cave, ses papiers sous la clef, sa femme dans un couvent.*

Tenir, pour *contenir* au propre. *Cette grange tient tant de gerbes, ce muid tant de pintes ; cette forêt tient dix lieues de long ; l'armée tenait quatre lieues de pays ; cet homme, ce meuble tient trop de place ; il ne peut tenir que vingt personnes à cette table.*

Tenir, pour *contenir* au figuré. *Il est si remuant, si vif, qu'on ne le peut tenir ; il ne peut tenir sa langue ; tenir en place ; rien ne le peut tenir,* c'est-à-dire *contenir, réprimer. Vous ne pouvez vous tenir de jouer, de médire.* C'est dans ce sens figuré qu'on *tient les peuples dans le devoir, les enfants dans le respect, les ennemis en échec, dans la crainte. On les contient* au figuré.

Il n'en est pas de même de *tenir la balance entre les puissances,* parce qu'on ne contient pas la balance. On est supposé tenir la balance dans sa main ; c'est une métaphore. *Tenir de court* est aussi une métaphore, prise des rênes des chevaux et des laisses des chiens.

Tenir, être proche, être joint, contigu, attaché, adhérer. *Le jardin tient à ma maison, la forêt au jardin. Ce tableau ne tient qu'à un clou ; ce miroir tient mal,* il est mal attaché. De là on dit au figuré, *la vie ne tient qu'à un fil, ne tient à rien. Sa condamnation a tenu à peu de chose. Je ne sais qui me tient que je n'éclate ! A quoi tient-il que vous ne sollicitiez cette affaire? Qu'à cela ne tienne. Il n'y a ni considération ni crédit qui tienne, il sera condamné. S'il ne tient qu'à donner de l'argent, en voilà. Il n'a pas tenu à moi que vous ne fussiez heureux. Votre argent ne tient à rien. Cela tient comme de la glu,* proverbialement et bassement.

Tenir, pour *avoir soin. Tenir sa maison propre, ses enfants bien vêtus, ses affaires en ordre, ses meubles en bon état, ses portes fermées, ses fenêtres ouvertes.*

Tenir, pour exprimer les situations du corps. *Il tient les yeux ouverts, les yeux baissés, les mains jointes, la tête droite, les pieds en dehors, etc. Il se tient droit, debout, courbé, assis. Il se tient mal, il se tient bien. Il se tient sous les armes. On dit que Siméon Stylite se tint plusieurs années sur une jambe. Les grues se tiennent souvent sur une patte.*

Et au figuré : *Il se tient à sa place,* c'est-à-dire il est modeste, il ne se méconnaît pas, il ménage l'orgueil des autres. *Il se tient en repos, il se tient à l'écart, il se tient clos et couvert,* il ne se mêle pas des affaires d'autrui, il ne s'expose pas. *Vous tiendrez-vous les bras croisés? vous tiendrez-vous à ne rien faire?*

Tenir, pour exprimer les effets un peu durables de quelque chose. *Le lait tient le teint frais; les fruits fondants tiennent le ventre libre. La fourrure tient chaud; la société tient gai. Le régime me tient sain, l'exercice me tient dispos, la solitude me tient laborieux, etc.*

Tenir, être redevable. *Je tiens tout de votre bonté; je tiens du roi ma terre, mes priviléges, ma fortune. S'il a quelque chose de bon, il le tient de vos exemples. Il tient la vie de la clémence du prince.*

> Tu vois le jour, Cinna; mais ceux dont tu le tiens
> Furent les ennemis de mon père et les miens.
>
> Corneille, *Cinna,* acte V, scène

C'est à peu près en ce sens qu'on dit : *Je tiens ce secret d'un charlatan. Je tiens cette nouvelle d'un homme instruit. Je tiens cette façon de travailler d'un grand maître. Je tiens de lui ma méthode, mes idées sur la métaphysique;* c'est-à-dire, je lui en suis redevable, je les ai puisées chez lui.

Tenir, ressembler, participer. *Il tient de son père et de sa mère; il a de qui tenir; il tient de race. Il tient sa valeur de son père et sa modestie de sa mère. Ce style tient du burlesque,* il participe du burlesque; *cette architecture, du gothique. Le mulet tient de l'âne et du cheval.*

Tenir, pour signifier l'exercice des emplois et des professions. *Un maître ès arts peut tenir école et pension. Il faut la permission du roi pour tenir manége. Tout négociant peut tenir banque. Il faut être maître pour tenir boutique. Ce n'est que par tolérance qu'on tient académie de jeu. Tout citoyen peut tenir des chambres garnies. Pour tenir auberge, cabaret, il faut permission.*

Tenir, pour demeurer, être longtemps dans la même situation. *Ce général a tenu longtemps la campagne; ce malade tient la chambre.*

le lit. Ce débiteur tient prison. Ce vaisseau a tenu la mer six mois. Il m'a tenu, je me suis tenu longtemps au froid, à l'air, à la pluie.

Tenir, pour *convoquer, assembler, présider. Le pape tient concile, consistoire, chapelle. Le roi tient conseil, tient le sceau. On tient les états, la chambre des vacations, les grands jours, etc. La foire se tient, le marché se tient.*

Tenir, pour exprimer les maux du corps et de l'âme. *La goutte, la fièvre le tient. Son accès le tient; quand sa colère le tient, il n'est plus maître de lui; sa mauvaise humeur le tient, il n'en faut pas approcher. On voit bien ce qui le tient, c'est la peur. Qu'est-ce qui le tient ? la mauvaise honte.*

Remarquez que quand ces affections de l'âme la maîtrisent, alors elles gouvernent le verbe; car ce sont elles qui agissent. Mais quand on semble les faire durer, c'est la personne qui gouverne le verbe. *Il tint sa colère longtemps contre son rival. Il lui tint rancune. Il tient sa gravité, son quant-à-moi, son fier. Je tiens ma colère* ne peut signifier, je retiens ma colère, mais au contraire, je la garde. On ne peut dire *tenir son courage, tenir son humeur,* parce que le courage est une qualité qui doit toujours dominer, et l'humeur une affection involontaire. Personne ne veut avoir d'humeur, mais on veut bien avoir de la colère contre les méchants, contre les hypocrites, *tenir sa colère contre eux.* C'est par la même raison qu'*on tient une conduite, un parti,* parce qu'on est censé les vouloir tenir. Vous tenez votre sérieux, et votre sérieux ne vous tient pas. On tient rigueur, la rigueur ne vous tient pas.

Tenir, pour *résister. La citadelle a tenu plus longtemps que la ville. Les ennemis pourront à peine tenir cette année. Ce général a tenu dans Prague contre une armée de soixante et dix mille hommes. Tenir tête, tenir bon, tenir ferme. Il tient au vent, à la pluie, à toutes les fatigues.*

Tenir, pour *avoir et entretenir. Il tient son fils au collége, à l'académie. Le roi tient des ambassadeurs dans plusieurs cours; il tient garnison dans les villes frontières. Ce ministre tient des émissaires, des espions, dans les cours étrangères.*

Tenir, pour *croire, réputer. On ne tient plus, dans les écoles, les dogmes d'Aristote. Les mahométans tiennent que Dieu est incommunicable; la plupart tiennent que l'Alcoran n'est pas de toute éternité. Les Indiens et les Chinois tiennent la métempsycose. Je me tiens heureux, je me tiens perdu; c'est-à-dire, je me crois heureux, je me crois perdu. On tient les opinions de Leibnitz pour chimériques; mais on tient ce philosophe pour un grand génie. Il a tenu ma visite à honneur, et mes réflexions à injure. Il se l'est tenu pour dit.* Remarquez que lorsque *tenir* signifie *réputer, avoir opinion,* il s'emploie également avec l'accusatif et avec la préposition *pour.*

Qu'il la *tient* pour sensée et de bon jugement.

Racine, *les Plaideurs*, acte II, sc. IV.

Ma foi, je le *tiens* fou de toutes les manières.
Molière, *l'École des femmes*, acte I, sc. 1.

Tenir, pour *exécuter*, *accomplir*, *garder*. Un honnête homme *tient* sa promesse ; un roi sage *tient* ses traités. On est obligé de *tenir* ses marchés ; quand on a donné sa parole, il la faut *tenir*.

Tenir, au lieu de *suivre*. Ils *tiennent* le chemin de Lyon. Quelle route *tiendrez*-vous ? *Tenez* les bords ; tenez toujours le large, le bas, le haut, le milieu.

Tenir, être contigu. Cette maison *tient* à la mienne, la galerie *tient* à son appartement.

Tenir, pour signifier les liaisons de parenté, d'affection. Sa famille *tient* aux meilleures maisons du royaume. Il ne *tient* plus au monde que par habitude ; vous ne *tenez* à cet homme que par sa place ; il *tient* à cette femme par une inclination invincible.

Tenir, se fixer à quelque chose. Je m'en *tiens* aux découvertes de Newton sur la lumière. Il s'en *tient* à l'Évangile, et rejette la tradition. Après avoir gagné cent mille francs il devait s'en *tenir* là. Il faut s'en *tenir* à la décision des arbitres, et ne point plaider. Remarquez que dans toutes ces acceptions la particule *en* est nécessaire ; elle emporte l'exclusion du contraire. Je m'en *tiens* à l'opinion de Locke signifie, de toutes les opinions, je m'en tiens à celle-là. Mais je me *tiens* aux opinions de Locke, signifie seulement, je les adopte, sans exprimer absolument si j'en ai examiné et rejeté d'autres.

Outre ces significations générales du mot *tenir*, il en a beaucoup de particulières. *Tenir* une terre par ses mains, c'est la faire valoir ; *tenir* le sceptre, c'est régner ; *tenir* la mer, c'est être embarqué longtemps. Une armée *tient* la campagne ; un embarras *tient* toute une rue ; l'eau glacée et l'eau bouillante *tiennent* plus de place que l'eau ordinaire. Ce sable ne *tient* point, cette colle *tiendra* longtemps. Il s'est *tenu* au gros de l'arbre. Le gibier a *tenu*, c'est-à-dire ne s'est pas écarté de la place où on l'a cherché. Les gardes se sont *tenus* à la porte ; le marché, la foire *tient* ou se *tient* aujourd'hui ; l'audience *tient* les matins ; on *tient* la main à l'exécution des règlements ; le greffier *tient* la plume, le commis la caisse. Tout père de famille doit *tenir* un registre, un livre de compte. On *tient* un enfant sur les fonts de baptême. *Tenir* un homme sur les fonts, c'est parler de lui et discuter son caractère, répondre pour lui qu'il a telle inclination, comme au baptême on répond pour le filleul. Une chose *tient* lieu d'une autre ; ce présent *tient* lieu d'argent ; son accueil *tient* lieu de récompense. On est *tenu* de rendre foi et hommage à son seigneur, d'assister aux états de sa province, de marcher avec son régiment, de payer les dîmes, etc.

On *tient* table, on *tient* chapelle, on *tient* sa partie dans la musique, on *tient* sur une note, on *tient* au jeu ; l'un fait va tout, l'autre le *tient* ; on *tient* les cartes, on *tient* le dé, on *tient* le haut bout, le haut du pavé, le milieu. On *tient* compte de l'argent, des faveurs qu'on a reçues. On va même jusqu'à dire que Dieu nous *tiendra compte d'une bonne action. On se tient sûr, on tient pour quelqu'un. Les cordeliers tiennent pour Scot, et les dominicains pour saint Thomas. On tient une chose pour non avenue quand elle n'a eu aucune suite ; on tient une faveur pour reçue quand on est sûr de la bonne volonté ; un bon vaisseau tient à tout vent. On tient des propos, des discours, un langage.*

> Quel propos vous tenez !
>   (Molière.)

> Cessez de tenir ce langage.
>   (Racine.)

Les proverbes qui naissent de ce mot sont en très-grand nombre. *Il en tient,* c'est-à-dire on l'a trompé, ou il a succombé dans une affaire, ou il a été condamné, ou il a été vaincu, etc. *Il a vu cette femme, il en tient. Il a un peu trop bu, il en tient. Il tient le loup par les oreilles,* c'est-à-dire il se trouve dans une situation épineuse. *Cet accord tient à chaux et à ciment,* c'est-à-dire qu'il ne sera pas aisément changé. *Cette femme tient ses amants le bec dans l'eau,* pour dire elle les amuse, leur donne de fausses espérances. *Tenir l'épée dans les reins, le poignard sur la gorge* ou *à la gorge,* signifie presser vivement quelqu'un de conclure. *Tenir pied à boule,* être assidu, ne point abandonner une affaire. *Tenir quelqu'un dans sa manche,* être sûr de son consentement, de son opinion. *Tenir le dé dans la conversation,* parler trop, vouloir primer. *C'est un furieux, il faut le tenir à quatre. Se faire tenir à quatre,* faire le difficile. *Il tient bien sa partie,* c'est-à-dire il s'acquitte bien de son devoir. *Tenir quelqu'un sur le tapis,* parler beaucoup de lui. *Cet homme croyait réussir, il ne tient rien. Il n'a qu'à se bien tenir. Il a beau vouloir m'échapper, je le tiens. Il faut le tenir par les cordons ou les lisières,* c'est-à-dire le mener comme un enfant, un homme qui ne sait pas se conduire. *Rancune tenant. Tenir le bon bout par-devers soi,* c'est avoir ses sûretés dans une affaire, c'est être en possession de ce qui est contesté. *Croire tenir Dieu par les pieds,* expression populaire pour marquer sa joie d'un bonheur inespéré.

Un tiens vaut mieux que deux tu l'auras, ancien proverbe. *Serrez la main, et dites que vous ne tenez rien ;* mauvais proverbe populaire. *Cet homme se tient mieux à table qu'à cheval ; il se tient droit comme un cierge. Le plus empêché est celui qui tient la queue de la poêle,* tous proverbes du peuple.

TÉRÉLAS. — Térélas ou Ptérélas, ou Ptérélaüs, tout comme vous voudrez, était fils de Taphus ou Taphius. « Que m'importe ? » dites-vous. Doucement, vous allez voir. Ce Térélas avait un cheveu d'or, auquel était attaché le destin de sa ville de Taphe. Il y avait bien plus, ce cheveu rendait Térélas immortel ; Térélas ne pouvait mourir tant que ce cheveu serait à sa tête ; aussi ne se peignait-il jamais, de peur de le faire tomber. Mais une immortalité qui ne tient qu'à un cheveu n'est pas chose fort assurée.

Amphitryon, général de la république de Thèbes, assiégea Taphe. La fille du roi Térélas devint éperdument amoureuse d'Amphitryon, en le voyant passer près des remparts. Elle alla pendant la nuit couper le cheveu de son père, et en fit présent au général. Taphe fut prise, Térélas fut tué. Quelques savants assurent que ce fut la femme de Térélas qui lui joua ce tour. Ils se fondent sur de grandes autorités : ce serait le sujet d'une dissertation utile. J'avoue que j'aurais quelque penchant pour l'opinion de ces savants : il me semble qu'une femme est d'ordinaire moins timorée qu'une fille.

Même chose advint à Nisus, roi de Mégare. Minos assiégeait cette ville. Scylla, fille de Nisus, devint folle de Minos. Son père, à la vérité, n'avait point de cheveu d'or; mais il en avait un de pourpre, et l'on sait qu'à ce cheveu était attachée la durée de sa vie et de l'empire mégarien. Scylla, pour obliger Minos, coupa ce cheveu fatal, et en fit présent à son amant.

« Toute l'histoire de Minos est vraie, dit le profond Banier[1], et elle est attestée par toute l'antiquité. » Je la crois aussi vraie que celle de Térélas; mais je suis bien embarrassé entre le profond Calmet et le profond Huet. Calmet pense que l'aventure du cheveu de Nisus présenté à Minos, et du cheveu de Térélas, ou Ptérélas, offert à Amphitryon, est visiblement tirée de l'histoire véridique de Samson juge d'Israël. D'un autre côté, Huet le démontreur vous démontre, que Minos est visiblement Moïse, puisqu'un de ces noms est visiblement l'anagramme de l'autre en retranchant les lettres *n* et *e*.

Mais malgré la démonstration de Huet, je suis entièrement pour le délicat dom Calmet, et pour ceux qui pensent que tout ce qui concerne les cheveux de Térélas et de Nisus doit se rapporter aux cheveux de Samson. La plus convaincante de mes raisons victorieuses est que, sans parler de la famille de Térélas, dont j'ignore la métamorphose, il est certain que Scylla fut changée en alouette, et que son père Nisus fut changé en épervier. Or, Bochart ayant cru qu'un épervier s'appelle *neïs* en hébreu, j'en conclus que toute l'histoire de Térélas, d'Amphitryon, de Nisus, de Minos, est une copie de l'histoire de Samson.

Je sais qu'il s'est déjà élevé de nos jours une secte abominable, en horreur à Dieu et aux hommes, qui ose prétendre que les fables grecques sont plus anciennes que l'histoire juive; que les Grecs n'entendirent pas plus parler de Samson que d'Adam, d'Ève, d'Abel, de Caïn, etc., etc.; que ces noms ne sont cités dans aucun auteur grec. Ils disent, comme nous l'avons modestement insinué à l'article BACCHUS et à l'article JUIFS, que les Grecs n'ont pu rien prendre des Juifs, et que les Juifs ont pu prendre quelque chose des Grecs.

Je réponds, avec le docteur Hayer, le docteur Gauchat, l'ex-jésuite Patouillet, l'ex-jésuite Nonotte, et l'ex-jésuite Paulian, que cette hérésie est la plus damnable opinion qui soit jamais sortie de l'enfer;

---

1. *Mythologie* de Banier, liv. II, p. 151, t. III, édition in-4°. *Commentaires littéraires sur Samson*, chap. XVI.

qu'elle fut anathématisée autrefois en plein parlement par un réquisitoire, et condamnée au rapport du sieur P..; que si on porte l'indulgence jusqu'à tolérer ceux qui débitent ces systèmes affreux, il n'y a plus de sûreté dans le monde, et que certainement l'antechrist va venir, s'il n'est déjà venu.

TERRE. — *Terre*, s. f., proprement le limon qui produit les plantes; qu'il soit pur ou mélangé, n'importe : on l'appelle *terre vierge* quand elle est dégagée, autant qu'il est possible, des parties hétérogènes : si elle est aisée à rompre, peu mêlée de glaise et de sable, c'est de la *terre franche*; si elle est tenace, visqueuse, c'est de la *terre glaise*.

Elle reçoit des dénominations différentes de tous les corps dont elle est plus ou moins remplie : *terre pierreuse*, *sablonneuse*, *graveleuse*, *aqueuse*, *ferrugineuse*, *minérale*, etc.

Elle prend ses noms de ses qualités diverses : *terre grasse*, *maigre*, *fertile*, *stérile*, *humide*, *sèche*, *brûlante*, *froide*, *mouvante*, *ferme*, *légère*, *compacte*, *friable*, *meuble*, *argileuse*, *marécageuse*. *Terre neuve*, c'est-à-dire qui n'a pas encore été posée à l'air, qui n'a pas encore produit; *terre usée*, etc.

Des façons qu'elle reçoit : *cultivée*, *remuée*, *fouillée*, *creusée*, *fumée*, *rapportée*, *ameublie*, *améliorée*, *criblée*, etc.

Des usages où elle est mise : *terre à pot* ou *à potier*, terre glaise blanchâtre, compacte, molle, qui se cuit dans des fourneaux, et dont on fait les tuiles, les briques, les pots, la faïence. *Terre à foulon*, espèce de glaise onctueuse au toucher, qui sert à préparer les draps. *Terre sigillée*, terre rouge de Lemnos mise en pastilles gravées d'un cachet arabe; on fait croire que c'est un antidote.

Terre d'ombre, espèce de craie brune qu'on tire du Levant. *Terre vernissée*; c'est celle qui, en sortant de la roue du potier, reçoit une couche de plomb calciné; *vaisselle de terre vernissée*.

Dans cette signification au propre du nom *terre*, aucun autre corps, quoique terrestre, ne peut être compris. Qu'on tienne dans sa main de l'or, ou du sel, ou un diamant, ou une fleur, on ne dira pas : *Je tiens de la terre*; si on est sur un rocher, sur un arbre, on ne dira pas : *Je suis sur un morceau de terre*.

Ce n'est pas ici le lieu d'examiner si la terre est un élément ou non; il faudrait savoir d'abord ce que c'est qu'un élément.

Le nom de *terre* s'est donné par extension à des parties du globe, à des étendues de pays; *les terres du Turc*, *du Mogol*; *terre étrangère*, *terre ennemie*, *les terres australes*, *les terres arctiques*; *Terre-Neuve*, île de Canada; *terre des Papous*, près des Moluques; *terres de la Compagnie*, c'est-à-dire de la compagnie des Indes orientales de Hollande, au nord du Japon; *terre d'Harnem*, *de Yesso*; *terre de Labrador*, au nord de l'Amérique, près de la baie de Hudson, ainsi nommée parce que le labour y est ingrat; *terre de Labour*, près de Gaëte; ainsi nommée par une raison contraire, c'est *la Campania felice*. *Terre Sainte*, partie de la Palestine où Jésus-Christ opéra ses miracles, et, par extension, toute la Palestine. *La terre de promission*, c'est cette Palestine même, petit pays sur les confins de l'Arabie Pétrée et de la Syrie, que Dieu promit à Abraham né dans le beau pays de la Chaldée.

Terre, domaine particulier. *Terre seigneuriale, terre titrée, terre en mouvance, terre démembrée, terre en fief, en arrière-fief.* Le mot de *terre*, en ce sens, ne convient pas aux domaines en roture; ils sont appelés *domaine, métairie, fonds, héritage, campagne* : on y cultive la terre, on y afferme une pièce de terre; mais il n'est pas permis de dire d'un tel fonds, *ma terre, mes terres,* sous peine de ridicule, à moins qu'on n'entende le terrain, le sol : *ma terre est sablonneuse, marécageuse,* etc. *Terre vague,* que personne ne réclame. *Terres abandonnées,* qui peuvent être réclamées, mais qu'on a laissées sans culture, et que le seigneur alors a droit de faire cultiver à son profit.

Terres novales, qui ont été nouvellement défrichées.

Terres, par extension, le globe terrestre ou le globe terraqué. *La terre, petite planète qui fait sa révolution annuelle autour du soleil en* trois ent soixante-cinq jours six heures et quelques minutes, et qui tourne sur elle-même en vingt-quatre heures. C'est dans cette acception qu'on dit *mesurer la terre,* quand on a seulement mesuré un degré en longitude ou en latitude. *Diamètre de la terre, circonférence de la terre, en degrés, en lieues, en milles et en toises.*

Les climats de la terre, la gravitation de la terre sur le soleil et les autres planètes, l'attraction de la terre, son parallélisme, son axe, ses pôles.

La terre ferme, partie du globe distinguée des eaux, soit continent, soit île. *Terre ferme,* en géographie, est opposé à *île ;* et cet abus est devenu usage.

On entend aussi par *terre ferme* la Castille-Noire, grand pays de l'Amérique méridionale; et les Espagnols ont encore donné le nom de *terre ferme particulière* au gouvernement de Panama.

Magellan entreprit le premier le tour de la terre, c'est-à-dire du globe.

Une partie du globe se prend au figuré pour toute la terre : on dit que les anciens Romains avaient conquis la terre, quoiqu'ils n'en possédassent pas la vingtième partie.

C'est dans ce sens figuré, et par la plus grande hyperbole, qu'un homme connu dans deux ou trois pays est réputé célèbre dans toute la terre. *Toute la terre parle de vous,* ne veut souvent dire autre chose, sinon, quelques bourgeois de cette ville parlent de vous.

> Or donc ce de La Serre,
> Si bien connu de vous et de toute la terre.
>
> Regnard, *le Joueur,* acte III, scène IV.

La terre et l'onde, expression trop commune en poésie, pour signifier l'empire de la terre et de la mer.

> Cet empire absolu sur la terre et sur l'onde,
> Ce pouvoir souverain que j'ai sur tout le monde.
>
> Corneille, *Cinna,* acte II, scène I

Le ciel et la terre, expression vague par laquelle le peuple entend la terre et l'air; et au figuré, *négliger le ciel pour la terre; les biens de la terre sont méprisables, il ne faut songer qu'à ceux du ciel.*

Vent de terre, c'est-à-dire qui souffle de la terre, et non de la mer.

Toucher la terre. Un vaisseau qui touche la terre échoue, ou court risque de se briser.

Prendre terre, aborder. *Perdre terre*, s'éloigner, ou ne pouvoir toucher le fond dans l'eau; et figurément, ne pouvoir plus suivre ses idées, s'égarer dans ses raisonnements.

Raser la terre, voguer près du rivage : les barques peuvent aisément raser la terre, les oiseaux rasent la terre quand ils s'en approchent en volant; et au figuré, un auteur rase la terre, quand il manque d'élévation.

Aller terre à terre, ne guère s'éloigner des côtes; et au figuré, ne se pas hasarder. *Marcher terre à terre*, ne point chercher à s'élever, être sans ambition. *Cet auteur ne s'élève jamais de terre.*

En terre : pieu enfoncé en terre; porter en terre, c'est-à-dire à la sépulture.

Sous terre : il y a longtemps qu'il est sous terre, qu'il est enseveli; *chemin sous terre*; et au figuré, *travailler sous terre, agir sous terre*, c'est-à-dire former des intrigues sourdes, cabaler secrètement.

Ce mot *terre* a produit beaucoup de formules et de proverbes.

Que la terre te soit légère, ancienne formule pour les sépultures des Grecs et des Romains.

Point de terre sans seigneur, maxime de droit féodal. *Qui terre a, guerre a. C'est une terre de promission*, proverbe pris de l'opinion que la Palestine était très-fertile. *Tant vaut l'homme, tant vaut sa terre. Cette parole n'est pas tombée par terre ou à terre.*

Il va tant que la terre peut le porter. Quitter une terre pour le cens, c'est abandonner une chose plus onéreuse que profitable. *Faire perdre terre à quelqu'un*, l'embarrasser dans la dispute. *Faire de la terre le fossé*; c'est-à-dire se servir d'une chose pour en faire une autre. *Il fait nuit, on ne voit ni ciel ni terre. Bonne terre, méchant chemin. Baiser la terre, donner du nez en terre. Il ne saurait s'élever de terre. Il voudrait être vingt pieds, cent pieds sous terre*; c'est-à-dire, il voudrait se cacher de honte, ou il est dégoûté de la vie. *Le faible qui s'attaque au puissant est pot de terre contre pot de fer. Cet homme vaudrait mieux en terre qu'en pré*; proverbe bas et odieux, pour souhaiter la mort à quelqu'un. *Entre deux selles le cul à terre*; autre proverbe très-bas, pour signifier deux avantages perdus à la fois, deux occasions manquées. Un homme qui s'était brouillé avec deux rois écrivait plaisamment · *Je me trouve entre deux rois le cul à terre*[1].

TESTICULES. — *Section I.* — Ce mot est scientifique et un peu obscène; il signifie *petit témoin*. Voyez dans le grand *Dictionnaire ency-*

---

1. Voltaire lui-même (voy., dans la *Correspondance*, sa lettre à Mme de Lutzelbourg, du 14 septembre 1753). (ED.)

clopédique les conditions d'un bon testicule, ses maladies, ses traitements. Sixte-Quint, cordelier devenu pape, déclara en 1587, par sa lettre du 25 juin à son nonce en Espagne, qu'il fallait démarier tous ceux qui n'avaient pas de testicules. Il semble par cet ordre, lequel fut exécuté par Philippe II, qu'il y avait en Espagne plusieurs maris privés de ces deux organes. Mais comment un homme qui avait été cordelier pouvait-il ignorer que souvent des hommes ont leurs testicules cachés dans l'abdomen, et n'en sont que plus propres à l'action conjugale? Nous avons vu en France trois frères de la plus grande naissance, dont l'un en possédait trois, l'autre n'en avait qu'un seul, et le troisième n'en avait point d'apparents; ce dernier était le plus vigoureux des frères.

Le docteur angélique, qui n'était que jacobin, décide [1] que deux testicules sont *de essentia matrimonii*, de l'essence du mariage; en quoi il est suivi par Richardus, Scotus, Durandus, et Sylvius.

Si vous ne pouvez parvenir à voir le plaidoyer de l'avocat Sébastien Rouillard, en 1600, pour les testicules de sa partie enfoncés dans son épigastre, consultez du moins le *Dictionnaire de Bayle*, à l'article *Quellenec;* vous y verrez que la méchante femme du client de Sébastien Rouillard voulait faire déclarer son mariage nul, sur ce que la partie ne montrait point de testicules. La partie disait avoir fait parfaitement son devoir. Il articulait intromission et éjaculation; il offrait de recommencer en présence des chambres assemblées. La coquine répondait que cette épreuve alarmait trop sa fierté pudique; que cette tentative était superflue, puisque les testicules manquaient évidemment à l'intimé, et que messieurs savaient très-bien que les testicules sont nécessaires pour éjaculer.

J'ignore quel fut l'événement du procès; j'oserais soupçonner que le mari fut débouté de sa requête, et qu'il perdit sa cause, quoique avec de très-bonnes pièces, pour n'avoir pu les montrer toutes.

Ce qui me fait pencher à le croire, c'est que le même parlement de Paris, le 8 janvier 1665, rendit arrêt sur la nécessité de deux testicules apparents, et déclara que sans eux on ne pouvait contracter mariage. Cela fait voir qu'alors il n'y avait aucun membre de ce corps qui eût ses deux témoins dans le ventre, ou qui fût réduit à un témoin; il aurait montré à la compagnie qu'elle jugeait sans connaissance de cause.

Vous pouvez consulter Pontas sur les testicules comme sur bien d'autres objets; c'était un sous-pénitencier qui décidait de tous les cas : il s'approche quelquefois de Sanchez.

Section II. — Et par occasion des hermaphrodites. — Il s'est glissé depuis longtemps un préjugé dans l'Église latine, qu'il n'est pas permis de dire la messe sans testicules, et qu'il faut au moins les avoir dans sa poche. Cette ancienne idée était fondée sur le concile de Nicée[2], qui défend qu'on ordonne ceux qui se sont fait mutiler eux-

1 **IV. Dist. xxxiv, quest — 2. Canon iv.**

mêmes. L'exemple d'Origène et de quelques enthousiastes attira cette défense. Elle fut confirmée au second concile d'Arles.

L'Église grecque n'exclut jamais de l'autel ceux à qui on avait fait l'opération d'Origène sans leur consentement.

Les patriarches de Constantinople, Nicétas, Ignace, Photius, Methodius, étaient eunuques. Aujourd'hui ce point de discipline a semblé demeurer indécis dans l'Église latine. Cependant l'opinion la plus commune est que si un eunuque reconnu se présentait pour être ordonné prêtre, il aurait besoin d'une dispense.

Le bannissement des eunuques du service des autels paraît contraire à l'esprit même de pureté et de chasteté que ce service exige. Il semble surtout que des eunuques, qui confesseraient de beaux garçons et de belles filles, seraient moins exposés aux tentations; mais d'autres raisons de convenance et de bienséance ont déterminé ceux qui ont fait les lois.

Dans le *Lévitique* on exclut de l'autel tous les défauts corporels, les aveugles, les bossus, les manchots, les boiteux, les borgnes, les galeux, les teigneux, les nez trop longs, les nez camus. Il n'est point parlé des eunuques; il n'y en avait point chez les Juifs : ceux qui servirent d'eunuques dans les sérails de leurs rois étaient des étrangers.

On demande si un animal, un homme par exemple, peut avoir à la fois des testicules et des ovaires, ou ces glandes prises pour des ovaires, une verge et un clitoris, un prépuce et un vagin, en un mot si la nature peut faire de véritables hermaphrodites, et si un hermaphrodite peut faire un enfant à une fille et être engrossé par un garçon. Je réponds, à mon ordinaire, que je n'en sais rien, et que je ne connais pas la cent millième partie des choses que la nature peut opérer. Je crois bien qu'on n'a jamais vu naître dans notre Europe de véritables hermaphrodites. Aussi n'a-t-elle jamais produit ni éléphants, ni zèbres, ni girafes, ni autruches, ni aucun de ces animaux dont l'Asie, l'Afrique, l'Amérique sont peuplées. Il est bien hardi de dire : « Nous n'avons jamais vu ce phénomène; donc il est impossible qu'il existe. »

Consultez l'*Anatomie* de Cheselden, page 34, vous y verrez la figure très-bien dessinée d'un animal homme et femme, nègre et négresse d'Angola, amené à Londres dans son enfance, et très-soigneusement examiné par ce célèbre chirurgien, aussi connu par sa probité que par ses lumières. L'estampe qu'il dessina est intitulée : *Parties d'un hermaphrodite nègre, âgé de vingt-six ans, qui avait les deux sexes.* Ils n'étaient pas absolument parfaits; mais c'était un mélange étonnant de l'un et de l'autre.

Cheselden m'attesta plusieurs fois la vérité de ce prodige, qui n'en est peut-être pas un dans certains cantons de l'Afrique. Les deux sexes n'étaient pas complets en tout dans cet animal : mais qui m'assurera que d'autres nègres, ou des jaunes, ou des rouges, ne sont pas quelquefois entièrement mâles et femelles? J'aimerais autant dire qu'on ne peut faire de statues parfaites, parce que nous n'en aurions vu que de défectueuses. Il y a des insectes qui ont les deux sexes : pourquoi ne serait-il pas une race d'hommes qui les aurait aussi ? Je n'affirme rien, Dieu m'en préserve ! Je doute.

Que de choses dans l'animal homme dont il faut douter ; depuis sa glande pinéale jusqu'à sa rate, dont l'usage est inconnu ; et depuis le principe de sa pensée et de ses sensations jusqu'aux esprits animaux, dont tout le monde parle, et que personne ne vit jamais !

THÉISME. — Le théisme est une religion répandue dans toutes les religions ; c'est un métal qui s'allie avec tous les autres, et dont les veines s'étendent sous terre aux quatre coins du monde. Cette mine est plus à découvert, plus travaillée à la Chine ; partout ailleurs elle est cachée, et le secret n'est que dans les mains des adeptes.

Il n'y a point de pays où il y ait plus de ces adeptes qu'en Angleterre. Il y avait, au dernier siècle, beaucoup d'athées en ce pays-là, comme en France et en Italie. Ce que le chancelier Bacon avait dit se trouve vrai à la lettre, qu'un peu de philosophie rend un homme athée, et que beaucoup de philosophie mène à la connaissance d'un Dieu. Lorsqu'on croyait, avec Épicure, que le hasard fait tout, ou avec Aristote, et même avec plusieurs anciens théologiens, que rien ne naît que par corruption, et qu'avec de la matière et du mouvement le monde va tout seul, alors on pouvait ne pas croire à la Providence. Mais depuis qu'on entrevoit la nature, que les anciens ne voyaient point du tout ; depuis qu'on s'est aperçu que tout est organisé, que tout a son germe ; depuis qu'on a bien su qu'un champignon est l'ouvrage d'une sagesse infinie aussi bien que tous les mondes ; alors ceux qui pensent ont adoré, là où leurs devanciers avaient blasphémé. Les physiciens sont devenus les hérauts de la Providence : un catéchiste annonce Dieu à des enfants, et un Newton le démontre aux sages.

Bien des gens demandent si le théisme, considéré à part, et sans aucune autre cérémonie religieuse, est en effet une religion. La réponse est aisée ; celui qui ne reconnaît qu'un Dieu créateur, celui qui ne considère en Dieu qu'un être infiniment puissant, et qui ne voit dans ses créatures que des machines admirables, n'est pas plus religieux envers lui qu'un Européen qui admirerait le roi de la Chine n'est pour cela sujet de ce prince. Mais celui qui pense que Dieu a daigné mettre un rapport entre lui et les hommes, qu'il les a faits libres, capables du bien et du mal, et qu'il leur a donné à tous ce bon sens qui est l'instinct de l'homme, et sur lequel est fondée la loi naturelle, celui-là sans doute a une religion, et une religion beaucoup meilleure que toutes les sectes qui sont hors de notre Église ; car toutes ces sectes sont fausses, et la loi naturelle est vraie. Notre religion révélée n'est même et ne pouvait être que cette loi naturelle perfectionnée. Ainsi le théisme est le bon sens qui n'est pas encore instruit de la révélation, et les autres religions sont le bon sens perverti par la superstition.

Toutes les sectes sont différentes, parce qu'elles viennent des hommes ; la morale est partout la même, parce qu'elle vient de Dieu.

On demande pourquoi, de cinq ou six cents sectes, il n'y en a guère eu qui n'aient fait répandre du sang, et que les théistes, qui sont partout si nombreux, n'ont jamais causé le moindre tumulte? c'est que ce sont des philosophes. Or des philosophes peuvent faire de mauvais raisonnements, mais ils ne font jamais d'intrigues. Aussi ceux qui persécutent un philosophe, sous prétexte que ses opinions peuvent être dangereuses au public, sont aussi absurdes que ceux qui craindraient que l'étude de l'algèbre ne fît enchérir le pain au marché : il faut plaindre un être pensant qui s'égare; le persécuter est insensé et horrible. Nous sommes tous frères; si quelqu'un de mes frères, plein du respect et de l'amour filial, animé de la charité la plus fraternelle, ne salue pas notre père commun avec les mêmes cérémonies que moi, dois-je l'égorger et lui arracher le cœur?

Qu'est-ce qu'un vrai théiste? c'est celui qui dit à Dieu : *Je vous adore, et je vous sers*; c'est celui qui dit au Turc, au Chinois, à l'Indien, et au Russe : *Je vous aime*.

Il doute peut-être que Mahomet ait voyagé dans la lune et en ait mis la moitié dans sa manche; il ne veut pas qu'après sa mort sa femme se brûle par dévotion; il est quelquefois tenté de ne pas croire à l'histoire des onze mille vierges, et à celle de saint Amable, dont le chapeau et les gants furent portés par un rayon du soleil d'Auvergne jusqu'à Rome. Mais à cela près c'est un homme juste. Noé l'aurait mis dans son arche, Numa Pompilius dans ses conseils; il aurait monté sur le char de Zoroastre; il aurait philosophé avec les Platon, les Aristippe, les Cicéron, les Atticus : mais n'aurait-il point bu de la ciguë avec Socrate?

THÉISTE. — Le théiste est un homme fermement persuadé de l'existence d'un Être suprême aussi bon que puissant, qui a formé tous les êtres étendus, végétants, sentants, et réfléchissants; qui perpétue leur espèce, qui punit sans cruauté les crimes, et récompense avec bonté les actions vertueuses.

Le théiste ne sait pas comment Dieu punit, comment il favorise, comment il pardonne; car il n'est pas assez téméraire pour se flatter de connaître comment Dieu agit; mais il sait que Dieu agit, et qu'il est juste. Les difficultés contre la Providence ne l'ébranlent point dans sa foi, parce qu'elles ne sont que de grandes difficultés, et non pas des preuves; il est soumis à cette Providence, quoiqu'il n'en aperçoive que quelques effets et quelques dehors; et, jugeant des choses qu'il ne voit pas par les choses qu'il voit, il pense que cette Providence s'étend dans tous les lieux et dans tous les siècles.

Réuni dans ce principe avec le reste de l'univers, il n'embrasse aucune des sectes qui toutes se contredisent. Sa religion est la plus ancienne et la plus étendue; car l'adoration simple d'un Dieu a précédé tous les systèmes du monde. Il parle une langue que tous les peuples entendent, pendant qu'ils ne s'entendent pas entre eux. Il a des frères depuis Pékin jusqu'à la Cayenne, et il compte tous les sages pour ses frères. Il croit que la religion ne consiste ni dans les opinions d'une métaphysique inintelligible, ni dans de vains appareils, mais dans l'adoration et dans la justice. Faire le bien, voilà son culte; être soumis à Dieu, voilà sa doctrine. Le mahométan lui crie : « Prends garde à toi si tu ne fais pas le pèlerinage de la Mecque! » « Malheur à toi, lui dit un récollet, si tu ne fais pas un voyage à Notre-Dame de Lorette! » Il rit de Lorette et de la Mecque; mais il secourt l'indigent et il défend l'opprimé.

THÉOCRATIE. — *Gouvernement de Dieu ou des dieux.* — Il m'arrive tous les jours de me tromper; mais je soupçonne que les peuples qui ont cultivé les arts ont été tous sous une théocratie. J'excepte toujours les Chinois, qui paraissent sages dès qu'ils forment une nation. Ils sont sans superstition sitôt que la Chine est un royaume. C'est bien dommage qu'ayant été d'abord élevés si haut, ils soient demeurés au degré où ils sont depuis si longtemps dans les sciences. Il semble qu'ils aient reçu de la nature une grande mesure de bon sens, et une assez petite d'industrie : mais aussi leur industrie s'est déployée bien plus tôt que la nôtre.

Les Japonais leurs voisins, dont on ne connaît point du tout l'origine (car quelle origine connaît-on?), furent incontestablement gouvernés par une théocratie. Leurs premiers souverains bien reconnus étaient les daïris, les grands prêtres de leurs dieux; cette théocratie est très-avérée. Ces prêtres régnèrent despotiquement environ dix-huit cents ans. Il arriva au milieu de notre xiie siècle qu'un capitaine, un imperator, un seogon partagea leur autorité; et dans notre xvie siècle les capitaines la prirent tout entière, et l'ont conservée. Les daïris sont restés les chefs de la religion; ils étaient rois, ils ne sont plus que saints : ils règlent les fêtes, ils confèrent des titres sacrés; mais ils ne peuvent donner une compagnie d'infanterie.

Les brachmanes dans l'Inde ont eu longtemps le pouvoir théocratique, c'est-à-dire qu'ils ont eu le pouvoir souverain au nom de Brama fils de Dieu; et dans l'abaissement où ils sont aujourd'hui, ils croient encore ce caractère indélébile. Voilà les deux grandes théocraties les plus certaines.

Les prêtres de Chaldée, de Perse, de Syrie, de Phénicie, d'Égypte, étaient si puissants, avaient une si grande part au gouvernement, faisaient prévaloir si hautement l'encensoir sur le sceptre, qu'on peut dire que l'empire chez tous ces peuples était partagé entre la théocratie et la royauté.

Le gouvernement de Numa Pompilius fut visiblement théocratique. Quand on dit : « Je vous donne des lois de la part des dieux, ce n'est pas moi, c'est un dieu qui vous parle; » alors c'est Dieu qui est roi; celui qui parle ainsi est son lieutenant général.

Chez tous les Celtes, qui n'avaient que des chefs éligibles et point de rois, les druides et leurs sorcières gouvernaient tout. Mais je n'ose appeler du nom de *théocratie* l'anarchie de ces sauvages.

La petite nation juive ne mérite ici d'être considérée politiquement que par la prodigieuse révolution arrivée dans le monde, dont elle fut la cause très-obscure et très-ignorante.

Ne considérons que l'historique de cet étrange peuple. Il a un con-

ducteur qui doit le guider au nom de son Dieu dans la Phénicie, qu'il
appelle le Canaan. Le chemin était droit et uni depuis le pays de Go-
sen jusqu'à Tyr, sud et nord; et il n'y avait aucun danger pour six
cent trente mille combattants, ayant à leur tête un général tel que
Moïse, qui, selon Flavius Josèphe[1], avait déjà vaincu une armée
d'Éthiopiens, et même une armée de serpents.

Au lieu de prendre ce chemin aisé et court, il les conduit de
Ramessès à Baal-Séphon, tout à l'opposite, tout au milieu de l'Égypte,
en tirant droit au sud. Il passe la mer, il marche pendant quarante ans
dans des solitudes affreuses, où il n'y a pas une fontaine d'eau, pas
un arbre, pas un champ cultivé; ce ne sont que des sables et des
rochers affreux. Il est évident qu'un Dieu seul pouvait faire prendre
aux Juifs cette route par miracle, et les y soutenir par des miracles
continuels.

Le gouvernement juif fut donc alors une véritable théocratie. Cependant Moïse n'était point pontife; et Aaron, qui l'était, ne fut point chef
et législateur.

Depuis ce temps on ne voit aucun pontife régner : Josué, Jephté,
Samson, et les autres chefs du peuple, excepté Hélie et Samuel, ne
furent point prêtres. La république juive, réduite si souvent en servitude, était anarchique bien plutôt que théocratique.

Sous les rois de Juda et d'Israël, ce ne fut qu'une longue suite d'assassinats et de guerres civiles. Ces horreurs ne furent interrompues
que par l'extinction entière de dix tribus, ensuite par l'esclavage de
deux autres, et par la ruine de la ville, au milieu de la famine et de la
peste. Ce n'était pas là un gouvernement divin.

Quand les esclaves juifs revinrent à Jérusalem, ils furent soumis aux
rois de Perse, au conquérant Alexandre et à ses successeurs. Il paraît
qu'alors Dieu ne régnait pas immédiatement sur ce peuple, puisqu'un
peu avant l'invasion d'Alexandre, le pontife Jean assassina le prêtre
Jésus son frère dans le temple de Jérusalem, comme Salomon avait
assassiné son frère Adonias sur l'autel.

L'administration était encore moins théocratique quand Antiochus
Épiphane, roi de Syrie, se servit de plusieurs Juifs pour punir ceux
qu'il regardait comme rebelles[2]. Il leur défendit à tous de circoncire
leurs enfants sous peine de mort[3]; il fit sacrifier des porcs dans leur
temple, brûler les portes, détruire l'autel, et les épines remplirent
toute l'enceinte.

Matathias se mit contre lui à la tête de quelques citoyens; mais il ne
fut pas roi. Son fils Judas Machabée, traité de Messie, périt après des
efforts glorieux.

A ces guerres sanglantes succédèrent des guerres civiles. Les Jérosolymites détruisirent Samarie, que les Romains rebâtirent ensuite sous
le nom de Sébaste.

Dans ce chaos de révolutions, Aristobule, de la race des Machabées,
fils d'un grand prêtre, se fit roi plus de cinq cents ans après la ruine

---

1. Josèphe, liv. II, chap. V. — 2. Liv. VII. — 3. Liv. XI.

de Jérusalem. Il signala son règne comme quelques sultans turcs, en égorgeant son frère, et en faisant périr sa mère. Ses successeurs l'imitèrent jusqu'au temps où les Romains punirent tous ces barbares. Rien de tout cela n'est théocratique.

Si quelque chose donne une idée de la théocratie, il faut convenir que c'est le pontificat de Rome [1]; il ne s'explique jamais qu'au nom de Dieu, et ses sujets vivent en paix. Depuis longtemps le Thibet jouit des mêmes avantages sous le grand lama; mais c'est l'erreur grossière qui cherche à imiter la vérité sublime.

Les premiers Incas, en se disant descendants en droite ligne du soleil, établirent une théocratie; tout se faisait au nom du soleil.

La théocratie devrait être partout; car tout homme, ou prince, ou batelier, doit obéir aux lois naturelles et éternelles que Dieu lui a données.

THÉODOSE. — Tout prince qui se met à la tête d'un parti, et qui réussit, est sûr d'être loué pendant toute l'éternité, si le parti dure ce temps-là; et ses adversaires peuvent compter qu'ils seront traités par les orateurs, par les poëtes, et par les prédicateurs, comme des titans révoltés contre les dieux. C'est ce qui arriva à Octave-Auguste, quand sa bonne fortune l'eut défait de Brutus, de Cassius et d'Antoine.

Ce fut le sort de Constantin, quand Maxence, légitime empereur élu par le sénat et le peuple romain, fut tombé dans l'eau et se fut noyé.

Théodose eut le même avantage. Malheur aux vaincus! bénis soient les victorieux! voilà la devise du genre humain.

Théodose était un officier espagnol, fils d'un soldat de fortune espagnol. Dès qu'il fut empereur, il persécuta les anticonsubstantiels. Jugez que d'applaudissements, de bénédictions, d'éloges pompeux de la part des consubstantiels! Leurs adversaires ne subsistent presque plus; leurs plaintes, leurs clameurs contre la tyrannie de Théodose ont péri avec eux; et le parti dominant prodigue encore à ce prince les noms de pieux, de juste, de clément, de sage, et de grand.

Un jour ce prince pieux et clément, qui aimait l'argent à la fureur, s'avisa de mettre un impôt très-rude sur la ville d'Antioche, la plus belle alors de l'Asie Mineure; le peuple désespéré, ayant demandé une diminution légère, et n'ayant pu l'obtenir, s'emporta jusqu'à briser quelques statues, parmi lesquelles il s'en trouva une du soldat père de l'empereur. Saint Jean Chrysostome, ou bouche d'or, prédicateur et un peu flatteur de Théodose, ne manqua pas d'appeler cette action un

---

1.   Rome encore aujourd'hui, consacrant ces maximes,
      Joint le trône à l'autel par des nœuds légitimes.

Jean-George Le Franc, évêque du Puy-en-Velai, prétend que c'est mal raisonner; il est vrai qu'on pourrait nier *les nœuds légitimes*. Mais il pourrait bien raisonner lui-même fort mal. Il ne voit pas que le pape ne devint souverain qu'en abusant de son titre de *pasteur*; qu'en changeant sa houlette en sceptre; ou plutôt il ne veut pas le voir. A l'égard de la paix des Romains modernes, c'est la tranquillité de l'apoplexie.

détestable sacrilége, attendu que Théodose était l'image de Dieu, et que son père était presque aussi sacré que lui. Mais si cet Espagnol ressemblait à Dieu, il devait songer que les Antiochiens lui ressemblaient aussi, et qu'il y eut des hommes avant qu'il y eût des empereurs :

Finxit in effigiem moderantum cuncta deorum.
Ovid., *Metam.*, I, 83.

Théodose envoie incontinent une lettre de cachet au gouverneur, avec ordre d'appliquer à la torture les principales images de Dieu qui avaient eu part à cette sédition passagère, de les faire périr sous des coups de cordes armées de balles de plomb, d'en faire brûler quelques-uns, et de livrer les autres au glaive. Cela fut exécuté avec la ponctualité de tout gouverneur qui fait son devoir de chrétien, qui fait bien sa cour, et qui veut faire son chemin. L'Oronte ne porta que des cadavres à la mer pendant plusieurs jours ; après quoi Sa Gracieuse Majesté Impériale pardonna aux Antiochiens avec sa clémence ordinaire, et doubla l'impôt.

Qu'avait fait l'empereur Julien dans la même ville, dont il avait reçu un outrage plus personnel et plus injurieux ? Ce n'était pas une méchante statue de son père qu'on avait abattue ; c'était à lui-même que les Antiochiens s'étaient adressés ; ils avaient fait contre lui les satires les plus violentes. L'empereur philosophe leur répondit par une satire légère et ingénieuse. Il ne leur ôta ni la vie ni la bourse. Il se contenta d'avoir plus d'esprit qu'eux. C'est là cet homme que saint Grégoire de Nazianze et Théodoret, qui n'étaient pas de sa communion, osèrent calomnier jusqu'à dire qu'il sacrifiait à la lune des femmes et des enfants ; tandis que ceux qui étaient de la communion de Théodose ont persisté jusqu'à nos jours, en se copiant les uns les autres, à redire en cent façons que Théodose fut le plus vertueux des hommes, et à vouloir en faire un saint.

On sait assez quelle fut la douceur de ce saint dans le massacre de quinze mille de ses sujets à Thessalonique. Ses panégyristes réduisent le nombre des assassinés à sept ou huit mille ; c'est peu de chose pour eux. Mais ils élèvent jusqu'au ciel la tendre piété de ce bon prince qui se priva de la messe, ainsi que son complice, le détestable Rufin. J'avoue, encore une fois, que c'est une belle expiation, un grand acte de dévotion de ne point aller à la messe : mais enfin cela ne rend point la vie à quinze mille innocents égorgés de sang-froid par une perfidie abominable. Si un hérétique s'était souillé d'un pareil crime, avec quelle complaisance tous les historiens déploieraient contre lui leur bavarderie ! avec quelles couleurs le peindrait-on dans les chaires et dans les déclamations de collége !

Je suppose que le prince de Parme fût entré dans Paris, après avoir forcé notre cher Henri IV à lever le siége ; je suppose que Philippe II eût donné le trône de la France à sa fille catholique et au jeune duc de Guise catholique, alors que de plumes et que de voix qui auraient anathématisé à jamais Henri IV et la loi salique ! Ils seraient tous deux oubliés; et les Guises seraient les héros de l'État et de la religion.

Et cole felices, miseros fuge [1].

Que Hugues Capet dépossède l'héritier légitime de Charlemagne, il devient la tige d'une race de héros. Qu'il succombe, il peut être traité comme le frère de saint Louis traita depuis Conradin et le duc d'Autriche, et à bien plus juste titre.

Pepin rebelle détrône la race mérovingienne, et enferme son roi dans un cloître; mais s'il ne réussit pas, il monte sur l'échafaud.

Si Clovis, premier roi chrétien dans la Gaule belgique, est battu dans son invasion, il court risque d'être condamné aux bêtes, comme le fut un de ses ancêtres par Constantin. Ainsi va le monde sous l'empire de la fortune, qui n'est autre chose que la nécessité, la fatalité insurmontable. *Fortuna sævo læta negotio* [2]. Elle nous fait jouer en aveugles à son jeu terrible, et nous ne voyons jamais le dessous des cartes.

THÉOLOGIE. — C'est l'étude et non la science de Dieu et des choses divines : il y eut des théologiens chez tous les prêtres de l'antiquité, c'est-à-dire des philosophes qui, abandonnant aux yeux et aux esprits du vulgaire tout l'extérieur de la religion, pensaient d'une manière plus sublime sur la Divinité et sur l'origine des fêtes et des mystères; ils gardaient ces secrets pour eux et pour les initiés. Ainsi dans les fêtes secrètes des mystères d'Éleusine on représentait le chaos et la formation de l'univers, et l'hiérophante chantait cette hymne : « Écartez les préjugés qui vous détourneraient du chemin de la vie immortelle où vous aspirez; élevez vos pensées vers la nature divine; songez que vous marchez devant le maître de l'univers, devant le seul être qui soit par lui-même. » Ainsi dans la fête de l'autopsie on ne reconnaissait qu'un seul Dieu.

Ainsi tout était mystérieux dans les cérémonies de l'Égypte; et le peuple, content de l'extérieur d'un appareil imposant, ne se croyait pas fait pour percer le voile qui lui cachait ce qui lui était d'autant plus vénérable.

Cette coutume, naturellement introduite dans toute la terre, ne laissa point d'aliments à l'esprit de dispute. Les théologiens du paganisme n'eurent point d'opinions à faire valoir dans le public, puisque le mérite de leurs opinions était d'être cachées; et toutes les religions furent paisibles.

Si les théologiens chrétiens en avaient usé ainsi, ils se seraient concilié plus de respect. Le peuple n'est pas fait pour savoir si le verbe engendré est consubstantiel avec son générateur; s'il est une personne avec deux natures, ou une nature avec deux personnes, ou une personne et une nature; s'il est descendu dans l'enfer *per effectum*, et aux limbes *per essentiam*; si on mange son corps avec les accidents seuls du pain, ou avec la matière du pain; si sa grâce est versatile,

---

1. Lucain, *Pharsale*, VIII, 487. (Éd.)
2. Horace, ode XXIX du livre III, vers 49. (Éd.)

suffisante, concomitante, nécessitante dans le sens composé ou dans le sens divisé. Neuf parts des hommes qui sur dix gagnent leur vie de leurs mains, entendent peu ces questions; les théologiens, qui ne les entendent pas davantage, puisqu'ils les épuisent depuis tant d'années sans être d'accord, et qu'ils disputeront encore, auraient mieux fait sans doute de mettre un voile entre eux et les profanes.

Moins de théologie et plus de morale les eût rendus vénérables aux peuples et aux rois; mais en rendant leurs disputes publiques ils se sont fait des maîtres de ces mêmes peuples qu'ils voulaient conduire. Car qu'est-il arrivé? que ces malheureuses querelles ayant partagé les chrétiens, l'intérêt et la politique s'en sont nécessairement mêlés. Chaque État (même dans des temps d'ignorance) ayant ses intérêts à part, aucune Église ne pense précisément comme une autre, et plusieurs sont diamétralement opposées. Ainsi un docteur de Stockholm ne doit point penser comme un docteur de Genève; l'anglican doit, dans Oxford, différer de l'un et de l'autre; il n'est pas permis à celui qui reçoit le bonnet à Paris de soutenir certaines opinions que le docteur de Rome ne peut abandonner. Les ordres religieux, jaloux les uns des autres, se sont divisés. Un cordelier doit croire l'immaculée conception : un dominicain est obligé de la rejeter, et il passe aux yeux du cordelier pour un hérétique. L'esprit géométrique qui s'est tant répandu en Europe a achevé d'avilir la théologie. Les vrais philosophes n'ont pu s'empêcher de montrer le plus profond mépris pour des disputes chimériques dans lesquelles on n'a jamais défini les termes, et qui roulent sur des mots aussi inintelligibles que le fond. Parmi les docteurs mêmes il s'en trouve beaucoup de véritablement doctes qui ont pitié de leur profession : ils sont comme les augures, dont Cicéron dit qu'ils ne pouvaient s'aborder sans rire.

THÉOLOGIEN. — *Section I.* — Le théologien sait parfaitement que, selon saint Thomas, les anges sont corporels par rapport à Dieu; que l'âme reçoit son être dans le corps; que l'homme a l'âme végétative sensitive, et intellective;

Que l'âme est toute en tout, et toute en chaque partie;

Qu'elle est la cause efficiente et formelle du corps;

Qu'elle est la dernière dans la noblesse des formes;

Que l'appétit est une puissance passive;

Que les archanges tiennent le milieu entre les anges et les principautés;

Que le baptême régénère par soi-même et par accident;

Que le catéchisme n'est pas sacrement, mais sacramental;

Que la certitude vient de la cause et du sujet;

Que la concupiscence est l'appétit de la délectation sensitive;

Que la conscience est un acte, et non pas une puissance.

L'ange de l'école a écrit environ quatre mille belles pages dans ce goût. Un jeune homme tondu passe trois années à se mettre dans la cervelle ces sublimes connaissances, après quoi il reçoit le bonnet de docteur en Sorbonne, et non pas aux Petites-Maisons!

S'il est homme de condition, ou fils d'un homme riche, ou intrigant et heureux, il devient évêque, archevêque, cardinal, pape.

S'il est pauvre et sans crédit, il devient le théologien d'un de ces gens-là : c'est lui qui argumente pour eux, qui relit saint Thomas et Scot pour eux, qui fait des mandements pour eux, qui dans un concile décide pour eux.

Le titre de théologien est si grand, que les Pères du concile de Trente le donnèrent à leurs cuisiniers, *cuoco celeste, gran teologo.* Leur science est la première des sciences, leur condition la première des conditions, et eux les premiers des hommes : tant la véritable doctrine a d'empire ! tant la raison gouverne le genre humain !

Quand un théologien est devenu, grâce à ses arguments, ou prince du Saint-Empire, ou archevêque de Tolède, ou l'un des soixante et dix princes vêtus de rouge successeurs des humbles apôtres, alors les successeurs de Galien et d'Hippocrate sont à ses gages. Ils étaient ses égaux quand ils étudiaient dans la même université, qu'ils avaient les mêmes degrés, qu'ils recevaient le même bonnet fourré. La fortune change tout; et ceux qui ont découvert la circulation du sang, les veines lactées, le canal thoracique, sont les valets de ceux qui ont appris ce que c'est que la grâce concomitante, et qui l'ont oublié.

Section II. — J'ai connu un vrai théologien; il possédait les langues de l'Orient, et était instruit des anciens rites des nations autant qu'on peut l'être. Les brachmanes, les Chaldéens, les ignicoles, les sabéens, les Syriens, les Égyptiens, lui étaient aussi connus que les Juifs; les diverses leçons de la *Bible* lui étaient familières; il avait pendant trente années essayé de concilier les Évangiles, et tâché d'accorder ensemble les Pères. Il chercha dans quel temps précisément on rédigea le symbole attribué aux apôtres, et celui qu'on met sous le nom d'Athanase; comment on institua les sacrements les uns après les autres; quelle fut la différence entre la synaxe et la messe; comment l'Église chrétienne fut divisée depuis sa naissance en différents partis, et comment la société dominante traita toutes les autres d'hérétiques. Il sonda les profondeurs de la politique qui se mêla toujours de ces querelles; et il distingua entre la politique et la sagesse, entre l'orgueil qui veut subjuguer les esprits et le désir de s'éclairer soi-même, entre le zèle et le fanatisme.

La difficulté d'arranger dans sa tête tant de choses dont la nature est d'être confondues, et de jeter un peu de lumière sur tant de nuages, le rebuta souvent; mais comme ces recherches étaient le devoir de son état, il s'y consacra malgré ses dégoûts. Il parvint enfin à des connaissances ignorées de la plupart de ses confrères. Plus il fut véritablement savant, plus il se défia de tout ce qu'il savait. Tandis qu'il vécut, il fut indulgent; et à sa mort, il avoua qu'il avait consumé inutilement sa vie.

TITRES, voyez **CÉRÉMONIES.**

TOLÉRANCE. — *Section I.* — J'ai vu dans les histoires tant d'horribles exemples du fanatisme, depuis les divisions des athanasiens et des ariens jusqu'à l'assassinat de Henri le Grand et au massacre des Cévennes; j'ai vu de mes yeux tant de calamités publiques et particulières causées par cette fureur de parti et par cette rage d'enthousiasme, depuis la tyrannie du jésuite Le Tellier jusqu'à la démence des convulsionnaires et des billets de confession, que je me suis demandé souvent à moi-même : *La tolérance serait-elle un aussi grand mal que l'intolérance? et la liberté de conscience est-elle un fléau aussi barbare que les bûchers de l'inquisition?*

C'est à regret que je parle des Juifs : cette nation est, à bien des égards, la plus détestable qui ait jamais souillé la terre. Mais tout absurde et atroce qu'elle était, la secte des saducéens fut paisible et honorée, quoiqu'elle ne crût point l'immortalité de l'âme, pendant que les pharisiens la croyaient. La secte d'Épicure ne fut jamais persécutée chez les Grecs. Quant à la mort injuste de Socrate, je n'en ai jamais pu trouver le motif que dans la haine des pédants. Il avoue lui-même qu'il avait passé sa vie à leur montrer qu'ils étaient des gens absurdes; il offensa leur amour-propre; ils se vengèrent par la ciguë. Les Athéniens lui demandèrent pardon après l'avoir empoisonné, et lui érigèrent une chapelle. C'est un fait unique qui n'a aucun rapport avec l'intolérance.

Quand les Romains furent maîtres de la plus belle partie du monde, on sait qu'ils en tolérèrent toutes les religions, s'ils ne les admirent pas; et il me paraît démontré que c'est à la faveur de cette tolérance que le christianisme s'établit, car les premiers chrétiens étaient presque tous Juifs. Les Juifs avaient, comme aujourd'hui, des synagogues à Rome et dans la plupart des villes commerçantes. Les chrétiens tirés de leur corps profitèrent d'abord de la liberté dont les Juifs jouissaient.

Je n'examine pas ici les causes des persécutions qu'ils souffrirent ensuite : il suffit de se souvenir que si de tant de religions les Romains n'en ont enfin voulu proscrire qu'une seule, ils n'étaient pas certainement persécuteurs.

Il faut avouer, au contraire, que parmi nous toute Église a voulu exterminer toute Église d'une opinion contraire à la sienne. Le sang a coulé longtemps pour des arguments théologiques; et la tolérance seule a pu étancher le sang qui coulait d'un bout de l'Europe à l'autre.

Section II. — Qu'est-ce que la tolérance? c'est l'apanage de l'humanité. Nous sommes tous pétris de faiblesses et d'erreurs; pardonnons-nous réciproquement nos sottises, c'est la première loi de la nature.

Qu'à la bourse d'Amsterdam, de Londres, ou de Surate, ou de Bassora, le guèbre, le banian, le juif, le mahométan, le déicole chinois, le bramin, le chrétien grec, le chrétien romain, le chrétien protestant, le chrétien quaker, trafiquent ensemble, ils ne lèveront pas le poignard les uns sur les autres pour gagner des âmes à leur religion. Pourquoi donc nous sommes-nous égorgés presque sans interruption depuis le premier concile de Nicée?

Constantin commença par donner un édit qui permettait toutes les religions; il finit par persécuter. Avant lui on ne s'éleva contre les chrétiens que parce qu'ils commençaient à faire un parti dans l'État [1] Les Romains permettaient tous les cultes, jusqu'à celui des Juifs, jusqu'à celui des Égyptiens, pour lesquels ils avaient tant de mépris. Pourquoi Rome tolérait-elle ces cultes? C'est que ni les Égyptiens, ni même les Juifs ne cherchaient à exterminer l'ancienne religion de l'empire, ne couraient point la terre et les mers pour faire des prosélytes; ils ne songeaient qu'à gagner de l'argent : mais il est incontestable que les chrétiens voulaient que leur religion fût la dominante. Les Juifs ne voulaient pas que la statue de Jupiter fût à Jérusalem; mais les chrétiens ne voulaient pas qu'elle fût au Capitole. Saint Thomas a la bonne foi d'avouer que si les chrétiens ne détrônèrent pas les empereurs, c'est qu'ils ne le pouvaient pas. Leur opinion était que toute la terre doit être chrétienne. Ils étaient donc nécessairement ennemis de toute la terre, jusqu'à ce qu'elle fût convertie.

Ils étaient entre eux ennemis les uns des autres sur tous les points de leur controverse. Faut-il d'abord regarder Jésus-Christ comme Dieu, ceux qui le nient sont anathématisés sous le nom d'ébionites, qui anathématisent les adorateurs de Jésus.

Quelques-uns d'entre eux veulent-ils que tous les biens soient communs, comme on prétend qu'ils l'étaient du temps des apôtres, leurs adversaires les appellent nicolaïtes, et les accusent des crimes les plus infâmes. D'autres prétendent-ils à une dévotion mystique, on les appelle gnostiques, et on s'élève contre eux avec fureur. Marcion dispute-t-il sur la Trinité, on le traite d'idolâtre.

Tertullien, Praxéas, Origène, Novat, Novatien, Sabellius Donat, sont tous persécutés par leurs frères avant Constantin; et à peine Constantin a-t-il fait régner la religion chrétienne, que les athanasiens et les eusébiens se déchirent : et depuis ce temps l'Église chrétienne est inondée de sang jusqu'à nos jours.

Le peuple juif était, je l'avoue, un peuple bien barbare. Il égorgeait sans pitié tous les habitants d'un malheureux petit pays sur lequel il n'avait pas plus de droit qu'il n'en a sur Paris et sur Londres. Cependant quand Naaman est guéri de sa lèpre pour s'être plongé sept fois dans le Jourdain; quand, pour témoigner sa gratitude à Élisée, qui lui a enseigné ce secret, il lui dit qu'il adorera le dieu des Juifs par reconnaissance, il se réserve la liberté d'adorer aussi le dieu de son roi; il en demande permission à Élisée, et le prophète n'hésite pas à la lui donner. Les Juifs adoraient leur Dieu; mais ils n'étaient jamais étonnés que chaque peuple eût le sien. Ils trouvaient bon que Chamos eût donné un certain district aux Moabites, pourvu que leur dieu leur en donnât aussi un. Jacob n'hésita pas à épouser les filles d'un idolâtre. Laban avait son dieu, comme Jacob avait le sien. Voilà des exemples de tolérance chez le peuple le plus intolérant et le plus cruel de toute l'antiquité : nous l'avons imité dans ses fureurs absurdes, et non dans son indulgence.

---

1. Voy. *La Liberté*, par Jules Simon, IVe partie, chap. I, paragraphes 2, 3 et 4. (ÉD.)

Il est clair que tout particulier qui persécute un homme, son frère, parce qu'il n'est pas de son opinion, est un monstre; cela ne souffre pas de difficulté : mais le gouvernement, mais les magistrats, mais les princes, comment en useront-ils envers ceux qui ont un autre culte que le leur? Si ce sont des étrangers puissants, il est certain qu'un prince fera alliance avec eux. François Iᵉʳ très-chrétien s'unira avec les musulmans contre Charles-Quint très-catholique. François Iᵉʳ donnera de l'argent aux luthériens d'Allemagne pour les soutenir dans leur révolte contre l'empereur; mais il commencera, selon l'usage, par faire brûler les luthériens chez lui. Il les paye en Saxe par politique; il les brûle par politique à Paris. Mais qu'arrivera-t-il? Les persécutions font des prosélytes; bientôt la France sera pleine de nouveaux protestants : d'abord ils se laisseront pendre, et puis ils pendront à leur tour. Il y aura des guerres civiles, puis viendra la Saint-Barthélemy; et ce coin du monde sera pire que tout ce que les anciens et les modernes ont jamais dit de l'enfer.

Insensés, qui n'avez jamais pu rendre un culte pur au Dieu qui vous a faits! malheureux, que l'exemple des noachides, des lettrés chinois, des parsis et de tous les sages, n'a jamais pu conduire! monstres, qui avez besoin de superstitions comme le gésier des corbeaux a besoin de charognes! on vous l'a déjà dit, et on n'a autre chose à vous dire; si vous avez deux religions chez vous, elles se couperont la gorge; si vous en avez trente, elles vivront en paix. Voyez le Grand-Turc, il gouverne des guèbres, des banians, des chrétiens grecs, des nestoriens, des romains. Le premier qui veut exciter du tumulte est empalé; et tout le monde est tranquille.

Section III. — De toutes les religions, la chrétienne est sans doute celle qui doit inspirer le plus de tolérance, quoique jusqu'ici les chrétiens aient été les plus intolérants de tous les hommes.

Jésus ayant daigné naître dans la pauvreté et dans la bassesse, ainsi que ses frères, ne daigna jamais pratiquer l'art d'écrire. Les Juifs avaient une loi écrite avec le plus grand détail, et nous n'avons pas une seule ligne de la main de Jésus. Les apôtres se divisèrent sur plusieurs points. Saint Pierre et saint Barnabé mangeaient des viandes défendues avec les nouveaux chrétiens étrangers, et s'en abstenaient avec les chrétiens juifs. Saint Paul leur reprochait cette conduite, et ce même saint Paul pharisien, disciple du pharisien Gamaliel, ce même saint Paul qui avait persécuté les chrétiens avec fureur, et qui, ayant rompu avec Gamaliel, se fit chrétien lui-même, alla pourtant ensuite sacrifier dans le temple de Jérusalem, dans le temple de son apostolat. Il observa publiquement pendant huit jours toutes les cérémonies de la loi judaïque, à laquelle il avait renoncé; il y ajouta même des dévotions, des purifications qui étaient la surabondance; il judaïsa entièrement. Le plus grand apôtre des chrétiens fit pendant huit jours les mêmes choses pour lesquelles on condamne les hommes au bûcher chez une grande partie des peuples chrétiens.

Theudas, Judas, s'étaient dits messies avant Jésus. Dosithée. Simon

Ménandre, se dirent messies après Jésus. Il y eut dès le 1er siècle de l'Église, et avant même que le nom de chrétien fût connu, une vingtaine de sectes dans la Judée.

Les gnostiques contemplatifs, les dosithéens, les cérinthiens, existaient avant que les disciples de Jésus eussent pris le nom de chrétiens. Il y eut bientôt trente Évangiles, dont chacun appartenait à une société différente; et dès la fin du 1er siècle on peut compter trente sectes de chrétiens dans l'Asie Mineure, dans la Syrie, dans Alexandrie, et même dans Rome.

Toutes ces sectes, méprisées du gouvernement romain, et cachées dans leur obscurité, se persécutaient cependant les unes les autres dans les souterrains où elles rampaient; c'est-à-dire elles se disaient des injures; c'est tout ce qu'elles pouvaient faire dans leur abjection : elles n'étaient presque toutes composées que de gens de la lie du peuple.

Lorsque enfin quelques chrétiens eurent embrassé les dogmes de Platon, et mêlé un peu de philosophie à leur religion qu'ils séparèrent de la juive, ils devinrent insensiblement plus considérables, mais toujours divisés en plusieurs sectes, sans que jamais il y ait eu un seul temps où l'Église chrétienne ait été réunie. Elle a pris sa naissance au milieu des divisions des Juifs, des samaritains, des pharisiens, des saducéens, des esséniens, des judaïtes, des disciples de Jean, des thérapeutes. Elle a été divisée dans son berceau, elle l'a été dans les persécutions mêmes qu'elle essuya quelquefois sous les premiers empereurs. Souvent le martyr était regardé comme un apostat par ses frères, et le chrétien carpocratien expirait sous le glaive des bourreaux romains, excommunié par le chrétien ébionite, lequel ébionite était anathématisé par le sabellien.

Cette horrible discorde, qui dure depuis tant de siècles, est une leçon bien frappante que nous devons mutuellement nous pardonner nos erreurs; la discorde est le grand mal du genre humain, et la tolérance en est le seul remède.

Il n'y a personne qui ne convienne de cette vérité, soit qu'il médite de sang-froid dans son cabinet, soit qu'il examine paisiblement la vérité avec ses amis. Pourquoi donc les mêmes hommes qui admettent en particulier l'indulgence, la bienfaisance, la justice, s'élèvent-ils en public avec tant de fureur contre ces vertus? Pourquoi? c'est que leur intérêt est leur dieu, c'est qu'ils sacrifient tout à ce monstre qu'ils adorent.

Je possède une dignité et une puissance que l'ignorance et la crédulité ont fondée; je marche sur les têtes des hommes prosternés à mes pieds : s'ils se relèvent et me regardent en face, je suis perdu; il faut donc les tenir attachés à la terre avec des chaînes de fer.

Ainsi ont raisonné des hommes que des siècles de fanatisme ont rendus puissants. Ils ont d'autres puissants sous eux, et ceux-ci en ont d'autres encore, qui tous s'enrichissent des dépouilles du pauvre, s'engraissent de son sang, et rient de son imbécillité. Ils détestent tous la tolérance, comme des partisans enrichis aux dépens du public craignent de rendre leurs comptes, et comme des tyrans redoutent le mot de liberté. Pour comble, enfin, ils soudoient des fanatiques qui crient à haute voix : « Respectez les absurdités de mon maître, tremblez, payez, et taisez-vous. »

C'est ainsi qu'on en usa longtemps dans une grande partie de la terre; mais aujourd'hui que tant de sectes se balancent par leur pouvoir, quel parti prendre avec elles? Toute secte, comme on sait, est un titre d'erreur; il n'y a point de secte de géomètres, d'algébristes, d'arithméticiens, parce que toutes les propositions de géométrie, d'algèbre, d'arithmétique, sont vraies. Dans toutes les autres sciences on peut se tromper. Quel théologien thomiste ou scotiste oserait dire sérieusement qu'il est sûr de son fait?

S'il est une secte qui rappelle les temps des premiers chrétiens, c'est sans contredit celle des quakers. Rien ne ressemble plus aux apôtres. Les apôtres recevaient l'esprit, et les quakers reçoivent l'esprit. Les apôtres et les disciples parlaient trois ou quatre à la fois dans l'assemblée au troisième étage, les quakers en font autant au rez-de-chaussée. Il était permis, selon saint Paul, aux femmes de prêcher, et selon le même saint Paul il leur était défendu; les quakeresses prêchent en vertu de la première permission.

Les apôtres et les disciples juraient par oui et par non, les quakers ne jurent pas autrement.

Point de dignité, point de parure différente parmi les disciples et les apôtres; les quakers ont des manches sans boutons, et sont tous vêtus de la même manière.

Jésus-Christ ne baptisa aucun de ses apôtres; les quakers ne sont point baptisés.

Il serait aisé de pousser plus loin le parallèle; il serait encore plus aisé de faire voir combien la religion chrétienne d'aujourd'hui diffère de la religion que Jésus a pratiquée. Jésus était juif, et nous ne sommes point juifs. Jésus s'abstenait de porc parce qu'il est immonde, et du lapin parce qu'il rumine et qu'il n'a point le pied fendu; nous mangeons hardiment du porc parce qu'il n'est point pour nous immonde, et nous mangeons du lapin qui a le pied fendu, et qui ne rumine pas.

Jésus était circoncis, et nous gardons notre prépuce. Jésus mangeait l'agneau pascal avec des laitues, il célébrait la fête des tabernacles, et nous n'en faisons rien. Il observait le sabbat, et nous l'avons changé; il sacrifiait, et nous ne sacrifions point.

Jésus cacha toujours le mystère de son incarnation et de sa dignité; il ne dit point qu'il était égal à Dieu. Saint Paul dit expressément dans son Épître aux Hébreux que Dieu a créé Jésus inférieur aux anges; et, malgré toutes les paroles de saint Paul, Jésus a été reconnu Dieu au concile de Nicée.

Jésus n'a donné au pape ni la marche d'Ancône, ni le duché de Spolette; et cependant le pape les possède de droit divin.

Jésus n'a point fait un sacrement du mariage ni du diaconat; et chez nous le diaconat et le mariage sont des sacrements.

Si l'on veut bien y faire attention, la religion catholique, apostolique et romaine, est, dans toutes ses cérémonies et dans tous ses dogmes, l'opposé de la religion de Jésus.

Mais quoi! faudra-t-il que nous judaïsions tous parce que Jésus a judaïsé toute sa vie?

S'il était permis de raisonner conséquemment en fait de religion, il est clair que nous devrions tous nous faire juifs, puisque Jésus-Christ notre sauveur est né juif, a vécu juif, est mort juif, et qu'il a dit expressément qu'il accomplissait, qu'il remplissait la religion juive. Mais il est plus clair encore que nous devons nous tolérer mutuellement, parce que nous sommes tous faibles, inconséquents, sujets à la mutabilité, à l'erreur. Un roseau couché par le vent dans la fange dira-t-il au roseau voisin couché dans un sens contraire : « Rampe à ma façon, misérable, ou je présenterai requête pour qu'on t'arrache et qu'on te brûle? »

Section IV. — Mes amis, quand nous avons prêché la tolérance en prose, en vers, dans quelques chaires, et dans toutes nos sociétés; quand nous avons fait retentir ces véritables voix humaines[1] dans les orgues de nos églises, nous avons servi la nature, nous avons rétabli l'humanité dans ses droits; et il n'y a pas aujourd'hui un ex-jésuite, un ex-janséniste, qui ose dire : « Je suis intolérant. »

Il y aura toujours des barbares et des fourbes qui fomenteront l'intolérance; mais ils ne l'avoueront pas; et c'est avoir gagné beaucoup.

Souvenons-nous toujours, mes amis, répétons (car il faut répéter de peur qu'on n'oublie), répétons les paroles de l'évêque de Soissons, non pas Languet, mais Fitzjames-Stuart, dans son mandement de 1757 : « Nous devons regarder les Turcs comme nos frères. »

Songeons que dans toute l'Amérique anglaise, ce qui fait à peu près le quart du monde connu, la liberté entière de conscience est établie; et pourvu qu'on y croie un Dieu, toute religion est bien reçue, moyennant quoi le commerce fleurit et la population augmente.

Réfléchissons toujours que la première loi de l'empire de Russie, plus grand que l'empire romain, est la tolérance de toute secte.

L'empire turc et le persan usèrent toujours de la même indulgence. Mahomet II, en prenant Constantinople, ne força point les Grecs à quitter leur religion, quoiqu'il les regardât comme des idolâtres. Chaque père de famille grec en fut quitte pour cinq ou six écus par an. On leur conserva plusieurs prébendes et plusieurs évêchés; et même encore aujourd'hui le sultan turc fait des chanoines et des évêques, sans que le pape ait jamais fait un iman ou un mollah.

Mes amis, il n'y a que quelques moines, et quelques protestants aussi sots et aussi barbares que ces moines, qui soient encore intolérants.

Nous avons été si infectés de cette fureur, que dans nos voyages de

---

1. Il y a un jeu d'orgues qu'on appelle *voix humaines*, et qui se combine avec les jeux de flûtes.

long cours nous l'avons portée à la Chine, au Tonquin, au Japon.
Nous avons empesté ces beaux climats. Les plus indulgents des
hommes ont appris de nous à être les plus inflexibles. Nous leur avons
dit d'abord pour prix de leur bon accueil : « Sachez que nous sommes
sur la terre les seuls qui aient raison, et que nous devons être partout
es maîtres. » Alors on nous a chassés pour jamais ; il en a coûté des flots
le sang : cette leçon a dû nous corriger.

Section V. — L'auteur de l'article précédent est un bon homme qui
voulait souper avec un quaker, un anabaptiste, un socinien, un musulman, etc. Je veux pousser plus loin l'honnêteté, je dirai à mon frère
le Turc : « Mangeons ensemble une bonne poule au riz en invoquant
Allah ; ta religion me paraît très-respectable, tu n'adores qu'un Dieu,
tu es obligé de donner en aumônes tous les ans le denier quarante de
ton revenu, et de te réconcilier avec tes ennemis le jour du baïram.
Nos bigots qui calomnient la terre ont dit mille fois que ta religion
n'a réussi que parce qu'elle est toute sensuelle. Ils en ont menti, les
pauvres gens ; ta religion est très-austère, elle ordonne la prière cinq
fois par jour, elle impose le jeûne le plus rigoureux, elle te défend le
vin et les liqueurs que nos directeurs savourent ; et si elle ne permet
que quatre femmes à ceux qui peuvent les nourrir (ce qui est bien
rare), elle condamne par cette contrainte l'incontinence juive qui permettait dix-huit femmes à l'homicide David, et sept cents à Salomon,
l'assassin de son frère, sans compter les concubines. »

Je dirai à mon frère le Chinois : « Soupons ensemble sans cérémonies, car je n'aime pas les simagrées ; mais j'aime ta loi, la plus sage
de toutes, et peut-être la plus ancienne. » J'en dirai à peu près autant
à mon frère l'Indien.

Mais que dirai-je à mon frère le Juif ? lui donnerai-je à souper ?
Oui, pourvu que pendant le repas l'âne de Balaam ne s'avise pas de
braire ; qu'Ézéchiel ne mêle pas son déjeuner avec notre souper ; qu'un
poisson ne vienne pas avaler quelqu'un des convives, et le garder trois
jours dans son ventre ; qu'un serpent ne se mêle pas de la conversation pour séduire ma femme ; qu'un prophète ne s'avise pas de coucher
avec elle après souper, comme fit le bonhomme Osée, pour quinze
francs et un boisseau d'orge ; surtout qu'aucun Juif ne fasse le tour de
ma maison en sonnant de la trompette, ne fasse tomber les murs, et
ne m'égorge, moi, mon père, ma mère, ma femme, mes enfants,
mon chat, et mon chien, selon l'ancien usage des Juifs. Allons, mes
amis, la paix ; disons notre *benedicite.*

TONNERRE. — *Section I.*

Vidi et crudeles dantem Salmonca pœnas,
Dum flammas Jovis et sonitus imitatur Olympi, etc.
                        VIRG., Æn., liv. VI, v. 585.

A d'éternels tourments je te vis condamnée,
Superbe impiété du tyran Salmonée.
Rival de Jupiter, il crut lui ressembler,

> Il imita la foudre, et ne put l'égaler;
> De la foudre des dieux il fut frappé lui-même, etc.

Ceux qui ont inventé et perfectionné l'artillerie sont bien d'autres Salmonées. Un canon de vingt-quatre livres de balle peut faire et a fait souvent plus de ravage que cent coups de tonnerre; cependant aucun canonnier n'a été jusqu'à présent foudroyé par Jupiter pour avoir voulu imiter ce qui se passe dans l'atmosphère.

Nous avons vu que Polyphème, dans une pièce d'Euripide, se vante de faire plus de bruit que le tonnerre de Jupiter quand il a bien soupé.

Boileau, plus honnête que Polyphème, dit dans sa première satire (vers 161) :

> Pour moi, qu'en santé même un autre monde étonne,
> Qui crois l'âme immortelle, et que c'est Dieu qui tonne...

Je ne sais pourquoi il est si étonné de l'autre monde, puisque toute l'antiquité y avait cru. *Étonne* n'était pas le mot propre, c'était *alarme*. Il croit que c'est Dieu qui tonne; mais il tonne comme il grêle, comme il envoie la pluie et le beau temps, comme il opère tout, comme il fait tout; ce n'est point parce qu'il est fâché qu'il envoie le tonnerre et la pluie. Les anciens peignaient Jupiter prenant le tonnerre, composé de trois flèches brûlantes, dans la patte de son aigle, et le lançant sur ceux à qui il en voulait. La saine raison n'est pas d'accord avec ces idées poétiques.

Le tonnerre est, comme tout le reste, l'effet nécessaire des lois de la nature, prescrites par son auteur; il n'est qu'un grand phénomène électrique : Franklin le force à descendre tranquillement sur la terre; il tombe sur le professeur Richman comme sur les rochers et sur les églises; et s'il foudroya Ajax Oïlée, ce n'est pas assurément parce que Minerve était irritée contre lui.

S'il était tombé sur Cartouche ou sur l'abbé Desfontaines, on n'aurait pas manqué de dire : « Voilà comme Dieu punit les voleurs et les sodomites. » Mais c'est un préjugé utile de faire craindre le ciel aux pervers.

Aussi tous nos poëtes tragiques, quand ils veulent rimer à *poudre* ou à *résoudre*, se servent-ils immanquablement de la *foudre*, et font gronder le *tonnerre* s'il s'agit de rimer à *terre*.

Thésée, dans *Phèdre*, dit à son fils (acte IV, sc. II) :

> Monstre qu'a trop longtemps épargné le tonnerre,
> Reste impur des brigands dont j'ai purgé la terre.

Sévère, dans *Polyeucte*, sans même avoir besoin de rimer, dès qu'il apprend que sa maîtresse est mariée, dit à son ami Fabian (acte II, sc. I.) :

> Soutiens-moi, Fabian, ce coup de foudre est grand.

Pour diminuer l'horrible idée d'un coup de tonnerre qui n'a nulle ressemblance à une nouvelle mariée, il ajoute que ce coup de tonnerre

> Le frappe d'autant plus, que plus il le surprend.

Il dit ailleurs au même Fabian (acte IV, sc. VI) :

> Qu'est-ce ci, Fabian? quel nouveau coup de foudre
> Tombe sur mon espoir, et le réduit en poudre?

Un *espoir réduit en poudre* devait étonner le parterre. Lusignan, dans *Zaïre*, prie Dieu

> Que la foudre en éclats ne tombe que sur lui[1].

Agénor[2], en parlant de sa sœur, commence par dire que

>   Pour lui livrer la guerre
> Sa vertu lui suffit au défaut du tonnerre.

L'Atrée du même auteur dit, en parlant de son frère :

> Mon cœur, qui sans pitié lui déclare la guerre,
> Ne cherche à le punir qu'au défaut du tonnerre[3].

Si Thyeste fait un songe, il vous dit que

> …Ce songe a fini par un coup de tonnerre[4].

Si Tydée consulte les dieux dans l'antre d'un temple, l'antre ne lui répond qu'à grands coups de tonnerre.

> Enfin j'ai vu partout le tonnerre et la foudre
> Mettre les vers en cendre et les rimes en poudre.

Il faudrait tâcher de tonner moins souvent.

Je n'ai jamais bien compris la fable de Jupiter et des Tonnerres dans La Fontaine (VIII, 20) :

> Vulcain remplit ses fourneaux
> De deux sortes de carreaux.
> L'un jamais ne se fourvoie,
> Et c'est celui que toujours
> L'Olympe en corps nous envoie.
> L'autre s'écarte en son cours,
> Ce n'est qu'aux monts qu'il en coûte;
> Bien souvent même il se perd,
> Et ce dernier en sa route
> Nous vient du seul Jupiter.

Avait-on donné à La Fontaine le sujet de cette mauvaise fable qu'il

---

1. Acte II, scène III. (ÉD.)
2. Ce n'est pas Agénor; c'est Bélus qui, dans la *Sémiramis* de Crébillon, I, 1, débite ces vers. (*Note de M. Beuchot.*)
3. *Atrée et Thyeste*, I, III. (ÉD.) — 4. *Électre*, II, 1. (ÉD.)

mit en mauvais vers si éloignés de son genre? voulait-on dire que les ministres de Louis XIV étaient inflexibles, et que le roi pardonnait?

Crébillon, dans ses discours académiques en vers étranges, dit que le cardinal de Fleury est un sage dépositaire :

> Usant en citoyen du pouvoir arbitraire,
> Aigle de Jupiter, mais ami de la paix,
> Il gouverne la foudre, et ne tonne jamais.

Il dit que le maréchal de Villars

> Fit voir qu'à Malplaquet il n'avait survécu
> Que pour rendre à Denain sa valeur plus célèbre,
> Et qu'un foudre de moins Eugène était vaincu.

Ainsi l'aigle Fleury gouvernait le tonnerre sans tonner, et Eugène le tonnerre était vaincu; voilà bien des tonnerres.

Section II. — Horace, tantôt le débauché et tantôt le moral, a dit (liv. I, ode III, vers 38) :

> *Cœlum ipsum petimus stultitia...*
> Nous portons jusqu'au ciel notre folie.

On peut dire aujourd'hui : « Nous portons jusqu'au ciel notre sagesse, » si pourtant il est permis d'appeler *ciel* cet amas bleu et blanc d'exhalaisons qui forme les vents, la pluie, la neige, la grêle et le tonnerre. Nous avons décomposé la foudre, comme Newton a détissu la lumière. Nous avons reconnu que ces foudres portés autrefois par l'aigle de Jupiter ne sont en effet que du feu électrique; qu'enfin on peut soutirer le tonnerre, le conduire, le diviser, s'en rendre le maître, comme nous faisons passer les rayons de lumière par un prisme, comme nous donnons cours aux eaux qui tombent du ciel, c'est-à-dire de la hauteur d'une demi-lieue de notre atmosphère. On plante un haut sapin ébranché, dont la cime est revêtue d'un cône de fer. Les nuées qui forment le tonnerre sont électriques; leur électricité se communique à ce cône, et un fil d'archal qui lui est attaché conduit la matière du tonnerre où l'on veut. Un physicien ingénieux appelle cette expérience l'*inoculation du tonnerre*.

Il est vrai que l'inoculation de la petite vérole, qui a conservé tant de mortels, en a fait périr quelques-uns, auxquels on avait donné la petite vérole inconsidérément; de même l'inoculation du tonnerre mal faite serait dangereuse. Il y a des grands seigneurs dont il ne faut approcher qu'avec d'extrêmes précautions. Le tonnerre est de ce nombre. On sait que le professeur de mathématiques Richman fut tué à Pétersbourg, en 1753, par la foudre qu'il avait attirée dans sa chambre; *arte sua periit.* Comme il était philosophe, un professeur théologien ne manqua pas d'imprimer qu'il avait été foudroyé comme Salmonée pour avoir usurpé les droits de Dieu, et pour avoir voulu lancer le tonnerre.

Mais si le physicien avait dirigé le fil d'archal hors de la maison, et non pas dans sa chambre bien fermée, il n'aurait point eu le sort de Salmonée, d'Ajax Oïlée, de l'empereur Carus, du fils d'un ministre d'État en France, et de plusieurs moines dans les Pyrénées.

Placez votre *conducteur* à quelque distance de la maison, jamais dans votre chambre, et vous n'ayez rien à craindre.

Mais dans une ville les maisons se touchent; choisissez les places, les carrefours, les jardins, les parvis des églises, les cimetières, supposé que vous ayez conservé l'abominable usage d'avoir des charniers dans vos villes.

TOPHETH. — Topheth était et est encore un précipice auprès de Jérusalem, dans la vallée d'Ennom. Cette vallée est un lieu affreux où il n'y a que des cailloux. C'est dans cette solitude horrible que les Juifs immolèrent leurs enfants à leur Dieu qu'ils appelaient alors *Moloch;* car nous avons remarqué qu'ils ne donnèrent jamais à Dieu que des noms étrangers. Shadaï était syrien; Adonaï phénicien; Jeova était aussi phénicien; Éloï, Éloïm, Éloa, chaldéen, ainsi que tous les noms de leurs anges furent chaldéens ou persans. C'est ce que nous avons observé avec attention.

Tous ces noms différents signifiaient également le Seigneur dans le jargon des petites nations devers la Palestine. Le mot de Moloch vient évidemment de Melk. C'est la même chose que Melcom ou Millcon, qui était la divinité des mille femmes du sérail de Salomon, savoir sept cents femmes et trois cents concubines. Tous ces noms-là signifiaient seigneur, et chaque village avait son seigneur.

Des doctes prétendent que Moloch était particulièrement le seigneur du feu, et que pour cette raison les Juifs brûlaient leurs enfants dans le creux de l'idole même de Moloch. C'était une grande statue de cuivre aussi hideuse que les Juifs la pouvaient faire. Ils faisaient rougir cette statue à un grand feu, quoiqu'ils eussent très-peu de bois; et ils jetaient leurs petits enfants dans le ventre de ce dieu, comme nos cuisiniers jettent des écrevisses vivantes dans l'eau toute bouillante de leurs chaudières.

Tels étaient les anciens Welches et les anciens Tudesques quand ils brûlaient des enfants et des femmes en l'honneur de Teutatès et d'Irminsul : telles la vertu gauloise et la franchise germanique.

Jérémie voulut en vain détourner le peuple juif de ce culte diabolique; en vain il leur reprocha d'avoir bâti une espèce de temple à Moloch dans cette abominable vallée. « Ædificaverunt excelsa Topheth « quæ est in valle filiorum Ennom, ut incenderent filios suos et filias « suas igni [1]. » « Ils ont édifié des hauteurs dans Topheth qui est dans la vallée des enfants d'Ennom, pour y brûler leurs fils et leurs filles par le feu. »

Les Juifs eurent d'autant moins d'égards aux remontrances de Jérémie, qu'ils lui reprochaient hautement de s'être vendu au roi de Babylone, d'avoir toujours prêché en sa faveur, d'avoir trahi sa patrie: et en effet il fut puni de la mort des traîtres, il fut lapidé.

---

1. Jérémie, chap. VII.

Le livre des *Rois* nous apprend que Salomon bâtit un temple à Moloch; mais il ne nous dit pas que ce fût dans la vallée de Topheth : ce fut dans le voisinage, sur la montagne des Oliviers[1]. La situation était plus belle, si pourtant il peut y avoir quelque bel aspect dans le territoire affreux de Jérusalem.

Des commentateurs prétendent qu'Achaz, roi de Juda, fit brûler son fils à l'honneur de Moloch, et que le roi Manassé fut coupable de la même barbarie[2]. D'autres commentateurs prétendent[3] que ces rois du peuple de Dieu se contentèrent de jeter leurs enfants dans les flammes, mais qu'ils ne les brûlèrent pas tout à fait. Je le souhaite; mais il est bien difficile qu'un enfant ne soit pas brûlé quand on le met sur un bûcher enflammé.

Cette vallée de Topheth était le *Clamart* de Paris; c'était là qu'on jetait toutes les immondices, toutes les charognes de la ville. C'était dans cette vallée qu'on précipitait le bouc émissaire; c'était la voirie où l'on laissait pourrir les charognes des suppliciés. Ce fut là qu'on jeta les corps des deux voleurs qui furent suppliciés avec le Fils de Dieu lui-même. Mais notre Sauveur ne permit pas que son corps, sur lequel il avait donné puissance aux bourreaux, fût jeté à la voirie de Topheth selon l'usage. Il est vrai qu'il pouvait ressusciter aussi bien dans Topheth que dans le Calvaire; mais un bon Juif nommé Joseph, natif d'Arimathie, qui s'était préparé un sépulcre pour lui-même sur le mont Calvaire, y mit le corps du Sauveur, selon le témoignage de saint Matthieu. Il n'était permis d'enterrer personne dans les villes; le tombeau même de David n'était pas dans Jérusalem.

Joseph d'Arimathie était riche, « quidam homo dives ab Arimathia, » afin que cette prophétie d'Isaïe fût accomplie : « Il donnera[4] les méchants pour sa sépulture, et les riches pour sa mort. » (Ch. LIII, v. 9.)

TORTURE. — Quoiqu'il y ait peu d'articles de jurisprudence dans ces honnêtes réflexions alphabétiques, il faut pourtant dire un mot de la torture, autrement nommée *question*. C'est une étrange manière de questionner les hommes. Ce ne sont pourtant pas de simples curieux

1. Liv. III, chap. XI. — 2. Liv. IV, chap. XVI, v. 3. — 3. Chap. XXI, v. 6.
4. Le fameux rabbin Isaac, dans son *Rempart de la foi*, au chap. XXIII, entend toutes les prophéties, et surtout celle-là, d'une manière toute contraire à la façon dont nous les entendons. Mais qui ne voit que les Juifs sont séduits par l'intérêt qu'ils ont de se tromper? En vain répondent-ils qu'ils sont aussi intéressés que nous à chercher la vérité; qu'il y va de leur salut pour eux comme pour nous; qu'ils seraient plus heureux dans cette vie et dans l'autre, s'ils trouvaient cette vérité; que s'ils entendent leurs propres écritures différemment de nous, c'est qu'elles sont dans leur propre langue très-ancienne, et non dans nos idiomes très-nouveaux; qu'un Hébreu doit mieux savoir la langue hébraïque qu'un Basque ou un Poitevin; que leur religion a deux mille ans d'antiquité plus que la nôtre; que toute leur *Bible* annonce les promesses de Dieu, faites avec serment de ne changer jamais rien à la loi; qu'elle fait des menaces terribles contre quiconque osera jamais en altérer une seule parole; qu'elle veut même qu'on mette à mort tout prophète qui prouverait par des miracles une autre religion; qu'enfin ils sont les enfants de la maison, et nous des étrangers qui avons ravi leurs dépouilles. On sent bien que ce sont là de très-mauvaises raisons qui ne méritent pas d'être réfutées.

qui l'ont inventée; toutes les apparences sont que cette partie de notre législation doit sa première origine à un voleur de grand chemin. La plupart de ces messieurs sont encore dans l'usage de serrer les pouces, de brûler les pieds, et de questionner par d'autres tourments ceux qui refusent de leur dire où ils ont mis leur argent.

Les conquérants, ayant succédé à ces voleurs, trouvèrent l'invention fort utile à leurs intérêts; ils la mirent en usage quand ils soupçonnèrent qu'on avait contre eux quelques mauvais desseins, comme, par exemple, celui d'être libre; c'était un crime de lèse-majesté divine et humaine. Il fallait connaître les complices; et pour y parvenir on faisait souffrir mille morts à ceux qu'on soupçonnait, parce que, selon la jurisprudence de ces premiers héros, quiconque était soupçonné d'avoir eu seulement contre eux quelque pensée peu respectueuse était digne de mort. Dès qu'on a mérité ainsi la mort, il importe peu qu'on y ajoute des tourments épouvantables de plusieurs jours, et même de plusieurs semaines; cela même tient je ne sais quoi de la Divinité. La Providence nous met quelquefois à la torture en y employant la pierre, la gravelle, la goutte, le scorbut, la lèpre, la vérole grande ou petite, le déchirement d'entrailles, les convulsions de nerfs, et autres exécuteurs des vengeances de la Providence.

Or, comme les premiers despotes furent, de l'aveu de tous leurs courtisans, des images de la Divinité, ils l'imitèrent tant qu'ils purent.

Ce qui est très-singulier, c'est qu'il n'est jamais parlé de question, de torture dans les livres juifs. C'est bien dommage qu'une nation si douce, si honnête, si compatissante, n'ait pas connu cette façon de savoir la vérité. La raison en est, à mon avis, qu'ils n'en avaient pas besoin. Dieu la leur faisait toujours connaître comme à son peuple chéri. Tantôt on jouait la vérité aux dés, et le coupable qu'on soupçonnait avait toujours rafle de six. Tantôt on allait au grand prêtre, qui consultait Dieu sur-le-champ par l'urim et le thummim. Tantôt on s'adressait au voyant, au prophète, et vous croyez bien que le voyant et prophète découvrait tout aussi bien les choses les plus cachées que l'urim et le thummim du grand prêtre. Le peuple de Dieu n'était pas réduit comme nous à interroger, à conjecturer; ainsi la torture ne put être chez lui en usage. Ce fut la seule chose qui manquât aux mœurs du peuple saint. Les Romains n'infligèrent la torture qu'aux esclaves, mais les esclaves n'étaient pas comptés pour des hommes. Il n'y a pas d'apparence non plus qu'un conseiller de la Tournelle regarde comme un de ses semblables un homme qu'on lui amène hâve, pâle, défait, les yeux mornes, la barbe longue et sale, couvert de la vermine dont il a été rongé dans un cachot. Il se donne le plaisir de l'appliquer à la grande et à la petite torture, en présence d'un chirurgien qui lui tâte le pouls, jusqu'à ce qu'il soit en danger de mort, après quoi on recommence; et, comme dit très-bien la comédie des *Plaideurs* : « Cela fait toujours passer une heure ou deux. »

Le grave magistrat qui a acheté pour quelque argent le droit de faire ces expériences sur son prochain, va conter à dîner à sa femme ce qui s'est passé le matin. La première fois madame en a été révoltée, à la seconde elle y a pris goût, parce qu'après tout les femmes sont curieuses; et ensuite la première chose qu'elle lui dit lorsqu'il rentre en robe chez lui : « Mon petit cœur, n'avez-vous fait donner aujourd'hui la question à personne? »

Les Français, qui passent, je ne sais pourquoi, pour un peuple fort humain, s'étonnent que les Anglais, qui ont eu l'inhumanité de nous prendre tout le Canada, aient renoncé au plaisir de donner la question.

Lorsque le chevalier de La Barre, petit-fils d'un lieutenant général des armées, jeune homme de beaucoup d'esprit et d'une grande espérance, mais ayant toute l'étourderie d'une jeunesse effrénée, fut convaincu d'avoir chanté des chansons impies, et même d'avoir passé devant une procession de capucins sans avoir ôté son chapeau, les juges d'Abbeville, gens comparables aux sénateurs romains, ordonnèrent, non-seulement qu'on lui arrachât la langue, qu'on lui coupât la main, et qu'on brûlât son corps à petit feu; mais ils l'appliquèrent encore à la torture pour savoir précisément combien de chansons il avait chantées, et combien de processions il avait vues passer, le chapeau sur la tête.

Ce n'est pas dans le xiiiᵉ ou dans le xivᵉ siècle que cette aventure est arrivée, c'est dans le xviiiᵉ. Les nations étrangères jugent de la France par les spectacles, par les romans, par les jolis vers, par les filles d'Opéra, qui ont les mœurs fort douces, par nos danseurs d'Opéra, qui ont de la grâce, par Mlle Clairon, qui déclame des vers à ravir. Elles ne savent pas qu'il n'y a point au fond de nation plus cruelle que la française.

Les Russes passaient pour des barbares en 1700, nous ne sommes qu'en 1769; une impératrice [1] vient de donner à ce vaste État des lois qui auraient fait honneur à Minos, à Numa et à Solon, s'ils avaient eu assez d'esprit pour les inventer. La plus remarquable est la tolérance universelle, la seconde est l'abolition de la torture. La justice et l'humanité ont conduit sa plume; elle a tout réformé. Malheur à une nation qui, étant depuis longtemps civilisée, est encore conduite par d'anciens usages atroces! « Pourquoi changerions-nous notre jurisprudence? dit-elle : l'Europe se sert de nos cuisiniers, de nos tailleurs, de nos perruquiers; donc nos lois sont bonnes. »

TOUTE-PUISSANCE, Voy. **PUISSANCE**.

TRANSSUBSTANTIATION. — Les protestants, et surtout les philosophes protestants, regardent la transsubstantiation comme le dernier terme de l'impudence des moines, et de l'imbécillité des laïques. Ils ne gardent aucune mesure sur cette croyance qu'ils appellent monstrueuse; ils ne pensent pas même qu'il y ait un seul homme de bon sens qui, après avoir réfléchi, ait pu l'embrasser sérieusement. « Elle est, disent-ils, si absurde, si contraire à toutes les lois de la physique, si contradictoire, que Dieu même ne pourrait pas faire cette opération,

1. Catherine II. (Éd.)

parce que c'est en effet anéantir Dieu que de supposer qu'il fait les contradictoires. Non-seulement un dieu dans un pain, mais un dieu à la place du pain; cent mille miettes de pain devenues en un instant autant de dieux, cette foule innombrable de dieux ne faisant qu'un seul dieu; de la blancheur sans un corps blanc; de la rondeur sans un corps rond; du vin changé en sang, et qui a le goût du vin; du pain qui est changé en chair et en fibres, et qui a le goût du pain : tout cela inspire tant d'horreur et de mépris aux ennemis de la religion catholique, apostolique et romaine, que cet excès d'horreur et de mépris s'est quelquefois changé en fureur.

Leur horreur augmente, quand on leur dit qu'on voit tous les jours, dans les pays catholiques, des prêtres, des moines qui, sortant d'un lit incestueux, et n'ayant pas encore lavé leurs mains souillées d'impuretés, vont faire des dieux par centaines, mangent et boivent leur dieu, chient et pissent leur dieu. Mais quand ils réfléchissent que cette superstition, cent fois plus absurde et plus sacrilége que toutes celles des Égyptiens, a valu à un prêtre italien quinze à vingt millions de rente, et la domination d'un pays de cent milles d'étendue en long et en large, ils voudraient tous aller, à main armée, chasser ce prêtre qui s'est emparé du palais des Césars. Je ne sais si je serai du voyage, car j'aime la paix; mais quand ils seront établis à Rome, j'irai sûrement leur rendre visite.

Par M. GUILLAUME, *ministre protestant.*

TRINITÉ. — Le premier qui parla de la Trinité parmi les Occidentaux, fut Timée de Locres dans son *Ame du Monde.*

Il y a d'abord l'idée, l'exemplaire perpétuel de toutes choses engendrées; c'est le premier verbe, le verbe interne et intelligible.

Ensuite la matière informe, second verbe ou verbe proféré.

Puis le fils ou le monde sensible, ou l'esprit du monde.

Ces trois qualités constituent le monde entier, lequel monde est le fils de Dieu, μονογενὴς. Il a une âme, il a de la raison, il est ἔμψυχος, λογικός.

Dieu, ayant voulu faire un Dieu très-beau, a fait un Dieu engendré : τοῦτον ἐποίει θεὸν γεννητόν.

Il est difficile de bien comprendre ce système de Timée, qui peut-être le tenait des Égyptiens, peut-être des brachmanes. Je ne sais si on l'entendait bien de son temps. Ce sont de ces médailles frustes et couvertes de rouille, dont la légende est effacée. On a pu la lire autrefois, on la devine aujourd'hui comme on peut.

Il ne me paraît pas que ce sublime galimatias ait fait beaucoup de fortune jusqu'à Platon. Il fut enseveli dans l'oubli, et Platon le ressuscita. Il construisit son édifice en l'air, mais sur le modèle de Timée.

Il admit trois essences divines, le père, le suprême, le producteur; le père des autres dieux est la première essence.

La seconde est le Dieu visible, ministre du Dieu invisible, le verbe, l'entendement, le grand démon.

La troisième est le monde.

Il est vrai que Platon dit souvent des choses toutes différentes et même toutes contraires; c'est le privilége des philosophes grecs, et Platon s'est servi de son droit plus qu'aucun des anciens et des modernes.

Un vent grec poussa ces nuages philosophiques d'Athènes dans Alexandrie, ville prodigieusement entêtée de deux choses, d'argent et de chimères. Il y avait dans Alexandrie des Juifs qui, ayant fait fortune, se mirent à philosopher.

La métaphysique a cela de bon, qu'elle ne demande pas des études préliminaires bien gênantes. C'est là qu'on peut savoir tout sans avoir jamais rien appris; et pour peu qu'on ait l'esprit un peu subtil et bien faux, on peut être sûr d'aller loin.

Philon le Juif fut un philosophe de cette espèce : il était contemporain de Jésus-Christ; mais il eut le malheur de ne le pas connaître, non plus que Josèphe l'historien. Ces deux hommes considérables, employés dans le chaos des affaires d'État, furent trop éloignés de la lumière naissante. Ce Philon était une tête toute métaphysique, tout allégorique, toute mystique. C'est lui qui dit que Dieu devait former le monde en six jours, comme il le forma, selon Zoroastre, en six temps [1], « parce que trois est la moitié de six, et que deux en est le tiers, et que ce nombre est mâle et femelle. »

Ce même homme, entêté des idées de Platon, dit, en parlant de l'ivrognerie, « que Dieu et la sagesse se marièrent, et que la sagesse accoucha d'un fils bien-aimé : ce fils est le monde. »

Il appelle les anges les verbes de Dieu, et le monde verbe de Dieu, λόγον τοῦ Θεοῦ.

Pour Flavius Josèphe, c'était un homme de guerre qui n'avait jamais entendu parler du Logos, et qui s'en tenait aux dogmes des pharisiens, uniquement attachés à leurs traditions.

Cette philosophie platonicienne perça des Juifs d'Alexandrie jusqu'à ceux de Jérusalem. Bientôt toute l'école d'Alexandrie, qui était la seule savante, fut platonicienne; et les chrétiens qui philosophaient ne parlèrent plus que du Logos.

On sait qu'il en était des disputes de ces temps-là comme de celles de ce temps-ci. On cousait à un passage mal entendu un passage inintelligible qui n'y avait aucun rapport, on en supposait un second, on en falsifiait un troisième; on fabriquait des livres entiers qu'on attribuait à des auteurs respectés par le troupeau. Nous en avons vu cent exemples au mot APOCRYPHE.

Cher lecteur, jetez les yeux, de grâce, sur ce passage de Clément Alexandrin [2] : « Lorsque Platon dit qu'il est difficile de connaître le père de l'univers, non-seulement il fait voir par là que le monde a été engendré, mais qu'il a été engendré comme fils de Dieu. » Entendez-vous ces logomachies, ces équivoques? voyez-vous la moindre lumière dans ce chaos d'expressions obscures ?

O Locke! Locke, venez, définissez les termes. Je ne crois pas que

1. Page 4, édition de 1719. — 2. Strom., liv. V.

de tous ces disputeurs platoniciens il y en eût un seul qui s'entendît. On distingua deux verbes; le Λόγος ἐνδιάθετος, le verbe en la pensée, et le verbe produit, Λόγος προφορικός. On eut l'éternité d'un verbe, et la prolation, l'émanation d'un autre verbe.

Le livre des *Constitutions apostoliques*[1], ancien monument de fraude, mais aussi ancien dépôt des dogmes informes de ces temps obscurs, s'exprime ainsi :

« Le père qui est antérieur à toute génération, à tout commencement, ayant tout créé par son fils unique, a engendré sans intermède ce fils par sa volonté et sa puissance. »

Ensuite Origène avança[2] que le Saint-Esprit a été créé par le fils, par le verbe.

Puis vint Eusèbe de Césarée, qui enseigna[3] que l'esprit, paraclet, n'est ni Dieu ni fils.

L'avocat Lactance fleurit en ce temps-là. « Le fils de Dieu, dit-il[4], est le verbe, comme les autres anges sont les esprits de Dieu. Le verbe est un esprit proféré par une voix significative, l'esprit procédant du nez, et la parole de la bouche. Il s'ensuit qu'il y a différence entre le fils de Dieu et les autres anges, ceux-ci étant émanés comme esprits tacites et muets. Mais le fils étant esprit est sorti de la bouche avec son et voix pour prêcher le peuple. »

On conviendra que l'avocat Lactance plaidait sa cause d'une étrange manière. C'était raisonner à la Platon ; c'était puissamment raisonner.

Ce fut environ ce temps-là que, parmi les disputes violentes sur la Trinité, on inséra dans la première épître de saint Jean ce fameux verset : « Il y en a trois qui rendent témoignage en terre, l'esprit ou le vent, l'eau, et le sang ; et ces trois sont un. » Ceux qui prétendent que ce verset est véritablement de saint Jean sont bien plus embarrassés que ceux qui le nient ; car il faut qu'ils l'expliquent.

Saint Augustin dit que le vent signifie le Père, l'eau le Saint-Esprit, et que le sang veut dire le Verbe : cette explication est belle, mais elle laisse toujours un peu d'embarras.

Saint Irénée va bien plus loin ; il dit[5] que Rahab, la prostituée de Jéricho, en cachant chez elle trois espions du peuple de Dieu, cacha le Père, le Fils, et le Saint-Esprit : cela est fort, mais cela n'est pas net.

D'un autre côté, le grand, le savant Origène nous confond d'une autre manière. Voici un de ses passages parmi bien d'autres : « Le Fils est autant au-dessous du Père, que lui et le Saint-Esprit sont au-dessus des plus nobles créatures[2]. »

Après cela que dire ? comment ne pas convenir avec douleur que personne ne s'entendait ? comment ne pas avouer que depuis les premiers chrétiens ébionites, ces hommes si mortifiés et si pieux, qui révérèrent toujours Jésus, quoiqu'ils le crussent fils de Joseph, jusqu'à

1. Liv. VIII, chap. XLII. — 2. I. Partie sur saint Jean.
3. *Théol.*, liv. II, chap. VI. — 4. Liv. IV, chap. VIII.
5. Liv. IV, chap. XXXVII. — 6. Liv. XXIV, sur saint Jean.

la grande dispute d'Athanase, le platonisme de la Trinité ne fut jamais qu'un sujet de querelles? Il fallait absolument un juge suprême qui décidât; on le trouva enfin dans le concile de Nicée; encore ce concile produisit-il de nouvelles factions et des guerres.

Explication de la Trinité suivant Abauzit. — « L'on ne peut parler avec exactitude de la manière dont se fait l'union de Dieu avec Jésus-Christ, qu'en rapportant les trois sentiments qu'il y a sur ce sujet, et qu'en faisant des réflexions sur chacun d'eux. »

Sentiment des orthodoxes. — « Le premier sentiment est celui des orthodoxes. Ils y établissent, 1° une distinction de trois personnes dans l'essence divine avant la venue de Jésus-Christ au monde; 2° que la seconde de ces personnes s'est unie à la nature humaine de Jésus-Christ; 3° que cette union est si étroite, que par là Jésus-Christ est Dieu; qu'on peut lui attribuer la création du monde, et toutes les perfections divines, et qu'on peut l'adorer d'un culte suprême. »

Sentiment des unitaires. — « Le second est celui des unitaires. Ne concevant point la distinction des personnes dans la Divinité, ils établissent, 1° que la Divinité s'est unie à la nature humaine de Jésus-Christ; 2° que cette union est telle que l'on peut dire que Jésus-Christ est Dieu; que l'on peut lui attribuer la création et toutes les perfections divines, et l'adorer d'un culte suprême. »

Sentiment des sociniens. — « Le troisième sentiment est celui des sociniens, qui, de même que les unitaires, ne concevant point de distinction de personnes dans la Divinité, établissent, 1° que la Divinité s'est unie à la nature humaine de Jésus-Christ; 2° que cette union est fort étroite; 3° qu'elle n'est pas telle que l'on puisse appeler Jésus-Christ Dieu, ni lui attribuer les perfections divines et la création, ni l'adorer d'un culte suprême; et ils pensent pouvoir expliquer tous les passages de l'*Écriture* sans être obligés d'admettre aucune de ces choses. »

Réflexions sur le premier sentiment. — « Dans la distinction qu'on fait des trois personnes dans la Divinité, ou on retient l'idée ordinaire des personnes, ou on ne la retient pas. Si on retient l'idée ordinaire des personnes, on établit trois dieux; cela est certain. Si l'on ne retient pas l'idée ordinaire des trois personnes, ce n'est plus alors qu'une distinction de propriétés, ce qui revient au second sentiment. Ou, si on ne veut pas dire que ce n'est pas une distinction des personnes proprement dites, ni une distinction de propriétés, on établit une distinction dont on n'a aucune idée. Et il n'y a point d'apparence que pour faire soupçonner en Dieu une distinction dont on ne peut avoir aucune idée, l'Écriture veuille mettre les hommes en danger de devenir idolâtres en multipliant la Divinité. Il est d'ailleurs surprenant que cette distinction de personnes ayant toujours été, ce ne soit que depuis la venue de Jésus-Christ qu'elle a été révélée, et qu'il soit nécessaire de les connaître. »

Réflexions sur le second sentiment. — « Il n'y a pas, à la vérité, un si grand danger de jeter les hommes dans l'idolâtrie dans le second sentiment que dans le premier; mais il faut avouer pourtant qu'il n'en est pas entièrement exempt. En effet, comme, par la nature de l'union qu'il établit entre la Divinité et la nature humaine de Jésus-Christ, on peut appeler Jésus-Christ Dieu, et l'adorer, voilà deux objets d'adoration, Jésus-Christ et Dieu. J'avoue qu'on dit que ce n'est que Dieu qu'on doit adorer en Jésus-Christ : mais qui ne sait l'extrême penchant que les hommes ont de changer les objets invisibles du culte en des objets qui tombent sous les sens, ou du moins sous l'imagination; penchant qu'ils suivront ici avec d'autant moins de scrupule, qu'on dit que la Divinité est ⸱ sonnellement unie à l'humanité de Jésus-Christ? »

Réflexions sur le troisième sentiment. — « Le troisième sentiment, outre qu'il est très-simple et conforme aux idées de la raison, n'est sujet à aucun semblable danger de jeter les hommes dans l'idolâtrie : quoique par ce sentiment Jésus-Christ ne soit qu'un simple homme, il ne faut pas craindre que par là il soit confondu avec les prophète, ou les saints du premier ordre. Il reste toujours dans ce sentiment une différence entre eux et lui. Comme on peut imaginer presque à l'infini des degrés d'union de la Divinité avec un homme, ainsi on peut concevoir qu'en particulier l'union de la Divinité avec Jésus-Christ a un si haut degré de connaissance, de puissance, de félicité, de perfection, de dignité, qu'il y a toujours eu une distance immense entre lui et les plus grands prophètes. Il ne s'agit que de voir si ce sentiment peut s'accorder avec l'Écriture, et s'il est vrai que le titre de Dieu, que les perfections divines, que la création, que le culte suprême, ne soient jamais attribués à Jésus-Christ dans les Évangiles. »

C'était au philosophe Abauzit à voir tout cela. Pour moi, je me soumets de cœur, de bouche, et de plume, à tout ce que l'Église catholique a décidé, et à tout ce qu'elle décidera sur quelque dogme que ce puisse être. Je n'ajouterai qu'un mot sur la Trinité; c'est que nous avons une décision de Calvin sur ce mystère. La voici :

« En cas que quelqu'un soit hétérodoxe, et qu'il se fasse scrupule de se servir des mots Trinité et Personne, nous ne croyons pas que ce soit une raison pour rejeter cet homme; nous devons le supporter sans le chasser de l'Église, et sans l'exposer à aucune censure comme un hérétique. »

C'est après une déclaration aussi solennelle que Jean Chauvin, dit Calvin, fils d'un tonnelier de Noyon, fit brûler dans Genève, à petit feu, avec des fagots verts, Michel Servet de Villa-Nueva. Cela n'est pas bien.

TYRAN. — Τύραννος signifiait autrefois celui qui avait su s'attirer la principale autorité; comme roi, βασιλεύς, signifiait celui qui était chargé de rapporter les affaires au sénat.

Les acceptions des mots changent avec le temps. Ἰδιώτης ne voulait dire d'abord qu'un solitaire, un homme isolé : avec le temps il devint le synonyme de sot.

On donne aujourd'hui le nom de tyran à un usurpateur, ou à un roi qui fait des actions violentes et injustes.

Cromwell était un tyran sous ces deux aspects. Un bourgeois qui usurpe l'autorité suprême, qui, malgré toutes les lois, supprime la chambre des pairs, est sans doute un tyran usurpateur. Un général qui fait couper le cou à son roi prisonnier de guerre, viole à la fois et ce qu'on appelle les lois de la guerre, et les lois des nations, et celles de l'humanité. Il est tyran, il est assassin et parricide.

Charles Ier n'était point tyran, quoique la faction victorieuse lui donnât ce nom : il était, à ce qu'on dit, opiniâtre, faible, et mal conseillé. Je ne l'assurerai pas, car je ne l'ai pas connu; mais j'assure qu'il fut très-malheureux.

Henri VIII était tyran dans son gouvernement comme dans sa famille, et couvert du sang de deux épouses innocentes, comme de celui des plus vertueux citoyens : il mérite l'exécration de la postérité. Cependant il ne fut point puni; et Charles Ier mourut sur un échafaud.

Élisabeth fit une action de tyrannie, et son parlement une de lâcheté infâme, en faisant assassiner par un bourreau la reine Marie Stuart. Mais dans le reste de son gouvernement elle ne fut point tyrannique; elle fut adroite et comédienne, mais prudente et forte.

Richard III fut un tyran barbare; mais il fut puni.

Le pape Alexandre VI fut un tyran plus exécrable que tous ceux-là; et il fut heureux dans toutes ses entreprises.

Christiern II fut un tyran aussi méchant qu'Alexandre VI, et fut châtié; mais il ne le fut point assez.

Si on veut compter les tyrans turcs, les tyrans grecs, les tyrans romains, on en trouvera autant d'heureux que de malheureux. Quand je dis heureux, je parle selon le préjugé vulgaire, selon l'acception ordinaire du mot, selon les apparences; car qu'ils aient été heureux réellement, que leur âme ait été contente et tranquille, c'est ce qui me paraît impossible.

Constantin le Grand fut évidemment un tyran à double titre. Il usurpa dans le nord de l'Angleterre la couronne de l'empire romain, à la tête de quelques légions étrangères, malgré toutes les lois, malgré le sénat et le peuple qui élurent légitimement Maxence. Il passa toute sa vie dans le crime, dans les voluptés, dans les fraudes et dans les impostures. Il ne fut point puni; mais fut-il heureux? Dieu le sait, Et je sais que ses sujets ne le furent pas.

Le grand Théodose était le plus abominable des tyrans quand, sous prétexte de donner une fête, il faisait égorger dans le cirque quinze mille citoyens romains, plus ou moins, avec leurs femmes et leurs enfants, et qu'il ajoutait à cette horreur la facétie de passer quelques mois sans aller s'ennuyer à la grand'messe. On a presque mis ce Théodose au rang des bienheureux; mais je serais bien fâché qu'il eût été heureux sur la terre. En tout cas, il sera toujours bon d'assurer aux tyrans qu'ils ne seront jamais heureux dans ce monde, comme il est bon de faire accroire à nos maîtres d'hôtel et à nos cuisiniers qu'ils seront damnés éternellement s'ils nous volent.

Les tyrans du bas-empire grec furent presque tous détrônés, assassinés les uns par les autres. Tous ces grands coupables furent tour à tour les exécuteurs de la vengeance divine et humaine.

Parmi les tyrans turcs on en voit autant de déposés que de morts sur leur trône.

A l'égard des tyrans subalternes, de ces monstres en sous-ordre, qui ont fait remonter jusque sur leur maître l'exécration publique dont ils ont été chargés, le nombre de ces Amans, de ces Séjans, est un infini du premier ordre.

TYRANNIE. — On appelle tyran le souverain qui ne connaît de lois que son caprice, qui prend le bien de ses sujets, et qui ensuite les enrôle pour aller prendre celui de ses voisins. Il n'y a point de ces tyrans-là en Europe.

On distingue la tyrannie d'un seul et celle de plusieurs. Cette tyrannie de plusieurs serait celle d'un corps qui envahirait les droits des autres corps, et qui exercerait le despotisme à la faveur des lois corrompues par lui. Il n'y a pas non plus de cette espèce de tyrans en Europe.

Sous quelle tyrannie aimeriez-vous mieux vivre? Sous aucune; mais s'il fallait choisir, je détesterais moins la tyrannie d'un seul que celle de plusieurs. Un despote a toujours quelques bons moments; une assemblée de despotes n'en a jamais. Si un tyran me fait une injustice, je peux le désarmer par sa maîtresse, par son confesseur, ou par son page; mais une compagnie de graves tyrans est inaccessible à toutes les séductions. Quand elle n'est pas injuste, elle est au moins dure, et jamais elle ne répand de grâces.

Si je n'ai qu'un despote, j'en suis quitte pour me ranger contre un mur lorsque je le vois passer, ou pour me prosterner, ou pour frapper la terre de mon front, selon la coutume du pays; mais s'il y a une compagnie de cent despotes, je suis exposé à répéter cette cérémonie cent fois par jour, ce qui est très-ennuyeux à la longue quand on n'a pas les jarrets souples. Si j'ai une métairie dans le voisinage de l'un de nos seigneurs, je suis écrasé; si je plaide contre un parent des parents d'un de nos seigneurs, je suis ruiné. Comment faire? J'ai peur que dans ce monde on ne soit réduit à être enclume ou marteau; heureux qui échappe à cette alternative!

UNIVERSITÉ. — Du Boulay, dans son *Histoire de l'Université de Paris*, adopte les vieilles traditions incertaines, pour ne pas dire fabuleuses, qui en font remonter l'origine jusqu'au temps de Charlemagne. Il est vrai que telle est l'opinion de Gaguin et de Gilles de Beauvais; mais outre que les auteurs contemporains, comme Éginhard, Alémon, Réginon, et Sigebert, ne font aucune mention de cet établissement, Pasquier et Du Tillet assurent expressément qu'il commença dans le XIIe siècle, sous les règnes de Louis le Jeune et de Philippe Auguste.

D'ailleurs les premiers statuts de l'Université ne furent dressés par

Robert de Corcfon, légat du saint-siége, que l'an 1215; et ce qui prouve qu'elle eut d'abord la même forme qu'aujourd'hui, c'est qu'une bulle de Grégoire IX, de l'an 1231, fait mention des maîtres en théologie, des maîtres en droit, des physiciens (on appelait alors ainsi les médecins), et enfin des artistes. Le nom d'université vient de la supposition que ces quatre corps, que l'on nomme facultés, faisaient l'université des études, c'est-à-dire comprenaient toutes celles que l'on peut faire.

Les papes, au moyen de ces établissements dont ils jugeaient les décisions, devinrent les maîtres de l'instruction des peuples; et le même esprit qui faisait regarder comme une faveur la permission accordée aux membres du parlement de Paris de se faire enterrer en habit de cordelier, comme nous l'avons vu à l'article QUÊTE, dicta les arrêts donnés par cette cour souveraine contre ceux qui osèrent s'élever contre une scolastique inintelligible, laquelle, de l'aveu de l'abbé Trithème, n'était qu'une fausse science qui avait gâté la religion. En effet, ce que Constantin n'avait fait qu'insinuer touchant la sibylle de Cumes a été dit expressément d'Aristote. Le cardinal Pallavicini relève la maxime de je ne sais quel moine Paul, qui disait plaisamment que, sans Aristote, l'Église aurait manqué de quelques-uns de ses articles de foi.

Aussi le célèbre Ramus, ayant publié deux ouvrages dans lesquels il combattait la doctrine d'Aristote enseignée par l'Université, aurait été immolé à la fureur de ses ignorants rivaux, si le roi François Ier n'eût évoqué à soi le procès qui pendait au parlement de Paris entre Ramus et Antoine Govea. L'un des principaux griefs contre Ramus était la manière dont il faisait prononcer la lettre Q à ses disciples.

Ramus ne fut pas seul persécuté pour ces graves billevesées. L'an 1624, le parlement de Paris bannit de son ressort trois hommes qui avaient voulu soutenir publiquement des thèses contre la doctrine d'Aristote; défendit à toute personne de publier, vendre et débiter les propositions contenues dans ces thèses, à peine de punition corporelle; et d'enseigner aucunes maximes contre les anciens auteurs et approuvés, à peine de la vie.

Les remontrances de la Sorbonne sur lesquelles le même parlement donna un arrêt contre les chimistes, l'an 1629, portaient qu'on ne pouvait choquer les principes de la philosophie d'Aristote sans choquer ceux de la théologie scolastique reçue dans l'Église. Cependant la faculté ayant fait, en 1566, un décret pour défendre l'usage de l'antimoine, et le parlement ayant confirmé ce décret, Paulmier de Caen, grand chimiste et célèbre médecin de Paris, pour ne s'être pas conformé au décret de la faculté et à l'arrêt du parlement, fut seulement dégradé l'an 1609. Enfin, l'antimoine ayant été inséré depuis dans le livre des médicaments, composé par ordre de la faculté l'an 1637, la faculté en permit l'usage l'an 1666, un siècle après l'avoir défendu, et le parlement autorisa de même ce nouveau décret. Ainsi l'université a suivi l'exemple de l'Église, qui fit proscrire, sous peine de mort, la doctrine d'Arius, et qui approuva le mot *consubstantiel*

qu'elle avait auparavant condamné, comme nous l'avons vu à l'article
CONCILE.

Ce que nous venons de dire touchant l'Université de Paris peut nous
donner une idée des autres universités dont elle est regardée comme
le modèle. En effet, quatre-vingts universités, à son imitation, ont fait
un décret que la Sorbonne fit dès le xiv° siècle : c'est que quand
on donne le bonnet à un docteur, on lui fait jurer qu'il soutiendra
l'immaculée conception de la Vierge. Elle ne la regarde cependant
point comme un article de foi, mais comme une opinion pieuse et
catholique.

VAMPIRES. — Quoi! c'est dans notre xviii° siècle qu'il y a eu des
vampires! c'est après le règne des Locke, des Shaftesbury, des Tren-
chard, des Collins; c'est sous le règne des d'Alembert, des Diderot,
des Saint-Lambert, des Duclos, qu'on a cru aux vampires, et que le
R. P. dom Augustin Calmet, prêtre bénédictin de la congrégation de
Saint-Vannes et de Saint-Hidulphe, abbé de Sénones, abbaye de cent
mille livres de rentes, voisine de deux autres abbayes du même revenu,
a imprimé et réimprimé l'histoire des vampires avec l'approbation de
la Sorbonne, signée Marcilli!

Ces vampires étaient des morts qui sortaient la nuit de leurs cimetières pour venir sucer le sang des vivants, soit à la gorge ou au ventre, après quoi ils allaient se remettre dans leurs fosses. Les vivants
sucés maigrissaient, pâlissaient, tombaient en consomption; et les
morts suceurs engraissaient, prenaient des couleurs vermeilles, étaient
tout à fait appétissants. C'était en Pologne, en Hongrie, en Silésie, en
Moravie, en Autriche, en Lorraine, que les morts faisaient cette bonne
chère. On n'entendait point parler de vampires à Londres, ni même à
Paris. J'avoue que dans ces deux villes il y eut des agioteurs, des traitants, des gens d'affaires, qui sucèrent en plein jour le sang du peuple;
mais ils n'étaient point morts, quoique corrompus. Ces suceurs véritables ne demeuraient pas dans des cimetières, mais dans des palais
fort agréables.

Qui croirait que la mode des vampires nous vint de la Grèce? Ce
n'est pas de la Grèce d'Alexandre, d'Aristote, de Platon, d'Épicure,
de Démosthène, mais de la Grèce chrétienne, malheureusement schismatique.

Depuis longtemps les chrétiens du rite grec s'imaginent que les corps
des chrétiens du rite latin, enterrés en Grèce, ne pourrissent point,
parce qu'ils sont excommuniés. C'est précisément le contraire de nous
autres chrétiens du rite latin. Nous croyons que les corps qui ne se
corrompent point, sont marqués du sceau de la béatitude éternelle. Et
dès qu'on a payé cent mille écus à Rome pour leur faire donner un
brevet de saints, nous les adorons de l'adoration de dulie.

Les Grecs sont persuadés que ces morts sont sorciers; ils les appellent
broucolacas ou *vroucolacas*, selon qu'ils prononcent la seconde lettre
de l'alphabet. Ces morts grecs vont dans les maisons sucer le sang des
petits enfants, manger le souper des pères et mères, boire leur vin;

et casser tous les meubles. On ne peut les mettre à la raison qu'en les brûlant, quand on les attrape. Mais il faut avoir la précaution de ne les mettre au feu qu'après leur avoir arraché le cœur, que l'on brûle à part.

Le célèbre Tournefort, envoyé dans le Levant par Louis XIV, ainsi que tant d'autres virtuoses[1], fut témoin de tous les tours attribués à un de ces broucolacas, et de cette cérémonie.

Après la médisance, rien ne se communique plus promptement que la superstition, le fanatisme, le sortilége et les contes des revenants. Il y eut des broucolacas en Valachie, en Moldavie, et bientôt chez les Polonais, lesquels sont du rite romain. Cette superstition leur manquait; elle alla dans tout l'orient de l'Allemagne. On n'entendit plus parler que de vampires depuis 1730 jusqu'en 1735; on les guetta, on leur arracha le cœur, et on les brûla : ils ressemblaient aux anciens martyrs; plus on en brûlait, plus il s'en trouvait.

Calmet enfin devint leur historiographe, et traita les vampires comme il avait traité l'ancien et le nouveau Testament, en rapportant fidèlement tout ce qui avait été dit avant lui.

C'est une chose, à mon gré, très-curieuse, que les procès-verbaux faits juridiquement concernant tous les morts qui étaient sortis de leurs tombeaux pour venir sucer les petits garçons et les petites filles de leur voisinage. Calmet rapporte qu'en Hongrie deux officiers délégués par l'empereur Charles VI, assistés du bailli et du bourreau, allèrent faire enquête d'un vampire, mort depuis six semaines, qui suçait tout le voisinage. On le trouva dans sa bière, frais, gaillard, les yeux ouverts, et demandant à manger. Le bailli rendit sa sentence. Le bourreau arracha le cœur au vampire, et le brûla; après quoi le vampire ne mangea plus.

Qu'on ose douter après cela des morts ressuscités, dont nos anciennes légendes sont remplies, et de tous les miracles rapportés par Bollandus et par le sincère et révérend dom Ruinart!

Vous trouvez des histoires de vampires jusque dans les *Lettres juives* de ce d'Argens, que les jésuites, auteurs du *Journal de Trévoux*, ont accusé de ne rien croire. Il faut voir comme ils triomphèrent de l'histoire du vampire de Hongrie; comme ils remerciaient Dieu et la Vierge d'avoir enfin converti ce pauvre d'Argens, chambellan d'un roi qui ne croyait point aux vampires.

« Voilà donc, disaient-ils, ce fameux incrédule qui a osé jeter des doutes sur l'apparition de l'ange à la sainte Vierge, sur l'étoile qui conduisit les mages, sur la guérison des possédés, sur la submersion de deux mille cochons dans un lac, sur une éclipse de soleil en pleine lune, sur la résurrection des morts qui se promenèrent dans Jérusalem : son cœur s'est amolli, son esprit s'est éclairé; il croit aux vampires! »

Il ne fut plus question alors que d'examiner si tous ces morts étaient ressuscités par leur propre vertu, ou par la puissance de Dieu, ou par celle du diable. Plusieurs grands théologiens de Lorraine, de Moravie

---

1. Tournefort, t. I, p. 155 et suiv.

et de Hongrie, étalèrent leurs opinions et leur science. On rapporta tout ce que saint Augustin, saint Ambroise, et tant d'autres saints, avaient dit de plus inintelligible sur les vivants et sur les morts. On rapporta tous les miracles de saint Etienne qu'on trouve au septième livre des Œuvres de saint Augustin; voici un des plus curieux. Un jeune homme fut écrasé, dans la ville d'Aubzal en Afrique, sous les ruines d'une muraille; la veuve alla sur-le-champ invoquer saint Etienne, à qui elle était très-dévote : saint Étienne le ressuscita. On lui demanda ce qu'il avait vu dans l'autre monde. « Messieurs, dit-il, quand mon âme eut quitté mon corps, elle rencontra une infinité d'âmes qui lui faisaient plus de questions sur ce monde-ci que vous ne m'en faites sur l'autre. J'allais je ne sais où, lorsque j'ai rencontré saint Etienne qui m'a dit : « Rendez ce que vous avez reçu. » Je lui ai répondu : « Que voulez-vous que je vous rende? vous ne m'avez jamais rien donné. » Il m'a répété trois fois : « Rendez ce que vous avez reçu. » Alors j'ai compris qu'il voulait parler du *Credo*. Je lui ai récité mon *Credo*, et soudain il m'a ressuscité. »

On cita surtout les histoires rapportées par Sulpice Sévère dans la vie de saint Martin. On prouva que saint Martin avait, entre autres, ressuscité un damné.

Mais toutes ces histoires, quelque vraies qu'elles puissent être, n'avaient rien de commun avec les vampires qui allaient sucer le sang de leurs voisins, et venaient ensuite se placer dans leurs bières. On chercha si on ne trouverait pas dans l'ancien Testament ou dans la mythologie quelque vampire qu'on pût donner pour exemple; on n'en trouva point. Mais il fut prouvé que les morts buvaient et mangeaient, puisque chez tant de nations anciennes on mettait des vivres sur leurs tombeaux.

La difficulté était de savoir si c'était l'âme ou le corps du mort qui mangeait. Il fut décidé que c'était l'un et l'autre. Les mets délicats et peu substantiels, comme les meringues, la crème fouettée, et les fruits fondants, étaient pour l'âme; les roast-beefs étaient pour le corps.

Les rois de Prusse furent, dit-on, les premiers qui se firent servir à manger après leur mort. Presque tous les rois d'aujourd'hui les imitent; mais ce sont les moines qui mangent leur dîner et leur souper, et qui boivent le vin. Ainsi les rois ne sont pas, à proprement parler, des vampires. Les vrais vampires sont les moines qui mangent aux dépens des rois et des peuples.

Il est bien vrai que saint Stanislas, qui avait acheté une terre considérable d'un gentilhomme polonais, et qui ne l'avait point payée, étant poursuivi devant le roi Boleslas par les héritiers, ressuscita le gentilhomme; mais ce fut uniquement pour se faire donner quittance. Et il n'est point dit qu'il ait donné seulement un pot de vin au vendeur, lequel s'en retourna dans l'autre monde sans avoir ni bu ni mangé.

On agite souvent la grande question si l'on peut absoudre un vampire qui est mort excommunié. Cela va plus au fait.

Je ne suis pas assez profond dans la théologie pour dire mon avis sur cet article; mais je serais volontiers pour l'absolution, parce que dans toutes les affaires douteuses il faut toujours prendre le parti le plus doux :

Odia restringenda, favores ampliandi.

Le résultat de tout ceci est qu'une grande partie de l'Europe a été infestée de vampires pendant cinq ou six ans, et qu'il n'y en a plus ; que nous avons eu des convulsionnaires en France pendant plus de vingt ans, et qu'il n'y en a plus ; que nous avons eu des possédés pendant dix-sept cents ans, et qu'il n'y en a plus ; qu'on a toujours ressuscité des morts depuis Hippolyte, et qu'on n'en ressuscite plus ; que nous avons eu des jésuites en Espagne, en Portugal, en France, dans les Deux-Siciles, et que nous n'en avons plus.

VÉNALITÉ. — Ce faussaire dont nous avons tant parlé, qui fit le Testament de Richelieu, dit, au chapitre IV, « qu'il vaut mieux laisser la vénalité et le droit annuel, que d'abolir ces deux établissements difficiles à changer tout d'un coup sans ébranler l'État. »

Toute la France répétait, et croyait répéter après le cardinal de Richelieu, que la vénalité des offices de judicature était très-avantageuse.

L'abbé de Saint-Pierre fut le premier qui, croyant encore que le prétendu Testament était du cardinal, osa dire dans ses observations sur le chapitre IV : « Le cardinal s'est engagé dans un mauvais pas, en soutenant que quant à présent la vénalité des charges peut être avantageuse à l'État. Il est vrai qu'il n'est pas possible de rembourser toutes les charges. »

Ainsi, non-seulement cet abus paraissait à tout le monde irréformable, mais utile : on était si accoutumé à cet opprobre qu'on ne le sentait pas ; il semblait éternel ; un seul homme en peu de mois l'a su anéantir.

Répétons donc qu'on peut tout faire, tout corriger ; que le grand défaut de presque tous ceux qui gouvernent est de n'avoir que des demi-volontés et des demi-moyens. Si Pierre le Grand n'avait pas voulu fortement, deux mille lieues de pays seraient encore barbares.

Comment donner de l'eau dans Paris à trente mille maisons qui en manquent ? comment payer les dettes de l'État ? comment se soustraire à la tyrannie révérée d'une puissance étrangère qui n'est pas une puissance, et à laquelle on paye en tribut les premiers fruits ? Osez le vouloir, et vous en viendrez à bout plus aisément que vous n'avez extirpé les jésuites, et purgé le théâtre de petits-maîtres.

VENISE, et, par occasion, de la liberté. — Nulle puissance ne peut reprocher aux Vénitiens d'avoir acquis leur liberté par la révolte ; nulle ne peut leur dire : « Je vous ai affranchis, voilà le diplôme de votre manumission. »

Ils n'ont point usurpé leurs droits comme les Césars usurpèrent l'empire, comme tant d'évêques, à commencer par celui de Rome, ont usurpé les droits régaliens ; ils sont seigneurs de Venise (si l'on ose se servir de cette audacieuse comparaison) comme Dieu est seigneur de la terre, parce qu'il l'a fondée.

Attila, qui ne prit jamais le titre de *fléau de Dieu*, va ravageant l'Italie. Il en avait autant de droit qu'en eurent depuis Charlemagne l'Austrasien, et Arnould le Bâtard Carinthien, et Gui duc de Spolette, et Bérenger marquis de Frioul, et les évêques qui voulaient se faire souverains.

Dans ce temps de brigandages militaires et ecclésiastiques, Attila passe comme un vautour, et les Vénitiens se sauvent dans la mer comme des alcyons. Nul ne les protège qu'eux-mêmes; ils font leur nid au milieu des eaux; ils l'agrandissent, ils le peuplent, ils le défendent, ils l'enrichissent. Je demande s'il est possible d'imaginer une possession plus juste? Notre père Adam, qu'on suppose avoir vécu dans le beau pays de la Mésopotamie, n'était pas à plus juste titre seigneur et jardinier du paradis terrestre.

J'ai lu le *Squittinio della libertà di Venezia*, et j'en ai été indigné.

Quoi! Venise ne serait pas originairement libre, parce que les empereurs grecs, superstitieux, et méchants, et faibles, et barbares, disent: « Cette nouvelle ville a été bâtie sur notre ancien territoire; » et parce que des Allemands, ayant titre d'empereurs d'Occident, disent: « Cette ville, étant dans l'Occident, est de notre domaine? »

Il me semble voir un poisson volant poursuivi à la fois par un faucon et par un requin, et qui échappe à l'un et à l'autre.

Sannazar avait bien raison de dire, en comparant Rome et Venise (epigr. *de mirabili urbe Venetiis*):

Illam homines dices, hanc posuisse deos.

Rome perdit par César, au bout de cinq cents ans, sa liberté acquise par Brutus: Venise a conservé la sienne pendant onze siècles, et je me flatte qu'elle la conservera toujours.

Gênes, pourquoi fais-tu gloire de montrer un diplôme d'un Bérenger qui te donna des priviléges en l'an 958? On sait que des concessions de priviléges ne sont que des titres de servitude. Et puis voilà un beau titre qu'une charte d'un tyran passager qui ne fut jamais bien reconnu en Italie, et qui fut chassé deux ans après la date de cette charte!

La véritable charte de la liberté est l'indépendance soutenue par la force. C'est avec la pointe de l'épée qu'on signe les diplômes qui assurent cette prérogative naturelle. « Tu perdis plus d'une fois ton privilége, et ton coffre-fort. » Garde l'un et l'autre depuis 1748.

Heureuse Helvétie! à quelle pancarte dois-tu ta liberté? à ton courage, à ta fermeté, à tes montagnes. « Mais je suis ton empereur. — Mais je ne veux plus que tu le sois. — Mais tes pères ont été esclaves de mon père. — C'est pour cela même que leurs enfants ne veulent point te servir. — Mais j'avais le droit attaché à ma dignité. — Et nous, nous avons le droit de la nature. »

Quand les sept Provinces-Unies eurent-elles ce droit incontestable? au moment même où elles furent unies; et dès lors ce fut Philippe II

qui fut le rebelle. Quel grand homme que ce Guillaume prince d'Orange!
il trouva des esclaves, et il en fit des hommes libres.

Pourquoi la liberté est-elle si rare ?

Parce qu'elle est le premier des biens.

VENTRES PARESSEUX. — Saint Paul a dit que les Crétois sont toujours « menteurs, de méchantes bêtes, et des ventres paresseux [1]. »
Le médecin Hecquet entendait par *ventre paresseux*, que les Crétois
allaient rarement à la selle, et qu'ainsi la matière fécale, refluant dans
leur sang, les rendait de mauvaise humeur et en faisait de méchantes
bêtes. Il est très-vrai qu'un homme qui n'a pu venir à bout de pousser
sa selle sera plus sujet à la colère qu'un autre; sa bile ne coule pas,
elle est recuite, son sang est aduste.

Quand vous avez le matin une grâce à demander à un ministre ou à
un premier commis de ministre, informez-vous adroitement s'il a le
ventre libre. Il faut toujours prendre *mollia fandi tempora*.

Personne n'ignore que notre caractère et notre tour d'esprit dépendent absolument de la garde-robe. Le cardinal de Richelieu n'était sanguinaire que parce qu'il avait des hémorroïdes internes qui occupaient
son intestin rectum, et qui durcissaient ses matières. La reine Anne
d'Autriche l'appelait toujours *cul pourri*. Ce sobriquet redoubla l'aigreur
de sa bile, et coûta probablement la vie au maréchal de Marillac, et la
liberté au maréchal de Bassompierre. Mais je ne vois pas pourquoi les
gens constipés seraient plus menteurs que d'autres; il n'y a nulle analogie entre le sphincter de l'anus et le mensonge, comme il y en a une
très-sensible entre les intestins et nos passions, notre manière de penser, notre conduite.

Je suis donc bien fondé à croire que saint Paul entendait par *ventres
paresseux* des gens voluptueux, des espèces de prieurs, de chanoines,
d'abbés commendataires, de prélats fort riches, qui restaient au lit tout
le matin pour se refaire des débauches de la veille, comme dit Marot
(épig. 86) :

> Un gros prieur son petit fils baisoit.
> Et mignardoit au matin en sa couche,
> Tandis rôtir sa perdrix on faisoit, etc., etc.

Mais on peut fort bien passer le matin au lit, et n'être ni menteur
ni méchante bête. Au contraire, les voluptueux indolents sont pour
la plupart très-doux dans la société, et du meilleur commerce du
monde.

Quoi qu'il en soit, je suis très-fâché que saint Paul injurie toute une
nation : il n'y a dans ce passage (humainement parlant) ni politesse,
ni habileté, ni vérité. On ne gagne point les hommes en leur disant
qu'ils sont de méchantes bêtes; et sûrement il aurait trouvé en Crète
des hommes de mérite. Pourquoi outrager ainsi la patrie de Minos,
dont l'archevêque Fénelon (bien plus poli que saint Paul) fait un si
pompeux éloge dans son *Télémaque* ?

1. *Épître à Tite*, chap. I, v. 12.

Saint Paul n'était-il pas difficile à vivre, d'une humeur brusque, d'un esprit fier, d'un caractère dur et impérieux? Si j'avais été l'un des apôtres, ou seulement disciple, je me serais infailliblement brouillé avec lui. Il me semble que tout le tort était de son côté dans sa querelle avec Pierre Simon Barjone. Il avait la fureur de la domination; il se vante toujours d'être apôtre, et d'être plus apôtre que ses confrères; lui qui avait servi à lapider saint Étienne! lui qui avait été un valet persécuteur sous Gamaliel, et qui aurait dû pleurer ses crimes bien plus longtemps que saint Pierre ne pleura sa faiblesse (toujours humainement parlant)!

Il se vante d'être citoyen romain né à Tarsis; et saint Jérôme prétend qu'il était un pauvre Juif de province né à Giscale dans la Galilée [1]. Dans ses lettres au petit troupeau de ses frères, il parle toujours en maître très-dur. « Je viendrai, écrit-il à quelques Corinthiens, je viendrai à vous, je jugerai tout par deux ou trois témoins; je ne pardonnerai ni à ceux qui ont péché, ni aux autres. » Ce *ni aux autres* est un peu dur.

Bien des gens prendraient aujourd'hui le parti de saint Pierre contre saint Paul, n'était l'épisode d'Ananie et de Saphire, qui a intimidé les âmes enclines à faire l'aumône.

Je reviens à mon texte des Crétois menteurs, méchantes bêtes, ventres paresseux; et je conseille à tous les missionnaires de ne jamais débuter avec aucun peuple par lui dire des injures.

Ce n'est pas que je regarde les Crétois comme les plus justes et les plus respectables des hommes, ainsi que le dit la fabuleuse Grèce. Je ne prétends point concilier leur prétendue vertu avec leur prétendu taureau, dont la belle Pasiphaé fut si amoureuse, ni avec l'art dont le fondeur Dédale fit une vache d'airain dans laquelle Pasiphaé se posta si habilement, que son tendre amant lui fit un minotaure, auquel le pieux et équitable Minos sacrifiait tous les ans (et non pas tous les neuf ans) sept grands garçons et sept grandes filles d'Athènes.

Ce n'est pas que je croie aux cent grandes villes de Crète; passe pour cent mauvais villages établis sur ce rocher long et étroit, avec deux ou trois villes. On est toujours fâché que Rollin, dans sa compilation élégante de l'*Histoire ancienne*, ait répété tant d'anciennes fables sur l'île de Crète et sur Minos comme sur le reste.

A l'égard des pauvres Grecs et des pauvres Juifs qui habitent aujourd'hui les montagnes escarpées de cette île, sous le gouvernement d'un bacha, il se peut qu'ils soient des menteurs et des méchantes bêtes. J'ignore s'ils ont le ventre paresseux, et je souhaite qu'ils aient à manger.

VERGE, BAGUETTE DIVINATOIRE. — Les théurgistes, les anciens sages, avaient tous une verge avec laquelle ils opéraient.

Mercure passe pour le premier dont la verge ait fait des prodiges.

---

1. Nous l'avons déjà dit ailleurs, et nous le répétons ici : pourquoi? parce que les jeunes Welches, pour l'édification de qui nous écrivons, lisent en courant, et oublient ce qu'ils lisen..

On tient que Zoroastre avait une grande verge. La **verge** de l'antique Bacchus était son thyrse, avec lequel il sépara les eaux de l'Oronte, de l'Hydaspe et de la mer Rouge. La verge d'Hercule était son bâton, sa massue. Pythagore fut toujours représenté avec sa verge. On dit qu'elle était d'or; il n'est pas étonnant qu'ayant une cuisse d'or, il eût une verge du même métal.

Abaris, prêtre d'Apollon hyperboréen, qu'on prétend avoir été contemporain de Pythagore, fut bien plus fameux par sa verge; elle n'était que de bois, mais il traversait les airs à califourchon sur elle. Porphyre et Jamblique affirment que ces deux grands théurgites, Abaris et Pythagore, se montrèrent amicalement leur verge.

La verge fut en tout temps l'instrument des sages et le signe de leur supériorité. Les conseillers sorciers de Pharaon firent d'abord autant de prestiges avec leur verge que Moïse fit de prodiges avec la sienne. Le judicieux Calmet nous apprend, dans sa dissertation sur l'*Exode*, « que les opérations de ces mages n'étaient pas des miracles proprement dits, mais une métamorphose fort singulière et fort difficile, qui néanmoins n'est ni contre ni au-dessus des lois de la nature. » La verge de Moïse eut la supériorité qu'elle devait avoir sur celles de ces chotims d'Égypte.

Non-seulement la verge d'Aaron partagea l'honneur des prodiges de son frère Moïse, mais elle en fit en son particulier de très admirables. Personne n'ignore comment de treize verges celle d'Aaron fut la seule qui fleurit, qui poussa des boutons, des fleurs et des amandes.

Le diable, qui, comme on sait, est un mauvais singe des œuvres des saints, voulut avoir aussi sa verge, sa baguette, dont il gratifia tous les sorciers. Médée et Circé furent toujours armées de cet instrument mystérieux. De là vient que jamais magicienne ne paraît à l'Opéra sans cette verge, et qu'on appelle ces rôles *des rôles à baguette*.

Aucun joueur de gobelets ne fait ses tours de passe-passe sans sa verge, sans sa baguette.

On trouve les sources d'eau, les trésors, au moyen d'une verge, d'une baguette de coudrier, qui ne manque pas de forcer un peu la main à un imbécile qui la serre trop, et qui tourne aisément dans celle d'un fripon. M. Fourmey, secrétaire de l'académie de Berlin, explique ce phénomène par celui de l'aimant dans le grand *Dictionnaire encyclopédique*. Tous les sorciers du siècle passé croyaient aller au sabbat sur une verge magique, ou sur un manche à balai qui en tenait lieu; et les juges, qui n'étaient pas sorciers, les brûlaient.

Les verges de bouleau sont une poignée de scions dont on frappe les malfaiteurs sur le dos. Il est honteux et abominable qu'on inflige un pareil châtiment sur les fesses à de jeunes garçons et à de jeunes filles. C'était autrefois le supplice des esclaves. J'ai vu, dans des colléges, des barbares qui faisaient dépouiller des enfants presque entièrement; une espèce de bourreau, souvent ivre, les déchirait avec de longues verges, qui mettaient en sang leurs aines, et les faisaient enfler démesurément. D'autres les faisaient frapper avec douceur, et il en naissait un autre inconvénient : les deux nerfs qui vont du sphincter au pubis, étant irrités, causaient des pollutions; c'est ce qui est arrivé souvent à de jeunes filles.

Par une police incompréhensible, les jésuites du Paraguay fouettaient les pères et les mères de famille sur leurs fesses nues[1]. Quand il n'y aurait eu que cette raison pour chasser les jésuites, elle aurait suffi[2].

VÉRITÉ. — « Pilate lui dit alors : « Vous êtes donc roi? » Jésus lui répondit : « Vous dites que je suis roi, c'est pour cela que je suis né et « que je suis venu au monde, afin de rendre témoignage à la vérité; « tout homme qui est de vérité écoute ma voix. »

« Pilate lui dit : « Qu'est-ce que vérité? » et ayant dit cela, il sortit, etc. » (Jean, chap. XVIII.)

Il est triste pour le genre humain que Pilate sortît sans attendre la réponse; nous saurions ce que c'est que la vérité. Pilate était bien peu curieux. L'accusé amené devant lui dit qu'il est roi, qu'il est né pour être roi; et il ne s'informe pas comment cela peut être. Il est juge suprême au nom de César; il a la puissance du glaive; son devoir était d'approfondir le sens de ces paroles. Il devait dire : « Apprenez-moi ce que vous entendez par être roi. Comment êtes-vous né pour être roi et pour rendre témoignage à la vérité? On prétend qu'elle ne parvient que difficilement à l'oreille des rois. Moi qui suis juge, j'ai toujours eu une peine extrême à la découvrir. Instruisez-moi pendant que vos ennemis crient là dehors contre vous; vous me rendrez le plus grand service qu'on ait jamais rendu à un juge; et j'aime bien mieux apprendre à connaître le vrai, que de condescendre à la demande tumultueuse des Juifs qui veulent que je vous fasse pendre. »

Nous n'oserons pas sans doute rechercher ce que l'auteur de toute vérité aurait pu dire à Pilate.

Aurait-il dit : « La vérité est un mot abstrait que la plupart des hommes emploient indifféremment dans leurs livres et dans leurs jugements, pour erreur et mensonge? » Cette définition aurait merveilleusement convenu à tous les faiseurs de systèmes. Ainsi le mot *sagesse* est pris souvent pour folie, et *esprit* pour sottise.

Humainement parlant, définissons la vérité, en attendant mieux, *ce qui est énoncé tel qu'il est.*

Je suppose qu'on eût mis seulement six mois à enseigner à Pilate les vérités de la logique, il eût fait sans doute ce syllogisme concluant : « On ne doit point ôter la vie à un homme qui n'a prêché qu'une bonne morale : or celui qu'on m'a déféré a, de l'avis de ses

---

1. Voy. le *Voyage de M. le colonel de Bougainville*, et les *Lettres sur le Paraguay.*

2. Dans le temps de la révocation de l'édit de Nantes, les religieuses chez qui l'on enfermait les filles arrachées des bras de leurs parents ne manquaient pas de les fouetter vigoureusement lorsqu'elles ne voulaient pas assister à la messe le dimanche : quand les religieuses n'étaient pas assez fortes, elles demandaient du secours à la garnison; et l'exécution se faisait par des grenadiers, en présence d'un officier major. Voy. l'*Histoire de la révocation de l'édit de Nantes.* (Ed. de Kehl.) — L'histoire citée est celle de Benoist. (Ed.)

ennemis même, prêché souvent une morale excellente; donc on ne doit point le punir de mort. »

Il aurait pu encore tirer cet autre argument :

« Mon devoir est de dissiper les attroupements d'un peuple séditieux qui demande la mort d'un homme sans raison et sans forme juridique : or tels sont les Juifs dans cette occasion; donc je dois les renvoyer et rompre leur assemblée. »

Nous supposons que Pilate savait l'arithmétique; ainsi nous ne parlerons pas de ces espèces de vérités.

Pour les vérités mathématiques, je crois qu'il aurait fallu trois ans pour le moins avant qu'il pût être au fait de la géométrie transcendante. Les vérités de la physique, combinées avec celles de la géométrie, auraient exigé plus de quatre ans. Nous en consumons six, d'ordinaire, à étudier la théologie ; j'en demande douze pour Pilate, attendu qu'il était païen, et que six ans n'auraient pas été trop pour déraciner toutes ses vieilles erreurs, et six autres années pour le mettre en état de recevoir le bonnet de docteur.

Si Pilate avait eu une tête bien organisée, je n'aurais demandé que deux ans pour lui apprendre les vérités métaphysiques; et comme ces vérités sont nécessairement liées avec celles de la morale, je me flatte qu'en moins de neuf ans Pilate serait devenu un vrai savant et parfaitement honnête homme.

Vérités historiques. — J'aurais dit ensuite à Pilate : Les vérités historiques ne sont que des probabilités. Si vous avez combattu à la bataille de Philippes, c'est pour vous une vérité que vous connaissez par intuition, par sentiment. Mais pour nous qui habitons tout auprès du désert de Syrie, ce n'est qu'une chose très-probable, que nous connaissons par ouï-dire. Combien faut-il de ouï-dire pour former une persuasion égale à celle d'un homme qui, ayant vu la chose, peut se vanter d'avoir une espèce de certitude?

Celui qui a entendu dire la chose à douze mille témoins oculaires n'a que douze mille probabilités, égales à une forte probabilité, laquelle n'est pas égale à la certitude.

Si vous ne tenez la chose que d'un seul des témoins, vous ne savez rien; vous devez douter. Si le témoin est mort, vous devez douter encore plus, car vous ne pouvez plus vous éclaircir; si de plusieurs témoins morts, vous êtes dans le même cas.

Si de ceux à qui les témoins ont parlé, le doute doit encore augmenter.

De génération en génération le doute augmente, et la probabilité diminue; et bientôt la probabilité est réduite à zéro. »

Des degrés de vérité suivant lesquels on juge les accusés. — On peut être traduit en justice, ou pour des faits, ou pour des paroles.

Si pour des faits, il faut qu'ils soient aussi certains que le sera le supplice auquel vous condamnerez le coupable : car si vous n'avez, par exemple, que vingt probabilités contre lui, ces vingt probabilités ne peuvent équivaloir à la certitude de sa mort. Si vous voulez avoir autant de probabilités qu'il vous en faut pour être sûr que vous ne répandez point le sang innocent, il faut qu'elles naissent de témoignages unanimes de déposants qui n'aient aucun intérêt à déposer. De ce concours de probabilités, il se formera une opinion très-forte qui pourra servir à excuser votre jugement. Mais comme vous n'aurez jamais de certitude entière, vous ne pourrez vous flatter de connaître parfaitement la vérité. Par conséquent vous devez toujours pencher vers la clémence plus que vers la rigueur.

S'il ne s'agit que de faits dont il n'ait résulté ni mort d'homme ni mutilation, il est évident que vous ne devez faire mourir ni mutiler l'accusé.

S'il n'est question que de paroles, il est encore plus évident que vous ne devez point faire pendre un de vos semblables pour la manière dont il a remué la langue; car toutes les paroles du monde n'étant que de l'air battu, à moins que ces paroles n'aient excité au meurtre, il est ridicule de condamner un homme à mourir pour avoir battu l'air. Mettez dans une balance toutes les paroles oiseuses qu'on ait jamais dites, et dans l'autre balance le sang d'un homme, ce sang l'emportera. Or celui qu'on a traduit devant vous n'étant accusé que de quelques paroles que ses ennemis ont prises en un certain sens, tout ce que vous pourriez faire serait aussi de lui dire des paroles qu'il prendra dans le sens qu'il voudra; mais livrer un innocent au plus cruel et au plus ignominieux supplice pour des mots que ses ennemis ne comprennent pas, cela est trop barbare. Vous ne faites pas plus de cas de la vie d'un homme que de celle d'un lézard, et trop de juges vous ressemblent.

VERS ET POÉSIE. — Il est aisé d'être prosateur, très-difficile et très-rare d'être poëte. Plus d'un prosateur a fait semblant de mépriser la poésie. Il faut leur rappeler souvent le mot de Montaigne : « Nous ne pouvons y atteindre, vengeons-nous par en médire. »

Nous avons déjà remarqué que Montesquieu, n'ayant pu réussir en vers, s'avisa, dans ses *Lettres persanes*, de n'admettre nul mérite dans Virgile et dans Horace. L'éloquent Bossuet tenta de faire quelques vers, et les fit détestables; mais il se garda bien de déclamer contre les grands poëtes.

Fénélon ne fit guère de meilleurs vers que Bossuet; mais il savait par cœur presque toutes les belles poésies de l'antiquité : son esprit en est plein; il les cite souvent dans ses lettres.

Il me semble qu'il n'y a jamais eu d'homme véritablement éloquent qui n'ait aimé la poésie. Je n'en citerai pour exemples que César et Cicéron : l'un fit la tragédie d'*OEdipe*; nous avons de l'autre des morceaux de poésie qui pouvaient passer pour les meilleurs avant que Lucrèce, Virgile, et Horace, parussent.

Rien n'est plus aisé que de faire de mauvais vers en français; rien de plus difficile que d'en faire de bons. Trois choses rendent cette difficulté presque insurmontable : la gêne de la rime, le trop petit nombre de rimes nobles et heureuses, la privation de ces inversions dont

le grec et le latin abondent. Aussi nous avons très-peu de poëtes qui
soient toujours élégants et toujours corrects. Il n'y a peut-être en
France que Racine et Boileau qui aient une élégance continue. Mais
remarquez que les beaux morceaux de Corneille sont toujours bien
écrits, à quelques petites fautes près. On en peut dire autant des meilleures scènes en vers de Molière, des opéras de Quinault, des bonnes
fables de La Fontaine. Ce sont là les seuls génies qui ont illustré la
poésie en France dans le grand siècle. Presque tous les autres ont manqué de naturel, de variété, d'éloquence, d'élégance, de justesse, de
cette logique secrète qui doit guider toutes les pensées sans jamais paraître ; presque tous ont péché contre la langue.

Quelquefois au théâtre on est ébloui d'une tirade de vers pompeux,
récités avec emphase. L'homme sans discernement applaudit, l'homme
de goût condamne. Mais comment l'homme de goût fera-t-il comprendre à l'autre que les vers applaudis par lui ne valent rien ? Si je ne me
trompe, voici la méthode la plus sûre.

Dépouillez les vers de la cadence et de la rime, sans y rien changer
d'ailleurs. Alors la faiblesse et la fausseté de la pensée, ou l'impropriété
des termes, ou le solécisme, ou le barbarisme, ou l'ampoulé, se manifeste dans toute sa turpitude.

Faites cette expérience sur tous les vers de la tragédie d'*Iphigénie*,
ou d'*Armide*, et sur ceux de l'*Art poétique*, vous n'y trouverez aucun
de ces défauts, pas un mot vicieux, pas un mot hors de sa place. Vous
verrez que l'auteur a toujours exprimé heureusement sa pensée, et que
la gêne de la rime n'a rien coûté au sens.

Prenez au hasard toute autre pièce de vers, par exemple, la tragédie de *Didon*, qui me tombe actuellement sous la main. Voici le discours que tient Iarbe, à la première scène :

> Tous mes ambassadeurs irrités et confus
> Trop souvent de la reine ont subi les refus.
> Voisin de ses États, faibles dans leur naissance,
> Je croyais que Didon, redoutant ma vengeance,
> Se résoudrait sans peine à l'hymen glorieux
> D'un monarque puissant, fils du maître des dieux.
> Je contiens cependant la fureur qui m'anime ;
> Et déguisant encor mon dépit légitime,
> Pour la dernière fois en proie à ses hauteurs,
> Je viens sous le faux nom de mes ambassadeurs,
> Au milieu de la cour d'une reine étrangère,
> D'un refus obstiné pénétrer le mystère ;
> Que sais-je ?... n'écouter qu'un transport amoureux,
> Me découvrir moi-même, et déclarer mes feux.

Otez la rime, et vous serez révolté de voir *subir des refus* ; parce
qu'on essuie un refus, et qu'on subit une peine. *Subir un refus* est un
barbarisme.

« Je croyais que Didon, redoutant ma vengeance, se résoudrait sans
peine. » Si elle ne se résolvait que par crainte de la vengeance, il est

bien clair qu'alors elle ne se résoudrait pas sans peine, mais avec beaucoup de peine et de douleur. Elle se résoudrait malgré elle; elle prendrait un parti forcé. Iarbe, en parlant ainsi, fait un contre-sens.

Il dit «qu'il est en proie aux hauteurs de la reine. » On peut être exposé à des hauteurs, mais on ne peut y être en proie, comme on l'est à la colère, à la vengeance, à la cruauté. Pourquoi? c'est que la cruauté, la vengeance, la colère, poursuivent en effet l'objet de leur ressentiment; et cet objet est regardé comme leur proie; mais des hauteurs ne poursuivent personne; les hauteurs n'ont point de proie.

« Il vient sous le faux nom de ses ambassadeurs. Tous ses ambassadeurs ont subi des refus. » Il est impossible qu'il vienne sous le nom de tant d'ambassadeurs à la fois. Un homme ne peut porter qu'un nom; et s'il prend le nom d'un ambassadeur, il ne peut prendre le faux nom de cet ambassadeur, il prend le véritable nom de ce ministre. Iarbe dit donc tout le contraire de ce qu'il veut dire, et ce qu'il dit ne forme aucun sens.

« Il veut pénétrer le mystère d'un refus. » Mais s'il a été refusé avec tant de hauteur, il n'y a nul mystère à ce refus. Il veut dire qu'il cherche à en pénétrer les raisons. Mais il y a grande différence entre raison et mystère. Sans le mot propre, on n'exprime jamais bien ce qu'on pense.

« Que sais-je?... n'écouter qu'un transport amoureux, me découvrir moi-même, et déclarer mes feux. »

Ces mots *que sais-je?* font attendre que Iarbe va se livrer à la fureur de sa passion. Point du tout : il dit qu'il parlera, peut-être d'amour à sa maîtresse; ce qui n'est assurément ni extraordinaire, ni dangereux, ni tragique, et ce qu'il devrait avoir déjà fait. Observez encore que s'il se découvre, il faut bien qu'il se découvre lui-même : ce *lui-même* est un pléonasme.

Ce n'est pas ainsi que dans l'*Andromaque* Racine fait parler Oreste, qui se trouve à peu près dans la même situation.

Il dit :

Je me livre en aveugle au transport qui m'entraîne.
J'aime, je viens chercher Hermione en ces lieux,
La fléchir, l'enlever, ou mourir à ses yeux.

Racine, Andromaque, acte I, sc. I.

Voilà comme devait s'exprimer un caractère fougueux et passionné, tel qu'on peint Iarbe.

Que de fautes dans ce peu de vers dès la première scène! presque chaque mot est un défaut. Et si on voulait examiner ainsi tous nos ouvrages dramatiques, y en a-t-il un seul qui pût tenir contre une critique sévère?

L'*Inès* de La Motte est certainement une pièce touchante, on ne peut voir le dernier acte sans verser des larmes. L'auteur avait infiniment d'esprit; il l'avait juste, éclairé, délicat et fécond; mais, dès le commencement de la pièce, quelle versification faible, languissante, décousue, obscure, et quelle impropriété de termes!

> Mon fils ne me suit point : il a craint, je le vois,
> D'être ici le témoin du bruit de ses exploits.
> Vous, Rodrigue, le sang vous attache à sa gloire
> Votre valeur, Henrique, eut part à sa victoire.
> Ressentez avec moi sa nouvelle grandeur.
> Reine, de Ferdinand voici l'ambassadeur[1].

D'abord, on ne sait quel est le personnage qui parle, ni à qui il s'adresse, ni dans quel lieu il est, ni de quelle victoire il s'agit; et c'est pécher contre la grande règle de Boileau et du bon sens.

> Le sujet n'est jamais assez tôt expliqué :
> Que le lieu de la scène y soit fixe et marqué.
>> Boileau, *Art poétique*, chant III, 37.

> . . . .
> Que dès les premiers vers l'action préparée
> Sans peine du sujet aplanisse l'entrée.
>> *Ibid.*, vers 27.

Ensuite, remarquez qu'on n'est point témoin d'un bruit d'exploits. Cette expression est vicieuse. L'auteur entend que peut-être ce fils trop modeste craint de jouir de sa renommée, qu'il veut se dérober aux honneurs qu'on s'empresse à lui rendre. Ces expressions seraient plus justes et plus nobles. Il s'agit d'une ambassade envoyée pour féliciter le prince. Ce n'est pas là un bruit d'exploits.

Vous, Rodrigue. Vous, — *Henrique.* Il semble que le roi aille donner ses ordres à ce Rodrigue et à ce Henrique : point du tout; il ne leur ordonne rien, il ne leur apprend rien. Il s'interrompt pour leur dire seulement : *Ressentez avec moi la nouvelle grandeur de mon fils.* On ne ressent point une grandeur. Ce terme est absolument impropre; c'est une espèce de barbarisme. L'auteur aurait pu dire : *Partagez son triomphe ainsi que son bonheur.*

Le roi s'interrompt encore pour dire : *Reine, de Ferdinand voici l'ambassadeur,* sans apprendre au public quel est ce Ferdinand, et de quel pays cet ambassadeur est venu. Aussitôt l'ambassadeur arrive. On apprend qu'il vient de Castille; que le personnage qui vient de parler est roi de Portugal, et qu'il vient le complimenter sur les victoires de l'infant son fils. Le roi de Portugal répond au compliment de cet ambassadeur de Castille; qu'il va enfin marier son fils à la sœur de Ferdinand, roi de Castille.

> Allez; de mes desseins instruisez la Castille;
> Faites savoir au roi cet hymen triomphant
> Dont je vais couronner les exploits de l'infant[2].

---

1. *Inès de Castro*, I, I. (ÉD.) — 2. *Id.*, *ibid.*, II. (ÉD.)

Faire savoir un hymen, est sec et sans élégance. *Un hymen triom-phant*, est très-impropre et très-vicieux, parce que cet hymen ne triomphe pas.

Couronner les exploits d'un hymen, est trop trivial et n'est point à sa place, parce que ce mariage était conclu avant les triomphes de l'infant. Une plus grande faute est celle de dire sèchement à l'ambassadeur : *Allez-vous-en*, comme si on parlait à un courrier; c'est manquer à la bienséance. Quand Pyrrhus donne audience à Oreste dans l'*Andromaque*, et lorsqu'il refuse ses propositions, il lui dit :

> Vous pouvez cependant voir la fille d'Hélène.
> Du sang qui vous unit je sais l'étroite chaîne.
> Après cela, seigneur, je ne vous retiens plus.
>   Racine, *Andromaque*, acte I, sc. II.

Toutes les bienséances sont observées dans le discours de Pyrrhus; c'est une règle qu'il ne faut jamais violer.

Quand l'ambassadeur a été congédié, le roi de Portugal dit à sa femme (sc. III) :

> . . . . (Mon fils) est enfin digne que la princesse
> Lui donne avec sa main l'estime et la tendresse.

Voilà un solécisme intolérable, ou plutôt un barbarisme. On ne donne point l'estime et la tendresse comme on donne le bonjour. Le pronom était absolument nécessaire; les esprits les plus grossiers sentent cette nécessité. Jamais le bourgeois le plus mal élevé n'a dit à sa maîtresse, *accordez-moi l'estime*, mais *votre estime*. La raison en est que tous nos sentiments nous appartiennent. Vous excitez *ma* colère, et non pas la colère; *mon* indignation, et non pas l'indignation, à moins qu'on n'entende l'indignation, la colère du public. On dit, vous avez l'estime et l'amour du peuple; vous avez mon amour et mon estime. Le vers de La Motte n'est pas français; et rien n'est peut-être plus rare que de parler français dans notre poésie.

Mais, me dira-t-on, malgré cette mauvaise versification, *Inès* réussit : oui; elle réussirait cent fois davantage si elle était bien écrite; elle serait au rang des pièces de Racine, dont le style est, sans contredit, le principal mérite.

Il n'y a de vraie réputation que celle qui est formée à la longue par le suffrage unanime des connaisseurs sévères. Je ne parle ici que d'après eux; je ne critique aucun mot, aucune phrase, sans en rendre une raison évidente. Je me garde bien d'en user comme ces regrattiers insolents de la littérature, ces faiseurs d'observations à tant la feuille, qui usurpent le nom de journalistes; qui croient flatter la malignité du public en disant : « Cela est ridicule, cela est pitoyable, » sans rien discuter, sans rien prouver. Ils débitent pour toute raison des injures, des sarcasmes, des calomnies. Ils tiennent bureau ouvert de médisance, au lieu d'ouvrir une école où l'on puisse s'instruire.

Celui qui dit librement son avis, sans outrage et sans raillerie amère; qui raisonne avec son lecteur; qui cherche sérieusement à épurer la

langue et le goût, mérite au moins l'indulgence de ses concitoyens. Il
y a plus de soixante ans que j'étudie l'art des vers, et peut-être suis-je
en droit de dire mon sentiment. Je dis donc qu'un vers, pour être
bon, doit être semblable à l'or, en avoir le poids, le titre et le son :
le poids, c'est la pensée; le titre, c'est la pureté élégante du style; le
son, c'est l'harmonie. Si l'une de ces trois qualités manque, le vers ne
vaut rien.

J'avance hardiment, sans crainte d'être démenti par quiconque a du
goût, qu'il y a plusieurs pièces de Corneille où l'on ne trouvera pas
six vers irrépréhensibles de suite. Je mets de ce nombre *Théodore*,
Don Sanche, *Attila*, *Bérénice*, *Agésilas;* et je pourrais augmenter
beaucoup cette liste. Je ne parle pas ainsi pour dépriser le mâle et
puissant génie de Corneille, mais pour faire voir combien la versification française est difficile, et plutôt pour excuser ceux qui l'ont imité
dans ses défauts que pour les condamner. Si vous lisez *le Cid*, *les
Horaces*, *Cinna*, *Pompée*, *Polyeucte*, avec le même esprit de critique,
vous y trouverez souvent douze vers de suite, je ne dis pas seulement
bien faits, mais admirables.

Tous les gens de lettres savent que lorsqu'on apporta au sévère Boileau la tragédie de *Rhadamiste*, il n'en put achever la lecture, et qu'il
jeta le livre à la moitié du second acte. « Les Pradons, dit-il, dont
nous nous sommes tant moqués, étaient des soleils en comparaison de
ces gens-ci. » L'abbé Fraguier et l'abbé Gédoyn étaient présents avec
Le Verrier, qui lisait la pièce. Je les entendis plus d'une fois raconter
cette anecdote; et Racine le fils en fait mention dans la Vie de son
père. L'abbé Gédoyn nous disait que ce qui les avait d'abord révoltés
tous, était l'obscurité de l'exposition faite en mauvais vers. « En effet,
disait-il, nous ne pûmes jamais comprendre ces vers de Zénobie :

> A peine je touchais à mon troisième lustre,
> Lorsque tout fut conclu pour cet hymen illustre.
> Rhadamiste déjà s'en croyait assuré,
> Quand son père cruel, contre nous conjuré,
> Entra dans nos États suivi de Tiridate,
> Qui brûlait de s'unir au sang de Mithridate :
> Et ce Parthe, indigné qu'on lui ravît ma foi,
> Sema partout l'horreur, le désordre et l'effroi.
> Mithridate, accablé par son indigne frère,
> Fit tomber sur le fils les cruautés du père.
>
> Crébillon, *Rhadamiste et Zénobie*, acte I, sc. I.

« Nous sentîmes tous, dit l'abbé Gédoyn, que *l'hymen illustre* n'était
que pour rimer à *troisième lustre :* que *le père cruel contre nous conjuré*, et *entrant dans nos États suivi de Tiridate; qui brûlait de s'unir
au sang de Mithridate*, était inintelligible à des auditeurs qui ne savaient encore ni qui était ce Tiridate, ni qui était ce Mithridate : que
ce Parthe semant partout l'horreur, le désordre et l'effroi, sont des
expressions vagues, rebattues, qui n'apprennent rien de positif : que
les cruautés du père tombant sur le fils, sont une équivoque; qu'on ne

sait si c'est le père qui poursuit le fils, ou si c'est Mithridate qui se venge sur le fils des cruautés du père. »

Le reste de l'exposition n'est guère plus clair. Ce défaut devait choquer étrangement Boileau et ses élèves, Boileau surtout qui avait dit dans sa *Poétique* :

> Je me ris d'un acteur, qui, lent à s'exprimer,
> De ce qu'il veut d'abord ne sait pas m'informer;
> Et qui, débrouillant mal une pénible intrigue,
> D'un divertissement me fait une fatigue.
>
> Boileau, *Art poétique*, chant III, 29.

L'abbé Gédoyn ajoutait que Boileau avait arraché la pièce des mains de Le Verrier, et l'avait jetée par terre à ces vers :

> Eh! que sais-je, Hiéron? furieux, incertain,
> Criminel sans penchant, vertueux sans dessein,
> Jouet infortuné de ma douleur extrême,
> Dans l'état où je suis me connais-je moi-même?
> Mon cœur, de soins divers sans cesse combattu,
> Ennemi du forfait sans aimer la vertu, etc.
>
> Crébillon, *Rhadamiste et Zénobie*, acte II, sc. I.

Ces antithèses, en effet, ne forment qu'un contre sens inintelligible. Que signifie *criminel sans penchant?* Il fallait au moins dire sans penchant au crime. Il fallait jouter contre ces beaux vers de Quinault :

> Le destin de Médée est d'être criminelle :
> Mais son cœur était fait pour aimer la vertu.
>
> *Thésée*, acte II, sc. I.

Vertueux sans dessein : sans quel dessein? Est-ce sans dessein d'être vertueux? Il est impossible de tirer de ces vers un sens raisonnable.

Comment le même homme qui vient de dire qu'il est vertueux, quoique sans dessein, peut-il dire qu'il n'aime point la vertu? Avouons que tout cela est un étrange galimatias, et que Boileau avait raison.

> Par un don de César je suis roi d'Arménie,
> Parce qu'il croit par moi détruire l'Ibérie.
>
> Crébillon, *Rhadamiste et Zénobie*, acte II, sc. I.

Boileau avait dit :

> Fuyez des mauvais sons le concours odieux.
>
> Boileau, *Art poétique*, chant I, 110.

Certes, ce vers : *Parce qu'il croit par moi*, devait révolter son oreille.

Le dégoût et l'impatience de ce grand critique étaient donc très-excusables. Mais s'il avait entendu le reste de la pièce, il y aurait trouvé des beautés, de l'intérêt, du pathétique, du neuf, et plusieurs vers dignes de Corneille.

Il est vrai que dans un ouvrage de longue haleine on doit pardonner à quelques vers mal faits, à quelques fautes contre la langue; mais en général un style pur et châtié est absolument nécessaire. Ne nous lassons point de citer *l'Art poétique;* il est le code, non-seulement des poëtes, mais même des prosateurs :

> Mon esprit n'admet point un pompeux barbarisme,
> Ni d'un vers ampoulé l'orgueilleux solécisme.
> Sans la langue, en un mot, l'auteur le plus divin
> Est toujours, quoi qu'il fasse, un méchant écrivain.
>
> Boileau, *Art poétique,* chant I, 159.

On peut être sans doute très-ennuyeux en écrivant bien; mais on l'est bien davantage en écrivant mal.

N'oublions pas de dire qu'un style froid, languissant, décousu, sans grâces et sans force, dépourvu de génie et de variété, est encore pire que mille solécismes. Voilà pourquoi sur cent poëtes il s'en trouve à peine un qu'on puisse lire. Songez à toutes les pièces de vers dont nos mercures sont surchargés depuis cent ans, et voyez si de dix mille il y en a deux dont on se souvienne. Nous avons environ quatre mille pièces de théâtre : combien peu sont échappées à un éternel oubli !

Est-il possible qu'après les vers de Racine, des barbares aient osé forger des vers tels que ceux-ci :

> Le lac où vous avez cent barques toutes prêtes,
> Lavant le pied des murs du palais où vous êtes,
> Vous peut faire aisément regagner Tézeuco;
> Ses ports nous sont ouverts. D'ailleurs à Tabasco....
> Vous le savez, seigneur, l'ardeur était nouvelle,
> Et d'un premier butin l'espérance étant belle....
> Ne le bravons donc pas, risquons moins, et que Charle
> En maître désormais se présente et lui parle[1].

> Ce prêtre d'un grand deuil menace Tlascala,
> Est-ce assez? Sa fureur n'en demeure pas là[2].

> Nous saurons les serrer. Mais dans un temps plus calme
> Le myrte ne se doit cueillir qu'après la palme[3].

> Il apprit que le trône est l'autel éminent
> D'où part du roi des rois l'oracle dominant.
> Que le sceptre est la verge[4], etc.

Est-ce sur le théâtre d'Iphigénie et de Phèdre, est-ce chez les Hurons, chez les Illinois, qu'on a fait ronfler ces vers et qu'on les a imprimés?

Il y a quelquefois des vers qui paraissent d'abord moins ridicules,

---

1. Piron, *Fernand Cortez,* I, IV. (ÉD.) — 2. *Id., ibid.,* I, V. (ÉD.)
4. *Id., ibid.,* I, VI. (ÉD.) — 4 *Id., ibid.,* III, IV. (ÉD.)

nais qui le sont encore plus, pour peu qu'ils soient examinés par un sage critique.

CATILINA.

Quoi! madame, aux autels vous devancez l'aurore!
Eh! quel soin si pressant vous y conduit encore?
Qu'il m'est doux cependant de revoir vos beaux yeux,
Et de pouvoir ici rassembler tous mes dieux!

TULLIE.

Si ce sont là les dieux à qui tu sacrifies,
Apprends qu'ils ont toujours abhorré les impies;
Et que si leur pouvoir égalait leur courroux,
La foudre deviendrait le moindre de leurs coups.

CATILINA.

Tullie, expliquez-moi ce que je viens d'entendre.

Crébillon, *Catilina*, acte I, sc. III.

Il a bien raison de demander à Tullie l'explication de tout ce galimatias.

Une femme qui devance l'aurore aux autels,
Et qu'un soin pressant y conduit encore.
Ses beaux yeux qui s'y rassemblent avec tous les dieux,
Ces beaux yeux qui abhorrent les impies,
Ces yeux dont la foudre deviendrait le moindre coup,
Si leur pouvoir égalait le courroux de ces yeux, etc.

De telles tirades (et qui sont en très-grand nombre) sont encore pires que le lac qui peut faire aisément regagner Tézeuco, et dont les ports sont ouverts d'ailleurs à Tabasco. Et que pouvons-nous dire d'un siècle qui a vu représenter des tragédies écrites tout entières dans ce style barbare?

Je le répète : je mets ces exemples sous les yeux, pour faire voir aux jeunes gens dans quels excès incroyables on peut tomber quand on se livre à la fureur de rimer sans demander conseil. Je dois exhorter les artistes à se nourrir du style de Racine et de Boileau, pour empêcher le siècle de tomber dans la plus ignominieuse barbarie.

On dira, si l'on veut, que je suis jaloux des beaux yeux rassemblés avec les dieux, et dont la foudre est le moindre coup. Je répondrai que j'ai les mauvais vers en horreur, et que je suis en droit de le dire.

Un abbé Trublet a imprimé qu'il ne pouvait lire un poëme tout de suite. Eh! monsieur l'abbé, que peut-on lire, que peut-on entendre, que peut-on faire longtemps et tout de suite?

VERTU. — *Section I.* — On dit de Marcus Brutus qu'avant de se tuer il prononça ces paroles : « O vertu! j'ai cru que tu étais quelque chose; mais tu n'es qu'un vain fantôme! »

Tu avais raison, Brutus, si tu mettais la vertu à être chef de parti et l'assassin de ton bienfaiteur, de ton père Jules César; mais si tu avais fait consister la vertu à ne faire que du bien à ceux qui dépendaient de toi, tu ne l'aurais pas appelée fantôme, et tu ne te serais pas tué de désespoir.

Je suis très-vertueux, dit cet excrément de théologie, car j'ai les quatre vertus cardinales, et les trois théologales. Un honnête homme lui demande : « Qu'est-ce que vertu cardinale ? » l'autre répond : « C'est force, prudence, tempérance, et justice. »

L'HONNÊTE HOMME. — Si tu es juste, tu as tout dit; ta force, ta prudence, ta tempérance, sont des qualités utiles. Si tu les as, tant mieux pour toi; mais si tu es juste, tant mieux pour les autres. Ce n'est pas encore assez d'être juste, il faut être bienfaisant; voilà ce qui est véritablement cardinal. Et tes théologales, qui sont-elles?

L'EXCRÉMENT. — Foi, espérance, charité.

L'HONNÊTE HOMME. — Est-ce vertu de croire? Ou ce que tu crois te semble vrai, et en ce cas il n'y a nul mérite à le croire; ou il te semble faux, et alors il est impossible que tu le croies. L'espérance ne saurait être plus vertu que la crainte; on craint et on espère, selon qu'on nous promet ou qu'on nous menace. Pour la charité, n'est-ce pas ce que les Grecs et les Romains entendaient par humanité, amour du prochain? cet amour n'est rien s'il n'est agissant; la bienfaisance est donc la seule vraie vertu.

L'EXCRÉMENT. — Quel sot! vraiment oui, j'irai me donner bien du tourment pour servir les hommes, et il ne m'en reviendrait rien! chaque peine mérite salaire. Je ne prétends pas faire la moindre action honnête, à moins que je ne sois sûr du paradis.

> *Quis enim virtutem amplectitur ipsam*
> *Præmia si tollas?*
> Juvénal, sat. x, vers 141.

> Qui pourra suivre la vertu
> Si vous ôtez la récompense?

L'HONNÊTE HOMME. — Ah, maître! c'est-à-dire que si vous n'espériez pas le paradis, et si vous ne redoutiez pas l'enfer, vous ne feriez aucune bonne œuvre. Vous me citez des vers de Juvénal, pour me prouver que vous n'avez que votre intérêt en vue. En voici de Racine, qui pourront vous faire voir au moins qu'on peut trouver dès ce monde sa récompense en attendant mieux.

> Quel plaisir de penser et de dire en vous-même :
> « Partout en ce moment on me bénit, on m'aime!
> On ne voit point le peuple à mon nom s'alarmer;
> Le ciel dans tous leurs pleurs ne m'entend point nommer;
> Leur sombre inimitié ne fuit point mon visage,
> Je vois voler partout les cœurs à mon passage! »
> Tels étaient vos plaisirs.

> Racine, *Britannicus*, acte IV, sc. II.

Croyez-moi, maître, il y a deux choses qui méritent d'être aimées pour elles-mêmes, Dieu et la vertu.

L'EXCRÉMENT. —Ah, monsieur! vous êtes fénéloniste

L'HONNÊTE HOMME. —Oui, maître.

L'EXCRÉMENT. — J'irai vous dénoncer à l'official de Meaux.

L'HONNÊTE HOMME. —Va, dénonce.

Section II. — Qu'est-ce que vertu? Bienfaisance envers le prochain. Puis-je appeler vertu autre chose que ce qui me fait du bien? Je suis indigent, tu es libéral; je suis en danger, tu me secours; on me trompe, tu me dis la vérité; on me néglige, tu me consoles; je suis ignorant, tu m'instruis : je t'appellerai sans difficulté vertueux. Mais que deviendront les vertus cardinales et théologales? Quelques-unes resteront dans les écoles.

Que m'importe que tu sois tempérant? c'est un précepte de santé que tu observes; tu t'en porteras mieux, et je t'en félicite. Tu as la foi et l'espérance, et je t'en félicite encore davantage; elles te procureront la vie éternelle. Tes vertus théologales sont des dons célestes; tes cardinales sont d'excellentes qualités qui servent à te conduire : mais elles ne sont point vertus par rapport à ton prochain. Le prudent se fait du bien, le vertueux en fait aux hommes. Saint Paul a eu raison de te dire que la charité l'emporte sur la foi, sur l'espérance.

Mais quoi, n'admettra-t-on de vertus que celles qui sont utiles au prochain? Eh! comment puis-je en admettre d'autres? Nous vivons en société; il n'y a donc de véritablement bon pour nous que ce qui fait le bien de la société. Un solitaire sera sobre, pieux, il sera revêtu d'un cilice; eh bien, il sera saint : mais je ne l'appellerai vertueux que quand il aura fait quelque acte de vertu dont les autres hommes auront profité. Tant qu'il est seul, il n'est ni bienfaisant ni malfaisant; il n'est rien pour nous. Si saint Bruno a mis la paix dans les familles, s'il a secouru l'indigence, il a été vertueux; s'il a jeûné, prié dans la solitude, il a été un saint. La vertu entre les hommes est un commerce de bienfaits; celui qui n'a nulle part à ce commerce ne doit point être compté. Si ce saint était dans le monde, il ferait du bien sans doute; mais tant qu'il n'y sera pas, le monde aura raison de ne lui pas donner le nom de vertueux; il sera bon pour lui, et non pour nous.

Mais, me dites-vous, si un solitaire est gourmand, ivrogne, livré à une débauche secrète avec lui-même, il est vicieux; il est donc vertueux, s'il a les qualités contraires. C'est de quoi je ne puis convenir : c'est un très-vilain homme s'il a les défauts dont vous parlez; mais il n'est point vicieux, méchant, punissable par rapport à la société, à qui ses infamies ne font aucun mal. Il est à présumer que, s'il rentre dans la société, il y fera du mal, qu'il y sera très-vicieux; et il est même bien plus probable que ce sera un méchant homme, qu'il n'est sûr que l'autre solitaire tempérant et chaste sera un homme de bien; car dans la société les défauts augmentent, et les bonnes qualités diminuent.

On fait une objection bien plus forte; Néron, le pape Alexandre VI, et d'autres monstres de cette espèce, ont répandu des bienfaits; je réponds hardiment qu'ils furent vertueux ce jour-là.

Quelques théologiens disent que le divin empereur Antonin n'était pas vertueux; que c'était un stoïcien entêté, qui, non content de commander aux hommes, voulait encore être estimé d'eux; qu'il rapportait à lui-même le bien qu'il faisait au genre humain; qu'il fut toute sa vie juste, laborieux, bienfaisant par vanité, et qu'il ne fit que tromper les hommes par ses vertus; je m'écrie alors : « Mon Dieu, donnez-nous souvent de pareils fripons! »

VIANDE, VIANDE DÉFENDUE, VIANDE DANGEREUSE. — *Court examen des préceptes juifs et chrétiens, et de ceux des anciens philosophes.* — Viande vient sans doute de *victus*, ce qui nourrit, ce qui soutient la vie; de *victus* on fit *viventia*; de *viventia*, viande. Ce mot devrait s'appliquer à tout ce qui se mange; mais, par la bizarrerie de toutes les langues, l'usage a prévalu de refuser cette dénomination au pain, au laitage, au riz, aux légumes, aux fruits, au poisson, et de ne le donner qu'aux animaux terrestres. Cela semble contre toute raison; mais c'est l'apanage de toutes les langues et de ceux qui les ont faites.

Quelques premiers chrétiens se firent un scrupule de manger de ce qui avait été offert aux dieux, de quelque nature qu'il fût. Saint Paul n'approuva pas ce scrupule. Il écrit aux Corinthiens[1] : « Ce qu'on mange n'est pas ce qui nous rend agréables à Dieu. Si nous mangeons, nous n'aurons rien de plus devant lui, ni rien de moins si nous ne mangeons pas. » Il exhorte seulement à ne point se nourrir de viandes immolées aux dieux, devant ceux des frères qui pourraient en être scandalisés. On ne voit pas après cela pourquoi il traite si mal saint Pierre, et le reprend d'avoir mangé des viandes défendues avec les gentils. On voit d'ailleurs dans les *Actes des apôtres* que Simon-Pierre était autorisé à manger de tout indifféremment : car il vit un jour le ciel ouvert, et une grande nappe descendant par les quatre coins du ciel en terre; elle était couverte de toutes sortes d'animaux terrestres à quatre pieds, de toutes les espèces d'oiseaux et de reptiles (ou animaux qui nagent), et une voix lui cria : « Tue et mange[2]. »

Vous remarquerez qu'alors le carême et les jours de jeûne n'étaient point institués. Rien ne s'est jamais fait que par degrés. Nous pouvons dire ici, pour la consolation des faibles, que la querelle de saint Pierre et de saint Paul ne doit point nous effrayer. Les saints sont hommes. Paul avait commencé par être le geôlier et même le bourreau des disciples de Jésus. Pierre avait renié Jésus, et nous avons vu que l'Église naissante, souffrante, militante, triomphante, a toujours été divisée, depuis les ébionites jusqu'aux jésuites.

Je pense bien que les brachmanes, si antérieurs aux Juifs, pourraient bien avoir été divisés aussi; mais enfin ils furent les premiers qui s'imposèrent la loi de ne manger d'aucun animal. Comme ils croyaient que les âmes passaient et repassaient des corps humains dans ceux des bêtes, ils ne voulaient point manger leurs parents. Peut-être

1. *I Aux Corinthiens*, chap. VIII. — 2. *Actes*, chap. X.

leur meilleure raison était la crainte d'accoutumer les hommes au carnage, et de leur inspirer des mœurs féroces.

On sait que Pythagore, qui étudia chez eux la géométrie et la morale, embrassa cette doctrine humaine, et la porta en Italie. Ses disciples la suivirent très-longtemps : les célèbres philosophes Plotin, Jamblique et Porphyre, la recommandèrent, et même la pratiquèrent, quoiqu'il soit assez rare de faire ce qu'on prêche. L'ouvrage de Porphyre sur l'abstinence des viandes, écrit au milieu de notre IIIe siècle, très-bien traduit en notre langue par M. de Burigni, est fort estimé des savants; mais il n'a pas fait plus de disciples parmi nous que le livre du médecin Hecquet [1]. C'est en vain que Porphyre propose pour modèles les brachmanes et les mages persans de la première classe, qui avaient en horreur la coutume d'engloutir dans leurs entrailles les entrailles des autres créatures; il n'est suivi aujourd'hui que par les pères de la Trappe. L'écrit de Porphyre est adressé à un de ses anciens disciples nommé Firmus, qui se fit, dit-on, chrétien pour avoir la liberté de manger de la viande et de boire du vin.

Il remontre à Firmus qu'en s'abstenant de la viande et des liqueurs fortes, on conserve la santé de l'âme et du corps, qu'on vit plus longtemps et avec plus d'innocence. Toutes ses réflexions sont d'un théologien scrupuleux, d'un philosophe rigide, et d'une âme douce et sensible. On croirait, en le lisant, que ce grand ennemi de l'Église est un Père de l'Église.

Il ne parle point de métempsycose, mais il regarde les animaux comme nos frères, parce qu'ils sont animés comme nous, qu'ils ont les mêmes principes de vie, qu'ils ont ainsi que nous des idées, du sentiment, de la mémoire, de l'industrie. Il ne leur manque que la parole; s'ils l'avaient, oserions-nous les tuer et les manger? oserions-nous commettre ces fratricides? Quel est le barbare qui pourrait faire rôtir un agneau, si cet agneau nous conjurait par un discours attendrissant de n'être point à la fois assassin et anthropophage?

Ce livre prouve du moins qu'il y eut chez les gentils des philosophes de la plus austère vertu; mais ils ne purent prévaloir contre les bouchers et les gourmands.

Il est à remarquer que Porphyre fait un très-bel éloge des esséniens. Il est rempli de vénération pour eux, quoiqu'ils mangeassent quelquefois de la viande. C'était alors à qui serait le plus vertueux, des esséniens, des pythagoriciens, des stoïciens, et des chrétiens. Quand les sectes ne forment qu'un petit troupeau, leurs mœurs sont pures; elles dégénèrent dès qu'elles deviennent puissantes.

> *La gola, il dado e l'oziose piume*
> *Hanno dal mondo ogni virtù sbandita.*

1. Philippe Hecquet, médecin, né à Abbeville en 1661, mort le 11 avril 1737, est, suivant quelques personnes, l'original du Sangrado de *Gil Blas* (liv. II, chap. II et V). Il est hors de doute que c'est celui que Lesage désigne sous le nom de *Hoqueton*, dans le même roman, liv. IV, chap. III. Il est auteur d'un *Traité des dispenses du carême*, 1709, in-12, où il assure que l'abstinence des aliments gras et le jeûne sont favorables à la santé. (*Note de M. Beuchot.*)

VIE. — On trouve ces paroles dans le *Système de la nature*, page 8[1] édition de Londres : « Il faudrait définir la vie avant de raisonner de l'âme; mais c'est ce que j'estime impossible. »

C'est ce que j'ose estimer très-possible. La vie est organisation avec capacité de sentir. Ainsi on dit que tous les animaux sont en vie. On ne le dit des plantes que par extension, par une espèce de métaphore ou de catachrèse. Elles sont organisées, elles végètent; mais n'étant point capables de sentiment, elles n'ont point proprement la vie.

On peut être en vie sans avoir un sentiment actuel; car on ne sent rien dans une apoplexie complète, dans une léthargie, dans un sommeil plein et sans rêves; mais on a encore le pouvoir de sentir. Plusieurs personnes, comme on ne le sait que trop, ont été enterrées vives comme des vestales, et c'est ce qui arrive dans tous les champs de bataille, surtout dans les pays froids; un soldat est sans mouvement et sans haleine; s'il était secouru, il les reprendrait; mais pour avoir plus tôt fait, on l'enterre.

Qu'est-ce que cette capacité de sensation? Autrefois vie et âme c'était même chose, et l'une n'est pas plus connue que l'autre; le fond en est-il mieux connu aujourd'hui?

Dans les livres sacrés juifs, âme est toujours employée pour vie.

[1]*Dixit etiam Deus : Producant aquæ reptile animæ viventis.*

« Et Dieu dit : Que les eaux produisent des reptiles d'âme vivante. » *Creavit Deus cete grandia et omnem animam viventem atque motabilem quam produxerant aquæ.*

« Il créa aussi de grands dragons (tannitim), tout animal ayant vie et mouvement, que les eaux avaient produits. »

Il est difficile d'expliquer comment Dieu créa ces dragons produits par les eaux; mais la chose est ainsi, et c'est à nous de nous soumettre.

[2]*Producat terra animam viventem in genere suo, jumenta et reptilia.*

« Que la terre produise âme vivante en son genre, des behemoths et des reptiles. »

[3]*Et in quibus est anima vivens, ad vescendum.*

« Et à toute âme vivante pour se nourrir. »

[4]*Et inspiravit in faciem ejus spiraculum vitæ, et factus est homo in animam viventem.*

« Et il souffla dans ses narines souffle de vie, et l'homme eut souffle de vie (selon l'hébreu). »

[5]*Sanguinem enim animarum vestrarum requiram de manu cunctarum bestiarum, et de manu hominis, etc.* [5]

« Je redemanderai vos âmes aux mains des bêtes et des hommes. » *Ames* signifie ici *vies* évidemment. Le texte sacré ne peut entendre que les bêtes auront avalé l'âme des hommes, mais leur sang qui est leur vie. Quant aux mains que ce texte donne aux bêtes, il entend leurs griffes.

1. *Genèse*, chap. I, v. 20. — 2. Chap. I, v. 24. — 3. Chap. I, v. 30.
4. Chap. II, v. 7. — 5. Chap. IX, v. 5.

En un mot, il y a plus de deux cents passages où l'âme est prise pour la vie des bêtes ou des hommes; mais il n'en est aucun qui vous dise ce que c'est que la vie et l'âme.

Si c'est la faculté de la sensation, d'où vient cette faculté? A cette question tous les docteurs répondent par des systèmes, et ces systèmes sont détruits les uns par les autres. Mais pourquoi voulez-vous savoir d'où vient la sensation? Il est aussi difficile de concevoir la cause qui fait tendre tous les corps à leur commun centre, que de concevoir la cause qui rend l'animal sensible. La direction de l'aimant vers le pôle arctique, les routes des comètes, mille autres phénomènes, sont aussi incompréhensibles.

Il y a des propriétés évidentes de la matière dont le principe ne sera jamais connu de nous. Celui de la sensation, sans laquelle il n'y a point de vie, est et sera ignoré comme tant d'autres.

Peut-on vivre sans éprouver des sensations? non. Supposez un enfant qui meurt après avoir été toujours en léthargie; il a existé, mais il n'a point vécu.

Mais supposez un imbécile qui n'ait jamais eu d'idées complexes, et qui ait eu du sentiment; certainement il a vécu sans penser; il n'a eu que les idées simples de ses sensations.

La pensée est-elle nécessaire à la vie? non, puisque cet imbécile n'a point pensé et a vécu.

De là quelques penseurs pensent que la pensée n'est point l'essence de l'homme; ils disent qu'il y a beaucoup d'idiots non pensants qui sont hommes, et si bien hommes qu'ils font des hommes, sans pouvoir jamais faire un raisonnement.

Les docteurs qui croient penser répondent que ces idiots ont des idées fournies par leurs sensations.

Les hardis penseurs leur répliquent qu'un chien de chasse qui a bien appris son métier, a des idées beaucoup plus suivies, et qu'il est fort-supérieur à ces idiots. De là naît une grande dispute sur l'âme. Nous n'en parlerons pas; nous n'en avons que trop parlé à l'article AME.

VISION. — Quand je parle de vision, je n'entends pas la manière admirable dont nos yeux aperçoivent les objets, et dont les tableaux de tout ce que nous voyons se peignent dans la rétine: peinture divine, dessinée suivant toutes les lois des mathématiques, et qui par conséquent est, ainsi que tout le reste, de la main de l'éternel géomètre, en dépit de ceux qui font les entendus, et qui feignent de croire que l'œil n'est pas destiné à voir, l'oreille à entendre, et le pied à marcher. Cette matière a été traitée si savamment par tant de grands génies, qu'il n'y a plus de grains à ramasser après leurs moissons.

Je ne prétends point parler de l'hérésie dont fut accusé le pape Jean XXII, qui prétendait que les saints ne jouiraient de la vision béatifique qu'après le jugement dernier. Je laisse là cette vision.

Mon objet est cette multitude innombrable de visions dont tant de saints personnages ont été favorisés ou tourmentés, que tant d'imbéciles ont cru avoir, et avec lesquelles tant de fripons et de friponnes ont attrapé le monde, soit pour se faire une réputation de béats, de béates, ce qui est très-flatteur; soit pour gagner de l'argent, ce qui est encore plus flatteur pour tous les charlatans.

Calmet et Lenglet ont fait d'amples recueils de ces visions. La plus intéressante à mon gré, celle qui a produit les plus grands effets, puisque elle a servi à la réforme des trois quarts de la Suisse, est celle de ce jeune jacobin Yetzer, dont j'ai déjà entretenu mon cher lecteur. Ce Yetzer vit, comme vous savez, plusieurs fois la sainte Vierge et sainte Barbe, qui lui imprimèrent les stigmates de Jésus-Christ. Vous n'ignorez pas comment il reçut d'un prieur jacobin une hostie saupoudrée d'arsenic, et comment l'évêque de Lausanne voulut le faire brûler, pour s'être plaint d'avoir été empoisonné. Vous avez vu que ces abominations furent une des causes du malheur qu'eurent les Bernois de cesser d'être catholiques, apostoliques et romains.

Je suis fâché de n'avoir point à vous parler de visions de cette force.

Cependant vous m'avouerez que la vision des révérends Pères cordeliers d'Orléans, en 1534, est celle qui en approche le plus, quoique de fort loin. Le procès criminel qu'elle occasionna est encore en manuscrit dans la Bibliothèque du roi de France, n° 1770.

L'illustre maison de Saint-Mesmin avait fait de grands biens au couvent des cordeliers, et avait sa sépulture dans leur église. La femme d'un seigneur de Saint-Mesmin, prévôt d'Orléans, étant morte, son mari, croyant que ses ancêtres s'étaient assez appauvris en donnant aux moines, fit un présent à ces frères qui ne leur parut pas assez considérable. Ces bons franciscains s'avisèrent de vouloir déterrer la défunte, pour forcer le veuf à faire réenterrer sa défunte en leur terre sainte, en les payant mieux. Le projet n'était pas sensé; car le seigneur de Saint-Mesmin n'aurait pas manqué de la faire inhumer ailleurs. Mais il entre souvent de la folie dans la friponnerie.

D'abord l'âme de la dame de Saint-Mesmin n'apparut qu'à deux frères. Elle leur dit[1] : « Je suis damnée comme Judas, parce que mon mari n'a pas donné assez. » Les deux petits coquins qui rapportèrent ces paroles ne s'aperçurent pas qu'elles devaient nuire au couvent plutôt que lui profiter. Le but du couvent était d'extorquer de l'argent du seigneur de Saint-Mesmin pour le repos de l'âme de sa femme. Or, si Mme de Saint-Mesmin était damnée, tout l'argent du monde ne pouvait la sauver; on n'avait rien à donner; les cordeliers perdaient leur rétribution.

Il y avait dans ce temps-là très-peu de bon sens en France. La nation avait été abrutie par l'invasion des Francs, et ensuite par l'invasion de la théologie scolastique; mais il se trouva dans Orléans quelques personnes qui raisonnèrent. Elles se doutèrent que si le grand Être avait permis que l'âme de Mme de Saint-Mesmin apparût à deux franciscains, il n'était pas naturel que cette âme se fût déclarée *damnée comme Judas*. Cette comparaison leur parut hors d'œuvre. Cette dame n'avait point vendu notre Seigneur Jésus-Christ trente deniers; elle ne

---

1. Tiré d'un manuscrit de la bibliothèque de l'évêque de Blois, Caumartin.

s'était point pendue; ses intestins ne lui étaient point sortis du ventre : il n'y avait aucun prétexte pour la comparer à Judas.

Cela donna du soupçon; et la rumeur fut d'autant plus grande dans Orléans, qu'il y avait déjà des hérétiques qui ne croyaient pas à certaines visions, et qui, en admettant des principes absurdes, ne laissaient pas pourtant d'en tirer d'assez bonnes conclusions. Les cordeliers changèrent donc de batterie, et mirent la dame en purgatoire.

Elle apparut donc encore, et déclara que le purgatoire était son partage; mais elle demanda d'être déterrée. Ce n'était pas l'usage qu'on exhumât les purgatoriés, mais on espérait que M. de Saint-Mesmin préviendrait cet affront extraordinaire en donnant quelque argent. Cette demande d'être jetée hors de l'Église augmenta les soupçons. On savait bien que les âmes apparaissaient souvent, mais elles ne demandent point qu'on les déterre.

L'âme, depuis ce temps, ne parla plus; mais elle lutina tout le monde dans le couvent et dans l'église. Les frères cordeliers l'exorcisèrent. Frère Pierre d'Arras s'y prit, pour la conjurer, d'une manière qui n'était pas adroite. Il lui disait : « Si tu es l'âme de feu Mme de Saint-Mesmin, frappe quatre coups; » et on entendit les quatre coups. « Si tu es damnée, » frappe six coups; et les six coups furent frappés. « Si tu es encore plus tourmentée en enfer parce que ton corps est enterré en terre sainte, frappe six autres coups; » et ces six autres coups furent entendus encore plus distinctement [1]. « Si nous déterrons ton corps, et si nous cessons de prier Dieu pour toi, seras-tu moins damnée? » frappe cinq coups pour nous le certifier; et l'âme le certifia par cinq coups.

Cet interrogatoire de l'âme, fait par Pierre d'Arras, fut signé par vingt-deux cordeliers, à la tête desquels était le révérend Père provincial. Ce Père provincial lui fit le lendemain les mêmes questions, et il lui fut répondu de même.

On dira que l'âme ayant déclaré qu'elle était en purgatoire, les cordeliers ne devaient pas la supposer en enfer; mais ce n'est pas ma faute si des théologiens se contredisent.

Le seigneur de Saint-Mesmin présenta requête au roi contre les Pères cordeliers. Ils présentèrent requête de leur côté; le roi délégua des juges, à la tête desquels était Adrien Fumée, maître des requêtes.

Le procureur général de la commission requit que lesdits cordeliers fussent brûlés; mais l'arrêt ne les condamna qu'à faire tous amende honorable la torche au poing, et à être bannis du royaume. Cet arrêt est du 18 février 1534.

Après une telle vision, il est inutile d'en rapporter d'autres : elles sont toutes ou du genre de la friponnerie, ou du genre de la folie. Les visions du premier genre sont du ressort de la justice; celles du second genre sont ou des visions de fous malades, ou des visions de fous en bonne santé. Les premières appartiennent à la médecine, et les secondes aux Petites-Maisons.

---

1. Toutes ces particularités sont détaillées dans l'*Histoire des apparitions et visions*, de l'abbé Lenglet.

VISION DE CONSTANTIN. — De graves théologiens n'ont pas manqué d'alléguer des raisons spécieuses pour soutenir la vérité de l'apparition de la croix au ciel; mais nous allons voir que leurs arguments ne sont point assez convaincants pour exclure le doute; les témoignages qu'ils citent en leur faveur n'étant d'ailleurs ni persuasifs, ni d'accord entre eux.

Premièrement, on ne produit d'autres témoins que des chrétiens, dont la déposition peut être suspecte dans ce cas où il s'agit d'un fait qui prouverait la divinité de leur religion. Comment aucun auteur païen n'a-t-il fait mention de cette merveille, que toute l'armée de Constantin avait également aperçue? Que Zosime, qui semble avoir pris à tâche de diminuer la gloire de Constantin, n'en ait rien dit, cela n'est pas surprenant; mais ce qui paraît étrange, est le silence de l'auteur du *Panégyrique de Constantin*, prononcé en sa présence, à Trèves, dans lequel ce panégyriste s'exprime en termes magnifiques sur toute la guerre contre Maxence, que cet empereur avait vaincu.

Nazaire, autre rhéteur, qui, dans son panégyrique, disserte si éloquemment sur la guerre contre Maxence, sur la clémence dont usa Constantin après la victoire, et sur la délivrance de Rome, ne dit pas un mot de cette apparition, tandis qu'il assure que par toutes les Gaules on avait vu des armées célestes qui prétendaient être envoyées pour secourir Constantin.

Non-seulement cette vision surprenante a été inconnue aux auteurs païens, mais à trois écrivains chrétiens qui avaient la plus belle occasion d'en parler. Optatien Porphyre fait mention plus d'une fois du monogramme de Christ, qu'il appelle le signe céleste, dans le *Panégyrique de Constantin* qu'il écrivit en vers latins; mais on n'y trouve pas un mot sur l'apparition de la croix au ciel.

Lactance n'en dit rien dans son *Traité de la mort des persécuteurs*, qu'il composa vers l'an 314, deux ans après la vision dont il s'agit. Il devait cependant être parfaitement instruit de tout ce qui regarde Constantin, ayant été précepteur de Crispus, fils de ce prince. Il rapporte seulement[1] que Constantin fut averti en songe de mettre sur les boucliers de ses soldats la divine image de la croix, et de livrer bataille; mais, en racontant un songe dont la vérité n'avait d'autre appui que le témoignage de l'empereur, il passe sous silence un prodige qui avait eu toute l'armée pour témoin.

Il y a plus : Eusèbe de Césarée lui-même, qui a donné le ton à tous les autres historiens chrétiens sur ce sujet, ne parle point de cette merveille dans tout le cours de son *Histoire ecclésiastique*, quoiqu'il s'y étende fort au long sur les exploits de Constantin contre Maxence. Ce n'est que dans la vie de cet empereur qu'il s'exprime en ces termes[2] : « Constantin, résolu d'adorer le dieu de Constance son père, implora la protection de ce dieu contre Maxence. Pendant qu'il lui faisait sa prière, il eut une vision merveilleuse, et qui paraîtrait peut-être incroyable si elle était rapportée par un autre; mais puisque ce victorieux

---

1. Chap. XLIV. — 2. Liv. I, chap. XXVIII, XXXI et XXXII.

empereur nous l'a racontée lui-même, à nous, qui écrivons cette histoire longtemps après, lorsque nous avons été connus de ce prince, et que nous avons eu part à ses bonnes grâces, confirmant ce qu'il disait par serment, qui pourrait en douter? surtout l'événement en ayant confirmé la vérité.

« Il assurait qu'il avait vu dans l'après-midi, lorsque le soleil baissait, une croix lumineuse au-dessus du soleil, avec cette inscription en grec : *Vainquez par ce signe*; que ce spectacle l'avait extrêmement étonné, de même que tous les soldats qui le suivaient, qui furent témoins du miracle; que tandis qu'il avait l'esprit tout occupé de cette vision, et qu'il cherchait à en pénétrer le sens, la nuit étant survenue, Jésus-Christ lui était apparu pendant son sommeil, avec le même signe qu'il lui avait montré le jour dans l'air, et lui avait commandé de faire un étendard de la même forme, et de le porter dans les combats pour se garantir du danger. Constantin, s'étant levé dès la pointe du jour, raconta à ses amis le songe qu'il avait eu; et ayant fait venir des orfévres et des lapidaires, il s'assit au milieu, leur expliqua la figure du signe qu'il avait vu, et leur commanda d'en faire un semblable d'or et de pierreries : et nous nous souvenons de l'avoir vu quelquefois. »

Eusèbe ajoute ensuite que Constantin, étonné d'une si admirable vision, fit venir les prêtres chrétiens; et qu'instruit par eux il s'applique à la lecture de nos livres sacrés, et conclut qu'il devait adorer avec un profond respect le Dieu qui lui était apparu.

Comment concevoir qu'une vision si admirable, vue de tant de milliers de personnes, et si propre à justifier la vérité de la religion chrétienne, ait été inconnue à Eusèbe, historien si soigneux de rechercher tout ce qui pouvait contribuer à faire honneur au christianisme, jusqu'à citer à faux des monuments profanes, comme nous l'avons vu à l'article ÉCLIPSE? et comment se persuader qu'il n'en ait été informé que plusieurs années après, par le seul témoignage de Constantin? N'y avait-il donc point de chrétiens dans l'armée qui fissent gloire publiquement d'avoir vu un pareil prodige? auraient-ils eu si peu d'intérêt à leur cause que de garder le silence sur un si grand miracle? Doit-on, après cela, s'étonner que Gélase de Cyzique, un des successeurs d'Eusèbe dans le siége de Césarée au v⁰ siècle, ait dit que bien des gens soupçonnaient que ce n'était là qu'une fable inventée en faveur de la religion chrétienne [1]?

Ce soupçon sera bien plus fort, si l'on fait attention combien peu les témoins sont d'accord entre eux sur les circonstances de cette merveilleuse apparition. Presque tous assurent que la croix fut vue de Constantin et de toute son armée; et Gélase ne parle que de Constantin seul. Ils diffèrent sur le temps de la vision. Philostorge, dans son *Histoire ecclésiastique*, dont Photius nous a conservé l'extrait, dit [2] que ce fut lorsque Constantin remporta la victoire sur Maxence; d'autres prétendent que ce fut auparavant, lorsque Constantin faisait des préparatifs pour attaquer le tyran, et qu'il était en marche avec son ar-

1. *Histoire des actes du concile de Nicée*, chap. IV. — 2. Liv. I, chap. VI.

mée. Arthémius, cité par Métaphraste et Surius, sur le 20 octobre, dit que c'était à midi; d'autres, l'après-midi, lorsque le soleil baissait.

Les auteurs ne s'accordent pas davantage sur la vision même, le plus grand nombre n'en reconnaissant qu'une, et encore en songe; il n'y a qu'Eusèbe, suivi par Philostorge et Socrate[1], qui parlent de deux, l'une que Constantin vit de jour, et l'autre qu'il vit en songe, servant à confirmer la première; Nicéphore Calliste[2] en compte trois.

L'inscription offre de nouvelles différences. Eusèbe dit qu'elle était en grec, d'autres ne parlent point d'inscription. Selon Philostorge et Nicéphore, elle était en caractères latins; les autres n'en disent rien, et semblent par leur récit supposer que les caractères étaient grecs. Philostorge assure que l'inscription était formée par un assemblage d'étoiles; Arthémius dit que les lettres étaient dorées. L'auteur cité par Photius[3] les représente composées de la même matière lumineuse que la croix; et selon Sozomène[4] il n'y avait point d'inscription, et ce furent les anges qui dirent à Constantin : « Remportez la victoire par ce signe. »

Enfin le rapport des historiens est opposé sur les suites de cette vision. Si l'on s'en tient à Eusèbe, Constantin, aidé du secours de Dieu, remporta sans peine la victoire sur Maxence; mais, selon Lactance, la victoire fut fort disputée : il dit même que les troupes de Maxence eurent quelque avantage avant que Constantin eût fait approcher son armée des portes de Rome. Si l'on en croit Eusèbe et Sozomène, depuis cette époque Constantin fut toujours victorieux, et opposa le signe salutaire de la croix à ses ennemis, comme un rempart impénétrable. Cependant un auteur chrétien, dont M. Valois a rassemblé des fragments à la suite d'Ammien Marcellin[5], rapporte que dans les deux batailles livrées à Licinius par Constantin la victoire fut douteuse, et que Constantin fut même blessé légèrement à la cuisse; et Nicéphore[6] dit que depuis la première apparition, il combattit deux fois les Byzantins sans leur opposer la croix, et ne s'en serait pas même souvenu, s'il n'eût perdu neuf mille hommes, et s'il n'eût eu encore deux fois la même vision. Dans la première, les étoiles étaient arrangées de façon qu'elles formaient ces mots d'un psaume[7] : « Invoque-moi au jour de la détresse, je t'en délivrerai, et tu m'honoreras; » et l'inscription de la dernière, beaucoup plus claire et plus nette encore, portait : « Par ce signe tu vaincras tous tes ennemis. »

Philostorge assure que la vision de la croix et la victoire remportée sur Maxence déterminèrent Constantin à embrasser la foi chrétienne; mais Rufin, qui a traduit en latin l'*Histoire ecclésiastique* d'Eusèbe, dit qu'il favorisait déjà le christianisme et honorait le vrai Dieu. L'on sait cependant qu'il ne reçut le baptême que peu de jours avant de mourir, comme le disent expressément Philostorge[8], saint Athanase[9],

1. *Hist. eccl.*, liv. I, chap. II. — 2. *Ibid.*, liv. VIII, cnap. III.
3. *Bibl.*, cahier 256. — 4. *Hist. eccl.*, liv. I, chap. III.
5. Pages 473 et 475. — 6. Liv. VII, chap. XLVII. — 7. Ps. XLIX, v. 16.
8. Liv. VI, chap. VI. — 9. Page 917, sur le *Synode*

saint Ambroise [1], saint Jérôme [2], Socrate [3], Théodoret [4], et l'auteur de la *Chronique d'Alexandrie* [5]. Cet usage, commun alors, était fondé sur la croyance que le baptême effaçant tous les péchés de celui qui le reçoit, on mourait assuré de son salut.

Nous pourrions nous borner à ces réflexions générales; mais, par surabondance de droit, discutons l'autorité d'Eusèbe comme historien, et celle de Constantin et d'Arthémius comme témoins oculaires.

Pour Arthémius, nous ne pensons pas qu'on doive le mettre au rang des témoins oculaires, son discours n'étant fondé que sur ses Actes, rapportés par Métaphraste, auteur fabuleux, Actes que Baronius prétend à tort de pouvoir défendre, en même temps qu'il avoue qu'on les a interpolés.

Quant au discours de Constantin rapporté par Eusèbe, c'est, sans contredit, une chose étonnante que cet empereur ait craint de n'en être pas cru à moins qu'il ne fît serment, et qu'Eusèbe n'ait appuyé son témoignage par celui d'aucun des officiers ou des soldats de l'armée. Mais sans adopter ici l'opinion de quelques savants, qui doutent qu'Eusèbe soit l'auteur de la vie de Constantin, n'est-ce pas un témoin qui, dans cet ouvrage, revêt partout le caractère de panégyriste plutôt que celui d'historien? N'est-ce pas un écrivain qui a supprimé soigneusement tout ce qui pouvait être désavantageux et peu honorable à son héros? En un mot, ne montre-t-il pas sa partialité, quand il dit dans son *Histoire ecclésiastique* [6], en parlant de Maxence, qu'ayant usurpé à Rome la puissance souveraine, il feignit d'abord, pour flatter le peuple, de faire profession de la religion chrétienne; comme s'il eût été impossible à Constantin de se servir d'une feinte pareille, et de supposer cette vision, de même que Licinius, quelque temps après, pour encourager ses soldats contre Maximin, supposa qu'un ange lui avait dicté en songe une prière qu'il devait réciter avec son armée!

Comment en effet Eusèbe a-t-il le front de donner pour chrétien un prince qui fit rebâtir à ses dépens le temple de la Concorde, comme il est prouvé par une inscription qui se lisait du temps de Lelio Giraldi, dans la basilique de Latran? un prince qui fit périr Crispus, son fils, déjà décoré du titre de césar, sur un léger soupçon d'avoir commerce avec Fausta, sa belle-mère; qui fit étouffer, dans un bain trop chauffé, cette même Fausta, son épouse, à laquelle il était redevable de la conservation de ses jours; qui fit étrangler l'empereur Maximien Herculius, son père adoptif; qui ôta la vie au jeune Licinius, son neveu, qui faisait paraître de fort bonnes qualités; qui enfin s'est déshonoré par tant de meurtres, que le consul Ablavius appelait ces temps-là néroniens? On pourrait ajouter qu'il y a d'autant moins de fond à faire sur le serment de Constantin, qu'il n'eut pas le moindre scrupule de se parjurer, en faisant étrangler Licinius, à qui il avait promis la vie par serment. Eusèbe passe sous silence toutes ces actions de Constan-

---

1. *Oraison sur la mort de Théodose.* — 2. *Chron.*, ann. 337.
3. Liv. II, chap. XLVII. — 4. Chap. XXXII. — 5. Page 684.
6. Liv. VIII, chap. XIV.

tin, qui sont rapportées par Eutrope[1], Zosime , Orose[3], saint Jérôme[4] et Aurélius Victor[5].

N'a-t-on pas lieu de penser après cela que l'apparition prétendue de la croix dans le ciel n'est qu'une fraude que Constantin imagina pour favoriser le succès de ses entreprises ambitieuses ? Les médailles de ce prince et de sa famille, que l'on trouve dans Banduri et dans l'ouvrage intitulé *Numismata imperatorum romanorum;* l'arc de triomphe dont parle Baronius[6], dans l'inscription duquel le sénat et le peuple romain disaient que Constantin, par l'instinct de la Divinité, avait vengé la république du tyran Maxence et de toute sa faction ; enfin, la statue que Constantin lui-même se fit ériger à Rome, tenant une lance terminée par un travers en forme de croix, avec cette inscription que rapporte Eusèbe[7] : *Par ce signe salutaire, j'ai délivré votre ville du joug de la tyrannie;* tout cela, dis-je, ne prouve que l'orgueil immodéré de ce prince artificieux, qui voulait répandre partout le bruit de son prétendu songe, et en perpétuer la mémoire.

Cependant, pour excuser Eusèbe, il faut lui comparer un évêque du xviie siècle, que La Bruyère n'hésitait pas d'appeler un Père de l'Église. Bossuet, *en même temps* qu'il s'élevait avec un acharnement si impitoyable contre les visions de l'élégant et sensible Fénelon, commentait lui-même, dans l'*Oraison funèbre* d'Anne de Gonzague de Clèves, les deux visions qui avaient opéré la conversion de cette princesse Palatine. Ce fut un songe admirable, dit ce prélat; elle crut que, marchant seule dans une forêt, elle y avait rencontré un aveugle dans une petite loge. Elle comprit qu'il manque un sens aux incrédules comme à l'aveugle; et *en même temps*, au milieu d'un songe si mystérieux, elle fit l'application de la belle comparaison de l'aveugle aux vérités de la religion et de l'autre vie.

Dans la seconde vision, Dieu continua de l'instruire comme il a fait Joseph et Salomon; et durant l'assoupissement que l'accablement lui causa, il lui mit dans l'esprit cette parabole si semblable à celle de l'Évangile. Elle voit paraître ce que Jésus-Christ n'a pas dédaigné de nous donner comme l'image de sa tendresse[8], une poule devenue mère, empressée autour des petits qu'elle conduisait. Un d'eux s'étant écarté, notre malade le voit englouti par un chien avide. Elle accourt, elle lui arrache cet innocent animal. *En même temps* on lui crie d'un autre côté qu'il le fallait rendre au ravisseur. « Non, dit-elle, je ne le rendrai jamais. » En ce moment elle s'éveilla, et l'application de la figure qui lui avait été montrée se fit en un instant dans son esprit.

VOEUX. — Faire un vœu pour toute sa vie, c'est se faire esclave. Comment peut-on souffrir le pire de tous les esclavages dans un pays où l'esclavage est proscrit?

Promettre à Dieu par serment qu'on sera, depuis l'âge de quinze ans

---

1. Liv. X, chap. iv. — 2. Liv. II, chap. xxix. — 3. Liv. VII, chap. xxviii. 4. *Chron.*, année 321. — 5. *Epitome*, chap. l. — 6. Tome III, p. 296. 7. Liv. I, chap. iv. — 8. Matthieu, chap. xxiii, v. 37.

jusqu'à sa mort, jacobin, jésuite, ou capucin, c'est affirmer qu'on pensera toujours en capucin, en jacobin, ou en jésuite. Il est plaisant de promettre pour toute sa vie ce que nul homme n'est sûr de tenir du soir au matin.

Comment les gouvernements ont-ils été assez ennemis d'eux-mêmes, assez absurdes, pour autoriser les citoyens à faire l'aliénation de leur liberté dans un âge où il n'est pas permis de disposer de la moindre partie de sa fortune? Comment tous les magistrats, étant convaincus de l'excès de cette sottise, n'y mettent-ils pas ordre?

N'est-on pas épouvanté quand on fait réflexion qu'on a plus de moines que de soldats?

N'est-on pas attendri quand on découvre les secrets des cloîtres, les turpitudes, les horreurs, les tourments auxquels se sont soumis de malheureux enfants qui détestent leur état de forçat quand ils sont hommes, et qui se débattent avec un désespoir inutile contre les chaînes dont leur folie les a chargés?

J'ai connu un jeune homme que ses parents engagèrent à se faire capucin à quinze ans et demi; il aimait éperdument une fille à peu près de cet âge. Dès que ce malheureux eut fait ses vœux à François d'Assise, le diable le fit souvenir de ceux qu'il avait faits à sa maîtresse, à qui il avait signé une promesse de mariage. Enfin le diable étant plus fort que saint François, le jeune capucin sort de son cloître, et court à la maison de sa maîtresse; on lui dit qu'elle s'est jetée dans un couvent, et qu'elle a fait profession.

Il vole au couvent, il demande à la voir, il apprend qu'elle est morte de désespoir. Cette nouvelle lui ôte l'usage de ses sens, il tombe presque sans vie. On le transporte dans un couvent d'hommes voisin, non pour lui donner les secours nécessaires qui ne peuvent tout au plus que sauver le corps, mais pour lui procurer la douceur de recevoir avant sa mort l'extrême-onction qui sauve infailliblement l'âme.

Cette maison où l'on porta ce pauvre garçon évanoui était justement un couvent de capucins. Ils le laissèrent charitablement à leur porte pendant plus de trois heures; mais enfin il fut heureusement reconnu par un des révérends Pères, qui l'avait vu dans le monastère d'où il était sorti. Il fut porté dans une cellule, et l'on y eut quelque soin de sa vie, dans le dessein de la sanctifier par une salutaire pénitence.

Dès qu'il eut recouvré ses forces, il fut conduit bien garrotté à son couvent; et voici très-exactement comme il y fut traité. D'abord on le descendit dans une fosse profonde, au bas de laquelle est une pierre très-grosse à laquelle une chaîne de fer est scellée. Il fut attaché à cette chaîne par un pied; on mit auprès de lui un pain d'orge et une cruche d'eau; après quoi on referma la fosse, qui se bouche avec un large plateau de grès, qui ferme l'ouverture par laquelle on l'avait descendu.

Au bout de trois jours on le tira de sa fosse pour le faire comparaître devant la tournelle des capucins. Il fallait savoir s'il avait des complices de son évasion; et pour l'engager à les révéler, on l'appliqua à la question usitée dans le couvent. Cette question préparatoire est infligée avec des cordes qui serrent les membres du patient, et qui lui font souffrir une espèce d'estrapade.

Quand il eut subi ces tourments, il fut condamné à être enfermé pendant deux ans dans son cachot, et à en sortir trois fois par semaine pour recevoir sur son corps entièrement nu la discipline avec des chaînes de fer.

Son tempérament résista seize mois entiers à ce supplice. Il fut enfin assez heureux pour se sauver, à la faveur d'une querelle arrivée entre les capucins. Ils se battirent les uns contre les autres, et le prisonnier échappa pendant la mêlée.

S'étant caché pendant quelques heures dans des broussailles, il se hasarda de se mettre en chemin au déclin du jour, pressé par la faim et pouvant à peine se soutenir. Un samaritain qui passait eut pitié de ce spectre; il le conduisit dans sa maison, et lui donna du secours. C'est cet infortuné lui-même qui m'a conté son aventure en présence de son libérateur. Voilà donc ce que les vœux produisent !

C'est une question fort curieuse de savoir si les horreurs qui se commettent tous les jours chez les moines mendiants sont plus révoltantes que les richesses pernicieuses des autres moines qui réduisent tant de familles à l'état de mendiants.

Tous ont fait vœu de vivre à nos dépens, d'être un fardeau à leur patrie, de nuire à la population, de trahir leurs contemporains et la postérité. Et nous le souffrons !

Autre question intéressante pour les officiers.

On demande pourquoi on permet à des moines de reprendre un de leurs moines qui s'est fait soldat, et pourquoi un capitaine ne peut reprendre un déserteur qui s'est fait moine?

VOLONTÉ. — Des Grecs fort subtils consultaient autrefois le pape Honorius Ier, pour savoir si Jésus, lorsqu'il était au monde, avait eu une volonté ou deux volontés lorsqu'il se déterminait à quelque action, par exemple, lorsqu'il voulait dormir ou veiller, manger ou aller à la garde-robe, marcher ou s'asseoir.

« Que nous importe? leur répondait le très-sage évêque de Rome, Honorius. Il a certainement aujourd'hui la volonté que vous soyez gens de bien, cela vous doit suffire; il n'a nulle volonté que vous soyez des sophistes babillards, qui vous battiez continuellement pour la chape à l'évêque, et pour l'ombre de l'âne. Je vous conseille de vivre en paix, et de ne point perdre en disputes inutiles un temps que vous pourriez employer en bonnes œuvres.

— Saint-Père, vous avez beau dire, c'est ici la plus importante affaire du monde. Nous avons déjà mis l'Europe, l'Asie et l'Afrique en feu, pour savoir si Jésus avait deux personnes et une nature, ou une nature et deux personnes, ou bien deux personnes et deux natures, ou bien une personne et une nature.

— Mes chers frères, vous avez très-mal fait ; il fallait donner du bouillon aux malades, du pain aux pauvres.

— Il s'agit bien de secourir les pauvres! Voilà-t-il pas le patriarche

Sergius qui vient de faire décider, dans un concile à Constantinople, que Jésus avait deux natures et une volonté! et l'empereur, qui n'y entend rien, est de cet avis.

— Eh bien, soyez-en aussi; et surtout défendez-vous mieux contre les mahométans, qui vous donnent tous les jours sur les oreilles, et qui ont une très-mauvaise volonté contre vous.

— C'est bien dit; mais voilà les évêques de Tunis, de Tripoli, d'Alger, de Maroc, qui tiennent fermement pour les deux volontés. Il faut avoir une opinion; quelle est la vôtre?

— Mon opinion est que vous êtes des fous qui perdrez la religion chrétienne que nous avons établie avec tant de peine. Vous ferez tant par vos sottises, que Tunis, Tripoli, Alger, Maroc, dont vous me parlez, deviendront musulmans, et qu'il n'y aura pas une chapelle chrétienne en Afrique. En attendant je suis pour l'empereur et le concile, jusqu'à ce que vous ayez pour vous un autre concile et un autre empereur.

— Ce n'est pas nous satisfaire. Croyez-vous deux volontés ou une?

— Écoutez: si ces deux volontés sont semblables, c'est comme s'il n'y en avait qu'une seule : si elles sont contraires, celui qui aura deux volontés à la fois fera deux choses contraires à la fois, ce qui est absurde; par conséquent, je suis pour une seule volonté.

— Ah! Saint-Père, vous êtes monothélite. A l'hérésie! à l'hérésie! au diable! à l'excommunication, à la déposition! un concile; vite un autre concile, un autre empereur, un autre évêque de Rome, un autre patriarche!

— Mon Dieu! que ces pauvres Grecs sont fous avec toutes leurs vaines et interminables disputes, et que mes successeurs feront bien de songer à être puissants et riches! »

A peine Honorius avait proféré ces paroles, qu'il apprit que l'empereur Héraclius était mort après avoir été bien battu par les mahométans. Sa veuve Martine empoisonna son beau-fils; le sénat fit couper la langue à Martine, et le nez à un autre fils de l'empereur. Tout l'empire grec nagea dans le sang.

N'eût-il pas mieux valu ne point disputer sur les deux volontés? et ce pape Honorius, contre lequel les jansénistes ont tant écrit, n'était-il pas un homme très-sensé?

VOYAGE DE SAINT PIERRE A ROME. — La fameuse dispute, si Pierre fit le voyage de Rome, n'est-elle pas au fond aussi frivole que la plupart des autres grandes disputes? Les revenus de l'abbaye de Saint-Denis en France ne dépendent ni de la vérité du voyage de saint Denis l'aréopagite d'Athènes au milieu des Gaules, ni de son martyre à Montmartre, ni de l'autre voyage qu'il fit après sa mort, de Montmartre à Saint-Denis, en portant sa tête en ses bras, et en la baisant à chaque pause.

Les chartreux ont de très-grands biens, sans qu'il y ait la moindre vérité dans l'histoire du chanoine de Paris qui se leva de sa bière à trois jours consécutifs pour apprendre aux assistants qu'il était damné.

De même, il est bien sûr que les revenus et les droits du pontife romain peuvent subsister, soit que Simon Barjone, surnommé Céphas, ait été à Rome, soit qu'il n'y ait pas été. Tous les droits des métropolitains de Rome et de Constantinople furent établis au concile de Chalcédoine, en 451 de notre ère vulgaire ; et il ne fut question dans ce concile d'aucun voyage fait par un apôtre à Byzance ou à Rome.

Les patriarches d'Alexandrie et de Constantinople suivirent le sort de leurs provinces. Les chefs ecclésiastiques des deux villes impériales et de l'opulente Égypte devaient avoir naturellement plus de priviléges, d'autorité, de richesses, que les évêques des petites villes.

Si la résidence d'un apôtre dans une ville avait décidé de tant de droits, l'évêque de Jérusalem aurait sans contredit été le premier évêque de la chrétienté. Il était évidemment le successeur de saint Jacques, frère de Jésus-Christ, reconnu pour fondateur de cette Église, et appelé depuis le premier de tous les évêques. Nous ajouterions que, par le même raisonnement, tous les patriarches de Jérusalem devaient être circoncis, puisque les quinze premiers évêques de Jérusalem, berceau du christianisme et tombeau de Jésus-Christ, avaient tous reçu la circoncision [1].

Il est indubitable que les premières largesses faites à l'Église de Rome par Constantin n'ont pas le moindre rapport au voyage de saint Pierre.

1° La première église élevée à Rome fut celle de Saint-Jean : elle en est encore la véritable cathédrale. Il est sûr qu'elle aurait été dédiée à saint Pierre s'il en avait été le premier évêque ; c'est la plus forte de toutes les présomptions ; elle seule aurait pu finir la dispute.

2° A cette puissante conjecture se joignent des preuves négatives convaincantes. Si Pierre avait été à Rome avec Paul, les *Actes des apôtres* en auraient parlé, et ils n'en disent pas un mot.

3° Si saint Pierre était allé prêcher l'Évangile à Rome, saint Paul n'aurait pas dit dans son Épître aux Galates : « Quand ils virent que l'Évangile du prépuce m'avait été confié, et à Pierre celui de la circoncision, ils me donnèrent les mains à moi et à Barnabé, ils consentirent que nous allassions chez les gentils, et Pierre chez les circoncis. »

4° Dans les lettres que Paul écrit de Rome, il ne parle jamais de Pierre ; donc il est évident que Pierre n'y était pas.

5° Dans les lettres que Paul écrit à ses frères de Rome, pas le moindre compliment à Pierre, pas la moindre mention de lui ; donc Pierre ne fit un voyage à Rome, ni quand Paul était en prison dans cette capitale, ni quand il en était dehors.

6° On n'a jamais connu aucune lettre de saint Pierre datée de Rome.

7° Quelques-uns, comme Paul Orose, Espagnol du v° siècle, veulent qu'il ait été à Rome les premières années de Claude ; et les *Actes des*

---

1. « Il fallut que quinze évêques de Jérusalem fussent circoncis, et que tout le monde pensât comme eux, coopérât avec eux. » (Saint Epiphane, hérés. LXX.)

« J'ai appris, par les monuments des anciens, que jusqu'au siége de Jérusalem par Adrien, il y eut quinze évêques de suite natifs de cette ville. » (Eusèbe, liv. IV.)

apôtres disent qu'il était alors à Jérusalem, et les Épîtres de Paul disent qu'il était à Antioche.

8° Je ne prétends point apporter en preuve qu'à parler humainement et selon les règles de la critique profane, Pierre ne pouvait guère aller de Jérusalem à Rome, ne sachant ni la langue latine, ni même la langue grecque, laquelle saint Paul parlait, quoique assez mal. Il est dit que les apôtres parlaient toutes les langues de l'univers; ainsi je me tais.

9° Enfin, la première notion qu'on ait jamais eue du voyage de saint Pierre à Rome vient d'un nommé Papias, qui vivait environ cent ans après saint Pierre. Ce Papias était Phrygien, il écrivait dans la Phrygie; et il prétendit que saint Pierre était allé à Rome, sur ce que dans une de ses lettres il parle de Babylone. Nous avons en effet une lettre attribuée à saint Pierre, écrite en ces temps ténébreux, dans laquelle il est dit : « L'Église qui est à Babylone, ma femme et mon fils Marc vous saluent. » Il a plu à quelques translateurs de traduire le mot qui veut dire ma femme, par *la conchoïsie*, Babylone la conchoïsie; c'est traduire avec un grand sens.

Papias, qui était (il faut l'avouer) un des grands visionnaires de ces siècles, s'imagina que Babylone voulait dire Rome. Il était pourtant tout naturel que Pierre fût parti d'Antioche pour aller visiter les frères de Babylone. Il y eut toujours des Juifs à Babylone; ils y firent continuellement le métier de courtiers et de porte-balles; il est bien à croire que plusieurs disciples s'y réfugièrent, et que Pierre alla les encourager. Il n'y a pas plus de raison à imaginer que Babylone signifie Rome, qu'à supposer que Rome signifie Babylone. Quelle idée extravagante de supposer que Pierre écrivait une exhortation à ses camarades, comme on écrit aujourd'hui en chiffre! craignait-il qu'on n'ouvrît sa lettre à la poste? Pourquoi Pierre aurait-il craint qu'on n'eût connaissance de ses lettres juives, si inutiles selon le monde, et auxquelles il eût été impossible que les Romains eussent fait la moindre attention? qui l'engageait à mentir si vainement? dans quel rêve a-t-on pu songer que lorsqu'on écrivait Babylone cela signifiait Rome?

C'est d'après ces preuves assez concluantes que le judicieux Calmet conclut que le voyage de saint Pierre à Rome est prouvé par saint Pierre lui-même, qui marque expressément qu'il a écrit sa lettre de Babylone, c'est-à-dire de Rome, comme nous l'expliquons avec les anciens. Encore une fois, c'est puissamment raisonner; il a probablement appris cette logique chez les vampires.

Le savant archevêque de Paris Marca, Dupin, Blondel, Spanheim, ne sont pas de cet avis; mais enfin c'était celui de Papias, qui raisonnait comme Calmet, et qui fut suivi d'une foule d'écrivains si attachés à la sublimité de leurs principes, qu'ils négligèrent quelquefois la saine critique et la raison.

C'est une très-mauvaise défaite des partisans du voyage, de dire que les *Actes des apôtres* sont destinés à l'histoire de Paul et non pas de Pierre, et que s'ils passent sous silence le séjour de Simon Barjone à

Rome, c'est que *les faits et gestes* de Paul étaient l'unique objet de l'écrivain.

Les *Actes* parlent beaucoup de Simon Barjone, surnommé Pierre. C'est lui qui propose de donner un successeur à Judas. On le voit frapper de mort subite Ananie et sa femme, qui lui avaient donné leur bien, mais qui malheureusement n'avaient pas tout donné. On le voit ressusciter sa couturière Dorcas chez le corroyeur Simon à Joppé. Il a une querelle dans Samarie avec Simon, surnommé le Magicien; il va à Lippa, à Césarée, à Jérusalem : que coûtait-il de le faire aller à Rome?

Il est bien difficile que Pierre soit allé à Rome, soit sous Tibère, soit sous Caligula, ou sous Claude, ou sous Néron. Le voyage du temps de Tibère n'est fondé que sur de prétendus fastes de Sicile apocryphes [1].

Un autre apocryphe, intitulé *Catalogue d'évêques*, fait au plus vite Pierre évêque de Rome, immédiatement après la mort de son maître.

Je ne sais quel conte arabe l'envoie à Rome sous Caligula. Eusèbe, trois cents ans après, le fait conduire à Rome sous Claude par une main divine, sans dire en quelle année.

Lactance, qui écrivait du temps de Constantin, est le premier auteur bien avéré qui ait dit que Pierre alla à Rome sous Néron, et qu'il y fut crucifié.

On avouera que si dans un procès une partie ne produisait que de pareils titres, elle ne gagnerait pas sa cause; on lui conseillerait de s'en tenir à la prescription, à l'*uti possidetis;* et c'est le parti que Rome a pris.

Mais, dit-on, avant Eusèbe, avant Lactance, l'exact Papias avait déjà conté l'aventure de Pierre et de Simon Vertu-de-Dieu, qui se passa en présence de Néron; le parent de Néron à moitié ressuscité par Simon vertu-Dieu, et entièrement ressuscité par Pierre; les compliments de leurs chiens; le pain donné par Pierre aux chiens de Simon; le magicien qui vole dans les airs; le chrétien qui le fait tomber par un signe de croix, et qui lui casse les jambes; Néron qui fait couper la tête à Pierre pour payer les jambes de son magicien, etc., etc. Le grave Marcel répète cette histoire authentique, et le grave Hégésippe la répète encore, et d'autres la répètent après eux; et moi je vous répète que si jamais vous plaidez pour un pré, fût-ce devant le juge de Vaugirard, vous ne gagnerez jamais votre procès sur de pareilles pièces.

Je ne doute pas que le fauteuil épiscopal de saint Pierre ne soit encore à Rome dans la belle église; je ne doute pas que saint Pierre n'ait joui de l'évêché de Rome vingt-cinq ans un mois et neuf jours, comme on le rapporte; mais j'ose dire que cela n'est pas prouvé démonstrativement, et j'ajoute qu'il est à croire que les évêques romains d'aujourd'hui sont plus à leur aise que ceux de ces temps passés, temps un peu obscur, qu'il est fort difficile de bien débrouiller.

1. Voy. Spanheim, *Sacræ antiq.*, liv. III.

XAVIER. — Saint Xavier, surnommé l'apôtre des Indes, fut un des premiers disciples de saint Ignace de Loyola.

Quelques écrivains modernes, trompés par l'équivoque du nom, se sont imaginé que les apôtres saint Barthélemy et saint Thomas avaient prêché aux Indes orientales. Mais Abdias[1] remarque très-bien que les anciens font mention de trois Indes : la première située vers l'Éthiopie, la seconde proche des Mèdes, et la troisième à l'extrémité du continent.

Les Indiens à qui saint Barthélemy prêcha sont les Arabes de l'Yémen, qui sont nommés par Philostorge[2] les Indiens intérieurs, et par Sophronius[3] les Indiens fortunés : ce sont les habitants de l'Arabie Heureuse.

L'Inde qui est proche des Mèdes est évidemment la Perse et les provinces voisines, qui furent d'abord soumises aux Parthes. Or c'est dans ce pays-là, dans l'empire des Parthes, que les historiens ecclésiastiques[4] témoignent que saint Thomas alla prêcher l'Évangile. Aussi le métropolitain de Perse se vante-t-il, depuis plusieurs siècles, d'être le successeur de saint Thomas. L'auteur des voyages de cet apôtre, et celui de l'histoire d'Abdias, s'accordent là-dessus avec nos autres écrivains.

Enfin, la troisième Inde, à l'extrémité du continent, comprend les côtes de Coromandel et de Malabar, et c'est celle dont Xavier fut l'apôtre. Il arriva à Goa, l'an 1542, sous la protection de Jean III, roi de Portugal; et malgré les miracles qu'il y opéra, il prétendait, de l'aveu du missionnaire dominicain Navarrète[5], qu'on n'établirait jamais aucun christianisme de durée parmi les païens, à moins que les auditeurs ne fussent à la portée d'un mousquet. Le jésuite Tellez, dans son *Histoire d'Éthiopie*[6], fait le même aveu. « Ç'a toujours été, dit-il, le sentiment que nos religieux ont formé concernant la religion catholique, qu'elle ne pourrait être d'aucune durée en Éthiopie, à moins qu'elle ne fût appuyée par les armes. »

L'expérience, en effet, vient à l'appui de cette opinion. Ce fut par les armes que l'on convertit l'Amérique; et Barthélemy de Las Casas, moine et évêque de Chiapa, écrivit en langue castillane l'*Histoire admirable des horribles insolences, cruautés et tyrannies exercées par les Espagnols aux Indes occidentales*. Ce témoin oculaire affirme[7] que, dans les îles et sur la terre ferme, ils firent mourir en quarante ans plus de douze millions d'âmes. Ils faisaient certains gibets longs et bas, de manière que les pieds touchaient quasi à la terre, chacun pour treize, à l'honneur et révérence de notre Rédempteur et de ses douze apôtres, comme ils disaient, et, y mettant le feu, brûlaient ainsi tout vifs ceux qui y étaient attachés. Ils prenaient les petites créatures par les pieds, les arrachant des mamelles de leurs mères, et leur frois-

---

1. Liv. VIII, art. I. — 2. *Histoire ecclésiastique*, liv. II, chap. VI.
3. Saint Jérôme, dans le catalog.
4. Eusèbe, liv. III, chap. I; et *Récognitions*, liv. IX, art. I.
5. Traité VI, p. 434, col. 6. — 6. Liv. IV, chap. III.
7. Pages 6 et 10 de la traduction française de Jacques de Miggrode.

saient la tête contre les rochers. Las Casas oublie de remarquer que le Psalmiste [1] appelle heureux celui qui pourra traiter ainsi les petits enfants.

Au reste, il faut redire ici comme à l'article RELIQUES : Jésus n'a condamné que l'hypocrisie des Juifs, en disant [2] : « Malheur à vous, scribes et pharisiens hypocrites, parce que vous courez la mer et la terre pour faire un prosélyte; et quand il l'est devenu, vous le rendez digne de la géhenne deux fois plus que vous. »

XÉNOPHANES. — Bayle a pris le prétexte de l'article *Xénophanes* pour faire le panégyrique du diable, comme autrefois Simonide, à l'occasion d'un lutteur qui avait remporté le prix à coups de poings aux jeux olympiques, chanta dans une belle ode les louanges de Castor et de Pollux. Mais, au fond, que nous importent les rêveries de Xénophanes? Que saurons-nous en apprenant qu'il regardait la nature comme un être infini, immobile, composé d'une infinité de petits corpuscules, de petites monades douées d'une force motrice, de petites molécules organiques; qu'il pensait d'ailleurs à peu près comme pensa depuis Spinosa, ou que plutôt il cherchait à penser, et qu'il se contredit plusieurs fois, ce qui était le propre des anciens philosophes?

Si Anaximène enseigna que l'atmosphère était Dieu; si Thalès attribua à l'eau la formation de toutes choses, parce que l'Égypte était fécondée par ses inondations; si Phérécyde et Héraclite donnèrent au feu tout ce que Thalès donnait à l'eau, quel bien nous revient-il de toutes ces imaginations chimériques?

Je veux que Pythagore ait exprimé par des nombres des rapports très-mal connus, et qu'il ait cru que la nature avait bâti le monde par des règles d'arithmétique; je consens qu'Ocellus Lucanus et Empédocle aient tout arrangé par des forces motrices antagonistes : quel fruit en recueillerai-je? quelle notion claire sera entrée dans mon faible esprit?

Venez, divin Platon, avec vos idées archétypes, vos androgynes, et votre verbe; établissez ces belles connaissances en prose poétique dans votre république nouvelle, où je ne prétends pas plus avoir une maison que dans la Salente du *Télémaque;* mais au lieu d'être un de vos citoyens, je vous enverrai, pour bâtir votre ville, toute la matière subtile de Descartes, toute sa matière globuleuse et toute sa rameuse, que je vous ferai porter par Cyrano de Bergerac [3].

Bayle a pourtant exercé toute la sagacité de sa dialectique sur vos antiques billevesées; mais c'est qu'il en tirait toujours parti pour rire des sottises qui leur succédèrent.

O philosophes! les expériences de physique bien constatées, les arts et métiers, voilà la vraie philosophie. Mon sage est le conducteur de mon moulin, lequel pince bien le vent, ramasse mon sac de blé, le verse dans la trémie, le moud également, et fournit à moi et aux miens une nourriture aisée. Mon sage est celui qui, avec la **navette,**

1. Ps. CXXXVI, v. 9. — 2. Matthieu, chap. XXIII, v. 15.
3. Plaisant assez mauvais et un peu fou.

couvre mes murs de tableaux de laine ou de soie, brillants des plus riches couleurs; ou bien celui qui met dans ma poche la mesure du temps en cuivre et en or. Mon sage est l'investigateur de l'histoire naturelle. On apprend plus dans les seules expériences de l'abbé Nollet que dans tous les livres de l'antiquité.

XÉNOPHON, ET LA RETRAITE DES DIX MILLE. — Quand Xénophon n'aurait eu d'autre mérite que d'être l'ami du martyr Socrate, il serait un homme recommandable; mais il était guerrier, philosophe, poëte, historien, agriculteur, aimable dans la société; et il y eut beaucoup de Grecs qui réunirent tous ces mérites.

Mais pourquoi cet homme libre eut-il une compagnie grecque à la solde du jeune Cosrou, nommé Cyrus par les Grecs? Ce Cyrus était frère puîné et sujet de l'empereur de Perse Artaxerxe Mnemon, dont on a dit qu'il n'avait jamais rien oublié que les injures. Cyrus avait déjà voulu assassiner son frère dans le temple même où l'on faisait la cérémonie de son sacre (car les rois de Perse furent les premiers qui furent sacrés); non-seulement Artaxerxe eut la clémence de pardonner à ce scélérat, mais il eut la faiblesse de lui laisser le gouvernement absolu d'une grande partie de l'Asie Mineure, qu'il tenait de leur père, et dont il méritait au moins d'être dépouillé.

Pour prix d'une si étonnante clémence, dès qu'il put se soulever dans sa satrapie contre son frère, il ajouta ce second crime au premier. Il déclara par un manifeste « qu'il était plus digne du trône de Perse que son frère, parce qu'il était meilleur magicien, et qu'il buvait plus de vin que lui. »

Je ne crois pas que ce fussent ces raisons qui lui donnèrent pour alliés les Grecs. Il en prit à sa solde treize mille, parmi lesquels se trouva le jeune Xénophon, qui n'était alors qu'un aventurier. Chaque soldat eut d'abord une darique de paye par mois. La darique valait environ une guinée ou un louis d'or de notre temps, comme le dit très-bien M. le chevalier de Jaucourt, et non pas dix francs, comme le dit Rollin.

Quand Cyrus leur proposa de se mettre en marche avec ses autres troupes, pour aller combattre son frère vers l'Euphrate, ils demandèrent une darique et demie, et il fallut bien la leur accorder. C'était trente-six livres par mois, et par conséquent la plus forte paye qu'on ait jamais donnée. Les soldats de César et de Pompée n'eurent que vingt sous par jour dans la guerre civile. Outre cette solde exorbitante, dont ils se firent payer quatre mois d'avance, Cyrus leur fournissait quatre cents chariots chargés de farine et de vin.

Les Grecs étaient donc précisément ce que sont aujourd'hui les Helvétiens, qui louent leur service et leur courage aux princes leurs voisins; mais pour une somme trois fois plus modique que n'était la solde des Grecs.

Il est évident, quoi qu'on en dise, qu'ils ne s'informaient pas si la cause pour laquelle ils combattaient était juste; il suffisait que Cyrus payât bien.

Les Lacédémoniens composaient la plus grande partie de ces troupes. Ils violaient en cela leurs traités solennels avec le roi de Perse.

Qu'était devenue l'ancienne aversion de Sparte pour l'or et pour l'argent ? où était la bonne foi dans les traités ? où était leur vertu altière et incorruptible ? C'était Cléarque, un Spartiate, qui commandait le corps principal de ces braves mercenaires.

Je n'entends rien aux manœuvres de guerre d'Artaxerxès et de Cyrus ; je ne vois pas pourquoi cet Artaxerxès, qui venait à son ennemi avec douze cent mille combattants, commence par faire tirer des lignes de douze lieues d'étendue entre Cyrus et lui ; et je ne comprends rien à l'ordre de bataille. J'entends encore moins comment Cyrus, suivi de six cents chevaux seulement, attaque dans la mêlée les six mille gardes à cheval de l'empereur, suivi d'ailleurs d'une armée innombrable. Enfin il est tué de la main d'Artaxerxès, qui apparemment, ayant bu moins de vin que le rebelle ingrat, se battit avec plus de sang-froid et d'adresse que cet ivrogne. Il est clair qu'il gagna complétement la bataille, malgré la valeur et la résistance de treize mille Grecs, puisque la vanité grecque est obligée d'avouer qu'Artaxerxès leur fit dire de mettre bas les armes. Ils répondent qu'ils n'en feront rien, mais que, si l'empereur veut les payer, ils se mettront à son service. Il leur était donc très-indifférent pour qui ils combattissent, pourvu qu'on les payât. Ils n'étaient donc que des meurtriers à louer.

Il y a, outre la Suisse, des provinces d'Allemagne qui en usent ainsi. Il n'importe à ces bons chrétiens de tuer pour de l'argent des Anglais, ou des Français, ou des Hollandais, ou d'être tués par eux. Vous les voyez réciter leurs prières et aller au carnage comme des ouvriers vont à leur atelier. Pour moi, j'avoue que j'aime mieux ceux qui s'en vont en Pensylvanie cultiver la terre avec les simples et équitables quakers, et former des colonies dans le séjour de la paix et de l'industrie. Il n'y a pas un grand savoir-faire à tuer et à être tué pour six sous par jour ; mais il y en a beaucoup à faire fleurir la république des dunkards, ces thérapeutes nouveaux, sur la frontière du pays le plus sauvage.

Artaxerxès ne regarda ces Grecs que comme des complices de la révolte de son frère, et franchement c'est tout ce qu'ils étaient. Il se croyait trahi par eux, et il les trahit, à ce que prétend Xénophon : car après qu'un de ses capitaines eut juré en son nom de leur laisser une retraite libre, et de leur fournir des vivres ; après que Cléarque et cinq autres commandants des Grecs se furent mis entre ses mains pour régler la marche, il leur fit trancher la tête, et on égorgea tous les Grecs qui les avaient accompagnés dans cette entrevue, s'il faut s'en rapporter à Xénophon.

Cet acte royal nous fait voir que le machiavélisme n'est pas nouveau ; mais aussi est-il bien vrai qu'Artaxerxès eût promis de ne pas faire un exemple des chefs mercenaires qui s'étaient vendus à son frère ? ne lui était-il pas permis de punir ceux qu'il croyait si coupables ?

C'est ici que commence la fameuse retraite des dix mille. Si je n'ai rien compris à la bataille, je ne comprends pas plus à la retraite.

L'empereur, avant de faire couper la tête aux six généraux grecs et
à leur suite, avait juré de laisser retourner en Grèce cette petite armée
réduite à dix mille hommes. La bataille s'était donnée sur le chemin
de l'Euphrate; il eût donc fallu faire retourner les Grecs par la Mésopotamie occidentale, par la Syrie, par l'Asie Mineure, par l'Ionie
Point du tout, on les faisait passer à l'orient, on les obligeait de tra-
verser le Tigre sur des barques qu'on leur fournissait; ils remontaient
ensuite par le chemin de l'Arménie, lorsque leurs commandants furent
suppliciés. Si quelqu'un comprend cette marche, dans laquelle on
tournait le dos à la Grèce, il me fera plaisir de me l'expliquer.

De deux choses l'une : ou les Grecs avaient choisi eux-mêmes leur
route, et en ce cas ils ne savaient ni où ils allaient ni ce qu'ils voulaient; ou Artaxerxès les faisait marcher malgré eux (ce qui est bien
plus probable), et en ce cas pourquoi ne les exterminait-il point?

On ne peut se tirer de ces difficultés qu'en supposant que l'empereur
persan ne se vengea qu'à demi; qu'il se contenta d'avoir puni les principaux chefs mercenaires qui avaient vendu les troupes grecques à
Cyrus; qu'ayant fait un traité avec ces troupes fugitives, il ne voulait
pas descendre à la honte de le violer; qu'étant sûr que de ces Grecs
errants il en périrait un tiers dans la route, il abandonnait ces malheureux à leur mauvais sort. Je ne vois pas d'autre jour pour éclairer
l'esprit du lecteur sur les obscurités de cette marche.

On s'est étonné de la retraite des dix mille; mais on devait s'étonner
bien davantage qu'Artaxerxès, vainqueur à la tête de douze cent mille
combattants (du moins à ce qu'on dit), laissât voyager dans le nord de
ses vastes États dix mille fugitifs qu'il pouvait écraser à chaque village, à chaque passage de rivière, à chaque défilé, ou qu'on pouvait
faire périr de faim et de misère.

Cependant on leur fournit, comme nous l'avons vu, vingt-sept grands
bateaux vers la ville d'Itace pour leur faire passer le Tigre, comme si
on voulait les conduire aux Indes. De là on les escorte en tirant vers le
nord, pendant plusieurs jours, dans le désert où est aujourd'hui Bag-
dad. Ils passent encore la rivière de Zabate; et c'est là que viennent
les ordres de l'empereur de punir les chefs. Il est clair qu'on pouvait
exterminer l'armée aussi facilement qu'on avait fait justice des commandants. Il est donc très-vraisemblable qu'on ne le voulut pas.

On ne doit donc plus regarder les Grecs perdus dans ces pays sauvages que comme des voyageurs égarés, à qui la bonté de l'empereur
laissait achever leur route comme ils pouvaient.

Il y a une autre observation à faire, qui ne paraît pas honorable
pour le gouvernement persan. Il était impossible que les Grecs n'eussent pas des querelles continuelles pour les vivres avec tous les peuples
chez lesquels ils devaient passer. Les pillages, les désolations, les
meurtres, étaient la suite inévitable de ces désordres; et cela est si
vrai que, dans une route de six cents lieues, pendant laquelle les
Grecs marchèrent toujours au hasard, ces Grecs, n'étant ni escortés ni
poursuivis par aucun grand corps de troupes persanes, perdirent quatre
mille hommes, ou assommés par les paysans, ou morts de maladie

Comment donc Artaxerxès ne les fit-il pas escorter depuis leur passage de la rivière de Zabate, comme il l'avait fait depuis le champ de bataille jusqu'à cette rivière ?

Comment un souverain si sage et si bon commit-il une faute si essentielle ? Peut-être ordonna-t-il l'escorte; peut-être Xénophon, d'ailleurs un peu déclamateur, la passe-t-il sous silence pour ne pas diminuer le merveilleux de la retraite des dix mille; peut-être l'escorte fut toujours obligée de marcher très-loin de la troupe grecque par la difficulté des vivres. Quoi qu'il en soit, il paraît certain qu'Artaxerxès usa d'une extrême indulgence, et que les Grecs lui durent la vie, puisqu'ils ne furent pas exterminés.

Il est dit dans le *Dictionnaire encyclopédique*, à l'article *Retraite*, que celle des dix mille se fit sous le commandement de Xénophon. On se trompe; il ne commanda jamais, il fut seulement sur la fin de la marche à la tête d'une division de quatorze cents hommes.

Je vois que ces héros, à peine arrivés, après tant de fatigues, sur le rivage du Pont-Euxin, pillent indifféremment amis et ennemis pour se refaire. Xénophon embarque à Héraclée sa petite troupe, et va faire un nouveau marché avec un roi de Thrace qu'il ne connaissait pas. Cet Athénien, au lieu d'aller secourir sa patrie accablée alors par les Spartiates, se vend donc encore une fois à un petit despote étranger. Il fut mal payé, je l'avoue; et c'est une raison de plus pour conclure qu'il eût mieux fait d'aller secourir sa patrie.

Il résulte de tout ce que nous avons remarqué, que l'Athénien Xénophon, n'étant qu'un jeune volontaire, s'enrôla sous un capitaine lacédémonien, l'un des tyrans d'Athènes, au service d'un rebelle et d'un assassin; et qu'étant devenu chef de quatorze cents hommes, il se mit aux gages d'un barbare.

Ce qu'il y a de pis, c'est que la nécessité ne le contraignait pas à cette servitude. Il dit lui-même qu'il avait laissé en dépôt, dans le temple de la fameuse Diane d'Éphèse, une grande partie de l'or gagné au service de Cyrus.

Remarquons qu'en recevant la paye d'un roi, il s'exposait à être condamné au supplice, si cet étranger n'était pas content de lui. Voyez ce qui est arrivé au major-général Doxat, homme né libre. Il se vendit à l'empereur Charles VI, qui lui fit couper le cou pour avoir rendu aux Turcs une place qu'il ne pouvait défendre.

Rollin, en parlant de la retraite des dix mille, dit que « cet heureux succès remplit de mépris pour Artaxerxès les peuples de la Grèce, en leur faisant voir que l'or, l'argent, les délices, le luxe, un nombreux sérail, faisaient tout le mérite du grand roi, etc. »

Rollin pouvait considérer que les Grecs ne devaient pas mépriser un souverain qui avait gagné une bataille complète, qui, ayant pardonné en frère, avait vaincu en héros; qui, maître d'exterminer dix mille Grecs, les avait laissés vivre et retourner chez eux; et qui, pouvant les avoir à sa solde, avait dédaigné de s'en servir. Ajoutez que ce prince vainquit les Lacédémoniens et leurs alliés, et leur imposa des lois humiliantes; ajoutez que dans une guerre contre des Scythes nommés

Cadusiens, vers la mer Caspienne, il supporta, comme le moindre soldat, toutes les fatigues et tous les dangers. Il vécut et mourut plein de gloire; il est vrai qu'il eut un sérail, mais son courage n'en fût que plus estimable. Gardons-nous des déclamations de collége.

Si j'osais attaquer le préjugé, j'oserais préférer la retraite du maréchal de Belle-Isle à celle des dix mille. Il est bloqué dans Prague par soixante mille hommes, il n'en a pas treize mille. Il prend ses mesures avec tant d'habileté qu'il sort de Prague, dans le froid le plus rigoureux, avec son armée, ses vivres, son bagage, et trente pièces de canon, sans que les assiégeants s'en doutent. Il a déjà gagné deux marches avant qu'ils s'en soient aperçus. Une armée de trente mille combattants le poursuit sans relâche l'espace de trente lieues. Il fait face partout; il n'est jamais entamé; il brave, tout malade qu'il est, les saisons, la disette, et les ennemis. Il ne perd que les soldats qui ne peuvent résister à la rigueur extrême de la saison. Que lui a-t-il manqué? une plus longue course, et des éloges exagérés à la grecque.

YVETOT. — C'est le nom d'un bourg de France à six lieues de Rouen en Normandie, qu'on a qualifié de royaume pendant longtemps, d'après Robert Gaguin, historien du xvi° siècle.

Cet écrivain rapporte que Gautier ou Vautier, seigneur d'Yvetot, chambrier du roi Clotaire I°, ayant perdu les bonnes grâces de son maître par des calomnies dont on n'est pas avare à la cour, s'en bannit de son propre mouvement, passa dans les climats étrangers, où, pendant dix ans, il fit la guerre aux ennemis de la foi; qu'au bout de ce terme, se flattant que la colère du roi serait apaisée, il reprit le chemin de la France; qu'il passa par Rome, où il vit le pape Agapet, dont il obtint des lettres de recommandation pour le roi, qui était alors à Soissons, capitale de ses États. Le seigneur d'Yvetot s'y rendit un jour de vendredi-saint, et prit le temps que Clotaire était à l'église pour se jeter à ses pieds, en le conjurant de lui faire grâce par le mérite de celui qui, en pareil jour, avait répandu son sang pour le salut des hommes; mais Clotaire, prince farouche et cruel, l'ayant reconnu, lui passa son épée au travers du corps.

Gaguin ajoute que le pape Agapet, ayant appris une action si indigne, menaça le roi des foudres de l'Église s'il ne réparait sa faute; et que Clotaire, justement intimidé, et pour satisfaction du meurtre de son sujet, érigea la seigneurie d'Yvetot en royaume, en faveur des héritiers et des successeurs de Gautier; qu'il en fit expédier des lettres signées de lui, et scellées de son sceau; que c'est depuis ce temps-là que les seigneurs d'Yvetot portent le titre de rois : « Et je trouve, par une autorité constante et indubitable, continue Gaguin, qu'un événement aussi extraordinaire s'est passé en l'an de grâce 536. »

Rappelons, à propos de ce récit de Gaguin, l'observation que nous avons déjà faite sur ce qu'il dit de l'établissement de l'université de Paris : c'est qu'aucun des historiens contemporains ne fait mention de l'événement singulier qui, selon lui, fit ériger en royaume la seigneurie d'Yvetot; et, comme l'ont très-bien remarqué Claude Malingre et

l'abbé de Vertot, Clotaire Ier, qu'on suppose souverain du bourg d'Yvetot, ne régnait point dans cette contrée; les fiefs alors n'étaient point
héréditaires; l'on ne datait point les actes de l'an de grâce, comme le
rapporte Robert Gaguin; enfin le pape Agapet était déjà mort. Ajoutons
que le droit d'ériger un fief en royaume appartenait exclusivement à
l'empereur.

Ce n'est pas à dire cependant que les foudres de l'Église ne fussent
déjà usitées du temps d'Agapet. On sait que saint Paul[1] excommunia
l'incestueux[1] à Corinthe; on trouve aussi, dans les lettres de saint
Basile, quelques exemples de censures générales dès le IVe siècle. Une
de ces lettres est contre un ravisseur. Le saint prélat y ordonne de faire
rendre la fille à ses parents, d'exclure le ravisseur des prières, et de le
déclarer excommunié, avec ses complices et toute sa maison, pendant
trois ans; il ordonne aussi d'exclure des prières tout le peuple de la
bourgade qui a reçu la personne ravie.

Auxilius, jeune évêque, excommunia la famille entière de Clacitien;
et quoique saint Augustin ait désapprouvé cette conduite, et que le
pape saint Léon ait établi les mêmes maximes que saint Augustin dans
une de ses lettres aux évêques de la province de Vienne, pour ne
parler ici que de la France, Prétextat, évêque de Rouen, ayant été
assassiné l'an 586 dans sa propre église, Leudovalde, évêque de
Bayeux, ne laissa pas de mettre en interdit toutes les églises de Rouen,
défendant d'y célébrer le service divin, jusqu'à ce que l'on eût trouvé
l'auteur du crime.

L'an 1141, Louis le Jeune ayant refusé de consentir à l'élection de
Pierre de La Châtre, que le pape avait fait nommer à la place d'Al-
béric, archevêque de Bourges, mort l'année précédente, Innocent II
mit toute la France en interdit.

L'an 1200, Pierre de Capoue, chargé d'obliger Philippe Auguste à
quitter Agnès et à reprendre Ingerburge, et n'y ayant pas réussi, publia le 15 janvier la sentence d'interdit sur tout le royaume, qui avait
été prononcée par le pape Innocent III. Cet interdit fut observé avec
une extrême rigueur. La chronique anglicane, citée par le bénédictin
Martenne[2], dit que tout acte de christianisme, hormis le baptême des
enfants, fut interdit en France, les églises fermées; les chrétiens en
étaient chassés comme des chiens; plus d'office divin ni de sacrifice
de la messe, plus de sépultures ecclésiastiques pour les défunts; les
cadavres abandonnés au hasard répandaient la plus affreuse infection,
et pénétraient d'horreur ceux qui leur survivaient.

La chronique de Tours fait la même description; elle y ajoute seulement un trait remarquable confirmé par l'abbé Fleury et l'abbé de Vertot[3]; c'est que le saint viatique était excepté, comme le baptême des
enfants, de cette privation des choses saintes. Le royaume fut pendant
neuf mois dans cette situation; Innocent III permit seulement, au
bout de quelque temps, les prédications et le sacrement de confirma-

1. I Corinth., chap. V, v. 5. — 2. Tome V, p. 868. — 3. Liv. I, p. 148.

tion. Le roi fut si courroucé qu'il chassa les évêques et tous les autres ecclésiastiques de leurs demeures, et confisqua leurs biens.

Mais, ce qui est singulier, les souverains eux-mêmes priaient quelquefois les évêques de prononcer un interdit sur les terres de leurs vassaux. Par des lettres du mois de février 1356, confirmatives de celles de Guy, comte de Nevers, et de Mathilde sa femme, en faveur des bourgeois de Nevers, Charles V, régent du royaume, prie les archevêques de Lyon, de Bourges et de Sens, et les évêques d'Autun, de Langres, d'Auxerre et de Nevers, de prononcer une excommunication contre le comte de Nevers et un interdit sur ses terres, s'il n'exécute pas l'accord qu'il avait fait avec ses habitants. On trouve aussi, dans le recueil des ordonnances de la troisième race, plusieurs lettres semblables du roi Jean, qui autorisent les évêques à mettre en interdit les lieux dont le seigneur tenterait d'enfreindre les privilèges.

Enfin, ce qui semble incroyable, le jésuite Daniel rapporte que, l'an 998, le roi Robert fut excommunié par Grégoire V, pour avoir épousé sa parente au quatrième degré. Tous les évêques qui avaient assisté à ce mariage furent interdits de la communion jusqu'à ce qu'ils fussent allés à Rome faire satisfaction au saint-siège. Les peuples, les courtisans même, se séparèrent du roi; il ne lui resta que deux domestiques qui purifiaient par le feu toutes les choses qu'il avait touchées. Le cardinal Damien et Romualde ajoutent même qu'un matin Robert étant allé, selon sa coutume, dire ses prières à la porte de l'église de Saint-Barthélemy, car il n'osait pas y entrer, Abbon, abbé de Fleury, suivi de deux femmes du palais qui portaient un grand plat de vermeil couvert d'un linge, l'aborde, lui annonce que Berthe vient d'accoucher; et découvrant le plat : « Voyez, lui dit-il, les effets de votre désobéissance aux décrets de l'Église, et le sceau de l'anathème sur ce fruit de vos amours. » Robert regarde, et voit un monstre qui avait le cou et la tête d'un canard. Berthe fut répudiée, et l'excommunication enfin levée.

Urbain II, au contraire, excommunia, l'an 1092, Philippe Ier, petit-fils de Robert, pour avoir quitté sa parente. Ce pape prononça la sentence d'excommunication dans les propres États du roi, à Clermont en Auvergne, où Sa Sainteté venait chercher un asile; dans ce même concile où fut prêchée la croisade, et où, pour la première fois, le nom de pape fut donné à l'évêque de Rome, à l'exclusion des autres évêques qui le prenaient auparavant.

On voit que ces peines canoniques furent d'abord plutôt médicinales que mortelles; mais Grégoire VII et quelques-uns de ses successeurs osèrent prétendre qu'un souverain excommunié était privé de ses États, et que ses sujets n'étaient plus obligés de lui obéir : supposé cependant qu'un roi puisse être excommunié en certains cas graves, l'excommunication, n'étant qu'une peine purement spirituelle, ne saurait dispenser ses sujets de l'obéissance qu'ils lui doivent comme tenant son autorité de Dieu même. C'est ce qu'ont reconnu constamment les parlements et même le clergé de France, dans les excommunications de Boniface VIII contre Philippe le Bel, de Jules II contre Louis XII, de

Sixte IV contre Henri III, de Grégoire XIII contre Henri IV ; et c'est aussi la doctrine de la fameuse assemblée du clergé de 1682.

ZÈLE. — Celui de la religion est un attachement pur et éclairé au maintien et au progrès du culte qu'on doit à la Divinité ; mais quand ce zèle est persécuteur, aveugle, et faux, il devient le plus grand fléau de l'humanité.

Voici comme l'empereur Julien parle du zèle des chrétiens de son temps : « Les galiléens, dit-il[*], ont souffert sous mon prédécesseur l'exil et les prisons ; on a massacré réciproquement ceux qui s'appellent tour à tour hérétiques. J'ai rappelé leurs exilés, élargi leurs prisonniers ; j'ai rendu leurs biens aux proscrits, je les ai forcés de vivre en paix : mais telle est la fureur inquiète des galiléens, qu'ils se plaignent de ne pouvoir plus se dévorer les uns les autres. »

Ce portrait ne paraîtra point outré, si l'on fait seulement attention aux calomnies atroces dont les chrétiens se noircissaient réciproquement. Par exemple, saint Augustin[2] accuse les manichéens de contraindre leurs élus à recevoir l'eucharistie après l'avoir arrosée de semence humaine. Avant lui saint Cyrille de Jérusalem[3] les avait accusés de la même infamie en ces termes : « Je n'oserais dire en quoi ces sacriléges trempent leurs *ischas* qu'ils donnent à leurs malheureux sectateurs, qu'ils exposent au milieu de leur autel, et dont le manichéen souille sa bouche et sa langue. Que les hommes pensent à ce qui a coutume de leur arriver en songe, et les femmes dans le temps de leurs règles. » Le pape saint Léon, dans un de ses sermons[4], appelle aussi le sacrifice des manichéens la turpitude même. Enfin Suidas[5] et Cedrenus[6] ont encore enchéri sur cette calomnie, en avançant que les manichéens faisaient des assemblées nocturnes, où, après avoir éteint les flambeaux, ils commettaient les plus énormes impudicités.

Observons d'abord que les premiers chrétiens furent accusés des mêmes horreurs qu'ils imputèrent depuis aux manichéens, et que la justification des uns peut également s'appliquer aux autres. Afin d'avoir des prétextes de nous persécuter, disait Athénagore dans son apologie pour les chrétiens[7], on nous accuse de faire des festins détestables et de commettre des incestes dans nos assemblées. C'est un vieil artifice dont on a usé de tout temps pour faire périr la vertu. Ainsi Pythagore fut brûlé avec trois cents de ses disciples, Héraclite chassé par les Éphésiens, Démocrite par les Abdéritains, et Socrate condamné par les Athéniens.

Athénagore fait voir ensuite que les principes et les mœurs des chrétiens suffisaient seuls pour détruire les calomnies qu'on répandait contre eux ; les mêmes raisons militent en faveur des manichéens. Pourquoi, d'ailleurs, saint Augustin, qui est si affirmatif dans son livre *des Hérésies*, est-il réduit dans celui *des Mœurs des manichéens*, en parlant de l'horrible cérémonie dont il s'agit, à dire simplement[8] : « On les en

---

1. Lettre LII. — 2. Chap. XLVI, *des Hérésies*. — 3. N. XIII de la sixième catéchèse — 4. Sermon cinquième, *sur le Jeûne du dixième mois* — 5. Sur Manès — 6. *Annales*, p. 260. — 7. Page 35. — 8. Chap. XVI.

soupçonne..... Le monde a cette opinion d'eux..... S'ils ne font pas ce qu'on leur impute..... La renommée publie beaucoup de mal d'eux; mais ils soutiennent que ce sont des mensonges? »

Pourquoi ne pas soutenir en face cette accusation dans sa dispute contre Fortunat, qui l'en sommait en public et en ces termes : « Nous sommes accusés de faux crimes; et comme Augustin a assisté à notre culte, je le prie de déclarer devant tout le peuple si ces crimes sont véritables ou non. » Saint Augustin répond : « Il est vrai que j'ai assisté à votre culte; mais autre est la question de la foi, autre celle des mœurs; et c'est celle de la foi que j'ai proposée. Cependant, si les personnes qui sont présentes aiment mieux que nous agitions celle de vos mœurs, je ne ne m'y opposerai pas. »

Fortunat s'adressant à l'assemblée : « Je veux, dit-il, avant toutes choses, être justifié dans l'esprit des personnes qui nous croient coupables, et qu'Augustin témoigne à présent devant vous, et un jour devant le tribunal de Jésus-Christ, s'il a jamais vu, ou s'il sait, de quelque manière que ce soit, que les choses qu'on nous impute se commettent parmi nous. » Saint Augustin répond encore : « Vous sortez de la question; celle que j'ai proposée roule sur la foi, et non sur les mœurs. » Enfin, Fortunat continuant à presser saint Augustin de s'expliquer, il le fait en ces termes : « Je reconnais que dans la prière où j'ai assisté, je ne vous ai vus commettre rien d'impur. »

Le même saint Augustin, dans son livre *de l'Utilité de la foi*[1], justifie encore les manichéens. « Dans ce temps-là, dit-il à son ami Honorat, lorsque j'étais engagé dans le manichéisme, j'étais encore plein du désir et de l'espérance d'épouser une belle femme, d'acquérir des richesses, de parvenir aux honneurs, et de jouir des autres voluptés pernicieuses de la vie. Car lorsque j'écoutais avec assiduité les docteurs manichéens, je n'avais pas encore renoncé au désir et à l'espérance de toutes ces choses. Je n'attribue pas cela à leur doctrine; car je dois leur rendre ce témoignage, qu'ils exhortent soigneusement les hommes à se préserver de ces mêmes choses. C'est donc là ce qui m'empêchait de m'attacher tout à fait à la secte, et ce qui me retenait dans le rang de ceux qu'ils appellent auditeurs. Je ne voulais pas renoncer aux espérances et aux affaires du siècle. » Et dans le dernier chapitre de ce livre, où il représente les docteurs manichéens comme des hommes superbes, qui avaient l'esprit aussi grossier qu'ils avaient le corps maigre et décharné, il ne dit pas un mot de leurs prétendues infamies.

Mais sur quelles preuves étaient donc fondées ces imputations? La première qu'allègue saint Augustin, c'est que ces impudicités étaient une suite du système de Manichée sur les moyens dont Dieu se sert pour arracher aux princes des ténèbres les parties de sa substance. Nous en avons parlé à l'article GÉNÉALOGIE; ce sont des horreurs que l'on se dispense de répéter. Il suffit de dire ici que le passage du septième livre du *Trésor de Manichée*, que saint Augustin cite en plusieurs endroits, est évidemment falsifié. L'hérésiarque dit, si nous l'en croyons,

1. Chap. 1.

que ces vertus célestes qui se transforment tantôt en beaux garçons, et tantôt en belles filles, sont Dieu le père lui-même. Cela est faux. Manès n'a jamais confondu les vertus célestes avec Dieu le père. Saint Augustin n'ayant pas compris l'expression syriaque d'*une vierge de lumière* pour dire *une lumière vierge*, suppose que Dieu fait voir aux princes des ténèbres une belle fille vierge pour exciter leur ardeur brutale; il ne s'agit point du tout de cela dans les anciens auteurs, il est question de la cause des pluies.

« Le grand prince, dit Tirbon cité par saint Épiphane[1], fait sortir de lui-même dans sa colère des nuages noirs qui obscurcissent tout le monde; il s'agite, se tourmente, se met tout en eau, et c'est là ce qui fait la pluie, qui n'est autre chose que la sueur du grand prince. » Il faut que saint Augustin ait été trompé par une traduction ou plutôt par quelque extrait infidèle du *Trésor de Manichée*, dont il n'a cité que deux ou trois passages. Aussi le manichéen Secundinus lui reprochait-il de n'entendre rien aux mystères de Manichée, et de ne les combattre que par de purs paralogismes. « Comment d'ailleurs, dit le savant M. de Beausobre, que nous abrégeons ici[2], saint Augustin aurait-il pu demeurer tant d'années dans une secte où l'on enseignait publiquement de telles abominations? et comment aurait-il eu le front de la défendre contre les catholiques? »

De cette preuve de raisonnement, passons aux preuves de fait et de témoignage alléguées par saint Augustin, et voyons si elles sont plus solides. « On dit, continue ce Père[3], que quelques-uns d'eux ont confessé ce fait dans des jugements publics, non seulement dans la Paphlagonie, mais aussi dans les Gaules, comme je l'ai ouï dire à Rome par un certain catholique. »

De pareils ouï-dire méritent si peu d'attention, que saint Augustin n'osa en faire usage dans sa conférence avec Fortunat, quoiqu'il y eût sept à huit ans qu'il avait quitté Rome; il semble même avoir oublié le nom du catholique de qui il les tient. Il est vrai que dans son livre des *Hérésies*, le même saint Augustin parle des confessions de deux filles, nommées l'une Marguerite et l'autre Eusébie, et de quelques manichéens qui, ayant été découverts à Carthage et menés à l'église, avouèrent, dit-on, l'horrible fait dont il s'agit.

Il ajoute qu'un certain Viator déclara que ceux qui commettaient ces infamies s'appelaient catharistes ou purgateurs; et qu'interrogés sur quelle écriture ils appuyaient cette affreuse pratique, ils produisaient le passage du *Trésor de Manichée*, dont on a démontré la falsification. Mais nos hérétiques, bien loin de s'en servir, l'auraient hautement désavoué comme l'ouvrage de quelque imposteur qui voulait les perdre. Cela seul rend suspects tous ces actes de Carthage que *Quod-vult-Deus* avait envoyés à saint Augustin; et ces misérables, découverts et conduits à l'église, ont bien la mine d'être des gens apostés pour avouer tout ce qu'on voulait qu'ils avouassent.

1. Hérésie LXVI, chap. XXV. — 2. *Hist. du Man.*, liv. IX, chap. VIII et IX.
3. Chap. XLVII, *de la Nature du bien*.

Au chapitre XLVII de la *Nature du bien*, saint Augustin avoue que, lorsqu'on reprochait à nos hérétiques les crimes en question, ils répondaient qu'un de leurs élus, déserteur de leur secte, et devenu leur ennemi, avait introduit cette énorme pratique. Sans examiner si cette secte que Viator nommait des catharistes était réelle, il suffit d'observer ici que les premiers chrétiens imputaient de même aux gnostiques les horribles mystères dont ils étaient accusés par les Juifs et par les païens; et si cette apologie est bonne dans leur bouche, pourquoi ne le serait-elle pas dans celle des manichéens?

C'est cependant ces bruits populaires que M. de Tillemont, qui se pique d'exactitude et de fidélité, ose convertir en faits certains. Il assure[1] qu'on avait fait avouer ces infamies aux manichéens dans des jugements publics en Paphlagonie, dans les Gaules, et diverses fois à Carthage.

Pesons aussi le témoignage de saint Cyrille de Jérusalem, dont le rapport est tout différent de celui de saint Augustin; et considérons que le fait est si incroyable et si absurde, qu'on aurait peine à le croire quand il serait attesté par cinq ou six témoins qui l'auraient vu, et qui l'affirmeraient avec serment. Saint Cyrille est seul, il ne l'a point vu, il l'avance dans une déclamation populaire, où il se donne la licence[2] de faire tenir à Manichée, dans la conférence de Cascar, un discours dont il n'y a pas un mot dans les Actes d'Archélaüs, comme M. Zaccagni[3] est obligé d'en convenir; et l'on ne saurait alléguer, pour la défense de saint Cyrille, qu'il n'a pris que le sens d'Archélaüs et non les termes : car ni les termes, ni le sens, rien ne s'y trouve. D'ailleurs, le tour que prend ce Père paraît être celui d'un historien qui cite les propres paroles de son auteur.

Cependant, pour sauver l'honneur et la bonne foi de saint Cyrille, M. Zaccagni, et après lui M. de Tillemont, supposent, sans aucune preuve, que le traducteur ou le copiste ont omis l'endroit des actes allégué par ce Père; et les journalistes de Trévoux ont imaginé deux sortes d'Actes d'Archélaüs, les uns authentiques, que Cyrille a copiés, les autres supposés dans le Ve siècle par quelque nestorien. Quand ils auront prouvé cette supposition, nous examinerons leurs raisons.

Venons enfin au témoignage du pape Léon touchant les abominations manichéennes. Il dit dans ses sermons[4] que les troubles survenus en d'autres pays avaient jeté en Italie des manichéens dont les mystères étaient si abominables, qu'il ne pouvait les exposer aux yeux du public sans blesser l'honnêteté; que pour les connaître il avait fait venir des élus et des élues de cette secte dans une assemblée composée d'évêques, de prêtres et de quelques laïques, hommes nobles; que ces hérétiques avaient découvert beaucoup de choses touchant leurs dogmes et les cérémonies de leur fête, et avaient avoué un crime qu'il ne pouvait leur dire, mais dont on ne pouvait douter après la confession des coupables; savoir, d'une jeune fille qui n'avait que dix ans, de

---

1. *Manich.*, art. XII, p. 795. — 2. N. XV. — 3. Préface, n° XIII.
4. Sermon IV, *sur la Nativité et sur l'Epiphanie.*

deux femmes qui l'avaient préparée pour l'horrible cérémonie de la secte, du jeune homme qui en avait été complice, de l'évêque qui l'avait ordonnée et qui y avait présidé. Il renvoie ceux de ses auditeurs qui en voudront savoir davantage aux informations qui avaient été faites, et qu'il communiqua aux évêques d'Italie dans sa seconde lettre.

Ce témoignage paraît plus précis et plus décisif que celui de saint Augustin ; mais il n'est rien moins que suffisant pour prouver un fait démenti par les protestations des accusés, et par les principes certains de leur morale. En effet, quelles preuves a-t-on que les personnes infâmes interrogées par Léon n'ont pas été gagnées pour déposer contre leur secte ?

On répondra que la piété et la sincérité de ce pape ne permettront jamais de croire qu'il ait procuré une telle fraude. Mais si, comme nous l'avons dit à l'article RELIQUES, le même saint Léon a été capable de supposer que des linges, des rubans qu'on a mis dans une boîte, et que l'on a fait descendre dans le sépulcre de quelques saints, ont répandu du sang quand on les a coupés; ce pape dut-il se faire aucun scrupule de gagner ou de faire gagner des femmes perdues, et je ne sais quel évêque manichéen, lesquels, assurés de leur grâce, s'avoueraient coupables des crimes qui peuvent être vrais pour eux en particulier, mais non pour leur secte, de la séduction de laquelle saint Léon voulait garantir son peuple? De tout temps les évêques se sont crus autorisés à user de ces fraudes pieuses, qui tendent au salut des âmes. Les écrits supposés et apocryphes en sont une preuve; et la facilité avec laquelle les Pères ajoutaient foi à ces mauvais ouvrages fait voir que, s'ils n'étaient pas complices de la fraude, ils n'étaient pas scrupuleux à en profiter.

Enfin saint Léon prétend confirmer les crimes secrets des manichéens par un argument qui les détruit. « Ces exécrables mystères, dit-il [1], qui plus ils sont impurs, plus on a soin de les cacher, sont communs aux manichéens et aux priscillianistes. C'est partout le même sacrilége, la même obscénité, la même turpitude. Ces crimes, ces infamies, sont les mêmes que l'on découvrit autrefois dans les priscillianistes, et dont toute la terre a été informée. »

Les priscillianistes ne furent jamais coupables de ceux pour lesquels on les fit périr. On trouve dans les Œuvres de saint Augustin [2] le Mémoire instructif qui fut remis à ce Père par Orose, et dans lequel ce prêtre espagnol proteste qu'il a ramassé toutes les plantes de perdition qui pullulent dans la secte des priscillianistes; qu'il n'en a pas oublié la moindre branche, la moindre racine; qu'il expose au médecin toutes les maladies de cette secte, afin qu'il travaille à sa guérison. Orose ne dit pas un mot des mystères abominables dont parle Léon; démonstration invincible qu'il ne doutait pas que ce ne fussent de pures calomnies. Saint Jérôme [3] dit aussi que Priscillien fut opprimé par la faction, par les machinations des évêques Ithace et Idace. Parle-t-on ainsi d'un homme coupable de profaner la religion par les plus infâmes cérémo-

1. Lettre CXXIII, chap. XVI. — 2. Tome VIII, col. 430. — 3. Dans le catalogue.

nies? Cependant Orose et saint Jérôme n'ignoraient pas ces crimes, dont toute la terre a été informée.

Saint Martin de Tours et saint Ambroise, qui étaient à Trèves quand Priscillien fut jugé, devaient en être également informés. Cependant ils sollicitèrent instamment sa grâce, et, n'ayant pu l'obtenir, ils refusèrent de communiquer avec ses accusateurs et leur faction. Sulpice Sévère rapporte l'histoire des malheurs de Priscillien. Latronien, Euphrosine, veuve du poëte Delphidius, sa fille, et quelques autres personnes, furent exécutés avec lui à Trèves, par les ordres du tyran Maxime et aux instances d'Ithace et d'Idace, deux évêques vicieux, et qui, pour prix de leur injustice, moururent dans l'excommunication, chargés de la haine de Dieu et des hommes.

Les priscillianistes étaient accusés comme les manichéens de doctrines obscènes, de nudité, et d'impudicités religieuses. Comment en furent-ils convaincus? Priscillien et ses complices les avouèrent, à ce qu'on dit, dans les tourments. Trois personnes viles, Tertulle, Potamius et Jean, les confessèrent sans attendre la question. Mais l'action intentée contre les priscillianistes devait être fondée sur d'autres témoignages qui avaient été rendus contre eux en Espagne. Cependant les dernières informations furent rejetées par un grand nombre d'évêques, d'ecclésiastiques estimés; et le bon vieillard Higimis, évêque de Cordoue, qui avait été le dénonciateur des priscillianistes, les crut dans la suite si innocents des crimes qu'on leur imputait, qu'il les reçut à sa communion, et se trouva par là enveloppé dans la persécution qu'ils essuyèrent.

Ces horribles calomnies, dictées par un zèle aveugle, sembleraient justifier la réflexion qu'Ammien Marcellin [1] rapporte de l'empereur Julien : « Les bêtes féroces, dit-il, ne sont pas plus redoutables aux hommes que les chrétiens le sont les uns aux autres quand ils sont divisés de croyance et de sentiment. »

Ce qu'il y a de plus déplorable en cela, c'est quand le zèle est hypocrite et faux; les exemples n'en sont pas rares. L'on tient d'un docteur de Sorbonne qu'en sortant d'une séance de la faculté, Tournéli, avec lequel il était fort lié, lui dit tout bas : « Vous voyez que j'ai soutenu avec chaleur tel sentiment pendant deux heures; eh bien! je vous assure qu'il n'y a pas un mot de vrai dans tout ce que j'ai dit. »

On sait aussi la réponse d'un jésuite qui avait été employé vingt ans dans les missions du Canada, et qui, ne croyant pas en Dieu, comme il en convenait à l'oreille d'un ami, avait affronté vingt fois la mort pour la religion qu'il prêchait avec succès aux sauvages. Cet ami lui représentant l'inconséquence de son zèle : « Ah! répondit le jésuite missionnaire, vous n'avez pas d'idée du plaisir que l'on goûte à se faire écouter de vingt mille hommes, et à leur persuader ce qu'on ne croit pas soi-même. »

On est effrayé de voir que tant d'abus et de désordres soient nés de l'ignorance profonde où l'Europe a été plongée si longtemps; et les

---

[1] 1. Liv. XXII.

souverains qui sentent enfin combien il importe d'être éclairé deviennent les bienfaiteurs de l'humanité, en favorisant le progrès des connaissances, qui sont le soutien de la tranquillité et du bonheur des
peuples, et le plus solide rempart contre les entreprises du fanatisme.

ZOROASTRE. — Si c'est Zoroastre qui le premier annonça aux
hommes cette belle maxime : « Dans le doute si une action est bonne
ou mauvaise, abstiens-toi, » Zoroastre était le premier des hommes
après Confucius.

Si cette belle leçon de morale ne se trouve que dans les cent Portes
du Sadder, longtemps après Zoroastre, bénissons l'auteur du Sadder.
On peut avoir des dogmes et des rites très-ridicules avec une morale
excellente.

Qui était ce Zoroastre? ce nom a quelque chose de grec, et on dit
qu'il était Mède. Les Parsis d'aujourd'hui l'appellent Zerdust, ou Zer-
dast, ou Zaradast, ou Zarathrust. Il ne passe pas pour avoir été le premier du nom. On nous parle de deux autres Zoroastres, dont le premier a neuf mille ans d'antiquité; c'est beaucoup pour nous, quoique
ce soit très-peu pour le monde.

Nous ne connaissons que le dernier Zoroastre.

Les voyageurs français Chardin et Tavernier nous ont appris quelque chose de ce grand prophète, par le moyen des Guèbres ou Parsis,
qui sont encore répandus dans l'Inde et dans la Perse, et qui sont
excessivement ignorants. Le docteur Hyde, professeur en arabe dans
Oxford, nous en a appris cent fois davantage sans sortir de chez lui. Il
a fallu que dans l'ouest de l'Angleterre il ait deviné la langue que parlaient les Perses du temps de Cyrus, et qu'il l'ait confrontée avec la
langue moderne des adorateurs du feu.

C'est à lui surtout que nous devons ces cent Portes du Sadder, qui
contiennent tous les principaux préceptes des pieux ignicoles.

Pour moi, j'avoue que je n'ai rien trouvé sur leurs anciens rites de
plus curieux que ces deux vers persans de Sadi rapportés par Hyde :

> Qu'un Perse ait conservé le feu sacré cent ans,
> Le pauvre homme est brûlé quand il tombe dedans.

Les savantes recherches de Hyde allumèrent, il y a peu d'années,
dans le cœur d'un jeune Français[1], le désir de s'instruire par lui-
même des dogmes des Guèbres.

Il fit le voyage des Grandes-Indes, pour apprendre dans Surate,
chez les pauvres Parsis modernes, la langue des anciens Perses, et
pour lire dans cette langue les livres de ce Zoroastre si fameux, supposé qu'en effet il ait écrit.

---

1. Abraham-Hyacinthe Anquetil-Duperron, né le 7 décembre 1731, ne voyant
pas d'autre moyen pour lui d'aller dans l'Inde, s'était engagé comme simple
soldat, et partit de Paris, le sac sur le dos, le 7 novembre 1754. Alors les personnes qui s'intéressaient à lui obtinrent du ministère le congé, le passage
franc, la table du capitaine pendant la traversée, et un traitement qui serait
déterminé par le gouverneur des possessions françaises dans l'Inde. Anquetil-
Duperron est mort à Paris le 18 janvier 1805. (*Note de M. Beuchot.*)

Les Pythagore, les Platon, les Apollonius de Tyane, allèrent chercher autrefois en Orient la sagesse qui n'était pas là. Mais nul n'a
couru après cette divinité cachée, à travers plus de peines et de périls
que le nouveau traducteur français des livres attribués à Zoroastre. Ni
les maladies, ni la guerre, ni les obstacles renaissants à chaque pas,
ni la pauvreté même, le premier et le plus grand des obstacles, rien
n'a rebuté son courage.

Il est glorieux pour Zoroastre qu'un Anglais ait écrit sa vie au bout
de tant de siècles, et qu'ensuite un Français l'ait écrite d'une manière
toute différente. Mais ce qui est encore plus beau, c'est que nous
ayons, parmi les biographes anciens du prophète, deux principaux auteurs arabes, qui précédemment écrivirent chacun son histoire; et ces
quatre histoires se contredisent merveilleusement toutes les quatre.
Cela ne s'est pas fait de concert; et rien n'est plus capable de faire
connaître la vérité.

Le premier historien arabe, Abù-Mohammed Moustapha, avoue que
le père de Zoroastre s'appelait Espintaman; mais il dit aussi qu'Espintaman n'était pas son père, mais son trisaïeul. Pour sa mère, il n'y a
pas deux opinions; elle s'appelait Dogdu, ou Dodo, ou Dodu : c'était
une très-belle poule d'Inde; elle est fort bien dessinée chez le docteur
Hyde.

Bundari, le second historien, conte que Zoroastre était Juif, et qu'il
avait été valet de Jérémie; qu'il mentit à son maître; que Jérémie,
pour le punir, lui donna la lèpre; que le valet, pour se décrasser, alla
prêcher une nouvelle religion en Perse, et fit adorer le soleil au lieu
des étoiles.

Voici ce que le troisième historien raconte, et ce que l'Anglais Hyde
a rapporté assez au long :

« Le prophète Zoroastre étant venu du paradis prêcher sa religion
chez le roi de Perse Gustaph, le roi dit au prophète : « Donnez-moi un
« signe. » Aussitôt le prophète fit croître devant la porte du palais un
cèdre si gros, si haut, que nulle corde ne pouvait ni l'entourer, ni atteindre sa cime. Il mit au haut du cèdre un beau cabinet où nul
homme ne pouvait monter. Frappé de ce miracle, Gustaph crut à Zoroastre.

« Quatre mages ou quatre sages (c'est la même chose), gens jaloux
et méchants, empruntèrent du portier royal la clef de la chambre du
prophète pendant son absence, et jetèrent parmi ses livres des os de
chiens et de chats, des ongles et des cheveux de morts, toutes drogues, comme on sait, avec lesquelles les magiciens ont opéré de tout
temps. Puis ils allèrent accuser le prophète d'être un sorcier et un empoisonneur. Le roi se fit ouvrir la chambre par son portier. On y trouva
les maléfices, et voilà l'envoyé du ciel condamné à être pendu.

« Comme on allait pendre Zoroastre, le plus beau cheval du roi
tombe malade; ses quatre jambes rentrent dans son corps, tellement
qu'on n'en voit plus. Zoroastre l'apprend; il promet qu'il guérira le
cheval, pourvu qu'on ne le pende pas. L'accord étant fait, il fait sortir une jambe du ventre, et il dit : « Sire, je ne vous rendrai pas la se-

« conde jambe que vous n'ayez embrassé ma religion. — Soit, » dit le monarque. Le prophète, après avoir fait paraître la seconde jambe, voulut
que les fils du roi se fissent zoroastriens; et ils le furent. Les autres
jambes firent des prosélytes de toute la cour. On pendit les quatre malins sages au lieu du prophète, et toute la Perse reçut la foi. »

Le voyageur français raconte à peu près les mêmes miracles, mais
soutenus et embellis par plusieurs autres. Par exemple, l'enfance de
Zoroastre ne pouvait pas manquer d'être miraculeuse; Zoroastre se mit
à rire dès qu'il fut né, du moins à ce que disent Pline et Solin. Il y
avait alors, comme tout le monde le sait, un grand nombre de magiciens très-puissants; et ils savaient bien qu'un jour Zoroastre en saurait plus qu'eux, et qu'il triompherait de leur magie. Le prince des magiciens se fit amener l'enfant, et voulut le couper en deux; mais sa
main se sécha sur-le-champ. On le jeta dans le feu, qui se convertit
pour lui en bain d'eau rose. On voulut le faire briser sous les pieds des
taureaux sauvages; mais un taureau plus puissant prit sa défense. On
le jeta parmi les loups; ces loups allèrent incontinent chercher deux
brebis qui lui donnèrent à teter toute la nuit. Enfin il fut rendu à sa
mère Dogdo, ou Dodo, ou Dodu, femme excellente entre toutes les
femmes, ou fille admirable entre toutes les filles.

Telles ont été dans toute la terre toutes les histoires des anciens
temps. C'est la preuve de ce que nous avons dit souvent, que la fable
est la sœur aînée de l'histoire.

Je voudrais que, pour notre plaisir et pour notre instruction, tous
ces grands prophètes de l'antiquité, les Zoroastre, les Mercure Trismégiste, les Abaris, les Numa même, etc., etc., etc., revinssent aujour-
d'hui sur la terre, et qu'ils conversassent avec Locke, Newton,
Bacon, Shaftesbury, Pascal, Arnauld, Bayle; que dis-je? avec les
philosophes les moins savants de nos jours, qui ne sont pas les moins
sensés.

J'en demande pardon à l'antiquité, mais je crois qu'ils feraient une
triste figure.

Hélas! les pauvres charlatans! ils ne vendraient pas leurs drogues
sur le Pont-Neuf. Cependant, encore une fois, leur morale est bonne.
C'est que la morale n'est pas de la drogue. Comment se pourrait-il que
Zoroastre eût joint tant d'énormes fadaises à ce beau précepte de s'abs-
tenir dans le doute si on fera bien ou mal? c'est que les hommes sont
toujours pétris de contradictions.

On ajoute que Zoroastre, ayant affermi sa religion, devint persécuteur. Hélas! il n'y a pas de sacristain ni de balayeur d'église qui ne
persécutât s'il le pouvait.

On ne peut lire deux pages de l'abominable fatras attribué à ce
Zoroastre sans avoir pitié de la nature humaine. Nostradamus et le
médecin des urines sont des gens raisonnables en comparaison de cet
énergumène; et cependant on parle de lui, et on en parlera encore.

Ce qui paraît singulier, c'est qu'il y avait, du temps de ce Zoroastre
que nous connaissons, et probablement avant lui, des formules de
prières publiques et particulières instituées. Nous avons au voyageur

français l'obligation de nous les avoir traduites. Il y avait de telles formules dans l'Inde; nous n'en connaissons point de pareilles dans le *Pentateuque.*

Ce qui est bien plus fort, c'est que les mages, ainsi que les brames, admirent un paradis, un enfer, une résurrection, un diable[1]. Il est démontré que la loi des Juifs ne connut rien de tout cela. Ils ont été tardifs en tout. C'est une vérité dont on est convaincu, pour peu qu'on avance dans les connaissances orientales.

DÉCLARATION DES AMATEURS, QUESTIONNEURS ET DOUTEURS QUI SE SONT AMUSÉS A FAIRE AUX SAVANTS LES QUESTIONS CI-DESSUS EN NEUF VOLUMES[2].

Nous déclarons aux savants qu'étant comme eux prodigieusement ignorants sur les premiers principes de toutes les choses, et sur le sens naturel, typique, mystique, allégorique de plusieurs choses, nous nous en rapportons sur ces choses au jugement infaillible de la sainte inquisition de Rome, de Milan, de Florence, de Madrid, de Lisbonne, et aux décrets de la Sorbonne de Paris, concile perpétuel des Gaules.

Nos erreurs n'étant point provenues de malice, mais étant la suite naturelle de la faiblesse humaine, nous espérons qu'elles nous seront pardonnées en ce monde-ci et en l'autre.

Nous supplions le petit nombre d'esprits célestes qui sont encore enfermés en France dans des corps mortels, et qui, de là, éclairent l'univers à *trente sous* la feuille, de nous communiquer leurs lumières pour le tome dixième, que nous comptons publier à la fin du carême de 1772, ou dans l'avent de 1773; et nous payerons leurs lumières *quarante sous.*

Nous supplions le peu de grands hommes qui nous restent d'ailleurs, comme l'auteur de la *Gazette ecclésiastique,* et l'abbé Guyon, et l'abbé de Caveyrac, auteur de l'*Apologie de la Saint-Barthélemy,* et celui qui a pris le nom de Chiniac, et l'agréable Larcher, et le vertueux, le docte, le sage Langleviel, dit La Beaumelle, le profond et l'exact Nonotte, le modéré, le pitoyable et doux Patouillet, de nous aider dans notre entreprise. Nous profiterons de leurs critiques instructives, et nous nous ferons un vrai plaisir de rendre à tous ces messieurs la justice qui leur est due.

Ce dixième tome contiendra des articles très-curieux, lesquels, si Dieu nous favorise, pourront donner une nouvelle pointe au sel que

---

1. Le diable, chez Zoroastre, est *Hariman,* ou, si vous voulez, *Arimane;* il avait été créé. C'était tout comme chez nous originairement; il n'était point principe; il n'obtint cette dignité de mauvais principe qu'avec le temps. Ce diable, chez Zoroastre, est un serpent qui produisit quarante-cinq mille envies. Le nombre s'en est accru depuis; et c'est depuis ce temps-là qu'à Rome, à Paris, chez les courtisans, dans les armées, et chez les moines, nous voyons tant d'envieux.

2. Les premières éditions des *Questions sur l'Encyclopédie* étaient en neuf volumes. (Eb.)

nous tâcherons de répandre dans les remercîments que nous ferons à tous ces messieurs.

Fait au mont Krapack, le 30 du mois de Janus, l'an du monde,

selon Scaliger	5722,
selon les *Étrennes mignonnes*	5776,
selon Riccioli	5956,
selon Eusèbe.	6972,
selon les *Tables alfonsines*	8707,
selon les Égyptiens.	370000,
selon les Chaldéens.	465102,
selon les brames	780000,
selon les philosophes.	

RÉTRACTATION NÉCESSAIRE D'UN DES AUTEURS DES QUESTIONS SUR L'ENCYCLOPÉDIE.

Ma première rétractation est sur les ciseaux avec lesquels j'avais coupé plusieurs têtes de colimaçons. Toutes leurs têtes revinrent en 1772; mais celles que je coupai en 1773 ne sont jamais revenues. Des gens plus habiles que moi m'ont fait apercevoir que lorsque mes têtes étaient ressuscitées je n'avais coupé que la peau de leur visage, et que je n'avais pas entamé leur cervelle, qui est la source de leur vie tout comme chez nous. Lorsque j'ai coupé la tête entière avec plus d'adresse, cette tête ne s'est point reproduite; mais c'est toujours beaucoup d'avoir fait renaître des visages. La nature est admirable partout; et ce qu'on appelle la nature n'est autre chose qu'un art peu connu. Tout est art, tout est industrie, depuis le zodiaque jusqu'à mes colimaçons. C'est une idée hardie de dire que la nature est art; mais cette idée est très-vraie. Philosophes, voyez ce qui en résulte.

Ma seconde rétractation est pour l'article JUSTICE. On a rapporté à ce mot, dans plusieurs éditions, une lettre qui contient une des plus abominables injustices que les hommes aient jamais faites. Mais on m'a fait connaître que, dans cette lettre même, il y avait une injustice qu'il est absolument nécessaire de réparer. On y accuse M. B..., magistrat très-estimé dans Abbeville, d'avoir été la première cause de la sentence aussi horrible qu'absurde prononcée dans Abbeville contre deux jeunes gens sortant de l'enfance, et plus imprudents que criminels. Non-seulement nous savons avec certitude que M. B..... n'a point été la cause de cet événement, mais il déclare par une lettre que nous avons entre les mains, signée de lui, qu'il a toujours détesté les manœuvres infernales par lesquelles on est parvenu à obtenir l'exécution appelée légale de ce carnage commis par le fanatisme.

Je rends donc justice à M. B..... comme je la rends aux auteurs de cette boucherie de cannibales.

TABLE.

DICTIONNAIRE PHILOSOPHIQUE.

(SUITE.)

FIN DE LA TABLE DU DIX-NEUVIÈME VOLUME.

COULOMMIERS. — Typogr. ALBERT PONSOT et P. BRODARD.

RAPPORT

15

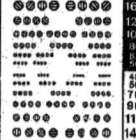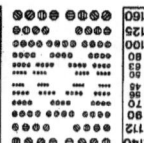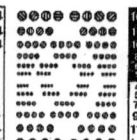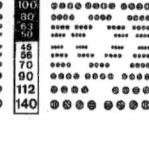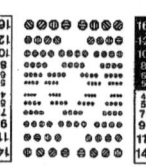

MIRE ISO N° 1

NF Z 43-007

1   10